Der Harz.

Aufnahme v. Fr. Rose, Wernigerode. C.F. Amelangs Verlag Leipzig.

STEINERNE RENNE.

Der Harz.

Von

Hans Hoffmann.

Unter Mitwirkung

von

Geh. Bergrat Prof. Dr. v. Koenen, Prof. Dr. Regel, Prof. Dr. Peter,
Prof. Dr. Marshall, Major a. D. Dr. Förtsch, Archivrat Dr. Jacobs.

Weltbild Verlag

Unveränderter Nachdruck der Ausgabe von 1899
Erschienen im C.F. Amelangs Verlag, Leipzig

Genehmigte Lizenzausgabe für
Weltbild Verlag GmbH, Augsburg 1995

Gesamtherstellung: Offizin Andersen Nexö,
Graphischer Großbetrieb, Leipzig
Printed in Germany
ISBN 3-89350-794-9

Inhalt.

Verzeichnis der Vollbilder.

Vorrede.

Eine Vorrede ist in nicht so ganz wenigen Fällen ein überflüssiges Ding. Bei einem Buche aber, das von sieben oder mit Einschluß des kräftig mitarbeitenden Verlegers von acht Männern verfaßt ist, macht sich doch ein ernstlicheres Bedürfnis geltend, die trotzdem vorhandene Einheit des Ganzen gleich im Anfang durch einige Worte zu markieren, gleichsam einen Faden um die einzelnen Stücke zu schlingen, nicht um diese zusammenzuhalten, denn sie fallen auch ohne ihn nicht auseinander, sondern um dem Auge des Lesers den Halt äußerlich anzudeuten.

Der schöne Gedanke, dem norddeutschen Gebirge, unserm Harz, eine ähnliche umfassende und ausführliche Behandlung zu teil werden zu lassen, wie sie vor Jahren der Schwarzwald durch Wilhelm Jensen erfahren hat, ist ausgegangen von der Verlagsbuchhandlung. Als diese zuerst mir den Vorschlag machte, die Herausgabe eines derartigen Buches zu übernehmen, wich ich scheu zurück mit dem wohlbegründeten Einwand, daß ich den Harz mit Ausnahme eines kleineren Gebietes am Nordrande noch gar nicht kenne. „Um so besser," ward mir zur Antwort, „mit um so frischeren Augen werden Sie sehen;" ein kühnes Wort, das einigermaßen an den berühmten Ausspruch von der durch Sachkenntnis nicht getrübten Unbefangenheit des Urteils erinnert.

Als ich dann meinen verehrten Freund Jensen um einen Rat nach seiner Erfahrung ersuchte, ob ich's thun solle oder nicht, sagte er ungefähr: „Machen Sie's immerhin — zum zweitenmal thun Sie's nicht wieder." Das war so etwa wie Bismarcks Rat auf die Frage des Prinzen Alexander von Battenberg, ob er die bulgarische Krone annehmen solle: „Thun Sie's: Sie werden eine interessante Erinnerung mitbringen." Trotz des gedämpften Klanges solcher Ermutigung machte ich es wie der Prinz: ich beschloß das Abenteuer zu bestehen, vornehmlich, wie dieser doch wohl auch, aus Lust am Abenteuer selbst.

Klar aber war es mir alsbald, daß ich das Werk nicht allein unternehmen konnte, sondern in der terra incognita eines kundigen Generalstabs bedurfte; ich hätte sonst Jahre schon auf die einleitenden Vorstudien verwenden müssen: besteht doch die „Harzlitteratur" der fürstlich Stolbergischen Bibliothek zu Wernigerode aus nahezu tausend Bänden. Dazu kam noch, daß ich so respektabeln und furchterweckenden Wissenschaften gegenüberstand, wie die Geologie, die Botanik und Zoologie, sowie die Prähistorie es sind, von denen ich ungefähr so viel verstand und verstehe wie die Kuh vom Seiltanzen; selbst in das menschlichere Gebiet der Geschichte und Kulturgeschichte wagte ich nur von weitem verschüchterte Blicke zu thun; jedenfalls war ich zu faul für die ungeheure Mühe, mich da hineinzuwühlen.

Aus dieser Not haben denn Verlag und Herausgeber eine Tugend zu machen gesucht, indem sie die Hülfe solcher Männer anriefen, die auf jenen wilden Gebieten in Bezug auf den Harz je am besten zu Hause waren. Unser Flehen blieb nicht unerhört: und so haben wir denn zuvörderst diesen Herren Mitarbeitern herzlichst zu danken für ihre Bereitwilligkeit und für ihre Leistung, die sich infolge der notgedrungenen Raumbeschränkung vielfach verdrießlich und mühselig genug für sie gestaltete.

So zerfällt denn unser Harzbuch in zwei deutlich gesonderte Teile, deren erster, der die Eigentümlichkeiten des Harzgebirges und der es bevölkernden Pflanzen, Tiere und Menschen unter allgemeinen Gesichtspunkten zusammenfaßt, auf objektive wissenschaftliche Giltigkeit Anspruch erhebt; wir dürfen von unsern Lesern, soweit sie nicht selbst gelehrte Specialforscher sind, hier unbeschadet aller kritischen Freiheit einigen wohlbegründeten Autoritätsglauben erwarten: denn es sind eben Autoritäten, die zu ihnen reden.

Anders steht es mit dem zweiten Teil, der die einzelnen Landschaften und Örtlichkeiten des Harzes vorzuführen und jede in ihrer besonderen Erscheinung zu schildern unternimmt: für diesen Teil kann der Herausgeber, der hier zugleich Verfasser ist, nur aufrichtig wünschen, daß der Leser sich seine kritische Selbständigkeit vollkommen bewahre und ihm von allem, was er behauptet, kein Wort ohne weiteres glaube. Denn es ist hier alles rein subjektiv und persönlich: ich habe in Worte zu kleiden versucht, was ich mit diesen zwei Augen, wie sie mir der liebe Gott gab, auf der Wanderschaft gesehen habe. Kein Zweifel, daß andere Augen, dafern sie überhaupt sehen, viele Dinge anders sehen. Auch mußte ich mich naturgemäß des Schnabels bedienen, der mir gewachsen ist, da ich einen andern nicht zur Verfügung habe; und wenn ich da manchem nicht zu Dank rede und kräftigen Widerspruch wecke, so kann ich's leider nicht ändern. Es muß da gehen etwa wie im Plaudergespräch: sind alle Beteiligten gar zu einig in allen Stücken, so wird es leicht langweilig und schläfrig; einiger Widerspruch aber belebt, regt an und hält munter.

Immer aber ist auch bei solchem Gespräch eine gewisse Einheit der Grundanschauung und Grundstimmung hinsichtlich des Hauptthemas wünschenswert, damit nicht am Ende die Stuhlbeine herhalten müssen; wenn ein Socialdemokrat und ein Stockkonservativer über Politik disputieren, wird schwerlich etwas Ersprießliches herauskommen. Solche Einheit der Grundstimmung aber schafft, wie ich denke, zwischen mir und meinen Lesern die gemeinsame Liebe zum Harze — wär' es auch nur eine vorgeahnte Liebe derer, die ihn erst kennen lernen wollen.

Bei mir nun, der ich von Geburt kein Harzer oder Harznachbar bin, ist diese Liebe keine angeborene, anerzogene und also vielleicht mehr oder weniger blinde, sondern eine durch ruhige Anschauung und Vergleichung erworbene. Auch fehlte es mir keineswegs an hochachtbaren Objekten der Vergleichung: ich kannte, ehe ich in den Harz kam — es ist eine Lust, einen triftigen Grund zum Renommieren zu haben! —, nicht nur die meisten deutschen Gebirge mit Einschluß der Tyroler und Schweizer Alpen, zum Teil aus jahrelanger Anschauung, sondern auch etliche landschaftlich besonders wohlbeleumdete Ausländer, wie Italien, Griechenland, Norwegen. Und obgleich ich diese reiche Blendung in den Augen hatte, habe ich mich im Wandern und Schauen ganz herzhaft und nachdrücklich in den Harz verliebt; und wenn ich nun, wie es nicht ganz selten geschieht, weltkundige Leute, die einmal die Schweiz gesehen haben, mit einem milden Mitleiden über die „bescheidenen" Reize des Harzes reden höre, so denke ich mir mein Teil, nicht über den Harz, sondern über die Leute. Wer die Schönheit freilich mit dem Meterstab mißt, für den ist der Harz dürftig, denn der Brocken ist noch nicht ein Viertel so hoch als der Montblanc: aber für den kann auch die römische Campagna oder die attische Landschaft oder Korfu nicht viel bedeuten; da sind die schönsten Berge ja auch nicht höher.

Doch ich merke, ich bin mit einem Teile meiner Leser schon in lebhaftem Streit begriffen: nun, um so besser. Ich habe auch wohl sagen hören: Der Harz hat gewiß seine hohe Schönheit, nur ist er auf die Länge doch etwas einförmig; immer der ewige Brocken als Krönung jeder Aussicht, immer diese grünen Waldthäler, immer diese runden Berglinien — —. Als ich zuerst in das Ausland kam, es war Italien, hatten für mein Auge alle Landeskinder so ziemlich dasselbe Gesicht, alle dort grassierenden Engländer unter sich ebenso das gleiche; nachdem ich aber erst einige Monate unter ihnen geweilt hatte, löste sich allmählich und dann immer mehr und mehr solche Gleichheit in eine Fülle scharf gesonderter Individualitäten auf: und so ist mir's auch mit dem Harze ergangen. Jetzt ist es nicht am wenigsten die Mannigfaltigkeit unseres Gebirges, die mich in Erstaunen setzt; es nimmt mich schon wunder, wenn einmal ein paar Thäler oder Ortschaften eine leidlich vergleichbare Ähnlichkeit zeigen. Vergrößert wird die Mannigfaltigkeit durch den Wechsel der Jahreszeiten. Wenn ich gefragt werde, welche Monate für eine Harzfahrt die günstigen seien, so nenne ich die Zeit vom 1. Januar früh bis zum 31. Dezember abends; ist in der Zwischenzeit Mondschein, so ist auch diese mit besonderem Glück zu verwerten. Für meine Person würde ich allenfalls die Monate Juli und August ausschalten, obgleich es auch da manchmal ganz hübsch sein kann; doch immerhin sind deren besondere Kennzeichen: Hitze, Staub, Gewitterregen, Überfüllung der Gasthäuser, hochgeschwollene Preise, unentrinnbare Belästigung durch unerbetene Gesellschaft an den schönsten Punkten, ich meine Fliegen, Mücken, Menschen, Pferde und Wagen und dergleichen. Alle diese Übelstände fallen in den andern Jahreszeiten mehr und mehr fort, im Winter am sichersten die Hitze.

Die Kälte dagegen macht sich dann allerdings gewöhnlich auch im Harze fühlbar, wenn auch lange nicht so grimmig, wie mancher wohl denkt: die Kultur hat aber Mittel gefunden, sich dagegen zu schützen. Am besten geschieht das durch kräftige Bewegung auf Schusters Rappen oder zu geeigneter Zeit noch schöner auf Schneeschuhen; wenn man aus Faulheit oder andern Gründen einen Schlitten mit Pferdekraft vorzieht, durch Pelze, Ohrenklappen, Handschuhe, Fußsäcke, Wärmflaschen; in beiden Fällen ist es moralisch erlaubt und ist auch Gelegenheit genug geboten, von Zeit zu Zeit irgendwo unterzukriechen, wo wirtbare Menschen wohnen, um die belebende Kraft eines warmen Ofens und eines ehrbaren Punsches zu erproben. Und im sichern Besitz dieser Bildungsgüter wird man dann sagen müssen: Wenn es in der Natur etwas Köstliches giebt, so ist es ein klarer Wintertag im Waldgebirge nach reichlichem Schneefall oder bei frischem Rauhreif; der wonnigste Frühlingsmorgen kann kaum dagegen aufkommen. Wem da nicht das Herz aufgeht, der mag als Geschäftsreisender Musterhaftes leisten, als Vergnügungsharzfahrer hat er seinen Beruf verfehlt.

Nun soll aber auch die Kehrseite des Winterbildes nicht ganz unterdrückt werden. Die großen Verkehrsstraßen und einige Spazierwege in der Nähe größerer Ortschaften werden ja nach jedem Schneefall schnell ordentlich gebahnt und gangbar gemacht; sich aber abseits zu den allerschönsten Waldwinkeln hindurchzuschlagen, das kostet zumal bergauf meist ein solides Stück Arbeit, und die Füße pflegen auch beim derbsten Schuhwerk recht häßlich durchkältet zu werden, so daß der Grog schon gehörig steif sein muß, um sie ganz wieder aufzutauen. Da verschafft nun der neuerdings sich immer schneller, besonders bei den Bewohnern der höheren Harzgebiete einbürgernde Schneeschuh eine bedeutende Erleichterung. Bergauf zwar ist die Anstrengung immer noch recht achtbar, aber die Füße bleiben doch warm: und dann als Lohn die Wonne des Hinabsausens!

Gelernt werden freilich will dies Vergnügen; in den ersten Zeiten pflegen die Holzzwillinge unter den Füßen die erbittertsten Kämpfe miteinander auszufechten, wobei denn der beklagenswerte Skiläufer, der vergeblich zu vermitteln sucht, sich weit häufiger und dauernder in horizontaler als in menschlich aufrechter Stellung vorfindet. Indessen der Schnee ist ja weich, und die oft phantastisch verknoteten Beine wird man meist auch mit einiger Geduld wieder auseinanderwirren. Überdies geht die Lehrlingszeit vorüber; die feindlichen Brüder lernen — dafern die ihnen anvertrauten Beine nicht etwa gar zu krumm sind — in zielbewußter Parallele nebeneinander hinzugleiten: und dann sind ihrem glücklichen Beherrscher und Bändiger alle geheimsten Herrlichkeiten des verschneiten Gebirges erschlossen. Der Schneeschuh ist das Kamel des winterlichen Harzes. —

Wenn ich im wesentlichen nur die Aufgabe übernommen hatte, das zu schildern, was meine Augen sahen, so konnte ich es doch nicht völlig vermeiden, hie und da den Herren Mitarbeitern ins Handwerk zu pfuschen, am meisten dem Geographen und dem Historiker. Daß jener in seiner orientierenden Übersicht nicht die Höhenlage jedes Berges, die Einwohnerzahl jedes Ortes und dergleichen doch immer wissenswerte Dinge im voraus aufzählen konnte, liegt in der Natur der Sache, und ebensowenig konnte der Historiker in jede Lokalgeschichte tiefer hineingreifen. Wo ich hier etwas ergänzend hinzufügte, that ich es gemeiniglich im Sinne einer Belebung meines Bildes, von dem Bewußtsein ausgehend, wie enge Grenzen den sprachlichen Schilderungskünsten gesetzt sind. Eine historische Erinnerung, wär' es auch nur an Vorgänge von ganz lokalem oder gar nur anekdotischem Interesse, kann eine Landschaft, ein Stadtbild oft frischer beleben als die ausführlichste Beschreibung. Wiederholungen des schon früher Gesagten habe ich nach Kräften vermieden; sollte das irgendwo bei der Masse des Einzelstoffes nicht völlig gelungen sein, muß ich um gütige Nachsicht des Lesers bitten, der für den Überdruß sich vielleicht dadurch entschädigt fühlen möge, daß sich die Thatsache ihm dauerhafter einprägt.

Auf den Ruhm selbständiger Quellenforschung machen solche historische Einschiebungen keinen Anspruch; ich kann vielmehr nur den fleißigen und gelehrten Männern meinen aufrichtigen Dank aussprechen, die diese schwere Arbeit vor mir besorgt haben. Sie alle einzeln mit den von mir benutzten Büchern aufzuzählen, würde freilich eine allzu einseitige Begünstigung des Papierlieferanten auf Kosten meiner Leser sein; ich muß mich daher darauf beschränken, ein Buch in Vertretung aller zu nennen, das ausführliche und sehr verdienstvolle Werk von F. Günther, „Der Harz in Geschichts-, Kultur- und Landschaftsbildern", ein Buch, dem ich besonders viel verdanke und das jedem, der tiefer in den Geist des Harzes eindringen will, aufs wärmste empfohlen sei. (Hannover, Carl Meyer 1888.) —

So gehe denn dieses unser Buch hinaus in die Welt, begleitet von unserm Wunsche, Freunde zu finden, besonders aber dem Harze Freunde zu werben und zu erhalten.

Wernigerode, Ostern 1899.

Hans Hoffmann.

Geologisches.

Von

Geh. Bergrat Professor Dr. von Koenen.

Der Harz ist gewissermaßen ein Gebirgskern, welcher ringsum wohl begrenzt ist und, gleich dem Thüringer Walde und dem Rheinisch-westfälischen Schiefergebirge, aus allerlei geschichteten Gesteinen der sogenannten primären oder paläozoischen Formationen und verschiedenen Eruptivgesteinen besteht. Unsere Kenntnisse in der Geologie des Harzes verdanken wir zu einem wesentlichen Teile F. A. Roemer, welcher mit Hilfe jüngerer Kräfte die Schichtenfolgen und den Aufbau des Harzes untersuchte und zahlreiche Versteinerungen beschrieb.

Diese ersten, grundlegenden Arbeiten wurden zum Teil modifiziert durch die Aufnahmen für die geologische Specialkarte des Harzes durch Beyrich, Kayser und Lossen, und letzterer gab neben zahlreichen Aufsätzen und Abhandlungen durch seine geologische Übersichtskarte im Maßstabe von 1 : 100000 ein treffliches Bild der bis dahin gewonnenen Anschauungen und Kenntnisse in einer Ausführung, wie sie in gleicher Vorzüglichkeit in keinem Lande der Erde bis dahin erreicht worden war.

In den letzten Jahren gelang es aber den Herren Beushausen, Denckmann und Koch von der Königl. preußischen geologischen Landesanstalt, im Laufe ihrer Untersuchungen über eine Reihe bisher noch zweifelhafter Punkte Klarheit zu gewinnen, so daß nunmehr eine förmliche Umwälzung in der Einteilung und Gliederung der Schichten und in ihrem Aufbau für den größten Teil des Harzes erforderlich geworden ist, und namentlich die auf der Lossenschen Karte gebrauchten Bezeichnungen der Schichten, zum Teil auch ihre Grenzen, vielfach durch andere ersetzt werden müssen.

Nach dem gegenwärtigen Stande unserer Kenntnisse befinden sich nun unter den geschichteten Gesteinen des Harzes: 1) Obersilur, die sogenannten Graptolitenschiefer bei Lauterberg, Treseburg, Harzgerode, südlich Wernigerode u. s. w., bis vor kurzem mit zum folgenden gerechnet, der Ilsenburg-, Bruchberg- und Acker-Quarzit; 2) Unterdevon, gewisse Schiefer, oft mit Kalklinsen (mit der „Hercyn-Fauna"), nördlich von Zorge, bei Harzgerode und Mägdesprung; es ist dies ein größerer Teil der „Unteren Wieder-Schiefer", ferner die Quarzite südöstlich des Acker- und des Bruchberges, die Spiriferensandsteine und sandigen Schiefer des Rammelsberges, der Schalke, des Bocksberges und die meisten Quarzite des Unterharzes, „des Hauptquarzites"; 3) das Mitteldevon mit einem Teile der Wieder-Schiefer, auch mit Kalklinsen, so bei Hasselfelde und im Selkethal, den sogenannten Wissenbacher und Goslarer Schiefern, den Tentakuliten- und Calceolaschiefern, sowie 4) dem Stringocephalenkalk von Elbingerode und dessen Vertretern im Okerthal und zwischen Altenau und Lerbach; 5) Unteres Oberdevon, die Massenkalke des Iberges und Winterberges bei Grund und von Rübeland, ferner gewisse Kalke und Schiefer des Oker- und Äckethales, die auch bei Elbingerode und im Selkethal u. s. w. verbreitet zu sein scheinen; 6) Oberes Oberdevon, Cypridinenschiefer, zum Teil mit Clymenienkalken, im Oker- und Äckethal, bei Elbingerode und Mägdesprung; 7) das Karbon oder der Kulm, die Posidonienschiefer und Grauwacken, zu welchen die „Zorger Schiefer“, die „Elbingeroder Grauwacke“ und ein Teil der „Tanner Grauwacke“ gerechnet werden müssen.

Alle diese Schichten, Schiefer, Kalke, Sandsteine, Quarzite und Grauwacken, sind nun ursprünglich vom Meere als Schlamm, Sand oder Kies abgelagert worden in geringer Neigung, sind dann erhärtet und am Ende der Steinkohlenperiode durch seitlichen (oder „tangentialen“) Druck in mannigfaltiger Weise gefaltet, geknifft, aufgerichtet und auch zerrissen worden, doch stets so, daß die Schichten die Richtung (das „Streichen“) von Südwest nach Nordost haben, ganz ebenso wie im Thüringer Walde und im Rheinisch-westfälischen Schiefergebirge, wo augenscheinlich dieselben Schichten zu derselben Zeit durch dieselben Kräfte somit eine gleiche Störung ihrer ursprünglichen Lagerung erlitten haben.

Bei dieser Gelegenheit sind zum letztenmal gewisse Eruptivgesteine, vornehmlich Grünstein oder Diabas, emporgequollen und haben Spalten und Lücken im Gesteine ausgefüllt, die bei diesen Vorgängen entstanden sein konnten. Der Diabas folgt stets der Richtung der Schichten, besonders im „Diabaszuge“, zwischen Osterode und Harzburg. Unzweifelhaft war aber nach diesen Vorgängen und infolge derselben die Erdoberfläche sehr uneben und enthielt sowohl Hervorragungen, als auch Vertiefungen. Die ersteren wurden bald darauf abgetragen („abradiert“), die letzteren ausgefüllt, indem die Meereswogen und die Brandung alle über das Meeresniveau hervorragenden Gesteinsmassen abnagten oder unterspülten und so zum Einsturz brachten, wie dies auch heute noch an felsigen Küsten geschieht, so z. B. an der von Helgoland. Infolgedessen wurden dann annähernd ebene Flächen (Abrasionsflächen) gebildet, welche im allgemeinen von der Beschaffenheit und Lagerung der darunter anstehenden Schichten und Gesteine unabhängig sind und zum Teil auch heute noch in Hochflächen des Harzes erhalten sein dürften.

Durch die Abtragung jener Gesteinsmassen, durch ihre Zertrümmerung und Abrollung vermittelst der Wogen des Meeres wurde dann Kies, Sand und Schlamm gebildet, welche in größerer Menge namentlich an geschützten Orten liegen blieben, hauptsächlich also da, wo nicht Erhebungen, sondern Vertiefungen bei der Faltung und Aufrichtung der Schichten entstanden waren.

Diese Vertiefungen wurden hierdurch mehr und mehr durch Konglomerate von Harzgesteinen ausgefüllt, und dies sind die unteren Schichten des sogenannten Rotliegenden, welches somit nicht gleichmäßig überall, sondern in einzelnen Becken zur Ablagerung gelangt ist, am Harz in den drei Becken von Ellrich-Ilfeld, von Mansfeld und von Ermsleben; nördlich Ilfeld und bei Ballenstedt enthält es auch dunkle Schieferthone und wenig mächtige Steinkohlen. Über das untere Rotliegende ergossen sich dann besonders nördlich von Ilfeld Ströme von Eruptivgesteinen, zunächst von dunklem Melaphyr, dann von Porphyr, welche als Decken noch jetzt erhalten sind, früher aber jedenfalls eine weit größere Ausdehnung gehabt haben; bestehen doch die mächtigen, darüber folgenden „postporphyrischen“ Konglomerate zum Teil fast nur aus Porphyrbrocken und -geröllen.

Vielleicht sind annähernd gleichzeitig mit diesem Porphyr auch die Porphyrgänge emporgedrungen, welche zwischen Ilfeld und Wernigerode eine Reihe mehr oder minder langer Nord-Süd-Spalten in den verschiedensten älteren Gesteinen ausfüllen, so auch im Diabas, jedenfalls aber in den bereits gefalteten Gesteinen, also nach dem Schluß der Karbonperiode.

Aus derselben Zeit rühren aber wohl auch die Porphyre der Kegel her, welche im Ostharz (Auersberg), wie im Westharz (Ravenskopf, Knollen bei Lauterberg) noch als Reste ehemals vorhandener größerer Massen von Porphyr erhalten sind. Endlich dürften etwa um dieselbe Zeit der Granit des Okerthales und des Brockens, des Bodethales und des Ramberges emporgedrungen sein, jedenfalls nach dem Diabas und nach erfolgter Faltung der Schichten, wie dies namentlich die vom Granit des Hexentanzplatzes auslaufenden sogenannten Apophysen, die Bodegänge Lossens, sicher feststellen lassen. Dieselben sind im Bodethale selbst und an dem Fußwege aus diesem nach dem Hexentanzplatze gut aufgeschlossen und enthalten teils feinkörnigen Granit, teils, an den Grenzen der Gänge gegen das Nebengestein, porphyrartiges bis felsitähnliches, dichtes Gestein, wie es sich bilden mußte infolge der schnelleren Abkühlung und Erstarrung der einst feurig-flüssigen Masse. Der Granit des Harzes ist somit ein verhältnismäßig junges Gestein.

Die Ablagerung des Rotliegenden am Harz, welcher damals jedenfalls vom Meere bedeckt war und über seine Umgebung kaum hervorragte, wurde endlich dadurch abgeschlossen, daß eine allgemeine Senkung der Erdrinde im größten Teile von Deutschland erfolgte, verbunden mit einem allgemeinen Auftreten des Meeres. In diesem tieferen Meere wurden dann sehr gleichmäßig die Schlammmassen abgelagert, welche später zu Kupferschiefer und Zechstein erhärteten, und zwar gleichmäßig sowohl auf die Gerölle-massen und Konglomerate des Rotliegenden der drei erwähnten Becken, als auch unmittelbar oder fast unmittelbar auf die abradierte Oberfläche der paläozoischen Schichten. So liegt z. B. zwischen Osterode und Seesen der Kupferschiefer und Zechstein „diskordant“ auf den gefalteten, älteren Gesteinen, wie dies umstehende Abbildung (S. 5) zeigt.

Über dem Zechstein selbst wurden dann die übrigen Schichten der Zechsteinformation abgelagert, verschiedene Dolomite, Schieferletten, Anhydrit, welcher später vielfach durch

Gefaltete und verworfene Kieselschiefer mit abradierter Oberfläche am Wege von Osterode nach der „Fuchshalle“.

Aufnahme von Wasser in Gips umgewandelt wurde, und endlich auch Steinsalz, bis zu 1000 m mächtig, und darüber die Kalisalze, welche besonders in neuester Zeit wieder Veranlassung zu zahlreichen Bergwerksunternehmungen gegeben haben.

Später erfolgte dann gleichmäßig die Ablagerung des ganzen Buntsandsteins, des Muschelkalks und Keupers, der Jura- und Kreideformation und von Schichten der Tertiär- oder Braunkohlenformation, ohne daß der Harz in dieser ganzen langen Zeit mit seiner jetzigen Oberfläche wesentlich aus dem Meere emporgeragt hätte. Wenn auch von allen diesen Schichtenfolgen nur das Rotliegende und der Zechstein, welche sich an seinen Rändern ziemlich weit hinaufziehen, und vereinzelte Reste von Tertiär- und auch Glacialbildungen auf dem Harz erhalten oder vielmehr bis jetzt aufgefunden worden sind, ja wenn alle die übrigen Schichten, namentlich der Trias, auf dem Harz überhaupt nicht zur Ablagerung gelangt wären, wie dies ja wohl möglich ist, so kann doch füglich der Harz in diesem ganzen, enorm langen Zeitraume nicht wohl jemals aus dem Meere hervorgeragt haben oder auch nur so hoch gelegen haben, daß er wesentlich der Brandung ausgesetzt gewesen wäre. Es fehlen eben in allen diesen jüngeren Schichten Gerölle von Harzgesteinen, von Grauwacke, Kieselschiefer, Quarzit u. s. w., wie solche heutzutage von jedem auch noch so geringfügigen Gewässer in Menge vom Harz herab in das Vorland mitgebracht werden und sicher auch in der Vorzeit mitgeführt worden wären, wenn der Harz eben ein Berg oder Gebirge gewesen wäre. Es fehlen aber solche Gerölle sogar in gröberen, jedenfalls in flachem Wasser abgelagerten Gesteinen, wie in der unteren Kreide, bei Langelsheim, Goslar u. s. w., und vereinzelte Stückchen von Kieselschiefer u. s. w., welche in den der oberen Kreide angehörigen Konglomeraten des Sudmerberges bei Oker in nächster Nähe des Harzes vorkommen, können wohl auch aus dem Rotliegenden herrühren, gleichen jedenfalls in keiner Weise den jetzt vom Harz herabgespülten Schuttmassen, so daß dieser nicht als Gebirge existiert haben kann. Außerdem sind aber alle Gesteine des Buntsandsteins, Muschelkalks, Keupers, der Juraformation und des größten Teiles der Kreideformation und selbst des Tertiärgebirges unmittelbar an dem jetzigen Harzrande ganz ebenso ausgebildet und zusammengesetzt wie auch sonst in Norddeutschland in größerer Entfernung vom Harz, also als Ablagerungen von flacherem oder tieferem Wasser, nicht aber als Strandbildungen.

Zur Zeit der unteren Kreide, des „Hilskonglomerates", und der oberen Kreide, des „Sudmerbergkonglomerates" und des „Heimburggesteins" sind ja bedeutende Mengen von Geröllen vom Meere abgelagert, also vorher von anderen Stellen fortgespült worden, doch sind es fast ausschließlich Gerölle von mesozoischen Gesteinen, welche damals zerstört worden sind, und dies mag wohl auch über der damaligen Oberfläche des Harzes geschehen sein, namentlich aber noch etwas später, zur älteren Tertiärzeit, von welcher Ablagerungen im mittleren und nördlichen Deutschland fast ganz fehlen.

In jüngeren, dem Miocän angehörigen Tertiärbildungen, welche bei Gittelde u. s. w. in einzelnen Schollen erhalten sind, finden sich auch nur kleine Bröckchen von Kieselschiefer, und diese dürften eher aus dem Eddergebiet, aus dem Rheinischen Schiefergebirge herrühren, als aus dem Harz, da sie in den gleichen Schichten nach Kassel hin immer größer und häufiger vorkommen. Dasselbe Alter könnten auch die Sande und Gerölle haben, welche sich auf der Hochfläche des Harzes noch jetzt in kleinen Fetzen in der Gegend von Harzgerode finden. Jedenfalls war der Harz zu dieser Zeit wohl von Wasser bedeckt.

Etwas später, am Ende der Miocänzeit, sind dann wieder in Westdeutschland stärkere Pressungen in der festen Erdrinde erfolgt, und es sind Spalten entstanden, durch welche die Basaltmassen der Gegend von Göttingen und Kassel, des Meißner, der Rhön, des Vogelsberges und Westerwaldes empordrangen, also jene zahlreichen Kuppen, Kegel und Rücken, welche das Landschaftsbild südwestlich vom Harz beleben.

Zu dieser Zeit und durch dieselben Kräfte ist wohl die erste größere Emporhebung des Harzes erfolgt, ebenso wie der übrigen Gebirge Deutschlands und so ziemlich der ganzen Welt. Für den Harz ist dies dadurch nachzuweisen, daß in die bei der Emporhebung entstandenen Risse und Spalten an seinem Rande bei Bienrode bei Thale, sowie bei Gittelde einzelne Fetzen der bereits abgelagerten Tertiärschichten unregelmäßig eingesunken sind.

Diese Emporhebung des Harzes ist nun keineswegs plötzlich und gleichmäßig erfolgt, sondern durch eine langsame Aufbauchung, durch Pressung oder „tangentialen Druck", zunächst in der Richtung der kurzen Achse des Harzes, also von Südsüdwesten nach Nordnordosten; es wird dies kenntlich durch die Neigung, welche die alte, abradierte Oberfläche der primären Schichten und die ihr aufgelagerten Schichten des Zechsteins oder Rotliegenden angenommen haben. Am südlichen Hange ziehen diese sich mit einem Ansteigen von oft 20 Grad und mehr hinauf, während am nördlichen Harzrande, abgesehen von dem Becken des Rotliegenden von Ermsleben, die alte Oberfläche nebst den darauf gelagerten Schichten von Zechstein, Buntsandstein u. s. w. ganz steil geneigt, nach Westen sogar „überkippt" ist. Diese Art der Aufbauchung wird gewöhnlich darauf zurückgeführt, daß der Druck oder Schub von Süden her gewirkt hätte; sie wäre aber wohl natürlicher dadurch zu erklären, daß die Erdoberfläche am Südrande schon damals höher gelegen hätte, als die nördliche, ähnlich wie auch jetzt noch, und daher die Richtung der Aufbauchung beeinflußt hätte.

Der feste, massige Granit ist nun hierbei am höchsten emporgepreßt worden, namentlich der Brockengranit, natürlich in derselben Richtung, so daß er dem Nordrande des Harzes weit näher liegt als dem Südrande.

Die gefalteten primären Gesteine haben sich nun bei dieser Aufwölbung nicht einfach wie eine plastische Masse gebogen, sondern allerlei Risse und Spalten bekommen, besonders annähernd senkrecht zur Druckrichtung oder parallel der Aufwölbung und der langen Achse des Harzes.

Solchen Spalten dürften aber die Erzgänge des Oberharzes, wie des Unterharzes, welche ja so ziemlich in derselben Richtung streichen, ihre Entstehung verdanken, indem Wasser, welches von oben und den Seiten her in die Spalten einsickerte, allerlei Mineralstoffe enthielt und absetzte, besonders Quarz, ferner Eisenspat, Kalkspat, Bleiglanz, Zinkblende und andere Erze, je nach dem Gestein, durch welches das Wasser hindurchgesickert war, so daß ein und derselbe Gang bald „taub", bald „edel" oder erzführend wurde. Dank allein dieser Erzführung der Gänge ist ja der Harz schon vor vielen Jahrhunderten von den Franken besiedelt worden und kann noch jetzt so viele Menschen ernähren; freilich ist in den letzten Jahrzehnten zum Teil infolge der niedrigen Silber-, Blei- und Kupferpreise der Ertrag der Bergwerke so weit gesunken, daß verschiedene eingestellt werden mußten, und die Ausbeute der Hüttenwerke beruht jetzt zu einem wesentlichen Teile darauf, daß sie arme südamerikanische Erze, welche in Bolivien u. s. w. nicht mit Nutzen verhüttet werden können, mit Vorteil verarbeiten dank ihrer trefflichen Einrichtungen. So wird ein großer Teil des Silbers und alles Gold von der Lautenthaler Hütte aus ausländischen Erzen gewonnen.

Aufgerichtete Kieselschiefer, diskordant überlagert von Kupferschiefer, am Wege von Osterode nach der „Fuchshalle".

Freilich ist aber auch mit zunehmender Tiefe die Gewinnung der Erze mühsamer und kostspieliger, der Erzgehalt der Gänge zum Teil geringer geworden. So reichen die Bergwerke, speciell der Kaiser-Wilhelm-Schacht bei Klausthal, jetzt bis zu 865 m Tiefe, 500 m unter den tiefen Ernst-August-Stollen hinab, welcher 30 km lang ist und die Grubenwässer nach Gittelde abführt, und bei Andreasberg sind die ehemals so reichen Gruben Samson und Katharina Neufang bei 780 m Tiefe wenig ergiebig.

Nur teilweise können natürlich die fortwährend durch Steigung der Arbeitslöhne und Materialpreise zunehmenden Kosten durch sorgfältigen und sparsamen Betrieb in etwas ermäßigt werden, und hierbei kommen namentlich die zahlreichen „Teiche" auf dem Oberharz in Betracht, welche angelegt wurden, um den Wasserbedarf der Werke, besonders der Aufbereitung oder „Wäsche", und der Hütten in der trockenen Jahreszeit zu liefern, jetzt aber auch inmitten der herrlichen Wälder so oft die lieblichsten Aussichtspunkte darbieten.

Bei allem diesem ist es in höchstem Grade erfreulich, daß im letzten Jahrzehnt sowohl bei Grund, als auch im Rammelsberge bei Goslar neue Anbrüche von Erzen aufgeschlossen worden sind, welche auf lange Jahre hinaus einen lohnenden Bergwerksbetrieb sicherstellen.

Die Harzer Erzgänge haben aber auch prächtige, zum Teil sehr wertvolle und seltene Krystallstufen geliefert, welche die Zierde aller Museen und Mineraliensammlungen bilden;

so stammen aus den Neudorfer Bergwerken prachtvolle Krystalle von Bleiglanz, Zinkblende, Fahlerz, Bournonit neben dem gewöhnlichen Quarz, Eisenspat u. s. w., aus denen von Wolfsberg Grauspießglanz u. s. w., während in den Andreasberger „Ruscheln“ besonders die reichsten Silbererze, namentlich herrliche Rotgültigerzkrystalle gefunden worden sind, aber auch Kalkspatkrystalle in einer Schönheit und Größe, einer Verschiedenheit und einem Reichtum an Flächen, wie sonst nirgends in der Welt. Wenig ergiebig an Krystallstufen sind jetzt die Oberharzer Erzgänge, da sie nur noch wenige und kleine Hohlräume in der größeren Tiefe enthalten, bis zu welcher die Baue gelangt sind, und nur in solchen Hohlräumen treten Drusen mit Krystallen auf.

Nur an verhältnismäßig wenigen Stellen finden sich also auf den Gängen bauwürdige Erze, welche bei ihrem Abbau Gewinn bringen; weit häufiger sind „taube Gänge“ oder „taube Mittel“ zwischen „edlen Teilen“ der Gänge.

Ebenso wie die Neigung, das „Einfallen“, der Gänge, schwankt auch ihre Richtung, ihr „Streichen“, und ihre Weite oder Mächtigkeit, welche fast auf Null herabsinken kann. Für die Gänge, deren Verlauf durch Bergwerksbetrieb oder Schurfversuche festgestellt ist, läßt sich aber vielfach nachweisen, daß sie mit Thälern zusammenfallen und somit die erste Veranlassung zu deren Bildung gegeben haben. So liegen im Westharz der Lautenthaler Gang in Nebenthälern des Innerstethales, der Wildemanner Gang im Pandelbachthale oder eigentlich an deren unterem Gehänge, da die Thal-Erosion auf derjenigen Seite der Gangspalte am stärksten wirkte, auf welcher das Nebengestein das mürbere und weniger widerstandsfähige war. Gar häufig ist nämlich mit der Entstehung der Spalten eine vertikale oder horizontale Verschiebung der Schichten, eine „Verwerfung“ verbunden, so daß an den beiden Seiten der Spalten verschiedenartige Schichten und Gesteine aneinander stoßen.

Oft genug ist auch eine solche Verwerfung schon durch die Terrainformen dem geübten Auge kenntlich, so z. B. am Pandelbachthale, wo die nordöstlich anstoßenden Flächen und Rücken durchschnittlich über 100 m höher liegen als die südwestlich davon liegenden, so daß diese von jenen aus vollständig übersehen werden, aber auch von weitem, außerhalb des Harzes selbst, etwa von Münchehof, durchaus den Eindruck einer abgebrochenen und abgesunkenen Scholle machen.

Die Richtung dieser Gänge und Spalten, welche die Schichten des Harzes schräg durchschneiden, entspricht also der großen Achse des Harzes oder läuft seinem Nord- und Südrande annähernd parallel, sowie auch der Richtung, in welcher alle jüngeren Schichten außerhalb des Harzes im ganzen nordwestlichen Deutschland, vom Zechstein bis zum jüngeren Tertiärgebirge, gefaltet, aufgerichtet oder verworfen worden sind, nämlich von Südosten oder Ostsüdosten nach Nordwesten oder Westnordwesten; es setzen aber auch die Erzgänge des Harzes in der gleichen Richtung aus den primären Gesteinen weiter fort in die jüngeren des Zechsteins und der Trias und stören stellenweise am Westrande des Harzes die Lagerung anscheinend miocäner Tertiärschichten, so daß sie jünger sein müssen, als diese.

Eine zweite Aufbauchung des Harzes erfolgte wohl nur verhältnismäßig wenig später in anderer Richtung, in der Richtung der großen Achse des Harzes, also von Ostsüdosten nach Westnordwesten, in der Weise, daß auf der Ost- und der Westseite die alte abradierte Oberfläche der älteren Schichten und die ihr aufgelagerten Zechsteinbildungen eine stärkere Neigung, bis zu 20 Grad und mehr, angenommen haben, eine Neigung, unter welcher die Kalke, Dolomite und Letten des Zechsteins, welche doch ursprünglich feiner Schlamm waren, unmöglich abgelagert worden sein können, da Schlamm an geneigten Flächen herabsinkt. Nach der Mitte des Harzes zu wird von beiden Seiten her die Neigung der Hochflächen bald geringer und geht dann in die entgegengesetzte Richtung über, so daß etwa zwischen dem Brocken und dem Ramberge sich eine breite, flache Einsenkung ausbildet, die auf der Auhagenschen Höhenschichtenkarte des Harzes sehr wohl zu erkennen ist, aber auch auf dem Harz selbst, etwa von Schierke aus, sich gut bei klarem Wetter übersehen läßt.

Mit dieser zweiten Aufbauchung des Harzes in seiner großen Achse dürften wiederum Spalten und Zerreißungen der Schichten in der Richtung seiner kurzen Achse in Verbindung stehen, also durchschnittlich in der Richtung von Südsüdwesten nach Nordnordosten, und diese dürften die erste Veranlassung zur Ausbildung der Fluß- und Bachthäler gegeben haben, welche durchschnittlich in dieser Richtung nach dem Nord- und Südrande des Harzes fließen. Hierdurch ließe es sich auch erklären, weshalb die Innerste aus der Gegend von Wildemann oder der Silberhütte bei Klausthal ihren Lauf nach Langelsheim genommen hat, statt nach dem so viel näheren Westrande des Harzes bei Gittelde. Durch solche Querbrüche erklärt sich aber auch die besonders am Nordrande des Harzes so auffällige Erscheinung, daß derselbe auf den beiden Seiten der Ausmündung von Flußthälern verschieden weit vorspringt, und dasselbe ist dann auch der Fall mit den jüngeren dem Harz vorgelagerten Gesteinen des Muschelkalk, der Juraformation u. s. w.; in diesen setzen die Spalten auch wohl weiter fort und haben zum Beispiel zur Folge, daß das Wasser zum Teil bei Langelsheim versinkt und bei Baddekenstedt oder auch zeitweise schon bei Walmoden bei Ringelheim in starken Quellen zu Tage tritt.

AUFNAHME VON K. SCHWIER, WEIMAR.

Stalaktiten in der Hermannshöhle.

Die Annahme, daß die zuletzt erwähnte Aufbauchung des Harzes in der Richtung seiner großen Achse die jüngere sei, wird wesentlich dadurch gestützt, daß die Störungen und Verwerfungen der Südnordrichtung im ganzen nordwestlichen Deutschland im allgemeinen etwas jünger sind, als die von Südost nach Nordwest laufenden. Am Westrande des Harzes ist jedenfalls zur gleichen Zeit und durch dieselben Kräfte die Schichtenzerreißung und -verschiebung, sowie die Thaleinsenkung entstanden, welche von Neukrug über Seesen, Gittelde und Osterode verläuft und stellenweise eingesunkene Schollen von Muschelkalk und Braunkohlengebirge enthält.

Durch diese verschiedenen Aufbauchungen und Bewegungen sind nun die primären Schichten stark zerrüttet und zertrümmert worden und liegen oftmals in großen, schiefviereckigen Stücken verschoben nebeneinander, so daß der von Baurat Langsdorff gebrauchte Ausdruck eines mosaikartigen Bildes sehr wohl zutrifft. Ganz abgesehen von den oben besprochenen Gangspalten, sind die feinen, wie die gröberen Risse und Klüfte immer wieder dadurch verkittet worden, daß hindurchsickerndes Wasser sie mit Mineralsubstanzen ausfüllte, und zwar in der Regel mit Kieselsäure; oft genug sind dann besonders in den Quarziten und Grauwacken auch noch Hohlräume vorhanden, welche mit Quarzkrystallen ausgekleidet sind, während die stark zerklüfteten und kurzklüftigen Kieselschiefer oft von zahlreichen weißen Quarzadern durchzogen sind und in wahre Breccien übergehen.

Abgesehen von dieser Verkittung und Verhärtung der Gesteine durch Spaltenausfüllung, sind dieselben aber auch in großer Ausdehnung „metamorphosiert“ worden in der Nachbarschaft des Granits, des Porphyrs, des Diabas u. s. w. und zwar auch meistens durch Einführung von Kieselsäure, aber in die geschichteten Gesteine selbst, so daß diese verkieselt wurden. Wasser, welches in den vulkanischen Gesteinen Kieselsäure aufgenommen hatte, setzte dieselbe später in den benachbarten Gesteinen ab, und es wurde hierdurch eine sogenannte Kontaktmetamorphose gebildet. Die Gesteine sind dann härter, dichter und homogener, so daß ihre Schichtung weniger deutlich ist, daß die Schiefer weniger spaltbar sind, die Grauwacken ihre einzelnen Bestandteile an Quarz- und Schieferbrocken nicht mehr so gut erkennen lassen, und daß alle Gesteine der Verwitterung und auch der Erosion weit größeren Widerstand leisten.

Am ausgedehntesten ist diese Metamorphose in der Umgebung der größeren Granitmassen zu beobachten, also im wesentlichen in der nördlichen Hälfte des Harzes, und diese Kontaktzone ist auch auf der geologischen Übersichtskarte Lossens besonders angegeben. Vornehmlich in diesem Gebiete werden denn auch Steinbrüche zur Gewinnung von Wegebaumaterial im Westharz betrieben.

AUFNAHME VON K. SCHWIER, WEIMAR.

Stalaktiten in der Hermannshöhle.

Auch im Kontakt mit Porphyr und Diabas ist eine solche Umwandlung häufig zu sehen, so südlich von Wernigerode, am Lerbacher Teich, wo die oberdevonischen Schiefer in „Adinol" verwandelt sind und ihre Schichtung wohl durch ihre gebänderte Färbung erkennen lassen, aber nicht mehr spaltbar sind. Öfters ist auch die Kieselsäure deutlicher in kleinen, hellen Körnchen im Gestein angehäuft.

In anderen Fällen, zumal wenn Kalk in den Gesteinen vorhanden war, sind „Silikate" entstanden, besonders Granaten, wie an der blauen Klippe und an der Schurre im Bodethal, an den Rabenklippen bei Romkerhall im Okerthal, ferner Epidot, Axinit u. s. w., wie an der Heinrichsburg bei Mägdesprung und bei Treseburg. Hier sind auch die feinen Fasern von Epidot oder dergleichen in Quarz eingeschlossen, und dieses „Katzenauge" wird dort den Touristen vielfach zum Kauf angeboten. Bekannt ist ferner das Vorkommen von Fleck- und Bandschiefer von der Heinrichsburg. Besonders wichtig ist aber für die Gegend von Elbingerode und von Lerbach-Polsterberg die Umwandlung des Kalkes in Eisenstein im Kontakt mit Diabas oder Schalstein. Zahlreiche alte Halden und Pingenzüge legen noch Zeugnis ab von dem ausgiebigen Bergbau, welcher seit Jahrhunderten dort betrieben worden, in neuerer Zeit aber großenteils zum Erliegen gekommen ist.

Anderen Ursprungs sind freilich die Eisensteine vom Iberg und Winterberg bei Grund, wo zahllose tiefe Löcher und Pingen von dem in neuerer Zeit ganz eingestellten Bergbau herrühren. Die gewaltigen Kalkmassen dieser Berge, welche durch ihren Reichtum an schön erhaltenen Versteinerungen berühmt sind, werden durch Verwerfungen von den sie umgebenden Grauwacken und Schiefern getrennt und sind durch Wässer, welche auf den Verwerfungsspalten zirkulierten, in deren Nachbarschaft in Eisenstein verwandelt, zum Teil auch verkieselt, und auch Schwerspat schied sich aus; etwas weiter nach Westen, am Rösteberg, wurde von solchen Spalten aus sogar der Zechstein großenteils in Schwerspat verwandelt.

Höhlen finden sich, wie so häufig in Kalk und Dolomit, besonders bei Rübeland, wo die Baumanns- und Bielshöhle seit längerer Zeit bekannt sind, die Hermannshöhle aber erst in neuester Zeit aufgefunden und zugänglich gemacht wurde. Solche Höhlen

Kästenklippe.

sind gewöhnlich dadurch entstanden, daß Spalten stellenweise weiter klafften, daß von den Seiten her Gestein abbröckelte und den unteren, engeren Teil ausfüllte, so daß hierdurch der Boden der Höhle gebildet wurde. Hindurchfließendes Wasser erweiterte dann wohl die Höhlen und lagerte auch wohl Gerölle in ihnen ab, so daß sie eine mehr oder minder ebene Sohle erhielten, gleichviel, ob dies schon zur Tertiärzeit geschah, wie dies Lossen für die Rübeländer Höhlen ohne zwingenden Grund annahm, oder erst später. Wo solche Höhlen in geringer Tiefe liegen oder in weniger festem Gestein stehen, wie die Einhornhöhle bei Scharzfeld im Zechstein, da stürzen gelegentlich einzelne Teile der Decke ein, und es entstehen Tagesbrüche, tiefe Erdfälle.

Fast ausnahmslos ist aber in solche Höhlen der sogenannte Höhlenlehm gelangt und immer wieder Wasser, wenn auch wohl in sehr wechselnden Mengen, von oben durch die Ritzen und Spalten in der Decke hindurchgesickert und hat an den Wandungen Überzüge von Kalksinter abgesetzt, an der Decke aber beim Herabtropfen eiszapfenähnliche Stalaktiten gebildet, da, wo es auf den Boden tropfte, dagegen die rundlichen oder niedrigkegelförmigen Stalagmiten (siehe Seite 7 u. 8). Oft genug berührten sich mit der Zeit die Stalaktiten und Stalagmiten, und es entstanden dann jene wundersamen Pfeiler, Säulen, Orgeln, Vorhänge und sonstige Figuren, welche einen so außerordentlich romantischen Anblick gewähren, solange sie nicht durch Staub oder Qualm von Lampen oder Fackeln ihre ursprüngliche weiße Farbe eingebüßt haben. In dem Kalksinter oder unter demselben und den Stalagmiten, in dem Höhlenlehm, sind stellenweise Reste von Wirbeltieren nicht selten, namentlich aber solche von Höhlenbären.

Die Einhornhöhle bei Scharzfeld hat ihren Namen davon, daß hier noch im vorigen Jahrhunderte das „unicornu fossile“ gegraben wurde, welches freilich nicht aus Resten des fabelhaften Einhorns bestand, sondern hauptsächlich aus Knochen und Zähnen von Höhlenbären, wie solche auch jetzt noch dort zu finden sind.

Weit ergiebiger an solchen Resten sind freilich die Rübeländer Höhlen gewesen, besonders die Hermannshöhle mit ihren labyrinthischen Gängen, welche von Kloos untersucht und beschrieben wurde.

In ganz anderer Weise, durch Auflösung von Gips und Steinsalz, sind die Höhlen oder Schlotten entstanden, welche am östlichen, südlichen und westlichen Harzrande, also außerhalb des eigentlichen Harzes, so verbreitet sind, und durch deren Einsturz so häufig Erdfälle entstanden sind, trichterförmige Vertiefungen, oft mit Wasser erfüllt, also Teiche ohne oberirdischen Abfluß.

Mindestens während eines Teiles der Diluvial- oder Glacialzeit, jedenfalls in der ersten Hälfte derselben, sind diese Höhlen unter Wasser und nicht von Tieren oder gar Menschen bewohnt gewesen; finden sich doch selbst auf der Hochfläche des Unterharzes Geschiebe nordischer Gesteine, welche füglich nur durch die Fluten der Eiszeit dorthin gelangt sein können, vermutlich eingefroren in Eisberge, da eigentliche Gletscherprodukte des großen Inlandeises, wie Grundmoräne und Moränenschutt, fehlen, die in der norddeutschen Ebene in so großer Verbreitung und solcher Mächtigkeit auftreten. Besonders westlich vom Harz sind diesen Schuttmassen bedeutende Massen von Harzgesteinen beigemengt, so daß der Harz schon vorher als Berg oder Gebirge vorhanden gewesen sein muß.

Es hat demnach die auswaschende oder erodierende Wirkung des Wassers, der Bäche und Flüsse, schon vorher begonnen, und schon zur Pliocänzeit sind jedenfalls Ablagerungen von Harzgesteingeröllen am Harzrande gebildet worden, und der Lauf der Flüsse und Bäche ist durch die oben erwähnten, zur Miocänzeit entstandenen Strukturlinien vorgezeichnet worden. Eine letzte Heraushebung des Harzes dürfte wohl erst später erfolgt sein, und die Einwirkung der Gewässer wurde dann um so viel stärker. Die Vertiefungen wurden zu Thälern und Schluchten, und Schluchten und Wasserrisse dehnten sich immer weiter aus und zerteilten die Hochflächen des Harzes mehr und mehr.

Gegen die Erosion einerseits und die Verwitterung andrerseits waren aber die verschiedenen Gesteine in sehr verschiedenem Grade widerstandsfähig, und hierdurch werden die mannigfaltigen Formen der jetzigen Oberfläche, aber auch das Wachstum der Vegetation und der Zustand der Wege bedingt. Die schroffsten, wildesten Felsabstürze finden sich im Bodethal und im Okerthal im Bereich des massigen Granites, der freilich auch bei der Heraushebung des Harzes wohl am höchsten emporgeschoben ist. Von der Oberfläche und von Klüften im Gestein aus wirkt das Wasser zersetzend auf den Granit, so daß er zu Gruß zerfällt, welcher am Gehänge des Brockens den Boden bedeckt, an steileren Hängen und aus den Klüften aber fortgespült wird, so daß oft isolierte Pfeiler und Spitzen stehen bleiben, oder auch endlich große Blöcke hinabstürzen, wie solche dann von der Bode und Oker thalabwärts gewälzt werden, oder auch in Nebenthälern sich anhäufen, wahre Felsenmeere bildend, wie am Wege aus dem Okerthal nach Osten, nach dem „Taternplatz“.

AUFNAHME VON FR. ROSE, WERNIGERODE.

Hohneklippen.

Kieselige Gesteine, die metamorphosierten Schiefer, Grauwacken u. s. w. des Nordharzes, ferner Kieselschiefer und die Quarzite des Acker- und Bruchberges verwittern zwar weit schwerer und geben daher weniger guten Waldboden, in der Regel aber besseren Untergrund für die Wege, und unterliegen, soweit sie weniger massig sind, in etwas höherem Grade der Abspülung.

In ursächlichem Zusammenhange mit dem geologischen Bau und der Ausdehnung des Harzes steht unzweifelhaft eine Reihe von Anomalieen in der „Intensität der Erdschwere“ oder Anziehungskraft der Erde und dem Erdmagnetismus. Seit längerer Zeit schon ist bekannt, daß an gewissen Punkten des Harzes die Magnetnadel abgelenkt wird, besonders stark am „Schnarcher“ bei Schierke und an der Hohneklippe (nach den Beobachtungen von Eschenhagen), daß aber auch Lotabweichungen ganz gewöhnlich sind. Nach den neuesten, durch das Königl. Geodätische Institut in Potsdam veranlaßten Untersuchungen sind am Nordrande des Harzes die Lotabweichungen nach Süden gerichtet, am stärksten in der Gegend von Harzburg-Kattenäse, und auf der südlichen Hälfte des Harzes nach Norden. Eine Mittellinie ohne Lotabweichungen verläuft mit einigen Krümmungen nördlich Osterode, Andreasberg und Güntersberge bis südlich von Wippra, also in der Richtung der langen Achse und der Hauptaufbauchung des Harzes.

Dieser Linie parallel, mit ähnlichen Krümmungen, verläuft aber auch die „magnetische Kamm-Attraktion“, nämlich von Herzberg-Ellrich-Ilfeld-Stolberg bis südlich von Sangerhausen.

Geographisches und Klimatisches.

Von

Universitäts-Professor Dr. **Fr. Regel.**

Zum Harz gehören nicht nur die vorstehend näher geschilderten primären gefalteten Schichten, sondern auch die des *Rotliegenden* und des *Zechsteines*, welche sich am westlichen, südlichen und östlichen Gebirgsrande auf der abradierten Oberfläche jener zusammengefalteten Schichtenfolgen mehr oder minder weit hinaufziehen (resp. sich hier erhalten haben), aber nur so weit, als sie diese stärkere Neigung haben.

Diese noch dem Altertum oder der paläozoischen Entwickelungsperiode unserer Erde zugehörigen beiden Formationen, welche man wohl auch als Dyas der mesozoischen Triasformation (dem Buntsandstein, Muschelkalk und Keuper) gegenübergestellt hat, bilden den Übergang von den Terrainformen des eigentlichen Harzes zu denjenigen seiner nächsten Umgebung, lassen aber von den ersteren in der Regel einen bedeutenden Abstand erkennen.

In **orographischer Hinsicht** bildet das Harzgebirge fast durchweg ein deutlich abgegrenztes Massengebirge und bietet namentlich von der Tiefebene her als das am weitesten gegen Norden vorgeschobene Glied und als eine der bedeutendsten Erhebungen des mitteldeutschen Berglandes einen sehr imposanten Anblick dar, allerdings erst etwas weiter vom Gebirgsfuß entfernt, wie z. B. vom Bahnhof in Börsum aus. Auf der Südseite gewähren u. a. der Kyffhäuser oder die Hasenburg bei Burla einen schönen Überblick.

Zwischen Leine und Saale, also zwischen Weser- und Elbgebiet, erhebt sich der Harz zugleich als eine Stammes- und Dialektscheide, da hier Nieder- und Obersachsen, Nieder- und Mitteldeutsch sich berühren; er liegt zwischen $51^{\circ}\ 28_5'$ und $51^{\circ}\ 51'$ nördlicher Breite und zwischen $10^{\circ}\ 10'$ und $11^{\circ}\ 26'$ östlicher Länge von Greenwich; seine gesamte, bis 95 km lange (von Seesen bis Hettstedt) und bis 34 km breite Bergmasse zieht von West-Nordwest nach Ost-Südost; er zerfällt in den *Oberharz* im Nordwesten und den *Unterharz* im Südosten; die Grenze zwischen beiden bildet etwa eine von Lauterberg nach Wernigerode gezogene Linie. Die Berge am Südhang werden auch häufig als „Südharz" bezeichnet, doch wird letztere Bezeichnung in verschiedener Ausdehnung gebraucht.

Der Abfall des Gebirges gegen das Vorland ist fast überall deutlich ausgeprägt, am schärfsten am Nordrand, wo die höheren und höchsten Teile fast unmittelbar aus dem norddeutschen Tiefland emporsteigen — so liegt z. B. der Rammelsberg bei Goslar etwa 330 m über der Ebene, ähnlich die Roßtrappe und der Hexentanzplatz beim Austritt der Bode aus dem Gebirge; am wenigsten steil ist der Abfall im Südosten, weil hier das Gebirge in den „Vorharz" übergeht (zwischen Sangerhausen und Eisleben), welcher sich weit gegen Südosten ausdehnt; an der Austrittsstelle der Wipper aus dem Harze ragt der Gebirgsrand nur knapp 100 m über das umgebende Flachland empor.

Die Nordwestecke des Gebirges liegt bei Hahausen westlich von Langelsheim; von hier bezeichnet ein zumeist im Zechstein verlaufendes, deutlich erkennbares Thal die Grenze bis zur Königshütte unterhalb Lauterberg: ein Gipszug der Zechsteinformation steigt um Osterode zu schroffen, gegen 100 m über die Thalsohle sich erhebenden schneeweißen Felsen auf, welche zwischen Badenhausen und Herzberg steile, dem Harzrande entgegenstehende Thalränder bilden. Im Gegensatz zu der sanfter abfallenden waldbewachsenen Harzabdachung gewähren sie einen ungewöhnlichen landschaftlichen Anblick. Viele Seen und Erdfälle, durch Auswaschung des Gipses entstanden, zeichnen das Thal selbst aus, wie die Teufelsbäder bei Osterode und der Jües bei Herzberg. Die Einsenkung verschwindet zwischen Königshütte und Nüxei; ein flacher, etwa 300 m hoher Rücken zieht sich bis zu den Ohmbergen im Süden und scheidet das Weser- vom Elbgebiet. Nunmehr läuft die Gebirgsgrenze der Helme parallel über Sachsa, Walkenried, Ellrich, Neustadt und folgt dem Thyrathal bis Uftrungen. Von Questenberg ab ist die orographische Grenze des Harzes weniger scharf ausgeprägt, besonders zwischen Riestedt und Mansfeld, da hier der erwähnte Höhenzug mit seinen flachgerundeten Gipfeln sich gegen Südosten zieht; er ist von H. Credner als „Thüringer Grenzplatte" bezeichnet worden.

Von Mansfeld ab ist der Gebirgsfuß nirgends zu verkennen; er wird bezeichnet durch die Orte Hettstedt, Harkerode, Ermsleben, Ballenstedt, Thale, Blankenburg, Heimburg, Wernigerode, Ilsenburg, Harzburg, Oker, Goslar und Langelsheim. Der Zechsteingürtel des Südrandes, der im Mansfeldischen zu dem wichtigen Kupferschieferbergbau Veranlassung gab, ist bis Ballenstedt, dann nur noch in einzelnen Andeutungen zwischen Ilsenburg und Wernigerode zu erkennen; am Nordrande stoßen sonst Triasschichten unmittelbar an die älteren Harzsedimente an.

Die Gestalt des Harzes gleicht somit, wie schon H. Credner (1843) betont hat[1]), dem Abschnitt einer Ellipse, deren Brennpunkte mit den beiden Haupterhebungszentren, dem Brocken und dem Ramberge oder der Viktorshöhe zusammenfallen: der fast geradlinige, nordnordöstliche Rand des Gebirges erscheint als eine Sehne dieser Ellipse, gleichlaufend mit ihrer großen Achse. Die Meereshöhe des Gebirgsfußes beträgt am Nordrande des Gebirges nach K. Leicher[2]) 255_6 m, am Südrande dagegen im Mittel 266_{45} m; der Südrand des Harzes liegt also um 10_{84} oder etwa 11 m höher als der Nordrand, entsprechend dem Ansteigen Deutschlands gegen Süden hin; das Mittel für die Meereserhebung der Basis ist 261_{63} oder rund 262 m. Die Flüsse verlassen den Gebirgsrand sämtlich nahe der Isohypse von 200 m, die meisten etwas darüber, die ostwärts austretenden jedoch darunter: die Bode bei 179 m, die Selke bei 180 m, die Wipper bei 172 m, die Ilse hingegen bei 264 m.

Der Harz bedeckt nach den genauen Berechnungen von Leicher eine Fläche von 2468 qkm, in runder Zahl also von 2500 qkm, d. h. er kommt der Fläche des Herzogtums Altenburg etwa gleich. Denkt man sich die Masse desselben senkrecht von seiner Fußgrenze ab bis zur Höhe des Meeresspiegels ausgestochen, so beträgt dieselbe 1091 ckm (Kubikkilometer). Würde man ferner Erhebungen und Vertiefungen zu einer ebenen Platte ausgleichen können, so würde letztere eine Meereshöhe von 442 m besitzen. Man nennt dies bekanntlich die mittlere Höhe des Gebirges.

Nach seiner inneren Gliederung und Oberflächengestalt bildet der Harz ein zusammenhängendes Massiv: „Der ganze Harz ist gleichsam nur ein Berg, der durch eine fast unzählbare Menge von Thälern in viele Anhöhen geteilt wird; auf der Höhe scheinen also keine eigentlichen Berge mehr zu sein, sondern nur Anhöhen und Ungleichheiten" bemerkt bereits der erste wissenschaftliche Erforscher des Harzes, Lasius im Jahre 1790. So zutreffend der erste Teil dieses Ausspruches ist, so erheben sich allerdings manche eruptive Massen wie die Granitdecke des Brocken und Rambergs, sowie der Diabaszug des Oberharzes und die Porphyritkuppe der Josephshöhe über das allgemeine Niveau des Gebirges. Vom norddeutschen Tiefland aus zeigt sich dies sehr deutlich: über die fast geradlinige, lange zusammenhängende Gebirgswand erhebt sich bis fast zur doppelten Höhe das ge-

---

[1]) Übersicht der geognostischen Verhältnisse Thüringens und des Harzes, Gotha 1843.

[2]) Dr. Karl Leicher, Orometrie des Harzgebirges. Mit 5 lithogr. Tafeln, Halle a. S. 1886. (Vergl. auch Mitt. d. Ver. f. Erdkunde zu Halle 1886, S. 136 ff.)

rundete Brockengebirge im Westen und im Osten die allerdings bedeutend niedrigere Granitmasse des Rambergs. Sehr schön nimmt man diese Überragung des Acker- und des Bruchbergzuges wie des Brockens ferner von der Hochebene von Klausthal und Zellerfeld wahr, auch der weite Rundblick von der Spitze des Brockens herab zeigt uns am Fuße eine weit ausgedehnte Hochebene, deren Einförmigkeit jedoch die namentlich gegen den Rand des Gebirges hin immer tiefer sich einschneidenden Flußthäler mildern.

Betreten wir das Innere des Gebirges z. B. von Nordwesten her aus der Gegend von Goslar, so breitet sich, sobald wir etwa von Hahnenklee und Bockswiese her oder beim Auerhahn die Höhe des Gebirges erreicht haben, eine flachwellige Platte, die Hochebene von Klausthal und Zellerfeld, bis zum südlichen Harzrand oberhalb Osterode vor uns aus. Ihre mittlere Höhe beträgt 585 m. Wohlgepflegte Wiesen, unterbrochen von dunklen Fichtenbeständen, zahlreiche künstliche Wasseransammlungen für den Bergwerksbetrieb, die allenthalben auftauchenden Gruben- und Hüttenwerke drücken diesem „Oberharz" seinen eigentümlichen Charakter auf. Von dieser Hochebene abgeschnitten durch das mit dem Westrand des Harzes gleichlaufende Innerstethal ist auch dieser westlichste Teil ohne bedeutendere Höhen, nur am linken Ufer des tiefeingeschnittenen Okerthales erhebt sich die Wasserscheide zwischen Oker und Gose etwas mehr über das allgemeine Niveau der Hochebene in dem Rücken des Hohenstieges mit dem Rammelsberg, dem Dicken Kopf, dem Kahlen Berg und dem Bocksberg, welcher durch die Einsenkung beim Auerhahn von den übrigen Bergen getrennt ist. Ihm parallel läuft der Herzberg und schließt sich an die Schalke (763 m) an.

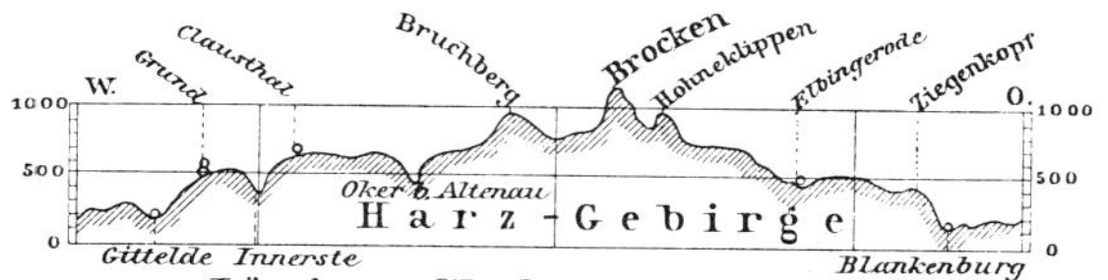

Längsprofil durch den Harz
(von Gittelde bis Blankenburg)

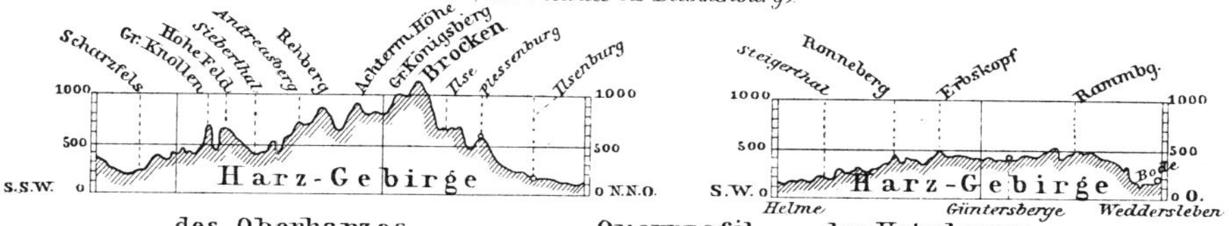

des Oberharzes — Querprofil nach Assmann — des Unterharzes
(von Scharzfels nach Ilsenburg). (von Nordhausen nach Weddersleben).

Gegen Osten begrenzt der lange Bergrücken des Bruchbergs und des Acker die Hochebene; als geradlinige Bergkette verläuft derselbe in einer zur Hauptachse des Gebirges senkrechten Richtung, der Streichung der alten Gebirgsschichten entsprechend, von den Quellen des zur Oker gehörigen Kellwassers zwischen Altenau und dem Torfhause bis in die Gegend zwischen Herzberg und Osterode. Von der höchsten Kuppe im Norden, der 920 m hohen Wolfswarte, senkt sich der merkwürdige Rücken ohne bedeutende Schartung gleichförmig nach Südwesten. Nur vor dem Sonnenberger Chausseehaus (778 m) bezeichnet die Stelle, wo die Straße von Klausthal nach Andreasberg den Rücken überschreitet, eine Einsenkung; hier geht der Name des Bruchberges in den des Acker über. Letzterer ist noch deutlich zu erkennen bis in die Nähe des Jagdhauses auf dem Georgsplatze über der Lonau; von hier an fällt er rasch nach allen Seiten hin ab. Einförmig und plump erscheint sein langer Rücken, doch sind seine Flanken reicher gegliedert, indem rechtwinkelig von ihm zahlreiche, durch tiefe Thalschluchten getrennte Bergrücken „wie mächtige Strebepfeiler" [1]) abfallen, besonders im Westen gegen die Söse hin, aber auch im Osten gegen die Sieber, die Kulmke und die Lonau. Gleichmäßiger fällt der Bruchberg ab; unter der oben genannten Wolfswarte stellt aber die „Steile Wand" gegen Nordosten einen jähen Abbruch dar, von dem das Kellwasser in Kaskaden herabstürzt. Ganz prächtig übersieht man diese Verhältnisse auf dem wundervollen Relief des Oberharzes, welches unter Leitung des Obermarkscheiders Sandluck in Klausthal für die Weltausstellung von Chicago zur Veranschaulichung der dem Bergbau dienenden

[1]) H. Guthe, Die Lande Braunschweig und Hannover. Hannover 1867, S. 234.

Staubecken hergestellt worden ist und jetzt auf dem Oberbergamt in Klausthal aufbewahrt wird.

Beim Überschreiten des Bruchbergs erscheint nunmehr im Osten das im Mittel etwa 800 m hohe Brockenfeld, umrahmt vom Sonnenberg und Rehberg gegen Westen, vom kegelförmigen Achtermann (926 m), dem Worm- oder Wurmberg (968 m) gegen Süden, und dem Brockengebirge selbst, welches durch den Quitschenberg und die Lärchenköpfe mit dem Bruchberg zusammenhängt. Das von diesen Höhen umschlossene Becken entsendet enge, tiefeingeschnittene Thäler nach allen Seiten hin, welche von den Mooren desselben gespeist werden. Überall liegen riesige Granitblöcke verstreut, in großen Mengen aufgetürmt z. B. an den Flanken des oberen Okerthales, wo man dieselben als Endmoräne eines Brockengletschers angesprochen hat, oder es treten plumpe, turm- und mauerartige Granitklippen, welche die bekannten Wollsackformen aufweisen, aus dem allgemeinen Niveau des nur hier und da von Wald und Heide unterbrochenen Sumpf- und Moorbodens hervor. Sie führen vielfach besondere Namen, wie die „Hopfensäcke", das „Magdbett", die „Hirschhörner" (auf dem Königsberge), die „Schnarcher" am Barenberg und die „Hohneklippen" (s. S. 10) bei Schierke, der „Hexenaltar" und die „Teufelskanzel" auf der Spitze des Brockens u. a. m. (Vergl. auch die nebenstehende Abbildung.)

Nähern wir uns dem Brocken vom Bruchberg oder von der so charakteristisch geformten Hornfelskuppe der Achtermannshöhe, welche infolge ihrer stahlharten Beschaffenheit der allgemeinen Abwitterung mehr widerstand als der weichere Granit und daher nach und nach aus der sie früher einhüllenden Granitdecke von Wind und Wetter immer mehr herausgearbeitet wurde, so erscheint der ehrwürdige „mons bructerus" als ein flachgewölbter Rücken, der nur durch seine breite und geschlossene Form, keineswegs aber durch seine bedeutende Höhe in die Augen fällt; kommt der Besucher aber von Norden heran, so ist der Eindruck ein bedeutender, denn hier ist der Berg nur etwa 6 km vom Gebirgsrand entfernt und erhebt sich gegen 900 m über denselben, so daß man ihn von dieser Seite beinahe in seiner ganzen absoluten Höhe auf ein Mal überschaut. Auf diesem Gegensatz beruht sein Ruf vor dem Zeitalter exakter Höhenmessung als höchster Berg Deutschlands. Abgesehen von kleineren Anhängseln, wie z. B. dem Scharfenstein, besteht das eigentliche Brockengebirge aus drei Gipfeln, welche nur durch niedrigere Senken geschieden sind: der eigentlichen Hauptkuppe (1141 m), dem Königsberg im Südwesten (1029 m) und der Heinrichshöhe (1037 m) im Nordosten; namentlich vom Wurmberg aus zeigt sich die Brockengruppe in sehr symmetrischem Umriß; von hier überblickt man jenseits des tiefen Einschnittes der Kalten Bode auch den Zug der Hohneklippen, welcher sich von der Heinrichshöhe bis in die Gegend von Schierke erstreckt; es treten hier eine Reihe von schrofferen Bildungen auf, und auch der Absturz des Wurmberges selbst gegen Schierke erinnert mit seiner „Hexentreppe" mehr an die Natur eines Hochgebirges.

Ein ganz anderes Gepräge zeigt das Harzgebirge in dem sog. „Andreasberger Dreieck", welches vom Acker, dem südlichen Harzrande von Herzberg bis Neustadt und einer Linie von hier über Rothesütte bis westlich Braunlage und über den Rehberg und Sonnenberg zum Acker begrenzt wird: infolge vieler Durchbrüche von Porphyr, Diabas und Melaphyr (in der Gegend von Ilfeld) ist dieser Gebirgsabschnitt viel unruhiger und zerklüfteter, obwohl die Höhen der einzelnen Bergrücken ziemlich übereinstimmen; aus tiefeingeschnittenen Thälern steigen wir empor auf schmale Bergrücken, welche gleichmäßig abfallen. Nur gegen den Rand des Gebirges hin steigen höhere Berge in teilweise malerischen Formen höher empor: wie die stumpf sargähnliche Porphyrmasse des Großen Knollen zwischen der Sieber und der geraden Lutter, die gleichfalls aus Porphyr bestehenden Aussichtspunkte Stöberhai auf dem Jagdkopf (704 m) und Ravenskopf oder Ravensberg (650 m) zwischen Lauterberg und Sachsa. Besonders in der Gegend von Ilfeld hebt sich der stark gegliederte Gebirgsrand über die nördlich anstoßende Platte des Bodegebietes; so erreicht der Große Ehrenberg bei Rothesütte 635 m, der

Poppenberg 612 m u. s. w. Mit Ausnahme des zuletzt genannten Melaphyrgebietes von Ilfeld bilden die bisher geschilderten Gebiete den Oberharz, die Heimat der Berg- und Waldleute, im Gegensatz zum Unterharz, in welchem der Ackerbau eine größere Rolle spielt. Betrug die Mittelhöhe der ersteren 585 m, die Kammhöhe des Acker- und Bruchbergs sogar 774 m, so besitzt der Unterharz nur eine Durchschnittshöhe von 390 m, da er sich gegen Südosten zu bedeutend abflacht: die Hochfläche von Benneckenstein und Elbingerode ist im Mittel 502 m, diejenige von Hasselfelde im Bodegebiet 383 m hoch, und die Selkeplatte bei Harzgerode sinkt sogar auf etwa 300 m. Im westlichen Teile des Unterharzes herrschen noch wie im Oberharz Fichtenwaldungen und Wiesen vor, der niedrigere östliche Teil desselben ist dagegen etwa von Elbingerode an vorwaltend von Laubholz bedeckt, zwischen welchem weite Flächen zum Ackerbau benutzt werden, wie besonders um Harzgerode sowie

AUFNAHME VON FR. ROSE, WERNIGERODE.

Ahrendsklint. Wollsackförmige Verwitterung des Granit. Der Brocken rechts im Hintergrund.

zwischen Mansfeld und Ermsleben. Hier geht der eigentliche Gebirgscharakter völlig verloren, bis das Auftreten eines der tiefeingeschnittenen Thäler dem Wanderer die Berglandschaft wieder vergegenwärtigt. Da der Südrand vielfach höher ist als innere Teile, verläuft die Wasserscheide zwischen der Helme und den Gewässern der inneren Hochebene, der Bode, Selke, Wipper, ganz nahe dem Rande des Gebirges.

An zwei Stellen treten im Unterharz bedeutendere Erhebungen auf: 1) dem Nordrande genähert die östlichere Granitmasse des Ramberges (582 m), häufig auch nach dem vielbesuchten Aussichtspunkte die „Viktorshöhe“ benannt, welche vom Bodethal bis oberhalb Mägdesprung reicht; auch hier ist das Gebirge mit Granittrümmern bedeckt, wie z. B. an der sog. Teufelsmühle. 2) Die Porphyrkuppe des Auerbergs mit der Josephshöhe (575 m) unweit Stolberg; seine Erhebung über die Hochebene ist zwar auch nicht bedeutender als die des Rambergs, fällt aber durch die Kegelform seiner Flanken weit mehr in die Augen; das neue eiserne Josephskreuz ist 38 m hoch.

Diesem orientierenden Überblick über die Orographie des Harzes fügen wir eine Betrachtung der hauptsächlichen **Flußthäler** an, in denen die Harzbewohner sich vorzugsweise angesiedelt haben.

1) Der Hauptfluß der Hochebene von Klausthal ist die Innerste; ihr Wasser wird in zahlreichen Teichen für den Bergbau nutzbar gemacht. Sie nimmt ihren Ursprung im Südosten von Klausthal in einer sumpfigen Gegend; eine ausgeprägtere Thalbildung beginnt erst bei der Ziegelhütte zwischen Klausthal und Osterode; diese verläuft von hier an bis zum Austritt aus dem Gebirge bis Langelsheim dem Rande desselben parallel. Von diesem schmalen westlichen Randteile fließen ihr keine bedeutenderen Bäche zu, rechts münden dagegen ein: aus dem Zellerfelder Thale der Zellbach (bei der Silberhütte), aus dem romantischen Spiegelthale der Grumbach (bei Wildemann) und die Laute (oberhalb Lautenthal). Bis hierher beleben zahlreiche Hütten- und Pochwerke das Thal, die aus den letzteren aufgenommenen Erzteilchen vergiften aber den Fluß innerhalb des Gebirges.

2) Von den hohen Söseklippen fällt die Söse in einem steilen Querthale des Ackers herab bis Kamschlacken, von da ab durchläuft sie über Riefensbeck und Scheerenberg das Thal mit gleichmäßigem Falle bis zum Austritt bei Osterode.

3) Nur ein schmaler Rücken trennt ihr Gebiet am Bruchberge von dem der Oker: oberhalb des Okersteins entspringend, stürzt diese bei Altenau (490 m) in einem Querthale steil hinab und wird, wie die benachbarte Innerste, bis zum Gebirgsrande von immer höheren Bergen eingerahmt. Kaum findet die Straße Platz in diesem engen Thal, zumal in der Gegend des aus Granit bestehenden Ziegenrückens, wo erst künstlich für dieselbe Raum geschaffen werden mußte. Viel Wasser wird der Oker und ihren oberen Zugängen durch die große Wasserleitung entzogen, welche an der Steilen Wand beginnt und in langen Windungen an den Berghängen entlang nach der Hochebene von Klausthal führt; von dem 1 km langen Damme, welcher die Leitung an der Wasserscheide von Söse und Oker vom Bruchberg nach dem Tränkeberg leitet, heißt dieselbe Dammgraben. Über 400 Teiche ermöglichen den dauernden Betrieb des Oberharzer Bergbaues; sie bilden insgesamt ein Werk, welches in Verbindung mit den Entwässerungsvorkehrungen der Schächte auf der Erde nicht seinesgleichen findet.

4) Die Sieber empfängt ihre obersten Quellen von der Ostseite des Bruchberges, ihren Hauptzufluß empfängt sie jedoch aus dem Roten Bruch; zwischen dem Bruchberg und Sonnenberg schluchtartig eingesenkt, erweitert sie erst beim Königshof ihr Thal ein wenig, so daß hier das Gebirgsdorf Sieber Platz finden konnte; recht malerisch ist die Thalverengung oberhalb Herzberg zwischen den Ausläufern des Knollen und des Langfast.

5) Ihr Parallelfluß, die Oder, entspringt unfern der Sieber; ihre Quellbäche sammeln sich in dem schon 1722 aufgestauten Oderteiche, der die größte künstliche Wasseransammlung des Harzes darstellt; von ihm führt der Rehberger Graben den größten Teil der hier gesammelten Gewässer an der Südseite des Rehberges entlang, zuletzt durch einen Tunnel nach Andreasberg; sein Wasser fließt alsdann durch die Sperrlutter der Oder wieder zu. Rasch senkt sich das Oderthal unterhalb des Oderteiches zwischen dem Rehberg und Königsberg ein und bildet bis zum Oderhaus eins der großartigsten Gebirgsthäler des Gebirges, welches sie bei Lauterberg verläßt. Söse, Sieber und Oder fließen erst eine Strecke dem Rande des Harzes parallel, ehe sie den gegenüberliegenden Gipszug durchbrechen. Bei Badenhausen tritt die Söse in das Vorland, bei Hörde die Sieber, unterhalb Scharzfeld die Oder. Die Blockanhäufungen im oberen Oderthale zu beiden Seiten des Andreasberger Rinderstalles sind von Kaiser als glaciale Ablagerungen, als Moränen eines Brockengletschers gedeutet worden; doch fassen andere Geologen sie nur als fluviatile Bildungen auf, ähnlich denen im Bodethal[1]).

[1]) Jahrb. d. geolog. Landesanstalt zu Berlin 1889, S. 124—126.

AUFNAHME VON FR. ROSE, WERNIGERODE.

Rabenklippe.

6) Gegen Norden fließen vom Rande des Brockenfeldes die Radau und die Ecker; erstere durchschneidet im unteren Teile ihres Laufes die durch bedeutende Brüche aufgeschlossenen Gabbrogesteine; die letztere fließt auf der Grenze der letzteren und des Brockengranites.

7) Dem Brocken selbst gehören Ilse und Holzemme zu, beide haben ein sehr starkes Gefälle; das steilste von allen Harzflüssen weist die Ilse auf. Ihr mittlerer Fallwinkel beträgt 3° 43′, derjenige der Unterharzer Wipper dagegen im Mittel nur 23 Minuten. Die Ilse entspringt in der Nähe des Schneeloches, in dessen enger Schlucht fast das ganze Jahr hindurch sich etwas Schnee erhält; vom Paternosterberg an hat sie in den Granit ein enges, tiefes Bett gegraben; schon nahe dem Gebirgsfuße erhebt sich die mächtige Felspyramide des Ilsesteins. Die Quelle der Holzemme liegt am Renneckenberge, einem östlichen Ausläufer der Heinrichshöhe; ihr eigentliches Thal beginnt bei der „Steinernen Renne“, welche bei der Schneeschmelze Anklänge an alpine Wasserstürze darbietet; bei Wernigerode tritt sie in die Ebene ein.

Durchbruch der Bode durch das östliche Granitgebiet bei der Roßtrappe.

8) Unter den Flüssen der östlichen Hochebene ist die Bode der bedeutendste, wenn gleich ihre Hauptquellen noch dem Brockenfelde angehören. Die sog. Kalte Bode senkt sich rasch in ein enges, von schroffen Granitklippen, wie den magnetischen „Schnarchern“, umgebenes Thal zwischen dem Königsberg und dem Wurmberg und fließt an dem eleganten Luftkurort Schierke vorüber; bei Elend erreicht sie die Hochebene, durchfließt bis Königshof ein schönes Wiesenthal und vereinigt sich hier mit der Warmen Bode, welche, zwischen Achtermannshöhe und Wurmberg herabfließend, sich bei Braunlage nach Süden wendet; nunmehr gräbt sich die Bode in den Devonkalk ein tiefes Thal, an dessen Rändern sich die Felsenmassen von Rübeland erheben; bei der Einmündung der zwischen Hohegeiß und Rothesütte entspringenden Rappbode tritt der Fluß wieder in ein Schiefergebiet ein und bildet in demselben bis Treseburg die vielfachen, bisweilen fast in sich selbst zurücklaufenden Windungen, welche diesem Abschnitt ihres Laufes so hohe Reize verleihen. Bei Treseburg erreicht die Bode das östliche Granitgebiet des Ramberges und scheint nunmehr einer Kluft in demselben zu folgen. Es ist dies die wildromantischste Strecke des Bodelaufes, die großartigste Thalpartie des ganzen Harzes, welche in Deutschland im Norden des Schwarzwaldes wohl überhaupt nicht ihres Gleichen findet. Die Ausmündung in die Ebene bezeichnen Roßtrappe (375 m) und Hexentanzplatz (454 m), welche unvermittelt gegen das anstoßende Flachland abstürzen und durch die eigenartige Form ihrer Felsen einen so gewaltigen Eindruck hervorrufen. Der Granit bildet hier schmale,

senkrecht stehende Platten, welche an alpine Verhältnisse erinnernde Hörner und Nadeln erzeugen.

9) Die Selke hat ihre Quellen am Rande der östlichen Hochebene südlich von Stiege; bis Straßberg läuft sie nach Südosten und wird sodann auch wie die Bode nach Nordosten abgelenkt. Die bedeutendste Felsbildung ihres weit zahmeren und lieblicheren Thales ist die Mägdetrappe bei Mägdesprung, welche etwa 100 m über dem Thalgrund aufsteigt. Den Charakter eines breiten, von schönen Wiesen umrahmten Thales behält sie bis zum Gebirgsrand, woselbst der Falkenstein (Schloßturm 373 m) sich um 160 m über die Thalsohle erhebt.

10) Die Wipper entspringt an den Ostabhängen des Auerberges, folgt dem Abfall des Gebirges bis zum Austritt aus dem Gebirge und ist von einförmigem Charakter: sanft geneigte Höhen überragen um etwa 100 m einen breiten Wiesengrund, nur unterhalb Wippra treten an der Rammelburg einige Felsbildungen auf.

Die Flußthäler des Harzes zeigen sich im allgemeinen vorzugsweise an Mulden- und Sattellinien, sowie an Querspaltenrisse gebunden, welche beide verbinden, oder an anderweitige Spalten, auch wenn sie keine Verwerfungsspalten sind (was vom Bodethal bei Thale bestritten wird). Nur die südwärts ablaufenden Flüsse ändern die Laufrichtung bei ihrem Austritt aus dem Gebirge, die übrigen nicht. (Vergleiche hierüber O. Lang, Die Bildung des Harzgebirges, Hamburg 1896.)

An kleinen, kaskadenartigen Wasserfällen ist der Harz nicht gerade arm, wohl aber an wirklich größeren Fällen. Hier hat jedoch neuerdings die Kunst nachgeholfen, wie auch in anderen deutschen Mittelgebirgen, und durch Anlagen, wie bei dem Radaufalle und dem Romkerfall im Okerthal, die Scenerie der Landschaft zu heben gewußt. Seen sind fast gar nicht vorhanden, um so mehr spielen die künstlichen Wasseransammlungen, zumal im Oberharz, wie der Oderteich, die Wiesenbecker Teiche, die zahlreichen Teiche um Klausthal und Zellerfeld, in der Landschaft eine hervorragende Rolle. Am Südharz treten im Gipsgebiet des Zechsteins verschiedene kleine Seebecken auf. Erwähnung verdient auch der 3 km von Roßla gelegene Bauerngraben, eine Art „Zirknitzer See", am Südfuße des Harzes, welchen A. Kirchhoff näher geschildert hat. (Aus der Heimat, Jahrgang 1886.)

Das Klima. Die Beobachtungen im Gebirge, namentlich in Klausthal, auf dem Sonnenberger Weghaus unweit des Oderteiches, auf dem Brocken und an verschiedenen Orten des Gebirgsrandes, wie Osterode, Goslar, Harzburg, Wernigerode, Blankenburg, Nordhausen und Sangerhausen, haben ein reiches Zahlenmaterial über die wichtigeren klimatischen Erscheinungen des Harzes angehäuft, doch können wir uns hier nur auf wenige Hauptpunkte beschränken. Die ausführlichen Angaben finden sich in den Veröffentlichungen des Königlich preußischen meteorologischen Instituts und in einer ganzen Reihe von Specialarbeiten, namentlich besitzt die seit 1895 eingerichtete meteorologische Station auf dem Brocken für die Klimakunde Deutschlands eine hervorragende Bedeutung nach mancherlei Anläufen aus früherer Zeit, besonders zur Zeit der Brockenwirte Nehse (1836—1853) und Köhler; die Beobachtungen Schoofs in Klausthal gehen bis 1854 zurück[1]).

Lufttemperatur. Osterode hat nach langjährigen Beobachtungen ein Jahresmittel von $8_7{}^0$ C., Goslar und Wernigerode solche von $8_2{}^0$, Klausthal dagegen nur $6_2{}^0$ und der Brocken nur $2_4{}^0$, ja nach neueren Angaben vollends nur $0_{87}{}^0$ C. Die mittlere Temperaturabnahme beträgt auf je 100 m Erhebung nach dem Brockengipfel hin von Osterode $0_{71}{}^0$, von Klausthal $0_{68}{}^0$, von Goslar $0_{66}{}^0$, von Wernigerode $0_{65}{}^0$ C. Langjährige Beobachtungen liegen für die Hochebene von Klausthal von Schoof vor: nach ihm ist der 15. Juli im Mittel als der wärmste Tag anzusehen, der 16. Januar als der kälteste; der erste Tag mit einer mittleren Temperatur unter 0^0 fällt auf den 17. November, der

[1]) Vergl. über das Klima auch F. Günther, Der Harz I, S. 165—185, Hannover 1888.

Romkerfall im Okerthal.

letzte auf den 13. März, so daß Klausthal eine Periode von 248 Tagen mit einer Mitteltemperatur über 0° und eine solche von 117 Tagen unter 0° besitzt. Die höchste von ihm beobachtete Temperatur war 31° C. (4. Juli 1859), die niedrigste — $20_{75}{}^{0}$ C. (21. Dez. 1855); die längste Frostperiode währte 27 Tage (14. Februar bis 14. März 1858). Namentlich ist für den Oberharz auch der jähe Wechsel der Temperatur charakteristisch.

Auf dem Brocken betrug die höchste Temperatur $+27_{7}{}^{0}$, die niedrigste $-28_{0}{}^{0}$ C.; nur etwa vier Monate sind frostfrei: der letzte Frost fällt im Mittel auf den 30. Mai, der erste auf den 7. Oktober, jedoch mit bedeutenden Schwankungen in den einzelnen Jahren: so waren z. B. 1840 nicht drei Monate frostfrei (vom 26. Juni bis 21. September), 1848 dagegen sechs (vom 3. Mai bis 3. November).

Zu einer richtigen Beurteilung der Temperaturverteilung sind aber nicht nur die Jahresmittel, sondern auch die Temperaturen der einzelnen Monate oder doch wenigstens die beiden extremen unter ihnen, des Juli und des Januar, heranzuziehen.

L u f t d r u c k   u n d   v o r w a l t e n d e   W i n d s t r ö m u n g e n[1]). Die Winde in ihren Beziehungen zu den Niederschlägen sind der zweite wichtige Faktor des Klimas. Ganz Mitteldeutschland (und somit auch der Harz) steht unter dem Einfluß des nordatlantischen

[1]) Vergl. H a n n, Handbuch der Klimatologie, 2. Aufl., Stuttgart 1897; d e r s e l b e, Die Verteilung des Luftdruckes über Mittel- und Südeuropa. (Geogr. Abhandl., herausg. v. A. P e n c k. II. Bd., 1887.)

Ozeans: nur von ihm können dem Lande größere Feuchtigkeitsmengen zugeführt werden, denn das Mittelmeer ist durch die Alpenmauer von Mitteleuropa abgeschlossen, im Südosten, Osten und Nordosten aber dehnen sich große Landmassen aus, die im Nordosten sich ausbreitende Ostsee ist nur von untergeordneter Bedeutung, da sie von geringerem Umfang und zumeist kälter ist als das offene Meer, auch die Winde aus dieser Richtung weit hinter denen aus Südwest, West und Nordwest an Häufigkeit zurückstehen. Letztere müssen die den meisten Niederschlag herzuführenden Winde sein. Ihre Häufigkeit hängt von der Luftdruckverteilung ab. Letztere bedingen drei Faktoren: 1) das Gebiet hohen Luftdrucks im Südwesten über dem Atlantischen Ocean, das sog. azorische Maximum; 2) das Gebiet niedrigen Luftdrucks im Nordwesten über dem Atlantischen Ocean bei Island im größten Teil des Jahres; 3) ein konstantes Gefälle des Luftdrucks von dem 45. bis 50. Parallel nach Norden zu. Alle drei bewirken, im Verein mit der Rechtsablenkung des Windes infolge der Erddrehung, über Mitteldeutschland ein Vorwalten von Südwestwinden, welches am deutlichsten auf freigelegenen Berggipfeln, wie dem Brocken, hervortritt, da hier die lokalen Einflüsse wegfallen. Nach der achtteiligen Windrose kommen hier 24% aller beobachteten Richtungen auf SW, 23% auf W, 15% auf NW und nach dem Wolkenzug sogar 33% auf die SW-, 25% auf die W- und 16% auf die NW-Richtung. Die vorwiegend aus SW (W und NW) kommenden Luftströmungen werden nun durch den Harz in ihrem Fortzug etwas gehemmt, da dieser sich ihnen quer mit seiner Masse entgegenstellt: es erfolgt somit eine Luftdrucksteigerung auf dieser Luvseite im Südwesten, gegenüber der Leeseite im Nordosten. Die Bodenerhebungen zwingen die Luft zum Ansteigen, bewirken dadurch Abkühlung und folglich Verdichtung des mitgeführten Wassergases erst zu Dampfform, dann zu Regen oder Schnee; die Bewölkung ist daher auch auf der Luvseite viel stärker als auf der Leeseite.

Die Niederschläge. Für den Brocken kann man mit Hellmann gegen 1700 mm als jährliche Niederschlagshöhe annehmen, im ganzen übrigen Brockengebirge beträgt dieselbe über 1400 mm, ebenso in den höchsten Teilen des Bruchberges und des Acker, deren „Regenschatten" sich in der verhältnismäßig niedrigen Regenmenge von Andreasberg (1093 mm) und Braunlage (1096 mm) geltend macht. Der größte Teil des Oberharzes hat mehr als 1200 mm Niederschlag, nur die Stationen Sonnenberg, Klausthal und Silberhütte überschreiten diese Zahl, letztere hat 1274 mm bei nur 460 m Höhe, Wieda in 320 m Höhe hat noch 993 mm, also rund 1 m Niederschlag. Im Unterharz haben nur die dem Oberharz näher liegenden Teile mehr als 700 mm Regenhöhe, im ganzen übrigen Unterharz beträgt dieselbe nur 600—700 mm, weil derselbe im Regenschatten des Oberharzes für alle NW-, W- und zum Teil auch für die SW-Winde gelegen ist; erst in zweiter Linie kommt hinzu, daß der Unterharz in seiner Höhe dem Oberharz nachsteht. So haben Allrode (Unterharz) und Silberhütte (Oberharz) dieselbe Meereshöhe, ersteres hat nur 620 mm Niederschlag, letzteres dagegen, wie erwähnt, 1274 mm. Die Leeseite ist an den geringeren Ziffern für die nördlichen Randorte deutlich ausgeprägt: Goslar hat 827, Harzburg 737, Ilsenburg 763, Stapelburg 660, Wernigerode 613, Blankenburg 518 mm Niederschlag, dagegen Grund 880, Osterode 820, Herzberg 755, Walkenried 810, Ilfeld allerdings nur 640 mm, d. h. es zeigt sich an beiden Seiten auch eine deutliche Abnahme von Westen nach Osten hin, infolge der Häufigkeit westlicher und nordwestlicher Winde neben den südwestlichen.

Neben den mittleren Jahresniederschlägen ist sodann die Verteilung des Niederschlages auf die einzelnen Jahreszeiten und Monate von sehr großer Bedeutung für das Klima; auch hierfür bringt die soeben erschienene Arbeit von Fritz Schulz die ziffernmäßigen Belege für die einzelnen Stationen des Harzes und seiner weiteren Umgebung für die Jahre 1886—1895. Im allgemeinen ergiebt sich aus denselben eine bedeutende Verstärkung der Winterniederschläge, eine Verminderung der Frühlings- und Sommerniederschläge im Gebirge selbst im Vergleich zu den vom Gebirge nicht beeinflußten Gebieten; das Hauptminimum wird ferner im Gebirge vom Winter nach dem Frühling verschoben, das Hauptmaximum erleidet nach dem Spätsommer zu eine jedoch unbedeutendere Verzögerung. An der Luvseite (SW= bis SSW=Seite) ist die Wirkung des Gebirges eine ausgleichende, an der Leeseite eine die Gegensätze zwischen der wärmeren und der kälteren Jahreszeit verschärfende, indem es an letzterer die Niederschlagshöhe der kälteren Jahreszeit verringert, die der wärmeren Jahreszeit, besonders die des Mai und Juni, vermehrt. Das Vierteljahr des stärksten Niederschlags fällt daher an der Leeseite gewöhnlich auf den Mai bis Juli, an der Luvseite auf Juni bis August, im Gebirge auf verschiedene Monate (nie aber auf den April, Mai oder September), am häufigsten auf die Sommermonate. Das Vierteljahr des geringsten Niederschlags fällt an der Leeseite wie in der norddeutschen Tiefebene auf die Wintermonate, an der Luvseite meist auf Februar bis April, im Gebirge selbst (besonders im Oberharz) meist auf März bis Mai oder auf April bis Juni.

Steinerne Renne bei Wernigerode.

Auf Klausthal kamen in den Jahren 1855—1864 im Durchschnitt jährlich 15_5 Gewitter und 15_9 Tage mit Wetterleuchten, auf den Sonnenberg kamen auf die fünf Jahre 1879 bis 1883 89 Gewitter, auf das Jahr also 17,8. Ein einziges Gewitter kann ein Zehntel, ja ausnahmsweise bis ein Fünftel des ganzen Jahresniederschlages bringen, doch fällt in Mitteldeutschland selten in einem Tage über 100 mm Niederschlag: in Harzgerode fielen z. B. am 1. August 1881 121 mm, in Schierke am 21. September 1882 129 mm. Die Leeseite (NO=Harz) weist öfter massenhafte Niederschläge auf, doch ist die Luvseite (SW=Harz) reicher an Niederschlag.

Das Maximum der Himmelstrübung fällt auf den Herbst, das Minimum auf das Frühjahr. Namentlich ist der Oberharz und hier wieder der Brocken wegen seiner dichten Nebel berüchtigt. Im November 1837 sah Nehse die Sonne auf dem Brocken nicht ein einziges Mal auf= und untergehen, über die häufigen Nebel enthalten die Brockenbücher manches Klagelied. Ist die Temperatur bei solchem Nebelwetter niedrig, so bildet sich an allen hervorragenden Gegenständen, zumal an Bäumen, Sträuchern, Telegraphenstangen, der „Anhang“ oder der Rauhreif, dessen abenteuerliche Formen R. Aßmann für den Brocken so treffend beschrieben und durch Abbildungen veranschaulicht hat. Dieser „Anhang“ ist jedoch für die Bäume und Sträucher eine große Gefahr; so schön auch die bis in das feinste Geäst überzuckerten Bäume aussehen, wenn der Himmel sich aufklärt und die Eiskrystalle in der Sonne blitzen: unzählige Zweige erliegen ihrer Last und brechen ab.

Noch größeren Schaden verursacht aber im dichten Tannenwald der Schneebruch: bei ruhiger Luft bildet der Schnee auf den fast wagrecht abstehenden Zweigen der Fichten eine immer schwerer werdende Decke, welcher die Bäume zu erliegen drohen, wenn bei milderem Wetter die Decke sich fester auflegt und dann ein Sturm hinzukommt, welcher dann furchtbare Verheerungen anrichten kann, wie im Winter 1883/84.

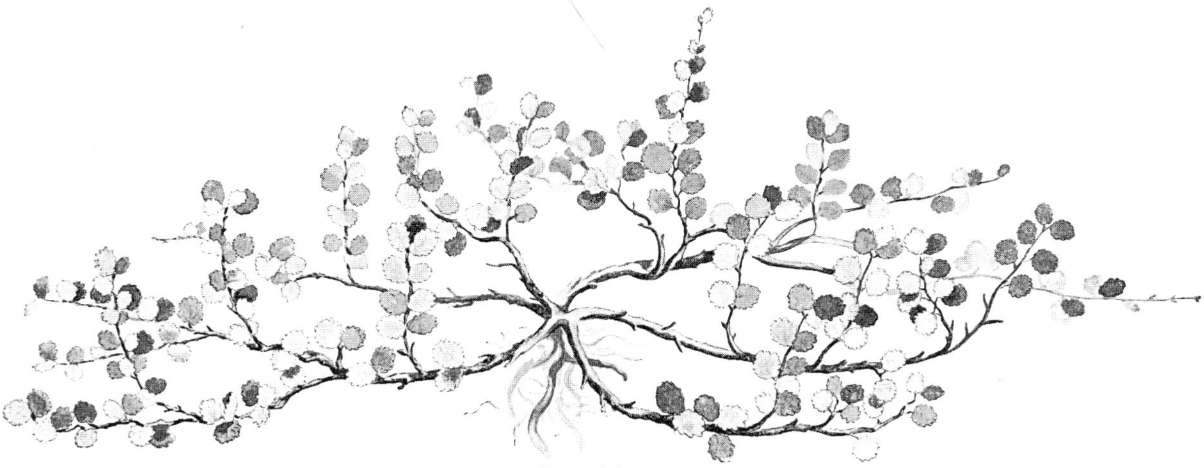

Zwergbirke.

Die Flora des Harzes.

Von

Universitäts-Professor Dr. A. Peter.

„. . . hier wird ein Kräuter-Liebhaber dasjenige antreffen, was seine curiosität ein Verwundrungs-würdiges Genügen thun kann."

Mit solchen begeisterten Worten wies schon vor länger als anderthalb Jahrhunderten der Prorektor des Ilfelder Klosterkollegiums, Albert Ritter, auf die Mannigfaltigkeit in der Zusammensetzung der Pflanzendecke und den starken Wechsel in ihrem Artenbestande hin, die beim raschen Aufstieg aus der flachen Umgebung des Harzgebirges zu dessen höchsten Kuppen um so mehr in die Augen springen, als der Harz das einzige Gebirge in Norddeutschland ist, welches subalpine Erscheinungen aufweist. Und noch heute gilt die Wahrheit dieses Ausspruches in vollem Maße, wenn auch infolge des gründlicheren Betriebes der Forstwirtschaft und des vermehrten Ackerbaues in den tiefer gelegenen Teilen des Harzgebirges, infolge erleichterten Zuganges zu den höheren Bergen und des dadurch ins Vielfache gesteigerten Verkehres so manche urwüchsige Waldpartie an den Abhängen und in den Schluchten, manches Sumpfdickicht der Thäler verschwunden ist, so manches Felsentrümmerwerk dem Meißel des Steinhauers verfallen sein mag, diese oder jene Wiese oder Weidefläche den modernen Straßen- und Bahnanlagen hat weichen müssen. Denn die Pflanzenwelt, wenn auch scheinbar jedem Angriff auf ihre Existenz wegen ihres Festwurzelns im Erdboden schutzlos preisgegeben, ist dennoch mit mannigfachen Mitteln ausgestattet, welche die Individuen vor Vernichtung schützen, das Aufkommen des Nachwuchses gewährleisten. In so ausgedehnten und ihrer Natur nach einer intensiveren Kultur doch nur mäßig zugänglichen Gebirgslagen bleiben immer Lokalitäten genug, die für die Erhaltung kleinerer Gesellschaften der ursprünglichen Florenelemente wenigstens geeignet sind; an diesen Orten gewinnt der Kundige noch immer den gewünschten Einblick in den Artenbestand des untersuchten Gebietes und in die Geschichte desselben. Mögen die Randhügel des Gebirges auch noch so sehr von Steinbrüchen, Sandgruben, Ziegelwerken und Schlackenhalden durchwühlt und überschüttet, die eigentlichen Harzberge durch Bergwerksanlagen und Hüttenwerke aller Art nebst deren unsauberem Zubehör, durch Entwässerung, Aufforstung und die neueren Hilfsmittel des Industrie- und Fremdenverkehres in ihrer naturwüchsigen Erscheinung beeinträchtigt sein, so gewährt dennoch eine Wanderung durch den Harz immer noch jenes Entzücken, jene Belehrung und damit auch jene Befriedigung, von welcher der alte Ilfelder Professor auf seiner Harzreise so ganz erfüllt war.

Besonders der Aufstieg zum Brocken, sei es von Norden oder Süden her, bietet des Bemerkenswerten eine Fülle und eine so reiche Wechselfolge in der Pflanzenwelt, wie man dergleichen in Nord- und Mitteldeutschland sonst nicht antrifft. Entsprechend der orographischen Gestaltung des Harzgebirges, dessen Nordseite fast unvermittelt schroff zum Tieflande abstürzt, während die Südabhänge allmählicher in die „Goldene Aue" sich abdachen, vollzieht sich beim Emporsteigen dort rascher, hier langsamer ein Klimawechsel bis zu Verhältnissen (s. S. 18 ff.), wie sie erst wieder jenseits des Polarkreises gefunden werden, und damit ein Florenwechsel, so daß am Fuße des Gebirges neben unseren gewöhnlichen mitteleuropäischen Pflanzen nicht wenige bis hierher vorgedrungene Arten aus den südosteuropäischen Steppenformationen zu beobachten sind, während anderseits die Brockenkuppe mehrere subalpine und subarktische Gewächse aufweisen kann. Ein botanischer Ausflug durch das Harzgebirge in der Richtung von Nord nach Süd wird dies erweisen; wir beginnen mit den Randhügeln des Gebirges.

Im Sandsteingebiet der Teufelsmauer bei Blankenburg z. B. stehen die schwarzblaue Küchenschelle (Pulsatilla pratensis), das Sandveilchen (Viola arenaria), die zierliche Spark-Art Spergula Morisonii, die schlanke Silene Otites und andere Sandpflanzen des nordostdeutschen Tieflandes neben dem merkwürdigen kleinen Kreuzblümler Teesdalia nudicaulis, dem feinästigen Nelkenhafer (Avena caryophyllea) und anderen Gewächsen, die ihr Hauptgebiet mehr in westlicheren Gegenden haben, und neben einer ganzen Schar solcher Arten, deren eigentlicher Wohnbezirk im Süden und Südosten Europas liegt, darunter ein paar graufilzig-rauhhaarige Habichtskräuter (Hieracium echioides und H. setigerum), das prächtige Federgras der Steppe (Stipa pennata), die purpurbraun blühende Nonnea pulla aus der Verwandtschaft des Vergißmeinnicht, eine dornige, rotblütige Flockenblume (Centaurea Calcitrapa), die borstenzipflige Schafgarbe (Achillea setacea), die fremdartig ausschauende Wickenart Vicia lathyroides u. a. m. Daneben überzieht dann die Bärentraube (Arctostaphylos uva ursi), ein Zwergstrauch aus der Familie der Heidegewächse, mit ihren glänzend-lederigen Blättchen den Boden ebenso wie in der Lüneburger Heide oder in den Kieferwäldern der Mark, hier häkelt sich die dornige Kletthülse des zwergigen Schneckenklees (Medicago minima) in des Vorüberstreifenden Kleidung; aus unerreichbarem Spalt des feuchten Felsens nickt der bei uns immer seltener werdende dunkelgrüne Farn mit dem wunderlichen Namen „Schwarzes Frauenhaar" (Asplenium Adiantum nigrum), und 2 m hohe Büsche des Besenginsters (Sarothamnus scoparius) bilden einen wirkungsvollen Saum um die bizarre Felsenzinne der Teufelsmauer. Daneben stehen auf freier Trift Gruppen der mächtigen Eselsdistel (Onopordon Acanthium) mit breitgeflügelten Stengeln, und die zu den Doldengewächsen — nicht zu den Disteln! — gehörige Mannstreu (Eryngium campestre) breitet ihre reichgegliederten dornigen Blätter über das Trümmergestein. Diesem entsprießen da und dort Herden der Sonnengold-Immortelle (Helichrysum arenarium) und der Jasione montana, deren schlanke Zweige in blauen Blütenköpfen endigen.

Unter den mannigfachen Anpassungserscheinungen dieser Sandpflanzen an die physikalische Beschaffenheit ihres Wohnortes sei nur eine einzige des Beispieles wegen hervorgehoben. Die Samen der Teesdalia haben an ihrer Oberfläche eine im höchsten Grade hygroskopische Zellschicht, die bei der Berührung mit Wasser augenblicklich unter beinahe explosionsartigen Erscheinungen um das Vielfache ihrer Masse zu einer leimartigen Gallerte aufquillt. Wenn der Same bei sonnigem Wetter die kleine Schote verläßt, so ist er völlig trocken und glatt, er gleitet also leicht in den Sand hinab und gelangt schließlich in eine Erdschicht, die so viel Feuchtigkeit enthält, daß die Oberfläche der Samenschale zum Quellen gebracht wird: dadurch aber wird der Same genau in derjenigen Tiefe des Erdbodens festgeleimt, in welcher er wegen Anwesenheit des erforderlichen Wassers zugleich auch die günstigsten Bedingungen zur Keimung antrifft, und das ist für eine Pflanze des trockenen Sandbodens gewiß wichtig.

Eine Fülle der merkwürdigsten Moosarten besiedelt dieses Sandsteingebiet des Harzrandes, teils winzige Pflänzchen, wie Gymnostomum microstomum oder gar Ephemerum serratum, teils stattliche Rasen oder ausgedehnte Überzüge des nackten Bodens und des Gesteines bildend, darunter mehrere Arten der Gattungen Dicranum, Bryum, Hypnum, und zum Teil große Seltenheiten. Hier bedeckt Racomitrium canescens mit graugrünen Polstern größere Strecken, die durch ihre vier derben Zähne der Büchsenmündung so auffallend gekennzeichnete Tetraphis pellucida gehört zu den gewöhnlichsten Moosen dieses Gebietes, die grauhaarigen Halbkugeln der Grimmia arenaria und G. leucophaea verzieren Felsen und Geröll. Daneben gedeiht die wunderliche Gestalt des Diphyscium foliosum mit dicker, ungestielter Sporenkapsel in reicher Faserblatthülle; die merkwürdigste dieser Pflanzen aber ist das Leuchtmoos (Schistostega osmundacea), ein nur centimeterhohes zartes Pflänzchen mit sägeartig senkrecht stehenden Blättern, dessen Vorkeim (Protonema) vermöge hohlspiegelartiger Einrichtung seiner Zellen in den Grotten und Klüften der Sandsteinfelsen das dort nur spärlich noch eindringende Tageslicht derart reflektiert, daß ein phosphoreszierendes, goldgrünes Leuchten und Flimmern den Anschein erweckt, als ob die Grottenwände selbst ein geheimnisvolles Licht ausstrahlten. Daß nicht etwa die Moospflanzen dieses Licht durch ihre Lebensprozesse erzeugen, wie von Vielen noch bis vor kurzem angenommen wurde, wird ersichtlich, wenn der Zugang der betreffenden Kluft verdunkelt wird: dann hört das Leuchten augenblicklich auf.

Die geschilderte Mischflora der Hügel des Harzrandes bleibt zurück, wenn man die eigentlichen Vorberge des Harzes durchschreitet. Hier herrscht zunächst ebenso wie im ganzen Unterharz, den wir zugleich mit in Betrachtung ziehen wollen, die Tieflandflora Mitteldeutschlands in reinem, durch keine Fremdlinge untermischtem Bestande. Laubholzwälder, Äcker und Wiesen, Thalweitungen, an den Bachufern mit Erlen- und Weidenbeständen, feuchte Hänge und Trümmerhalden wechseln hier in buntem Durch- und Nebeneinander und werden von einer reichen Stauden-, Kraut- und Grasflora bewohnt. Die Rotbuche (Fagus silvatica) herrscht fast unumschränkt in herrlichen alten Wäldern, deren Blätterdome über weite Strecken hin nur spärliches Sonnenlicht zum Boden gelangen lassen, so daß hier auch nur wenig Unterholz, nur eine geringe Krautvegetation aufkommen kann. Epheu, Wintergrün (Vinca minor) und wenige Frühlingskräuter bringen indessen stellenweise etwas Abwechselung in die braune Decke aus abgefallenem Laub, oder es unterbricht ein Busch des schattenertragenden Ribes alpinum mit freundlichem Hellgrün das Waldesdunkel. Dem Bestande der Buche gesellen sich mehrere andere Baumarten bei, meist in einzelnen Exemplaren, seltener in Gruppen oder Horsten. Dies sind, wie in den mitteleuropäischen Laubholzwaldungen überhaupt, Weißbuchen (Carpinus Betulus) und Linden (Tilia grandifolia), die beide hin und wieder sogar in kleinen Beständen auftreten (so beispielsweise im Bodegebiet zwischen Hexentanzplatz und Treseburg), ferner Eichen, und zwar Quercus sessiliflora, viel seltener Q. pedunculata in mitunter prächtigen Bäumen (Gegend von Alexisbad, bei Timmerode, zwischen Ilfeld und Rothesütte), Birken, Eschen und Ulmen, nicht selten auch Espen und in den Thälern Schwarzerlen. Die jetzt im Harz stark verbreiteten Ahorne (Acer platanoides, Spitzahorn, und A. Pseudoplatanus, der Bergahorn) sind von auswärts eingeführt und gehören dem Gebirge nicht ursprünglich an. In manchen Gegenden der Harzthäler (z. B. im Okerthal) unterbricht auf Felsenkämmen oder steiniger Lehne eine Kieferngruppe (Pinus silvestris) den Laubwald, im Unterharz begegnet man hin und wieder auch ganzen Kiefernbeständen (z. B. zwischen Güntersberge und Siptenfelde).

Zahlreiche Quellen senden ihre Wasserfäden den in den Tiefen der Thäler dahinrauschenden Bächen zu und ernähren eigentümliche Pflanzengemeinschaften aus Farnen und Kräutern, darunter im Frühling die Milzkrautarten (Chrysosplenium) und das ihnen ähnlich blühende unscheinbare Moschusblümchen (Adoxa Moschatellina), die Lungenkräuter (Pulmonaria officinalis und P. obscura), deren Blüten infolge einer Änderung in der Beschaffenheit des Zellsaftes mit zunehmendem Alter aus Rot in Blau sich verfärben. Zu späterer Zeit findet sich hier das Hexenkraut (Circaea lutetiana), dessen hakrige, leicht abbrechende Früchte in den Kleidern der Menschen und in der Haarbekleidung der Herdentiere wie des Wildes hängen bleiben und eine weite Verbreitung der Art gewährleisten. Neben prächtigen Farnen beleben hochwüchsige Stauden den Wald. Der gelbe Sturmhut (Aconitum Lycoctonum) wächst in Gruppen mit der Türkenbundlilie (Lilium Martagon) und der zu den Kreuzblütlern gehörigen Zahnwurz (Dentaria bulbifera), die ihren Namen von dem wunderlich zahnartig mit derben, weißen Schuppen besetzten Wurzelstock führt, aus ihren purpurnen Blüten selten nur Frucht ansetzt, dafür aber in allen Blattachseln dunkelviolette Knöllchen erzeugt, die nach dem Abfallen sich bewurzeln und auf vegetativem Wege die zahlreiche Nachkommenschaft erzielen, welche das seltene Fruchten versagt. Neben ihr tritt im tiefen Humus schattiger Waldpartien scharenweise eine andere stattliche Kreuzblume auf, die herzblättrige Mondraute (Lunaria rediviva), deren platt zusammengedrückte elliptische Schoten von 5—6 cm Länge im getrockneten und gebleichten Zustande so oft in Makartsträußen Verwendung finden, und dieser gesellt sich zuweilen die Hirschzunge (Scolopendrium officinarum) bei, ein Farn mit ungeteilten, langzungenförmigen Blättern.

Am Riesenbach.

Ähnliche, wenn auch sonnigere Stellen bewohnt die größte unserer Glockenblumen (Campanula latifolia), zu ganzen Beständen treten die Tollkirschenpflanzen (Atropa Belladonna) zusammen, durch mißfarbiges Grün der Blätter und trübe Färbung ihrer fingerhutähnlichen Blüten schon wenig anziehend, durch die fast immer tödlich verlaufenden Wirkungen ihrer glänzendschwarzen Beeren im höchsten Grade gefährlich. Humöse Vertiefungen lassen einen dichten Teppich von niederen Kräutern aufkommen, in dem neben dem zart weißblumigen Sauerklee (Oxalis), der nierenblättrigen, ihre Blüten im abgefallenen Laube verbergenden Haselwurz (Asarum europaeum) und dem widerlich nach Zwiebeln duftenden Bärenlauch (Allium ursinum) auch mancherlei Orchideen (Platanthera, Orchis, Epipactis, Cephalanthera, Listera ovata) angetroffen werden, wo zeitig im Frühjahr die Himmelsschlüssel (Primula) ihre wohlriechenden gelben Blütendolden, die Platterbse (Orobus vernus) ihre violettroten Sträuße entfalten. An Bachufern und anderen feuchten Stellen findet sich wohl ein Bestand des prächtigen Straußfarnes (Struthiopteris germanica) mit total verschiedenen vegetativen und fruchtbaren Blättern, hier breiten sich ganze Dickichte der wilden Balsamine (Impatiens noli tangere) aus, deren der Reife sich nähernde Früchte bei der leisesten Berührung oder selbst schon bei schwacher Erschütterung der Pflanze durch ein vorüberstreifendes Wild explodieren und ihre Samen ein paar Meter weit fortschnellen. Diesem stattlichen und auch durch große, gelbe Blüten auffallenden Gewächs gegenüber tritt die Zaunwicke (Vicia sepium) recht bescheiden zurück, biologisch aber ist sie nicht minder merkwürdig durch die an den Nebenblättern entwickelten Honiggrübchen, deren Absonderung die ebenso naschhaften wie bissigen Ameisen unterwegs aufhält, so daß dieselben den sonstigen zur Bestäubung der Blüten notwendigen Insektenbesuch nicht mehr zu hindern vermögen, wie es wohl sonst sicher der Fall wäre.

Wo die Dichtigkeit des Bestandes abnimmt und einem größeren Maß von Licht und Wärme den Zutritt zum Waldboden gestattet, ändert sich zugleich auch recht erheblich die Physiognomie seiner Unterholz- und Staudenflora. Von Holzpflanzen sind noch besonders die Sorbus-Arten zu nennen: der Vogelbeerbaum oder die Quitsche (S. aucuparia), die Elsbeere (S. torminalis), die Mehlbeere (S. Aria) und der sehr seltene Speierling (S. domestica), dessen Indigenat im Harzgebirge übrigens mit Recht bezweifelt wird. Nicht selten werden auch Wildlinge der Obstbäume gefunden. Der Haselstrauch macht sich überall breit, Brombeersträucher mancherlei Art (darunter besonders Rubus Bellardi) bedecken die Waldblößen, Abhänge und Wegränder, an sonnigen Lehnen steht die Zwergmispel (Cotoneaster) zerstreut. Als einheimische Lianen schlingen Waldrebe (Clematis Vitalba) und Epheu in älteren, das Gaisblatt (Lonicera Periclymenum) in den jungen Buchenbeständen bis in die Baumkronen empor. Selten nur, dann aber in größerer Zahl und teilweise in uralten Exemplaren, ist die Eibe (Taxus baccata) zu finden, wie im Bodethal, wo noch einzelne meterdicke Stämme angetroffen werden. Das Aussterben dieses Baumes in Deutschland ist einzig und allein auf den Menschen zurückzuführen, der das äußerst langsam wachsende Holz nicht genügend achtet und, ohne für Nachwuchs zu sorgen, ausrottet. Nebenbei sei bemerkt, daß im Harzgebirge als Straßenbäume vorzugsweise Ahorne, Eschen, Birken, Quitschen, Vogelkirschen, aber auch da und dort Roßkastanien verwendet werden.

Im Halbschatten und an lichten Stellen des Laubwaldes kommen ungezählte Scharen hochwüchsiger Gräser und Seggen (Calamagrostis, Festuca silvatica, Elymus europaeus, Carex silvatica, wohl auch C. pendula) zur Entwicklung; hier gedeiht die prächtige Orchis fusca und ihre kleinere Verwandte O. mascula, Felsblöcke und Baumwurzeln werden durch die herabhängenden Blätter des Engelsüß (Polypodium vulgare) und noch kleinerer Farne aus der Gattung Asplenium geziert, im Bodethal bedeckt eine Steinbrechart (Saxifraga decipiens) mit handförmig zerteilten Blättern in dicken Polstern die Felsabhänge. Das Bodethal gehört überhaupt zu den kräuterreichsten Örtlichkeiten des Harzgebirges. Besonders in der Gegend der Roßtrappe begegnen dem Botaniker Seltenheiten, die anderwärts durchaus fehlen oder nur sporadisch gefunden werden. Von diesen seien nur einige noch erwähnt: die Steinnelke (Dianthus caesius), die schöne Kleeart Trifolium rubens, der wilde Schnittlauch, die gelbe Aster (Linosyris vulgaris), Lactuca perennis mit blauroten Blüten, Hieracium Schmidtii, Sedum reflexum, Bupleurum longifolium, Libanotis montana, Inula hirta, Polemonium coeruleum, Omphalodes scorpioides, Platanthera montana, Allium fallax, — an den Abhängen im Rappbodethal noch Orchis variegata, Aster alpinus und kleine, seltene Farne: Asplenium germanicum und Woodsia ilvensis.

Einem solchen Pflanzenreichtum gegenüber, der noch dazu im Bodethal und namentlich im Selkethal einer auffallend üppigen Waldvegetation angehört, bilden die Heidestrecken einen scharfen Gegensatz, denen man da und dort im Harze begegnet (Gegend von Elbingerode, Rothehütte, Stiege u. s. w.). Öde, baumlose Flächen sind mit Heidekraut, Heidelbeergestrüpp und dürftigem Rasen bewachsen und gewähren dem Botaniker nur wenige nicht allgemein verbreitete Kräuter und Gräser.

Über dem Buchenwalde erscheint die eigentliche Bergregion des Harzes von ungeheuren Nadelholzwäldern bedeckt. Nur eine einzige Baumart, die Fichte oder Rottanne (Picea excelsa), hierzulande schlechthin „die Tanne" genannt, bildet jene ernsten, endlos über Berg und Thal sich dehnenden Forsten, die selbst bis zu den höchsten Gipfeln des

Gebirges emporsteigen und nur vor den nassen Mooren zurückweichen. Sie umfassen allein im Gebiete des hannöverschen Harzes 22700 ha und bedecken mit dem Buchenwalde zusammen ein Areal von über 100 qkm. Alle diese Wälder stehen jetzt in regelrechtem Forstbetriebe; solche Stellen, die Urwaldcharakter tragen, gehören heutzutage bereits zu den größten Seltenheiten und werden nur noch in höheren Lagen angetroffen, wo die Holznutzung nicht mehr lohnt. Da vereinigen sich kraftstrotzender Wuchs der stehenden Bäume, altersschwache Baumruinen, die Ergebnisse von Windbruch und Schneedruck mit einem Über- und Durcheinander von Felsen und moosbedeckten Steinblöcken, um ein ebenso malerisches wie großartiges Bild von dem ungezügelten Walten der Naturkräfte uns vor Augen zu führen. Vor wenigen Jahren noch bot die Kuppe der Achtermannshöhe dieses Bild dar, wo heute nur geringe Reste dieser einstigen Waldherrlichkeit der Harzwildnis es den Wanderer bedauern lassen, daß Forstkultur und Urwaldpoesie so wenig sich vertragen.

Die Grenzen zwischen dem Buchenwalde der niederen Lagen und dem Fichtenbestande der Gebirgshöhen sind im Harze keine natürlichen, sie werden durch die forstliche Bewirtschaftung gezogen, welche auf feuchterem, kälterem Boden und in den Höhenlagen aus der Fichtenwaldung, auf trocknerem, wärmerem Boden aus dem Buchenforst die höhere Rente entnimmt. Zuweilen kann man sogar eine Umkehr der Vegetationsfolge beobachten, derart, daß im Thal Fichten-, auf den Höhen Buchenwälder stehen (so bei Güntersberge): auch dies ist ein Produkt der Kultur. Im allgemeinen vollzieht sich der Wechsel der Holzart in einer Höhenlage von 520—550 m, stellenweise unter Bildung von Mischwald (z. B. in der Gegend von Stiege), meist aber in unmittelbarem Übergange von reinem Laubholz- zu reinem Nadelholzbestande. In alten Zeiten, sogar noch zu Anfang des 18. Jahrhunderts, gingen, wie vielfach angenommen wird, die Laubwaldungen im Gebirge weit höher empor als heutzutage. Darauf weisen einerseits die Berichte älterer Schriftsteller hin, anderseits wird es durch die Möglichkeit des Gedeihens der Buche inmitten des Fichtengürtels weit über ihrer jetzigen Waldgrenze belegt (Braunlage). Selbst bis zur Höhe des Brocken soll dieser Laubwald sich erstreckt haben, und der Volksmund will behaupten, daß er gerade hier ein wahrer Lindenwald gewesen sei. Wenn sich auch für diese Meinung kein Beweis erbringen läßt, und selbst die Wahrscheinlichkeit mangelt, daß ehemals Linden die Brockenabhänge bedeckten, so muß doch eine frühere weitere Erstreckung der Laubwälder nach der Höhe zugegeben werden. Hören wir darüber einige Berichte. In seiner „Hercynia curiosa“ (1720) erzählt Behrens, daß „etwa einen guten Musqueten- oder Büchsen-Schuß von der obersten Höhe (sc. des Brockens) herunter viel Bäume und Sträucher, von allerhand Gattung rund um dieselbe stehen“. Freilich darf man dieser Angabe nicht allzuviel Vertrauen schenken, denn in einer „Abhandlung vom Brocken“ (1785) weiß der sehr gut unterrichtete und ohne alle Ausschmückung schildernde Chr. Fr. Schroeder nichts von „allerhand Gattung“ Bäumen bis nahe zur Höhe des Brocken, vielmehr findet er dort einzig und allein „Zwergtannen, die Jahrhunderte alt sind, nicht über einige Fuß hoch, kläglich und krank aussehen“. Hinwiederum belehrt uns Zimmermann 1834 an mehreren Stellen seines Buches über „das Harzgebirge“, daß „in der Vorzeit der Harz überall mehr mit Laubholz (Buchen) bestanden gewesen ist, allein Fehler in der Wirtschaft (das Kahlhauen der Bergkuppen) haben das Eindringen der Fichte begünstigt, und nun griff sie unaufhaltsam um sich“. Immer aber ist es die Hand des Menschen gewesen, welche die Buche durch die Fichte ersetzt hat. Hampe hebt in seiner „Flora Hercynica“ ausdrücklich hervor, daß außer dem Wachholder und der Eibe kein Nadelholz ursprünglich dem Harze angehörte, und die Fichte aus dem Voigtlande eingeführt worden sei, nachdem man zum Bergbau alle Stämme der Laubhölzer verbraucht hatte. Sicherlich hat die Häufigkeit der Laubholzarten, welche noch bis zu den Brockenmooren und zu den Abhängen der höchsten Harzberge emporzusteigen vermögen, noch in jüngster Vergangenheit erheblich abgenommen. Davon reden die verhauenen Reste von Birken, Vogelbeeren und Espen, die man in höheren Lagen hier und da an versteckten

Orten findet, dies beweisen noch deutlicher die Stuken und Wurzeln der genannten Baumarten, die bei Gelegenheit des soeben ausgeführten Baues der Brockenbahn im Moor zwischen dem Königsberge und dem Brocken ausgegraben wurden.

Auch in anderer Beziehung erscheinen die Harzwaldungen gegen früher erheblich verändert. Die moderne Forstverwertung gestattet ein mehrhundertjähriges Stehenbleiben der Bäume nicht, daher sind Riesen, wie sie in älteren Zeiten vielerorts existierten, jetzt recht selten geworden. Einzeln stehende starke Bäume in der Nähe von Gebäuden und Straßen hat man wohl verschont (Selkethal, Rehberger Graben); selbst kleine Bestände aber, wie derjenige unterhalb der Wolfsbachmühle bei Hohegais, in welchem jede der „dicken Tannen" ein Alter von 150—200 Jahren haben mag, sind schon zu den Ausnahmen zu zählen und werden wohl hauptsächlich des Fremdenzuzuges wegen geduldet. Gegenwärtig ist der Umtrieb meist 80—140jährig, je nach der Wüchsigkeit des Bestandes, die haubaren Flächen werden kahl abgetrieben und dann wieder aufgeforstet. In vergatterten Saatkämpen werden die Fichten aus Samen gezogen und erst als mehrjährige Pflanzen meist büschelweise an Ort und Stelle verpflanzt. Bei der Anlage der Kämpe will indessen der Umstand berücksichtigt werden, daß die Fichte nur alle 5—7 Jahre „vollen Samen" trägt, in den Zwischenzeiten aber oft völlig steril bleibt, eine Erscheinung, die auch an manchen anderen Holzpflanzen und selbst an Kräutern zu beobachten ist. So giebt die Buche in den Harzwäldern nur einmal in 10—12 Jahren „volle Mast", die Ernte der Heidel- und Preißelbeeren ist in den aufeinanderfolgenden Jahren recht ungleich groß, die meisten Orchideen intermittieren bezüglich des Blühens in mehrjährigen Perioden u. s. w.

Von 900—1000 m über dem Meeresspiegel ab, auf den Nord- und Nordostabhängen des Gebirges tiefer, auf den Süd- und Südwestabhängen erst höher oben, beginnt die Fichte kleiner zu werden; die Stämme werden niedriger und dünner, die Äste und Nadeln kürzer, die Jahrestriebe begnügen sich mit einer immer bescheideneren Länge, je höher wir emporsteigen, und auf den höchsten Gipfeln der Harzberge stehen endlich Fichten, deren dürftiger Erscheinung man ihr hohes Alter nicht ansieht. Ein Stämmchen von kaum mehr als 3 cm Durchmesser aus der Nähe der Brockenkuppe kann schon 50 Jahresringe aufweisen. Immerhin, wenn auch zuletzt nur noch als krüppelhaftes Gestrüpp, steigt die Fichte doch völlig bis zur Höhe des 1141 m messenden Brocken empor und bildet dort buschartige Gruppen von wunderlicher Gestalt, soweit eben die Axt sie noch verschont hat. Nirgends aber wird die Baumgrenze erreicht, nirgends auch finden sich Spuren eines Krummholzgürtels oder selbst einer Tannen- oder Lärchenzone, wie in den Sudeten, Karpathen oder gar in den Alpen. Diese Nadelhölzer fehlten von jeher dem Harzgebirge, und wenn wir sie heute da und dort antreffen, so sind sie ausnahmslos durch Menschenhand gepflanzt. Ihre streng dem Kontinentalklima angepaßte Natur unterliegt in dem feuchteren Klima des Harzes früher oder später immer in der Konkurrenz mit der hier um so freudiger gedeihenden Fichte, so daß fast alle Aufforstungsversuche mit Weißtannen und Lärchen unbefriedigende Ergebnisse gehabt haben und deshalb meist wieder aufgegeben worden sind. Die Zwergkiefer (Knieholz, Krummholz, Pinus montana) ist an einzelnen Stellen, wie auf der Heinrichshöhe, in zapfentragenden Beständen zu finden, doch auch diese vollständig das Gepräge des alpinen Krummholzes zeigenden Latschendickichte sind das Produkt von Anpflanzungen, die nachweislich vor etwa einem halben Jahrhundert seitens der Wernigeroder Forstverwaltung ausgeführt wurden. Weder der Brocken selbst, noch irgend ein anderer Berg des Harzes hat jemals in historischer Zeit Krummholzkiefern als wildwachsenden Bestand getragen. Kleinen Anpflanzungen von fremden Holzarten, namentlich der amerikanischen Chamaecyparis Lawsoniana und der Pseudotsuga Douglasii, wie der kaukasischen Abies Nordmanniana, kann man vielerorts im Harzgebirge begegnen, ohne daß dieselben über das Versuchsstadium hinausgelangt wären.

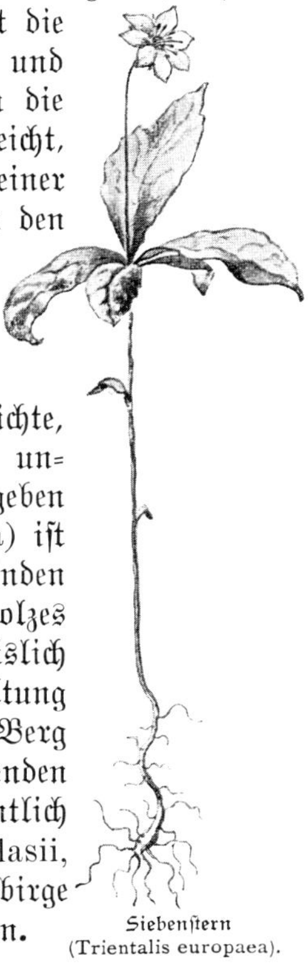
Siebenstern
(Trientalis europaea).

Der Nadelholzwald des Harzes zeigt sich im ganzen zwar als ein pflanzenarmes Gebiet, doch sind viele der hier auftretenden Arten entweder durch ihre geographische Verbreitung oder durch ihre Anpassung an das Leben im unwirtlichen Bergwalde recht bemerkenswert. Im tiefen Schatten des Fichtenhochwaldes selbst vermögen nur wenige Blütenpflanzen ihr normales Gedeihen zu finden: der Sauerklee, das kleine Hexenkraut (Circaea alpina), ein Milzkraut (Chrysosplenium oppositifolium) und Crepis paludosa an quelligen Orten; an trockneren Stellen als Charakterblume des Harzes der anmutige Siebenstern (Trientalis europaea) und die mit fadenartigen Ästen über den Boden dahinkriechende gelbblütige Lysimachia nemorum; in nassen Bruchstellen wächst das überaus zierliche Herzblatt (Listera cordata) aus der Familie der Orchideen, hier auch selten die insektenanleimende Pinguicula vulgaris. Eine Fülle der schönsten Farngewächse aus den Gattungen Polystichum, Aspidium, Athyrium und Phegopteris bewohnt diese Wälder, unter ihnen Blechnum Spicant (s. S. 30), aus dessen bodenständiger Rosette von lederartigen, kammförmigen Blättern sich einzelne schmalzipflige und darum sehr abweichend aussehende Fruchtwedel senkrecht erheben; zwischen moosbedeckten Felsen findet sich Lycopodium Selago, eine derbe Art der Bärlappgewächse ohne die sonst in dieser Pflanzengruppe übliche Fruchtährenbildung. Der tiefe Humus des Waldes beherbergt, wenn auch nicht allerorten, die merkwürdige Coralliorrhiza innata, eine wurzel- und blattlose Orchidee mit korallenähnlichem Rhizom (Wurzelstock), in dessen Zellen ein Pilz nach Art eines Parasiten seine Fäden zu Knäueln ballt, aber nicht so sehr als Schmarotzer, wie vielmehr als Ernährer der in dieser Beziehung recht unselbständigen Korallenwurz wirkt, indem er aus der humösen Walderde die der Orchidee erforderlichen Nährstoffe herbeischafft: eine Ernährungsgenossenschaft, die auch anderwärts im Pflanzenreich angetroffen und mit dem Ausdruck „Symbiose“ bezeichnet wird. Auch in der Fichtenregion sind in Bezug auf die Krautvegetation lichtere Stellen vor den tief beschatteten bevorzugt. An solchen wächst hier, wo es feuchter ist, der prächtige weiße Hahnenfuß (Ranunculus aconitifolius), neben ihm die blaue Gänsedistel (Mulgedium alpinum) und eine rauhhaarige Doldenpflanze (Chaerophyllum hirsutum), und eine Art Pestwurz (Petasites albus) bedeckt mit ihren großen, filzigen Blättern die Gesteinstrümmer; an trockneren Orten sind überall die Arten des Wachtelweizens (Melampyrum silvaticum und auch M. pratense) neben dem überaus feinen Felsenlabkraut (Galium saxatile) zu finden, als Seltenheit wohl auch der Pyramidengünsel (Ajuga pyramidalis) mit vierseitiger Blütenähre. Graue und gelbe Lichenen, oft in langen Bärten (Usnea, Evernia, Bryopogon) herabhängend, bedecken Stämme und Äste und liefern das Material zu den beliebten Harzmännlein und den wunderlichen Tabakspfeifen, die mancher Harzwanderer als Andenken an seine Reise heimträgt. In den Quellen wuchern Montia rivularis und die kleine Sternmiere (Stellaria uliginosa), an deren Rande breitet der übelduftende Baldrian sich aus, überragt von Sträuchern des rotbeerigen Traubenhollunders (Sambucus racemosa), daneben wiegt ein stattliches Gras, die schöne Calamagrostis Halleriana, ihre Rispen im Winde, unter den Bäumen streckt die quirlblättrige Maiblume (Polygonatum verticillatum) ihre schlanken Stengel, und der rote Fingerhut (Digitalis purpurea) bedeckt jeden freieren Abhang, die Bach- und Wegränder, jeden Schlag mit ungezählten Purpurglocken ihrer stattlichen Blütenpyramiden: ein stolzer Schmuck der Berge, der ganz besonders anziehend wirkt. Hier darf eine auffallende Erscheinung nicht unerwähnt bleiben, die überall im Harze zu beobachten ist, wo Kahlschlag ausgeführt wird: schon im nächsten und übernächsten Jahr nach dem Verschwinden des

Herzblatt (Listera cordata).

Waldes stellt sich der Fingerhut in schier unfaßbarer Menge ein, wie man dies anderwärts an dem zwar im Harze ebenfalls vorkommenden, aber in höheren Lagen doch nur eine untergeordnete Rolle spielenden Weidenröschen (Epilobium angustifolium) beobachtet. Es bleibt keine andere annehmbare Erklärung dieses plötzlichen Massenauftretens übrig, als diejenige, daß die Samen des Fingerhutes viele Jahrzehnte hindurch im Erdboden liegen können, ohne ihre Keimfähigkeit einzubüßen. Eine solche Annahme wird durch die in neuerer Zeit experimentell geprüfte Erfahrung belegt, daß auch zahlreiche andere Sämereien 40—50 Jahre hindurch und länger unter gar nicht einmal besonders günstigen Umständen ihre Keimkraft zu bewahren vermögen. — In den feuchten Thalgründen des Oberharzes erscheinen oft alle Felsblöcke wie mit roter Farbe bestrichen. Diese Erscheinung wird durch eine zu den Fadenalgen gehörige winzige, aber in dichtestem Rasen wachsende Pflanze (Trentepohlia Jolithus) verursacht, welche im getrockneten Zustande zwar ihre auffällige Färbung verliert, aber auch dann noch den namentlich beim Reiben hervortretenden feinen Veilchenduft ausströmt, der ihr den uneigentlichen Namen „Veilchenmoos", dem von ihr überzogenen Felsen die Bezeichnung „Veilchenstein" eingetragen hat.

Die zahlreichen Schutthalden in der Umgebung von Gruben und Bergwerken, die Schlackenfelder der Hüttenwerke, die Kiesbetten der Harzbäche beherbergen eine ganz eigene Pflanzengesellschaft, die an gleichartigen Lokalitäten überall in der nämlichen Zusammensetzung wiederkehrt, so daß sie als charakteristisch für die Flora der Harzthäler bis hinaus in die Ebene bezeichnet werden muß. Es sind dies Arabis Halleri, ein zierliches Gewächs aus der Familie der Kreuzblütler, welches auch in den Sudeten und Alpen wiederkehrt; die mierenartige Alsine verna, die in wenige Centimeter hohem Rasen große Plätze bedeckt und, mit zahllosen weißen Blütensternchen übersäet, einen überaus anmutigen Anblick gewährt; die auch auf den Harzwiesen einen wesentlichen Bestandteil des Futterwuchses ausmachende Bärwurz (Meum athamanticum), ein Doldengewächs, dessen Blätter in zahllose haarfeine Zipfelchen zersplissen erscheinen und das zierlichste Laubwerk unter allen Pflanzen des Harzgebirges darstellen; Armeria Halleri, eine Plumbaginee mit grundständigem Schopf nelkenartiger Blätter und langgestieltem Köpfchen rosenroter Blüten; endlich eine seegrüne, schmalblättrige Abart des Taubenkropfes (Silene inflata var. angustifolia), die ebenfalls niemals fehlt, wo die anderen Haldenpflanzen vorkommen.

Groß ist die Zahl der Wiesenkräuter im Oberharz, welche teils der Bergregion angehören, zum größeren Teil aber aus dem Tieflande emporsteigen. Dazu gehören beispielsweise der rotblumige Storchschnabel (Geranium silvaticum), die Trollblume (Trollius europaeus), der braune Goldklee (Trifolium spadiceum), das vierkantige Hartheu (Hypericum quadrangulum), die Berg-Platterbse (Orobus tuberosus), mehrere Ginsterarten, die prächtige Arnica montana und andere gelbblütige Kompositen, die von den älteren Harzbotanikern mit fabelhaften medizinischen Kräften ausgestattete „Krebswurzel" (Polygonum Bistorta), die weißblumige Orchidee Gymnadenia albida, die rötlich blühende Varietät der grasähnlichen Spurre (Luzula albida *rubella), die wunderliche Farngestalt der zwerghaften Mondraute (Botrychium Lunaria), zierliche Gräser (Aira flexuosa und A. caespitosa, Poa sudetica, Molinia coerulea), der knollige Steinbrech (Saxifraga granulata), der blaue Rapunzel (Phyteuma nigrum) und viele andere. Sie bilden einen Blumenteppich von unvergleichlicher Schönheit, der zur Blütezeit im Juli die Bergwiesen des Oberharzes in heitere Farben kleidet, mit dem ernst und feierlich dreinschauenden Forst in einen reizvollen Gegensatz tritt und darum eine mächtige Anziehungskraft übt.

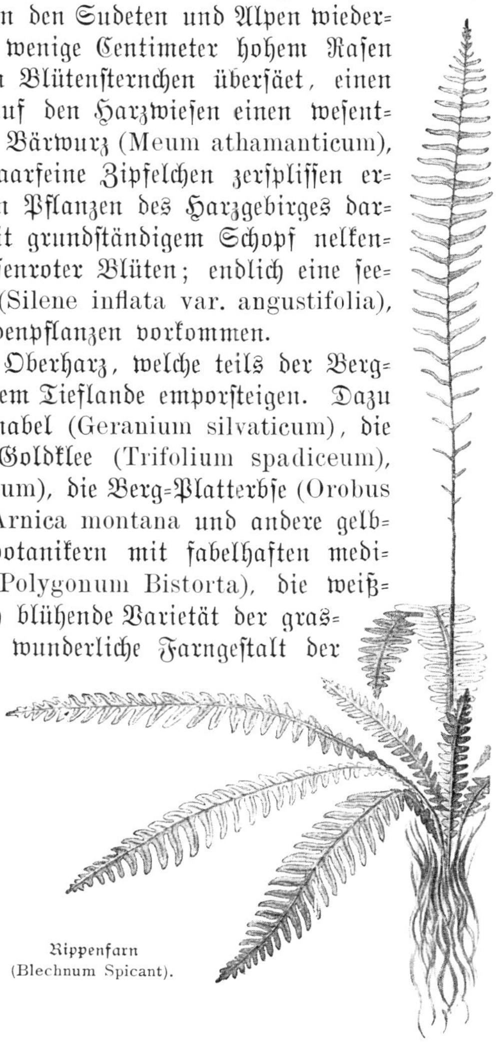

Rippenfarn
(Blechnum Spicant).

Je weiter oben, desto mehr Arten aus dieser lieblichen Blumenschar bleiben zurück, und zuletzt, bei 900—1000 m Erhebung über der Meeresfläche, haben die meisten die Höhengrenze ihres Vorkommens erreicht, so daß nur noch ein monotoner Fichtenwald, der einzig und allein durch die stetig zunehmende und bereits geschilderte Krüppelhaftigkeit zu fesseln vermag, den Wanderer begleitet. Dicht unter dem Brockengipfel aber wird dies plötzlich anders: die letzten 40—50 m (auf der Nordseite etwas mehr) dieses Königs aller Harzberge werden von einer Flora bewohnt, die neben einer Anzahl Allerweltspflanzen, wie Heidekraut, Ruchgras (Anthoxanthum), Frauenmantel (Alchemilla), Potentilla Tormentilla u. dergl., auch die edelsten Kräuter des Harzes beherbergt. Hier leuchten die weißen Blütensterne der Brockenblume (Pulsatilla alpina) zu Tausenden aus dem dürftigen Rasen hervor, die dunkelzottigen Köpfe der Habichtskräuter (Hieracium alpinum und H. Halleri) sind über die ganze Brockenkuppe zerstreut, seltene Rietgräser (Carex vaginata, C. rigida) erinnern an die Pflanzenwelt der norwegischen Fjelde, da und dort dehnen sich unter dem Heidekraut kleine Horste des Alpenbärlapp (Lycopodium alpinum). An moorigen Stellen lebt scharenweise die heideähnliche, mit immergrünen, nadelartigen Blättern versehene und darum schwer zu erkennende Krähenbeere (Empetrum nigrum, s. S. 32), der man hier trotz möglichster Unähnlichkeit mit dem bräutlichen Schmuck allgemein den Namen „Brockenmyrte" beigelegt hat; an der Nordseite des Brocken findet sich zwischen riesigen Granitblöcken, freilich recht spärlich, die überaus zierliche Linnaea borealis; neben der großen Ampferart Rumex arifolius steht ein subalpines Farnkraut (Athyrium alpestre), dem A. filix femina sehr ähnlich und von demselben nur bei genauer Kenntnis zu unterscheiden, nicht selten in den Vertiefungen zwischen den Felsklippen. Wer sie zu finden weiß, kann auf der Höhe des Brocken oder in nächster Nachbarschaft noch einzelne Stauden von Geum montanum, Thesium alpinum, Eriophorum alpinum beobachten, die der zerstörenden Hand der zahllosen „Botaniker" bisher entgangen sind. Von anderen Raritäten der Brockenflora hat man seit Jahren nichts mehr gefunden, wie von der moosähnlichen Selaginella spinulosa und der spießblättrigen Weide (Salix bicolor), die den „Heusammlern" bereits zum Opfer gefallen sein mögen. Immerhin sind, wie wir sehen, auf dem Brocken einige Arten von Blütenpflanzen und höheren Kryptogamen vorhanden, die anderwärts entweder nur in der subalpinen Region oder doch in der oberen Bergregion angetroffen werden. Ihnen gesellt sich eine Anzahl Moose bei, wie Grimmia contorta, G. Doniana, G. unicolor, Hypnum sarmentosum, Racomitrium sudeticum, R. microcarpon, R. fasciculare, Leskea striata, Jungermannia alpestris, von denen das nämliche gilt. Überall im Rasen wuchert die isländische Flechte (Cetraria islandica), auch die Rentierflechte (Cladonia rangiferina) ist häufig, die Felsblöcke des Schneeloches und anderer Klippenmeere werden von gelben, grauen, grünen, braunen und schwarzen Steinflechten überzogen, die eine unablösbare, weil tief in den Felsen sich einfressende Kruste bilden, darunter die buntfarbige Landkartenflechte (Lecidea geographica) als bekannte Bewohnerin höherer Gebirgslagen. So bietet die höchste Erhebung des Harzgebirges, wenn auch keine eigentliche alpine Region, doch wenigstens die Andeutung einer solchen dar.

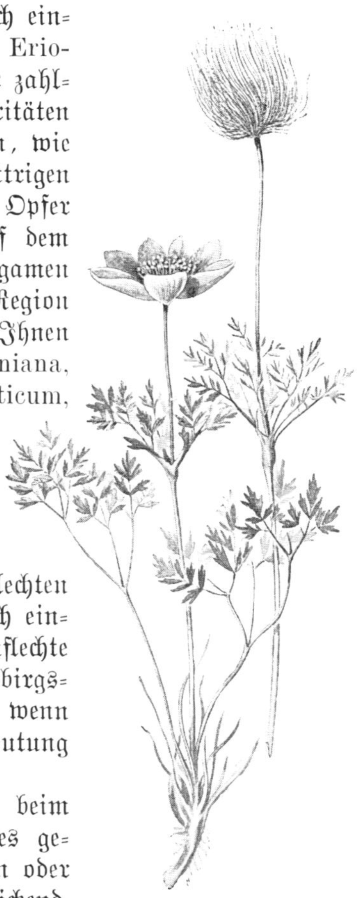

Brockenblume
(Pulsatilla alpina).

Im großen ganzen ist das Florenbild, welches man beim Aufstieg aus der Ebene zu den höchsten Bergen des Harzes gewinnt, überall das nämliche, ob man von Norden, Westen oder Süden aufsteigt. Nur der Osten verhält sich insofern abweichend, als dort dem Oberharze die weite Stufe des Unterharzes vorgelagert ist, und in dessen Gebiet Örtlichkeiten sich finden, die noch eine kleine Zahl solcher Pflanzenarten beherbergen, deren eigentliche Heimat in Südosteuropa liegt. Von derartigen Gewächsen mit Steppenpflanzencharakter seien noch Adonis vernalis, Bupleurum falcatum, Asperula glauca, Salvia pratensis, Phleum Boehmeri genannt. Man bekommt einen vortrefflichen Einblick in die orographische Gestaltung des Harzgebirges, wenn man etwa in der Gegend von Hohegeiß sich befindet und nun nach Nordwesten hin das Massiv des Oberharzes vor sich, gegen Osten aber den hier plateauartig erscheinenden Unterharz unter sich sieht.

Einen besonderen Reiz gewinnt die botanische Durchwanderung des Harzes von Süden her durch die mit der sanfteren Abdachung des Gebirges und den ausgedehnten, nur schwachgeneigten Flächen zusammenhängenden Moorbildungen. In weitem Umkreise umgeben den Brocken diese Hochmoorflächen, die, schwammartig mit Wasser vollgesogen, keinen Baumwuchs tragen und als „Rotes Moor", „Brockenfeld", „Brockenbett" in viele Stunden weiter Erstreckung die Einsenkungen zwischen Brocken, Heinrichshöhe und Königsberg und große Flächen darüber hinaus erfüllen. Auf granitischer Unterlage stellen diese Moore ein mehrere Meter mächtiges Torfpolster dar, welches der Hauptsache nach von blassen Moosen, Rietgräsern und Heidekräutern gebildet wurde und mit mancherlei Pflanzen von besonderer Erscheinung und mit eigentümlichen Einrichtungen bestreut ist. Der merkwürdige Bau der Torfmoose (Sphagnum acutifolium, squarrosum, cymbifolium, molluscum etc.), bei welchen jede der größeren Zellen in der Wandung durchgehende Löcher hat, bringt es mit sich, daß in diesen Moosmooren immer eine starke Ansaugung und lebhafte Cirkulation des Wassers stattfindet. Einer solchen triefend nassen Unterlage sind nur wenige Pflanzenarten angepaßt, doch stellen dieselben gerade darum eine höchst charakteristische Gemeinschaft dar, zu welcher besonders folgende gehören: die Wollgrasarten (Eriophorum vaginatum u. a.), das Sumpfveilchen (Viola palustris), der wunderbare insektenfangende Sonnentau (Drosera rotundifolia), die Rauschbeere (Vaccinium uliginosum), die moosdurchspinnende sauerfrüchtige Moosbeere (Oxycoccos palustris), die liebliche Andromeda poliifolia mit ihren rosenroten Sträußchen, die Krähenbeere (Empetrum), die Ohrweide (Salix aurita), die sperrige Binse (Juncus squarrosus), die Rasensimse (Scirpus caespitosus) in unabsehbarer Menge von Rasenbüscheln, das zwergige Rietgras Carex pauciflora mit schlanken, zurückgebrochenen Früchten, das Nardengras (Nardus stricta). Auch die Heidelbeere, die Preißelbeere und das Heidekraut dringen in diese Brockenmoore ein, nicht aber vermag die Fichte oder ein anderer Baum hier ebenfalls auch nur notdürftiges Fortkommen zu finden, vielmehr weicht der Wald unter Verkrüppelungserscheinungen seines Saumes vor dem nassen Moor zurück. Nur die Birke allein tritt in ihrer nordischen Form (Betula odorata) manchen Ortes sogar ziemlich häufig auf und weckt die Erinnerung an die gleichen Vorkommensverhältnisse im skandinavischen Norden. Und noch eine Beziehung zum subarktischen Gebiet zeigt sich: das Vorkommen der Zwergbirke (Betula nana) im Moor bei Torfhaus, eines kaum halbmeterhohen Strauches mit winzigen, kreisrunden, glänzenden Blättchen, der für die nordischen Moore so recht charakteristisch ist. Aus den braunen Moorsümpfen zwischen Oderbrück und Torfhaus erheben sich, gigantischen Ruinen gleich, mächtige Klippen, ein Trümmerwerk aus haushohen Felsblöcken, darunter die „Hopfensäcke", auf deren Nordseite in gefährlichem Geklüft unter Heidelbeergestrüpp die wunderbar liebliche Linnaea in großer Fülle ihre Stengelfäden spinnt und ihre duftenden Glöckchenpaare entfaltet.

Brockenmyrte, Krähenbeere (Empetrum nigrum).

Bekanntlich gehört die Fichte zu den stark variierenden Pflanzenarten, wenn dies auch angesichts der schier endlosen Folge von gleich erscheinenden Individuen im Forst

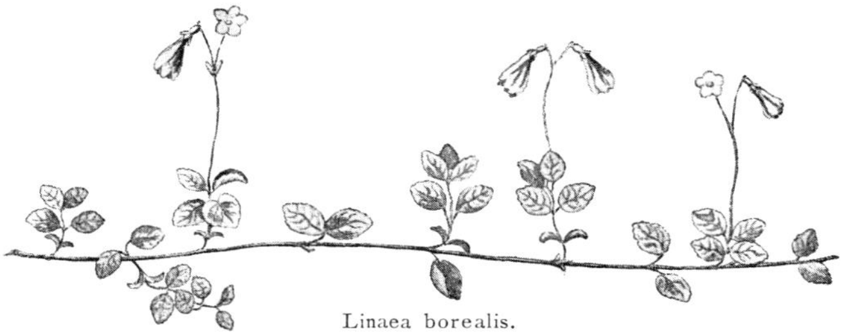

Linaea borealis.

nicht ohne weiteres einleuchten will. Gerade die Harzwälder bergen aber mehrere ganz hervorragend interessante Abweichungen vom gewöhnlichen Verhalten der Fichte. Besonders bevorzugt scheint in dieser Hinsicht die Gegend von Schierke zu sein. Hier giebt es nicht bloß Bäume mit gelben oder roten Staubgefäßen, mit dunkelgrünen, gelbgrünen und weißlichgrünen Nadeln (Silbertannen), andere mit so verkürztem Nadelwerk, daß sie der var. septentrionalis ähnlich werden, sondern auch solche mit teils grünen, teils gelben Nadeln, wodurch der Baum wie goldgesprenkelt erscheint, und noch andere mit pinselförmig am Ende der Zweige zusammengedrängten Nadeln. Hier stehen ferner im dichtesten Walde versteckt ein paar Exemplare, die völlig herabhängende, dem Stamm anliegende Äste entwickeln und dadurch von ferne einer Cypresse ähnlich aussehen (Cypressenfichten), und vor allem werden hier einzelne Bäume beobachtet, die zuerst mehrere Jahrzehnte hindurch Äste von normaler Länge und Richtung erzeugt haben, dann aber plötzlich herabhängendes Astwerk entwickelten und daher im oberen Teil einer Cypressenfichte gleichen: so die leider jetzt im Absterben begriffene bekannte „Königstanne“ (s. S. 34) oberhalb der Schluft bei Schierke, eine andere, bereits gefällte, in der Gegend von Elbingerode. Man lernt daraus, in welcher Weise mitten im Verbreitungsgebiet einer Art unter Millionen von gleichen Individuen neue Formen auftreten, die unter günstigen Erhaltungs- und Fortpflanzungsbedingungen zu neuen Arten sich ausbilden mögen.

AUFNAHME VON PROF. PETER.

Cypressenfichte.

Im Süden und Westen des Harzes zieht sich um den Fuß des Gebirges eine fast fortlaufende Kette von Kalkhügeln, die meist aus Gips sich aufbauen und im Katzenstein (eigentlich Chattenstein) bei Osterode, im Sachsenstein (s. S. 35) bei Walkenried, in den Gipsbergen von Ellrich und am Alten Stolberge ihre prägnanteste Ausbildung erlangen. Es hängt mit dem Ursprunge und der Natur dieses Gesteines zusammen, daß schroffe Felswände, grasarme Abhänge, trichterartige Einstürze und Höhlenbildungen in großer Zahl hier angetroffen werden, auf und in denen eine eigenartige und artenreiche Vegetation sich angesiedelt hat. Gerade auf diesen Gipshügeln kommen in größerer Anzahl die Pflanzen des Steppengebietes vor, von denen schon oben die Rede war, und ihnen gesellen sich noch zahlreichere andere bei, die ebenfalls als Kalkbewohner in südlicheren Gegenden Europas erst ihren eigentlichen Verbreitungsbezirk haben. Hier finden sich aber auch einzelne Arten, deren heimatlicher Boden sonst das Hochgebirge ist, die eigentümlicherweise indessen die Höhen der Harzberge nicht bewohnen. Solche südlichen und südöstlichen Pflanzen sind u. a.: Hypericum veronense, Linosyris vulgaris, Campanula bononiensis, Stipa pennata und S. capillata, Arabis sagittata, Helianthemum Fumana, Coronilla vaginalis, Bupleurum falcatum, Cornus mas, Prenanthes purpurea, Hieracium cymosum, Teucrium Scordium, Anthericum Liliago, Carex humilis, Melica ciliata; der warme Kalkboden ist Bedingung ihres Vorkommens am Südharzrande. Sie werden begleitet von einem Grase Sesleria coerulea in großen Mengen. Von alpinen Arten sind vor allem zu nennen: Arabis alpina und A. petraea, Gypsophila repens, Salix hastata, Aster alpinus, Sauteria alpina, neben ihnen auch die mehr montanen Rosa cinnamomea, Biscutella laevigata, Hieracium Peleterianum, Reboulia hemisphaerica. Sie müssen als Relikten aus der Eiszeit, als die Überreste der diluvialen Flora dieser Gegenden aufgefaßt werden. Manche dieser Pflanzen sind äußerst selten und nur in sporadischen Exemplaren (Arabis alpina bei Ellrich), andere nur an einem einzigen Standorte (Salix hastata am Alten Stolberge bei Stempeda) zu finden, einzelne schienen bereits ganz verschwunden zu sein und sind erst in neuester Zeit durch unausgesetzte Forschungen kundiger Botaniker wieder aufgefunden worden (Prenanthes purpurea bei Stolberg, Sauteria alpina über Steigerthal). An anderer Stelle dieses Buches wird ausgeführt, welche Wandlungen in der diluvialen Periode unseres Erdteiles mit den Schwankungen der Temperatur und den wechselnden Niederschlagsmengen auch die Lebewelt durchzumachen hatte, und es kann daher hier von einer Schilderung derselben abgesehen werden. Wenige Worte werden genügen, um das Hervorstechendste bezüglich des damaligen wiederholten Florenwechsels zu betonen. Die präglaciale Tieflandsflora wurde in gleichem Schritt mit dem Vordringen der diluvialen Eisbildungen nach Mitteleuropa hin aus ihren bisherigen Wohnsitzen verdrängt und schließlich zum größten Teil vernichtet, auch die Bergflora traf dieses Schicksal, und die Hochgebirgsflora Mitteleuropas rückte ebenso wie die skandinavische Fjeldflora in die Tiefländer herab. Während einer der dann folgenden milderen „Interglacialzeiten" erfolgte nicht nur eine Rückwanderung der nun gemischten nordisch-alpinen Pflanzenwelt in ihre früheren Standorte, sondern auch eine reichliche Invasion von Pflanzenarten der östlichen, südöstlichen und südlichen Tiefländer, ja sogar des pontischen Steppengebietes, bis dann nach wiederholten Schwankungen der heutige Zustand des Klimas und der Floren hergestellt wurde. Aber nun haben wir in Deutschland eine Mischflora aus den mannigfachsten Elementen, die, wie wir gesehen haben, auch am Harzgebirge deutlich diesen Charakter bewahrt. Zweierlei kommt dabei in Betracht: einmal die Möglichkeit der Erhaltung einzelner Pflanzenarten an solchen Örtlichkeiten, die ihnen die für sie erforderlichen Lebensbedingungen noch immer gewähren, so daß sie sich im Kampfe mit der übrigen Vegetation bisher zu behaupten vermochten, — und ferner in gewissen Fällen wohl auch eine geringe Änderung in der Natur der Pflanze, eine innere Umstimmung oder Anpassung an die dargebotenen Verhältnisse, die es der betreffenden Species erleichtert, unter sonst ihr etwas fremdartigen Vegetationsbedingungen weiter zu existieren.

Die „Königstanne" oberhalb Schluft bei Schierke, 1898.

Wie aus den vorstehenden Ausführungen hervorgeht, kann die Flora des gesamten Harzgebirges leicht in folgender Weise übersehen werden. Sie zeigt keineswegs einen einheitlichen Zug, vielmehr beträchtliche Ungleichheiten in drei topographisch wie floristisch hervortretenden Gebieten: im Randgebirge, Unterharz und Oberharz. Diese Ungleichheiten werden bedingt durch geognostische Beschaffenheit, klimatische Unterschiede und die damit in Zusammenhang stehende Einmischung fremder, zugewanderter Pflanzenarten in die allgemeine mitteldeutsche Flora, die hier, wie weit und breit, die Hauptmasse der Vegetation ausmacht. Im Norden gehört der Harzrand wesentlich den sandigen Formationen an, im Westen und Süden dagegen den kalkigen; im Unterharz und in den Vorbergen des Oberharzes wechselt die Beschaffenheit des Gesteines in bunter Mannigfaltigkeit; im eigentlichen Hochharz herrschen die granitischen Gesteine. Dies vorausgeschickt ergiebt sich ganz kurz folgende Charakteristik: im Nordrande des Harzes ist eine Sandflora verbreitet mit eingestreuten Steppenpflanzen; im Südrande zeigt sich eine ausgesprochene Kalkflora mit eingewanderten Arten des süddeutschen und des mediterranen Gebietes, daneben mit einigen Eiszeit-Relikten; der Unterharz weist die allgemeine mitteldeutsche Hügelflora auf, doch sind auch hier, entsprechend dem Wechsel der geognostischen Unterlage und der damit zusammenhängenden Bodenwärme, mancherlei Arten südlicherer Klimate gelegentlich eingefügt; der Oberharz mutet uns an wie ein nach Deutschland versetztes Stück der skandinavischen Gebirge mit alpin-nordischen Pflanzenarten in einförmigem Fichtenwalde, doch nur unter Andeutung einer subalpinen Region. Es wäre verlockend, den mannigfachen Variationen der Lokalitäten im Harzgebirge nachzugehen und die Pflanzengemeinschaften zu betrachten, welche an denselben sich angesiedelt haben. Wie nimmt uns der Wechsel im Bestande der Wälder, das Farbenspiel im Blumenteppich der Bergwiesen gefangen, wie überwältigt uns die Üppigkeit der Vegetation im Selke- oder im Bodethal, wie einförmig erscheinen uns dagegen die Heideflächen des Unterharzes, die öden Moore um den Brocken, wie ungleich zeigen sich uns die Harzthäler, je nachdem sie milde Formen oder alpine Felsbildungen aufweisen! Es hieße aber gewissermaßen botanische Kleinmalerei treiben, wollten wir diesem Interesse folgen, — und der hier zugemessene Raum verstattet das vollends nicht.

AUFNAHME VON PROF. PETER.

Der Sachsenstein bei Walkenried.

Nur kurz sei noch auf die Agentien hingewiesen, von denen die heutige Zusammenordnung der Pflanzenarten des Harzgebirges vorzugsweise abhängig ist. Eine der allerwichtigsten Ursachen der jetzigen Verbreitung der Gewächse in unseren Gegenden liegt in den Klimaschwankungen der Eiszeit und in den mit ihnen korrespondierenden Florenwanderungen, doch sind dies der geschichtlichen Entwicklung unseres Florengebietes angehörige Vorgänge. Unter den immerfort noch wirkenden Agentien nehmen die Extreme der Temperatur, die der Pflanzenwelt sich bietenden Wärmesummen, die Bodenwärme, Menge, Form und Verteilung der Niederschläge, die Länge der Vegetationszeit ohne Zweifel die ersten Stellen ein. Im Harzgebirge werden es vorzugsweise die extremen Kältegrade (bis — 28° C.) sein, welche die Höhengrenzen mancher Pflanzenarten bestimmen, die Wärmekapazität der Fels- und sonstigen Bodenarten wird maßgebend auf die Verbreitung zahlreicher Kräuter einwirken, es hängt selbstverständlich von der besonders reichen Menge (1669 mm) der Niederschläge ab, daß auf den Höhen des Gebirges so ausgedehnte Moorbildungen entstehen konnten, die im Verein mit den moosdurchwachsenen Wäldern als Wasserspeicher für zahlreiche Flußläufe dienen; der häufige Schneefall zu allen Zeiten des Jahres, der frühe Eintritt und das späte Aufhören des Winters auf den Bergen des Oberharzes bedingen die Kürze der Vegetationszeit, der die biologischen Einrichtungen alpiner Gewächse entsprechen. Aber es kommen noch Besonderheiten hinzu, die die Vegetation stark und oft zu ihrem Nachteil beeinflussen. Da die Temperaturen sich während längerer Zeiträume so um den Nullpunkt halten, daß in den Mittagsstunden Schmelzwärme, sonst aber Frost herrscht, da die Wärmestrahlung der Wälder hier eine besonders starke und der Feuchtigkeitsgehalt der Luft gewöhnlich ein recht hoher ist, Nebelbildungen zu den häufigsten Erscheinungen im Harze gehören, so erfolgt eine ungemein ausgiebige Rauhreifbildung, die zu enormen Eisbehängen Veranlassung giebt und im Verein mit gewaltigen Schneemassen, namentlich wenn noch einer der häufigen Stürme (im Jahr durchschnittlich 70) dazukommt, ganz ungeheuerliche Zerstörungen anrichten kann. Durch diesen „Schneebruch" werden zahllose jüngere Bäume dauernd verbogen, zerknickt, ihres Wipfels beraubt, aber auch noch Stämme von 20—30 cm Durchmesser zerdreht und splitterig zerbrochen, so daß zuweilen viele tausend Klafter Holz nach solchen unglücklichen Ereignissen aufgearbeitet werden müssen. Dabei fällt immer ein Teil des Holzes der noch heute im Harzgebirge eifrig betriebenen Kohlenbrennerei anheim, bei welcher die Köhler in primitiven Erd- oder Rindenhütten in der Nähe ihrer rauchenden Meiler wohnen und nächtigen. Verliert ein junges Bäumchen durch Schneedruck seine aufrechte Haltung, oder wird ihm durch Schneebruch der Wipfel abgeknickt, so versucht es nicht selten mehrmals nacheinander aus einem der obersten Zweige einen neuen Wipfel zu bilden, doch bleiben auch selbst beim Gelingen dieser Reparatur die wunderlichsten Verkrümmungen des Stammes zum Zeugnis der erlittenen Unbill zurück, und Bäume, die wie umgekehrte Fragezeichen aussehen oder gar die Silhouette eines Kamelrückens nachahmen, gehören an manchen besonders heimgesuchten Forstorten zu den gewöhnlichen Erscheinungen.

AUFNAHME VON PROF. PETER.

Köhlerhütte.

Was der Wind allein vermag, davon wissen die Bücher der Förstereien zu berichten. In den zu Hannover gehörigen Harzwäldern werden jährlich im Durchschnitt gegen 20 000 Stämme durch Windbruch zerstört, und orkanartige Stürme haben schon öfters ganze Bergabhänge ihres Waldschmuckes beraubt. Von den Wirkungen der in den größten Höhen des Gebirges herrschenden starken Westwinde und der von ihnen mitgeführten Hagelschauer sprechen die fast ausnahmslos fahnenartig einseitigen Fichten am Brocken, am Königsberge und anderwärts, bei denen alle Äste auf der Windseite zerstört sind, die deutlichste Sprache. Den großen Wind- oder Schneebrüchen folgt, wenn dem nicht sofort vorgebeugt wird, regelmäßig eine Borkenkäferepidemie, die zunächst zwar nur das tote Holz, dann aber auch den lebenden Bestand ergreift und schon in alten Zeiten als „Wurmtrocknis" den Schrecken der Forstverwaltung bildete. Und mit diesen Waldverderbern vereinigt sich noch ein Heer von schädlichen Pilzen, die entweder durch Zerstörung des Nadelwerkes den Holzzuwachs mindern (Chrysomyxa abietina), oder jüngere Fichten von der Wurzel aus töten (Agaricus melleus, der Hallimasch), oder als schlimmer Feind der Saatkämpe auftreten, deren Pflänzchen im dichten, schwarzen Filz der Herpotrichia nigra unter der winterlichen Schneedecke ersticken[1]).

Zerstörend aber wirkt im Harze vor allem auch der Mensch selbst auf die Vegetation ein. Wer hätte nicht mit Grauen die ausgedörrten Waldstriche an manchen Berghängen

[1]) Bemerkt mag werden, daß weder die Pilze, noch die Lichenen und Algen des Harzgebirges bisher so gut erforscht sind, wie dies im Interesse einer genaueren Kenntnis der heimatlichen Flora erforderlich wäre.

gesehen, die einen Anblick gewähren, als sei ein Waldbrand darüber hinweggegangen? Wem fallen nicht die absolut pflanzenlosen Schutthalden auf, die des Wiesengrüns gänzlich entblößten Hügel in der Umgebung der Hüttenwerke? Sie sind Produkte der giftigen Wirkungen flüchtiger Säuren und anderer Substanzen, die beim Verhütten der Erze und bei anderen industriellen Prozessen entstehen und trotz der hohen Essen vom Winde auf den Wald herabgedrückt werden. Und welche Holzmassen wandern alljährlich in den Flammenschlund der Hochöfen und zahlreichen Fabriken, welche Quantitäten verschlingt die Zimmerung der Stollen, auf welche sogar, wie erwähnt, die teilweise Verdrängung der Laubholzwälder durch die fast doppelt höher rentierende Fichte zurückgeführt wird! Zur großen Betrübnis aller wahren Naturfreunde, zu denen die eigentlichen Botaniker in erster Reihe sich zählen, ist auch die Kräuterwelt des Harzes, trotz aller Bemühungen, Bitten, Drohungen und Strafen von seiten des Harzklubs, der fürstlichen Kammer zu Wernigerode und anderer Interessenten vor der Zerstörung keineswegs gesichert. Das rücksichtslose „Blumenpflücken" betrifft leider meist gerade die schönsten, seltensten und darum begehrtesten Pflanzenarten, vor allen die Brockenblume (Pulsatilla alpina) und deren eigentümliche Fruchtstände (vergl. die Figur auf Seite 31), die hier den Namen Hexenbesen oder Teufelsbart führen. Es muß dadurch aber notwendigerweise zur allmählichen Ausrottung der Pflanze kommen, auch wenn, was keineswegs immer der Fall ist, nur die Blüten genommen werden. Denn eine Erneuerung durch Samen ist schon jetzt so gut wie ausgeschlossen, weil thatsächlich jede Blüte den Brockenbesuchern in die Hände fällt. Gegen derartige Massenzerstörung durch den Menschen ist der Schaden, den das Wild verursacht, gering zu erachten.

AUFNAHME VON PROF. PETER.

Durch Schneedruck verkrümmte Fichte bei der Achtermannshöhe.

Stellen wir zum Schluß unserer Betrachtungen noch einen Vergleich an zwischen dem Harze und anderen mitteleuropäischen Gebirgen von gleicher oder größerer Höhe, so springen zunächst einige Eigentümlichkeiten, des ersteren ganz besonders, in die Augen: die sanften Bergformen, die Armut an Felsbildungen, der

AUFNAHME VON PROF. PETER.

Fichten an der nordwestlichen Seite des „Kleinen Brocken".

große Wasserreichtum, die ausgedehnten Moorflächen und der Kalkmangel im Oberharz. Mit so mächtigen Gebirgen wie Karpathen oder gar Alpen darf ja der Harz freilich nicht verglichen werden, denn diese bieten infolge ihrer geographischen Lage, der großen Längenausdehnung und Massenentwicklung, der viel beträchtlicheren Erhebung und zahlreicher anderer Umstände so ganz andere Verhältnisse dar und haben dadurch ein so gewaltiges Übergewicht über das kleine Harzgebirge, daß letzteres auch durch seine exponierte Stellung in der deutschen Ebene und durch seine nördlichere Lage nicht viel davon auszugleichen vermag. Am ehesten finden sich die Verhältnisse des Harzes im Böhmerwalde wieder oder in den mährischen Sudeten, und die Vegetation des Unterharzes hat ihr Analogon unter entsprechender Erweiterung des Artenbestandes im Thüringer Walde. Aber der Böhmerwald liegt schon völlig im Bereich des Kontinentalklimas, unter dessen Einfluß hier neben der Buche die Weißtanne eine wichtige Rolle spielt, die ursprünglich noch umfassender war als nach der weitgehenden Ausrottung dieser Holzart, die mit dem grauenhaften Sturm von 1870 ihren Anfang nahm. Auch sind mehr Felsenzinnen, ähnlich denjenigen im Altvatergebirge, den Gipfeln des Böhmerwaldes aufgesetzt, und in beiden Gebirgen ist eine, wenn auch jetzt bereits stark reduzierte, Krummholzregion vorhanden: damit aber geht ein größerer Reichtum an alpinen Arten Hand in Hand. Das Riesengebirge vollends, mit kalkhaltigen Glimmerschiefern (wie Gesenke und Böhmerwald) erhebt sich in der Schneekoppe um ca. 460 m über den Brocken, es hat eine ausgeprägte alpine Region von über 400 m senkrechter Höhe und eine Fülle von Alpenpflanzen, mit welcher der Harz in keiner Weise wetteifern kann. Gleichwohl möchte man auf den Harzbergen mehr alpine Gewächse erwarten, schon des eminent rauhen, man könnte sagen alpinen Klimas wegen, das dort herrscht. Dem stehen aber die schon genannten Umstände entgegen: die übergroße Nässe des Bodens, der Mangel an Felsgipfeln, die Kalkarmut und weiter die Existenz zahlreicher ubiquitärer Arten, welche bis zur Brockenkuppe emporsteigen und alle minder kräftigen, konkurrierenden Pflanzen unterdrücken. Die Kulturen in dem von mir angelegten botanischen Versuchsgarten auf dem Brocken zeigen, daß viele Alpenpflanzen dort gedeihen, wenn passende Lokalitäten für sie geschaffen werden. Im großen ganzen aber stellt sich die Flora des Harzgebirges trotz dieser Armut an eigentlichen Hochgebirgspflanzen doch als so gut charakterisiert und so wohlverständlich dar, daß die neuere Pflanzengeographie von einem „hercynischen Bezirk“ spricht, zu dem neben den dem Harz nächst benachbarten Länderstrecken auch die thüringischen Lande, das nördliche Hessen und der bergige Teil des Wesergebietes gehören, und als dessen Typus die Flora des Harzes recht wohl gelten kann.

AUFNAHME VON FR. ROSE IN W.

Silbertanne bei Wernigerode.

Die Tierwelt des Harzes.

Von

Professor Dr. W. Marshall.

Wenig Gegenden unseres Vaterlandes bieten auf einem verhältnismäßig so kleinen Raum der Tierwelt so verschiedenartige Lebensbedingungen wie der Harz, und wenige haben demzufolge auch eine so reiche und mannigfach zusammengesetzte Fauna wie dieses schöne Mittelgebirge.

Eine ganze Reihe östlicher und westlicher, südlicher und nördlicher deutscher Tierformen erreichen hier die Grenzen ihrer Verbreitung, besonders am Rande und in den Vorbergen mit den zwischen ihnen gelegenen Thälern. Doch läßt sich eine ost-westliche Grenze auch auf der Klausthaler Hochebene nachweisen.

Den Grundstock der Harzfauna bildet die allgemeine mitteldeutsche Waldfauna, die sich in doppelter Art gliedert: einmal nach den pflanzlichen Bestandteilen, die die Wälder zusammensetzen, und zweitens nach der Höhenlage der Wälder selbst. Wir müssen eine Tierwelt der Laub- und Nadelwälder und der Hügel- und Bergregion unterscheiden. Die Laubwälder und die Hügelregion einer- und die Nadelwälder und die Bergregion andererseits fallen im allgemeinen ziemlich wohl zusammen. Sowenig aber die Hügel- und Bergregion scharf geschieden sind, sowenig ist es ihre Tierwelt, und auch die Bewohner der reinen Nadel- und der reinen Laubwälder finden beide in den gemischten Beständen ihnen zusagende Verhältnisse und oft ein gemeinsames Vorkommen. Wo solche gemischte Bestände die Grenzgebiete der Hügel- und der Bergregion ausmachen, darf man auf ein besonders reiches Tierleben rechnen, besonders dann erst recht, wenn diese Gebiete lebendes Wasser, Moore, Felspartieen und Waldwiesen umschließen.

Eine eigenartige Fauna macht sich am Harzrand bemerkbar, wo sich die Wogen des Tierlebens des Tieflandes brechen, und wo in geschützten Thälern Existenzbedingungen sich entfalten, die der übrige Harz nicht bieten kann. Reich ist die Fauna von Blankenburg nebst dem Regenstein, von Ballenstedt, Stolberg, Sangerhausen, Osterode und Seesen. Allerdings darf bei Beurteilungen dieser Verhältnisse nicht übersehen werden, daß die einzelnen Teile des Harzes auf ihren Bestand von tierischen Einwohnern hin sehr ungleichartig durchforscht sind, und daß selbstverständlich da, wo tüchtige Forscher und Sammler, und wären es bisweilen nur einzelne, wirken und gewirkt haben, die Fauna scheinbar ein ganz anderes, und zwar ein viel reicheres Bild zeigen wird. Sehr bemerkenswert ist die Tier-, besonders die Insektenwelt des nicht leicht zugänglichen Bodethals oberhalb der Roßtrappe und des an südliche Verhältnisse erinnernden Selkethals.

Von erhöhtem Interesse sind aber zwei besondere Faunengebiete, die sich an das gewöhnliche Gebiet, wie es ähnlich in allen deutschen Mittelgebirgen vorhanden ist, anschließen, das eine nach der Ebene am Rand gelegen, das andere aufwärts auf die Bergregion folgend; das erstere besteht aus den um den Harz herum auftretenden Salzgegenden, das letztere ist die subalpine Region aufwärts ungefähr von 800 bis 1141 m

(Gipfel des Brockens). Bescheidene Bruchstücke einer weiteren außerordentlichen Fauna gesellen sich stellenweise hinzu, nämlich einer unterirdischen, die sich zwar nicht in den zahlreichen und großen Höhlen, wohl aber in den uralten, zum Teil schon seit 1000 Jahren in Betrieb befindlichen Bergwerken des Oberharzes herausgebildet hat.

Die Tierwelt der subalpinen Region enthält gerade auf dem Harz sehr bemerkenswerte Bestandteile in einer nicht geringen Zahl von Arten, die zwar auch in den höheren Lagen anderer deutscher Mittelgebirge, des Thüringerwaldes, des Fichtelgebirges, des Oden- und Schwarzwaldes vorkommen, aber mehr vereinzelt. Es sind solche Formen, die auch die Alpen und den Norden Europas und teilweise die ganze arktische, zirkumpolare Region bewohnen und in Norddeutschland auch in einzelnen, namentlich moorigen, bruchigen Strichen der Ebene und besonders Ostpreußens gefunden werden. Es ist zuzugeben, daß die Sudeten reicher an solchen Tieren sind, was auf mehrere Ursachen zurückzuführen sein dürfte. Jene Gebirge sind, und in erster Linie das Riesengebirge, bedeutend höher als der Harz, und namentlich sind die subalpinen Gebiete dort ausgedehnter, dann aber stehen sie mit noch höheren Bergzügen bis zu den Karpathen u. s. w. in näherem Zusammenhange.

Die Fauna des im Keil- und Fichtelberg, im Arber u. s. w. gleichfalls bedeutendere Höhen erreichenden Erzgebirges, Böhmer- und Bayerwaldes ist noch wenig untersucht, auch über die Tierwelt des originellen Rhöngebirges vermissen wir noch eingehendere Beobachtungen, so daß ein Vergleich der Fauna des Harzes mit den Faunen dieser Gebirge so gut wie ausgeschlossen ist.

Auch unsere Kenntnis der Harzfauna zeigt noch viele und große, empfindliche Lücken: das merkwürdige Kyffhäusergebirge ist in dieser Beziehung überhaupt noch wenig untersucht, über die Verbreitung der Fische in den Gewässern des Harzes selbst, über seine Fliegen, Wanzenarten, Schlupfwespen, Spinnentiere, Tausendfüße, Land- und Süßwasserkruster (Asseln, Flohkrebse u. s. w.), Würmer sind wir noch sehr mangelhaft unterrichtet, ja, wir kennen nicht einmal die Höhenverbreitung seiner einzelnen Vogelarten mit wünschenswerter Sicherheit. In Summa — es muß für die Erforschung des Harzes auch in dieser Richtung noch viel, sehr viel geschehen.

Aus eigner Anschauung kenne ich nur die Fauna, besonders die Käferwelt der Grafschaft Wernigerode und die des süßen und des jetzt verschwundenen salzigen Sees bei Eisleben genauer. In der Grafschaft habe ich als Sekundaner und Primaner des Gymnasiums zu Wernigerode drei Jahre (von 1862 bis 1864) lang gesammelt, und die Eisleber Seeen habe ich öfters von Leipzig aus, einmal auf längere Zeit besucht. Die Tierwelt des übrigen, oft von mir durchwanderten Harzes konnte ich nur flüchtig beobachten, nur insoweit, wie das dem zu Fuße reisenden Naturforscher möglich ist. —

Die Randfauna des Harzes unterscheidet sich wieder sehr wesentlich nach der geologischen Beschaffenheit der einzelnen Gegenden. Hauptsächlich lassen sich zwei Gebiete in dieser Beziehung unterscheiden: das der Kreideformation angehörige Sandsteingebiet, das namentlich in der Gegend von Blankenburg seine kräftigste Entfaltung erreicht, und das der hauptsächlich aus Muschelkalk bestehenden Triasformation, wie sie sich vielfach entwickelt um den größten Teil des Harzes herumzieht. Zahlreiche Tierformen bewohnen gemeinsam beide Gebiete, so daß die einseitig an Kalk- oder Sandboden angepaßten immerhin die Ausnahme bilden.

Nur ein Säugetier können wir als charakteristisch für die Harzrandfauna bezeichnen, das ist der Hamster (Cricetus vulgaris), der in Getreidegegenden des Gebietes nicht gerade selten auftritt. Einzeln geht er auch in die weiten Thäler der gebirgigen Vorlande über. „Die Tiere hatten sich," sagt Göze 1788, „seit ein paar Jahren so erschrecklich vermehrt, daß sie unsern Ackerleuten (v. h. in der Gegend von Quedlinburg) unsäglichen Schaden thaten. Über Hunderttausend waren in unseren Feldern." Als eine sehr große, auf Zufall beruhende Ausnahme ist es zu bezeichnen, daß einmal ein einziger Hamster auf der Höhe des Wurmbergs gefunden wurde.

Unter den **Vögeln** gehört die große Mehrzahl der Wat- und Schwimmvögel, die überhaupt auf dem Harze vorkommen, dem Randgebiete an und aus naheliegenden Gründen. Denn wenn auch, sogar bis in die subalpine Region hinauf, größere und kleinere Teiche vorhanden sind, so bieten sie die von jenen Tieren bevorzugten Verhältnisse des Aufenthalts und der Ernährung in keineswegs genügender Weise. Wie mit der Trockenlegung der größeren und kleineren stehenden Binnengewässer und Sümpfe in den meisten Teilen Deutschlands viele Arten und Individuen der an solche Lebensbedingungen gebundenen Tierwelt verdrängt, ja ganz ausgerottet wurden, so ist es auch mit der subhercynen Vogelwelt der Fall gewesen. Noch im vorigen Jahrhundert waren der große und der kleine **Rohrdommel** (Butaurus stellaris und minutus) in den nordöstlich von Wernigerode gelegenen Morästen von Derenburg keine Seltenheiten, **Nachtraben** (Nycticorax comata) und **Scharben** (Phalacrocorax carbo) kamen vor, es gab verschiedene Kolonieen des **schwarzen Storches** (Ciconia nigra), z. B. bei Ballenstedt, und hin und wieder brütete der **Purpurreiher** (Ardea purpurea).

Sehr reich war die Avifauna an den beiden großen Seeen der Grafschaft Mansfeld, besonders des Salzigen. In den letzten 50 Jahren ist der Bestand dieser Vogelwelt beständig zurückgegangen, und seit dem Verschwinden des Salzsees hat sie vollends einen unheilbaren Stoß bekommen. Der **Fischadler** (Haliaëtus albicilla) war sonst keine große Seltenheit, brütete aber wohl kaum in der nächsten Nähe der Seeen. Wohl aber fand sich hier die **Rohrweihe** (Circus aeruginosus), die jetzt wohl aus ganz Deutschland verdrängte **Bartmeise** (Panurus biarmica) und vielleicht sogar die **Beutelmeise** (Parus pendulinus). Sehr häufig war der **große Rohrsänger** (Calamoherpe turdoides), sowie drei Arten von **Steißfüßen** (Podiceps cristatus, rubricollis und der niedliche minor). An den Seeen selbst, mehr noch an benachbarten kleineren Teichen brütet die **Stock- oder Wildente** (Anas boschas), vereinzelt die **Schnatterente** (Anas strepera) und die **Tafeltauchente** (Platypus ferinus). Im vorigen Jahrhundert brütete auch noch der **Höckerschwan** (Cygnus olor) in der Gegend.

Als brütende **Watvögel** des Gebiets werden 1832 aufgeführt: der **kleine Regenpfeifer** (Charadrius minor), der **gemeine Kiebitz** (Vanellus cristatus), der **große Rohrdommel**, der **kleine Rotschenkel** (Totanus calidris), die **Wasserralle** (Rallus aquaticus), das **gefleckte Rohrhuhn** (Gallinula porzana) und das **Bleßhuhn** (Fulica atra) in großer Menge.

Zahlreich waren und sind teilweise noch die im Frühling und Herbst durchziehenden und an den Seeen Rast machenden Schwimm- und Watvögel: 3 Gänse-, 11 Enten-, 2 Taucher- und 33 Sumpfvogelarten sind hier auf ihren Reisen beobachtet worden, manche freilich sehr selten und nur ganz vereinzelt, andere um so häufiger. Auch 2 Möven- und 3 Seeschwalbenarten sind als gelegentliche Besucher des Salzigen Sees bekannt.

Von interessanten **Singvögeln** finden sich hier und da am Harzrand der **Steinsperling** (Petronia stulta) und, was von besonderem Interesse ist, der **Steinrötel** (Monticola saxatilis). Dieser wahrscheinlich aus Südwesten eingewanderte, zu den Drosseln gehörige Vogel brütet in den Schiefersteinbrüchen bei Goslar. Schon **Brückmann** kannte im letzten Viertel des 17. Jahrhunderts dieses Vorkommen, aber erst **Hennecke** hat es 1857 näher studiert.

Die landbewohnenden **Weichtiere** sind am Harzrand, besonders auf den Kalkhügeln viel artenreicher entwickelt als in der Hügel- oder gar in der Bergregion. So erreicht der stattliche, bei Aschersleben ausgestorbene Bulimulus radiatus auf dem Horstberge bei Wernigerode seine nordwestliche Grenze. Auch von einer Art der den Aufenthalt auf trockenen Kalkbergen liebenden Schnecken (Xerophila candicans) findet sich auf jenen Kalkbergen, wo sie stellenweise sehr gemein ist, eine nach Nordwesten vorgeschobene Kolonie. Bei Heudeber westlich von Halberstadt tritt sie in einer sehr schönen, reinweißen und glänzenden, porzellanartigen Varietät auf. In den Kalkgebieten ist auch die **große Weinbergschnecke** (Helix pomatia) besonders häufig und öfters auffallend dickschalig.

Der Salzige und der Süße See in der Grafschaft Mansfeld waren und sind überhaupt die an Süßwassertieren reichsten Gebiete der Harzfauna, nicht bloß an Mollusken, auch an Würmern, Wasserinsekten und kleinen Krebsformen. Die Schlammschnecken (Limnaea) und Scheibenschnecken (Planorbis) sind hier groß und dünnschalig, ein Beweis, daß es ihnen gut geht. Unsere bunteste Wasserschnecke, die kleine Flußschwimmschnecke (Neritina fluviatilis) tritt hier in einer fast zwerghaften Varietät (halophila) auf, die auch in der Ostsee und in salzhaltigen Gewässern bei Soden und bei Sulzbach im Nassauischen gefunden wird. Bemerkenswert ist auch das Vorkommen einer sonst der Ostsee angehörigen Wasserschneckenform (Hydrobia baltica) im Salzigen See, die allerdings nur in leeren Gehäusen im Schlamm angetroffen wurde. Das war schon vor 40 Jahren der Fall, und es ist anzunehmen, daß das Tier schon damals seit geraumer Zeit ausgestorben war.

Die Fauna der salzigen Gewässer und erst recht die auf salzhaltigem Erdboden auftretende ist, wie bemerkt, für gewisse Striche des Harzrandes sehr charakteristisch. Am reichsten an Zahl der Arten und Individuen salzliebender Insekten war die Umgebung des Salzigen Sees. Hier fanden sich alle sonst in Deutschland vorkommenden salzliebenden oder halophile Käferarten bis auf eine. Laufkäfer waren unter ihnen in 12, die Schwimmkäfer in 6 und die Raubkäfer in 3 Arten vertreten. Dazu kamen noch 6 andere halophile Käferarten, die sich auf andere Gruppen verteilten. Auch 2 sonst den Seeküsten angehörige Wanzenarten (Acanthia zosterae und pilosa) fanden sich hier. Auf den Salzigen See folgten, was den Reichtum an Arten und Individuen salzliebender Tiere angeht, in absteigender Linie folgende in das Harzgebiet miteinzubegreifende Orte: Süllldorf, Staßfurth, Artern und Frankenhausen.

Zu Zeiten des erwähnten Brückmann fehlten die großen Maler- und Schwanenmuscheln im Salzsee, und seit Ende der zwanziger, Anfang der dreißiger Jahre des 19. Jahrhunderts waren sie immer häufiger in ihm geworden in dem Maße, wie sein Salzgehalt abnahm. Diese Abnahme mag wohl auch das erwähnte Aussterben der Hydrobia baltica veranlaßt haben.

Ein ursprünglich allerdings auch aus dem Brackwasser stammender Einwanderer in den Salzigen und weiter in den Süßen See hat sich erst seit etwa 20 Jahren gezeigt, das ist der Kolonieen bildende Keulenpolyp (Cordylophora lacustris), der von der Nordsee nach und nach in die Elbe (1861 an der Mündung, 1868 bei Blankenese), von dieser in die Saale (Ende der siebziger Jahre bei Halle) und durch die Salza in den Salzsee (1880) eingedrungen ist.

Wie diese Tierform in die Mansfelder Salzgegend geraten ist, wäre also klar genug, wie aber verhält sich die Sache mit den übrigen halophilen Lebewesen, unter denen außer Tieren auch Pflanzen sich befinden? Unmittelbare Beweise dafür, wie das zugegangen ist, haben wir nicht, wir sind auf Vermutungen beschränkt, von denen aber einige große Wahrscheinlichkeit für sich haben.

Ein ausgezeichnetes Beförderungsmittel für Pflanzensamen, aber auch für kleinere Insekten ist der Wind. Freilich müssen die betr. Tierarten flugfähig sein, denn nur, wenn sie fliegen, kann die treibende Kraft der Luft sie erfassen, und in der That sind alle an den jetzigen Resten des einstigen Salzsees vorkommenden halophilen Käfer imstande zu fliegen, und manche von ihnen schwärmen zu gewissen Tageszeiten, besonders am Abend, zahlreich umher. Unter den kleinen Reisenden wider Willen werden sich männliche und weibliche Individuen, wahrscheinlich auch Weibchen mit befruchteten Eiern befunden haben. Von 1000 solchen kleinen Wesen, die ein Sturm entführte, mögen 999 hierhin und dorthin verstreut worden und zu Grunde gegangen sein, das tausendste konnte doch an eine Stelle kommen, wo der Boden salzhaltig war, wo es Genossen und die nötigen Bedingungen für die Entwicklung seiner Nachkommenschaft antraf.

Auch wandernde Vögel sind, wie unzweifelhaft bewiesen ist, vorzügliche Transporteure für Sämereien und kleine Tiere, namentlich für solche, die das Wasser bewohnen nebst deren Laich. Sie bleiben am Gefieder und an den Füßen hängen und können auf große Strecken verschleppt werden. So mochte einst der Laich der Hydrobia baltica in den Salzsee geraten sein. Die kleine Varietät der gemeinen Flußschwimmschnecke ist vielleicht an Ort und Stelle entstanden, indem die Stammart gezwungen war, sich an ähnliche Verhältnisse, wie in der brackischen Ostsee, anzupassen. Ein kleines nordisches Krebschen des Süßwassers (Diaptomus latipes) könnte auf andere, bei der Betrachtung der subalpinen Harzfauna näher zu erörternde Art in die Gewässer der Mansfelder Seeen gekommen sein.

Die Fische dieses Gebiets boten und bieten nichts Besonderes. Überaus häufig war im Salzigen See der gemeine Stichling (Gasterosteus pugnitius), von dessen Individuen ein bedeutender Prozentsatz von einem Bandwurm (Ligula simplicissima) bewohnt war. Ich selbst hatte die Freude, hier eine sehr kleine Kümmerform des grünen Süßwasserpolypen (Hydra viridis var. Bakeri) zu entdecken, die ich später in einem brackisches Wasser enthaltenden Graben der Saline Dürrenberg wiederfand. —

Am reichsten an verschiedenen Tierformen von allen Gebieten des Harzes sind die Thäler und Höhen seiner Hügelregion. Neben vielen nur in diesen Höhenlagen hausenden Lebewesen haben sie zahlreiche Arten der flachen Vorlande und der Bergregion in sich aufgenommen. Aber die Thäler zeigen nach ihrer Lage und nach der Himmelsrichtung ihres Verlaufs, nach ihrer Breite, danach ob sie von einem Wasser durchflossen werden, und ob sie nach dem Vorland weit geöffnet sind oder nicht, doch bemerkenswerte Unterschiede.

Eine Anzahl von größeren Tierformen, die einst hier vorkamen, sind in historischer Zeit gänzlich ausgerottet oder doch weit seltener geworden, namentlich größere Säugetiere und Vögel.

Der Bär (Ursus arctos) war vor Zeiten, wie in allen deutschen Waldungen, auch auf dem Harz in der Hügel- und Bergregion keine Seltenheit. Ortsnamen, die mit „Bär“ zusammengesetzt sind, kommen häufig vor: der Bärenbruch bei Klausthal, die Bärenköpfe und die Bärenhöhe im Stieger Forst, der Bärplatz bei Hüttenrode, der Bärenrücken bei Blankenburg, der Bärenbach bei Hohegeis. Ein Bärenstein findet sich im Heimburger Forst, und in ihm ist die Bärenhöhle, die der Tradition nach in alter Zeit für die Leute, die im Harz Bären gefangen hatten, als Nachtstation diente. Man darf indessen bei Beurteilung dieser Namen nicht übersehen, daß auch der Eber im älteren Deutsch und stellenweise noch „Bär“ genannt wurde. In einer Schrift über den Brocken von einem gewissen Michelbach (1668) werden unter den hier vorkommenden Tieren auch Bären aufgeführt, A. Ritter (1740) kennt sie nicht mehr als Harzbewohner. Der letzte soll nach diesem Gewährsmann „vor 30 oder 40 Jahren von dem Jäger aus dem Forsthaus zu Elend bei dem Soersthor unter dem Brocken geschossen sein“. Sein abgeschnittener Kopf wurde an das Thor der alten Burg zu Elbingerode angenagelt, wo er in der Zeit, als Ritter dieses schrieb, noch zu sehen war. Nach anderen Angaben soll das Ereignis 1715 stattgefunden haben.

Häufiger noch und jedenfalls einwandsfreier, weil, wenn man nicht etwa Verbindungen mit einem menschlichen Personennamen annehmen will, nicht zweideutig, sind mit „Wolf“ zusammengesetzte Namen in den Harzgegenden, wie unter anderen: Wolfshagen bei Ahlfeld, Wolfsgrund am Kahlenberg bei Elbingerode, die Wolfsthäler im Allroder und Wolfsbach und der große und der kleine Wolfsberg im Hohegeiser Forst, der Wolfsfang im Astgrund, die Wolfsgärten bei Stiege u. a. m. Einen wunderlichen Namen hat ein Forstort im Tannschen Revier: nasser Wolf. G. H. Behrens berichtet in seiner Hercynia curiosa (Nürnberg-Altdorfer Ausg. von 1720), daß um 1700 die Wölfe am Harz großen Schaden an Wild und Herden thaten. Man fing sie in sogenannten „Wolfsgärten“, wie deren bei Stiege und Harzburg waren. In dem ersteren, von dem sich der Name bis heute erhalten hat, wurden noch 1702 ihrer 24 gefangen. In dem kalten Winter von 1708 auf 1709 fielen sie im damaligen Fürstentum Blankenburg verschiedentlich Menschen an. Im ersten Drittel des 18. Jahrhunderts fangen sie an, im Harze seltener zu werden, und man verfehlt nicht, es als ein Kuriosum anzuführen, wenn Wölfe erlegt werden. Das geschah

1715 im Ramsergrund bei Hüttenrode mit dreien, 1730 mit einigen bei Tann. Zwischen diesem Ort und Braunlage wurden 7 im Jahre 1732 erschossen, 1741 wurde einer bei Stiege gesehen, und der letzte, von dem wir als von einem Harzbewohner bestimmte Nachricht haben, wurde 1756 zwischen Hohegeis und Zorge getötet. Wenn aber Zückert noch 1762 versichert, die Wölfe thäten auf dem Oberharze dem Wild den meisten Schaden, so ist das ein starker Irrtum.

Auch der Luchs ist seit lange auf dem Harz ausgerottet, aber die Geschichte seiner Ausrottung ist merkwürdig. Ritter berichtet, daß Anfang des 18. Jahrhunderts unterhalb des Brockens einer geschossen und „ob raritatem" nach Hannover an den Hof geschickt worden sei, und Pastor Stieber giebt an, daß sie in jener Zeit in den Waldungen des Harzes und auch am Regenstein, wo sie früher gehaust hätten, ausgerottet worden seien. Um so merkwürdiger ist es, daß noch 1817 ein Luchs bei Wernigerode und 1818 ein anderer bei Seesen erlegt worden ist.

Merkwürdig ist es auch, daß ein Nörz (Mustela lutreola), der jetzt in Deutschland nur noch in manchen Gewässern Mecklenburgs, Pommerns und Schlesiens ein ständiger Bewohner ist, 1852 bei Stolberg getötet wurde. Es ist unwahrscheinlich, daß das Exemplar ein sogenannter „Überläufer" war, d. h. daß es aus entfernteren Gegenden sich verirrt hatte. Wohl glaube ich das von den beiden letzten Luchsen im Harz. Der Nörz aber ist ein wesentlich das Wasser bewohnendes und sich von Fischen ernährendes Tier. Kaum darf angenommen werden, daß der bei Stolberg erlegte unter Benutzung des Wasser- und Landwegs von Mecklenburg in die Elbe und so weiter von Fluß zu Fluß bis in den südlichen Harz verschlagen worden sei. Auch darf nicht unerwähnt bleiben, daß dieses Tier 1859 in der Nähe von Braunschweig angetroffen wurde, und daß es am Ende des 18. Jahrhunderts in der Leine in der Göttinger Gegend vorkam.

Die Wildkatze (Felis catus) findet sich in den weniger besuchten Waldgegenden des Harzes einzeln, aber nicht gerade außerordentlich selten auch heutigen Tags noch.

Der Fuchs (Canis vulpes) ist nirgends im Harze eine Seltenheit, und der Fischotter (Lutra vulgaris) wird, wenn auch nur einzeln, an allen Harzflüssen, namentlich in den wenig zugänglichen unteren Teilen des Bodethals angetroffen. Vor einigen hundert Jahren war er unter der Roßtrappe am häufigsten.

Fledermäuse sind in unserem Gebiete in 15 Arten entdeckt worden, von denen einzelne bis über die Waldgrenze hinaus vorkommen. Eine Form gehört der subalpinen Region an und ist später zu besprechen. Die große Hufeisennase (Rinolophus ferrum equinum) erreicht im südlichen Harz, wo sie in Höhlen entdeckt wurde, die Nordgrenze ihrer Verbreitung in Deutschland. Die Harzhöhlen sind überhaupt ausgezeichnete Schlupfwinkel für Fledermäuse. Schon gegen Ausgang des 16. Jahrhunderts wird die große Menge, in der sie an der Decke des vordersten Gewölbes der damals noch unverschlossenen Baumannshöhle hingen, der Erwähnung für wert erachtet.

Von den Insektenfressern finden sich sämtliche in Deutschland allgemein verbreiteten Arten in der Hügel- und Bergregion des Harzes, ihre Individuenmenge nimmt aber meist in den höheren Lagen rasch ab. Der Igel (Erinaceus europaeus) tritt nur noch sehr vereinzelt im Oberharz auf. Der Maulwurf (Talpa europaea) verschwindet mit dem Acker- und Wiesenbau, ebenso die Haus- und die Feldspitzmaus (Crocidura araneus und leucodon), während sich die Wasserspitzmaus (Crossopus fodiens) bis unter den Brocken verbreitet. Auch von diesem Tiere gehört eine Art dem subalpinen Harzgebiet an.

Betreffs der Nagetiere bietet die Hügel- und die Bergregion des hercynischen Gebiets wenig Besonderes. Der Hase (Lepus timidus) geht in einzelnen Exemplaren so weit aufwärts, wie der Feldbau reicht. Kaninchen (Lepus cuniculus), in dem diesseits der Alpen gelegenen Europa bekanntlich nur als verwilderte Nachkommen der Hauskaninchen anzusehen, traten in der Blankenburger Gegend erst in den dreißiger Jahren des vorigen Jahrhunderts auf. Die schwärzliche Hausratte (Mus rattus) dürfte gegenwärtig wohl im ganzen Gebiet von der Wanderratte (Mus decumanus) verdrängt sein. Dieser ebenso widerliche wie merkwürdige Nager wurde 1785 zuerst im damaligen Oberherzogtum Anhalt und im Mansfeldischen beobachtet, wo sich bei Quenstedt auf einmal eine starke Kolonie in einer Weidenpflanzung zeigte, die also wahrscheinlich auf der Wanderschaft war. Aber schon 1810 hatte die Wanderratte hier die Hausratte abgethan. Im Jahre 1788 bemerkte Göze von der ersteren: „Es ist erstaunlich, wie sich diese Tiere am Harze vermehrt haben.“

Das Eichhörnchen (Sciurus vulgaris) ist in allen Harzwäldern häufig und zwar sowohl in der roten, im Winter mehr graulichen, wie in der schwarzen Form. Die Angabe von Blasius, dem Vater, daß die letzteren stellenweise häufiger seien als die ersteren, habe ich allerdings nirgends bestätigt gefunden. Wir kennen die Bedingungen, unter denen schwarze Eichhörnchen geboren werden, nicht mit wünschenswerter Sicherheit, sie sind bloß eine Abart der roten, und beide Formen kommen als Geschwister vor. So viel wissen wir, daß schwarze Tiere eines besseren Wärmeschutzes sich erfreuen, und daß speciell die Anzahl der schwarzen Eichhörnchen unter den roten nach Norden und in höheren Gebirgslagen zunimmt. Möglicherweise werden von den ersteren in gewissen Jahren mehr geboren als in anderen.

Fuchs.

Der Siebenschläfer (Myoxus glis) geht stellenweise bis in die Tannenregion aufwärts, und der Gartensiebenschläfer (Myoxus quercinus) ist bis ebendahin geradezu häufig. Die Waldmaus (Mus sylvaticus) findet sich bis zum Brocken, ebenso gehen die Waldwühlmaus (Arvicola glareolus) und die Wasserratte (Arvicola amphibius) hoch in das Gebirge hinauf, und zwar unter Bildung besonderer Abänderungen. Die erstere erscheint unmittelbar am Fuße des Brockens auf der Oberseite dunkler als in der Ebene, und die letztere tritt hier als var. terrestris auf, die auch noch in den Alpen und Pyrenäen, in Westdeutschland, einschließlich des Elsaß, und Thüringen beobachtet wurde.

Hirsche (Cervus elaphus) (s. S. 47) und Rehe (Cervus capreolus) (s. S. 49) sind auf dem Harz gut vertreten, am besten in der Hügelregion und im Unterharz, und dieses Verhalten hebt schon Zückert (1762) hervor. Das Wildschwein (Sus scrofa) (s. S. 51) findet sich in dem größten Teil des Gebietes einzeln auch noch auf freier Wildbahn.

Die Vogelwelt ist auf dem Harze reich entwickelt, doch kann ich hier nur einzelne, interessantere sie betreffende Verhältnisse hervorheben. Adlerformen als Brutvögel dürften freilich kaum noch vorkommen, vielleicht nur ganz vereinzelt und gelegentlich einmal ein Pärchen Fischadler. Sonst war das anders: so erwähnt Pastor Stübner von Hüttenrode (1789), daß Adler, er führt freilich die Art nicht an, in den Lindenthälern unfern der Roßtrappe auf den höchsten Bäumen horsten und ebenso im Heimburger Forst. Der Uhu (Bubo maximus) scheint gleichfalls ausgerottet zu sein, ich vermisse ihn wenigstens in den wenigen neueren Verzeichnissen der Harzer Vögel, und mein Freund, Herr Oberförster Ohnesorge in Schierke, schreibt mir, daß in seinem Reviere, das gewiß noch eins der urwüchsigsten auf dem ganzen Harze ist, keine mehr vorkämen. In der zweiten Hälfte des 18. Jahrhunderts waren sie am zahlreichsten in den Felsen des Heidelbergs und des Regensteins. Nimrod führt ihn um die Mitte dieses Jahrhunderts als Brutvogel des Harzes auf. Auch der Kolkrabe (Corvus corax) dürfte wohl nur noch ganz vereinzelt im Harz brüten; schon 1788 war er eine Seltenheit, und Göze bemerkt von ihm, er solle nur noch auf dem Oberharze in den größten Tannenwäldern nisten. Um dieselbe Zeit drückt sich Pastor Steubner über sein Vorkommen etwas unvollkommen aus, indem er bloß bemerkt, der Vogel horste auf Klippen und hohen Bäumen. Mitte der vierziger Jahre dieses Jahrhunderts wird er als ständiger Bewohner der Holzungen von Walbeck und Alterode angegeben. Der Tannenhäher (Caryocatactes nucifraga) ist gelegentlich brütend am Harz beobachtet worden, so vor einigen zwanzig Jahren am oberen kleinen Klingenberg bei Allrode in einer Höhe von 400 m. In der Nähe menschlicher Wohnungen und besonders da, wo er durch errichtete Nistkästen Entgegenkommen findet, hält sich der Star (Sturnus vulgaris) zahlreich auf, er ist aber in manche Gegenden erst vor verhältnismäßig nicht langer Zeit eingedrungen; so war vor 1859 auf dem ganzen Oberharz nie einer gesehen worden, aber in diesem Jahre zeigten sie sich in ziemlicher Menge und haben seitdem bedeutend zugenommen. Nachtigallen (Luscinia philomela) finden sich ziemlich viel in der Hügelregion; 1788 nennt Göze die Hundesenke, ein kleines Seitenthal des Bodethals bei Blechhütte, „das rechte Paradies der Nachtigallen". Besonders interessante brütende Singvögel der Bergregion des Harzes sind das feuerköpfige Goldhähnchen (Regulus ignicapillis) und die schöne Ringdrossel (Turdus torquatus); die letztere wird auch als ein in der Umgebung von Blankenburg nistender Vogel angegeben. Die männlichen Edelfinken (Fringilla coelebs) des Harzes sind vorzügliche Sänger, und früher war die Liebhaberei der Bewohner der Gebirgsorte für diese Tiere groß, jetzt ist sie bekanntlich durch die Zucht der gewinnbringenden Fremdlinge, der Kanarienvögel, stark zurückgegangen. In vielen höher gelegenen Orten des Gebirges hat sich der Hausspatz (Passer domesticus) in historischer Zeit, ja teilweise erst in diesem Jahrhundert eingestellt, 1886 fehlte er noch in Altenau. Der Zitronenfink (Fringilla citrinella), ein echtes Bergvögelchen, ist von Südwesten her im Einwandern begriffen.

Ringdrossel.

Der Vogel, der bis weit in das subalpine Gebiet im Harz am höchsten brütet, ist der Wasserpieper (Anthus aquaticus), zu dessen Eiern der ebenso hoch nicht selten vorkommende Kuckuck (Cuculus canorus) hier seine Eier zu legen pflegt. Auch die Nachtschwalbe (Caprimulgus europaeus), im Harz vielfach „Läpsch" oder „Wehklage" genannt, habe ich jenseits der Waldgrenze unter Verhältnissen beobachtet, die es mir wahrscheinlich machen, daß der Vogel hier brütet.

Die Wasseramsel (Cinclus aquaticus) und der Eisvogel (Alcedo ispida) sind an den Harzbächen selten geworden, und von den einheimischen Spechten ist der Schwarzspecht (Picus martius) sogar nur noch sehr selten anzutreffen.

Die Ringel-, Loch- und Turteltaube (Columba palumbus, oenas und turtur) sind an verschiedenen Stellen des Gebietes brütend beobachtet, aber die Lochtaube wird in dem Maße seltener, als man immer mehr mit den hohlen Bäumen aufräumt. Was den Bestand an Hühnervögeln auf dem Harze anbelangt, so haben sich bei den Waldhühnern die Verhältnisse gegen früher gar sehr geändert. Das Haselhuhn (Tetrao bonasia) und das Birkhuhn (Tetrao tetrix) sind selten geworden, teilweise, wie z. B. in der Grafschaft Wernigerode, völlig ausgerottet, doch hat man das letztere hier wieder ausgesetzt, wie mir Herr Oberförster Ohnesorge in Schierke mitteilt. In seinem Revier nach dem Brocken zu leben zur Zeit 25 Stück Auerhühner (Tetrao urogallus). Das Rebhuhn (Perdix cinerea) und die Wachtel (Coturnix dactylosonans) sind keine Gebirgsvögel und vermeiden den Wald. Das erstere mag so weit aufwärts vorkommen, wie Feldbau in größerem Maßstabe getrieben wird, die Wachtel wahrscheinlich nicht so weit. Von Schwimm- und Watvögeln des Harzgebirges kann kaum die Rede sein; Schnepfen und Kiebitze brüten teilweise in den unteren Teilen des Gebiets. Am weitesten aufwärts am Harz findet sich der Wachtelkönig (Crex pratensis), auch Schnerz, Schnarre und in den Harzgegenden wunderlich genug „alte Magd" genannt.

Hirsch.

Über die Kriechtiere und Lurche des Harzes sind wir gut unterrichtet, besser als über seine meisten anderen Tierklassen, was wir besonders den eingehenden und gewissenhaften Untersuchungen des Herrn Wolterstorff in Magdeburg verdanken.

Die Reptilien sind durch 6 Arten vertreten, nämlich durch 3 Eidechsen- und 3 Schlangenformen. Die gemeine Zauneidechse (Lacerta stirpium) ist nur in der Hügelregion beobachtet, nämlich bei Blankenburg, am Regenstein, bei Quedlinburg und Sangerhausen und im Kyffhäusergebirge. Viel verbreiteter in wage- und senkrechter Richtung ist die lebendiggebärende Bergeidechse (Lacerta vivipara), die ja auch nicht unbedeutend weiter nach Norden, bis in die Nähe des Polarkreises, vorkommt. Sie zeigt sich überall bis zum Brocken hinauf, wo eine besondere, später zu erwähnende Spielart gefunden wurde. Eine andere Spielart (Lacerta vivipara var. montana), die mehr grünlich statt gräulich gefärbt ist, wie scheint, eine Gebirgsform, wurde bei Grund gefangen. Die Blindschleiche (Anguis fragilis) ist überall keine Seltenheit.

Die Haselnatter (Coronella laevis) findet sich nur in der südlichen und südwestlichen Hügelregion. Die Ringelnatter (Tropidonotus natrix) fehlt in den höheren Lagen, ist aber im Selkethal, auf dem Kyffhäusergebirge, bei Blankenburg und namentlich im unteren Bodethal verbreitet. Im Sösethal ist sie noch bei 410 m angetroffen worden, wohl der höchste bekannte Punkt ihres Vorkommens im Harz. Die am weitesten verbreitete und häufigste Harzschlange ist die giftige Kreuzotter (Vipera berus), oder bei den Harzern Wolfsotter, obwohl auch sie gegen früher seltener geworden ist. Schon 1786 bemerkte man in Altenbrak gegen Göze, das Tier habe in der Nachbarschaft an Zahl abgenommen. Diese Schlange ist besonders im unteren Bodethal und auf dem Plateau der Georgshöhe unter aufgeschichteten Rasenstücken, sowie im Wurmthal, das vielleicht nach ihr genannt worden ist, keine Seltenheit. Ihre durchschnittliche obere Höhengrenze im Harz ist 500 m, die höchste Gegend ihres Vorkommens mag etwa um Klausthal sein.

Lurche oder Amphibien sind am und in dem Harz durch 16 Arten, also sehr gut vertreten, und zwar durch 11 ungeschwänzte und 5 geschwänzte. Das bekannteste ungeschwänzte Lurchtier, der Teichfrosch (Rana esculenta), dringt bloß im niedrigen südöstlichen Teil in das eigentliche Gebirgsland ein, sonst findet er sich in den äußeren Strichen der Hügelregion. Eine Varietät von ihm (var. ridibunda) ist bis jetzt in unserem Gebiete bloß im Mönkmühlthal bei Michaelstein gefunden worden. Um so weiter ist der Taufrosch (Rana temporaria) verbreitet, vom Rand des Gebirges bis zum Gipfel des Brockens. Man hat seinen frischen Laich Ende Mai am Sonnenberg in einer Höhe von 850 m beobachtet, während seine Geschwister im Flachland mit dem Geschäfte des Eiablegens schon gewiß seit 6—8 Wochen fertig waren. Eine Froschform (Rana arvalis), die man erst in neuerer Zeit entdeckt oder, besser, vom Taufrosch unterschieden hat, besitzt noch keinen volkstümlichen Namen. Sie findet sich im Gebiete des Harzes im weiteren Sinn nur am Kyffhäuser. Der Laubfrosch (Hyla arborea) ist in der Hügelregion allenthalben zu treffen, in der Bergregion mehr vereinzelt, und auf der Klausthaler Hochebene fehlt er völlig. Besonders häufig („zu Hunderten") ist er bei Blankenburg, wo auch der einzige Punkt ist, an dem man bis jetzt die Teichunke (Pelobates fuscus) im Harzgebirge gefunden hat. Die beiden deutschen Arten der Feuerunke sind im Gebiete vorhanden, aber die gemeine (Bombinator igneus) nur nach dem Flachlande zu bei Quedlinburg, die dickbeinige (Bombinator pachypus), die auch erst neuerdings von der ersteren allgemein unterschieden wird, fast überall in der Hügel- und Waldregion im Thale der Oker, Innerste und Sieber. Die interessante Geburtshelferkröte (Alytes obstreticans) fehlt nur in der subalpinen Region, auf dem Klausthaler Plateau und in der nördlichen Hügel- und Bergregion. Um Grund ist das Tier stellenweise so häufig, daß durch das Rufen der Männchen in warmen Frühlingsnächten stellenweise der Schlaf der in der Nähe wohnenden Sommerfrischler gestört wird. Die gemeine Kröte (Bufo vulgaris) findet sich fast allenthalben im Harz. Die Kreuzkröte (Bufo variabilis) ist eine mehr westliche Form, deren Gegenwart bei Grund, Osterode, Goslar und im Thale der Innerste nachgewiesen wurde, während man die veränderliche Kröte (Bufo variabilis) jetzt bloß bei Blankenburg, Ballenstedt und im südöstlichen Teil des Gebirges angetroffen hat.

Bei den geschwänzten Lurchen fangen wir wohl mit Recht mit dem Feuersalamander (Salamandra maculosa) an, der, wenn er auch in den meisten andern gebirgigen und waldigen Gegenden unseres Vaterlandes gefunden wird, doch recht eigentlich als ein Harztier bezeichnet werden kann, und zwar von seiten der Naturwissenschaft, wie der Kulturgeschichte. Leider wird auch dieses schöne, interessante Geschöpf in den Harzteilen, die viel von großstädtischen Sommerfrischlern heimgesucht werden, immer seltener. Ich habe selber vor 6 Jahren in Wernigerode gesehen, wie der Knabe einer Berliner Familie über 100 Stück zusammengeschleppt hatte, um sie mitzunehmen. Dieser in seinem höchst unnützen Beginnen von seinen Eltern, gegen die ich mich über den Fall sehr deutlich aussprach, noch unterstützte Junge hat gewiß Dutzende, wenn nicht Hunderte von jüngeren und älteren Kollegen. Glücklicherweise sind vielfach die Forstbeamten auf den Unfug aufmerksam geworden und suchen ihn nach Kräften zu steuern, wofür sie an dieser Stelle recht herzlich bedankt sein sollen.

Der alte A. Ritter nennt (1740) die Feuermolche, Salamandrae Hercyniae, und fügt hinzu, manche schlössen aus ihrer Gegenwart auf das gleichörtliche Vorhandensein

Aus dem Steinathal.

goldhaltiger Gesteine. Zückert sagt (1762) von dem Tiere: „Salamandra Hercynica, Hartzmolch, ist ein Insekt (!) von schwarzer Farbe mit gelben Flecken."

Vier Arten von Wassermolchen werden im Harzgebiet gefunden. Zwei von ihnen (Triton taeniatus und palmatus) sind hier fast überall häufig, aber ein dritter, der große Kammmolch (Triton cristatus), findet sich nur an ganz vereinzelten Stellen des eigentlichen Gebirges: bei Neudorf, Harzgerode und sehr selten bei Grund. Die charakteristischste Molchart dieses Gebietes ist der Alpenmolch (Triton alpestris), der mit mehr Fug und Recht „Bergmolch" hieße. Er ist in den höheren Gebirgsteilen keine Seltenheit und ist bei Grund die häufigste Art und die einzige, die am Brocken bis oberhalb der Waldgrenze gefunden wird.

Über die im Harz vorkommenden Fische sind wir nur mangelhaft unterrichtet, und sie werden hier wahrscheinlich auch nur durch wenige Arten vertreten sein. Selbstverständlich fehlt nicht der herrliche, charakteristische Fisch der deutschen Gebirge, die edle Steinforelle (Salmo fario), doch war ihr Bestand stellenweise sehr zurückgegangen, hat sich neuerdings aber wesentlich gehoben. Am berühmtesten waren die Forellen aus der Bode in der Nachbarschaft des Kessels. Hier, wo sie bei der schweren Zugänglichkeit der

AUFNAHME VON FR. ROSE, WERNIGERODE.

Ein Rudel Edelhirsche.

Flußufer und in den prächtigen, in den Felsen ausgewaschenen Schlupfwinkeln ein ziemlich sicheres Leben führten, kamen Exemplare von 3—3½ kg Schwere (Stübner 1789) vor. Auf dem Rathause von Nordhausen hingen zu Behrens Zeiten (um 1716) allerdings die Bildnisse von zwei Forellen aus dem Harze, von denen die eine nach damaligem Gewicht 15½ Pfund gewogen hatte. Die Forellenart ist nicht weiter angegeben, und möglicherweise sind es Lachsforellen (Salmo trutta) gewesen, die auch in den Harzflüssen vorhanden sein sollen. Im Schierker Revier ist die Steinforelle der einzig vorkommende Fisch, und Herr Oberförster Ohnesorge schreibt, es würden jährlich etwa 6—7 Centner von ihr gefangen. Auch Schmerlen (Cobitis barbatula) kommen in den Berggewässern vor und werden und wurden als köstlich gerühmt und als weit vorzüglicher schmeckend gepriesen als die des Vorlands. Göze erzählt, er habe in Altenbrak Schmerlen gegessen von ½ Elle Länge und von Fingersdicke. Die dortigen Schmerlen seien weit und breit in der Umgegend bekannt gewesen und ordentlich sprichwörtlich geworden, so daß man jede schöne Schmerle eine „Altenbrakische" genannt habe. Die Hasel (Leuciscus vulgaris) oder der Häsling, ein wertloser Weißfisch, soll nach Steubner in der Haßel besonders häufig gewesen sein, aber ich vermute, daß hinter dieser Angabe, zufolge des ähnlichen Klanges der Namen von Fisch und Fluß, ein wenig Volksetymologie im Spiele ist. Der Aal (Anguilla vulgaris) ist, wie sich denken läßt, selten im Harzgebiet, aber die besonders im Interesse des Bergbaues im Oberharz angelegten Teiche hatte man schon in früheren

Jahrhunderten mit Karpfen (Cyprinus carpio) und Karauschen (Carussius vulgaris) besetzt. Daß der Klosterteich bei Michaelstein das geschätzte Fastengericht enthalten haben wird, ist zu vermuten.

Die Fischarmut der Flüsse und Bäche des Harzes ist erklärlich. Ihr kaltes, unruhiges Wasser, die bei allen fließenden Gebirgsgewässern sehr schwankenden Verhältnisse ihrer Füllung, das eine Mal nach anhaltender Dürre ihr Versiegen bis auf ein geringes Rinnsal, das andere Mal, nach heftigen Niederschlägen oder plötzlichen Schneeschmelzen in den Bergen, ihr tosender, alles mit sich reißender Schwall, — die dadurch bewirkte geringe Schlammbildung, die ihrerseits eine nur spärliche Entwicklung der Vegetation erlaubt und die hierdurch wieder verursachte, den Stoffwechsel der meisten Fische schwierig machende Armut an niederen Tieren, — alle diese Faktoren wirken zusammen, Lebensbedingungen zu schaffen, an die nur wenige Fischarten sich anzupassen vermögen. Dazu kommt noch ein anderes — die zahlreichen in die Flüsse geleiteten Abzugswässer gewerblicher Etablissements. Schon im Anfang des 18. Jahrhunderts weist Behrens auf die Thatsache hin, daß die Oker von Goslar an zwei Meilen thalwärts fischleer sei. In der Innerste verlieren alle Fische, wenn sie in das mit bleihaltigem, feinem Abfall geschwängerte Wasser unterhalb der Silberhütte geraten, den Glanz und die Farbe ihres Schuppenkleides und müssen, wenn sie länger in solchen Verhältnissen sich aufzuhalten gezwungen sind, unfehlbar zu Grunde gehen. Von einer Vermehrung an solchen Stellen kann vollends nicht die Rede sein, der Laich und die jungen Fische sind noch viel empfindlicher als die älteren.

Auch die einem ausschließlichen Aufenthalt im Wasser angepaßten Arten der Weichtiere sind an den meisten Orten in nur geringer Anzahl vorhanden. Aus dem ganzen großen Gebiete des eigentlichen Harzes waren 1886 nur 16 Süßwasserschnecken- und 8 Muschelarten bekannt, während die Zahl der ersteren etwa 63 und die der letzteren etwa 35 für ganz Deutschland beträgt. Das Verzeichnis der Weichtiere der Grafschaft Wernigerode von Gottschalk und Schröder enthält keine Art von Valvata und keine von Deckelsumpfschnecken (Paludina) und bloß je eine einzige von Bythinia und Planorbis (Tellerschnecke), während von dieser letzten Gattung in Deutschland nördlich vom Main überhaupt 12 Arten gefunden werden. Es ist nicht anzunehmen, daß die Sammler auf die Molluskenfauna des süßen Wassers ihres Gebietes ihre Aufmerksamkeit nur ganz nebenher gerichtet haben sollten, sie würden das sonst jedenfalls an irgend einer Stelle ihres Verzeichnisses angegeben haben.

Bemerkenswert ist das Fehlen der Flußperlmuschel (Margaritana margaritifera) im Harzgebiet, da sie sich unter ganz ähnlichen Verhältnissen, wie sie hier herrschen, im Erz- und Fichtelgebirge, im Böhmer- und Bayerwald u. s. w. findet, ja selbst in größerer Nähe in der Grafschaft Hoya und in der Biber in Hessen.

Nur einige wichtigere Punkte über die Verhältnisse der Harzer landbewohnenden Weichtiere im allgemeinen seien zunächst noch voraufgeschickt. Öfters kommt es vor, daß die Exemplare kleiner bleiben als die derselben Arten in der Ebene oder in südlicheren Berggegenden. So verhält es sich bei Vitrina pellucida, strigella und Helix lapicida. Auch die Weinbergschnecke (Helix pomatia) ist etwas kleiner, in bedeutenderem Maße ist das der Fall mit den das Wasser bewohnenden, großen Schlammschnecken (Limnaeus stagnalis) und großen Tellerschnecken (Planorbis corneus), die beide z. B. in Thüringen und in der Leipziger Gegend um den dritten Teil größer werden als im Harz. Die Ernährung und der Raum sind in den beschränkten Bergwässern geringer, aber die Kälte in ihnen ist größer, und der Einfluß des Winters dauert länger — es geht ihren Bewohnern weniger gut als ihren glücklicheren Geschwistern bei besserem, reichlicherem Futter, unter weiter gesteckten räumlichen Verhältnissen und unter günstigeren Temperaturbedingungen. Unter den zahlreichen Farbenvarietäten der Hainschnirkelschnecken (Helix nemoralis) treten die hellen und gebänderten in den höheren Lagen des Gebirges zurück, und die rote herrscht vor. Die gemeine nackte Wegschnecke (Arion empiricorum) kommt in einer roten, braunen und schwarzen Rasse vor, und je höher man in das Gebirge steigt, desto zahlreicher stellt sich

AUFNAHME VON FR. ROSE, WERNIGERODE.

Wildschweine.

die letzte ein, so daß sie in der höheren Bergregion und in der subalpinen Region, soweit sie in dieser vorkommt, fast nur noch ausschließlich vorhanden ist. Es liegt hierin eine merkwürdige Ähnlichkeit mit dem Verhältnis der roten und schwarzen Eichhörnchen, und dieselben Ursachen mögen dabei maßgebend sein, auf die wir bei Betrachtung der subalpinen Harzfauna noch einmal zurückkommen werden.

Seltenere Formen von Landschalenschnecken des Gebietes sind: Vitrina elongata an sehr feuchten Stellen unter Moos am Ilsenstein, Hyalina Draparnaudii im großen fürstlichen Küchengarten in Wernigerode, Hyalina crystallina bei Goslar, Pupa frumentum bei Aschersleben, Pupa substriata hin und wieder, Pupa doliolum am Falkenstein, Clausilia cana bei Nordhausen. Eine Anzahl nördlicher Formen erscheinen im Harze wieder, so die kleine, wenn man sie zerdrückt, wie Knoblauch riechende Helix alliaria bei Nordhausen, Questenberg, auf der Roßtrappe und bei Wernigerode. Auch Pupa alpestris findet sich, die sonst Skandinavien, Lappland, England und das Riesengebirge bewohnt. Auch von weiter verbreiteten Arten treten hier nordische oder alpine Abarten auf. So ist die Varietät nitidula von Hyalina nitens in der Grafschaft Wernigerode häufiger als die Stammart. Von Clausilia laminata findet sich ebendort die rotbraune Abänderung granita der Alpen, von Clausilia plicatula die auch noch in Oberbayern vorhandene var. rosida, von Clausilia nigricans die nördliche Form var. septentrionalis. Die Ursache dieser Verhältnisse werden wir weiter unten zu erläutern haben. Andere Gebirgsformen von Schnecken erreichen im Harz den nördlichsten Punkt ihrer Verbreitung wirklich oder beinahe, so Helix obvoluta, personata, sericea, Clausilia parvula (?) und die Nacktschnecke Amalia marginata, für welch letztere die Ruine Hohenstein und der in Westfalen gelegene Ort Tecklenburg die am weitesten nach Norden vorgeschobenen Posten ihres Vorkommens in Deutschland sind. Die mehr dem Westen Europas angehörige Clausilia lineolata dürfte im Harz ihre Ostgrenze finden.

An Gliederfüßern ist unser Gebiet sehr reich, obwohl es wahrscheinlich noch nicht halb erschöpfend in dieser Hinsicht untersucht ist. Den größten Anteil an der Bildung dieses Reichtums nehmen selbstverständlich die Insekten und unter ihnen wieder die Käfer. Verschiedene Arten dieser Ordnung der Kerbtiere haben sich, leider, auf dem Harze schon öfter sehr mißliebig bemerkbar gemacht und wiederholt großen Schaden angerichtet. Schon seit Jahrhunderten haben die Nadelwälder unter diesen winzigen, aber durch ihre Menge fürchterlichen Feinde zu leiden gehabt. Der gefährlichste dieser Widersacher ist ein kleiner, brauner, cylinderförmiger Knirps von etwa 5 mm Länge, der Buchdrucker (Bostrichus typographus), der seinen deutschen und lateinischen Artennamen der Thätigkeit seiner Larve verdankt. Die Gänge, die diese unter der Rinde der Fichte nagt, haben nämlich eine entfernte Ähnlichkeit mit den Charakteren einer orientalischen Schrift. Die erste Erwähnung dieses Käfers und seiner verderblichen Wirksamkeit in den Fichtenwaldungen des Harzes, die bekannt ist, stammt aus dem Jahre 1473. Bei Gittelde arbeitete er 1649 und 1665, 1674 im Herzbergschen, 1677 wieder bei Gittelde und bei Elbingerode, 1681 und 1691 bei Klausthal und Altenau. Viele braunschweigsche Soldaten wurden 1695 zum Fällen der angegriffenen Bäume auf dem Oberharz kommandiert, und in den Jahren 1704 und 1710 gingen ganze Reviere ein. Besonders der Fraß von 1704 muß ein sehr verderblicher gewesen sein, wenn wir nämlich nach dem alten Sprichworte „Not lehrt beten" urteilen dürfen. In einem Gesangbuche (mein Gewährsmann, Ratzeburg, sagt nicht aus welcher Gegend) von 1705 findet sich nämlich ein Gebet, das die Bitte enthält, Gott möge „die Forsten, Wälder und Holzungen für Sturmwind, schädlichen Würmern und anderen Unfällen in Gnaden bewahren". Die größten Verheerungen richtete das Ungeziefer in den Jahren 1781—1785 an, während welcher Zeit 2 290 000 Fichtenbäume zu Grunde gingen. Die Zahl der in einzelnen Stämmen hausenden Larven und ausgebildeten Käfer schätzte man durchschnittlich auf 80 000 Stück für jeden. Im Zellerfelder und Bodenhäuser Forst wurden 4000 Morgen mit etwa 360 000 Stämmen, im Kommunionharz und im hannöverschen Anteil weit über eine Million Stämme vernichtet.

Auch ein anderer Käfer, ein Rüsselkäfer, hat gelegentlich die Fichtenbestände des Gebirges gebrandschatzt, wenn auch in bescheidenerer Weise. Obwohl er in seinem Vorkommen durchaus nicht auf den Harz beschränkt ist, hat er doch seinen Namen nach ihm, er heißt nämlich Pissodes Hercyniae, der Harzer Fichtenrüsselkäfer. Dieser etwa 6 mm lange, braune, oben mit gelblich behaarten Flecken gezeichnete Baumfrevler entwickelte z. B. 1836 am Meinertsberg seine nichtsnutze Thätigkeit und zehn Jahre später im Wernigerodischen.

Auch sonst giebt es in unserem Gebiet der schädlichen Käfer noch genug. Aber ihnen gegenüber steht ein Heer von nützlichen, die zum Teil gerade darin, daß sie jenen nachstellen, ihren Nutzen entwickeln. Die Bergwälder beherbergen zahlreiche ansehnliche und kleine, unscheinbare aber auch schöne und teilweise seltene Laufkäfer. Die prächtigen Puppenräuber treten in drei Arten auf (Calosoma sycophanta, inquisitor und selten sericeum). Sie liegen am hellen Tage der Raupenjagd ob und steigen, was für Laufkäfer eine große Ausnahme ist, zu diesem Behufe auch auf die Bäume. Eine mehr nächtliche Thätigkeit entwickelt eine große Anzahl von Arten aus dem Geschlecht Carabus: der dunkelblaue, runzelige intricatus, der schön goldglänzende auronitens, der mit geschmackvoll skulptierten Flügeldecken versehene catenulatus, der schwarze, matt schimmernde glabratus u. s. w., die am Tage und bei schneefreier Winterzeit am sichersten unter größeren Steinen im Schlaf, bezw. im Winterquartier anzutreffen sind. Seltene Arten sind der bisweilen in den Vorbergen des östlichen und nördlichen Harzes gefundene Carabus clathrutus und der hauptsächlich in faulenden Stubben der Rotbuchen sich am Tage verborgen haltende Carabus irregularis, der hier die Westgrenze seines Vorkommens erreicht. Gemein ist der Lederlaufkäfer (Procrustes coriaceus), die größte deutsche Art aus der Familie der Carabiden, etwas seltener der kleinere Cychrus rostratus und noch seltener sein nächster Vetter Cychrus attenuatus. Die Schar der kleineren Laufkäferarten zählt nach Hunderten, und die schönste und eine der seltensten unter ihnen ist der flinke, prächtig blauglänzende Leïstus spinibarbis. Von ihm fing ich einmal an einem Juninachmittag in einem kleinen Gehölz an der Chaussee zwischen Drübeck und Ilsenburg über 50 Stück. Bemerkenswert sind verschiedene, im übrigen unscheinbare Formen unter den Laufkäfern des Harzes deshalb, weil sie hier ihre Ost- (Pterostichus madidus), West- (Harpalus hirtipes) oder am häufigsten ihre Nordgrenze erreichen (Pterostichus picimanus und elatus, Amara cursitans, Harpalus sabulicola und hottentotta).

An den Blumen und Blüten hängen an heißen Vorsommertagen in den Thälern und auf den Waldwiesen schöne Verwandte der Rosenkäfer (Cetoniidae), der metallisch schimmernde Gnorimus nobilis und sein sehr viel seltenerer größerer Vetter variabilis, der schwarz ist und auf der Flügeldecke einige weiße Punkte zeigt, ferner der hummelähnliche, gelbgrau behaarte, oben schwarz und gelb gefärbte Trichius fasciatus.

Reiche Schätze an Bockkäfern liefern uns teils auch die Wiesenblumen, teils das geschlagene, aufgeklafterte Holz, besonders in der Nachbarschaft der zahlreichen Sägemühlen. Direktor Leimbach hat im Harz 92 Arten von Bockkäfern gesammelt, darunter sehr seltene (Grammoptera quadriguttata und analis, Astynosoma griseum, Acanthoderes varius, Pogonochoerus hispidus, Mesosa nebulosa, Anaesthetis testacea u. s. w.). Ein höchst merkwürdiger Fang gelang ihm am Regenstein, nämlich der eines Bockkäfers (Stenidea Foudrasi), der vorher nur von Bordeaux, aus Sardinien und Ungarn bekannt war. Ich selber hatte das Glück, zwei weitere, für den Harz neue Bockkäferarten aufzufinden, nämlich das grünblaue Callidium insubricum und die Pachyta lamed, die braungelbe Flügeldecken mit einem schwarzgrauen, dem hebräischen Buchstaben Lamed ähnlichen Wisch auf jeder hat. Der Schlotfegerbock (Dorcadion fulginator), und zwar in der mit schwarzen Flügeldecken ausgestatteten Varietät ater, erreicht am Unterharz und in Westfalen seine Nordgrenze.

Dungkäfer sind auf den Viehtriften in schönen Formen vertreten. Da kann man feine Sachen sammeln: den glänzend schwarzen, am Halsschild mit drei nach vorn gerichteten Hörnern ausgestatteten Geotrupes Typhaeus und einen anderen, gleichfalls schwarzen (Copris lunaris), der bloß ein Horn auf der Stirn trägt. Der seltenste in dieser Gesellschaft ist aber Odontaeus mobilicornis. Auch im Hirschdung befinden sich verschiedene und teilweise seltene, nur an diese Nahrung angepaßte, allerdings kleine und unscheinbare Formen (z. B. Aphodius foetidus und Zenkeri).

Der stattliche Hirschkäfer (Lucanus cervus), der ein Verwandter der Rosen- und Dungkäfer, aber ausschließlich an Eichen angepaßt ist, tritt, wo diese Bäume vorhanden sind, häufig auf.

Doch genug, zu viel wohl schon von den Käfern, besonders weil wir bei Behandlung der subalpinen Harzfauna noch mehrerer zu gedenken haben werden.

Zahlreich ist auch die Schar der teilweise so schönen und so seltenen Schmetterlinge, die man seit jeher mit Vorliebe gesammelt hat. Der Bergkommissar Dr. Jasche zu Ilsenburg, ein alter Herr, an den ich mich als 18jähriger Wernigeröder Gymnasiast angefreundet hatte — nach den Regeln des Sammler-Freimaurertums, das keine Alters- und Standesunterschiede kennt —, hat allein in naher Umgebung seines Wohnortes auf etwa eine Stunde Entfernung 1132 Schmetterlingsarten gesammelt. Oberlehrer Fischer in Wernigerode brachte in der Grafschaft folgende Artenzahlen von Großschmetterlingen zusammen: 97 Tagfalter, 35 Schwärmer (einschl. der Familie der Glasflügler und Blutströpfchen oder Widderchen), 110 Spinner, 296 Eulchen und 202 Spanner.

Ein schöner, dem Apollo nahe verwandter Falter (Doritis Mnemosyne) fliegt in den Vorbergen und den Thälern der Süd- und Südostseite. Zahlreiche Arten von Bläumäntelchen und manche in vielen Individuen giebt es hier (z. B. Lycaena battus, Dorylus, Adonis, Damon, und der seltene Cyllarus). Die rare Thecla spini findet sich hin und wieder. Ein seltener Perlmutterfalter (Argynnis Ino) wurde an den Bodequellen und bei Alexisbad beobachtet und ein nicht häufiger Grasfalter (Satyrus statilinus) am Regenstein.

Von Schwärmern gehen der kleine Weinvogel (Deilephila porcellus), der Labkraut- (Deilephila galii), Fichten- (Sphinx pinastri), Liguster- (Sphinx ligustri), Winden- (Sphinx convolvuli) und Pappelschwärmer (Smerinthus populi) bis auf den Oberharz, während der immer seltenere Totenkopf (Acherontia Atropos) auf die Vorberge beschränkt bleibt. Die Glasflügler (Sesiidae) sind besonders bei Blankenburg artenreich. Von den Widderchen (Zygaenidae) erreicht die reizende Zygaena fausta in den Südthälern des Harzes den nordöstlichsten Punkt ihrer Verbreitung.

Von den Spinnern kommen manche bis hoch ins Gebirge hinauf vor: so der Vierfleck (Lithosia quadra), der braune Bär (Arctia caja), der Ringelspinner (Bombyx neustria) und der Eichenspinner (Bombyx quercus) bis gegen 700 m und darüber. Die Raupe des Brombeerspinners (Bombyx rubi) wurde noch am Brockenhaus beobachtet. Auch der schöne und seltene Schildkrotspinner (Endromis versicolora) wird noch zwischen Schierke und dem Brocken gefunden. Das kleine Nachtpfauenauge (Saturina carpini) geht bis nahe an den Brocken, wo seine Raupe von Heidelbeerblättern lebt. Seltenere Formen sind Harpyia erminea in den Vorbergen, bicuspis bei Osterode und bifida im Oberharze, ferner Hybocampa Milhauseri, gleichfalls in den Vorbergen, ebenso Notodonta carmelita, cuculina, bicoloria, torva und argentina, welch letztere hier außerdem ihre Nordgrenze erreicht.

Bemerkenswert ist es, daß die Harzwaldungen nur selten unter schädlichen Raupen zu leiden gehabt haben, ja stellenweise sind die Schmetterlingsarten, zu denen sie gehören, hier geradezu selten, so in der Grafschaft Wernigerode die Nonne (Psilura monacha), der Prozessionsspinner (Cnethocampa processionea), der Schwammspinner (Ocneria dispar) und der Fichtenspinner (Lasiocampa pini). Der letztere ist aber ab und zu doch schon recht verheerend im Gebiete aufgetreten, so 1792 und 1837 bei Quenstedt. Eine Spinnerart, die sonst nicht einmal zu den merklich schädlichen Formen gehört, der Buchenspinner (Orgyia pudibunda), hat sich gelegentlich gerade am Harz verschiedentlich und teilweise sehr schädlich gezeigt. So war es 1868 im nordwestlichen Harz, wo er die Buchen bis zur Höhenlage von 325 m ganz und bis 520 m fast ganz kahl gefressen hatte. Es wurden hier (einschl. des nicht mit zum Harze gehörigen Forstortes Lutter am Baremberge) 667 ha Buchenwald vollkommen entblättert.

Auch ein Kleinschmetterling, der wieder nach dem Harz seinen Namen führt, der Harzwickler (Tortrix hercyniana), ist den Fichtenbäumen des Gebietes schon schädlich geworden, wie 1795, wo er über den ganzen Harz verbreitet war. Sein unmittelbarer Schaden ist nicht allzugroß, da sich die Waldungen von seinen Beläftigungen bald wieder erholen, wohl aber sein mittelbarer, indem er, die Bäume schwächend und weniger widerstandsfähig machend, anderen, grimmigeren Feinden, namentlich auch dem Buchdrucker, erfolgreich vorarbeitet. Eine noch harmlosere Art — wie uns der Name verrät, auch ein echtes Harzer Kind — ist Tortrix clausthaliana.

Die interessantesten Arten der Eulen (Noctuidae) und Spanner (Geometridae) des Gebirges gehören der subalpinen Fauna des Gebietes an und werden später ihre Erledigung finden.

Von den Vertretern der übrigen Insektenordnungen auf dem Harze ist über die Halbflügler (Hemiptera) und Geradeflügler (Orthoptera) so wenig Bemerkenswertes zu berichten, daß wir es hier mit Stillschweigen übergehen können. Auch über die einheimischen Hautflügler (Hymenoptera) wissen wir wenig genug. Blumenbienen (Anthophila) beobachtet Rudow in 31 Gattungen und 147 wilden Arten, darunter 13 verschiedene Hummelformen. Bei manchen sind die Harzer Individuen kleiner als die südeuropäischen, und das gilt auch von den Blattwespen, von denen derselbe Forscher in ebendem Gebiet 114 Arten auffand. Unter diesen ist Strongylogaster cingulata eine der interessantesten, weil ihre Larve auf dem sonst von pflanzenfressenden Insekten gemiedenen Laub des Adlerfarnkrauts lebt. Leunis stellte fest, daß im westlichen Teil des Harzes von dieser Wespenfamilie 40 Arten und 3 Varietäten vorkommen, die im benachbarten Flachlande (Hildesheim) nicht angetroffen werden.

Auch über die Fliegenfauna des Gebirges sind wir im allgemeinen sehr ungenügend unterrichtet, aber sie muß reich sein. Hat doch ein einziger Mann in der kurzen Spanne Zeit vom 13. bis 21. Juli 1857 bei wenig günstiger Witterung in der näheren

Umgebung von Wernigerode 247 Arten und darunter 7 neue aufgefunden. Dieser Mann war freilich einer der größten Meister auf dem Gebiete der Fliegenkunde — Professor Löw.

Eine Fliegenart des Harzes ist allerdings von hervorragendem Interesse, oder richtiger ihre Larve, die den auf naturwissenschaftlichem, wie auf kulturhistorischem Gebiete gleich merkwürdigen Heerwurm bildet.

Die betreffende Fliegen- oder besser Mückenart ist ein kleines, grauschwarzes Tierchen (Sciara militaris), das seine Eier in Laubwaldungen unter moderndes Laub in die feuchte Walderde legt. Zahlreiche Weibchen scheinen durch die gleichen, wahrscheinlich besonders leicht zugänglichen oder andere Vorzüge liebenden Stellen angezogen zu werden, wenigstens ist es eine Thatsache, daß sich die Larven hier zu großen Klumpen zusammenfinden, die zu individuenreich sind, um nur aus der Nachkommenschaft einiger weniger Mücken bestehen zu können. Die Larven kriechen in feuchten Jahren von Ende Juni bis Mitte August gegen Abend oder sehr früh am Morgen bei Hunderttausenden unter der Laubdecke hervor und unternehmen gemeinsame Züge, wobei sie durch eine schleimige Feuchtigkeit neben-, hinter- und übereinander haften und als ein gelblichweißes, unter Umständen 3—4 m langes und 20—30 cm breites, nach vorn und hinten zu allmählich schmäler werdendes Band mit schlängelnder Bewegung dahinkriechen.

Die Bekanntschaft und Beobachtung solcher Züge wandernder Larven haben die Bewohner der mitteldeutschen Waldungen, besonders des Thüringer Waldes und des Harzes, seit Jahrhunderten, vielleicht seit Jahrtausenden gemacht. Es war ihnen eine merkwürdige und rätselhafte Erscheinung, daher auch eine unheimliche und Unheil verkündende, die sie näher zu untersuchen sich nicht getrauten, ein schlangenartiges Etwas, das sie, an Bekanntes anknüpfend, in der That auch für eine Schlange hielten. Man benannte solche Züge verschiedentlich: Wurmdrache, Kriegs-, Hasel-, Hungerwurm und Kriegs- und Kirchhofschlange. Später wird der gegenwärtige Name in der älteren Litteratur immer gebräuchlicher, woraus man schließen möchte, daß die Leute die Erscheinung als eine Zusammenscharung, als ein Heer von einzelnen Tieren erkannt hatten und sie nicht mehr für ein Individuum hielten.

Um 1576 wurde ein solches, 12 Fuß langes Ungetüm von zwei Holzhackern bei den Trümmern der Harzburg erschlagen und an einen Baum gehängt. Eckstorm erwähnt eines anderen, 18 Fuß langen Heerwurms vom Spitzenberg bei Hohegeiß, und das ist wahrscheinlich derselbe, dessen Ritter (1740) gedenkt, wenn er ohne Jahresangabe von einem Haselwurm spricht, der bei Zorge am Spitzberg gesehen wurde, 18 Fuß lang und so dick wie ein Mannsschenkel gewesen sei, mit einem katzenartigen Kopf, mit Füßen am Bauch und von grünlicher und weißlicher Farbe. Man sieht, wie sich die Phantasie des Volkes mit der Sache beschäftigt hat. Im Jahre 1782 soll ein Heerwurm im Allroder Forst angetroffen worden sein. „Sonst," sagt Steubner, dem ich diese Angabe entnehme, „hält man diese Art Schlangen für ein solches Unding (Fabel), als der Lindwurm ist."

Zorge scheint bis in die Mitte dieses Jahrhunderts derjenige Ort gewesen zu sein, wo der Heerwurm am häufigsten zur Beobachtung kam, so 1804, 1807, 1828 und 1846. Bei Ilefeld zeigte sich einer 1844, bei Birkenmoor 1845, bei Hohausen 1847 und in den drei Jahren 1866—68, bei Blankenburg 1855, bei Staufenburg und Gittelde 1863—65, und 1871 öfters wieder bei Staufenburg und in anderen Fällen bei Schulenburg und Stolberg. Neuere Nachrichten sind mir nicht zu Gesicht gekommen.

Über die Tausendfüße des Harzes weiß ich gar nichts Besonderes und über die Spinntiere nur so viel zu sagen, daß Könike hier 28 Arten Wassermilben fand, 17 davon in dem alten Teiche bei Kloster Michaelstein, und zwar 4, darunter eine für die Wissenschaft neue, nur hier.

Auch über die Krebsfauna unseres Gebietes ist mir nichts bekannt als eine alte Angabe von Stübner, dahin lautend, daß nicht alle Krebse aus der Bode beim Kochen rot würden, eine Erscheinung, die auch anderwärts beobachtet worden ist.

Über die Welt der Würmer vermag ich nur Weniges und meist nur Betrübendes zu vermelden. Ist es doch bekannt, daß in den Vororten des Harzes die Trichinose öfters und teilweise mit entsetzlicher Heftigkeit aufgetreten ist. In Blankenburg erkrankten von 1859—62 im ganzen 278, fast nur zum Militär gehörige (246) Personen, von denen glücklicherweise nur zwei starben. In Quedlinburg befiel die Wurmseuche im Jahre 1864 von Mitte Februar bis Anfang März mehr als 90 Menschen, von denen zwei mit Tod abgingen. Fürchterlich trat 1865 die Krankheit in Hadersleben bei Quedlinburg auf, wo von etwa 2000 Einwohnern 337 befallen wurden und 101 Personen der Seuche erlagen. —

Es bliebe uns zunächst noch die subalpine Tierwelt des Harzes zu erörtern übrig, die indessen nicht auf die subalpine Region beschränkt bleibt, sondern oft weit in die Bergregion hinab übergreift.

Zahlreiche Tier- und Pflanzenarten Deutschlands werden in seltsam versprengter Verbreitung angetroffen. Man findet Formen, die im größten Teil Deutschlands nur den höheren Teilen der Mittelgebirge, oder in der norddeutschen Ebene moorigen Gegenden angehören, wieder auf den Alpen und im Norden, von Ostpreußen an in die russischen Ostseeprovinzen hinein, in Skandinavien und Nordbritannien, bis über den Polarkreis hinaus und bisweilen in den hohen Breiten um den ganzen Pol, also circumpolar verbreitet. Aber die betreffenden Lebewesen kommen nicht an allen diesen Stellen zugleich vor, wir finden vielmehr, daß, je höher die betreffenden Gebirge sind, sie desto mehr solcher Formen mit dem hohen Norden gemeinsam haben. Aber es kann doch auch vorkommen, wenn auch seltener, daß der Harz oder das Riesengebirge u. s. w. Formen besitzen, die einerseits nur den Alpen, andererseits nur dem höheren Norden eigen sind. Ferner finden wir, daß die verschiedenen deutschen, auf solche Weise ausgezeichneten Gebiete durchaus nicht immer die nämlichen Arten auch in derselben Höhenlage beherbergen: im Harz oder in der norddeutschen Tiefebene u. s. w. können ihrer vorhanden sein, die dem höheren Riesengebirge fehlen, kurz, die Sache erscheint auf den ersten Blick ganz regellos, ist es aber keineswegs. Da jedes Ding in der Welt seine Ursache haben muß und hat, so muß auch diese seltsame Erscheinung eine solche haben. Welche ist das?

Früher stand man vor einem nicht zu lösenden Rätsel, und vielfach half man sich und täuschte sich über die Schwierigkeit der Erklärung hinweg mit der sehr unwissenschaftlichen Annahme, die betreffenden Arten von Pflanzen und Tieren seien an allen den versprengten Stellen eigens geschaffen worden.

Jetzt wissen wir aus zahlreichen Thatsachen, von denen gerade die Verbreitung jener Organismen nicht die letzte und am wenigsten beweiskräftige ist, daß unsere Mutter Erde einmal ihre Kälteperiode gehabt hat, und daß ein großer Gletscher von Norden langsam, wahrscheinlich während vieler Jahrtausende, nach Süden vorrückte, und andere Gletscher, die sich unter dem Einfluß der Kälte neu gebildet hatten, von den hohen Gebirgen in das Thal stiegen. Auch während der kurzen Sommerzeit blieb nur ein verhältnismäßig kleiner Teil unseres Vaterlandes eisfrei. Die große Kälteperiode wurde wiederholt von kürzeren, wärmeren Zwischenperioden unterbrochen, während deren die Gletscher abtauten und zurückwichen, um später wieder zu wachsen und weiter vorzudringen. Das war vermutlich auch schon wiederholt geschehen, bevor die Gletscher ihre höchste Entfaltung erreicht hatten. Langsam zogen sie sich endlich nach diesen Schwankungen auf ihr heutiges Gebiet zurück.

Die vorrückenden Eismassen vernichteten an den von ihnen überdeckten Stellen die Möglichkeit jedes organischen Lebens, und sie vernichteten auch in den während des Sommers frei bleibenden Landstrecken den größten Teil der dort ursprünglich vorhanden gewesenen Tiere und Pflanzen. Dafür schoben sie nordische und alpine Formen als lebende Moräne vor sich her, und so gelangten Tier- und Pflanzenarten der nordpolaren Gegenden und der europäischen Hochgebirge in das Herz von Deutschland, auch bis an den Harz. An und vor dessen Rand findet man heutigen Tags vielfach, wie besonders bei Thiede und am Seveckenberg bei Quedlinburg, aber auch in der Scharzfelder Höhle und in der Baumannshöhle, jener „unterirdischen Raritätenkammer“, wie der alte Mylius sie nennt, die Reste jetzt nordischer Tiere, soweit sie als Fossilien dem Einflusse der Zeit zu widerstehen vermochten. Da liegen Gebeine und Zähne von Lemmingen (Myodes lemmus und torquatus), des Polareishasen (Lagomys hyperboreus), des Renntiers (Cervus tarandus), des Schneehuhns (Lagopus albus) und vielleicht des Schneehasen (Lepus variabilis) und des Polarfuchses (Canis lagopus).

Manche der altmitteleuropäischen Wirbeltiere, deren Gebeine unter jenen Resten vertreten sind, starben mittlerweile aus: Höhlenbär (Ursus spelaeus), Höhlenlöwe (Felis spelaeus), Höhlenhyäne (Hyaena spelaea), Mammut (Elephas primigenius), rauhhaariges Nashorn (Rhinoceros tichorhinus), ein wildes Pferd und ein wildes Rind.

Als aber der Abtauungsprozeß der Gletscher im tiefer gelegenen Deutschland vollendet war, da blieb ein vegetationsarmes, steppenhaftes Land zurück, auf dem sich die Überbleibsel der alteingesessenen Tierwelt wieder ausbreiten, und in das östliche Steppenformen einwandern konnten. Auch diese letzteren haben Teile ihrer Beingerüste am Harz zurück-

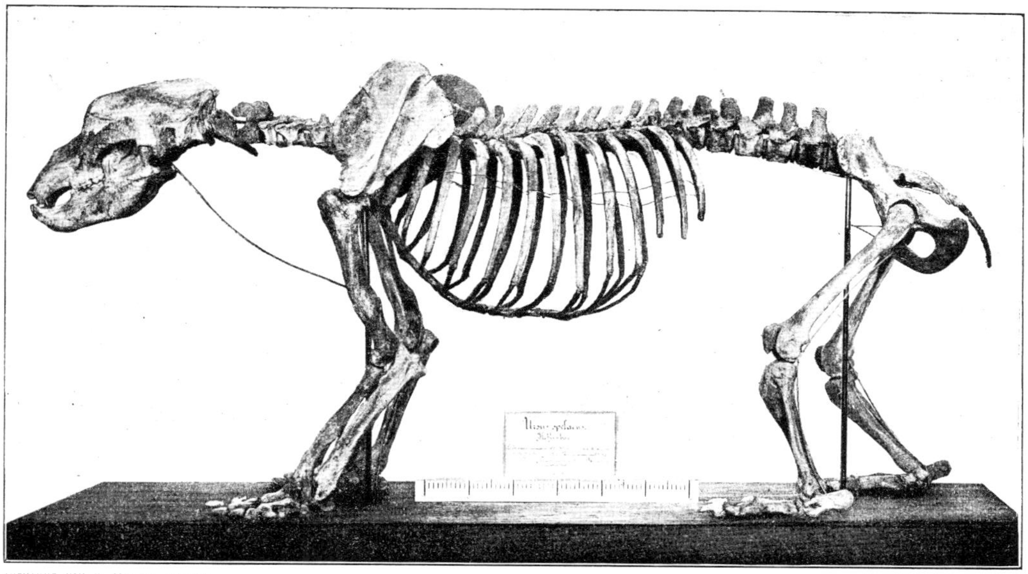

AUFNAHME VON K. SCHWIER, WEIMAR.

Höhlenbär aus der Hermannshöhle.

gelassen, nämlich eine Antilope (vermutlich Antilopa saja), eine Zieselart (Spermophilus), der Pferdespringer (Alactaga jaculus), die Zwiebelwühlmaus (Arvicola gregalis) u. s. w.

So finden wir denn an jenen erwähnten Stellen in unserem Gebiet selbst oder in dessen unmittelbarer Nähe in wunderlichem Gemisch die Reste von viererlei Faunen: einer alteinheimischen noch vorhandenen, einer gleichfalls alteinheimischen ausgerotteten, einer nördlich-polaren und einer östlichen sarmato-tatarischen.

Die arktisch-polaren Organismen, durchaus angepaßt an ein rauhes Klima mit hochnordischem Charakter, folgten den altgewohnten Lebensverhältnissen und zogen den abtauenden Gletschern nach, zum Teil jenen von Norden eingedrungenen zurück in die alte Heimat, aber auch jenen von allen höheren Gebirgen Deutschlands, nicht bloß von den Alpen in das Thal geflossenen, in eine neue. Hier und an einigen moorigen Stellen des flachen Landes machten sich die Überbleibsel der arktischen Tier- und Pflanzenwelt seßhaft und bildeten eine glacialrelikte Fauna und Flora. Jene Lebewesen aber haben sich in unseren Gebirgen, je höher und je rauher sie sind, d. h. mit anderen Worten, je mehr ihr Charakter dem des hohen Nordens entspricht, um so zahlreicher an Arten und teilweise wenigstens auch an Individuen bis auf unsere Tage erhalten. Am stärksten sind sie in den Alpen, dann im Riesengebirge und in dritter Linie auf dem Harze vertreten.

Zwei Arten von Säugetieren können wir auf unserem Gebirge als glacialrelikt bezeichnen: die Nilssonsche Fledermaus (Vesperugo Nilssoni) und die Alpenspitzmaus (Sorex alpinus). Die erstere findet sich außer auf dem hohen Harz und in Skandinavien, auf den Alpen und von Schlesien durch Böhmen und bis in die bayerischen Gebirge hinein. Die zweite hat man auf dem Harze erst einmal, und zwar zwischen Schierke und dem Brocken, tot gefunden, was bei der Kleinheit der Spitzmäuse und bei ihrer versteckten Lebensweise nicht auffällig ist. Sie ist weiter von den Alpen und aus dem Riesengebirge bekannt.

Nur eine Vogelart wäre in unserem Gebiete etwa als glacialrelikt zu bezeichnen, das ist die Ringdrossel (s. S. 46). Hierher gehörige Arten von Fischen kennen wir aus unserem Gebiete nicht, und solche von Reptilien und Amphibien können nicht vorhanden sein, da der hohe Norden (wohl die Alpen im schwarzen Landmolch) gar keine eignen besitzt. Doch ist eine Abart der Bergeidechse, die sich sonst auch in den Alpen findet, am Brocken gefangen worden, ein glänzend schwarzes Tier (Lacerta vivipara aberr. nigra).

Der zu dieser Tiergesellschaft gehörigen Weichtiere gedachten wir früher. Es sind verhältnismäßig wenige, und die einfachen, im ganzen nur wenig und in nebensächlichen Charakteren von den Stammarten abweichenden Varietäten können recht gut als selbständig angepaßt an ähnliche Verhältnisse aufgefaßt werden.

Ganz anders verhält es sich mit den entsprechenden Insektenarten, die zahlreich und meistenteils deutlich ausgeprägt sind. Es handelt sich dabei lediglich um Käfer und Schmetterlinge.

Als glacialrelikte Käferarten dürfen wir etwa zwei Dutzend ansehen. Es sind meist kleine, unscheinbare, dunkele Formen: Rüsseler, Schwimmkäfer u. s. w., namentlich aber, Laufkäfer. Die bemerkenswerteste Form unter den letzteren ist ein kleines, schwarzes Tier, das seinen sehr bezeichnenden Namen (Amara erratica) eben nach seinem versprengten Vorkommen zu einer Zeit erhalten hatte, da man von der ganzen Eiszeittheorie noch keine Ahnung hatte, und in der seine Verbreitung um so mehr auffallen mußte. Es findet sich dieses Käferchen in den um den Nordpol herumgelagerten Landteilen von Europa, Asien und Amerika, ferner im Kaukasus, auf dem Balkan, in den Alpen und Pyrenäen, auf dem Riesengebirge, dem Thüringerwald und hier im Harz.

Die Arten der glacialrelikten Schmetterlinge der subalpinen Harzgebiete sind weit besser und mit viel eingehenderem Verständnis beobachtet und untersucht worden, und zwar von August Hoffmann in Hannover, dem wir hier folgen wollen. Gedachter Forscher sammelte in den Hochmooren des Harzes in einer durchschnittlichen Höhe von 800 m und fand nach Ausscheidung aller einigermaßen als aus tiefer gelegenen Gegenden verflogenen Elemente 348 Arten, nämlich 153 Kleinschmetterlings-, 60 Spanner-, 80 Eulen-, 20 Spinner- und 35 Tagvogelarten. Schwärmer sind ausgeschlossen, ebenso unter den Spinnern die Familie der Zygäniden und unter den Tagfaltern die der Bläulinge.

Im allgemeinen läßt sich feststellen, daß, wie zu erwarten ist, die Artenzahl verhältnismäßig nur gering, die der Individuen aber groß ist. Das entspricht durchaus den Verhältnissen, die wir im hohen Norden betreffs der Land- und Wassertiere zu sehen gewohnt sind. Die Ursache dieser Erscheinung liegt in den mehr einseitig herausgebildeten Lebensbedingungen, in unserem besonderen Falle in der Einförmigkeit der Nahrung der Raupen, d. h. in der artenarmen Pflanzenwelt.

In den subalpinen Teilen unseres Gebirges wird es weit später Frühling und viel früher Winter als im umgebenden Flachland. In Anpassung an diese Thatsache fliegt z. B. der kleine Frostschmetterling (Cheimatobia brumata) auf den Hochmooren schon Anfang Oktober, 700 m tiefer erst im November. Daher sind denn auch die verschiedenen Formen, die auf dem hohen Harze vorkommen, auf nur wenige Monate zusammengedrängt. Mehrfach erscheinen solche Arten, die in den tiefer gelegenen Gegenden zwei Generationen haben, nur in einer, so z. B. der Kohl- und Rapsweißling (Pieris brassicae und rapae) und eine Spannerart (Silenia bilunaria).

Verschiedene Formen dürften zweimal überwintern, bevor sie als ausgebildete Schmetterlinge erscheinen, so eine Eulenart (Agrotis speciosa). Im allgemeinen sind die Falter hier oben größer und kräftiger und die Eulen großschuppiger, intensiver und namentlich dunkler gefärbt wie im Flachland, aber ähnlich wie in den Alpen, im Riesengebirge und im Norden. Dunkler erscheint die Mehrzahl, und ist das wieder eine analoge Erscheinung zu den von uns hervorgehobenen, beim Eichhörnchen und der Wegschnecke beobachteten Thatsachen.

Als charakteristisch für das Gebiet sind von Tagfaltern 2 Varietäten und 1 Art anzusehen, darunter besonders ein zur rechten Zeit sehr häufiges Scheckenfalterchen (Erebia Epiphron), dessen nächste Flugorte in den Vogesen und auf dem Altvater zu suchen sind. Unter den Spinnern kann man nur eine Art von Sackträgern (Psyche Standfussii) als charakteristische, glacialrelikte Form bezeichnen. Zahlreicher (etwa 6) werden solche Formen unter den Eulen, von denen eine (Agrotis sincera) der seltenste Schmetterling des ganzen Harzes ist. Von Spannerarten bezeichnet mein Gewährsmann 2 als charakteristisch und von den Kleinschmetterlingen 4 Zünsler und 1 Schabe. —

Nilssonsche Fledermaus.

Damit nehmen wir Abschied von der oberirdischen Tierwelt des Harzes und werfen noch einen kurzen Blick auf seine unterirdische.

Wir dürfen diese nicht in den uralten natürlichen Höhlen des Gebietes suchen. So reich die Höhlenwelt Krains, Istriens, Dalmatiens und der sonstigen Balkanhalbinsel an tierischen Bewohnern ist, so arm ist die des Harzes. Es finden sich, soweit wir wissen, nur am Eingang der Grotten solche Formen, die hier als nächtliche Tiere während der Tagesstunden einen Unterschlupf suchen; von einer nördlichen Höhlenfauna kann aber keine Rede sein.

Auf die wahrscheinlichen oder möglichen Ursachen dieser immerhin auffallenden Erscheinung einzugehen, ist hier nicht der Platz. Lassen wir das Hypothetische und halten wir uns an wirklich Vorhandenes. Das aber finden wir in den auf ihre Organismenwelt hin von Robert Schneider untersuchten Erzgruben von Klausthal.

„Ein wunderbarer Reichtum der verschiedenartigsten Tier- und Pflanzenformen tritt uns in diesen weitverzweigten unterirdischen Gängen und Gewölben entgegen und füllt Auge und Sinn des hier unten weilenden Forschers speciell mit lebhafter Bewunderung für die unbegrenzte Verbreitungs- und Widerstandsfähigkeit der Organismen," sagt mein Gewährsmann.

Die ältesten noch zugänglichen Stollen, die Schneider untersuchen konnte, stammen aus dem 16. und 17. Jahrhundert, und der Karolinen- und Dorotheenschacht erschienen zu diesen Untersuchungen besonders geeignet. Die hier vorhandene Tierwelt hat teilweise bereits Zeit genug gehabt, Eigenschaften echter Höhlentiere durch Anpassung zu erwerben. Jedenfalls standen die zugeschütteten, 4—5 Jahrhunderte älteren Stollen mit jenen neueren in irgend einer Verbindung, genügend, von ihren tierischen Bewohnern einzelne in sie übertreten zu lassen.

Infusorien finden sich verschiedentlich, und die Glockentierchen (Vorticellidae) herrschen, und zur Zeit besonders in den Wässern der tiefsten Schächte, vor, namentlich das verzweigte Stöckchen bildende Carchesium epistylis.

Wurmformen sind zahlreich in den Schichtwässern jener Tiefen, Platt-, Haar- und einige Ringelwürmer, darunter das mit seinem Hinterkörper in einer zarten Hülle steckende Röhrenwürmchen (Tubifex rivulorum) sehr häufig ist. Rädertierchen finden sich seltsamerweise nicht, wohl aber Regenwürmer (Lumbricus) in den feuchten Erdmassen gewisser Strecken.

Von Gliederfüßern treten fast ausschließlich kleine, wasserbewohnende Krustentiere auf. In ungeheuren Mengen ist ein als echtes Höhlentier sehr blasser, äußerst durchsichtiger Hüpferling (Cyclops) mit sehr schwach gefärbtem Auge vorhanden. Das auffälligste hier lebende Tier ist ein Flohkrebs (Gammarus) von weißer Farbe. In allen von ihm besuchten Stollen bemerkte Schneider das eigentümliche und ziemlich auffallende, etwa 1 cm lange Tier „in gleichmäßig staunenerregender Massenentwicklung bis in den über 2000 Fuß tiefen Sammelsumpf hinab". Aber gerade hier wurde das Krebschen von Kolonien jenes erwähnten Glockentierchens, die sich auf ihm angesiedelt hatten, schwer heimgesucht. Eine Verwandte dieses Flohkrebses, die Kellerassel (Oniscus asellus), vertritt in den tiefen Bergwerksschächten des Harzes die landbewohnenden Krebse.

Die Spinnentiere werden durch einige Milbenarten (Gamasus) und die Insekten durch eine graubraune Art von Springschwänzen (Podura) und eine durch ihr Herumfliegen sehr auffällige, jeden Besucher interessierende Mücke von schneeweißer Farbe repräsentiert. Dieses Tier bietet einen ganz fremdartigen, fast möchte man sagen „gespensterhaften" Eindruck dar. Und doch ist es nichts anderes als eine durch das unterirdische Leben beeinflußte ganz gemeine Stechmücke (Culex pipiens). Die Bergleute nennen sie „Stundenfliege".

Ringelnatter.

Regenstein bei Blankenburg.

Vorgeschichtliches.

Von

Major a. D. Dr. D. Förtsch.

In dem großen geologischen Kalender erscheint uns, wie S. Ch. Lyell sagt, das Menschengeschlecht so jung und modern, daß es nur eine kurze Strecke nach rückwärts reicht.

Für diejenigen Menschen jedoch, welche nicht gewöhnt sind, mit geologischen Zeiträumen zu rechnen, bedeutet diese „kurze Strecke" eine wahre Unendlichkeit.

Unter den Aufschlüssen im nördlichen Deutschland, welche uns Kunde geben von jenen diluvialen Jagdleuten, die den Kampf mit den gewaltigen Raubtieren ihrer Zeit siegreich bestanden haben, nehmen seit den von Erfolg gekrönten Forschungen von W. Blasius und F. Grabowsky die in unserm Harze gelegenen eine hervorragende Stelle ein. Gelegentlich der letzten Versammlung der deutschen anthropologischen Gesellschaft legten die beiden genannten Forscher ihre beweiskräftigen Funde an Werkzeugen und Waffen aus Feuerstein und Knochen den zahlreichen Besuchern vor und wiesen nach, daß der Mensch in der „letzten Zwischeneiszeit" der Diluvialperiode bei Rübeland gelebt haben muß.

Sowohl die wenigen urkundlichen Nachrichten, welche wir aus alter Zeit über unser Gebirge haben, wie auch die vereinzelten und spärlichen Funde an Werkzeugen und Waffen aus dem Innern des Harzes lassen klar erkennen, daß die höher gelegenen Teile unzugänglich gewesen sind, daß dort ein kümmerlicher und struppiger Baumwuchs herrschte, so daß nichts den Menschen einladen konnte, sich dauernd niederzulassen. Nur Geächtete und Verfolgte und wohl auch Gruppen von Jägern, die den Pelztieren und dem Urstiere nachgingen, mögen das wilde Gebirge vorübergehend betreten haben.

Ob in vorgeschichtlicher Zeit einige der alten Harzstraßen bereits als „Stege" (Stiege), „Rennsteige" oder „Saumpfade" bestanden haben, das zu ermitteln, würde eine dankbare Aufgabe für den Prähistoriker sein; wissen wir doch, daß es der Forschung gelungen ist, Pfade, die in Urzeiten über die Alpen geführt haben, festzustellen. Sollte unser Harz, in dem die vielen „Wahlen- und Venedigersagen" auf ein uraltes Hausierertum hinweisen, abschreckender gewesen sein als die Alpen?

Wie es noch im zehnten Jahrhundert unserer Zeitrechnung ausgesehen haben mag, das beweist am besten der Umstand, daß der Harz, ein herrenloses Gut, als „Bannforst der deutschen Kaiser" dem Fiskus zufiel.

Begegnen wir im eigentlichen Gebirge nur dürftigen Spuren des Menschen, so ändert sich das mit einem Schlage, sobald wir uns dem Rande nähern oder gar die Vorlande betreten. Dort bot die Natur alles, dessen der Mensch bedurfte, Ackerland, das sich der Hacke willig fügte, Wald und Wild, Wasser und Weide, Lehm für den Hüttenbau, Schilf für das Dach, Thon für den Töpfer und Steinmaterial zu den Werkzeugen und Waffen.

Was Wunder, daß der Mensch sich seßhaft machte, daß bald ein reiches Leben sich entwickelte; bot doch gleichzeitig die Nähe der Berge und des Urwaldes in Zeiten der Bedrängnis Schutz für die Familie und die wertvollste Habe, das Vieh.

Jüngere Steinzeit. Der Nachlaß dieser Urbewohner unseres Harzes ist in reicher Fülle auf uns gekommen. Diese Zeugnisse einer Kultur, die völlig unvermittelt auftritt, lehren uns, welche schätzenswerten Kenntnisse und Fertigkeiten die Ansiedler hierher mitgebracht haben. Sie verstanden sich auf Ackerbau und Viehwirtschaft, sie bauten sich Hütten und Stallungen, kannten das Spinnen und Weben, übten das Kochen in wohlgeformten Töpfen, waren Jäger und Fischer und verstanden es vortrefflich, aus Holz, Horn, Knochen und zumeist heimischem Steinmaterial Werkzeuge zu formen, zu schleifen und zu schäften. Die Art, ihre Toten zu bestatten, spricht für Familiensinn und Ehrung Verstorbener.

Auch Schmuck und Putz ist unseren Steinzeitmenschen nicht fern geblieben; der Versuch, durch vermeintliche Verschönerung der Person den Eindruck auf andere zu vermehren, weist auf ein geselliges Leben hin. Bei vielen Altsachen, besonders auf dem Gebiete der Keramik, sind Übergänge von dem Nutzgefälligen in das lediglich Wohlgefallen Erregende zu beobachten.

Dem prüfenden Auge des Wanderers werden an den Vorbergen des Harzes im Ackerboden nicht selten vereinzelte dunkler gefärbte Stellen aufgefallen sein. Zuweilen sind es alte Köhlerplätze oder verfüllte Quellen, oft jedoch hat hier der immer tiefer gehende Pflug eine uralte menschliche Siedelung aufgeschlossen, wo dereinst Asche, Kohlen, Scherben, zerstörtes Gerät und allerlei Abfall des täglichen Lebens Platz gefunden hatten.

Hier auf halber Höhe der Anberge war auch der geeignete Platz, mit einfachen Mitteln eine Wohnung herzurichten; hatte man doch nur nötig, in der abgestochenen Wand eine grottenartige Vertiefung auszuscharren und aus Flechtwerk und Lehm eine Laube davorzusetzen. Bei Bloßlegung steinzeitlicher Wohnplätze, die naturgemäß auch in ebenem Gelände vorkommen, sind oft Lehmstücke mit Abdrücken von Flechtwerk gefunden worden. In der vertieften Mitte dieser unansehnlichen, kötenartigen Hütten hat in der Regel eine Steinpackung für das Herdfeuer gestanden, das gewiß nur ausnahmsweise verlöschen durfte. F. Günther zählte in einer steinzeitlichen Niederlassung zu Altenrode über hundert Herdstellen. Ein nicht minder großes Interesse dürfte eine bei Eisleben (Äbtischrode) belegene Siedelung erwecken: dort haben nicht nur zur Steinzeit überaus geschickte Feuersteinschmiede und Töpfer gewohnt, sondern es scheint sogar die Siedelung durch alle Perioden hindurch bis in unsere Tage hinein fortbestanden zu haben. Ein großer Teil der Hinterlassenschaft wird in der reichen Sammlung zu Eisleben aufbewahrt.

Noch zu Tacitus' Zeiten scheint man Grubenwohnungen gebaut, sowie natürliche Höhlen und Klüfte, wie sie an unserm Harze im Dolomit (Einhornhöhle bei Scharzfeld) und in dem mächtig entwickelten Quadersandstein um Blankenburg vorkommen, zur dauernden Unterkunft für Menschen hergerichtet zu haben (s. Abb. S. 61).

Bei dieser Gelegenheit sei der Langensteiner Höhlenwohnungen gedacht. Unzweifelhaft sind sie der Mehrzahl nach erst in jüngerer Zeit, und zwar mit Hilfe von „Schlägel und Eisen", geschaffen worden; da jedoch ihre Umgebung, wie die zahlreichen Funde im städtischen Museum zu Braunschweig und in der Rimpauschen Sammlung zu Anderbeck lehren, bereits zur Steinzeit stark besiedelt gewesen ist, so darf die Annahme, die natürlichen Spalten und Klüfte seien in jener Zeit bereits von den Menschen als Wohnungen benutzt worden, nicht von der Hand gewiesen werden. Wenn ich auch von Überresten jener seltsamen Wohnstätten, die aus der Schweiz, Österreich, Bayern und dem Norden Deutschlands als „Pfahlbauten" bekannt sind, zu berichten habe, so wird diese Mitteilung gewiß überraschen.

Die bedeutendste dieser Anlagen ist auf der Westseite des „Westerhäuser Bruchs" zwischen Quedlinburg und Blankenburg gelegen und besteht aus regelmäßig angeordnetem Pfahlwerk, zwischen dem auf dem ursprünglichen Seeboden, und zwar unter den Torfbildungen, Steinwerkzeuge, Gefäßreste und allerlei Abfall gelagert waren.

Da nun sowohl in dem „großen Bruche" im Norden des Fallsteins, wie in „der See" zwischen Aschersleben und Gatersleben Funde gemacht worden sind, die für eine sehr frühe Anwesenheit des Menschen sprechen, so dürfte ein systematisches Forschen nach ehemaligen Wasseransiedelungen hier vielleicht von Erfolg sein. Die in der Flur Gatersleben durch Oberpfarrer Bärthold in Halberstadt aufgesammelten Werkzeuge aus Kieselschiefer, wie scharfe Meißel und hobelartige Steine, weisen auf die Bearbeitung von weichen Hölzern, die hier am Wasser wuchsen, hin.

Von der Bekleidung der damaligen Bewohner ist nichts erhalten; dürfen wir jedoch Schlüsse ziehen nach heutigen, auf niedriger Kulturstufe stehenden Völkern, so unterschieden sich, wie in Körperhaltung und Charakter, so in Lebensweise und Tracht, Mann und Weib nur wenig voneinander. Zwischen Nahrungsquelle und Stoffen zur Bekleidung besteht ein natürlicher Zusammenhang; somit werden unsere Steinzeitleute, die wir als Jäger, Viehhalter und Ackersleute kennen, nicht nur Leder, das wir zu den notwendigsten Bedürfnissen des Lebens zählen müssen, hergerichtet, sondern auch Baumrinde, Bast und Baumschwämme zu Stoffen bearbeitet haben. Wie bereits früher gesagt, war auch Spinnen und Weben schon bekannt. Schaber aus Feuerstein und meißelartige Werkzeuge anderen Steinmaterials dienten zum Reinigen der Felle, Klopf- und Glättsteine zum Geschmeidigmachen der eingefetteten Tierhäute, Messer aus schwarzem Kieselschiefer, geschliffen wie unsere Schustermesser, zum Zerteilen und zum Schneiden der Riemen. Letztere und Sehnen pflegte man nach Art nordischer Völker zu dehnen und zu strecken, bald auf einem kammartigen Werkzeuge (Eisleben), bald auf der Augensprosse eines Hirschgeweihs (Museum für Völkerkunde in Berlin, aus Wilsleben). Vertiefte Spiralen an letzterem Geräte lassen die Art der Arbeit deutlich erkennen. Spinnwirtel, größere für Flachs, kleinere für Wolle, sowie Webegewichte lehren uns, daß die Fertigkeit des Spinnens und Webens in Zeiten zurückreicht, wo sich nicht mehr entscheiden läßt, welchem Menschenstamme dieser Kulturgewinn zu verdanken ist.

Zum Zusammenheften und Nähen dienten neben Nadeln aus Bein kleine Pfriemen aus Vogelknochen, durch deren Höhlung der Heftfaden gleiten konnte.

Als Schmuck, der den Verstorbenen mit ins Grab gegeben wurde, finden wir Armringe von Marmor und Ketten von Muschel- und Marmorplättchen, von Marmorröhrchen und Tierzähnen.

Durchlochte Handgriffe aus Horn und Stein lassen vermuten, daß, wie in späteren Perioden, so auch bereits zur Steinzeit das Tragen eines Stockes, vielleicht als Zeichen der Würde, üblich gewesen ist.

Unsere steinzeitlichen Bewohner befanden sich nicht mehr in dem Zustande halbwilder Völker, die neben der Jagd den Ackerbau nur als Auskunftsmittel betreiben, sie waren vielmehr bereits bei einer Bodenbearbeitung angelangt, bei der auf eine sichere Ernte und auf Vorräte gerechnet wurde. Im Gegensatze zu dem beutegierigen Jäger hatten sie zudem gelernt, diejenigen Tiere, welche infolge eines angeborenen Geselligkeitstriebes sich dem Joche des Menschen fügten, zu züchten und als wertvollen Besitz zu schätzen.

Dürfen wir nach dem Nachlasse an Geräten schließen, so ist zwar der Hauptsache nach der Ackerbau als „Hackbau" betrieben worden; aber gerade an unserem Harze finden sich Anzeichen, daß der Landmann bereits gelernt hatte, die täxelartig geschäftete Hacke in den Pflug umzukehren; denn die in den Vorlanden so häufig vorkommenden hackenartig geformten Steine, welche zuweilen eine Länge von 40 cm aufweisen, können nur als Pflugsteine oder als Beschwerer des hölzernen Hackenpflugs angesprochen werden, niemals als Hacken.

Scharfe Feuersteinspäne dienten als Sicheln, Geweihsprossen als Bindepflöcke, Töpfe aus gebranntem Thon als Behälter, flache Schalen aus Stein als Untersteine zum Zerreiben des Getreides.

Gründliche Untersuchungen bezüglich der zeitgenössischen Haustiere stehen zwar noch aus, doch können wir nach den Funden annehmen, daß Pferd, Rind, Schaf, Schwein und Ziege Hofgenossen des Menschen waren. Zu diesen tritt noch der Hund, der älteste Gefährte des Menschen, in der Steinzeit ein Tier von mittlerer Größe und scheinbar von konstanter Rasse; unmöglich ist es jedoch keineswegs, daß der in der Tierzucht bereits erfahrene Mensch nach Bedürfnis und Geschmack die Zuchtwahl einrichtete.

Zur Wartung und Nutzung der Haustiere gehörte allerlei Gerät, wie Tröge von Holz, durchlochte Steine zum Anlegen, Messer zum Scheren oder „Kratzer" zum „Rupfen" der Wolle, schwere Hämmer zum Betäuben des Schlachtviehs, Messer zum Abhäuten und Töpfe für die gewonnenen Produkte. Unter den Hinterlassenschaften finden wir alle die genannten Geräte! Daß man es verstand, in Holz zu schnitzen, beweisen nicht nur die bereits erwähnten Werkzeuge, sondern auch zwei wohlerhaltene, sogar mit Füßen versehene Holzschalen aus einem Steinkistengrabe im Mansfeldischen (Prov.-Mus. zu Halle).

Steinzeitliche Holzschalen nebst schnurverziertem Becher aus dem Mansfeldischen.

Die Töpferei war hoch entwickelt, wenn auch Töpferöfen noch unbekannt waren, vielmehr alles, was man aus dem gefügigen Thon fertigte, wie Töpfe, Schalen, verzierte Becher und amphorenartige Grabgefäße, wie Netzsenker, Spinnwirtel und Webegewichte, in offenen Gruben bei Schmauchfeuer gebrannt wurde. Durch einen Zusatz von zerklopftem Granit oder körnigem Sand erreichte der Töpfer, daß die Gefäße beim Brande nicht zerflossen, auf dem Herdfeuer nicht barsten. Von der Kochkunst steinzeitlicher Hausfrauen dürfen wir uns keine zu geringen Vorstellungen machen: wenngleich, nach den Resten der Mahlzeiten zu schließen, Fleischnahrung bevorzugt worden ist, so scheint doch die Verfeinerung des Geschmacks auch zu einer Durchforschung des Pflanzenreichs geführt zu haben, so daß neben den Produkten des Landbaues auch Wurzeln, Pilze, Sprossen und Blätter in die Kochtöpfe wanderten. Die siebartigen Gefäße verschiedener Form lassen vermuten, daß man Beerensäfte und Aufgüsse bereitete, vielleicht sogar gegorene Getränke, die Freude zu mehren, den Kummer zu verringern.

Dem edlen Weidwerke haben unsere Steinzeitleute wacker obgelegen, sie bedurften des Wildes, um ihre Töpfe zu füllen, aber sie bedurften auch der Felle zum Herstellen weichen Leders und wärmender Pelze, frischer Hautstreifen zum Festbinden der Werkzeuge an den Schaft, der Geweihe und Knochen zur Herrichtung von allerlei Geräten, der Därme und Sehnen zum Anfertigen von Schnüren und Bogensehnen. Daß der tüchtige Jäger bereits in jenen Urzeiten etwas galt, das beweisen die Ketten von Bären- und Wolfszähnen, die man als Empfehlung für das Jenseits ihm mit ins Grab legte, das beweist der Umstand, daß nicht selten der Hund, der treue Jagdgefährte, zu seinen Füßen mit beigesetzt wurde. Die zahlreichen Pfeil- und Speerspitzen aus Feuerstein und Knochen sprechen dafür, daß man nicht etwa nur mit List in Gruben, Fallen und Schlingen die Tiere des Waldes zu fangen verstand, sondern daß man ihnen auch vom Verstecke aus das todbringende

3 4 7 10 13 15 19

1 2 5 6 8 9 11 12 14 16 17 18

1. Beigabegefäß aus Kattenstedt, Bernb. Typ. — 2. Feuersteindolch. — 3. 4. 5. Beigabegefäße aus dem Lausehügel bei Minsleben, Bernb. Typ. — 6. Großer Feuersteinmeißel. — 7. Amphore, strichverziert. — 8. Hobelartiges Werkzeug aus schwarzem Kieselschiefer. — 9. Schnurverzierter Becher. — 10. Strichverzierte Amphore aus Aschersleben. — 11. Pflugstein. — 12. Schnur- und strichverzierter Becher. — 13. Bandverziertes Kugelgefäß von Dingelstedt am Huy. — 14. Napf mit Sparrenverzierung. — 15. Bandverziertes Kugelgefäß aus Minsleben. — 16. Thönerne Büchse mit Leiterverzierung. — 17. Steinbeil aus Grünstein. — 18. Schwere Hacke von Gramdacke mit Rille. — 19. Wie 15.

(Aus dem fürstlichen Museum zu Wernigerode.)

Geschoß zusandte oder ihnen kühn zu Leibe ging, sei es allein oder in Gemeinschaft der Weidgenossen. In der Sammlung zu Eisleben wird ein hübsch verzierter, fast 30 cm langer Jagdspeer aus Knochen aufbewahrt; demselben steinzeitlichen Begräbnisplatze entstammen auch zwei zierliche, aus Geweihsprossen gefertigte Hundepfeifen (Burgisdorf).

Vereinzelte Funde von rundlichen, mit einer Rille versehenen Steinen deuten darauf hin, daß in jenen Zeiten eine Wurfleine (Bola), wie sie in Centralamerika noch heute beliebt ist, im Gebrauche war. Die durch die Kugeln beschwerten Leinen umschlingen beim Treffen die Gliedmaßen des Tieres und bringen es zu Falle.

An Beweisen, daß in der Steinzeit hierzulande Fischerei mit Hilfe besonderer Geräte betrieben worden ist, fehlt es in denjenigen Gegenden nicht, wo ehedem Moore, Seen und breite Wasserläufe gewesen sind. Dort finden sich Netzsenker aus Thon und Stein, Thonrollen zum Schutze des gleitenden Netzseiles und Ankersteine zum Festlegen der Nachen. Aus dem Torfe der „Gaterslebener See" ist ein gezahnter Fischspeer gehoben worden und aus dem Grunde des „Salzigen Sees" ein uralter Einbaum mit doppelten Schotten, dessen Innenräume scheinbar mit Hilfe des Feuers ausgehöhlt worden sind.

Als specialisierte Kriegswaffen dürfen wir diejenigen Steinbeile ansprechen, deren Schneide, obwohl poliert, doch stumpf gehalten ist, vielleicht auch die Feuersteindolche, die jedoch ebenso wie die aus gleichem Material bestehenden Speerspitzen zweifellos auch Jagdzwecken gedient haben.

Die Art der Leichenbestattung in mit Steinen ausgesetzten, mit schweren Platten bedeckten „Steinkisten", die sorgfältige Behandlung des Verstorbenen, dem bedeutungsvolle Gaben für das Jenseits, bestehend aus reichverzierten Gefäßen, Waffen und Schmuck, beigelegt wurden, das Auftürmen gewaltiger Hügel über dem Grabe, das alles lehrt uns, welche langdauernde Ehrung geliebten Toten zu teil wurde, redet zu uns von Treue und Freundschaft, die auch bei unseren Urbewohnern über das Grab hinaus dauerten.

In jüngeren Perioden der Steinzeit verschwindet allmählich der Brauch, die Gruft mit Steinen auszusetzen, auch das Auftürmen von Erdhügeln wird seltener. Die Beigabegefäße, welche in den ältesten Zeiten Schnurverzierungen aufweisen, erhalten durch Stiche und Striche hervorgerufene Ornamente. Kugelige Gefäße mit Bandverzierungen, welche im Harze nicht selten gefunden werden, scheinen als Grabbeigaben keine Verwendung gefunden zu haben.

Einen Übergang von der steinzeitlichen Keramik zu der der Bronzezeit bilden die am Nordharze häufig auftretenden Gefäßformen des „Bernburger Typus", einer Kulturgruppe, welche sich nach Untersuchungen Virchows und Dr. Götzes (Berlin) von den übrigen hier heimischen Formengruppen sehr deutlich abhebt; der Thon ist gut geschlämmt, der Brand ein vortrefflicher. Die Formen des Topfes, der Schale und der Tasse mit ausgezacktem Rande überwiegen bei weitem und haben eine überraschende Ähnlichkeit mit der Topfware von Ilios; es gehören hierher auch jene vorgeschichtlichen „Trommeln", über welche 1893 die Zeitschrift für Ethnologie einen längeren Aufsatz gebracht hat.

Als charakteristische Ornamentmotive treten Streifen horizontaler Linien und Bänder in Zickzackform, sowie sich berührende, durch horizontale Striche ausgefüllte Dreiecke hervor. Die Sammlungen in Wernigerode, Aschersleben, Braunschweig, Hannover, die des Pastors Zschiesche (Halberstadt) und des Oberbürgermeisters a. D. Dr. Brecht (Quedlinburg) bergen eine große Zahl dieser zum Teil aus Massengräbern stammenden Gefäße. In der Sammlung des Pastors Zschiesche befinden sich zwei mit Kinderknochen und Gipsmasse angefüllte Tassen, ein Beweis mehr dafür, daß in der Steinzeit das Verhalten des gebrannten Gipses zu Wasser bereits bekannt war. Als einer der hervorragendsten Fundplätze sei hier der bei Derenburg belegene „Lausekniggel" (wohl: Löse= = Gerichtshügel) mit seinen an die Grabkammern von Mykenä erinnernden Gräberdecken genannt.

Welche vortrefflichen Kenner des Steinmaterials unsere ältesten Bewohner gewesen sind, wie sie es verstanden haben, je nach den geforderten Leistungen dasselbe auszuwählen, zu formen und zu schleifen, das lehrt am besten der Besuch einer Sammlung, wie die des Amtsgerichtssekretärs Riemeyer in Quedlinburg ist. Hier findet man für schneidende Werkzeuge neben dem Feuerstein schwarzen Kieselschiefer und verkieselten Wiederschiefer verwendet, zur Herstellung schwerer Werkzeuge allerlei Felsarten des Harzes, wie Diabase und Porphyrite (Grünstein), Serpentin, quarzitische Sandsteine, Grauwacke, Melaphyre u. s. w. Unvollendete Werkzeuge lassen erkennen, wie man die oft von weiter Ferne herbeigeschleppten Gesteinsblöcke nicht zertrümmert, sondern vorsichtig angesägt hat, auf welche Weise das Schaftloch in die Hacken oder die Hämmer gebohrt worden ist. Daß auch fremde Stücke hier eingeführt worden sind, lehren die nordischen Feuersteindolche und die stattlichen Prunkbeile aus zähem Jadeit, welche in besonderer Schönheit die Sammlungen zu Nordhausen, Eisleben und Braunschweig aufweisen.

Bronzezeit. Der Übergang zur Metallzeit hat sich in unserem Gebiete ganz allmählich vollzogen, und lange Zeit noch haben schwere Steinhämmer, sowie Messer und Pfeilspitzen aus Feuerstein neben der Bronze Verwendung gefunden.

Der Keil, eins der gebräuchlichsten Werkzeuge der Steinzeit, begegnet uns auch als das erste in Bronze, und zwar genau in der steinzeitlichen Form, so daß die Annahme, die Herstellung sei hierzulande erfolgt, berechtigt erscheinen würde, wenn nicht die anderen Bronzegegenstände, wie trianguläre Dolche ohne Griffzunge, flache Lanzenspitzen (Silstedt), offene Halsringe (Börnecke) und „Säbelnadeln" auf fremden Ursprung, auf Ungarn, die Westschweiz und das Rhonegebiet, hinwiesen.

Ohne Schwierigkeiten vermögen wir am Harze zwischen einer älteren und einer jüngeren Bronzezeit zu unterscheiden, da in älteren Perioden Leichenbestattung, und zwar in „Steinkisten", stattgefunden hat (Silstedt, Hedersleben, Ufer „der großen See"), wogegen die jüngeren nur die Beisetzung der verbrannten Leichen in kleinen Steinkisten, schließlich nur in Erdlöchern kennen. Dem letzterwähnten Umstande mag es zuzuschreiben sein, daß gegenüber den Einzelfunden die Entdeckung von Grabstätten der jüngeren Bronzezeit zu den Seltenheiten gehört.

Hiervon abweichende Bestattungsarten kommen übrigens vor. Daß sie jedoch deshalb allein noch nicht ein höheres Alter zu beanspruchen haben, weist Professor Höfer (Wernigerode) in der Zeitschrift des Harzvereins 1898 nach.

Die Beantwortung der Frage, um welche Zeit etwa diese Kulturströmung unsere Gegenden erreicht haben mag, wird ganz besonders durch den Umstand erschwert, daß die Umgebung des Harzes keine abgeschlossene archäologische Provinz bildet. Die Herrschaft der Bronze selbst hat bei uns niemals die Bedeutung erlangt wie z. B. in Ungarn und Skandinavien, auch bezüglich ihrer Zeitdauer stehen wir hinter jenen Ländern zurück, da hierzulande bereits um das Jahr 400 vor unserer Zeitrechnung ein stärkerer Herrscher sich fühlbar macht, „das Eisen".

Der Entwickelungsgang des Bronzecelts, jenes hochgeschätzten Werkzeuges, welches als Meißel, Beil, Täxel, Hacke und als Waffe Verwendung gefunden hat, ist in dem Provinzialmuseum zu Hannover durch eine Zusammenstellung zur Anschauung gebracht. Manches schätzenswerte Stück dieser Sammlung entstammt den Harzlanden, und möchte ich besonders auf einen Hohlcelt des bei Börnecke gemachten Depotfundes hinweisen.

Von älteren specialisierten Kriegswaffen hatte ich bereits die triangulären, durch acht oder zehn Niete am Griff befestigten Dolche erwähnt, deren Ursprung Th. Voges (Braunschweig) in Norditalien und zwar schon um das Jahr 1900 v. Chr. sucht. Drei Exemplare befinden sich in dem Herzoglichen Museum zu Braunschweig, ein ähnliches Stück ist am Huy gefunden worden. Vielleicht dürfte einer Dolchklinge von Armeheinecke bei Blankenburg, welche nur zwei Nietlöcher aufweist, ein noch höheres Alter zuzusprechen sein. Den Stolz der Quedlinburger Sammlung bildet ein schön patinierter Dolch mit Griff, der zwischen Felsen verborgen bei Halberstadt gefunden worden ist.

In späterer Zeit pflegte man Blatt und Griff aus einem Gusse zu fertigen, wobei die ehemaligen Nietköpfe als Ornamente fortbestanden. Dieselbe Erscheinung finden wir bei den sogenannten „Schwertstäben", deren mehrere bei Welbsleben ausgegraben worden sind, wovon ein Teil in die Gräflich Erbachsche Sammlung gelangt sein soll. Diese in einem rechten Winkel aus Dolchklinge und Stiel zusammengefügte Schlagwaffe kann nur eine Prunkwaffe oder ein Würdeabzeichen bedeutet haben.

Auch Bronzeschwerter sind aus den Harzlanden bekannt, so aus den Gegenden von Helmstedt, Eilenstedt und Halberstadt. Unter den zuletzt genannten, von denen drei das Berliner Museum zieren, befindet sich eine jener Klingen, die gleich den ältesten Dolchklingen nur mit zwei Nieten am Griffe befestigt waren, denen jede Zierrat und selbst die Scheide noch fehlte. Haben wir den Ursprung der letztgenannten Schwerter nach Dr. Naue (München) in Ungarn zu suchen, so weisen die jüngeren Formen mit Griffzunge, Scheide und Verzierungen auf einen Import vom Süden und Westen, später auch vom skandinavischen Norden aus hin.

Ein Edler jener Zeit mag, ausgerüstet mit funkelndem Schwerte, mit Dolch und Lanze, geschmückt mit blanken Hals- und Armringen, mit Armberge und blendenden Gewandnadeln, den beabsichtigten Eindruck auf seine Umgebung nicht verfehlt haben, nicht minder der bevorzugtere Teil des schönen Geschlechts: auch die Frauen trugen blendende Armspiralen, breite Armbänder und übergroße, oft die ganze Brust bedeckende Gewandspangen mit doppelten Scheiben. Verzierte Nadeln und kleine Spiralen von Bronzedraht schmückten das Haar, ein Ledergürtel, bedeckt mit Bronzebelägen, an dem kleines Gerät, wie Pinzette und Messerchen, hingen, teilte die Gewandung, die schlicht, aber edel in einer unschwer wieder zu lösenden Weise durch Nadeln gerafft war. Eine flache Führung der Nadel war durch eine säbelartige Krümmung am spitzen Ende und durch einen Kopf gesichert, der nicht selten zur Aufnahme eines Sicherheitsfadens durchbohrt ist. In derselben Weise konnten auch die unter dem Kopfe stark eingebogenen „Schwanenhalsnadeln" gesichert werden. Direktor Voß (Berlin) weist nach, daß aus dieser Art der Sicherung die für jüngere Perioden so charakteristischen „Fibeln" hervorgegangen sind.

Während die Töpferei gegenüber der der Steinzeit in anderen Ländern edlere Formen nachweist, ist dies hierzulande nicht der Fall, wenn auch, wie in der Aschersleber Gegend, wohlgeformte und verzierte Gefäße nicht zu den Seltenheiten gehören. Man könnte höchstens bezüglich des Rohmaterials von einem Fortschritte reden, doch kommen gerade infolge hiervon im Brande verbogene und gerissene Stücke oftmals vor. Kleine Tassen mit und ohne Henkel, zierliche Töpfchen, Spielzeug für Kinder, selbst Kinderklappern aus gebranntem Thone sind beliebte Grabbeigaben.

Hallstattzeit. Von Griechenland und Italien aus verbreitete sich eine eigenartige Kultur, welche sich zwar vorwiegend noch der Bronze bediente, aber doch schon Eisen verarbeitete, wobei allerdings die Formen hauptsächlich der Bronzetechnik entnommen worden sind. Ausströmungen dieser „Hallstattkultur“ mögen nicht früher als etwa 500 v. Chr. unsere Gebiete erreicht haben.

Die Grabbeigaben bestehen zum großen Teile aus Schmuck- und Luxusgegenständen, wie Nadeln, Spiralen, getriebenen Hohlringen, ferner aus echten Wendelringen (torques), Gürtelblechen und Zierscheiben sowohl für die Gewandung, wie für Pferdebekleidung. Alle diese Stücke verraten eine erstaunenswerte Technik und edlen Geschmack, den wir auch an getriebenen Bronzegefäßen vom Forstorte Klewe, im Besitze des Freiherrn v. d. Bussche-Streithorst, und von Königslutter bewundern können. Aus dem Ende dieser Periode scheinen auch die eisernen Hohlmeißel von der Roßtrappe, von Silstedt, Eisleben und vom Südharze zu stammen.

Zwei hierher gehörende „Antennenschwerter“, dadurch gekennzeichnet, daß die äußersten Griffenden spiralig zusammengezogen sind, hat man bei Schmon im Mansfeldischen und bei Helmstedt ausgegraben; auch sei hier auf einen beachtenswerten Fund aus Wilsleben am See, der sich in der Aschersleber Sammlung befindet, aufmerksam gemacht: es handelt sich ohne Zweifel um Instrumente eines Chirurgen, Pinzetten und Haken zum Fassen der Adern, bei deren Anfertigung Bronze und Eisen Verwendung gefunden haben.

Hoymer Hausurne.

Ein dem Hallstatter Kulturkreise eigentümliches Verzierungsmotiv, der „Entenkopf“, tritt in unserem Bereiche zwar nur spärlich auf, aber es fehlt doch nicht ganz, wie ein im Besitze des Dr. Reischel (Oschersleben) befindliches Messer und die Firstverzierung der Hausurne von Hoym beweisen.

Die Gefäße des „Lausitzer Typus“, Urnen, Kännchen, kleine Terrinen und Doppelgefäße, charakterisiert durch die einer weiblichen Brust vergleichbaren Auftreibungen und durch Verzierungen in Form konzentrischer Halbkreise, gehören dieser selben Zeit an und haben bis zu uns hin und wieder ihren Weg gefunden.

Unter den eigentlichen Grabgefäßen dieser Periode, bestimmt, die Reste des verbrannten Toten aufzunehmen, müssen ein hervorragendes Interesse die eigenartigen Thongebilde erwecken, die, weil sie mehr oder weniger deutlich ein Wohnhaus wiedergeben, als „Hausurnen“ bezeichnet werden. Jedenfalls haben wir in den östlichen und nördlichen Vorlanden des Harzes die Heimat der „deutschen Hausurnen“ zu erblicken, mag nun ein Einfluß von Italien (Bologna) her angenommen werden oder nicht. Ebenso sind wir nicht im Zweifel, daß diese Graburnen ein Haus wiedergeben, in dem die Asche des Verstorbenen wohnen sollte, wie er bei Lebzeiten darin gewohnt hatte. Das Vorhandensein gewisser technischer Einrichtungen, wie Thür mit Vorlegebalken, Rauchloch und geteilte Balkenfelder des Giebels, die als noch heute bestehend nachgewiesen sind, macht die Annahme, man hätte es lediglich mit Produkten einer Töpferlaune zu thun, hinfällig. Als Fundorte, in den Vorlanden des Harzes belegen, sind zu nennen: Polleben, Königsaue, Wilsleben, Minsleben, Wulferstedt, Beierstedt, Eilsdorf und Hoym. Bezüglich der Eilsdorfer Hausurnen sei erwähnt, daß sie zugleich Gesichtsurnen darstellen, wie sie ähnlich nur zwischen Oder und Weichsel vorkommen.

Entwickelte Eisenzeit, La Tène-Zeit. Um etwa 300 vor unserer Zeitrechnung traten bei uns die ersten Erzeugnisse einer Kulturströmung auf, welche wir den Kelten zuschreiben, den Kelten, die etwa um 400—350 v. Chr. das Hauptgebiet der Hallstattkultur, die Ostalpen, sich unterworfen hatten. Unsere Harzlande haben keltische Stämme niemals erreicht, ihre Produkte gelangten vielmehr nur durch Handelsverkehr in die Hände

2 6 12 18 25

1 3 4 5 7 8 9 10 11 13 14 15 16 17 20 19 21 22 24 23 26 27 28

1. Gefäß aus Welbsleben (Röm. Kaiserzeit). — 2. Gefäß aus Piepers Ziegelei, Wernigerode (Völkerwanderung). — 3. Eiserner Gürtelhaken aus Wiederstedt (La Tènezeit). — 4. Gefäß aus Silstedt (jüngste La Tènezeit od. Röm. Kaiserzeit). — 5. Eiserner Hohlcelt aus Heudeber. — 6. Rauher Topf aus Börnecke bei Blankenburg (La Tènezeit). — 7. Eiserne Fibel aus Meisdorf (La Tènezeit). — 8. Beigabegefäß aus Eilsdorf (Ende der Hallstattzeit). — 9. Eiserner Hohlcelt von der Hagenstraße i. H. — 10. Beigabegefäß aus Eilsdorf (Ende der Hallstattzeit). — 11. Geschweifte Bronzesichel aus Quedlinburg. — 12. Topf aus Silstedt (La Tènezeit). — 13. Wendelring, Torques aus Vienenburg. — 14. Beigabegefäß aus Aschersleben (jüng. Hallstattzeit). — 15. Dreieckiges eisernes Messer (La Tènezeit). — 16. Doppelkonisches Gefäß aus Aschersleben (jüng. Bronzezeit). — 17. Bronzener Hohlcelt aus Wernigerode. — 18. Einfache Thür- oder Hausurne aus Wulferstedt. — 19. Bronzene Speerspitze. — 20. Pfeilspitze aus Bronze mit einem Flügel aus dem Bodethale am Fuße der Roßtrappe. — 21. Lappencelt aus Halberstadt. — 22. Beigabegefäß von der Klus b. Halberstadt. — 23. Kupfernes Beil aus Egeln. — 24. Töpfchen aus Hedeborn. — 25. Gefäß, Terrine, aus Hedeborn (Bronzezeit). — 26. Beigabegefäß aus der Silstedter Flur (ält. Bronzezeit). — 27. Bronzener Flachcelt aus Ilfeld (ält. Bronzezeit). — 28. Glatter, offener Halsring aus Wegeleben (ält. Bronzezeit).

(Aus dem fürstlichen Museum zu Wernigerode.)

unserer Bewohner, wahrscheinlich über Südthüringen, wo auch inländische Eisenerze früher verarbeitet worden sind als bei uns.

Wirtschafts- und Hausgeräte, wie Beile, Messer, Sensen, Pflugeisen, zeigen bereits ein kräftiges Profil, nicht minder die zweischneidigen Schwerter und breiten Lanzenspitzen. Bei Schmuck überwiegt noch die Bronze, so bei den offenen Halsringen, den Torques, den Ohrringen mit Glasperlen, den Schwanenhalsnadeln und selbst den schweren Schwertketten.

Obwohl die in der La Tène-Zeit zuerst auftretenden Bronze- und Eisenfibeln — Gewandnadeln mit federnder Spirale — und auch die Arbeiten in Edelmetallen, Email und Bernstein zum größten Teil eingeführte Ware sein mögen, so ist doch gar nicht selten eine eigenartige und einheimische Geschmacksrichtung festzustellen.

Während wir aus Böhmen und aus der Gegend von Römhild burg- und stadtartige Niederlassungen kennen, erinnern die bei uns aufgefundenen Siedelungen bei Quedlinburg, bei Meisdorf und auf der Hasenburg am Südharze höchstens an kleinere Dorfschaften. Immerhin spricht das oft geradezu massenhafte Vorkommen von Topfscherben für eine zahlreiche Bevölkerung in jener Zeit.

Unter den Gefäßen, zum Teil mit der Töpferscheibe geformt, finden wir neben einfacher Gebrauchsware auch solche von geschmackvoller Ausführung. Der bauchige Teil ist nicht selten durch ein Aufstreichen von Schlick künstlich rauh gemacht, wodurch ein Festhalten des Topfes mit den Händen erleichtert werden sollte.

Bezüglich der Bestattungsart sei erwähnt, daß, während im Süden Skelettgräber häufiger vorkommen, sich im Norden größere Urnenfelder mit den bekannten Beigaben an Schmuckgegenständen und an absichtlich zerstörten oder zusammengerollten Waffenstücken finden.

S a g e n u n d D e n k m ä l e r. Wenngleich viele Sagen und bedeutungsvolle Namen in unserm Harzgebiete auf Stätten heidnischer Götterverehrung hinweisen und wir in Gebräuchen, wie Osterfeuern und Maifesten, uralte, vom Volke oft nicht mehr verstandene Kulthandlungen zu erkennen haben, so müssen doch bei genauer Sichtung, so leid es dem Lokalpatrioten thun mag, diejenigen Örtlichkeiten ausscheiden, welche inmitten des damals unzugänglichen Gebirges liegen. Zugegeben auch, daß nach Einführung der christlichen Lehre das Heidentum noch lange Zeit heimlich fortglimmte, und daß Gruppen von Anhängern sich zur Feier ihrer Feste in einsame Gegenden zurückzogen, so können diese naturgemäß oft wechselnden und verborgen gehaltenen Stätten keine dauernde Erinnerung hinterlassen haben. So gehören auch, da die Kirche nicht früher als im 10. Jahrhundert der „Unholden“ (Waldweiber) Erwähnung thut, die in Beziehung zu Hexen stehenden Namen einer jüngeren Zeit an, wenn nicht gar einer sehr jungen, in der Poesie, Humor und die Sucht, romantische Namen zu erfinnen, die Erfinder gewesen sind.

Andrerseits haben viele altheilige Stätten bei Ausbreitung der neuen Lehre eine Umbildung in christliche Wallfahrtsplätze und Kirchen erfahren. Axt und Spaten christlicher Eiferer vernichteten die heidnischen Idole, um an Stelle der alten Göttergestalten einen Schutzpatron einziehen zu lassen, an Stelle von Wodan den Erzengel Michael oder St. Martin, an Stelle Donars St. Petrus und für Freya (Frau Holle) die heilige Jungfrau.

Der Brauch, rohe Steinbauten zu errichten und Gedenksteine zu setzen, ist nicht nur einem Volke oder einer Zeitperiode eigentümlich gewesen. Wir kennen sie aus den verschiedensten Ländern der Welt und bei uns von der Steinzeit an bis in die römische Kaiserzeit hinein, so daß von einem Erlöschen dieses Brauches erst in historischen Zeiten die Rede sein kann. Viele dieser rohen, ungeschlachten Denkmäler, zu denen gerade an unserm Harze die Natur großartige Vorbilder gab, sind wahrscheinlich mit Erde bedeckt gewesen, und erst Wind und Regen und die Hand des Menschen haben die Hügel hinweggeräumt. Auch hier sind viele der Steine da, wo sie dem Feldbau im Wege standen, oder wo es an Steinmaterial gebrach, gesprengt und hinweggeschleppt worden, ganz abgesehen von den „altheiligen Steinen“, welche einst der Eifer christlicher Priester verdammte und in Gruben stürzen hieß. Manche kennzeichneten Gräber oder alte Kult- und Gerichtsstätten, wieder andere bedeckten offenbar in religiöser Absicht verborgenen Schmuck oder ein senkrecht in den Erdboden gestecktes Schwert; aber auch derjenigen hat sich die Sage bemächtigt, welche lediglich als dauernde Mark- oder Grenzsteine oder als Zeichen eines Rechtes errichtet worden sind.

Schriftsteller aus der Zeit, ehe die Anthropologie eine selbständige Wissenschaft geworden war, pflegten, wie dies heute noch Mindereingeweihte thun, vielfach „Opferstätten“ zu entdecken, und zwar solche, wo Menschen hingeschlachtet wurden.

In den meisten Fällen handelt es sich jedoch einfach um Begräbnisstätten, zuweilen um solche, wo Nachbestattungen stattgefunden haben. Allerdings soll nicht geleugnet werden, daß die oft unnatürlichen und verwickelten Bestattungsarten uns Rätsel aufgeben, die weder der erfahrenste Ethnograph, noch Historiker zu lösen vermag.

Als heidnische Kultstätten werden folgende Örtlichkeiten unseres Harzgebietes betrachtet: der „Petersberg“ bei Kelbra, der Kyffhäuser (Wodansberg), „die Lausehügel“ oder „-kniggel“ bei Sangerhausen, Aschersleben, Halberstadt und Minsleben, „das heilige Zeug“ und die „Bockshornschanze“ bei Quedlinburg, „die Gegensteine“, die letzten Ausläufer der Teufelsmauer bei Ballenstedt, „der gläserne Mönch“ zwischen Spiegelsbergen und Langenstein, „der Teufelsstuhl“ in der Klus bei Halberstadt, „die Ueckenburg“, „der Bocksberg“ bei Derenburg, „die Roßtrappe“ und „der Hübigstein“ (Hübig, Giebich = Wodan) bei Grund.

Unweit des Bocksberges bei Benzingerode stehen „zwei Büchsenschüsse voneinander“ hoch aufgerichtet die beiden „Hünensteine“, deren einen unsere Abbildung zeigt. Früher sind es, wie Pröhle in seinen „Unterharzischen Sagen“ berichtet, „ihrer drei gewesen, die im Triangel standen. Man hielt sie für Denkmäler gefallener heidnischer Helden“. Andere Hünensteine sind uns aus der Gegend von Derenburg, von der Wüstung Godenhausen bekannt.

Bezüglich des Wortes „Hüne“ sei hier kurz erwähnt, daß es ursprünglich wohl nur die Bedeutung „Toter“ oder „Vorfahre“ gehabt hat, und daß erst nach der Regelung der Eigentumsverhältnisse im 12. Jahrhundert, bei dem Forschen nach Ursprung und Zugehörigkeit der „Hünenburgen“ und „Hünensteine“ das Staunen über die gewaltigen Bauten aus dem „Hünen“ einen Giganten hat werden lassen, ein Beweis, wie die Phantasie der verschiedenen Generationen sich nach ihrer Neigung die Deutung uralter Denkmäler zurechtzulegen pflegt.

Römische Kaiserzeit. Die Leistungen der Römer auf dem Gebiete der Eisentechnik übertrafen bald an Mannigfaltigkeit und Vollkommenheit die der älteren keltischen Industrie. Handfeste Werkzeuge jeder Art, erzeugt sowohl in altrömischen Werkstätten, wie in den Schmieden der Alpen und am Rheine, gingen durch Tausch, als Lohn und als Beute in die Hände der Nachbarn über und von da auch vereinzelt bis in das Herz Germaniens hinein. Da nach alter Händlerart der Hausierer nach entlegenen Plätzen nur kleinere Gegenstände, deren er viele in seinem Ranzen tragen konnte, brachte, so darf es uns nicht wunder nehmen, wenn wir, wie im Elbegebiete, so bei uns als Beigaben in den Brandgräbern fast ausschließlich Gegenständen wie Schnallen, Pinzetten, Fibeln und dünnen Beschlägen begegnen, zum großen Teile noch aus „Erz" gefertigt, dem in Rom selbst noch lange Zeit neben dem Kupfer ein gewisser Vorzug eingeräumt wurde.

Hünenstein bei Benzingerode.

Von namhafteren Funden an römischen Altsachen, an Kesseln, Schöpfern, Gläsern, Spiegeln und Waffen seien hier nur die bei Voigtstedt, bei Riednordhausen, Meisdorf, Helmsdorf und Burgisdorf gemachten erwähnt.

Die Bestattungsweise wechselt in dieser Zeit zwischen Verbrennung und Beerdigung (Reihengräber der Wüstung Rimmerode).

In der Regel enthalten die Brandgräber nur je ein zum Zwecke der Bestattung besonders angefertigtes Gefäß von ausgesprochen römischer Form, wobei Reifelungen und Mäanderverzierungen bevorzugt sind. Von besonderer Schönheit sind die tiefschwarzen Grabgefäße, deren Färbung durch eine künstliche Berußung gegen Schluß des Brandes im Ofen erzeugt worden ist.

Zeit der Völkerwanderung. Obgleich die furchtbaren Verheerungen der „Völkerwanderung" die eigenen Gebiete der Germanen schwer treffen mußten, so scheint doch die Eisenindustrie, wenigstens was die Herstellung von Waffen anbetrifft, nicht zurückgegangen zu sein, ja infolge des größeren Bedarfs mag „in einsamen Waldthälern, unberührt vom Kriegsgetümmel", die Thätigkeit zuweilen sich verdoppelt haben. An eisernem Hausgeräte dürfen wir aber auch jetzt noch nicht, auch nicht in den nächsten Jahrhunderten einen Reichtum annehmen, ist es doch geschichtlich nachweisbar, daß selbst auf den Gütern Karls des Großen der Vorrat an Eisengeräten nach unseren Anschauungen ein höchst geringer gewesen ist.

An den spärlichen Funden aus unserm Harzgebiete erkennen wir neben eigenartigem Geschmacke noch immer ein Vorherrschen römischen, wie orientalischen Einflusses. So zeigt ein Fund aus Wansleben am See (Pr.-Mus. in Halle) neben silbernem Halsschmucke Gefäße römischen Geschmacks, während die in der Wernigeröder Sammlung befindlichen, meist henkellosen Gefäße einen entschiedenen Rückgang in der Töpferei erkennen lassen. Die ziemlich einförmigen Beigaben bestehen in Fibeln, Ohrringen und facettierten Perlen.

Möchten neu gemachte Funde und Entdeckungen auf vorgeschichtlichem Gebiete, — wie es die Wichtigkeit dieser die Menschheit im eigensten Interesse so tief berührenden Sache wohl verdiente, nicht verborgen bleiben, sondern Sachverständigen, deren Namen hier in genügender Zahl genannt worden sind, zugänglich gemacht werden, zum Besten der Wissenschaft, zum Gedeihen unserer heimischen Sammlungen, die lediglich durch fortgesetzten Zugang in Bewegung erhalten und vor einer Erstarrung bewahrt werden können!

Schloß und Dom in Quedlinburg.

Geschichtliches und Kulturgeschichtliches.

Von

Archivrat Dr. Ed. Jacobs.

Die deutschen Landschaften am Rhein und an der Donau reichen mit ihren Erinnerungen und mit manchen baulichen Überresten bis in die Zeiten des Römerreichs zurück. Solche geschichtliche Mitgift einer vorchristlichen Kulturzeit fehlt unseren Harzlanden. Was sie an Erzeugnissen antiken Kunstfleißes in sich bergen, gelangte durch Handel und Verkehr in unsere Gaue. Dagegen haben die unsern Brocken umlagernden Landschaften einen Vorzug, den wir als einen Ersatz für jenen Mangel ansehen können. Schon die ersten Strahlen bekundeter Geschichte fallen bei uns auf rein deutsches Wesen. Das im Jahre 531 durch Franken und Sachsen zerstörte Thüringerreich, dessen Herzstück der Harz mit seinen nördlichen und südlichen Vorlanden bis zur Oker im Westen bildete, haben wir als den ersten Ansatz einer rein deutschen Staatenbildung zu betrachten. Früh bekundete Heidenstiege mitten und quer durch das Gebirge, Heidenkirchhöfe vor demselben weisen auf eine vorgeschichtliche Besiedelung und auf notdürftig gebahnte Pfade streifender Jäger, Waldarbeiter, auch Händler hin.

Auch von Andeutungen auf altheidnisches Wesen ist uns auf und am Harze immerhin so viel erhalten, daß wir's nicht unerwähnt lassen dürfen. Die Namen Crodenbeke, Sieben-eichen und Schächerborn als Grenzmale am Heidenstieg (um 1000), die verschiedenen Trudensteine, das Thors- oder Zörsthor (Scherstthorklippe über Schierke) regen mindestens zum Nachdenken an, während in den früh besiedelten Geländen nördlich und südlich vor dem Gebirge mythische Beziehungen klar zu Tage liegen. Dazu gehört der 1277 noch unter diesem Namen bekannte Wodansberg, südöstlich von Sangerhausen in der heutigen Erhebung des Hagens über Allstedt gesucht. Ob das schöne Waldthal Wolwede unter der Kyffhäuser-kuppe als Pholswald anzusprechen sei, mag zweifelhaft erscheinen. Wohl aber dürfen wir in Pholidi vor dem S.W.-Harz, dem späteren Pöhlde, mit Grimm eine alte Stätte der Pholsverehrung sehen. In den Dörfern Petersberg bei Kelbra, zu Othstedt und Rode in der Goldenen Aue sah man sich von seiten der Kirche veranlaßt, noch im 13. Jahrhundert (1259, 1266) altüberliefertem Volksbrauch entgegenzutreten, war nur bei der Bekämpfung desselben zurückhaltend, um das Geschäft nicht zu beeinträchtigen, was dabei gemacht wurde.

Da mäßige Höhen inmitten altbebauter Gegend zu Verehrungsstätten der Gottheit erkoren wurden, so haben wir offenbar in dem Donresho oder Donaresho bei Holtemmenditfurt westlich von Halberstadt (1498) eine Verehrungsstätte des Wettergottes Donar zu beachten. Ob der Name des Berges bi der Bode, geheten dat Marenreth (1417) mit der Roßtrappensage in Beziehung steht, wagen wir nicht zu sagen. Wohl aber finden sich aus dem östlichsten Harz im Mansfeldischen bestimmte Andeutungen in ziemlich späte Zeit herabreichenden alten Aberglaubens. Noch Rudolf von Habsburg hat heidnischen Vorstellungen zu steuern, die sich an die 1115 geschlagene Schlacht im Welfsholz knüpften. Ja, gegen die Verehrung des „Guten Lubben" zu Schochwitz, womit uralte Bildwerke zu Müllersdorf, Schwab-Quenstedt und Siersleben in Verbindung stehen mögen, mußte der Bischof von Halberstadt noch im 15. Jahrhundert einschreiten.

Besonders lehrreich und anziehend ist am Harz die Frage nach der Besiedelung oder den Ortsgründungen, weil das zu ansehnlicher Höhe ansteigende Massengebirge verschiedene geschichtlich aufeinanderfolgende Kulturgürtel zu unterscheiden gestattet. Selbst bis in die geschichtlich als Urzeit geltenden frühesten Jahrhunderte des Mittelalters dürfen wir einzelne begründete Vermutungen wagen. Da uns Gregor von Tours mit einem im 5. Jahrhundert lebenden Thüringerkönige Basinus, dem Gatten der Basina, bekannt macht, so hat man schon seit dem 16. Jahrhundert die früher Bisinistat und Bisinburg geheißenen mansfeldischen Orte Beesenstedt und Bösenburg auf diesen König zurückgeführt und das benachbarte Königswik damit in Verbindung gebracht. Die slavischen Orte im östlichen Mansfeld bis zur Saale entstanden hier erst seit dem 7. Jahrhundert neben älteren deutschen.

Blicken wir auf das den engeren Gebirgskern umgürtende ebene oder sanft gewellte Kulturland, so ist über das Alter der an offenen Stellen, zumal an Flußläufen erbauten Orte selten eine Vermutung zu wagen. So weit aber der Harzwald (Hart, Wald, Forst, nemus) einst mit seinem grünen Kleide das Land bedeckte, gehören die hier gelegenen Orte der ausbauenden Zeit, teilweise erst dem 10. und 11. Jahrhundert, verschiedene selbst noch späterer Zeit an.

Die Besetzung des Landes mit einer dichtgedrängten Fülle von Häusern, Weilern und Ortschaften steht im engsten Zusammenhange mit jener folgenreichen Neubestellung des Herzens- und Geistesackers unserer Vorfahren durch das Christentum. Um befähigt zu werden, ihrer heiligen Berufung entgegenzureifen, aber auch, um ihre Aufgaben für den Ausbau des Landes, für das bürgerliche Leben, Kunst und Wissenschaft zu erfüllen, mußten die reich beanlagten Stämme Hercyniens sich von dem wilden heidnischen Wesen abkehren und sich von einem neuen Geiste beseelen lassen.

Von einer Thätigkeit der für eine christliche Unterweisung der Harzlandbewohner zunächst berufenen Franken hören wir wenig. Wenn im 6. Jahrhundert Martin von Bracara dem 400 gestorbenen Martin von Tours nachrühmt, daß neben anderen deutschen Stämmen auch der Sachse und Thüringer von ihm in den Bund Christi und zur Gotteserkenntnis geführt sei, so können wir daraus doch nur folgern, daß man hie und da jenen Stämmen das Evangelium zu predigen versucht habe. An den Harz selbst aber war jedenfalls noch kein Sendbote des Christentums gelangt. Immerhin mochte, wie einst zur Römerzeit Gold und Silber, so auch die christliche Heilsbotschaft zu irgend einem unserer Volksgenossen durch besondere Gelegenheit gedrungen sein. Fehlte es doch nicht an frühen freundlichen, wie feindlichen Berührungen zwischen dem Thüringerreich und den früher dem Christentum gewonnenen Völkern des Südens und Westens. So geschah es, als Amalabirga, die Nichte des Ostgoten Theoderich, im ersten Viertel des 6. Jahrhunderts dem Thüringerkönige Irminfrid die Hand reichte. Als Christin hat sie ihren Glauben gewiß im Thüringerreiche bewahrt und dadurch zunächst auf das Königshaus einen Einfluß geübt. Sodann ist die thüringische Königstochter Radegundis, die dem Frankenkönige

Chlotachar die Hand zur Ehe reichte, die erste Christin deutschen Stammes, über deren höchst kräftiges, eigenartiges Gemütsleben wir eingehende Kunde haben. Daß man des fern ins Frankenreich versetzten Landeskindes am Harze nicht vergaß, darauf deutet der Umstand, daß man noch zu Kaiser Ottos I. Zeit zu Helfta ihr zu Ehren eine Kirche weihte.

Die eigentliche Missionsarbeit am Harz ging nicht von den festländischen Germanen, sondern von den Angelsachsen in England aus. Wohl scheinen am Südrande unseres Gebiets gewisse Spuren auf eine vorhergehende britische Mission zu weisen, so einzelne dem Schotten Kilian gewidmete Kirchen (z. B. in Schönfeld bei Artern). Aber das sind wohl nur mittelbare Erinnerungen an jenes Bekehrungswerk, während die Patronschaft Kilians nur für die Beziehung zu Würzburg zeugt. Der eigentliche Begründer der Christianisierung des süd-, teilweise auch des östlichen Unterharzes im Schwabengau ist der Angelsachse Winfrith oder Bonifatius. Wie ein Feldherr mit allen Kriegskünsten griff er sein Werk unter dem Schutz des durch die Pipiniden erstarkenden Frankenreichs, mit Empfehlungen des Papstes, unterstützt von tüchtigen geistlichen Brüdern und Schwestern, wie Lioba, Walpurg, Thekla, Kunihilt, nach einem großen Plane an. Auch er, ob er gleich 719, 722, 726, 736 in Thüringen erschien, ist persönlich nicht bis auf oder unmittelbar an die Harzberge vorgedrungen; aber die Bonifatiuskirchen zu Oberheldrungen, Volkmaritz, Zeddebach, Friedeburg, zu Vatterode, zu Schwabenquenstedt, zu Ditfurt an der Bode und zu Boßleben bei Halberstadt deuten auf die hohe Verehrung, welche dieser Friedensbote unter unsern Volksgenossen gefunden hatte. Seine Schüler haben dann das von ihm begonnene Werk fortgesetzt, keiner mehr als der von 724 bis 747 in Thüringen wirkende Wiprecht oder Wipertus. Ihm zu Ehren sind die ältesten Kirchen und Kapellen an und vor dem Harz zu Allstedt, Osterhausen und Riestedt, zu Schloß Heldrungen, zu Berga und Thürungen im Helmgau, zu Kreisfeld bei Eisleben, zu Strenz im Mansfeldischen und zu Quedlinburg geweiht. Natürlich konnte nicht er selbst eine solche Ehrung seiner Person vornehmen, aber die Fortsetzer seines Werkes stifteten durch diese Patronschaften seinen Mühen ein dankbares Ehrengedächtnis. Wiprechts Füße haben jedenfalls unseren Südostharz im Hassegau, Friesenfeld, Schwabengau bis etwa zur Bode betreten. Zwischen seinem Ableben im Jahre 747 und 777 sind ihm mindestens bereits die Gotteshäuser zu Allstedt, Osterhausen und Riestedt gewidmet worden.

Da jene Kirchen 777 bereits mit allen dazu gehörigen Zehnten im Friesenfeld und Hassegau dem S. Wiprechtskloster Hersfeld übereignet werden konnten, so ist anzunehmen, daß damals hier und in dem zu Wiprechts Wirkungskreise gehörigen Helmgau die Christianisierung der Hauptsache nach zum Abschluß gekommen war. Für den Nordschwabengau sollte die hier gesuchte Zuflucht von Pipins Halbbruder Grifo (man meint, daß Gräfenstuhl und Greifenhagen, 1184 Grifinhagen, noch an ihn erinnern) von segensreicher Bedeutung werden. Als nämlich Pipin im Jahre 748 mit einem starken, von Priestern und sonstigen Geistlichen begleiteten Heere ins Land zog, nötigte er, wie die Metzer Jahrbücher berichten, die Nordschwaben zur Taufe und zur Annahme des Christentums.

In dem südwestlichen Harz wurden schon etliche Jahre vor Grifos Flucht von den Franken Kriegszüge gegen die hier wohnenden Sachsen unternommen. Bestimmte Angaben über hierbei vorgenommene Taufen fehlen. Wenn aber die Steinkirche über Scharzfeld nach sachkundigem Urteil als ein Werk des 8., spätestens des beginnenden 10. Jahrhunderts angesprochen wird, so wäre das ein sehr merkwürdiges in Stein gehauenes Zeugnis für das frühzeitige Vordringen der Heilsbotschaft in den Lisgau.

Waren schon bei der Christianisierung des Süd- und Ostharzes die Glaubensboten mehrfach im Gefolge der Schwertträger herzugekommen, so ist das ewige Friedenswort kaum je einem Volke durch so viel Krieg und Blutvergießen zugeführt worden, als dem Sachsenvolke durch Karl den Großen. In dreißigjährigem Ringen suchte das freiheitliebende Volk seinen alten Brauch und Wesen den kriegsgeübten Frankenheeren gegenüber zu behaupten. Zwischen 775 und 798 kam der König auch öfter in unsere Gegend, 775 und 780 bis Oker und Elbe. Im Jahre 784 drang er von Thüringen in die nordharzische Ebene und kehrte über Schöningen ins Frankenland zurück. Ein gewaltig ernster Zug war der von 795. Die Bezwingung des letzten freien deutschen Stammes war für den König zunächst ein Werk der Staatsklugheit, das Christentum ein Bindemittel für das aus verschiedenen Bestandteilen zusammengesetzte Völkerreich.

Gleich der erste Zug, der Karl mit dem Frankenheere 775 in unsere Grenzen führte, war gerade für die Gewinnung der harzischen Sachsengaue von großer Bedeutung: Hessi, der Führer der Ostfalen, der im Hardego und auf dem Harze reich angesessen war, und auf den der Name des harzgauischen Fleckens Hessen, ursprünglich Hessenheim, zurückzuführen ist, leistete mit den Ostfalen den Eid der Treue, war dann Graf im Harzgau und starb 804. Im Jahre 780 drang der König wieder bis zur Oker und über dieselbe hinaus bis zur Elbe vor. Zu Orheim an der Oker von Wolfenbüttel aus südlich nach dem Harze zu, an jener schon aus dem Thüringerkriege bekannten Grenzstätte, ließen sich viele herzugeströmte Sachsen taufen.

Neben den Waffen haben doch geistig so regsame Männer, wie Abt Sturm von Fulda († 779) und sein Nachfolger Baugolf († 802), gewiß auch eine eifrige friedliche Thätigkeit entfaltet; denn nur so können wir uns die vielfachen Schenkungen aus Ostfalen an jenes Kloster erklären. Später machte sich dann die Wirksamkeit des 827 gegründeten Klosters Corvei am Nordharze spürbar. Es war natürlich, daß sich das Friedenswerk in den blutig errungenen Ostmarken in größeren Klöstern des gesicherteren deutschredenden Westens einen Rückhalt suchte. Der erste Oberhirte des Bistums Halberstadt, Hildegrim, hatte, obwohl geborener Sachse, seinen ursprünglichen Sitz sogar in dem romanischen Chalons, während er dann von 809—827 dem Bistum Halberstadt vorstand.

Nachdem Karl der Große sich schon 777/78 mit der Einteilung Sachsens in geistliche Provinzen beschäftigt hatte, soll er 781 das östlichste Bistum in Sachsen abgegrenzt und vorläufig dessen Hochsitz nach Seliganstedi = Osterwieck verlegt haben. Ein ganz ähnlicher Ortswechsel fand bei dem westlich an Halberstadt grenzenden Bistum statt, das ursprünglich in Elze angelegt, 809 aber nach dem geeigneter erscheinenden Hildesheim übergeführt wurde. Hildegrim soll sich der Pflanzung des Christentums in seinem Sprengel eifrig angenommen und 35 Mutterkirchen und den ersten Dom gegründet haben.

Von dem missionierenden Wirken des schon 809 gestorbenen älteren Bruders von Hildegrim, Liudger, in Ostfalen, wo er das Kloster Helmstedt gegründet haben soll, wissen wir nichts Näheres, doch steht die enge Verbindung der 797 gegründeten Abtei Werden a. Ruhr, deren Abt Liudger war, mit Halberstadt unzweifelhaft fest. Waren doch die ersten Bischöfe hierselbst zugleich Äbte des Klosters an der Ruhr und fanden hier so lange ihre letzte Ruhestätte, als die Zustände im östlichen Sachsen noch nicht hinreichend gesichert erschienen. Zwar wurde Bischof Heimo II. (840—843), zu dessen Zeit die Zustände im Lande so gesichert schienen, daß Rabanus Maurus zu ihm flüchtete, in harzischer Erde gebettet, sein Nachfolger Hildegrim II. aber wieder in Werden.

Zu dieser Zeit, als es in den schwer zugänglichen Gebirgsstrecken wohl noch herumschweifende Heiden gab, offenbarte sich bei unserem Sachsenvolke, das noch ein Menschenalter zuvor dem Christentum mit aller Macht widerstrebt hatte, eine begeisterte Hingebung an den Christenglauben, die von gleichzeitigen Zeugen nachdrücklich hervorgehoben, aber auch durch Thatsachen erwiesen wird.

Das westlicher gelegene Bistum Hildesheim im Kernlande Ostfalens gelangte etwas später zum Abschluß als die Halberstädter Kirchenprovinz. Soweit die durch die Sage verdunkelten Anfänge erkennbar sind, richtete Ludwig der Fromme es 815 ein, und zwar in Elze. Man nimmt an, daß schon im Jahre darauf die Verlegung nach Hildesheim und 825 die Weihung der ersten Domkirche daselbst auf Anlaß des genannten Kaisers stattfand.

Mit der wesentlichen Durchführung der Mission im 8. und Anfang des 9. Jahrhunderts findet bei uns die Urzeit ihren Abschluß, und es entfaltet sich in dem nachhaltigeren

Anbau des Landes ein reges Leben. Auf Klöster und Einsiedeleien in der Wildnis folgen bald zahlreiche neugegründete Ortschaften.

Hatte man früher die von dem Einzelhof eines Herrn ausgehenden Ortschaften da errichten können, wo ein offenes Flußthal, ein reichlich fließender Bach, eine offene Thalmulde und fruchtbarer freier Acker die bequemste Gelegenheit dazu bot, so galt es bei fortschreitendem Anbau, auch die weiten Strecken ungelichteten Waldes in Angriff zu nehmen.

Das war bei dem Zustande des ungelichteten Urwaldes ein schwieriges Werk. Vielleicht mit etwas stark aufgetragenen Farben, doch auf Grund gleichzeitiger Beobachtung entwirft im 1. Jahrhundert unserer Zeitrechnung Plinius in seiner Naturgeschichte (16, 2) ein Bild von dem Zustande Herchniens in seinem nördlichen Teile, d. i. am Harze, indem er sagt, daß in dem dichten, vorzugsweise aus Eichen bestehenden, seit Jahrhunderten unberührten Walde die ineinander verwachsenen Wurzeln das Erdreich zu Hügeln auftrieben, und daß das mächtige Astwerk in der Höhe zu einem undurchdringlichen Netze verschlungen sei.

Um hier Raum zu Ansiedelungen und für die nötigen Acker- und Wiesenfluren zu schaffen, galt es eine saure, durch Jahrhunderte dauernde, in geringerem Maßstabe bis zur Neuzeit fortgesetzte Arbeit. Ungemein anziehend und lehrreich ist es nun, in älterer Zeit den Bereich dieser ausbauenden Siedelung durch die Namen der gegründeten Orte selbst umschrieben zu sehen. Besonders rings um den Harz, und hier allermeist wieder im Norden und Süden, finden wir den Kern des Gebirges von einem nach Norden weiter ins Land sich erstreckenden Kranz von Ortschaften umgeben, deren Namen auf -rode, -lo oder -la (= Wald), -holz, -feld, -hagen oder -hain endigen und in ihrer Gesamtheit ein Bild von der einstigen Ausdehnung dieses Urwaldes geben. Daneben ist noch der auf -schwende ausgehenden Ortsnamen zu gedenken, die auf eine in hohes Alter zurückreichende Lichtung des Waldes durch Feuer hinweisen, denn ahd. swantjan ist = schwinden machen, besonders durch Feuer. Eine andere Art ausbauender Ortsgründung durch Trockenlegung von Sumpfstrecken wird durch die Endung -rieth angedeutet. Ihr begegnen wir fast nur seit dem 12. und 13. Jahrhundert.

Fragen wir nach dem Zahlenverhältnis der in die Urzeit zurückreichenden Orte zu dem der während der intensiveren Siedelung erbauten, so ist zu sagen, daß bei allen unmittelbar ins Gebirge eingreifenden Gauen die Zahl der neuen Gründungen die größere ist. Dagegen ist nun bei den Orten jüngeren Ursprungs die Zahl der wieder eingegangenen eine weit größere als bei den älteren, aus dem naheliegenden Grunde, weil die letzteren sich weit günstigerer Naturbedingungen erfreuten als die Rodungen.

Der Natur des Harzes entsprechend, haben wir für die Ansiedelung drei Gürtel zu unterscheiden, zuerst den Vorharz, den vom Gebirgskern am weitesten entfernten Kreis. Darin herrschen die Siedelungen aus der älteren Zeit entschieden vor. Dem gegenüber ist nun der dichte Kranz von Städten und sonstigen Ortschaften, die unmittelbar am Fuß der Harzberge und an den Thalausgängen liegen, meist erst in der ausbauenden Zeit um das Gebirge geschlungen. Auf dem Gebirge endlich, das heißt auf seinem höheren Teile, gehören sämtliche Ortschaften erst der ausbauenden Siedelung, teilweise erst der neueren Zeit an.

Da wir, trotz schätzbarer Vorarbeiten, das Zahlenverhältnis der eingegangenen zu den noch bestehenden Ortschaften nicht für das gesamte Harzgebiet bestimmt angeben können, so versuchen wir's an einzelnen Ausschnitten zu zeigen. Die nicht ganz 5 Geviertmeilen große Grafschaft Wernigerode scheint sich dazu besonders zu eignen, weil sie halb dem ebenen und hügeligen Vorlande angehört, halb in alle Höhenlagen des Gebirges hinaufsteigt. In ihr sind mit Einschluß von 2 zweifelhaften Siedelungen 40 Ortschaften urkundlich nachgewiesen. Davon bestehen mit Einschluß des Gutsbezirks Schmatzfeld jetzt noch 16. Von den letzteren sind 6 bis 8, also kaum die Hälfte, der vorchristlichen Zeit zuzuweisen: Veckenstedt, Minsleben, Reddeber, Silstedt, Wasserleben, Drübeck. Bei Ilsenburg, das zuerst 995 als königliches Jagdschloß genannt wird, und Langeln, das als

Siedelung im Walde (Langa-la) urkundlich bis ins 11. Jahrhundert zu verfolgen ist, erscheint es zweifelhaft, ob wir in ihnen Gründungen aus vorchristlicher Zeit erblicken dürfen, was insbesondere bei dem ersteren kaum anzunehmen sein wird. Dagegen gehören nun die Ortschaften Altenrode, Darlingerode, Hasserode, Nöschenrode, Wernigerode, Schmatzfeld, Stapelburg, Schierke dem Mittelalter und der Neuzeit an. Stapelburg entstand erst in der zweiten Hälfte des 16., Hasserode des 18. Jahrhunderts unfern einer eingegangenen älteren Dorfanlage. Und während bis ins 17. Jahrhundert der ganze wernigerödische Harz keine Ortschaft aufzuweisen hatte, wurde darin erst vor 230 Jahren der Hütten-, jetzt Kurort Schierke angelegt. Dagegen gab es teilweise bis zur Schwelle der Neuzeit auf dem beschränkten Boden der Brockengrafschaft nicht weniger als 24 sämtlich nicht der Urzeit angehörige weitere Siedelungen: 1) ein schon im 13. Jahrhundert wieder wüst gewordenes Altenrode, 2) Backenrode, 3) Berdingerode, 4) Betsingerode, 5) Bonkenrode, 6) Ellingen, 7) Günderode (Gunderoderode), 8) Hinderzingerode, 9) Husler, 10) Marklingerode, 11) Niederminsleben, 12) Nordler, 13) Odorf, 14) Rimbeke, 15) Rimmenrode, 16) Steinbrok, 17) Südschauen, 18) Thiderzingerode, 19) Wolberode (Walbergerode), 20) Windelberode (Wendilburgerode), 21) Wenden, 22) Wollingerode, dazu die erst im 16. Jahrhundert in der Eckergegend genannten unbestimmten Ortschaften 23) Bischoferode und 24) Halbendorf.

Bei den meisten ist der verhältnismäßig jüngere Ursprung der ihren Namen nach als Gründungen im Walde erkennbaren Ortschaften schon durch die große Zahl der von ihnen wieder eingegangenen erwiesen. So wurden im Wernigerödischen nicht weniger als 15 -rode wieder wüst, und von den 4 jetzt noch bestehenden ist Hasserode eine Neugründung an der Stelle einer gleichnamigen älteren. Ähnliche Verhältnisse zeigt der anhaltische Harz. Auch im Mansfeldischen sind gegenüber 27 noch bestehenden wenigstens 33 Ortschaften mit der Endung -rode wieder eingegangen. Ja, von den 17 Ortschaften im Mansfeldischen, deren Namen auf -hagen ausgehen, sind bis auf das eine Greifenhagen alle wieder vom Erdboden verschwunden. Ähnlich verhält sich's mit den -hagen im Westharz (z. B. im Ambergau).

Doch wir möchten, was wir aus Vergleichung und Überlegung gefolgert, auch an bestimmten Beispielen erwiesen, möchten die Besetzung unseres Landes mit einer solchen Fülle von Ortschaften wenigstens an einer Reihe von Beispielen geschichtlich erwiesen sehen. Dabei haben wir's nun freilich nur hie und da so bequem, daß wir Gernrode als einen Neubruch des berühmten Markgrafen Gero seit 961 können sich entwickeln sehen oder uns im Jahre 977 durch Bischof Gisalhar erzählen lassen, wie er den Ort Mackenrode im Klettenbergischen nach Ausrodung der Wälder von Grund aus neu erbaut habe, wohl aber werden wir kaum an irgend einer Stelle des alten Reichs die Entstehungszeit so zahlreicher Orte mehr oder weniger fest begrenzen können, als bei uns am Harze.

Beginnen wir im Westen, so tritt uns Brunshausen bei Gandersheim trotz der im allgemeinen auf höheres Alter weisenden Namensendung als Anlage der hier im 9. Jahrhundert ansässigen Brunonen entgegen. Das heutige Münchehof südlich Seesen erhielt diesen Namen erst nach seinen Besitzern, dem Konvent des im 12. Jahrhundert gegründeten Klosters Walkenried. Ursprünglich Kaminadan genannt, entstand es als ein nicht über das 9. bis 10. Jahrhundert zu setzender Steinbau. Nördlich an Neuekrug vorbei, das seine Entstehung erst der von Frankfurt aus hier vorbeiführenden Verkehrsstraße nach Braunschweig verdankt, ist Nienhagen bei Bockenem als einziger Überrest einer Reihe von -hagen im Ambergau eine neuere Gründung der Edlen von Hagen und zum Unterschiede von dem älteren Gebhardshagen erbaut und genannt. Wir deuteten schon darauf hin, daß der nordwestlich von Osterwieck im alten Harzgau gelegene Flecken Hessen — 970 Haessenheim — als Gründung des Ostfalenführers Hessi aus der zweiten Hälfte des 8. Jahrhunderts anzusehen ist.

Westlich der Ecker entstand um die Wende des 10. und 11. Jahrhunderts in dem herrlichen Schimmerwalde eine Anzahl Dörfchen und Weiler, deren Namen auf -rode ausgingen. Sie entstanden bei der Zelle eines im Geruch der Heiligkeit stehenden Einsiedlers Wanlef, den auch Kaiser Heinrich II. wiederholt aufsuchte. Beim Wechsel der Zeiten und Zeitrichtungen verschwanden sie samt dem Kirchlein zu Wanlefsrode wieder. Der grüne Buchenwald überwucherte ihre Stätten. Richpertingerode, dann Rimmenrode, einst an der Ilse zwischen Veckenstedt und Wasserleben gelegen, haben wir doch als Rodung der Richpertinge, der Leute jenes Richpert anzusehen, in dessen Grafschaft im 11. Jahrhundert Ilsenburg lag. Daß ein zweites harzgauisches Richbrechtingerode, wüst Rippenrode im blankenburgischen Harze oberhalb Michaelstein, auch auf jenen Gaugrafen zurückzuführen sei, ist nicht unwahrscheinlich. Und wenn im Jahre 1046 ein Dorf Ecgihartingerode (westlich am Engeröder Brunnen) dem Kloster Gernrode geschenkt wird, was vordem der Markgraf Ecgihart innehatte, so dürfen wir doch dessen Ursprung auf die genannte geschichtlich bekannte Person zurückführen. Zu den ältesten Harzwaldrodungen scheint Darlingerode westlich Wernigerode zu gehören, falls es jenes Turincwartesrot ist, das mit so zahlreichen Schenkungen des erst seit kurzem bekehrten Sachsenvolks dem heil. Bonifatius (Fulda) aufgetragen wurde. Im 11. Jahrhundert lautet der Name Thurwardingerode. Der genannte Geschenkgeber Turincwart wird doch auch der Urheber der Siedelung sein. Und da neben dieser auch Langalta genannt ist, so möchten wir vermuten, daß Langalla oder Langala zu lesen sei, wie das nicht weit entfernt gelegene Langeln im 11. Jahrhundert heißt.

Der eigentliche Stammort von Ilsenburg war Wollingerode, ursprünglich Walincgerothe, Gründung des Waling oder der Walinge. Walo war der herrschende Rufname des bis ins 12. Jahrhundert bei Ilsenburg einheimischen Geschlechts der Edlen von Veckenstedt. In der dortigen Gegend war das Kloster Corvei und danach der demselben unterstellte Gröninger Konvent begütert. Bei einer Schenkung, die im 9. Jahrhundert der Graf Immad dem Kloster Corvei im Harzgau macht, sind als Zeugen ein Marculf und Abbo thätig. Es ist merkwürdig, daß wir im Harzgau zwei nach Personen dieser Namen bezeichnete Orte finden, von denen der eine, Marklingerode (1231 Marculfingerode) westlich Wernigerode, wieder eingegangen ist, Abbenrode aber noch besteht.

Erinnerte im äußersten Nordwesten Brunshausen an das berühmte Haus der Brunonen, so bewahrt auch eine Reihe von Orten im anhaltischen und mansfeldischen Osten die Erinnerung an einst hier waltende Geschlechter. Dahin gehört das 1120 genannte, später wüst gewordene Erwinsrode im Friesenfelde. Erwin, Vater der Hatheburg, ersten Gemahlin König Heinrichs I., war hier Gaugraf. Mehr Spuren haben die bis ins 11. Jahrhundert vor den Mansfeldern in deren späterer Grafschaft angesessenen Wettiner in Burg- und Dorfanlagen hinterlassen. Noch besteht als Rückscheburg die alte Richdagesburg (1121 Rithagesburg), die im 10.—11. Jahrhundert erfolgte Gründung Markgraf Richdags. Gleichen Ursprungs ist das 1046 als Rihdagesrot zuerst genannte Dorf Ritzgerode. Auch scheint es nahe zu liegen, das zwischen Welbsleben südwestlich Aschersleben einst gelegene Hodenburg auf den 1034 verstorbenen Markgrafen Huodo zurückzuführen.

Wie im Hosgau und Friesenfeld die von Wettinern, so finden wir im Schwabengau alte Spuren der Ballenstedter oder Anhaltiner Esiko, Hazecha, Adalbert. Dahin gehören Harzgerode (994 Hasacanrot, 1035 Hazechenrod), Eschenrode (1170 Esekenrot) bei Güntersberg, Aschenrode zwischen Walbeck und Willrode, beides Siedelungen des Esiko. Poppenrode links der Wipper bei Wippra ist als eine Anlage des 1045 verstorbenen Grafen Poppo von Wippra anzusehen.

Wenn wir inmitten des uralten Kulturgebiets südöstlich vor dem Harz einen Strich finden, wo Siedelungen der ausbauenden Zeit sich nachweisen lassen, so ist das eine die allgemeine Regel nur bestätigende Ausnahme. Es ragt nämlich in den mäßig gehobenen Gegenden bei der Reichspfalz Allstedt ein abgetrenntes Stück Harzwald in das früher bebaute Land hinein. So ist denn Mechtilderode südöstlich von Allstedt, das wir 1174 zuerst genannt finden, ziemlich um dieselbe Zeit von einer Gräfin Mechtild von Wippra gegründet, in welcher Poppo aus demselben Hause die nach ihm genannte Rodung vornahm. Etwas näher der letzteren liegt Landgrafenrode „auf der Wüste“, das uns sein Name als etwas jüngere Gründung eines thüringischen Landgrafen kennen lehrt. Wenn man nun sagt, daß Mechtilderode das heutige Ziegelrode sei, so scheint es, daß unter dem letzteren bedeutend jüngeren Namen vielmehr eine in der Nähe der älteren entstandene neuere Rodung zu erkennen sei. Lehrreich ist der Vergleich dieses Dorfes mit dem gleichnamigen nordwestlich von Eisleben. Da, wo dieses 1311 zuerst genannt wird, ist der Name umschrieben als Rodung, wo Ziegel gebrannt werden. Jener Zweck und eine Ziegelhütte gab also wohl hier wie dort den Anlaß zur Entstehung dieser Dörfer. Wir möchten in dieser Stammgegend der Ludolfinge noch an Liudulvesleiben = Lodersleben westlich von Querfurt erinnern, das, bereits im 9. Jahrhundert bezeugt, noch weiter zurückreichen dürfte.

Kehren wir auf den Harz im engeren Sinne zurück, so weist das hügelige südöstliche Mansfelder Land einzelne Orte auf, die, nach Gebhard (Burchard, Busso) und Bruno genannt, auf Glieder des Mansfeld-querfurtischen Hauses weisen, wie erstlich ein Gebharderode, nordöstlich von dem bereits genannten Erwinsrode, Bussenrode im Amt Grillenburg, Bräunrode (1060 Brunirot), Braunschwende (1381 Bruniswende). Einzelne, teilweise recht alte hassegau-friesenfeldische Orte zeugen doch durch ihre Namen auf eine Entstehung in christlicher Zeit. Ansprechend ist die Vermutung, daß Wimmelrode, ursprünglich Uuihemannarod, nicht die Rodung eines Wichmann, sondern der Geweihten, Priester oder Mönche, also dasselbe wie Möncherode sei. Daneben sind zu nennen Klosterrode bei Kaltenborn, Probstdorf bei Lengefeld, Bischofshain im Helmgau; vergleiche auch Äbtischrode und Bischofrode (ursprünglich -dorf). Öfters sind neuere Orte nach ihren Kirchenheiligen genannt, wie Peters- und Nikolausrode. Diese Benennungsweise ist mehr noch bei den im 12. und 13. Jahrhundert entstandenen Riethdörfern gebräuchlich, vergleiche Martins-, Lorenz-, Katharinen- und Nikolausrieth neben den Riethdörfern Rieth, Vorrieth, Langenrieth, Elre, Lappe, Riethof, Weidenhorst.

Auf unserer weiteren Wanderung nach Westen finden wir weniger so spät entstandene Siedelungen. Neuhof südwestlich Walkenried, eine Anlage der dortigen Cistercienserbrüder, gehört dahin. Doch finden wir auch hier merkwürdige Beispiele der ausbauenden Ortsgründung. So ist es gewiß keine zu gewagte Annahme, daß Branderode (874 Hadabranderode) die Rodung jenes Hadabrant sei, der im 9. Jahrhundert seine Güter in Sahswirphen (Sachswerfen) und Gudinsleiben unfern Branderode dem Kloster Fulda übereignet. Südlich von diesem Sachswerfen lag benachbart Criemhilterot = Crimderode und wieder etwas weiter östlich, auch im Amt Hohnstein, ein später eingegangenes Crimhilterot, wo zu Hadabrants Zeit ein Ditmar dem Kloster Fulda Eigentum schenkt. Jene Criemhilt, die beiden Rodungen den Namen gab, mag zu Hadabrant in verwandtschaftlichen Beziehungen gestanden haben. Nahe, südöstlich von wüst Criemhilderode, lag ein gleichfalls eingegangenes Diemerode, die Gründung eines Dietmar, wo 891 das Kloster Fulda von diesem Besitz erhält. Bei dem westlicher gelegenen früheren Kizzenrode (983 Kizanrothe) zwischen Lüderode und Stöckei dürfen wir wohl an eine Rodung des 977 im benachbarten Helmgau genannten Grafen Kizo denken, so daß Kitzenrode mit dem nicht weit entfernten Mackenrode gleichen Alters wäre. Ein zweites, dem Kloster Nienburg gehöriges Kizzenrode lag bei Harzgerode.

Wenn der Graf Widelo im Jahre 1124 in dem hier zuerst genannten Widelenrode (= Weddelrode, wüst, nordwestlich von Stöckei) dem Kloster Gerode Schenkungen macht, so dürfen wir doch diese nach ihm genannte Rodung als von ihm herrührend ansehen. Hermannsacker unter der Ebersburg, die 1216 im Besitz Landgraf Hermanns von Thüringen war, wird auf diesen seinen Ursprung zurückzuführen haben. Da das bei Stolberg gelegene Hain ursprünglich Markgrafenhagen heißt, so mag es zwischen 965 und 1034 von den östlichen Markgrafen angelegt sein.

Einzelne Ortschaften weisen durch den Familiennamen, den sie tragen, auf ihren Ursprung hin, so Goswinsrode (= Schweinsrode) bei Allstedt, das im 12.—13. Jahrhundert von der Familie Goswin, und Girbuchsrode nördlich bei Nordhausen, das von einer

Familie Girburg angelegt wurde, von der ein Christian Girburg im Jahre 1220 zuerst urkundlich bezeugt ist. (Anders Hackpfiffel und Kalbsrieth, wo nur die Familiennamen Hacke und Kalb die betreffenden Orte von gleichbenannten anderen unterscheiden.)

So sehen wir denn mit mehr oder minderer Sicherheit eine ganze Reihe von Rodungen in dem den Harz umgürtenden Hügellande gleichsam vor unseren Augen vom 8. bis zum 13. Jahrhundert entstehen. Unmittelbar an den Ausgangsthälern des Gebirges bilden diese Gründungen seit Beginn der christlichen Zeit, die teilweise zu Städten und ansehnlichen Dörfern und Flecken erwuchsen, entschieden die Mehrheit, so Gernrode, Heimburg, Blankenburg, Wernigerode, Ilsenburg, Harzburg, Goslar, Langelsheim, Osterode, Herzberg, Scharzfeld, Lauterberg, Walkenried, Neustadt, Ilfeld. Dagegen sind Ballenstedt, Quitlingen (Quedlinburg), Seesen, Gittelde, Nordhausen, Sangerhausen, Eisleben, Aschersleben als älteren Ursprungs anzusehen.

Besteigen wir nun aber das Gebirge, so weist dieses da, wo es zu einigermaßen beträchtlicher Höhe aufsteigt, keine einzige Ortschaft auf, die über die christliche Zeit zurückreichte. In manchen Fällen weist schon der Name auf den christlich-kirchlichen Ursprung, so bei Zellerfeld (cella s. Matthiae et Judae), Hohegeiß (cap. ad s. Spiritum), Elend, Bischofrode, Abtshöfe. Die Glut christlicher Begeisterung trieb besonders christliche Jungfrauen frühzeitig tiefer in die Bergwildnis hinein, so eine Liutbirg, die sich im 9. Jahrhundert in ein Gebirgsthal südwestlich von Blankenburg zurückzog. Die älteste klösterliche Anlage unmittelbar vor den Harzbergen gründete, wie uns erzählt wird, 820 Gisela, Witwe des Harzgrafen Unwan, Tochter des Ostfalenfürsten Hessi, an dem erhabenen Harzthor zu Winadohusen bei Thale, und ihre Tochter Bilihild war die erste Äbtissin. Weil man aber die nicht hinlänglich gesicherte Lage der Stiftung erkannte, so wurde sie 929 nach dem festen Quedlinburg verlegt. Erst 842 entstand dort das erste harzische Mannskloster zu S. Wiperti, dessen Kirche 849 geweiht wurde. Um diese Zeit wurde dann wieder westlich vom Harze durch den Grafen Liudolf und seine Gemahlin Uoda ein Jungfrauenkloster gestiftet, das 856 nach Gandersheim verlegt wurde. Unmittelbar am Fuß des Harzes erfolgte ums Jahr 877 abermals die Gründung eines Jungfrauenklosters Trubiki oder Trobike, des heutigen Drübeck, welches von dem vielleicht zu den Wettinern gehörenden Geschlechte der Grafen Theti (Dedi) und Wikker ausging. Die Gräfin Adalbrin war die erste Äbtissin. Des für die Harzmission wichtigen S. Liudgeriklosters zu Helmstedt, das Mitte des 9. Jahrhunderts von Helmstedt aus gegründet wurde, gedachten wir schon.

Die bisher erwähnten Stiftungen liegen nicht auf den Harzbergen selbst. Aber im Jahre 970 drangen Erzbischof Gero von Köln und sein Bruder Thietmar mit der Gründung des Klosters Tankmarsfelde (wohl nach Tankmar, Stiefbruder Kaiser Ottos I., benannt) bis in die Nähe des späteren Mägdesprung vor. Wie bei Wendhausen an der Bode sah man sich veranlaßt, wegen der mancherlei Unzuträglichkeiten den Konvent ins ältere Kulturland hinab nach Münchennienburg überzuführen. Aber der Trieb der Brüder zur Waldeinsamkeit war so groß, daß ein Teil derselben unter dem Abt Hagano, einem Verwandten des Königshauses, sich noch tiefer ins Gebirge zurückzog und hier die Propstei Hagenrode gründete, bei der dann sogar Münze und Markt angelegt wurde. Dabei sei daran erinnert, daß noch nach Jahrhunderten (1258) der Priester des Bodfelder Kirchleins bei Elbingerode sich vor Räubern nicht sicher fühlte, und daß aus ähnlichen Gründen die Goslarer Tochterstiftung bei dem späteren Zellerfeld sich nur mühsam bis ins erste Drittel des 15. Jahrhunderts erhielt.

Ein Zeugnis für die Unwirtlichkeit der Harzhöhen gewähren auch die das Gebirge durchsetzenden Elendshöfe und -Kapellen, von denen noch die Namen Elend, Hohegeiß (Elendenkapelle U. L. F. zum heil. Geist), Kapellenfleck zeugen. Der aufgedeckte Grundriß der Kapelle an letzterer Stelle weist auf einen Bau des 12.—13. Jahrhunderts.

Von den Ortschaften auf den Höhen reichen die auf dem minder hohen Unterharz teilweise in höheres Alter zurück. Dazu gehören die Brandrodungen auf -schwende, die durch ihre Bestimmwörter mehrfach auf den Wildreichtum der Gegend, wo sie entstanden, hinzuweisen scheinen: Eberschwende bei Harzgerode (1205 Everenswende), Schweins-(Wildschweins-)schwende (vor 900 Suinswinidun) bei Bornstedt, Atzenschwende (Acelanisuuneni, d. i. Elsterschwende) bei Dankerode. Zunächst werden wir diese Tiernamen allerdings als auf Personen übertragen zu denken haben, wie denn Bodenschwende bei Rammelburg, Ascherswenden bei Nordhausen (1093 Ascolfesswynethe) entschieden nach Personen genannt sind. Vergl. Schwiederschwende bei Questenberg, Hilkenschwende (Lichtung einer Eilika?) bei Rotha und das als Bürgers Geburtsort bekanntere Molmerschwende. Bei Gerenschwende westnordwestlich von Königerode und Braunschwende (1381 Bruniswende) werden wir an geschichtliche Persönlichkeiten als Gründer erinnert. Noch ist das einfache Schwende bei Stolberg zu nennen.

Neben jenen Waldlichtungen durch Feuer hatten wir im Unterharz auch bereits verschiedene Rodungen durch Beil und Axt gelegentlich zu erwähnen. Hiddenrode, jetzt Hüttenrode auf dem blankenburgischen Harze, mag die Erinnerung an die fromme Hidda, Schwester des Grafen Siegfried, bewahren, der 936 das Kloster Gröningen im Hargzau gründete. Die merkwürdigste als Waldrodung sich ankündende Siedelung mitten im Harze ist Elbingerode. Es wird zuverlässig bezeugt, daß ums Jahr 1074 sechshundert vor einem grausamen Dränger, dem heidnischen Slavenfürsten Cruko, fliehende Familien aus dem nordalbingischen Holstenlande nach langer Wanderung auf dem Harzgebirge neue Heimstätten fanden. Die bereits von älteren Forschern vertretene Annahme ist, daß Alvelincherot, Elvelingerode, das heutige Elbingerode, die Stätte sei, wo diese überelbischen Sachsen sich anbauten. Daß jene Flüchtlinge einen so weiten Weg machen mußten, ist sehr erklärlich, da in der altbesiedelten Ebene in der zweiten Hälfte des 11. Jahrhunderts das geeignete Land zu sehr aufgeteilt war, um so zahlreiche Einzöglinge aufzunehmen. Samt Derenburg und Reddeber zum alten Königshof Bodfeld gehörig, war die Strecke des Harzes, wo Elbingerode entstand, seit 1008 dem Stift Gandersheim verliehen, mit welchem die neuen Anbauer also wegen des Feldes und Waldes verhandeln mußten. Es lag in den Naturverhältnissen begründet, daß der Ort, der zu Anfang des 13. Jahrhunderts schon Kirchen und Münze besaß, sich nicht so günstig entwickelte, wie eine Niederlassung in der Ebene.

Auch die auf -feld endigenden Ortsnamen weisen auf Lichtungen im Walde. Teilweise schon früh bezeugt, werden die so genannten Orte auch vor zahlreichen andern entstanden sein, deren Namen auf -rode oder -hagen ausgehen. Bodfeld, seit 935 bekundet, lag auf der dem Brockenmassiv gen Südosten vorgelagerten Hochebene. Nicht viel später werden auf dem weniger erhabenen Unterharz Siptenfelde (940 Sipponifeld) und Selkenfelde (Silicanvelth), dann im 11. Jahrhundert Hasselfelde genannt. Alle diese Orte waren Jagdhäuser im königlichen Reichsbannforst und bildeten sich zu dörflichen Gemeinwesen aus. Von der dörflichen Eigenschaft Bodfelds ist kaum etwas zu sagen, während die Dorfgemeinde Selkenfelde noch zu Ende des 14. Jahrhunderts ihren eigenen Pfarrer hatte. Hasselfelde entwickelte sich zur Stadt durch Zusammenwachsen dreier gleichnamiger Orte, neben welchen lange auch noch ein Dorf Hagen bestand, durch seine günstige Lage an einem alten Straßenzuge. Zu den ältesten Orten dieser Benennungsweise gehören Mansfeld (973 Mannesfelt), Kreisfeld (1184 Crebezinveld). Sonst sind zu nennen Pansfelde (1276 Pamezvelde), Hatzkerfelde (Hatdesvelt), Ubenfelde. Als verhältnismäßig jüngere Siedelungen werden wir anzusehen haben Albrechtsfelde (um 1200 Adelbrechtesvelde) auf dem blankenburgischen Harz, Erdfelde östlich von Elbingerode. Bei Zellerfeld geht wenigstens der Name auf den Anfang des 13. Jahrhunderts zurück. Bei Voigtsfelde an der Warmen Bode ist es merkwürdig, daß wir d. J. 1260 bestimmt als die Entstehungszeit kennen lernen, da damals die Brüder zu Walkenried vom Grafen von Hohnstein die Holzmark Overvalsfelde kauften und dabei die Anlage von Wohnungen in Aussicht nahmen. Das jüngst aufblühende Sorge wird, wenn wir es auch urkundlich erst ziemlich spät nachweisen können, den Bergwerksbestrebungen des betriebsamen Klosters Walkenried seinen Ursprung verdanken.

Die einst zahlreichen -hagen sind vielfach jünger als die -rode und -felde, wenn auch das wüste Lichtenhagen östlich Wippra auf dem niederen Unterharz als Liochodago schon im 8. Jahrhundert genannt wird. Das wüste Voceshagen bestand zu Anfang des 13. Jahrhunderts auf den blankenburgischen Harzhöhen. Das einsame Wolfshagen auf dem Nordwestharz, 1316 zuerst bekundet, besaß 1356 erst eine Kapelle.

Selbst Städte des Unterharzes reichen nur in spätere Jahrhunderte des Mittelalters zurück, so Benneckenstein. Mitte des 13. Jahrhunderts hören wir hier erst von einer Beniken- oder Benekenbrugge (-brücke); 1319 wird der Benkensten als Grenzpunkt erwähnt, doch mag die Endung -stein auf eine mittlerweile hier gebaute Burg deuten, deren Erbauung sonst erst etwas später angesetzt und dem Grafen Heinrich IV. von Hohnstein zugeschrieben wird. Stolberg im südlichen Harz wird zuerst 1210 durch den Namen des hier waltenden Grafengeschlechts genannt und wird nicht viel früher entstanden sein. Güntersberge erhob sich wohl erst etwas später unter der gleichnamigen Burg, die allerdings 1281 bereits bestand.

Der bergmännischen Unternehmungen Walkenrieds gedachten wir schon. Dabei wird 1249 Zorge (Szurgenge), 1157 Wieda zuerst genannt. Im Jahre 1237 legen die Mönche südlich Braunlage das Hüttenwerk am Brunenbach an. Braunlage (brun-lo = Braunwald) mag wegen der Eisengewinnung am Wurmberg bis ins 14. oder 13. Jahrhundert zurückreichen. Der jetzige Flecken verdankt aber erst dem Bergbau und Straßenverkehr des 16. Jahrhunderts seine Entstehung. In Tanne befand sich bereits in der Mitte des 14. Jahrhunderts eine Zollstätte. Der Name: to deme danne = zum Tannenwald ist forstgeschichtlich bemerkenswert. Gerade hier oder ganz in der Nähe heißt 1265 und 1285 ein Forstort: tome dusteren danne. So war denn dieser Tann mitten im Harz schon vor sechs Jahrhunderten bei dem damals noch durchaus vorherrschenden gemischten Bestande unserer Forsten durch sein tiefes Dunkel ausgezeichnet. — Neuwerk, Wendefurt, Altenbraak, Treseburg, Trautenstein, Rübeland treten durch hier errichtete Hüttenwerke um die Mitte des 15. Jahrhunderts hervor; als Ortschaften reichen sie jedoch nicht über das 16. Jahrhundert zurück. Auch Stiege, so alt sein Name sein mag, tritt als Ort erst seit dem ausgehenden Mittelalter hervor.

Verdanken schon die meisten Ortschaften im Mittelstück unseres Gebirges erst dem ausgehenden Mittelalter und dem 16. Jahrhundert ihren Ursprung, so gilt das noch mehr vom westlichen eigentlichen Oberharz. Wohl gab es auch schon hier verschiedene ältere bergmännische Anlagen, von denen teilweise die Namen auf jüngere Orte übergingen. Die Stiftsherren des S. Simon- und Judasstifts in Goslar betrieben seit dem Anfang des 13. Jahrhunderts von ihrer Stiftung zur Celle mitten auf dem Oberharz aus durch die montani oder Bergleute hüttenmännische Unternehmungen, und es siedelten sich an dem weiter westlich von der Innerste gelegenen Frankenscharn Bergleute fränkischer Herkunft an. Doch durch die furchtbare Seuche des schwarzen Todes und mehr noch durch die große Unsicherheit der Gegend ging das noch 1357 bestehende Kloster zu Grunde. Um die Wende des 14. und 15. Jahrhunderts lag hier alles wüst.

Die Aufnahme des oberharzischen Bergwesens im 13. Jahrhundert veranlaßte in Verbindung mit der Ausbreitung der deutschen Hanse einen lebhaften Verkehr der blühenden Reichs- und Hansestadt Goslar mit dem Süden quer über das Gebirge. So entstand denn etwa ein Jahrhundert später als auf der Linie Ecker-Walkenried-Nordhausen eine westlichere, Mitte des 15. Jahrhunderts als rechte Heerstraße bekundete Verkehrslinie, deren Richtung noch durch Kreuze, Heiligenstöcke und Klausen erkennbar ist. Wo dieser Weg im Söſethale zuletzt ziemlich leicht nach Osterode hinabstieg, lag oben an der Söse über Riefensbeek die Kampeshütte, die 1460 längst eingegangen und deren Stelle durch Schlackenhaufen bezeichnet war. Die Hütte wird schon im 13. Jahrhundert bestanden haben, da bereits 1301 der nach ihr genannte Kampesweg erwähnt wird.

Auch in dem östlich anstoßenden lisgauisch-klettenbergischen Harze gehen die Anfänge der Besiedelung und des Bergbaues ins 13. Jahrhundert zurück. Während wir aber bei den westlicher gelegenen Thälern und Höhen jenen Spuren des „alten Mannes“ häufiger begegnen, scheinen auf dem klettenbergischen Harze nur am Ravens- oder Rupenberge die Buntkupfererze in nennenswerter Weise ausgebeutet zu sein. Im Jahre 1487 hatten aber die Bergwerksunternehmungen zu St. Andreasberg bereits begonnen.

Fast alle diese bergmännischen Anlagen gingen in der wirtschaftlich ungünstigen Zeit von der zweiten Hälfte des 14. bis zu Anfang des 16. Jahrhunderts wieder ein. Nur das durch die Eisensteingewinnung aufgekommene Grund scheint ununterbrochen fortbestanden zu haben. Mit seinem Namen zuerst 1405 bezeugt, entwickelte es sein Hüttenwesen in bescheidenen Verhältnissen, gewann aber, auf das am Fuße des Gebirges gelegene Gittelde gestützt, größere Bedeutung durch die hingebende Förderung, welche ihm seit Ende des 15. Jahrhunderts die verwitwete Herzogin Elisabeth von Braunschweig, geborene Gräfin zu Stolberg und Wernigerode († 1522/24) angedeihen ließ. Zur Bergstadt stieg aber auch Grund gleich ihren sechs oberharzischen Schwestern erst im 16. Jahrhundert (1532), wo zu Andreasberg um 1520, zu Zellerfeld etwa fünf Jahre später, zu Wildemann um dieselbe Zeit, zu Schulenburg 1532, zu Klausthal um die Mitte des Jahrhunderts, zu Altenau ein paar Jahrzehnte später das mit teilweise fieberhaftem Eifer betriebene Berg- und Hüttenwesen und mit ihm die Besiedelung des Oberharzes erst recht ihren Anfang nahm. Die Dörfer Lerbach, Lonau und Sieber, an klaren Gebirgswässern gelegen, die südwestlich gerichtete Thäler durchfließen, nach denen sie genannt sind, mögen in ihren Anfängen etwas weiter zurückreichen, sie werden aber erst im 16. Jahrhundert genannt. Als nach dem schweren Rückschlag durch den 30jährigen Krieg das harzische Bergwesen sich wieder hob, entstand seit 1668, hoch an der Kalten Bode der Hüttenort Schierke. Das der Viehwirtschaft seinen Ursprung verdankende Buntenbock, südlich Klausthal, war 1615 vorhanden.

Der Vollständigkeit wegen mag erwähnt werden, daß auch im Unterharze, selbst vereinzelt vor dem Gebirge, eine Anzahl Orte jüngeren Ursprungs sind, so Breitenstein und Straßberg im Stolbergischen aus dem 15. Jahrhundert, Neudorf und Lindenberg südwestlich von Harzgerode erst aus dessen Ende, Stapelburg in der Grafschaft Wernigerode aus der zweiten Hälfte des 16. Jahrhunderts. Verschiedene Orte wurden an der Stelle eingegangener älterer neu angelegt, so auf dem anhaltischen Harz Bärenrode (vor 1538), seit 1650 Schielo, um dieselbe Zeit Tilkerode, seit 1663 Siptenfelde, Neuplatendorf im Mansfeldischen. Die Gründungen König Friedrichs II. von Preußen kündigen sich schon durch ihre Namen an: Friedrichsthal (=Hasserode), Friedrichsbrunn unfern Thale, Friedrichslohra und Friedrichsroda im Kreise Hohnstein. Auch Alexisbad, Friedrichshöhe und Mägdesprung auf dem anhaltischen Harz sind im 17. bis 18. Jahrhundert entstanden.

Indem wir die Pflanzung eines neuen Wesens durch das Christentum im Geist und Gemüt der Harzbewohner, dann die Gründung der Städte und Dörfer auf den Höhen und Fluren des Harzlandes zusammenhängend überblickten, sind wir gleichsam durch eine Vorhalle der harzischen Geschichte gewandelt, über welche sich die letztere eigentlich erst aufbaut. Merkwürdig ist es nun, daß wir gerade die ältesten Teile dieses Baues als besonders reiche und hervorragende bezeichnen müssen. Denn wie wir gerade nördlich und südlich vom Harz in dem nur matt aus der Sage hervorragenden Thüringerreiche den ersten Ansatz einer eigentlichen, rein germanischen Staatenbildung erkannten, nahm, als sich in der ersten Hälfte des 10. Jahrhunderts von dem nur vorübergehend kräftig zusammengefaßten internationalen Mittelreiche Karls des Großen ein bewußt selbständiges deutschvolkliches Reich losrang, dieses abermals vom Harze seinen kräftigen Ausgang.

Da, wo unterhalb des großartigen Felsenthors der Roßtrappe das gen Nordosten fließende rauschende Gebirgswasser der Bode einen niederen, dem Nordabfall des Harzes gleichlaufenden Höhenzug durchbricht, erbaute König Heinrich I. oberhalb des Hofes Quitilinge die feste Quitilingeburg, die samt anderen von ihm errichteten Festen zu Schutz und Trutz gegen die den deutschen Osten bedrohenden Magyaren und Slaven dienen sollte. Den Ort, wo wir diesen deutschesten in der Reihe der mittelalterlichen Häupter unseres

Vaterlandes im Jahre 922 zum erstenmal anwesend finden, überwies derselbe sieben Jahre später nebst Pöhlde, Nordhausen, Grone und Duderstadt seiner Gemahlin Mathilde als Wittum. Sodann begann er hier die Gründung eines nur von Töchtern des hohen Adels, zunächst sogar von Gliedern des Königshauses geleiteten Frauenstiftes. Als ihn der Tod vor Vollendung dieses Werkes ereilte, fand er in demselben seine letzte Ruhestätte. Sein Sohn, Kaiser Otto I., vollendete den Bau und stattete die Stiftung reich mit Gütern und Vorrechten aus, wozu dann Heinrichs Witwe weitere Geschenke fügte. Ottos Tochter Mathilde wurde 966 als Äbtissin geweiht. Ihre Nichte, König Ottos II. Tochter, Adelheid I., folgte ihr und war von 999—1045 zugleich Äbtissin von Gernrode, von Vreden im Münsterschen, seit 1039 auch von Gandersheim. Die Verbindung mit letzterem Kloster währte längere Zeit.

Im Jahre 1021 wird in Gegenwart König Heinrichs II. und seiner Gemahlin Kunigunde ein bedeutend erweiterter Bau dieses Königsstiftes geweiht. Auch als die Könige sächsischen Stammes abgegangen waren, führten des starken Saliers Heinrich III. Töchter von 1046—1062 und von 1063—1095 den Äbtissinnenstab hier und zu Gandersheim.

In Quedlinburg nahmen auch zur Zeit des älteren Reiches verschiedene Kaiser und Könige ratend und thatend ihren Aufenthalt: 1079 der Gegenkönig Rudolf, im April 1134 Lothar der Sachse, 1139 Konrad III., der hier eine Fürstenversammlung veranstaltete. Auch der unter der Burg und dem Königsstift sich bildende Ort, dem bereits im Jahre 994 das Marktrecht verliehen wurde, gewann unter der Gunst solcher Verhältnisse eine gedeihliche Entwickelung.

Quedlinburg war aber keineswegs ein vereinzeltes königliches Besitztum am Harze, sondern so weit das Gebirge und der ihm vorgelagerte Reichsbannforst reichte, war alles Königsgut, wie wir das aus den zahlreichen Schenkungen vom 10. bis 12. Jahrhundert ersehen. Es ist schwer zu entscheiden, ob hier das Geschlecht der Ludolfinger über eigenen Erbbesitz verfügte, oder ob der Harz mit seinen Vorlanden bei der Besetzung des Landes als Königsgut ausgeschieden war.

Im Kern des Gebirges hatten die Könige ihre Jagdhäuser, wo sie nach ernster Arbeit für des Reiches und Landes Wohl des Weidwerks pflegten und Leib und Gemüt in frischer Wald- und Bergluft erquickten. Solche Jagdhöfe im Innern waren zu Selken-, Sipten- und Hasselfelde. Besonders beliebt war Bodfeld bei dem späteren Elbingerode, so recht im Innern des Harzes im Hochwalde unter dem Brockenmassiv gelegen. Hier wurden auch wohl von den Häuptern des Reiches inmitten eines größeren Gefolges Staatsgeschäfte erledigt. Ein Kranz von Burgen, Pfalzen und Königshöfen zog sich aber auch um das Gebirge herum, so im Süden Allstedt, Tilleda, Wallhausen, Nordhausen, Pöhlde und etwas entfernter Grone, im Westen wohl auch Seesen, dann weiter nach Nordwesten und Norden Dalheim, Werla, Ilsenburg, Frose, Walbeck.

Quedlinburgs Geschichte reicht etwas weiter zurück, als die der westharzischen Königsstadt Goslar, aber an eigenartiger Entwickelung und Bedeutung überflügelt diese dann die Schwesterstadt bedeutend. Ursprünglich war der Königshof am Gebirgswasser der Gose ein Zubehör der einst nach Nordosten weiter ins Land gelegenen Reichspfalz Werla, nördlich von Schladen, westlich der Oker, wovon seit lange fast nichts mehr als die geschichtliche Erinnerung übrig geblieben ist. Als aber zu Goslar — wie es heißt schon zu Kaiser Ottos I. Zeit — die reichen Silberadern des Rammelsberges aufgefunden wurden, da gewann jener Ort eine Bedeutung, wie sie in dieser Gestalt im nördlichen Deutschland nicht ihresgleichen findet. Kaiser Heinrich II. hielt sich hier häufig auf und trug zur Hebung und Vergrößerung der sich schnell entwickelnden Stadt bedeutend bei. Die größte Gunst und Zuneigung widmeten ihr aber die fränkischen Kaiser: Konrad II., der zwischen 1025 und 1030 öfter hier weilte, allermeist aber die kräftigste Gestalt unter allen deutschen Königen und Kaisern, Heinrich III. Er, der fast alljährlich auf längere oder kürzere Frist hier einen Aufenthalt nahm, machte Goslar, soweit das überhaupt bei dem Wanderleben der Könige und ihrer Kanzlei möglich war, zum eigentlichen Sitz und

Das Kaiserhaus in Goslar.

Mittelpunkt des Reiches. Er erbaute auf dem später sogenannten Kaiserbleek den großen Reichspalast, das jetzt in voller Schöne wiederhergestellte und durch einen Bilderkreis vaterländischer Erinnerung reich ausgestattete Kaiserhaus, den geschichtlich merkwürdigsten Profanbau östlich des Rheins. Als Ergänzung zu diesem weltlichen Hause entstand durch denselben Kaiser der den Heiligen Matthias und Judas geweihte Königs- oder Reichsdom, dessen Stiftsherren königliche Kapellane waren. Und gewissermaßen dieses Heiligtum wieder ergänzend, erhob sich auf dem Petersberge vor Goslar das Chorherrenstift St. Peters mit der Kapelle der Kaiserin.

Wie schon seine Vorgänger nach ernsten Geschäften ihre Lust und Erholung im Jagdspiel auf den frischen Waldhöhen gesucht hatten, so unternahm auch Heinrich III. nach schwerer Arbeit von dem strahlenden Wohnsitz des Reiches am Fuß der Berge aus seinen Todesritt zum hochgelegenen Jagdhof Bodfeld, um hier in den Armen des ihm befreundeten Papstes Viktor II., umgeben von hohen Fürsten des Reiches und der Kirche, allzufrüh sein thatenreiches Leben zu enden.

Noch größere Bevorzugung als unter dem Vater sah die glänzende Reichspfalz zur Zeit des Martini 1050 in ihr selbst geborenen Sohnes Heinrichs IV., freilich auch Auftritte der Schmach, der entfesselten Leidenschaft, wie sie teils das heißblütige, kräftige Geschlecht jener erst zu tieferer Gesittung sich emporringenden heroischen Zeit, teils die völlige Zerrüttung des unmittelbar vorher so stark geeinten Reiches kennzeichnen.

Von seiner Wehrhaftmachung im Jahre 1065 an ist der jugendliche König längere Zeit in der für ihn besonders heimischen Stadt, in der er dann freilich auch die Empörung der Sachsenfürsten und des von ihnen aufgestachelten Volkes erleben mußte. Zwischen 1065 und 1068 führte er zur Sicherung seiner Herrschaft auf mehreren Bergen und Vorhöhen des Harzes Burgen auf, den Sachsenstein zwischen Sachsa und Walkenried, den Asenberg in der späteren Grafschaft Lohra, die Heimburg westlich von Blankenburg u. a. m. Von höherer Bedeutung und größerem Umfang als die übrigen war aber die Harzburg, die für das königliche Hoflager eingerichtet und zur Bergung der königlichen Kleinodien und Schätze bestimmt war. Auch ein königliches Familienbegräbnis wurde hier angelegt.

Aber nur kurze Zeit sollte der König, der für unser Harzland eine ganz besondere Vorliebe hegte, sich seines eifrigen Schaffens an der Burg freuen. Unter der Leitung hoher Kirchenmänner, die ihre besonderen Absichten verfolgten, eines Erzbischofs Anno von Köln, dann des hochstrebenden Adalbert von Bremen, wurde er mehr irre geleitet als erzogen. Später entführt der von Heinrichs Mutter zum Herzog von Bayern erhobene Graf Otto von Nordheim mit Erzbischof Anno von Köln und Graf Ekbert von Braunschweig den jungen König. Da Otto eines Anschlags auf das Leben Heinrichs bezichtigt war, so nahm dieser ihm das Herzogtum Bayern wieder ab und übergab es Welf IV. aus dem Hause Este. Zwar gab dann durch des Erzbischofs von Bremen Vermittelung König Heinrich dem Nordheimer seine Stammgüter zurück, doch mußte sich derselbe 1071 mit seinem Freunde Magnus zur Haft stellen, aus der er im nächsten Jahre entlassen wurde;

Magnus jedoch, der den Verzicht auf Sachsen nicht leisten will, wird auf der Harzburg zurückbehalten.

Da zettelt Otto von Nordheim eine Verschwörung der Sachsenfürsten an: Bischof Burchards von Halberstadt, Pfalzgraf Friedrichs, Graf Hermann Billings, Erzbischof Wezilos von Magdeburg, Markgraf Dedos von der Lausitz, Graf Adelberts von Ballenstedt, Ekberts II. von Meißen und Markgraf Udos von Stade. Da nun diese, auf den 29. Juli 1073 zum Zweck eines Zuges gegen die Polen nach Goslar berufen, von Heinrich als Verschworene geringschätzig behandelt wurden, so regten sie die Volksleidenschaft auf und brachten eine offene Empörung zustande. Und da der König den von den Sachsenfürsten geforderten Erlaß des Zuges gegen die Polen den gesamten Fürsten vorlegen will, erscheinen die ersteren mit 60 000 Mann und bedrängen ihn so, daß er auf die Harzburg zu fliehen sich genötigt sieht. Als er von hier aus mit den Empörern zu verhandeln sucht, erklären diese seinen Gesandten, sie wollten darauf nicht eingehen, bis er alle seine in Thüringen und Sachsen errichteten Burgen zerstört habe. Da entflieht Heinrich schnell entschlossen, und von Herzog Berthold von Kärnten und den Bischöfen von Zeitz und Osnabrück geleitet, auf einem Gebirgspfade nach Eschwege und Hersfeld, während die zurückgelassene königliche Besatzung der Harzburg den Empörern vielen Abbruch thut.

In dieser Gefahr des Reiches standen den unzuverlässigen Fürsten gegenüber die Städte treu und opferwillig zum Könige. Als letzterer den noch auf der Harzburg verwahrten Billunger Magnus gegen die gefangene königliche Besatzung von Lüneburg frei läßt, stellt dieser, als Herzog ausgerufen, sich mit Otto von Nordheim an die Spitze der Empörer. Trotzdem läßt der König, der mit 6000 Getreuen bei Hersfeld gegen 40 000 Aufständischen gegenüberstand, sich nicht aus der Fassung bringen, verhandelt mit ihnen und es kommt am 2. Februar 1074 bei Gerstungen ein Vertrag zustande, in welchem Heinrich verspricht, die harzisch-thüringischen Burgen abzubrechen, die eingezogenen Güter herauszugeben und Otto von Nordheim wieder ins Herzogtum Bayern einzusetzen. Nur in betreff der Harzburg zögert der König, die Zerstörung ins Werk zu richten und verschreibt auf den 10. März einen Reichstag nach Goslar aus, wo der Streit endgültig geschlichtet werden solle. Als hier aber der König die zur Zier des Reiches erbaute Harzburg zu erhalten suchte, gingen die sächsisch-thüringischen Fürsten darauf nicht ein. Nun ließ der König zunächst die übrigen Burgen niederlegen, die Harzburg aber nur entfestigen, während die Kirche, der zum Chorherrenstift geweihte Platz und die übrigen Gebäude unberührt blieben.

Aber kaum hatte Heinrich sich drei Tage nach den Verhandlungen in der Richtung auf Worms fortbegeben, als die wildaufgeregte Menge sich auf den entwehrten Burgberg stürzte, die Kirche verbrannte, aus dem Königsgrabe die Leichname herauswühlte und die Reliquien in die Winde zerstreute. Letzteres sammelte nachher der Abt eines benachbarten Klosters (offenbar Ilsenburg) mit seinen Brüdern und hob es in seiner Kirche auf.

Solche Frevel erzeugten eine ganz veränderte Lage: die süddeutschen Fürsten traten entschieden auf die Seite des Königs, der mit ihrer Hülfe am 9. Juni 1075 die Aufständischen bei Nägelstedt unfern Langensalza völlig aufs Haupt schlug. Am 26. Oktober desselben Jahres streckten der Billunger, Bischof Burchard von Halberstadt, Herzog Magnus und Graf Hermann, Otto von Nordheim, Erzbischof Wezilo von Magdeburg, Graf Dietrich von Katlenburg und Graf Adalbert von Ballenstedt im Lager zu Spier bei Sondershausen die Waffen. Die besiegten Fürsten wurden durch süddeutsche Standesgenossen bewacht. Zu Weihnachten übte Heinrich gegenüber seinem einflußreichsten Feinde, Otto von Nordheim, Großmut und erwies ihm großes Vertrauen, indem er ihn aus der Haft entließ, ihn zum Statthalter von Sachsen machte und ihn am 6. März 1076 beauftragte, die Harzburg sorgfältig wieder aufzubauen, auf dem Steinberge bei Goslar aber eine neue Burg anzulegen. Da entzogen sich die gefangenen Sachsenfürsten teils ihrem Gewahrsam bei den süddeutschen Fürsten, teils wurden sie von ihnen freigegeben, und kurz vor Pfingsten 1076 fiel auch Otto von Nordheim wieder von seinem Könige ab.

Durch die Verbindung der sächsischen Fürsten mit dem Papste geriet Heinrich IV. in eine sehr mißliche Lage: in den Monaten November und Dezember 1077 sprachen Versammlungen deutscher Bischöfe und Vertreter des Papstes in Goslar den Bann über ihn aus. Sein Schwager, Rudolf von Schwaben, wurde zum Gegenkönige ausgerufen und feierte die folgende Weihnacht, dann Ostern 1078 in Heinrichs Geburtsstadt. Zu Pfingsten hielt er hier einen Fürstentag ab, war zu Ostern 1079 abermals hier und hielt wieder nach der Schlacht von Flarchheim im Februar 1080 als Sieger seinen Einzug. Ungewiß ist es, ob, nachdem sein Gegner im Oktober gefallen war, Heinrich IV. vor seinem Zuge nach Italien noch einmal die heilige Weihnacht in seiner Lieblingsstadt am Harz gefeiert hat. Jedenfalls sah schon zu Ende des nächsten Jahres Goslar einen neuen Gegner des Saliers, Hermann, den zu Eisleben gewählten „Knoblauchskönig", der am 26. Dezember 1081 zu Goslar vom Erzbischof von Mainz gesalbt wurde und dann auch in den beiden nächsten Jahren vorübergehend zu Goslar sich aufhielt, bei sich einkehren.

Ein Vierteljahrhundert war seit der blutigen Szene zwischen den Hildesheimern und den Mannen und Anhängern des Abtes zu Fulda im Goslarer Kaiserdom verflossen, als in der ersten Aprilwoche des Jahres 1088 die Reichsstadt abermals der Schauplatz blutiger Auftritte wurde, die mehr als irgend etwas anderes den wilden, harten Sinn des damaligen Geschlechts und die den öffentlichen Frieden störenden Gegensätze zwischen Rom und dem Reiche kennzeichnen. Bischof Burchard von Halberstadt, der sich rühmte, dreizehnmal das Schwert gegen seinen Kaiser und König gezogen zu haben, der ihn und sein Stift durch reiche Schenkungen bedacht hatte, war zu alt geworden, um selbst das Schwert weiter gegen seinen Herrn führen zu können. Die Stimmung im Reich war aber eine solche geworden, daß manche, die früher auf seiten der Gegner gestanden hatten, sich Heinrich IV. wieder zuneigten. Einer von den Fürsten jener Tage, die mehrfach von einer Partei zur andern schwankend, endlich zum angestammten Reichsoberhaupt zurückkehrten, war der Brunone Ekbert von Meißen. Er bekämpfte daher in dem Halberstädter Burchard des Kaisers erbittertsten Feind, was Land und Leute im Halberstädtischen schwer empfanden. Da veranstaltete der Bischof mit seinen Parteigängern, Erzbischof Hartwig von Magdeburg, dem Grafen Konrad von Beichlingen, Otto von Nordheims Sohne, und anderen, in Goslar eine Besprechung über das, was bei der mißlichen Lage zu thun sei. Er selbst, obwohl alt und morsch, wollte lieber in die Fremde ziehen, als sich dem Kaiser, „dem Tyrannen", unterwerfen.

Der Fürstentag, der demnach keinen Frieden und Ergebung bezweckte, sollte auch in blutiger Fehde enden. Da es den Freunden Heinrichs IV. nicht schwer wurde, die Bürger der Reichsstadt gegen den unversöhnlichsten Feind ihres kaiserlichen Herrn zu erregen, so kam es am 5. April zu einem blutigen Zusammenstoß zwischen den städtischen und bischöflichen Mannen, in welchem der Bischof, der sich in ein abgelegenes, festes Gemach geflüchtet hatte, von den kaiserlich gesinnten, die aus Scheu vor dem Alter erst zögerten, von der scharfen Waffe Gebrauch zu machen, endlich durch einen Spieß zum Tode verwundet wurde. Da mittlerweile die Halberstädter in Goslar Feuer angelegt hatten und die Bürger zur Rettung ihrer Stadt eilen mußten, so gelang es den Leuten des Bischofs, diesen in einer Sänfte bis ins Kloster Ilsenburg zu tragen, wo er Donnerstag den 6. April seinen Geist aufgab. Die Beschreibung von Burchards Ende, vom Abt des Ilsenburger Klosters, Herrand, einem ganz in der kirchlichen Zeitanschauung lebenden leiblichen Verwandten des Bischofs und dessen zweitem Nachfolger im Bistum verfaßt, hat die Gestalt einer Heiligengeschichte. Wohl läßt sie den Sterbenden ein reumütiges Sündenbekenntnis ablegen, ja, sie deutet angesichts so vieler offenkundiger Thatsachen ein besonderes Maß seiner Überschreitungen an; als aber Herrand berichtet, wie es mit seinem Vetter zu Ende ging, sagt er, daß mit dieser Sonne am 6. April 1088 die Sonne der Welt unterzugehen schien!

Nachdem dieser streitbare Gegner dahingeschieden war, stand man in unseren sächsisch-thüringischen Gegenden ziemlich allgemein auf seiten Heinrichs IV. Dennoch gelangte er nicht wieder zu seiner Gewalt, während später sein rebellischer Sohn, Heinrich V., in die hohe Pfalz am Harz einzog. Als dieser am 8. September 1107 hier einen Reichstag abhielt, fuhr bei einem furchtbaren Gewitter ein Blitzstrahl in den Kaisersaal, berührte den König und beschädigte dessen Schild und das Reichsschwert. Das Volk sah darin eine Stimme Gottes, der bei der Untreue des Sohnes gegen den eigenen Vater den Frevler mit dem Brandmal gezeichnet habe.

Aber auch der von der Kirche gegen seinen Vater unterstützte Sohn, der nun an dessen Stelle öfter in Goslar einzog, gelangte zu keinem ruhigen Besitz der kaiserlichen Macht. Als er anfangs 1115 in der Goslarer Kaiserpfalz die sächsischen Fürsten ächtete, die unter der Anführung Herzog Lothars von Süpplingenburg den Kaiser bekriegten, und letzterem das Herzogtum Sachsen absprach, wurde bald darauf sein eigenes, unter dem Helden Hoier von Mansfeld kämpfendes Heer im mansfeldischen Unterharz am Welfsholz geschlagen. Die Sieger zogen nun, um ihren Herzog Lothar geschart, in Goslar ein, wo am 8. September der päpstliche Legat den Bann über den Kaiser verhängte. Anfangs 1120 söhnte sich dann, abermals zu Goslar, Heinrich V. mit Lothar und den übrigen sächsischen Fürsten und Großen aus. Erst als Lothar der Sachse im September 1125 als König und, von der Kirche gefördert, 1133 als Kaiser Heinrichs Nachfolger wurde, trat wieder mehr Ruhe und Sicherheit im Reiche ein.

Der neue Herrscher weilte und tagte wieder öfter in Goslar und sonst am Harze. Auch geschah dies seitens des Hohenstaufen Konrad III. und mehr noch seitens seines hochgefeierten Nachfolgers Friedrich, der gleich im Juni 1154 seinen ersten Reichstag in Goslar hielt. Wohl waren jener Tag, an welchem die Stadt gegen 30—40 000 Gäste beherbergt haben soll, und der einige Jahre später daselbst gehaltene die glänzendsten, welche die alte Kaiserstadt sah, aber indem auf dem ersteren der König seinem als Herzog von Sachsen bereits mächtigen Vetter Heinrich dem Löwen noch das Herzogtum Bayern zusprach und ihm gegen das Schloß Baden in Schwaben die Burgen Scharzfeld und Herzberg, den Königshof Pöhlde und damit die Grafschaft im Lisgau mit dem dazu gehörenden oberharzischen Forst übereignete, wurde in der Hand eines rücksichtslosen und ehrsüchtigen Fürsten eine Macht vereinigt, die den Bestand des Reiches sehr gefährdete. Das mußte die Reichsstadt Goslar, die der Löwe als Bedingung für die Erfüllung seiner Reichspflicht gefordert haben soll, schon im Jahre 1167 durch Absperrung aller Zufuhr schmerzlich fühlen. Schwer trafen den Harz die Spuren des Löwen, als dieser von seinen Nachbarn, darunter der Bischof von Halberstadt und Erzbischof Wichmann von Magdeburg, angegriffen wurde. Halberstadt am Nord-, Nordhausen am Südharz gingen 1179 und anfangs 1180 in Flammen auf; Bischof Ulrich von Halberstadt wurde schwer verletzt gefangen.

Ein Jahrhundert hatte die infolge des Aufstandes der Sachsenfürsten zerstörte königliche Harzburg wüst gelegen, als die Unbotmäßigkeit ihres Haupterben, Heinrichs des Löwen, auch den Anlaß zu ihrer Wiederaufrichtung gab. Dieser übermächtige Fürst war der Onkel sowohl Welfs IV. von Bayern, wie Ottos von Northeim und des Herzogs Magnus IV. Kaiser Friedrich I. war dagegen mütterlicherseits der Urenkel Kaiser Heinrichs IV. Da nun der Löwe seinem Vetter und dem kaiserlichen Herrn in schwerer Lage die Hülfe verweigerte, und die Deutschen so eine schwere Niederlage erlitten, so wurde er seiner Herzogtümer Bayern und Sachsen entsetzt und 1180 in die Reichsacht erklärt. Friedrich I. mußte mit einem großen Heere, und gestützt auf das Ansehen seines kaiserlichen Namens, selbst heranziehen und den Übermütigen, dem er auf der Pfalz Werla noch eine letzte Frist gesetzt hatte, zum Gehorsam zwingen, worauf die Lichtenburg genommen und die Harzburgen Schildberg, Herzberg und Staufenburg zur Ergebung genötigt wurden, auch die Grafen von Scharzfeld und Ilfeld sich ihrem kaiserlichen Herrn ergaben. Da dieser nun in der Nähe von Goslar lagerte, beschloß er, die Harzburg, wie einst sein Ahn Heinrich IV., zum Schutze der Reichsstadt, und um den Welfen von hier aus im Zaume zu halten, wieder aufzubauen. Das geschah, und es wurde nun die starke Bergfeste edlen Familien des Landes, den von Burgdorf, von Meinersen, von Hessen, von Lengede, den Grafen von

Schaumburg und den Herren von Wolfenbüttel, zum Schutze anvertraut. Als Entgelt erhielten sie Einkünfte aus den Goslarschen Bergwerken angewiesen.

Den Oberbefehl über die erneuerte Reichsburg führten aber die Grafen von Woldenberg, die sich deshalb zeitweise Grafen von Harzburg nannten. Diese, auch von Woldenbruch und, nach ihrem älteren Stammsitze bei Vienenburg, auch von Wöltingerode, endlich von Werder und von Woldenstein genannten Grafen sind das vornehmste Herrengeschlecht des nordwestlichen Harzes, das die Grafschaft in acht Gauen verwaltete, die Schutzvogtei der kaiserlichen Reichsstifter in und vor Goslar und von Gandersheim, zeitweise auch von Walkenried ausübte. Früher auf seiten Heinrichs des Löwen stehend, hielten die Woldenberger seit 1180 treu zu Kaiser und Reich und zu den Hohenstaufen, so 1198 zu Kaiser Philipp, der ihnen 1203 zum Dank den größten Teil der Goslarschen Vogteigelder überließ. Weil er in Treuen der bedrängten Reichsstadt Goslar beistand, wurde Graf Hermann von Woldenberg von der im Jahre 1206 durch die Braunschweiger vorgenommenen furchtbaren Plünderung der Stadt mitbetroffen. Sein Bruder verteidigte inzwischen heldenmütig Burg Lichtenberg wider Gunzelin von Wolfenbüttel und Herzog Wilhelm von Braunschweig, bis der Erzbischof von Magdeburg, der Landgraf von Thüringen und der Landgraf von Meißen zum Entsatz heranrückten. Erst nach des Staufers Ermordung durch Otto von Wittelsbach wenden sich mit allen deutschen Fürsten auch die Grafen von Woldenberg dem Welfen Otto IV. zu, der nun die Harzburg nicht mehr als Reichsfeste, sondern als sein persönliches Eigentum betrachtete und auch den Woldenberg besetzte. Durch seine letztwilligen Bestimmungen gab er jedoch die Harzburg dem Reiche zurück und verstarb auf derselben am 19. Mai 1218. Nun hielten sich die Woldenberger zu Friedrich II., der ihnen die Goslarschen Vogteigelder bestätigte.

Noch einmal wurde infolge eines geschichtlichen Ereignisses die Aufmerksamkeit auf die Harzburg gelenkt. Graf Heinrich von Schwerin hatte den König Woldemar II. von Dänemark und dessen schon gekrönten Sohn Woldemar III., von denen er in seinen deutsch-slavischen Küstenstrichen bedrängt war, gefangen genommen und beide nach dem festen Dannenberg an der Elbe geführt. Am 24. September 1223 schloß nun aber Kaiser Friedrichs II. Sohn und Verweser, König Heinrich, in Nordhausen mit dem Grafen von Schwerin und dessen Freundschaft einen Vertrag, worin dieser ihm die Gefangenen für 52000 M. Silbers überließ. Diese Summe sollte vom Kaiser nach der Harzburg, Wernigerode, Blankenburg, Regenstein oder Asseburg, als auf die festesten Schlösser am Harze, gesandt und dort niedergelegt werden. Sollten die Könige sich zu einem Vergleich nicht willfährig zeigen, so sollte der jüngere dem Grafen von Schwerin zurückgegeben, der ältere aber nach der Harzburg gebracht werden. Im Vertrage von Bardowiek traten die Könige alles Land südlich der Eider ab.

Bis ans Ende des 12. und den Anfang des 13. Jahrhunderts stehen die geschichtlichen Bewegungen am Harz im engsten Zusammenhange mit der Reichsgeschichte und knüpfen vorzugsweise an die Königsstadt und das Stift Quedlinburg, die Reichsstadt Goslar und die Reichsfeste Harzburg an. Es ist besonders eine nordharzische Geschichte. Wir haben nun aber in Kürze noch einiges über das königliche Nordhausen am Südharz nachzuholen.

Gleich Quedlinburg tritt Nordhausen unter Heinrich I. in das Licht der Geschichte, und dieser, der mindestens am 25. Juni 934 hier persönlich anwesend war, eignete zwischen 927 und 929 alles, was er in Nordhausen besaß, wie wir bereits erwähnten, mit anderen Gütern seiner Gemahlin Mathilde als Wittum zu, und diese gründete hier als Witwe zwischen 936 und 968 ein der heiligen Jungfrau Maria geweihtes Jungfrauenkloster, dem königliche Gunst im Jahre 962 auch Marktzoll und Münzrecht des Ortes Nordhausen überwies. Die fromme Witwe König Heinrichs, die an ihrem Witwensitz im Sommer 963 eine Zusammenkunft mit ihrem kaiserlichen Sohne Otto I. erlebte, ging hier am 14. März 968 wohlbetagt heim. Die Könige sächsischen Stammes nahmen hier öfters ihren Aufenthalt, auch die fränkischen. Im Jahre 1075 lagert in der Nähe das gegen König Heinrich IV.

aufständische Heer der sächsisch-thüringischen Fürsten. Im Jahre 1105 ist Nordhausen der Schauplatz einer Art Kirchenversammlung, auf der unter Leitung des Erzbischofs Ruthard von Mainz Simonie und Priesterehe verdammt und Fastengesetze erlassen wurden. Kaiser Heinrich V. erklärte, daß er sich dem heiligen Petrus und dessen Nachfolgern unterwerfe, und machte seinen Frieden mit der Kirche, um bald danach ihr gegenüber in dieselbe Lage zu geraten wie sein von ihm verratener Vater.

Kaiser Konrad III. war im Spätjahr 1144 mit hohem fürstlichen Gefolge, Friedrich I. am 28. August 1188, Heinrich VI. im Oktober 1192 zu Nordhausen. Viel hat die anfangs 1180 von Heinrich dem Löwen eingeäscherte Stadt in dem Wettlauf Philipp des Staufers mit dem Welfen Otto IV. um die Königskrone erlitten, besonders wegen des wiederholten schnellen Parteiwechsels Landgraf Hermanns von Thüringen. Es war nahe daran, daß die freie Reichsstadt diesem Parteigänger als Lehnsfürsten unterworfen wurde. Auf einem Reichstage zu Nordhausen wurde 1207, unter Vermittlung eines päpstlichen Legaten, mit Kaiser Otto IV. wegen seines Rücktritts verhandelt, Bemühungen, die dann in Quedlinburg erfolglos fortgesetzt wurden. Des Hoftages in Nordhausen im September 1223, wo zur Zeit Heinrichs VII. unter dem Vorsitz des Erzbischofs von Köln als Reichsverwesers, wie oben vermerkt, Vereinbarungen wegen der gefangenen Dänenkönige getroffen wurden, sei wenigstens im Vorübergehen gedacht.

So kurz wir bisher die mit den Geschicken des deutschen König- und Kaisertums sich deckenden geschichtlichen Vorgänge am Harz vom 10. bis ins 13. Jahrhundert zusammenfassen mußten, so können wir von diesem Abschnitt nicht scheiden, ohne zum Schluß nochmals die Steine reden zu lassen und auf jene Kette herrlicher Kirchen und Klöster hinzuweisen, die entweder unmittelbar von Königen und Kaisern erbaut oder zur Zeit ihres Waltens entstanden sind. Denn jene der kunstgeschichtlichen Entwicklung entsprechenden romanischen Kunstbauten sind auch in Plastik umgesetzte Thaten, Verkörperungen der Gedanken und Bestrebungen einer mächtig bewegten Zeit. Wir halten diese Umschau um so lieber, als hier unsere Gegenwart ungeachtet anderer religiös-kirchlicher Überzeugungen mit großen Opfern diese Werke der Vorzeit, zum großen Teile nach langer Verwahrlosung, wiederhergestellt und dadurch ihren vaterländischen Kunst- und kirchlichen Sinn bethätigt hat.

Beginnen wir im Nordosten, so finden wir hier die in alter Schöne wieder vor uns stehende, in der ersten Hälfte des 12. Jahrhunderts von Graf Konrad, der „Sachsenblume", neu aufgeführte und von seinem Bruder Bernhard von Plötzkau 1147 vollendete dreischiffige Kirche des im 11. Jahrhundert gegründeten Benediktiner-Jungfrauenklosters Hecklingen, die im Innern eine regelmäßige Abwechslung von Pfeilern und Säulen neben verschiedenem eigenartigen Schmucke zeigt. In der edelsten Gestalt dieses romanischen Stils bewundern wir südwestlich davon, vor den sich hier sanft abdachenden Harzbergen, die Kirche und sonderlich die noch wohl erhaltene Krypta des Mannsklosters Konradsburg. Während von dem alten Kloster zu Ballenstedt nur wenige Überbleibsel mit der Unterkirche erhalten sind, zeigt, ähnlich wie in Hecklingen, die Kirche des seit 960 von dem Markgrafen Gero erbauten Frauenstifts Gernrode, doch in besonderer Weise, Säulen- und Pfeilerwechsel. Ähnliche Verhältnisse finden wir in der nordöstlich davon gelegenen, einst Gernrode unterstellten Kirche des Fräuleinstifts Frose. Dem Lande Anhalt und seinen Fürsten verdanken wir die Wiederherstellung der Hecklinger, wie der Gernröder und Froser Kirche.

In Quedlinburg nennen wir zuerst den 935 vom König Heinrich I. begonnenen Bau der Stiftskirche zu St. Servatii, in der seine und seiner Gemahlin Mathilde Gebeine ihre letzte Ruhestätte fanden. Auch in dieser sorgfältig erneuerten Kirche wechseln je zwei meist verstümmelte Säulen mit einzelnen Pfeilern (Abb. S. 72). Der merkwürdige Bau des 986 durch Kaiser Ottos II. Schwester gegründeten Jungfrauenklosters auf dem Münzenberge ist jetzt in seinem durch Bürgerhäuser und Wohnungen entstellten Zustande nicht mehr zu erkennen.

Weiter nach Westen ins Land hinein ist von der ins 11. Jahrhundert zurückreichenden Kirche des Mannsklosters Gröningen an der Bode, einer dreischiffigen Basilika, nur das Mittelschiff erhalten, das zwischen je vier Säulen in der Mitte einen viereckigen Pfeiler zeigt. Höchst merkwürdig und mannigfaltig ist der in der ersten Hälfte des 12. Jahrhunderts aufgeführte Bau der dreischiffigen Kirche des Klosters Hamersleben, die keinen Pfeiler- und Säulenwechsel aufweist, sondern Haupt- und Nebenschiffe durch je sechs Säulen trennt. Der dreischiffige Bau der Kirche von Huysburg, eines 1084 gegründeten Benediktinerklosters, zeigt wieder Pfeiler- und Säulenwechsel. Sie wurde in der ersten Hälfte des 12. Jahrhunderts erneuert.

Inneres der St. Cyriaci-Kirche zu Gernrode.

Die Bischofsstadt Halberstadt besitzt an ein und demselben Platze zwei so merkwürdige Vertreter der Hauptstile des Mittelalters, wie kaum eine zweite Stadt Deutschlands, den Dom und die zu Anfang des 11. Jahrhunderts gegründete und in der ersten Hälfte des 12. Jahrhunderts der Hauptsache nach vollendete Kirche des Liebfrauenstifts. Da der wie jene vorher romanische Dom bis auf den untersten Teil der Türme später gotisch erneuert und ausgebaut wurde, so sehen wir zu dem mächtigen romanischen einen prachtvollen gotischen Bau gefügt, das herrlichste Gotteshaus dieses Stils am Harze (s. S. 92/93). Außer Unser Lieben Frauen besaß Halberstadt bis 1644 noch drei schöne romanische Kirchen, die des Stifts St. Mauritii, des 1083 ff. von Bischof Burchard II. gegründeten St. Pauls und die des von Bischof Brantho in der ersten Hälfte des 11. Jahrhunderts errichteten St. Johannesstifts. Nachdem die letztgenannte im angegebenen Jahre zerstört wurde, sind seitdem noch drei übrig, von denen die zu Unser Lieben Frauen die merkwürdigste ist.

Während von der romanischen Kirche des Jungfrauenklosters Stötterlingenburg bei Osterwieck wenig in ursprünglicher Gestalt erhalten ist, bieten die Reste des Jungfrauenklosters Drübeck und des benachbarten größeren Benediktiner-Mannsklosters Ilsenburg, dessen Ursprung in den Anfang des 11. Jahrhunderts zurückreicht und eine Gründung der Bischöfe von Halberstadt ist, trotz mancher Entstellung noch eine ungefähre Vorstellung von ihrer ursprünglichen Gestalt. In beiden herrscht Pfeiler- und Säulenwechsel. Die Drübecker Türme sind wieder hergestellt.

Die der zweiten Hälfte des 12. Jahrhunderts angehörige Kirche des Cistercienser-Jungfrauenklosters Wöltingerode läßt nur noch teilweise ihre ursprüngliche Gestalt er-

AUFNAHME VON L. KOCH IN HALBERSTADT.
Schiff im Dom zu Halberstadt.

kennen. In den Arkaden wechselt nur vereinzelt je eine Säule mit Haupt- und Nebenpfeilern ab.

Der zum großen Teil zerstörten alten kaiserlichen Gotteshäuser in Goslar gedachten wir schon. Von dem 1819 abgetragenen Dome ist wenigstens die merkwürdige romanische Vorhalle (s. S. 95), worin Pfeiler und Säulen wechseln, erhalten, außerdem die baugeschichtlich höchst eigenartige kaiserliche Doppelkapelle St. Ulrichs. Am besten sind auf uns gekommen die in der zweiten Hälfte des 12. Jahrhunderts gebaute Pfeilerbasilika des Cistercienserinnenklosters Neuwerk, die spätromanische Pfeilerbasilika der Frankenberger Kirche (s. S. 97 u. 155), ebenso die Marktkirche, in der Pfeiler und Säulen wechseln, während die alte Kirche St. Jacobi jetzt ein Gemisch verschiedener Stilarten vor Augen führt.

Von der dem 12. Jahrhundert angehörigen Pfeilerbasilika des Augustinerklosters Riechenberg bei Goslar ist fast nur die von Säulen getragene Krypta übrig geblieben. Die Kirche des 940 als Jungfrauenstift gegründeten, 1154 Mönchen eingeräumten Klosters Ringelheim hat wenig Reste des ursprünglichen romanischen Baues erhalten.

Um so herrlichere Beispiele des romanischen Baustils hat aber die vor der Nordwestecke des Harzes gelegene Bischofsstadt Hildesheim aufzuweisen. Zwar der alte romanische Bau des Doms mit seinem rhythmischen Wechsel von Pfeilern und je zwei Säulen hat im vorigen Jahrhundert durch Änderungen im Zopfstil sein ursprüngliches Ansehen verloren. Aber vier andere Kirchen haben die schönen ursprünglichen Formen erhalten oder durch sorgfältigen Erneuerungsbau wieder gewonnen. Es ist der ums Jahr 1000 begründete Bau Bischof Bernwards, die St. Michaeliskirche samt Krypta, in deren hohem Mittelschiffe je zwei Säulen mit zwei Pfeilern wechseln. Das Gleiche findet sich in der von Bischof Bernhard seit 1133 erbauten Godehardikirche. Die Pfeilerbasilika des ums Jahr 1078 von Bischof Hezilo begründeten heiligen Kreuzstifts mit ihrem romanischen Kreuzgang hat im Verlauf der Jahrhunderte manche Umgestaltung erleiden müssen, während die von demselben Kirchenfürsten 1054 begonnene Säulenbasilika des Stifts auf dem Moritzberge die ursprüngliche Anlage noch deutlich erhalten hat.

Sehen wir von dem im Tieflande gelegenen Braunschweig ab, das wir mit seinem romanischen Dom und sonstigen kirchlichen Bauten nicht füglich in unsere Übersicht einbeziehen können, so gehört dagegen noch eine ganze Gruppe romanischer Bauten, die bis zu den Waldhöhen des Elms und Lappwaldes gelegen sind, entschieden dem alten geschichtlichen Harzgebiet an. Bemerkenswert ist, daß, während sonst vor dem Nordharze, von Hecklingen bis Hildesheim, neben einzelnen Säulenbasiliken durchaus Pfeiler- und Säulenwechsel vorherrscht, jene nordwestlichen Kirchen, gleich Braunschweigs St. Blasiendom, sämtlich Pfeilerbasiliken sind.

Die östlichste ist die leider verfallende einfache Basilika des ins Ende des 10. Jahrhunderts zurückreichenden Stifts Walbeck an der Aller unter dem Lappwalde. Entsprechend den frühen Anfängen der christlichen Mission an dieser Stelle, hat das südlich von Walbeck gelegene Helmstedt auch sehr alte kirchliche Bauten aufzuweisen, von denen die zum St. Liudgerikloster gehörige Peterskapelle über die Anfänge des deutschen Kaisertums zurückreicht. Der Bau der größeren Klosterkirche erfolgte im 11. und 12. Jahrhundert. Erhalten ist im wesentlichen nur die Unterkirche. Die flachgedeckte Basilika des 1176 gegründeten Augustinerinnenklosters Marienberg vor Helmstedt, welche seit 1569 einem evangelischen Jungfrauenstift gehört, ist sorgfältig wiederhergestellt. Der einfache Quaderbau der Basilika von Marienthal, einem Cistercienserkloster, war von 1138—1146 Familienstiftung der sächsischen Pfalzgrafen von Sommerschenburg. Südlich von Helmstedt ist der Bau des im Jahre 1120 von Kalbe an der Milde nach dem alten Schöningen verlegten Augustinerklosters zu St. Lorenz noch halb romanisch. Nordwestlich von Helmstedt hat Süpplingenburg eine würdig wiederhergestellte, durchweg gewölbte, aus Bruchstein aufgeführte Pfeilerbasilika, die dem ersten Drittel des 12. Jahrhunderts und dem Kaiser Lothar, der nach der hier gelegenen Burg genannt wurde, ihren Ursprung verdankt. Später Templerkomturei und seit Aufhebung des Ordens Zubehör der Johanniterballei Lucklum, wurde Süpplingenburg im Jahre 1820 herzogliches Krongut.

Der großartigste, kunstgeschichtlich merkwürdigste Bau unter den am Elm und Lappwald gelegenen romanischen Kirchen ist die Stiftskirche von Königslutter. Bei einem ums Jahr 1100 von Graf Bernhard d. Ä. von Neuhaldensleben gegründeten Jungfrauenkloster, dessen zügellose Insassen nach Drübeck versetzt wurden, errichtete Kaiser Lothar im Jahre 1135 ein Benediktiner-Mannskloster und legte im Juli d. J. mit seiner Gemahlin Richenza den Grund zu der neuen Kirche, die er zur Familiengrabstätte bestimmte, und in der er selbst am letzten Tage des Jahres 1137 beigesetzt wurde. Durch seine großen Abmessungen macht dieser Königsbau, der dann noch von seinen Nachfolgern weiter ausgeführt wurde, einen erhebenden Eindruck. Auch die gerade abgeschlossene gewölbte Pfeilerbasilika des 1145 gegründeten Cistercienserklosters Riddagshausen, westlich Königslutter, aber näher bei Braunschweig gelegen, ist ein mächtiges Beispiel dieser Bauart. Gleich der zu Königslutter ist sie auf Landeskosten würdig wiederhergestellt.

AUFNAHME VON L. KOCH IN HALBERSTADT.

Nordportal am Dom zu Halberstadt.

Mit solchem Reichtum an romanischen Kirchenbauten aus der alten Kaiserzeit am Nordharz kann sich der Südharz nicht messen. Teilweise kommen hierbei wohl besondere Schicksale in Betracht, wie denn die alten romanischen Kirchen von Pöhlde, Ilfeld, Nordhausen entweder von der Erde verschwunden oder ganz umgewandelt sind. Auch der noch in seinen Ruinen Auge und Gemüt anregende mächtige Quaderbau der Walkenrieder Klosterkirche, insbesondere sein doppelschiffiger Kreuzgang (s. Vollbild), zeigt statt der Rundbogen des 12. Jahrhunderts spätere gotische Formen. Aber es kommt dazu, daß südlich vom Gebirge der geschichtlich begründete Begriff Hercynien einen weit geringeren Umfang hat als im Norden und nur nach Südosten sich etwas weiter über ehemalige Hohnstein-Mansfeld-Querfurtische Gebiete erstreckt. Aber freilich, es fehlen dem Süden auch Städte von so hoher kunstgeschichtlicher Bedeutung, wie Goslar, Hildesheim, Halberstadt und Quedlinburg.

In der Reichsstadt Nordhausen wurden die alten Bauwerke durch die Zerstörung seitens des reichsfeindlichen Welfen Heinrich betroffen. Nur die Unterkirche des St. Blasiendoms gehört dem ersten Drittel des 12. Jahrhunderts an, der Unterbau der Domtürme der ersten Zeit nach der fürchterlichen Einäscherung. Sonst ist noch die Basilika auf dem Frauenberge zu nennen, weiter östlich in Sangerhausen aber die recht merkwürdige Pfeilerbasilika der St. Ulrichskirche mit hohem Mittelschiff und halb so hohen Seitenschiffen. Ursprünglich gehörte dieser Bau der Zeit Kaiser Heinrichs V. von 1116—1120 an. Zu erwähnen ist dann der untere, dem 12. Jahrhundert angehörige Teil der Doppelkapelle von Schloß Lohra.

Noch enthalten die früh besiedelten Gebiete des Hassegaus, Friesenfeldes und südlichen Schwabengaus aus der romanischen Zeit verschiedene kunstgeschichtlich merkwürdige Dorfkirchen und sonstige vereinzelte Reste, doch fast keine auf uns gekommene kirchliche Bauten dieser Epoche von größeren Verhältnissen. Von der teilweise erhaltenen romanischen Kirche des Klosters Holzzelle wird angenommen, daß sie eine der Hamerslebener ganz ähnliche dreischiffige Säulenbasilika war. Die Kirche des 1121 gegründeten Klosters Wimmelburg war auch ein Bau aus der letzten Zeit des romanischen Stils. Noch ist zu erwähnen die Kirche zu Klostermansfeld, in der je zwei Pfeiler mit einer Säule wechseln, die Kirche zu Schraplau und die Burgkapelle zu Seeburg. Als südöstlichen Vorposten haben wir noch das Städtchen Querfurt zu nennen, das uns noch bauliche Formen aus der Blütezeit des alten Reichs von verhältnismäßiger Bedeutung sehen läßt. Es ist seine romanische Schloßkapelle, sein romanisches Schloß mit seinem sehr alten runden Turm, der dem Stadtbilde einen besonderen Reiz verleiht.

So stehen denn in unserem Harzlande nicht nur durch zahlreiche Urkunden und Schriften überliefert die großen Kämpfe und Bewegungen des früheren deutschen Mittelalters in seltener Fülle vor unserem geistigen Auge, auch das leibliche sieht zu einem großen Teil noch heute das Schaffen und Können, das Sinnen und Streben der großen Zeit in zahlreichen, teilweise überaus großartigen Bauwerken verkörpert vor sich. Wohl treten hier schon einzelne Städte bedeutsam hervor, aber, dem Könige und Reiche treu, stehen sie auch ganz unter dessen Gewalt und Leitung. Ebenso finden wir, was von Grafen und Edlen genannt wird, im wesentlichen fest in des Reiches Treuen und Diensten. Das Fürstentum freilich, das weltliche wie das geistliche, sehen wir vielfach im Kampf mit dem Oberhaupt des Reichs, und eine Reihe jener alten Kunstbauten, wie die welfischen und halberstädtischen, sind von den entschiedensten Widersachern unserer Könige ausgebaut. Am eigentlichen Harze gelangten die Welfen erst durch die Kaiser zu ihrem großen Besitz. Dem Harze selbst entsproßte nur ein ganz aus einer reichsamtlichen Stellung hervorgegangenes Fürstenhaus, das der Ballenstedter oder Anhaltiner, die fest zum Reiche standen und höchstens einmal während der erbittertsten Kämpfe wider Heinrich IV. unter dessen Gegnern gefunden wurden. In dem größeren Teil des Schwabengaus, der seit dem 7. Jahrhundert die Grenze gegen Slavien bildete, walteten sie in der Grafschaft Ascharien, Askanien oder Aschersleben namens des Reichs als Verwalter des Landes, oberste Richter und Führer des Heerbanns. Mittelpunkt des Gebiets war das sehr alte Ascegereslеve oder Aschersleben. Schon im 10. Jahrhundert war aus dieser Gegend der tapfere Markgraf Gero hervorgegangen, den wir mit seinen Nachfolgern nicht in einen sicheren genealogischen Zusammenhang zu bringen vermögen. Jedenfalls ging aber auf das Haus Ballenstedt-Anhalt seine Aufgabe über, dem deutschen Volk und Reich die weiten von den Slaven besetzten Gebiete jenseit der Saale und Elbe und weiter gen Osten wiederzugewinnen. Wegen der furchtbaren Kämpfe der Könige mit den Päpsten und den mit ihnen verbundenen Fürsten gingen bereits gemachte Eroberungen im Wendenlande auf Jahrhunderte wieder verloren, bis es an der Saale, Mittelelbe und weiter östlich dem seit dem 11. Jahrhundert deutlicher hervortretenden Geschlecht jener Ascharier, Ballenstedter oder Anhaltiner gelang, das unter Kaiser Otto I. begonnene Werk mit nachhaltigem Erfolg wieder aufzunehmen. Nächst der Burg Ascharien war es das auf sanfter Anhöhe über Ballenstedt gelegene Schloß, dann die einst weiter in den Harz hinein auf dem Hausberge über der Selke erbaute Burg Anhalt, von wo diese kräftigen Stützen und Mehrer des Reichs und deutschen Wesens ausgingen. Der berühmteste unter ihnen ist Markgraf Albrecht der Bär, der, ein älterer Zeitgenosse und Nebenbuhler Heinrichs des Löwen, diesem zwar nicht an Macht und blutigen Siegen und Thaten gleichkommt, aber in nimmer müdem Ringen auf seiten des Reichs Dauerndes geschaffen hat und der erste Hauptbegründer des Fürstentums geworden ist, von welchem die mächtigste deutsche Kraftentfaltung nach dem Osten ausging, und dem daher schließlich die Leitung eines neuen deutschen Reichs naturgemäß zufiel. Nicht nur blüht dieses in seinem Stammlande am Unterharz noch heute waltende Geschlecht in den Herzögen von Anhalt fort, auch das dem Löwen genommene und auf das Haus Anhalt übergegangene Herzogtum Sachsen ist, freilich in veränderter Gestalt, erst auf das Haus Wettin vererbt, dann an das Haus Hohenzollern und die Provinz Sachsen gelangt.

Vorhalle des Doms zu Goslar.

Merkwürdig, daß wir, im Begriff, uns von der Reichsgeschichte am Harz einer ganz anders gearteten Entwickelung der einzelnen Stände oder Gewalten zuzuwenden, uns genötigt sehen, noch einmal gerade an die Stätte zurückzukehren, die mehr als jede andere Mittelpunkt und Zeugin jener älteren Geschichte war. Jahr und Tag war Kaiser Otto IV. auf der Reichsfeste Harzburg, wohin er sich von der nördlich davon gelegenen Burg Herlingsberg begeben hatte, verstorben, als im Juli des Jahres 1219 die Reichspfalz Goslar eine Fürstenversammlung in ihren Mauern tagen sah, die in ausdrucksvollster Weise den Abschied von des alten Reiches Herrlichkeit zum Ausdruck brachte. Hier verkaufte nämlich Kaiser Ottos Bruder, der Pfalzgraf Heinrich, an Kaiser Friedrich II. für 11000 Mark die an ihn gelangten Reichsinsignien, und dieser übertrug dem Pfalzgrafen, der schon zu König Philipps Zeit zu den Staufern gehalten hatte und von diesem mit der Reichsvogtei über Goslar beliehen war, das Amt eines kaiserlichen Legaten zwischen Elbe und Rhein mit entsprechenden Machtbefugnissen. Damit zog sich der hochstrebende Hohenstaufe selbst mehr oder weniger von seinem deutschen Stammlande zurück, um hinfort mehr ein Herrscher jenseit der Alpen, in Italien und Sizilien, als deutscher König zu sein.

Diesem Abschiedsbrief vom deutschen Vaterlande fügte der Staufer noch weitere Handlungen hinzu, deren weitreichende Bedeutung damals noch nicht voll ermessen werden konnte. Um der vielen Gefahren und Schädigungen willen, welche die Stadt wegen ihrer Reichstreue zu erleiden hatte, stellte Friedrich II. damals für Goslar jenes umfassende Stadtrecht fest, das durch seine vielen Freiheiten und Begünstigungen eine hochwichtige Grundlage für das Emporblühen nicht nur Goslars, sondern durch Übertragung auch für viele andere Städte und für die Entfaltung eines freien Bürgertums geworden ist. Und nicht nur auf unsere größeren Städte, wie Halberstadt, Quedlinburg, Aschersleben, sondern auch auf kleinere, wie Wernigerode (1229), Blankenburg, Osterwieck, ging dieses Goslarsche Recht über.

Zum Teil faßte das für und von Goslar ausgegangene Schriftstück nur die Begnadigungen früherer Kaiser und Könige zusammen. Um nur einzelnes herauszuheben, so ist nach diesen Bestimmungen frei, wer Jahr und Tag in der Stadt gewohnt hat. Nur Bürger können wider Bürger zeugen. Die freie Entfaltung des Stadtbürgertums ist eine Hauptphase in der freiheitlichen gesellschaftlichen Gesamtentwicklung, und in der Neuzeit ist das Stadtbürgertum zum Staatsbürgertum erweitert. Der Goslarer Bürger braucht nur in der Reichspfalz zu Recht zu stehen; ihm ist sein Hausfriede gesichert. Nur nach gestohlenem Kirchengut und falschem Gelde können Haussuchungen vorgenommen werden, aber nur von Bürgern in Gegenwart eines Stadtrichters. Einer Kirche kann nur der Wert eines Grundstücks, nicht dieses selbst übertragen werden. Mit Ausnahme der Geistlichen werden alle Einwohner der Stadt zu Gemeindeabgaben herangezogen. Nur wenn es die Verteidigung des Vaterlandes gilt, werden die Bürger zum Kriegsdienste aufgeboten. Abgesehen von den Zollstätten zu Köln, Bardowiek und Thiel haben die Bürger im ganzen Reich Zollfreiheit. Die Bergleute dürfen nur wegen des Zinses, der dem Reich an den Gruben zusteht, gepfändet werden. Die Hüttenleute können die Kohlen für ihre Schmelzhütten gegen eine dem Reiche zu leistende Abgabe holen, wo sie wollen.

An der Spitze des mit so weitgehenden Rechten ausgestatteten Stadtwesens stand als höchster Richter und Verwaltungsbeamter der königliche Vogt als Stellvertreter des Reichshaupts. Die Vogtei, ursprünglich von einem Mitgliede der altansässigen Familien, der „Bürger und Ritter von Goslar“ war, verwaltet, war seit 1204 an die Grafen von Woldenberg übergegangen, die aber nur die reichen Einkünfte dieses Amts bezogen und aus ihren Dienstmannen einen Vogt als Vertreter bestellten.

Die weitere Entwickelung der Stadt, in der die ältesten Gilden der Gewandschneider und Münzer mit den Gewerken der Berg- und Hüttenleute um den Vorrang stritten, können wir hier nicht verfolgen, sondern nur einen Blick auf die übrigen Harzstädte werfen, deren selbständige Bedeutung erst mit dem 13. Jahrhundert beginnt. Allerdings reichen Städte und städtisches Wesen bei uns in eine viel frühere Zeit zurück, so bei Quedlinburg, Goslar, Nordhausen, Halberstadt, Hildesheim, Aschersleben, aber soweit wir ihrer gedachten, handelte es sich um allgemeinere kirchliche und reichsgeschichtliche Fragen, nicht um eine selbständige Handlung und Bewegung dieser Orte. Letzteres beginnt erst seit 1219 und seit der „kaiserlosen, der schrecklichen Zeit“.

Da das Gewerbe der Bürger ganz besonders auf den Frieden und gesicherte Verhältnisse angewiesen zu sein scheint, so muß es zunächst auffallen, daß die Entfaltung des Städtewesens in eine so friedlose Zeit zurückreicht. Aber gerade weil die Not der Zeit zur Selbstwehr zwang, erstarkten die Städte und das Bürgertum eben durch das fortwährende Ringen um ihren Bestand. Sie schützten sich durch Mauern und Türme, und in den Landstädten waren die Herren dabei behilflich, denn sie bewehrten damit sich selbst und die ihnen steuernden Unterthanen. So sehen wir beispielsweise im Jahre 1279 den Grafen Konrad von Wernigerode selbst Mauern, Brustwehren, Gräben und sonstige Verteidigungsmittel seiner gleichnamigen Stadt in besseren Stand setzen.

Schon damals galten die Städte und die zahlreicheren wohlhabenden Dörfer als eine besondere Zierde des Harzes, daher Heinrich Rosla gegen Ende des 13. Jahrhunderts da, wo er die Vorzüge unseres Gebirgslands besingt, insbesondere betont:

doch giebt ihm vor allem des Reichtums
Weites Gerücht, daß mit Städten es dicht und mit Dörfern besetzt ist.

Noch heute ist dank jenem dichten Kranz von Ortschaften am Fuß der Berge die Volksdichtigkeit unmittelbar vor dem Harz eine bedeutend stärkere als in den anstoßenden Landschaften. Wenn schon 1132 die spätere Stadt Osterode als ein ungemein reiches Dorf (villa opulentissima) nachdrücklich hervorgehoben wird, so mag Ähnliches von verschiedenen Nachbarorten gegolten haben, etwa von den sich auch zu Städten entfaltenden alten Dörfern Seesen und Ballenstedt. Bei seinen Städten Hercyniens denkt Rosla wohl auch an entferntere Orte, wie Einbeck, Hildesheim, Braunschweig, Helmstedt, Aschersleben. Näher und unmittelbar am Gebirge ist aber doch noch eine stattliche Zahl von Städten und Flecken, wie Goslar, Hornburg, Osterwieck, Wernigerode, Derenburg, Blankenburg, Halberstadt, Schwanebeck, Wegeleben, Gröningen, Quedlinburg, Croppenstedt, Gernrode, Hoym, Ballenstedt, Ermsleben, Aschersleben, Hettstedt, Gerbstedt, Mansfeld, Leimbach, Eisleben, Schraplau, Querfurt, Allstedt, Sangerhausen, Heringen, Kelbra, Nordhausen, Stolberg, Ellrich, Herzberg, Osterode, Seesen, Bockenem, zu nennen. Eine eigentliche Stadt auf dem höheren Harze gab es vor sechs Jahrhunderten überhaupt noch nicht.

Kanzel aus der Frankenberger Kirche in Goslar.

Bei dem dringenden Bedürfnis, sich den aufgelösten Reichsordnungen und dem ungesicherten Landfrieden gegenüber durch Vereinigung zu stärken, scheint man annehmen zu müssen, daß es zu allgemeinen Bündnissen der Harzstädte gekommen sei. In der That kommen Verbindungen der Städte ziemlich früh vor. So finden wir in einem Bündnisse sächsischer Städte zur Wahrung ihrer Handelsinteressen gegenüber Gent und dem Kaufmann in Flandern ums Jahr 1267 — unter Erneuerung älterer Verbindungen — von unseren Harzstädten Quedlinburg, Halberstadt, Helmstedt, Goslar, Hildesheim, Braunschweig und Wernigerode beteiligt. Auch verbinden sich im Jahre 1343 und seitdem vielfach die Städte des ostsächsischen Bistums: Halberstadt, Quedlinburg und Aschersleben gegen Fürsten, Herren, Ritter und Knechte. Wenn es aber nicht zu einem allgemeinen Bunde der Harzstädte als solcher kam, wie wir einer derartigen Erscheinung bei den Harzgrafen werden zu gedenken haben, so ist das zum Teil in der Natur des Städtewesens begründet. Die Interessen des Kaufmanns waren bei aller Liebe zur engeren Heimat doch weniger auf diese beschränkt. Sie zogen weitere Kreise ins Land bis an und über die See. So war es bei dem Bündnisse von 1267 und wieder bei den Vereinbarungen über die Münze im Jahre 1382, wozu wieder die genannten Harzstädte, dazu auch Einbeck Abgeordnete entsandten. Zuweilen finden wir bei allgemeineren Bündnissen fast nur Harzstädte vereinigt, so in einem solchen vom April 1426, in welchem außer der zum Harz seit alter Zeit in nahen Beziehungen stehenden Elbstadt Magdeburg unsere Städte Goslar, Braunschweig, Hildesheim, Halberstadt, Göttingen, Quedlinburg, Aschersleben, Osterode, Einbeck und Northeim sich zusammenthun. Mehrfach stehen die größeren Harzstädte als Glieder des binnenländischen braunschweiger Quartiers mit den Hansestädten im Bunde, so Goslar, Hildesheim, Einbeck, Helmstedt, Quedlinburg, Halberstadt, Aschersleben, gelegentlich dazu auch noch Nordhausen und Wernigerode. Manche reichen sich auch seit der zweiten Hälfte des 14. Jahrhunderts die Hand, um sich gemeinsam der Übergriffe des westfälischen Gerichts zu erwehren, während andere, deren Herren zu den „Wissenden" gehören, wie Osterode, Wernigerode, Bockenem, den Ladungen der Freistühle noch in der ersten Hälfte des 15. Jahrhunderts Folge geben. Bei zahlreichen Bündnissen der sächsischen Städte zwischen Elbe und Weser sind unsere Städte zahlreich vertreten; es kann hier aber nicht von eigentlich harzischen Bündnissen die Rede sein. Dagegen wurden die oben genannten drei halberstädter Städte 1383 namens König Wenzels durch Goslar als eigene Gruppe in den Landfrieden aufgenommen. Zwei Jahre später gestattet derselbe König der Äbtissin Irmgard von Quedlinburg, mit jenen Städten ein ewiges Friedensbündnis zu errichten und einen eigenen Landrichter zu setzen.

Bemerkenswert wegen der verhältnismäßig späten Zeit, in der es geschlossen wurde, wie wegen des Inhalts ist ein Bündnis sächsischer und thüringischer Fürsten vom 13. Dezember 1429 mit Städten des Harzes und seiner Nachbarschaft. Es verbinden sich darin die Herzöge Otto und Friedrich von Braunschweig-Lüneburg zur Bezwingung des unruhigen Rittergeschlechts von Veltheim mit den Landgrafen von Thüringen, den Fürsten von Anhalt, den Grafen von Schwarzburg, Stolberg und Mansfeld, auch den Herren von Steinfurt und nehmen in diesen Bund auch die Städte Magdeburg, Braunschweig, Halle, Halberstadt, Quedlinburg, Aschersleben und Helmstedt auf. Hier machen sich die Fürsten noch die Kriegstüchtigkeit der Grafen und den Reichtum der Städte zur Niederwerfung der gemeinsamen Ruhestörer zu nutze, wozu damals hier, wie in anderen deutschen Gegenden der aus Rand und Band gegangene niedere Adel gehörte — so am Harz außer den von Veltheim auch die von Utze, von Schwichelt u. a. Als aber dann im weiteren Verlauf des 15. Jahrhunderts das weltliche wie das geistliche Fürstentum erstarkte, wurde von diesem nicht nur, wie wir noch sehen werden, die Stellung der Harzgrafen bedeutend heruntergedrückt, sondern auch die Selbständigkeit der bedeutenderen Harzstädte gelähmt und vernichtet. Es geschah das mit einer gewissen geschichtlichen Notwendigkeit, aber löblich und befriedigend war die Art und Weise, wie das geschah, keineswegs. Nur die Reichsstädte Goslar und Nordhausen, dessen Roland, das Zeichen städtischer Freiheit, an seinem stattlichen Rathause stehen blieb, vermochten sich kraft ihrer besonderen Rechtsstellung, obwohl vielfach bedrängt und eingeengt, jenen Bestrebungen gegenüber zu behaupten.

Bei den drei vornehmsten Städten des Bistums Halberstadt war es das Haus Wettin, welches unter dem Vorwande einer Geltendmachung der geistlichen Oberhoheit in dynastischem Interesse deren Macht und geschichtlich gewordene Bedeutung vernichtete. Es galt freilich auch, innerhalb der Mauern der auf Rechte und Privilegien sich steifenden Städte manchen Trotz und Übermut zu strafen und an Stelle so vieler Sonderrechte und Freiheiten das gemeinsame Recht und die Freiheit des Bürgertums zu sichern.

Um die Mitte des 15. Jahrhunderts erreichen unsere Städte den Höhepunkt ihrer Macht. Das veranschaulicht eine Einigung vom 22. Dezember 1450, durch welche Braunschweig, Magdeburg, Halle, Halberstadt, Quedlinburg, Aschersleben, Hildesheim, Göttingen, Hannover, Einbeck, Hameln, Northeim und Helmstedt mit Lübeck und Köln und den in ihren Quartieren gelegenen Städten zur Erweiterung und Veränderung der Bestimmungen ihres alten Bündnisses zusammentreten. Hier sehen wir also fast alle ansehnlicheren Städte Hercyniens bis nach Helmstedt im Norden und von Einbeck im Westen bis nach Aschersleben im Osten, und zwar als Glieder und Genossen des Hansebundes, sich die Hand reichen. Danach währte es nur noch wenige Jahrzehnte, bis die Fürsten, denen es besonders um die Steuern zu thun war, die Städte eine nach der anderen sich unterwarfen.

Zunächst wurden die unter geistlicher Hoheit gelegenen betroffen. Quedlinburg hatte sich seit dem Aussterben der sächsischen Herzöge vom Hause Anhalt unter den Schutz der Bischöfe von Halberstadt begeben. Als nun aber seit 1458 in Hedwig, Schwester des Kurfürsten Ernst und des Herzogs Albrecht von Sachsen, eine Wettinerin Äbtissin des Reichsstifts geworden war, geriet die Stadt mit jenen Fürsten, welche die Vogtei daselbst in Anspruch nahmen, in Streit. Die Fürsten wollten weder die Schutzherrlichkeit des Hochstifts, noch die Selbständigkeit der Stadt anerkennen. Da sie nun die letzterer verpfändeten schutzherrlichen Gerechtsame zurückforderten und die Stadt sich auf den Bischof stützte, wurde sie plötzlich durch sächsische Mannschaften umzingelt und erobert, der Roland, das Sinnbild der städtischen Freiheit, niedergeworfen und zerbrochen. Erst in unserem Jahrhundert hat man ihn wieder am Rathause aufgerichtet. Man nahm der Stadt die alten Gerechtsame samt den Urkunden darüber, und es belieh dann im Jahre 1479 die Äbtissin ihre Brüder und die Herzöge von Sachsen mit der Schutzherrlichkeit über die Stadt samt allem Zubehör. Der Bürgermeister wurde von der Äbtissin bestätigt, der Rat mußte ihr Rechnung legen und durfte keinen Hauptmann für die Stadt einsetzen. Da es dem rechtmäßigen Schutzherrn von Quedlinburg, Bischof Gebhard von Halberstadt, an der genügenden Kriegsmacht fehlte, so hatte er der Stadt nicht helfen können.

Als er sich dann noch in dem genannten Jahre auf sein Bistum zu verzichten genötigt sah, verwandte das Haus Wettin seine Macht dazu, der Bischofsstadt dasselbe Schicksal zu bereiten wie der lange eng mit ihr verbundenen Schwesterstadt. Herzog Ernst von Sachsen, der schon seit 1476 Erzbischof von Magdeburg war, wurde drei Jahre später durch die Stimmen des auf die Gerechtsame der Stadt eifersüchtigen Domkapitels zum Administrator von Halberstadt erkoren. Zwar bestätigte der Erwählte den Bürgern die ihnen zustehenden Rechte, doch sollten ohne Wissen und Zustimmung des Domkapitels keine Hauptleute in Stift und Stadt bestellt, erledigte Lehen allermeist ans Stift gezogen, die Landesschulden getilgt, das dem Stift entzogene Eigentum wieder mit demselben vereinigt werden. In den Besitz der Macht gelangt, gab er diesen Forderungen eine solche Ausdehnung, daß wohlerworbene Rechte und der Wohlstand der Stadt außer acht gesetzt wurden. Durch ein Heer von 12000 Mann wurde dann Halberstadt nach vierwöchentlicher Belagerung gezwungen, die namens des Administrators gestellten Forderungen zu bewilligen. Zwar gab Bischof Ernst die Versicherung, der Stadt solle an ihren Privilegien kein Abbruch geschehen, doch wurde dieses Versprechen nicht erfüllt, was dem geistlichen Fürsten später Gewissensbisse verursacht haben soll. Nicht nur Recht und Verfassung, auch die äußere Blüte Halberstadts wurde geknickt, und die Stadt verarmte.

Waren auf solche Weise die Hauptstadt und Quedlinburg bezwungen, so konnte sich Aschersleben, die schwächere in dem alten Dreibunde, der wettinischen Übermacht gegenüber noch weniger behaupten. Im Jahre 1486 mußte es sich unterwerfen und wurde gezwungen, gegen seine alten Bundesgenossen Zuzug zu leisten. Helmstedt machte der kriegslustige Herzog Heinrich d. Ä. von Braunschweig durch Vertrag mit dem Abt von Werden von sich abhängig. Vergeblich aber wurden von ihm und Bischof Bertold von Hildesheim des letzteren Bischofsstadt und Braunschweig mit Sengen und Brennen heimgesucht, und es bekam auch den Herzögen Heinrich von Braunschweig und Lüneburg ihr zur Bezwingung der Städte Braunschweig und Lüneburg geschlossener Bund, wobei sie die Beute schon im voraus unter sich geteilt hatten, sehr übel.

Auffallen muß es, daß diesem die Vernichtung der Städtemacht bezweckenden Fürstenbunde auch Harzgrafen beitraten. Zwar bei den Stolbergern macht die nahe Verschwägerung mit dem Hause Braunschweig solche Verbindung noch erklärlich, auch mochte die später als trügerisch sich erweisende Eventualbelehnung mit Blankenburg einen mächtigen Antrieb bieten. Weniger natürlich war es, daß die Grafen von Mansfeld, Hohnstein, Schwarzburg, Regenstein sich einem auf die Vergewaltigung eines Mitstandes abzielenden Unternehmen anschlossen. Die Beteiligung von Städten wie Helmstedt, Königslutter, Schöningen, Schöppenstedt, auch Wernigerode, war natürlich eine genötigte. Doch trotz eines so ansehnlichen Bundes, trotz des Verrats eines Überläufers wie Ludeke Holland, richtete man gegen das starke Braunschweig nichts aus. Die Herzoglichen wurden am 13. Februar 1493 bei Blekenstedt geschlagen, und am 29. Mai des nächsten Jahres mußte der Herzog die Rechte und Privilegien der Stadt anerkennen.

Wir gingen bei unserem kurzen Überblick über die Zeit einer selbständigen Städteentwicklung am Harz vom Jahre 1219 und vom Goslarer Stadtrecht, jener magna charta städtischer Freiheit, aus. Ungefähr gleichzeitig, höchstens ein wenig später, treten als eine besondere selbständige Erscheinung die Grafen und Edelherren am Harz hervor. Gleich den Städten oder richtiger den Ortschaften, aus welchen sich Städte entwickelten, reichen Grafen und Edle an und für sich in weit höhere Vorzeit zurück, aber Ursprung und Anlaß ihrer besonderen Entfaltung liegen in derselben Zeit und Erscheinung begründet: in der Auflösung der alten Einheit des Reichs, in der Ohnmacht seiner Organe nach dem Abgang der Hohenstaufen.

Kann man die Bedeutung unserer Städte für die geistige und Rechtsentwicklung kaum zu hoch anschlagen, einen Vorzug wird man der geschichtlichen Erscheinung der Harzgrafen zuerkennen müssen, daß keine andere so kennzeichnend für die Sondergeschichte unseres Gebirgslandes ist. Schon bei einer äußeren Umschau auf dasselbe machen sich die meist am Rande des Gebirges in Trümmern liegenden ehemaligen Sitze dieser Edelherren bemerkbar. Freilich, wie ursprünglich der gesamte Harzwald Reichs- und Königsgut war, so gehörten dazu auch die ältesten Burgen: Pöhlde, Scharzfeld, Herzberg, Osterode, Walkenried, Morungen im Süden, dazu die abgetrennt gelegenen Schlösser Allstedt und Kyffhäuser, im Norden aber Ilsenburg, die Harzburg, Stötterlingenburg, Heimburg, Quedlinburg und andere mehr. Aber von ihnen als Reichsburgen weiß, von der Harzburg und dem von Dichtung und Sage umwobenen Kyffhäuser abgesehen, weder die Geschichte, noch der Volksmund viel zu sagen. Und wenn dann auch, teilweise viel später, im Ost- und Westharz Welfen, Anhaltiner und Wettiner, im Norden geistliche Fürsten, im Süden vereinzelt thüringische Landgrafen feste Häuser am und vor dem Harz angelegt und besessen haben, der Name jener Hoheitssitze in der Geschichte ist doch meist an die Geschicke und Thaten der einst hier waltenden Grafengeschlechter, der Scharzfelder, Lauterberger, Klettenberger, Hohnsteiner, Stolberger, Mansfelder, Falkensteiner, Arnsteiner, Blankenburger, Regensteiner, Wernigeröder, Wöltingerode-Woldenberger geknüpft. So sehr erscheinen im späteren Mittelalter unsere Grafen, die ja auch mindestens in der Mitte des Gebirges den größten Teil des Geländes zu ihren Besitzungen zählten, als die vertretenden Gebieter des Harzes, daß sie zuweilen im 15. Jahrhundert als Hartesheren, Harzherren schlechthin, bezeichnet werden.

Wir können wohl sagen, daß zeitweise im Mittelalter an dem nach dem Außenrande hin reich gegliederten Gebirge fast jede nur einigermaßen dazu geeignete Stelle eine Burg oder doch ein kleineres festes Gebäude getragen hat. Auf dem inneren und hohen Harz, wozu Mansfeld und Stolberg nicht eigentlich gerechnet werden können, sind erst spät Burgen von einiger Bedeutung gebaut worden. Wenn im östlichen Vorharz Schlösser wie Wippra, Mansfeld, Konradsburg, Ballenstedt zu den ältesten gehören, so wurden die westlicher gelegenen meist erst im 12., andere erst im 13., selbst 14. Jahrhundert gebaut. Die Königsburgen reichen weiter zurück.

Vielfach gingen den Herrenburgen auf den Höhen Wasserburgen vor dem Gebirge vorauf. So war der feste Sitz der Edlen von Veckenstedt, deren Besitzungen auf die Wernigeröder übergingen, eine Wasserburg im Lande an der Ilse, die später ihre Bedeutung verlor, aber bis über das Mittelalter hinaus in einem runden Turm bis auf unsere Tage bestand. Statt ihrer baute sich der Edle Adalbert von Haimar im Hildesheimischen zu Anfang des 12. Jahrhunderts jenen noch heute unser Gebirge zierenden Hochsitz über Wernigerode. Das frühere Haus der späteren Grafen von Woldenberg, die letzteren Namen erst später von einer um 1170 auf ansehnlicher Höhe vor dem Harz erbauten Burg annahmen, war das niedrig gelegene Wöltingerode an der Oker, und ein anderer Sitz des

Geschlechts war Werder, 4 km nördlich von Bockenem, den schon sein Name als einen von Wasser umgebenen Bau kennzeichnet. Das ursprünglich feste Heimwesen der alten Grafen von Katlenburg lag vor dem Südwestharz an der Katel. Vor 1131 scheinen die Grafen dann von hier aus die höher und unmittelbar am Harz gelegene Staufenburg erbaut zu haben. Die Lauenburg südwestlich von Quedlinburg ist als eine spätestens Mitte des 12. Jahrhunderts angelegte hohe Feste der im magdeburgisch-märkischen Tieflande angesessenen Pfalzgrafen von Somerschenburg anzusehen. Von dem auf bescheidener Erhebung nordwestlich gelegenen älteren Wohnsitz aus legte Graf Hermann von Winzenburg 1148 hoch auf den Harzbergen die Burg Schildberg zwischen Seesen und Lautenthal an.

Ähnlich wie hier liebten auch sonst edle Geschlechter ihre Schlösser vom niederen Abhang der Berge weiter in die Thäler oder auf überragende Höhen zu verlegen. So geschah es mit den Burgen Falkenstein und Anhalt an der Selke. Wie die Söhne und Nachkommen des um 1080 erschlagenen Grafen Adalbert von Ballenstedt statt des älteren gleichnamigen Schlosses weiter in die Berge hinein das Schloß Anhalt anlegten, so bauten die des Mörders Esiko statt ihres Stammsitzes im Lande über Ermsleben etwas weiter hinauf den Falkenstein, die Vorgängerin der heute noch erhaltenen Burg, die wieder etwas tiefer am Flusse liegt. Als eine Abweichung von dieser geschichtlich wohl begründeten Erscheinung ist es kaum anzusehen, wenn die hoch über der späteren Stadt erbaute Blankenburg weiter zurückzureichen scheint, als die etwas weiter ins Land hinein, aber auf und in den schroff abfallenden Sandsteinfelsen angelegte Bergfeste Regenstein. Wenigstens wird das Vorhandensein der ersteren schon durch den 1128 genannten Poppo von Blankenburg, das der letzteren erst durch Konrad von Regenstein 1143—1197 erwiesen.

Ein recht merkwürdiges Beispiel von der Verlegung eines Familiensitzes von der Ebene ins Gebirge, vom niederen Flußufer auf die Felsenhöhe, ist die anfangs des 13. Jahrhunderts erfolgte Erbauung des Schlosses Stolberg durch Heinrich von Bockstedt, dessen festes Haus erst bei dem genannten Orte unten an der Helme lag. Ähnlich wie Schloß Falkenstein soll auch Stolberg von einer benachbarten Höhe, dem „alten Stolberg", nach der überaus schön gelegenen Stelle am Zusammenfluß dreier Gebirgswasser verlegt sein.

Jedenfalls gehört von den stattlichen Harzgrafensitzen Stolberg zu den jüngsten, während die meisten, wenn nicht früher, doch schon im 12. Jahrhundert erbaut wurden, so wohl zu Anfang desselben Burg Klettenberg südwestlich von Ellrich. Der als eine der großartigsten Ruinen auf uns gekommene Hohnstein ist nicht lange vor 1130 erbaut, nicht lange darnach die seinetwegen später verlassene Ilburg über Ilfeld vom Grafen Elger I. Da Walther, ein Sproß der schwabengauischen Edlen von Arnstedt, zuerst im Jahre 1139 mit dem Zunamen von Arnstedt genannt wird, so ist er auch als Erbauer des als Ruine erhaltenen Arnsteins über der Eine anzusehen. Die oben genannten südwestharzischen Burgen Herzberg, Scharzfeld, Osterode werden als solche etwas weiter zurückreichen. Genannt werden sie jedenfalls nicht vor dem 12. Jahrhundert. Der Ursprung Staufenburgs und der Hindenburg bei Grund ist ins 12. Jahrhundert zu setzen. Einzelne Festen wurden schon früh wieder zerstört, so um 1130 die bei Derenburg, die Sachsenburg Kaiser Heinrichs IV. bei Sachsa schon bald nach dem Beginn des Baues.

Ins 13. Jahrhundert fällt der Bau des Questenberg und von Schloß Roßla. Auch die Stecklenburg wird nicht vor den ersten Jahrzehnten dieses Jahrhunderts genannt. Von den festen Häusern im Gebirge erhob sich anstatt des einstigen Jagdhauses Bodfeld die Königsburg an der Bode im zweiten Jahrzehnt des 14. Jahrhunderts durch Bischof Albrecht I. von Halberstadt; doch ist zu prüfen, ob diesem Bau nicht ein früherer voraufging. Ein Schloß Elbingerode wird erst 1344 erwähnt, und es wird ein diesen Namen verdienender Bau hier kaum viel früher erwartet werden dürfen. Wenn die Erichsburg im Jahre 1301, die Heinrichsburg 1327, das Schloß Harzgerode — alles auf dem anhaltischen Harze — 1326 zuerst erwähnt werden, so mögen sie ins 13., spätestens Anfang des 14. Jahrhunderts zurückreichen. Etwas jünger, doch noch aus der ersten Hälfte des

14. Jahrhunderts, ist Schloß Benneckenstein. Über Haus Stiege fehlt vor dem Ende des Mittelalters jede Nachricht, doch mag es in etwas frühere Zeit hinaufreichen.

Mit den Grafen haben wir es hier nicht im Sinne der alten Träger dieses Namens, die Beamte des Reichs waren, auch nicht mit denen zu thun, die zu der schon von uns berührten älteren Reichszeit eine größere Bedeutung gewannen, wie die Woldenberger, sondern soweit sie seit dem Zwischenreich Herren besonderer Harzgrafschaften wurden und für unsere geschichtliche Bewegung Bedeutung erlangten. Nur teilweise gingen diese Grafschaften aus alten Amtssprengeln der Reichszeit hervor. In den meisten Fällen erlangen edle Geschlechter samt ihren Besitzungen den Grafschaftscharakter in einem späteren Wortbegriffe durch Erwerbung von Immunitäten, Besitzungen und Gerechtsamen. Samt den sonst hochangesehenen Woldenbergern gelangten am westlichen Harz, niedergehalten durch das angesehene welfisch-braunschweigische Fürstentum, die einheimischen Geschlechter von Warberg, Schladen, Dorstadt, Scharzfeld, Lauterberg, auch Klettenberg gar nicht zu dieser freieren Entwicklung und Bewegung. Auch im äußersten Osten gilt Ähnliches von den Edeln und Grafen von Wippra, Biesenrode, Schochwitz, Friedeburg, Alsleben, Seeburg, Rebeningen.

Erst mit dem Dahinwelken der Macht und Herrlichkeit des Reichs beginnt das Emporkommen eines selbständigen Grafen- und Herrentums. Als im März 1235 Kaiser Friedrich II. vergeblich Fehden und Raubzüge durch einen Landfrieden zu beseitigen hoffte, ergab sich's, daß es selbständiger Organe bedurfte, die wenigstens hie und da im Lande den Rechtsschutz handhabten. Das geschah nun vielfach durch die Grafen in ihren Gebieten, bis dann schon seit Ende des 14. Jahrhunderts das geistliche und weltliche Fürstentum die Macht und Bedeutung der Grafen einzuengen suchte.

Sowohl der Kreis unserer Harzgrafen, als ihre selbständige Stellung tritt uns aus ihren Bündnissen und Unternehmungen am klarsten entgegen. Am 4. März 1284 sind zu Halberstadt versammelt, um mit dem Bischof einen Ausgleich zwischen dem zu ihnen gehörenden Edlen Walter von Arnstein und dem Stift Quedlinburg wegen der vogteilichen Rechte in Schwaben-Quenstedt und Wipper-Wiederstedt zu vermitteln, die Grafen von Ascharien, Bernburg — dem fürstlichen Hause Anhalt angehörig —, Wernigerode, Regenstein, Blankenburg, Falkenstein, Mansfeld und die Edlen von Hadmersleben, Barby und Arnstein. Wie hier sehen wir die eine Stufe höher im Heerschilde stehenden Anhaltiner öfter an der Spitze harzischer Grafen und Edelherren genannt.

Hier handelt es sich nur um eine vermittelnde Thätigkeit der innerhalb des Bistums Halberstadt ansässigen oder belehnten Grafen in einer dem Frieden und dem allgemeinen Besten dienenden Sache. Etwas anders ist die Stellung derselben, wenn im nächsten Jahre, am 6. Juli 1285, der Erzbischof von Magdeburg, der Bischof von Halberstadt und die eben genannten Grafen und Herren einerseits und der Erzbischof Siegfried von Mainz andererseits ein Bündnis gegen jedweden Friedensbrecher aufrichten. Hier treten sie selbständig handelnd auf, und durch den Zusatz: „die übrigen Edelherren am Harz“ wird der ganze Kreis dieser Grafen und Herren als eine ständische Einheit zusammengefaßt. Wie hier, so erscheinen auch neben verschiedenen weltlichen und geistlichen Fürsten Sachsens, darunter der Bischof von Halberstadt und die Fürsten von Anhalt, als Bewahrer des Landfriedens zusammengefaßt die Grafen und Edelherren des Harzes von Blankenburg, Regenstein, Schraplau, Mansfeld, Hakeborn, Arnstein, Falkenstein, Stolberg, Wernigerode, Hohnstein, Querfurt, Hadmersleben, Barby, als es im Jahre 1291 gilt, die Burg Herlingsberg über Wöltingerode niederzulegen. Die Harzgrafen treten hier dem der Fehde Vorschub leistenden Herzog Heinrich von Braunschweig-Grubenhagen als Friedenshelfer gegenüber. Ebenso finden wir im nächsten Jahrhundert südharzische Grafen und Städte dem fehdesüchtigen Herzog Otto dem Bösen von Braunschweig gegenüber als Beschützer des öffentlichen Friedens.

Am 26. September 1295 versichern mit dem Erzbischof von Magdeburg und dem Markgrafen Otto von Brandenburg die Edelherren vom Harze und die übrigen Geschworenen des Königsfriedens den Dechanten und das Domkapitel zu Hildesheim ihres Beistandes gegen Rat und Bürger der Bischofsstadt. Fast der ganze Kreis der Harzgrafen und -Herren wird genannt, als König Ludwig der Bayer am 23. April 1323 die Grafen von Hohnstein, Falkenstein, Mansfeld, Wernigerode, Stolberg, Regenstein, Beichlingen und Schwarzburg samt den Edlen von Hadmersleben, Barby, Lindau, Hakeborn und Heldrungen anweist, dem Fürsten Bernhard III. von Anhalt den ihm gebührenden Treueid zu leisten und das von der Grafschaft Aschersleben rührende Gut von ihm zu Lehn zu nehmen. Auch in einem Landfrieden, den die geistlichen und weltlichen Fürsten Ostsachsens, darunter die Herzöge Rudolf I. und II. von Sachsen, schlossen, traten neben ihnen nicht nur die Grafen und Fürsten von Anhalt, sondern auch die Grafen und Herren vom Harze am 2. September 1346 in Aschersleben zusammen. Darunter befanden sich die Grafen von Mansfeld, Regenstein, Hohnstein und Wernigerode und die Edlen von Hadmersleben, Schraplau, Barby und Hakeborn. Und als Kaiser Karl IV. ums Jahr 1374 der Mark Brandenburg den Landfrieden sichert, thut er dies in den oberen Landschaften an der Elbe nach dem Harze zu durch Aufrichtung des Friedens mit dem Erzbischof von Magdeburg, dem Herzoge von Sachsen-Wittenberg und einigen Edelherren vom Harze.

Damals war aber die Selbständigkeit und das Ansehen dieser Harzherren schon sehr bedroht, teilweise verkürzt. Einzelne Geschlechter waren erloschen, andere durch das Eingreifen der Landesherren, besonders der Landgrafen von Thüringen, mehr oder weniger abhängig gemacht. Das tritt in einem am 12. März 1399 auf der Sachsenburg geschlossenen Schutz- und Trutzbündnisse Bischof Ernsts von Halberstadt und der Landgrafen von Thüringen, Markgrafen zu Meißen, gegen Mainz, die Landgrafen von Hessen und die Städte Erfurt, Mühlhausen und Nordhausen zutage. Bischof Ernst von Halberstadt nimmt darin als solche, gegen welche das Bündnis nicht gerichtet sein soll, aus: den Grafen Ulrich, seinen Vater, Heinrich, seinen Bruder, Grafen zu Hohnstein, den Grafen Heinrich zu Stolberg und dessen Söhne, die Grafen von Schwarzburg, Herren zu Sondershausen, den Grafen Dietrich von Hohnstein-Heringen und den Edlen Bruno von Querfurt, die Grafen von Hohnstein-Lohra, Regenstein, Mansfeld, Wernigerode und den Edlen Konrad von Hadmersleben. Die Landgrafen nehmen ohne weiteres „alle ihre Grafen, Herren und Mannen“ aus. Hier treten also Grafen und Herren geradezu als untergeordnete Schutzbefohlene auf. Ähnlich verhält sich's, wenn am 12. April 1402 die Landgrafen von Thüringen, Markgrafen von Meißen, die Herzöge von Braunschweig und Landgraf Hermann von Hessen in Nordhausen eine Einigung schließen und darin alle ihre Grafen, Herren und Mannen aufnehmen.

Im ganzen 15. Jahrhundert nehmen die Harzgrafen an keinem allgemeineren Landfriedens-, Schutz- und Trutzbündnisse mehr teil. Dagegen suchen einzelne Grafenhäuser, wie die Wernigeröder, dann Stolberger, sich mit den Hohnsteinern und Schwarzburgern durch Vereinigungen untereinander zu stärken. Auch sehen wir, wie die so verbundenen Häuser sich 1435 und 1457 mit den Herzögen von Braunschweig und den Städten Goslar, Osterode, Wernigerode, Blankenburg zur Sicherung des Harzwaldes gegen Straßenräuber und etliche vom Adel zusammenthun, Unternehmungen, die 1469 und 1494 auch Fürsten und die Räte kleiner Städte in die Hand nahmen. Für die allgemeine Lage trägt es nichts aus, wenn es im November 1437 den Grafen von Hohnstein und Stolberg im Verein mit den Schwarzburgern gelingt, dem Bischof Burchard von Halberstadt und den mit ihm verbündeten Städten Halberstadt, Quedlinburg und Aschersleben bei Uftrungen eine empfindliche Schlappe beizubringen.

Unter den selbständigen Harzgrafen treten einzelne Häuser bedeutsamer hervor. Im Osten sind es die Mansfelder, die hier teilweise an die Stelle der Wettiner treten und unter denen zuerst im Jahre 1115 als kaiserlicher Kämpe Graf Hoier hervortritt. Sie treten nach und nach die Erbschaft verschiedener zu ihnen gehöriger, oben gelegentlich schon erwähnter Geschlechter an. Seit 1229 tritt, nach dem Absterben des alten Hoierschen Stammes, das Geschlecht der Edlen von Querfurt, welches dann den Namen Mansfeld fortführt, an die

Stelle. Der als Edelherren von Querfurt fortblühende Zweig geht 1496 im Mannsstamm aus. Trotz einzelner Schwierigkeiten mehrt sich im neuen Hause Mansfeld der Besitz bis zur Schwelle des 16. Jahrhunderts. Im Jahre 1387 wurde die Herrschaft Arnstein von den Regensteinern erworben, 1440 Wimmelburg und Rammelburg, 1442 der nutzbare Besitz von Friedeburg und Salzmünde, 1459 von Hohnstein die Ämter Artern und Bockstedt, 1479 Heldrungen, 1523 Allstedt, das schon einmal vorübergehend im mansfeldischen Besitz gewesen war, 1527 Rothenburg, 1540 Klosteramt Sittichenbach.

Trotz solchen Gebietszuwachses hatten die Mansfelder den Druck des Hauses Wettin schwer zu empfinden. Im Jahre 1442 mußten sie die als freies Eigen besessene Herrschaft Arnstein von Sachsen zu Lehen nehmen und, obwohl sie, um einen Damm gegen jenes Fürstenhaus zu errichten, im Jahre 1446 ihre Stammherrschaft Mansfeld dem Erzstift Magdeburg zu Lehen auftrugen, mußten sie auch die Oberlehnsherrlichkeit Sachsens über ihre Bergwerke anerkennen, ungeachtet Kaiser Karl IV. selbst im Jahre 1364 den Grafen Gebhard und seine Nachfolger mit der Gerechtigkeit des Bergbaus innerhalb der sogenannten Berggrenze beliehen hatte. Auch mußten sie 1484 Morungen von den Wettinern zu Lehn nehmen.

Im Jahre 1420 trat eine Dreiteilung der Lande ein. Zwar wurde durch das Aussterben der älteren Linien in den Jahren 1492 und 1499 der ganze Besitz nochmals vereinigt, aber schon 1501 fiel derselbe wieder in fünf hinsichtlich der Regierung völlig unabhängige Teile auseinander.

Vor dem Nordharze und auf dem mittleren Teil seiner Höhen entfaltete sich als das mächtigste Grafengeschlecht das der Blankenburg-Regensteiner. Nach der ältesten Zeit, in der die Grafschaft lediglich ein Reichsamt war, hatten seit der ersten Hälfte des 11. Jahrhunderts die Walbecker, dann die Liudolfinger hier Grafengewalt und Besitz. Nachdem dann Kaiser Heinrich III. 1052 die Grafschaft dem Bistum Halberstadt übertragen hatte, wurden die jedesmaligen Träger des Grafenamts von den Bischöfen beliehen, während der Landbesitz meist welfisches Lehn war. Im Jahre 1128 wird zuerst der Edle Poppo von Blankenburg genannt, der dort die Grafschaft besaß. Sein ältester Sohn Konrad I. (1143—1197) heißt zuerst Graf von Regenstein, eine Bezeichnung, welche hinfort die des Gesamthauses bleibt, das von etwa 1246 ab allein von einem jüngeren Sohne Poppos, Siegfried I. (1148—1182) fortgesetzt wird und sich in die Linien Blankenburg, Regenstein und Heimburg teilt. Die von Poppos I. Urenkel Ulrich I. begründete Linie Heimburg beerbte um 1365/68 die Linien Blankenburg und Regenstein und setzte von da ab das alte Geschlecht bis zu seinem Erlöschen fort.

Auf dem Gipfel seiner Macht und seines Ansehens stand das Haus Regenstein zu Anfang des 14. Jahrhunderts. Seine Besitzungen waren umfangreicher, als die ihrer bischöflichen Lehnsherren. Da geschah es durch das von zwei aufeinander folgenden Bischöfen von Halberstadt, Albrecht I. von Anhalt (1304—1324) und Albrecht II. (1324—1358) aus dem Hause Braunschweig mit großer Beharrlichkeit, aber nicht in einer ihres geistlichen Charakters würdigen Weise verfolgte Streben, daß die Blüte der Grafschaft Regenstein geknickt, die weltliche Macht des Bistums Halberstadt bedeutend gemehrt wurde. Das als Kampf um die Herrschaft im Harzgau zu bezeichnende mannhafte, aber unglückliche Ringen der Grafen ist eine der merkwürdigsten Erscheinungen in dem allgemeinen Bestreben des Fürstentums, die der Rangstufe nach untergeordneten Stände zu gunsten ihrer Machtentwickelung zu überflügeln und zu unterwerfen. Wir müssen den Verlauf dieses Kampfes in gedrängter Übersicht vor Augen führen.

Da Bischof Albrecht I. den Landbesitz der Regensteiner innerhalb seines Bistums ebenso ausgebreitet als den eigenen beschränkt fand, suchte er dieses Mißverhältnis durch alle möglichen Mittel zu verändern. Zuerst kündigte er der Linie Regenstein das verpfändete Emersleben und gab, um die Heimburger von ihren Vettern zu trennen, den Regensteinern das jüngst erworbene Schwanebeck in Pfandbesitz, auch umklammerte er einen Teil der gräflichen Besitzungen dadurch, daß er mit Gewalt und List nach Fürst Ottos von Anhalt Ableben nach 1315 seinen anhaltischen Vettern Schneidlingen und Wegeleben abnahm und nach dem Tode seines Bruders Hermann auch Aschersleben in seinen Besitz brachte. Durch Vermittlung der Grafen von Mansfeld und Wernigerode wurde vorläufig ein offener Kampf vermieden, als zu eben dieser Zeit auch Graf Ulrich von der Heimburger Linie seine Besitzungen vermehrte, indem er von seinem verschuldeten Blankenburger Vetter ein ansehnliches Gebiet auf dem Harz bei Stiege und vom Fürsten Otto von Anhalt Burg und Gericht Gersdorf bei Quedlinburg als Lehen gewann, Bischof Albrecht aber dem Heimburger die Errichtung einer Burg zu Neindorf im Bruch untersagte.

Des im Jahre 1322 verstorbenen Grafen Ulrichs IV. von der Heimburger Linie Sohn Albrecht III. ist jenes geschichtlich am meisten hervorragende Glied des Hauses, das im Volksmunde unter der Bezeichnung „der Raubgraf" bekannt geworden ist. Von der ihm mit diesem Namen schuld gegebenen gröblichen Rechtsverletzung muß eine gewissenhafte Prüfung der Quellen ihn freisprechen und vielmehr anerkennen, daß er bei nachdrücklicher Verteidigung seines Rechts auch das anderer achtete. Wohlthuend berührt dabei das Verhalten seines Bruders Bernhard, der, um für das gute Recht des angegriffenen Grafen Albrecht einzutreten, seine Domherrnstelle in Halberstadt aufgab und des Bruders Kämpfe und Mühen teilte.

Anfangs schien die Gunst der Umstände den Bedrohten zu lächeln. Auf das Erbe des dem Erlöschen nahen Falkensteiner Hauses hatten sie die gerechtesten Ansprüche, da Graf Albrechts III. Gemahlin Oda die einzige Erbin war. Auch ging die von Siegfried III. begründete Linie des eigenen Hauses schnell dem Aussterben entgegen. Solche Aussichten naturgemäßen Wachstums wiesen das geisteskräftige Haupt der Heimburger Linie auf die Bahn des Friedens, daher er der Versuchung widerstand, dem beraubten Hause Anhalt gegen den Bischof von Halberstadt, ihren gemeinsamen Gegner, beizustehen; vielmehr verglich er sich mit demselben in betreff des Neindorfer Burgbaues. Dagegen leistete er dem schwachen Regensteiner Vetter Ulrich VII. kräftige Hilfe, als diesem die Grafen von Wernigerode auf Betreiben des Stifts Walkenried die Vogtei über den Walkenrieder Hof Schauen zu entziehen suchten.

Als nun im Jahre 1324 Bischof Albrecht I. mit Tode abging, schien den Regensteinern der Friede gesichert zu werden, da die dem Frieden nachtrachtende Mehrheit der Domherren dem gleichgesinnten Friedrich von Neindorf ihre Stimme gab. Aber der Erkorene der Minderheit, Herzog Albrecht von Braunschweig, war jenem an Thatkraft wie an Rücksichtslosigkeit weit überlegen. Vom Erzbischof von Mainz, der die päpstliche Entscheidung nicht abwartete, bestätigt, behauptete sich Albrecht trotz des vom obersten Kirchenfürsten fortwährend erhobenen Widerspruchs. Den Regensteinern gegenüber setzte er die Politik seines Vorgängers beharrlich fort. Zunächst löste er das dem Grafen Ulrich IV. verpfändete Schloß Schwanebeck wieder ein und suchte dann das Ansehen Graf Albrechts III. als Erbvogts des Stifts Quedlinburg zu vernichten. Er schloß deshalb 1326 mit dem Rat zu Quedlinburg einen Schutz- und Trutzvertrag gegen jedermann und wußte seine Städte Halberstadt und Aschersleben zu bestimmen, mit Quedlinburg ein gegenseitiges Bündnis zu Schutz und Trutz zu schließen. Den Schwager Graf Albrechts, Bernhard, den letzten Grafen von Falkenstein, vermochte er dazu, die eigentliche Grafschaft Falkenstein gegen eine Leibrente und einen Domherrnhof zu verkaufen, die Burgen Falkenstein und Ermsleben ihm sofort zur Aufnahme halberstädtischer Besatzungen zu öffnen. Auf die Falkensteinsche Herrschaft Arnstein ließ sich dieser Verkauf nicht wohl erstrecken, da diese magdeburgisches Lehen war, auch von Graf Albrechts mansfeldischem Schwager mit beansprucht wurde.

Aufs äußerste bedroht und gekränkt, suchte nun das Haupt des Hauses Regenstein durch ein Bündnis des gefährlichen Gegners Herr zu werden; die Grafen von Hohnstein und Wernigerode, die Fürsten von Anhalt traten demselben bei, nicht aber die Blankenburger und die Linie Regenstein, die eben durch eine unglückliche Fehde geschwächt war. Als nun das kaiserliche Hofgericht den Bischof zur Herausgabe der gewaltsam weggenommenen Ascherslebener Lande verurteilte, reizte dieser den Grafen Albrecht und dessen Bundesgenossen zu sofortiger Verteidigung, indem er den ersteren des Gerichts Gersdorf für verlustig erklärte und ihm, als er im Frühjahr 1334 dort das Gericht hegte, auf offener Dingstatt mit Bewaffneten entgegentrat. So begann denn auf allen Seiten der Kampf, wobei zwar Graf Albrecht und seine Verbündeten Arnstein und Hettstedt einnahmen, aber vergeblich sich Ascherslebens, Emerslebens, des Falkensteins und Wegelebens zu bemächtigen suchten. Den für die Verbündeten erfolglosen Kampf beendete im Sommer 1335 ein durch des Bischofs Bruder Herzog Otto von Braunschweig vermittelter Friede, nach welchem bis auf rechtliche Entscheidung der Bischof das Ascherslebensche und Falkensteinsche, der Graf aber Gersdorf behalten sollte.

Da der Bischof sich nun aber von Quedlinburg losgesagt und die Besetzung von Arnstein zugelassen hatte, so suchte Graf Albrecht sich der erstgenannten Stadt zu bemächtigen. Wenn nun die Chronisten berichten, daß der Graf bei der Belagerung den Quedlinburgern in die Hände gefallen und von ihnen in einem auf dem Rathause noch vorhandenen Käfig eine Zeitlang gefangen gehalten sei, so ist es an und für sich kein Gegenbeweis gegen die Richtigkeit solcher Überlieferung, wenn die Urkunden nichts über diese Thatsache berichten, denn sie enthalten nur, was die Aussteller darin gesagt wissen wollen; sie geben sogar unter Umständen handgreiflich unrichtige Darstellungen, indem sie beispielsweise die gleich zu erwähnenden zwangsweisen Abtretungen regensteinscher Gerechtsame und Besitzungen an die Grafen von Wernigerode als einen Verkauf erscheinen lassen. Aber man nimmt an, daß Graf Albrecht nicht in eine so mißliche Lage kam. Fest steht nach den Quellen nur, daß Bischof Albrecht von Halberstadt, der vor einer starken Gegenpartei aus seinem Bischofssitze hatte weichen müssen, sich im Jahre 1338 veranlaßt sah, zwischen Albrecht III., dem sich die Grafen von Mansfeld und Wernigerode wieder angeschlossen, und der Stadt Quedlinburg einen Frieden zu vermitteln. Darin gestattete der Graf der Stadt, mit dem Bischof in ein Bündnis zu treten und gelobte, daß die in ihrem Gebiete während des Krieges zerstörten Befestigungen nicht wieder aufgebaut werden sollten. Daß Graf Albrecht trotz der gefährdeten Stellung des Bischofs in so ungünstige Bedingungen zu willigen sich genötigt sah, zeugt doch von einem Notzwang, der ihm auferlegt war.

Als der Bischof wieder Herr in Halberstadt war, versuchte er, des Grafen Bundesgenossen, Fürst Bernhard den Beraubten von Anhalt und den Grafen Konrad von Wernigerode, durch Versprechungen von diesem abzuziehen, auch mehrte er seinen Besitz durch die Erwerbung von Wülperode und suchte die Stadt Osterwieck und Stift Walkenried gegen den Grafen Albrecht in Bewegung zu setzen. So kam es denn im Jahre 1343 zum Kriege, in welchem die Grafen Burchard von Mansfeld und Heinrich von Regenstein ihrem Vetter beistanden. Als so die Aussichten für die Verbündeten günstig schienen, machte ein Mißgeschick, das die Regensteiner betraf, alle Berechnungen zu schanden: Graf Heinrich von Regenstein fiel in die Gefangenschaft Graf Konrads von Wernigerode, und um sich daraus zu lösen, mußte er einen den wernigerödischen Besitz erweiternden und abrundenden Grafschaftssprengel an Wernigerode abtreten und seinem Heimburger Vetter einen ansehnlichen Teil seiner Güter als Mitbesitzer überlassen. Dadurch wurde die regensteinsche Grafschaft im Westen so eingeschränkt, daß ihre Herren sich veranlaßt sahen, die noch übrigen Stücke: Bühne, Hoppenstedt, Rimbeck, Stötterlingen, die Vogtei des Jungfrauenklosters Stötterlingenburg und das erst vor kurzem ererbte Hessen an die Herzöge von Braunschweig zu veräußern. Nur Schloß Westerhausen mit Gericht Warnstedt kauften die Heimburger dem Blankenburger Vetter ab, um ihr Gebiet im Osten abzurunden. Mehr als aufgewogen wurde jedoch die letztere Verstärkung dadurch, daß der Bischof den um den größten Teil seines Besitzes gekommenen Grafen Heinrich von Regenstein vermochte, ihm den Rest seiner Besitzungen zu verkaufen, ihm das feste Schloß Schlanstedt einzuräumen und sich im Genuß einer Leibrente auf das Haus Emersleben zurückzuziehen.

So geschwächt sah sich Graf Albrecht III., dem nur sein Schwager von Mansfeld treu zur Seite blieb, außer stande, für sein Erbrecht mit den Waffen einzutreten. Ein

Hoffnungsstern schien ihm nochmals aufzugehen, als Papst Clemens VI. den Bischof Albrecht mit dem Banne und alle, die sich dem von ihm selbst Erkorenen nicht fügten, mit dem Interdikt belegte. Dieser päpstliche Gegenbischof war der Sohn von Graf Albrechts treuestem Bundesgenossen: Albrecht von Mansfeld, Burchards Sohn. Dazu kam, daß Kaiser Karl IV. versprach, die Entfernung des gebannten Bischofs mit Gewalt durchzuführen. Da ward der mannhafte Heimburger, als er im Frühjahr 1348, noch vor dem Beginn der Feindseligkeiten, sich von Derenburg nach dem Regensteinschen Schlosse Westerburg begeben wollte und nur wenige Mannen um sich hatte, unsern Danstedt von einer Überzahl bischöflich Halberstädter Ritter und Reisigen, worunter sich Glieder der Familien von Dorstadt, von Bodendiek und von Semmenstedt befanden, überfallen und erschlagen. Allgemein beschuldigt, diese That in frevelhafter Weise angestiftet zu haben, erklärte der Bischof zwar, seine Unschuld eidlich erhärten zu wollen, aber man glaubte ihm nicht, zumal er die Thäter in seinen Diensten behielt.

Als des Bischofs bedeutendster Gegner beseitigt war, konnte der Verbündeten Bemühen, ihren Freund mit dem Schwerte zu rächen, keine Aussicht auf Erfolg haben. Vollständig bezwungen mußten die Regensteiner die von dem Bischof eroberten Burgen Lauenburg, Gersdorf und das feste Krottorf diesem abtreten. Die ehemalige Bedeutung des Hauses Regenstein war nun dahin; das edle Geschlecht, dessen Glieder im 13. und 14. Jahrhundert noch ein Erzbischof von Magdeburg, je ein Bischof von Halberstadt und Samland gewesen waren, von welchem klösterliche Stiftungen in Halberstadt, Blankenburg, Derenburg, Hasselfelde ihren Ursprung herleiteten, zeigte wohl hie und da noch mannhafte Erscheinungen, aber Graf Albrechts III. Nachkommen verarmten im 15. und 16. Jahrhundert mehr und mehr. Ohne Feier, unbeklagt schied am 4. Juli 1599 der letzte des Stammes in Elend und Dürftigkeit dahin.

Die Grafen von Wernigerode, der Regensteiner westliche Nachbarn, waren ein mindestens gleich altes, reich begütertes Geschlecht, doch waren dessen älteste erkennbaren Wurzeln nicht in die Harzhöhen, sondern in die hügeligen und ebenen Gegenden vor dem Nordharze eingesenkt. Hier verwalteten sie innerhalb der Sprengel von Halberstadt und Hildesheim am Elm und weiter westlich die aus der fränkischen Zeit stammenden Grafenämter. Um den Beginn des 12. Jahrhunderts kam der zu Haimar und Nachbarschaft im Hildesheimschen angesessene erste bestimmt erkennbare Sproß Adalbert an den Nordharz und erscheint im Jahre 1121 zuerst als Graf von Wernigerode. Er trat besonders die Erbschaft des hier im 11. Jahrhundert angesessenen Geschlechts der Edlen von Veckenstedt an und hatte schon zu Kaiser Lothars Zeit die Vogteien der Klöster Ilsenburg und Drübeck inne. Auch bei Goslar und weiter im Hildesheimschen hatten und bewahrten sie lange alten Besitz. In ihrem Streben nach Machterweiterung suchten sie wohl ihrer Vogteigewalt über die Klöster eine ungebührliche Ausdehnung zu geben. So geschah es in einer mit Unterbrechungen von 1309 bis 1320 dauernden Fehde, die längere Zeit, während Kaiser Heinrich VII. in Italien weilte, weite Strecken Sachsen-Thüringens in Unsicherheit versetzte und besonders das Kloster Ilsenburg schwer schädigte. Bald darauf wird im Jahre 1324 zuerst urkundlich von einer Grafschaft Wernigerode geredet. So war es denn eine unerwartete Erfüllung langen Strebens, wenn, wie wir sahen, durch das Mißgeschick der Regensteiner ihr Grafschaftssprengel bedeutend erweitert wurde. Besitzungen hatten sie hier wie auf dem Harze im Amt Elbingerode allerdings schon vorher. Wenn die Grafen 1268 ihr Schloß Wernigerode mit Zubehör den fern gesessenen Markgrafen von Brandenburg zu Lehen aufgetragen hatten, so zeigte sich etwas über ein Jahrhundert später, als sie infolge einer unglücklichen Fehde genötigt wurden, den Erzbischof von Magdeburg als Lehnsherrn anzuerkennen, wie wenig straff dieses Verhältnis war. Fester wurden die Bande erst angezogen, als im Jahre 1449 der Hohenzoller Kurfürst Friedrich II. die alten lehnsherrlichen Rechte der Mark Brandenburg wieder geltend machte. Damals war allerdings das alte wernigerödische Grafengeschlecht bereits seit zwei Jahrzehnten erloschen, und es war sein Erbe an die Grafen zu Stolberg, ein nahe gesipptes und durch Familienverträge enge verbundenes Haus übergegangen, welches einer dritten, in einem Hauptzweige noch fortblühenden Harzgrafengruppe, den Hohnstein-Stolbergern, angehört.

Nach der weiblichen Abstammung sind die Grafen von Hohnstein von den fürstlichen Geschlechtern der thüringischen Landgrafen und der Pfalzgrafen von Sachsen herzuleiten. Der den Bilsteinern (bei Eschwege) entsprossene Mannesstamm nannte sich ursprünglich nach der Ilburg über Ilfeld, Elger II. aber nach der nicht lange vor 1130 gebauten Burg Hohnstein, die er mit seiner Gemahlin Luttrud erhalten hatte. Die ursprünglichen hohnstein-ilfeldschen Besitzungen, die wahrscheinlich im Jahre 1194 zu Tilleda Heinrich dem Löwen vom Reich verliehen wurden, waren nicht sehr umfangreich, sie mehrten sich aber, indem besonders im Verlauf des 13. Jahrhunderts, erst teilweise, bis 1280 aber vollständig der Besitz des zurückgehenden, dann aussterbenden Geschlechts der Grafen von Klettenberg an die Hohnsteiner überging. Im Jahre 1298 erwarben sie die halbe Grafschaft Bockstedt von Stolberg, 1303 gemeinschaftlich mit letzterem Hause von den Grafen von Beichlingen die Herrschaft Roßla, die dann 1341 in den Alleinbesitz der Stolberger überging.

Im Jahre 1312 geschah eine Teilung der Hohnsteinschen Lande nördlich und südlich der Wipper zwischen den Grafen Heinrich IV. und Dietrich IV. Letzterer erhielt das Land nördlich jenes Flusses, die Burgen und Herrschaften Hohnstein, Klettenberg, Heringen, Bockstedt, halb Roßla und den dritten Teil von Allerberg, Heinrich IV. die südlich gelegenen Lande, die Reichsvogtei in Nordhausen, die Mit-Schutzvogtei über Ilfeld und Walkenried und zwei Drittel von Allerberg. Im Jahre 1335 erwarb Heinrich IV. von den Grafen von Beichlingen noch die Burg und Grafschaft Lare oder Lohra. Den genannten Grafen, von denen Heinrich IV. 1342, Dietrich um 1329/30 starb, wird auch die Erbauung der Burgen Benneckenstein, Bleicherode, Heringen und Artern, sowie die Erwerbung von Scharzfeld zugeschrieben. Im Jahre 1343 zählten die Hohnsteiner Ellrich, Heringen, Kelbra, Bleicherode und Artern zu ihren Städten. Sechs Jahre darnach erhielten sie mit den verschwägerten Schwarzburgern von Beichlingen-Rothenburg die Burg und Herrschaft Questenberg.

Wenn die Regensteiner nur bis kurz vor der Mitte des 14. Jahrhunderts ihr hergebrachtes Ansehen behaupteten, so hatte wenig später auch das Haus Hohnstein den Gipfel seiner Macht erstiegen. Denn dadurch, daß 1356 mit Graf Heinrichs V. von Hohnstein-Sondershausen Tode dessen Besitzungen an seine Schwiegersöhne, die Grafen Heinrich und Günther von Schwarzburg-Arnstadt gelangten, gingen die südlich der Wipper gelegenen Lande den Hohnsteinern verloren. Besonders waren es dann Fehden und weitere Teilungen, welche die jüngere Linie schon in wenigen Jahrzehnten mehr und mehr schwächten und um ihre sämtlichen Besitzungen am Harze brachten. Am 7. November 1372 teilten die Hohnsteiner ihre Lande dergestalt, daß Graf Heinrich VII. Klettenberg und Lohra, die Grafschaft Scharzfeld, die Reichsvogtei in Nordhausen, ein Drittel von Allerberg, die Lehnshoheit über Bodenstein und Benneckenstein erhielt. Die jüngere Linie, die Grafen Ulrich und Dietrich VI., bekamen Burg und Herrschaft Hohnstein, Heringen, Kelbra, Questenberg, Bockstedt und Morungen und die Hälfte von Wippra und Benneckenstein. Ulrich und Dietrich teilten nun aber wieder so, daß Dietrich Heringen und Bockstedt, samt halb Benneckenstein, Ulrich Kelbra, Morungen und halb Wippra bekam. Nur Burg und Amt Hohnstein blieben bis 1412 Gemeinschaftsbesitz der beiden jüngeren Linien Heringen und Kelbra.

Hatten die Hohnsteiner sich schon kurz vor der letzteren Teilung veranlaßt gesehen, die 1368 gegen die Nordhäuser auf der Südostecke des Kohnsteins erbaute Schnabelsburg niederzulegen und Schulden halber 1370 mehreren Nordhäuser Bürgern Schloß Lohra zu verpfänden, so sehen sie sich auch bald zur Veräußerung von Besitzstücken genötigt. Im Jahre 1382 verkauft Graf Ulrich von Hohnstein-Kelbra seine Hälfte von Wippra an das Erzstift Magdeburg, im folgenden veräußern Dietrich VII. und Heinrich halb Edersleben an Graf Heinrich zu Stolberg; 1386/91 verkauft die jüngere Linie Burg und Herrschaft

Questenberg an die Landgrafen von Thüringen, 1390 Burg und Stadt Artern mit Ritteburg, Gehofen und Kastedt an die von Heldrungen, 1392 Bockstedt und halb Edersleben an die Querfurter. Den übrig gebliebenen Besitz sondern dann durch eine neue Erbteilung die Grafen Ulrich und Dietrich IX. 1394, wobei ersterem Kelbra und fünf Dörfer des Amts Hohnstein zufallen, letzterem Heringen, das Dorf Leimbach und halb Benneckenstein. Schloß Hohnstein blieb Gemeinschaftsbesitz. Burg und Herrschaft Morungen, seit 1330 ein gräflich Hohnsteinsches Reichslehen, verpfändete im Jahre 1401 und verkaufte 1408 Graf Heinrich VIII. an die Grafen von Mansfeld.

Zu den verderblichen Teilungen kamen nicht weniger nachteilige Fehden. Im Jahre 1380 sehen wir die Hohnsteiner mit ihren Lehnsherren, den Landgrafen von Thüringen, in Streit, die damals die Stammburg erobern. Siebenzehn Jahre darnach entbrennt wieder Krieg mit denselben, der zu größerer Lehnsabhängigkeit führt. Da der zurückgekommene Graf Dietrich IX. aus Neid über die reichen, innerhalb seines Gebiets gelegenen Walkenrieder Klosterhöfe eine mit Plünderung der Höfe anhebende Fehde beginnt, so muß sein eigenes Land darunter schwer leiden, doch trägt Dietrich 1410 in einem durch den Abt von Ilfeld vermittelten Frieden schließlich seine Beute davon.

Ein die verwilderte Zeit besonders kennzeichnendes Beispiel ist die Fehde, die im Jahre 1412 durch den Grafen Dietrich IX. von Hohnstein-Heringen geführt wurde. Dieser verband sich mit dem berüchtigten Raufbold, dem Edelherrn Friedrich von Heldrungen, der nun mit seiner Fleglerbande — mit Flegeln und Sensen bewaffnetem Gesindel — in das Hohnstein-Kelbrasche Gebiet eindrang und eine Reihe von Dörfern auf Nimmerwiedersehen verwüstete und am 15. September Burg Hohnstein erstieg. Der aus der Burg geflüchtete Graf Heinrich fand aber Hilfe bei den Mark- und Landgrafen von Meißen und Thüringen, die anfangs November Burg Heldrungen eroberten und diese samt Wiehe dem vertriebenen Hohnsteiner zu Lehen gaben, der sich nun Graf von Hohnstein, Herr zu Heldrungen nannte. Dagegen trat er seine Grafschaft Kelbra nebst dem Pfandrecht an Harzgerode, Hoym, Sandersleben und Ballenstedt an die Mark- und Landgrafen ab.

Mittlerweile hatte der seines Stammbesitzes entsetzte Heldrunger Burg Hohnstein nach Kriegsrecht inne und nannte sich Friedrich von Heldrungen, Herr zu Hohnstein, während eine Hälfte der Burg dem Hohnstein-Heringer Grafen Dietrich IX. verblieb. Der unruhige Heldrunger fand ein seiner Thaten würdiges Ende, indem er auf einem Raub- und Verwüstungszuge am 26. September 1413 durch einen Bauer mit einem Schweinsspieße erstochen wurde. Seinen Anteil an Schloß Hohnstein verkaufte Dietrich IX. 1417 mit Bewilligung seiner Lehnsherren, der Herzöge von Braunschweig, an den Grafen Botho zu Stolberg. In demselben Jahre veräußerte Graf Heinrich von Hohnstein-Heringen seine Hälfte von Heringen an die Grafen zu Stolberg und Schwarzburg, die dann 1432 und 1439 auch die andere Hälfte an sich brachten. Endlich erkaufte Graf Botho zu Stolberg von des Heldrungers Witwe Agnes und ihren Söhnen Heinrich und Friedrich deren Hälfte von Burg Hohnstein. Graf Dietrich IX., der sich, wie es scheint, nach Westfalen begab, ist schon vor dem 13. Juli 1417 verstorben und verschollen. Die Hohnstein-Heringer besaßen ihre im Fleglerkriege erworbene Herrschaft Heldrungen bis 1480, wo sie dieselbe an die Mansfelder verkauften. Und wie einst in den Friedeburgern ein Zweig des Hoierschen Stammes Mansfeld in die deutsch-slavischen Ostmarken gezogen war, um dort dem ererbten Thatendrange zu genügen, so zogen nun auch gegen Ende des 15. Jahrhunderts die Hohnstein-Kelbra-Heldrunger, die jedoch, weil sie nicht mit der Grafschaft Lohra-Klettenberg zur gesamten Hand belehnt waren, hinfort mit dem noch am Harze fortblühenden Zweige nichts mehr zu thun hatten, nach der Mark Brandenburg, wo sie die Herrschaft Schwedt-Vierraden erwarben und am 5. Mai 1609 als die letzten des alten Hohnsteinschen Stammes mit dem Grafen Martin erloschen.

Nicht wie die jüngere Linie durch fortgesetzte Teilungen geschwächt, grünte der ältere Lohra-Klettenbergische Zweig der Hohnsteiner bis zum Jahre 1593 am Harze fort, in welchem Ernst VII. als Letzter dieses alten Geschlechts zu Walkenried starb, wo ihm auch von seiner Witwe Agnes, geb. Gräfin von Eberstein, im Jahre 1602 ein stattliches Denkmal gesetzt wurde. Der Hofhaltssitz dieses Zweiges war meist zu Lohra oder Klettenberg, auch wohl auf Schloß Scharzfels. Besonders merkwürdige Ereignisse sind von ihm bis zum Schluß des Mittelalters nicht eben zu berichten. Dagegen ist der engen Erbverbrüderung zu gedenken, welche die Grafen zuerst im Jahre 1433 mit ihren Vettern, den Grafen von Schwarzburg und Stolberg, schlossen, von denen das letztere Geschlecht mit ihnen eines Stammes war. Diese Erbeinigung verfolgte unter anderem den Zweck, durch festen Zusammenschluß der benachbarten Standesgenossen sich den Ansprüchen des Landesfürstentums gegenüber zu stärken. Diese Verbindung war die Fortsetzung einer ähnlichen, welche im Jahre 1418 zwischen Schwarzburg, Wernigerode und Stolberg geschlossen war.

Mit einer fast jeden Zweifel ausschließenden Wahrscheinlichkeit läßt sich das Haus Stolberg als eine durch sogenannte Todteilung gegen Ende des 12. Jahrhunderts entstandene Abzweigung von den Hohnsteinern bezeichnen. Elger II., Graf von Ilfeld oder Hohnstein (1151—1189), hatte einen Sohn, Elger III., der das Hohnsteinsche Geschlecht fortpflanzte. Zwischen ihm und seinen Neffen Heinrich und Dietrich, den Söhnen seines verstorbenen Bruders Friedrich, wurde im Jahre 1201 durch den thüringischen Landgrafen Hermann in Weißensee eine Erbteilung vermittelt. Leider sind die Instrumente, aus denen wir das Nähere ersehen könnten, nicht auf uns gekommen, aber wir ersehen so viel aus dem geschichtlichen Zusammenhange, daß Friedrich (der jüngere Bruder trat bald als Geistlicher zurück) ein ziemlich beschränktes Gebiet im Harze zwischen Thyra und Krummschlacht, die späteren Ämter Stolberg und Ebersberg umfassend, zugeteilt erhielt. Hier legte er zwischen 1201 und 1210 die Burg Stahil-, Stal- oder Stolberg an. Vor der Teilung besaß er an der unteren Helme als thüringisches Reichsafterlehen die Herrschaft Bockstedt.

Weiter reicht sonach in die Vorzeit der Name der Ilfeld-Hohnsteiner zurück, mit reicherem Blütenkranze haben Dichtung und Volksmund das schicksalsreiche Geschlecht der Regensteiner umwoben, viel mannigfaltiger lebt mit blutigen Ehrenmalen das Bild tapferer, todesmutiger Mansfelder in der geschichtlichen Erinnerung fort: dennoch ist das erst später geborene Haus Stolberg mit Vorzügen begnadet, die ihm unter allen Harzgrafengeschlechtern unbedingt die erste Stelle anweisen. Nicht nur war ihm eine längere Dauer beschieden, ein Fortblühen bis auf unsere Gegenwart, seine Wirkungen waren auch nachhaltigere. Nicht trieben Ehrsucht und Kampflust dazu, in Streit und Fehde blutige Lorbeeren zu pflücken oder dadurch ihren Besitz zu mehren, sondern durch besonnenes Handeln, väterliches Walten, in späteren Jahrhunderten vorzugsweise durch religiös-kirchliche Bestrebungen, gewannen sie vor allen harzischen Standesgenossen den ersten Preis.

Gleich an den ersten Trägern dieses Namens gewahren wir etwas von der Prägung, die das Haus nun schon volle sieben Jahrhunderte bewahrt hat: Nicht mit dem Schwerte, sondern mit der Pilgermuschel geschmückt tritt uns jener Heinrich entgegen, der dem Gemahl der heiligen Elisabeth Landgraf Ludwig ins heilige Land folgte, ein Unternehmen, das auch spätere Sprossen des Hauses bis an den Ausgang des Mittelalters wiederholten. Wir wissen eigentlich nur von einem Gliede einer Nebenlinie, einem Grafen Hermann, der in der Mitte des 14. Jahrhunderts in eine der damals so häufigen Fehden verwickelt war und sein Leben darin einbüßte. Um so reicher und mannigfaltiger ist die Zahl der geistlichen Herren, auch Frauen in diesem Geschlecht. Wohl hatte seit dem 13. und 14. Jahrhundert manches erlauchte Haus seine Söhne in Hochstiftern, aber daß wir, abgesehen von einem Deutschordensritter zu Balga in Ostpreußen, in den Hochstiftern Halberstadt, Magdeburg, Merseburg, Kammin, Würzburg geborene Grafen zu Stolberg in hohen geistlichen Würden finden, ist doch der Hervorhebung wert, auch wenn wir der von ihnen im 16. Jahrhundert eingenommenen Domherrnstellen zu Mainz, Köln und Lüttich nicht gedenken. Nicht immer war mit dem geistlichen Amt auch ein geistlicher Sinn verbunden. Aber während z. B. ihr Hohnsteinscher Vetter Ernst als Bischof von Halberstadt (1390 bis 1400) seine unselige Fehdelust auch unterm Bischofshute bewahrte, wird von den Stolberger Heinrichen, die vor ihm in demselben fehdereichen Jahrhundert die bischöfliche Tiara in Merseburg trugen, bezeugt, daß sie ihrem Berufe gemäß Stifter und Bewahrer des Friedens im Lande waren. Und was man von den geistlichen Herren im Mittelalter kraft ihres Amts glaubte erwarten zu müssen, das haben seit der Kirchenerneuerung die Herren vom Stolbergischen Geschlecht im weltlichen Gewande als treue Bekenner und Förderer des evangelischen Wesens in noch reicherem Maße geleistet. Gleich der erste Bearbeiter unserer Reformationsgeschichte im nördlichen Deutschland, Hamelmann, weist auf die Liebe dieser Grafen zur evangelischen Predigt hin. Schon im 13. und 14. Jahrhundert, als das Haus zahlreich an Gliedern war, gewahren wir in demselben einen wirtschaftlichen und auf einheitliches Regiment gerichteten Zug. Für die Behauptung der Stellung des Hauses war es dann aber von überaus großer Bedeutung, daß von 1416—1552 — einhundertsechsunddreißig Jahre lang — die Stolberger nur auf vier Augen standen oder doch ihre Besitzungen durch einen einzigen regierenden Herrn und Haushalter verwalten ließen.

Denkmal des letzten Hohnsteiner Grafen Ernst VII. in Walkenried.

In der Mehrung des Landbesitzes war kein Glied des Hauses eifriger, aber auch glücklicher, als Graf Botho der Ältere, wozu der Vorteil kam, daß er von 1416—1455 der einzige erwachsene und regierende Mannssproß war. Wir sahen schon, wie beim Aus- und Niedergang des Hauses Hohnstein jüngerer Linie die Stammgrafschaft dieses Hauses und die Ämter Heringen und Kelbra, letztere mit Schwarzburg gemeinschaftlich, an Stolberg kamen. Im Jahre 1427 wurde Graf Botho vom Herzog Erich von Braunschweig mit Schloß und Flecken Elbingerode beliehen, wo die mit ihm versippten Wernigeröder schon seit dem 13. Jahrhundert, wo nicht früher, angesessen waren. Seine wichtigste, von ihm in ihrer Bedeutung nicht voll erkannte Erwerbung aber machte er, als am 3. Juni 1429 mit dem Absterben des Grafen Heinrich von Wernigerode jenes alte Geschlecht erlosch und infolge einer nicht hinreichend aufgeklärten Verwandtschaft, sowie infolge von Familienverträgen jenes alte sächsische Geschlecht von den thüringischen Stolbergern beerbt wurde. Von da an fügten Graf Botho und seine Nachfolger zu ihrem alten Namen und dem Hirsch in ihrem Wappen den Namen und die Forellen des erloschenen nordharzischen Grafenhauses. Noch kaufte Graf Botho anfangs 1430 vom Landgrafen Friedrich von Thüringen Schloß Questenberg, 1442 von den Mansfelder Grafen zu dem bereits innegehabten Viertel des Schlosses Morungen ein zweites Viertel. Endlich gewann er nebst dem Grafen Heinrich von Schwarzburg für eine den Grafen von Beichlingen gemeinsam vorgeschossene Summe von 22000 Gulden 1448 die thüringische Herrschaft Frohndorf als Unterpfand.

Im allgemeinen war im Verlaufe des 15. Jahrhunderts die selbständige Bedeutung der Harzgrafenhäuser im Niedergang. Teilweise hatte das bei den einzelnen Häusern besondere Gründe, teilweise lag es aber an der Machterweiterung der erstarkenden größeren Landesherrschaften. Wir sahen das besonders am Hause Mansfeld. Und wenn vorläufig die Stolberger noch weniger davon betroffen wurden, so lag es mit daran, daß sie nicht der Hauptsache nach von den Wettinern, sondern in Stolberg und Wernigerode von Kurmainz, den Hohenzollern und anderen Oberlehnsherren abhängig waren, die sie weniger bedrängten. Als nun aber zu Dr. Martin Luthers, selbst eines geborenen und seine engere Geburtsheimat liebenden Harzers, Zeit, abgesehen von Stolberg und dem halb dem Harz angehörigen Schwarzburg, die Harzgrafschaften wirtschaftlich und politisch bedeutend im Niedergange waren, da sollten sie für die größte geistige Bewegung, welche unsere Geschichte kennt, eine hervorragende, augenfällige Bedeutung gewinnen: Als im Mai des 300sten Gedenkjahrs der Reformation ein Sohn Straßburgs unseren höchsten Harzgipfel bestieg, da gab er seiner Freude begeisterten Ausdruck, von „Hercynias Haupt" die herrlichen Wiegenlande der Reformation vor sich ausgebreitet zu sehen. Damit sind nicht die Besitzungen der größeren weltlichen und geistlichen Fürsten, eines Herzogs Georg von Sachsen, Heinrich d. J. von Braunschweig, der Erzbischöfe und Bischöfe von Mainz, Halberstadt und Hildesheim, sondern, abgesehen von den Reichsstädten Nordhausen und Goslar, die Besitzungen der Harzgrafen gemeint. So geschwächt sie sonst sein mochten, dazu reichten die Macht und das Ansehen nicht nur der Stolberger und Schwarzburger, sondern auch der zerteilten Mansfelder, der Hohnstein-Klettenberger, selbst der Blankenburg-Regensteiner hin, dem evangelischen Bekenntnis eine Freistatt zu gewähren, und die Zunötigungen und Drohungen eines Herzogs Georg, des kriegslustigen Herzogs Heinrich d. J. und des Kardinal-Erzbischofs Albrecht haben dawider wenig ausgerichtet. Dagegen schlossen sich vom weltlichen Fürstentum der reformatorischen Bewegung früh an die Fürsten von Anhalt und das politisch herabgedrückte welfische Teilfürstentum Grubenhagen.

Auch für die Vorbereitung der Reformation sind Genossenschaften am Harz von hervorragender Bedeutung gewesen. Geschichtlich betrachtet war es der äußerlich wenig hervortretende Bettelmönchsorden der Augustiner-Einsiedler, in ihm aber die reformierte sächsische, unter ihrem Haupte Andreas Proles sich zur deutschen erweiternde Kongregation, aus welcher Luther und der größte Teil seiner ältesten geistlichen Gefreundtschaft hervorging. Das Stammkloster dieser Genossenschaft war Himmelpforten bei Wernigerode, aus welchem Proles, der von Luther verehrte Hauptbegründer derselben, Vorgänger von Staupitz, hervorgegangen war. Nirgendwo lagen aber die Konvente dieser Kongregation so nahe beisammen, wie am Harz; außer Himmelpforten waren es die zu Quedlinburg, Helmstedt, Nordhausen, Sangerhausen und Eisleben, letzterer gewissermaßen kurz vor Thorschluß im Jahre 1511 gegründet. All diese Konvente, denen sich dann auch Augustiner-Chorherren anschlossen, wurden die ersten Förderer und Verbreiter der Reformation. Luther hatte im Erfurter Konvent Profeß gethan, Kaspar Güttel gehörte dem zu Eisleben an, die Augustiner-Chorherren Wiedensee, Winckel, Winnigstedt wirkten in Halberstadt, Quedlinburg und an anderen Orten. Sonst gehören zu den ältesten harzischen Reformatoren der Nordhäuser Justus Jonas, Joh. Spangenberg in Stolberg, Nordhausen und Eisleben, Tileman Platner in Stolberg, Quedlinburg und Wernigerode, am letzteren Orte und in Halberstadt auch Autor Lampadius. In Goslar, wo die Reformation auch früh Wurzeln schlug, aber mit manchen Schwierigkeiten zu kämpfen hatte, waren verschiedene, teilweise von Halberstadt gekommene Männer thätig, wie Joh. Wessel, Heinr. Gefferdes, Nik. von Amsdorf, Ant. Corvinus, Paul vom Rode, Amandus, Wiedensee, Winnigstedt.

Von den gräflichen und fürstlichen Förderern der Reformation brauchen hier Luthers von diesem bis an den Tod treu gehegte mansfeldische Landesherren nicht erst genannt zu werden. Die wirtschaftlich so gedrückten Blankenburg-Regensteiner werden schon 1525 wegen Zulassung der Reformation vom Kardinal Albrecht in Anspruch genommen. Im Stolbergischen, sowohl in den südharzischen Herrschaften, wie in der Grafschaft

Wernigerode, hat Graf Botho der Glückselige (1511—1538) trotz seiner hohen Stellung beim Kardinal Albrecht und trotz der Zunötigungen Herzog Georgs von Sachsen nie Gewalt gegen die Bekenner der Reformation geübt, der seine Söhne Wolfgang, Ludwig, dann auch die übrigen seit 1520 angehörten, obwohl er selbst als Glied der alten Kirche starb. Die Hohnsteiner und Schwarzburger sind ebenfalls schon früh Bekenner des erneuerten evangelischen Glaubens. Unter den Fürsten neigt seit 1526 Herzog Philipp I. von Braunschweig-Grubenhagen entschieden zur evangelischen Lehre. In einem Vertrage vom 19. November 1529 spricht er das schöne Wort und bekennt: „Dewile de gelove von gode komen moth unde mit geboden edder verboden nicht mach gegeven werden." Einer der trefflichsten erlauchten Herren, die mit ihrer gesamten Persönlichkeit das Reformationswerk bei uns fördern halfen, war Fürst Wolfgang von Anhalt, der später nach dem Treffen bei Mühlberg vor Karl V. fliehen mußte und eine Zeit lang in seinen Harzbergen in der Leimufermühle unter dem Stammschloß Anhalt eine Zuflucht fand.

Aber ein furchtbares Unwetter hatte die noch nicht lange in die Erde gesenkte Saat zur Zeit ihres frischen Aufgehens im Jahre 1525 zu bestehen, als jene verderblichste aller Bauernunruhen fast all unsere Harzgebiete durchtobte. Obwohl „im Reich", im deutschen Südwesten begonnen, fand sie am Harze durch einen wahnbethörten Sohn der Stadt Stolberg, Thomas Münzer, einen eigenen Brennpunkt. Geistliches mit Weltlichem verwechselnd, wollten diese Haufen und ihre Führer die Reformation zur Erreichung weltlicher Ziele benutzen. Ist dabei unleugbar, daß die Bauern unter manchem Druck seufzten, so haben die erst in neuester Zeit veröffentlichten 24 Stolberger Bauernartikel auch gezeigt, wie wenig die religiöse Frage Ausgangspunkt und Inhalt dieser Bestrebungen war, daß diese vielmehr ganz hinter der gesellschaftlichen und wirtschaftlichen zurücktrat.

Martin Luther. Nach Lucas Cranach.

Zunächst traf der vernichtende Schlag die Klöster. Soweit die Harzlande sich erstrecken, vom anhaltischen und mansfeldischen Osten bis in den welfischen Westen hinein, wurden die schönen, meist aus der alten Kaiserzeit stammenden Klöster zerstört, teilweise selbst die Kirchen beschädigt. Eine je höhere Zier jene alten romanischen Bauten unserem Harze waren, um so größer erscheint der Greuel der Verwüstung. Der mit unheimlicher Schnelle anwachsenden elementaren Gewalt des untersten Standes gegenüber waren die Harzgrafen ganz ohnmächtig. Ein Graf Albrecht von Mansfeld kämpfte an der Seite Herzog Georgs von Sachsen und Landgraf Philipps von Hessen bei Frankenhausen. Graf Botho zu Stolberg mußte in die Artikel der Bauern willigen und zog sich von Stolberg nach dem festeren Wernigerode zurück, wo die Stadt dem wilden Haufen widerstand, während auf dem Lande die Klöster Ilsenburg, Drübeck, Himmelpforten, Wasserler und der Ordenshof Langeln „gepucht" wurden. Neben anderen nordharzischen erfuhren am Südharz die Klöster Ilfeld, Walkenried, Pöhlde und andere mehr eine greuliche Zerstörung. Ähnlich wie Graf Botho zu Stolberg mußten sich die Grafen von Hohnstein der Brüderschaft der Empörer anschließen.

Dem Bauernaufstande wurde durch das Treffen bei Frankenhausen bald ein Ziel gesetzt, aber der Rückschlag auf die reformatorische Bewegung war doch stellenweise ein sehr empfindlicher. In Halberstadt, wo derselben kurz vorher eine offene Gasse gebahnt schien, wurde sie wieder auf fünfzehn Jahre unterdrückt, noch etwas länger in Hildesheim, wo ebenfalls schon in den zwanziger Jahren evangelische Regungen hervorgetreten waren. Sonst breitete sich die Reformation überall am Harze stetig aus; Harzgrafen und -Städte blieben ihr treu. Mit ihr nahm das Schulwesen einen mächtigen Aufschwung: nicht nur in größeren Städten, wie Goslar, Nordhausen, Quedlinburg, Halberstadt, Eisleben, Aschersleben, auch in Kelbra, Wernigerode, Mansfeld, Sangerhausen, Osterwieck, Osterode und anderen Orten entstanden mindestens bis Anfang der vierziger Jahre evangelische Lateinschulen. Und während zu Ende des Mittelalters bei uns in Stiftern und Klöstern von gelehrten Schulen wenig gehört wurde, so meinten die Evangelischen die Förderung des Unterrichts und der Volkserziehung als einen Hauptzweck jener alten Stiftungen erkennen zu müssen, und so erblühten am Nord-, wie am Südharz die Klosterschulen zu Michaelstein, Ilsenburg, Walkenried, Ilfeld, deren Aufschwung freilich erst mit der zweiten Hälfte des Jahrhunderts anhebt. Die von 1522—1524 blühende höhere evangelische Stiftsschule zu St. Johannis in Halberstadt wurde vom Kardinal Albrecht unterdrückt. Als aber 1535 mit Kurfürst Joachim I. von Brandenburg, dann 1539 mit Herzog Georg von Sachsen zwei mächtige Gegner der Reformation gestorben waren, deren Einfluß mehr oder weniger auch an den Harz reichte, da konnte diese in den meisten Harzlanden als abgeschlossen gelten.

Ein lebensvolles Bild von diesem siegreichen Stande des erneuerten Kirchenwesens gewährt uns die in den Junitagen des Jahres 1541 auf Schloß Wernigerode gefeierte Hochzeit des entschieden evangelischen Grafen Wolfgang zu Stolberg und seiner Regensteinschen Braut. Neben dem Bräutigam sind seine gräflichen Vettern von Blankenburg-Regenstein, Mansfeld, Schwarzburg, Hohnstein mit ihren Mannen erschienen. Selbst ein altes nordwestliches Herrengeschlecht ist in einer Edlen von Warberg vertreten, die evangelischen Harzfürsten durch Herzog Philipp von Braunschweig-Grubenhagen, der von Herzberg gekommen ist, und die Fürsten von Anhalt, letztere allerdings nur durch Hochzeitsgeschenke. Von Quedlinburg aber ist des Bräutigams Schwester, die Fürstin-Äbtissin Anna, aufs lebhafteste bei dem Feste beteiligt. Von evangelischen Räten oder Geistlichen begegnen wir einem Tileman Platner aus Stolberg, Hauptmann von Lunderstedt und Hofprediger Martin Otho aus Blankenburg, den Rektoren Autor Lampadius aus Halberstadt, Valentin Donat aus Wernigerode. Die Räte von Braunschweig und sämtliche stolbergischen Städte hatten Vertreter gesandt und ihren Anteil an der zunächst bloß privaten Feier durch Geschenke bekundet. Auch die Häupter der alten Stifter Ilsenburg, Walkenried und Ilfeld waren bei dem Feste, dem auch die Zier von Sang und Spiel durch Sänger und Tonkünstler aus Goslar, Quedlinburg, Eisleben, Halberstadt, Stolberg und Wernigerode nicht mangelte.

Die Anwesenheit von Vertretern sämtlicher damals noch fortblühenden Harzgrafengeschlechter, teilweise mit ihren Räten, scheint uns die Frage nahe zu legen, ob man dabei auch an einen politischen Nebenzweck dieser festlichen Vereinigung im Sinne der älteren Bündnisse denken dürfe. Einen besonderen Anlaß zu dieser Frage giebt uns die Thatsache an die Hand, daß man sich damals mit solchen Gedanken trug: Seit unter Kaiser Maximilian I. in dem Ewigen Landfrieden, der Einsetzung des Reichskammergerichts und des Reichshofrats, auch in der Kreiseinteilung die Grundlagen für die neuere Entwicklung der deutschen Reichsverfassung geschaffen waren, gewann die Vereinigung der einzelnen Stände behufs ihrer Vertretung in den Reichstagen und zu besonderen Zwecken eine erhöhte Bedeutung, und so kam es zur Bildung von Grafenbänken, der schwäbischen, wetterauischen, fränkischen und westfälischen, die vier Kuriatstimmen im Fürstenrate gewannen, die beiden letzteren allerdings erst im 17. Jahrhundert. Ein Anlauf zu einer solchen Bildung wurde nun in der ersten Hälfte des 16. Jahrhunderts auch rücksichtlich der Harzgrafen gemacht. In einem der Zeitangabe entbehrenden und wohl nur als Entwurf zu betrachtenden Schriftstück von etwa 1520—1540 erklären die Grafen und Herren der Lande Schwaben, Franken, am Rheinstrom und die Grafen am Harz ihre Absicht, einen Bund zu gemeinsamer Vertretung ihrer Angelegenheiten zu schließen. Es sollen aus den genannten vier Landen je zwei, zusammen also acht Personen gewählt werden und bei Reichstagen des gesamten Grafenstandes wegen erscheinen, darauf bis zum Schluß verbleiben, ihre Beschwerden vorbringen und Vollmacht haben, namens der Grafen zu verhandeln. Zu einer festen Vereinigung der Harzgrafen kam es aber nicht: Als am 6. Dezember am Harze selbst in Nordhausen eine Vereinigung wegen des Schmalkaldischen Bundes stattfand, waren von ihnen nur die Grafen Albrecht und Gebhard von Mansfeld beteiligt. Im Frühjahr 1546 forderte der mit der Reformation des Erzstifts beschäftigte Erzbischof Hermann von Köln wegen der Gemeinsamkeit der Interessen durch den Grafen Wolfgang zu Stolberg die Harzgrafen zu einem auf den 1. März nach Nordhausen anberaumten Tage auf. Wohl wegen der Abhängigkeit von den sächsischen und kurbrandenburgischen Oberlehnsherren blieb dieses Bemühen erfolglos. Gerade dieser Abhängigkeit wegen wurde dann zehn Jahre später zwischen Mansfeld, Stolberg, Schwarzburg und Hohnstein ein Schriftwechsel wegen der Abhaltung von gemeinsamen Harzgrafentagen zu Nordhausen, Eisleben oder Mansfeld gepflogen; aber auch hierbei kam nichts Ersprießliches zustande. Es ist aus verschiedenen Gründen zur Bildung einer harzischen Grafenbank nicht gekommen. Die Blankenburg-Regensteiner waren zu sehr geschwächt, um sich an einem solchen Unternehmen zu beteiligen, Mansfeld wurde 1563 unter Sequester gestellt; gleich den Regensteinern starben die Lohra-Klettenberger im 16. Jahrhundert aus, die Schwarzburger traten Mitte des 18. Jahrhunderts in den Reichsfürstenstand, so daß schließlich nur die Stolberger übrig blieben.

Johann Arndt.

Wie wir schon andeuteten, gehört die Blütezeit unserer gelehrten, insbesondere Klosterschulen der zweiten Hälfte des 16. bis in den Anfang des 17. Jahrhunderts an: Ilfeld, das unter dem trefflichen Rektor Michael Neander sich aufs schönste entfaltete (1559—1595), wird schon von Melanchthon als die erste Pflanzschule Deutschlands bezeichnet. Unter der großen Zahl seiner tüchtigen, mit inniger Liebe an ihrem Lehrer hangenden Schüler mögen der treffliche Grieche Lorenz Rhodeman, der Pflanzenforscher Joh. Thal, der Elbingeröder Heinrich Eckstorm genannt werden. Letzterer brachte auch als Rektor der benachbarten Walkenrieder Schule (1591—1613) diese zu einer erfreulichen Blüte. Freund, Gönner und Landesherr Michael Neanders war Graf Wolf Ernst zu Stolberg (1546—1606), der mit ihm und anderen Gelehrten einen lebhaften Briefwechsel unterhielt. Meist zu Wernigerode Hof haltend, gründete er dort von etwa 1570 an die jetzt als Fürstlich Stolbergische Bibliothek noch fortgesetzte Büchersammlung, die ihrer Bedeutung wegen schon zu Ende des 16. Jahrhunderts einen Ruf gewonnen hatte und von Neander nicht bloß, sondern auch von den Hochschullehrern zu Helmstedt und Wittenberg benutzt wurde. So war denn Schul- und Gelehrtenwesen ein Vorzug jener nachreformatorischen Zeit. Freilich war damit verknüpft auch ein üppiges, vielfach rohes Wesen. Beides spiegelt sich in den gelehrten, größerenteils aber in deutscher Sprache abgefaßten Schulkomödien, die damals bei uns — wie es gelegentlich insbesondere bei Wernigerode hervorgehoben wird — sehr beliebt waren. Auch ein Graf Wolf Ernst war denselben sehr zugethan. Für die Ausgestaltung des bunten, üppigen Lebens am Harz war aber von weit größerem Einfluß der Bischof oder Administrator des Stifts Halberstadt, Herzog Heinrich Julius von Braunschweig (1566—1613). Es ist höchst merkwürdig, daß in dieser geistig bewegten, aber auch üppigen Zeit zugleich der größte und wirksamste aller evangelischen Erbauungsschriftsteller, dessen Schriften nächst der Bibel am meisten gedruckt und verbreitet wurden, Johann Arndt von Ballenstedt, zwischen 1581 und 1610 am Harze lebte und lehrte (s. Abb. S. 115).

Es walteten keineswegs gesunde kirchliche, sittliche wie wirtschaftliche Zustände, als der lange vorbereitete längste und schrecklichste aller Kriege auch über unser deutsches Mittelgebiet hereinbrach. Spürbar machten sich seine Schrecken hier zuerst seit 1623 durch die Züge und Schatzungen Herzog Christians, des „tollen Bischofs" von Halberstadt. Ihren Höhepunkt aber erreichten sie schon 1625, 1626 und 1627, seit Wallenstein, zum Feldhauptmann der kaiserlichen Armada bestellt, in das Halberstädtische und andere Harzlande einziehend, die Bevölkerung durch seine Erpressungen zur Verzweiflung brachte, dann teilweise neben ihm der Ligistenführer Graf Tilly „tobete", wie es eine gleichzeitige Notiz im Ilsenburger Kirchenbuch ausdrückt. Die einzige vor den Harzbergen gelieferte Schlacht war die von Lutter am Barenberge, wo am 17./27. August 1626 Tilly mit ligistischen Scharen, verstärkt durch Wallensteinsche Regimenter unter dem Obristen Dufour, den Führer der Evangelischen, König Christian IV. von Dänemark, vollständig schlug.

Wir können hier nicht die Hin- und Herzüge der Kriegsvölker, befreundeter wie feindlicher, im einzelnen verfolgen; wir müssen uns darauf beschränken, mit wenigen Andeutungen die Zustände, wie der Krieg sie schuf, zu kennzeichnen. So groß dessen endloses Elend in den späteren Kriegsjahren sein mochte, die schreiendsten Greuel schuf doch der rücksichtslos von dem Friedländer durchgeführte Grundsatz, daß der Krieg selbst den Krieg ernähren müsse. Schon ein Schreiben Herzog Friedrich Ulrichs von Braunschweig an den Kaiser vom 5. September 1625 führt uns ein Nachtbild von den damaligen Kriegsgreueln vor Augen, wie es schwärzer kaum gemalt werden kann. Die Leute wurden vom Kriegsvolk ausgesogen und geschunden, so daß sie damals und in den nächsten Jahren vielfach Hab und Gut verließen und dadurch Häuser und Höfe, ganze Gassen in den Städten verödeten, einzelne aus Lebensüberdruß umkamen oder sich selbst den Tod gaben. Zu den Drangsalen durch das Kriegsvolk und dessen Führer gesellte sich 1626 und im nächsten Jahre die Pest, die unheimliche Begleiterin der Kriegsfurie. Zwar wurden Dörfer und Weiler nicht in dem Sinne wüst wie im Mittelalter, wo Höfe, Häuser und Kirchen nicht wieder erstanden, wohl aber wurden Dörfer und Städte zerstört und ausgeraubt, und den nächtlichen Himmel erhellten nur zu oft die Flammen der in Feuer aufgehenden Ortschaften. Verzweifelt folgte mancher jüngere Mann der Werbetrommel des Friedländers ohne Rücksicht auf das religiöse Bekenntnis, dem er angehörte. Bei den Kaiserlichen, später auch auf Seite der Evangelischen, gab es viel ausländische Söldner. Unter den kaiserlichen Völkern stifteten sich am Harz insbesondere die Kroaten ein böses Gedächtnis.

Da sehen wir z. B. um Weihnachten 1627 den Kroatenobersten Hrastowasky, dessen Horden um dieselbe Zeit auch Blankenburg in barbarischer Weise ausplünderten, zu Wernigerode in empörender Weise Erpressung üben. Und als der roh angefahrene Rat das Geforderte nicht leisten kann, läßt der Oberst, taub gegen alle Vorstellungen, Bitten und Flehen, am 23. Dezember (alten Stils) Bürgermeister, Ratsherren und Stadtschreiber, neun Personen, meist alte Leute, in einen als Aufenthalt von Verbrechern dienenden, noch heute erhaltenen engen Turm an der Stadtmauer sperren, wo sie zusammengepfercht im Unrat und bei winterlicher Kälte aushalten müssen, bis sie auf die an Kaiser und General gerichteten Vorstellungen hin am 26. Dezember abends sechs Uhr bedingungsweise aus dieser widrigen Haft erlöst und dann auf dem Rathause gefangen gehalten werden.

Dergleichen Schatzungen geschahen oft genug an allen Orten. Leben und Besitz erschienen vor dem bald verwildernden geldgierigen Kriegsvolk nicht sicher. Daher flüchteten die Leute beim Herannahen feindlicher Scharen sich und ihre Habe in die nächsten Bergwälder. Als im April 1636 in solcher Weise die Drübecker mit ihrem greisen Pastor Balthasar Vogt in den Wald fliehen, fällt ein roher Kriegsknecht über den Geistlichen her, und treibt ihn, mit einer Peitsche auf ihn losschlagend und verstecktes Geld und Schätze heischend, wie einen Kreisel um sich herum. Zwar erwehrt sich der alte Mann mit wunderbarer letzter Anspannung seiner Kräfte des feigen Buben, erliegt aber schon Tags darauf dieser Überanstrengung und den Mißhandlungen.

Daß die Herren des Harzwaldes zu klagen hatten, daß derselbe samt seinem Wildstande völlig geschändet und verwüstet wurde, kann nicht befremden. Auch ihre Schlösser und Hofhaltssitze wurden ausgeraubt und verfielen. Das starke, stattliche Schloß Wernigerode, das von seinen allzu schwer bedrängten Herren zeitweise verlassen werden mußte, war am Schluß des Krieges in so übler Verfassung, geschändet und ausgeraubt, daß der Begründer der wernigerödischen Linie des Hauses Stolberg, der, zwischen 1593 und 1672 lebend, den Jammer des Krieges von Anfang bis zu Ende durchzukosten hatte, sich gedrungen sah, es zu verlassen und seinen Hofhalt nach Ilsenburg zu verlegen. Als seit 1626 der reiche Vorrat an Geschützen von den Kaiserlichen weggeführt wurde, barg man zwei geschichtlich und künstlerisch besonders merkwürdige Rohre aus der ersten Hälfte des 16. Jahrhunderts zu Füßen des Schlosses in der Erde. So ganz war aber infolge der Schrecken des langen Krieges die Erinnerung an diese Wertstücke verloren gegangen, daß sie beim jüngsten Umbau des Schlosses beim Röhrenlegen ebenso unerwartet aufgefunden wurden, wie Gräberfunde aus heidnischer Urzeit.

Ebenso wie Wernigerode geriet auch die alte Reichsfeste Harzburg in einen etwas verwahrlosten Zustand. Dennoch hielt der starke Bau im wesentlichen bis zu Ende des Krieges stand. Da er aber seine alte Bestimmung verloren und man in dem geistig wie leiblich verwüstenden Kriegswesen den Sinn für die ideale Bedeutung dieses Bauwerkes verloren hatte, so schlug erst dessen letzte Stunde, als es im Jahre 1650 zum Steinbruch bestimmt wurde. Ähnlich erging es der stärksten, ältesten harzischen Grafenfeste Mansfeld. Auch hier waren die Gebäude des Mittel- und Hinterortes durch die schweren Wechselfälle des Krieges ziemlich stark mitgenommen, im ganzen überdauerten sie denselben aber unverkürzt. Hier gelang es erst 1674 mit Zuhilfenahme bergmännischer Sprengmittel, die überaus dauerhaften Befestigungen, wenn auch nur unvollkommen, zu zerstören.

In wahrhaft schnöder Weise fiel das hehre alte Grafenschloß Hohnstein der Barbarei der Kriegszeit zum Opfer. Der kursächsische Obrist Vitzthum von Eckstädt hat sich dadurch eine schmachvolle Erinnerung gestiftet, daß er diesen Bau in der Christnacht des Jahres 1627 durch Feuer zerstört und die Leute, welche zur Rettung hinaufeilten, von diesem Hilfswerke abgetrieben hat.

Zu dem traurigen, überhäuften Einerlei von Vernichtung und Elend, wie es die reichen Quellen zur Geschichte dieses Krieges an verschiedenen Enden Deutschlands vor Augen führen, zeitigte derselbe nun aber am Harz noch eine besondere Erscheinung, die durch die besondere Natur unseres massigen Waldgebirges bedingt war, nämlich die der bewaffneten Harzbauern oder Harzschützen.

Zwar wurden sämtliche Gesellschaftskreise durch das endlose Kriegswesen in Mitleidenschaft gezogen; aber während die Mauern der Städte, selbst kleinerer, gegen streifende Parteien doch einigen Schutz boten, konnte sich das platte Land dieser Quälgeister nicht erwehren. So sammelten sich denn die am meisten geschundenen und zur Verzweiflung gebrachten Bauern und Leute aus offenen Städten zu Scharen und suchten eine Rückendeckung in den Harzwäldern, wo sie teils von Wurzeln und Beeren, teils von der Beute verwegener Streifzüge ein kümmerliches, unstetes Dasein fristeten. Wohl standen sie grundsätzlich auf seiten ihrer Landsleute, stützten sich auch teilweise als Parteigänger auf eine kriegführende Macht, so auf den dänisch-protestantischen Befehlshaber der Harzburg, Hauptmann von Wildenstein; aber die Not und Verwilderung des Krieges machte sie vielfach zur Plage von Freund und Feind. Den letzteren forderten sie durch ihre Überfälle zu schrecklicher Vergeltung auf, wie es im Mai 1626 bei der Harzburg durch Tilly geschah. Sonst aber überfielen, beraubten und töteten sie den mit Hab und Gut seine Straße ziehenden Reisenden und Kaufmann. So vernehmen wir, wie sie im Winter 1625 den von den Seestädten mit Waren zurückkehrenden Wernigeröder Jobst von Windheim anfallen, der sich ihnen aber samt seinem Sohne mutig mit den Waffen entgegensetzt.

So war es denn nötig, bei der Beförderung von Kaufmannsgütern den Frachtwagen eine kriegerische Bedeckung mitzugeben. Oft reichte diese nicht hin, sich zahlreicherer Haufen von Harzschützen zu erwehren. Einen Wagenzug von Elbingerode, dem 15 Mann von der dort stehenden Compagnie des Hauptmanns Felix Frey mitgegeben waren, sehen wir am 5. Juli 1627 von 150 Harzbauern überfallen und die Mannschaft zwischen Hüttenrode und Blankenburg zersprengt. Am meisten hören wir von diesen durch Not und Verzweiflung gebildeten Scharen im West- und Oberharz und während der Drangsale unter Wallenstein und Tilly; doch auch zur Schwedenzeit fehlen sie nicht. So finden wir sie 1637 in Blankenburg als Bundesgenossen schwedischer Parteien, wo der kaiserliche General Hatzfeld sie vergeblich belagert.

War auch von 1625 bis 1627 die Not des Krieges aufs äußerste gestiegen, so trat doch von da ab insofern noch eine Steigerung ein, als unsere im Leiblichen aufs fürchterlichste bedrängten Landsleute nun auch in ihren teuersten geistlichen Gütern bedroht wurden. Mit offenbarer Verletzung der Ordnungen des Reichs schritt Kaiser Ferdinand II., gestützt auf seine Hausmacht und seine jesuitischen Schützlinge dazu, sein Lieblingswerk, das sogenannte Restitutionsedikt, bei den zu Boden geschlagenen Evangelischen am Harz überall durchzuführen. In Halberstadt und Goslar wurden den Jesuiten ausgedehnte Besitzungen und Rechte eingeräumt. Ihre im Kaiserhause der alten Reichsstadt eingerichtete Niederlassung sollte eine Hoch- und Pflanzschule der Gegenreformation werden. Die mehrfach in blühende evangelische Schulen umgewandelten Klöster Ilfeld, Walkenried, Michaelstein, Ilsenburg, Drübeck und andere wurden durch römische Prälaten, begleitet von „bei sich habenden Kroaten", wie es in den gleichzeitigen Nachrichten heißt, weggenommen, die Evangelischen in den Städten eines Gotteshauses nach dem anderen beraubt.

Da erschien als Retter in der größten Not König Gustav Adolf von Schweden, ohne Zweifel die hehrste Feldherrngestalt in jenem furchtbaren Kriege. Seine glänzenden Siege machten die kühnen Hoffnungen und Pläne Ferdinands II. zu schanden: durch die eine Breitenfelder Schlacht wurde das Restitutionsedikt mitsamt seinem Anhange wie von einem mächtigen Sturmwinde hinweggefegt. Aber der große König that mehr: mitten unter den Mühen und Veranstaltungen des schweren Krieges ließ er durch seinen besonderen Vertrauensmann Bischof Joh. Botvidi von Lincöping ebenso wie im Magdeburgischen, so auch im Stift Halberstadt eine einheitliche Kirchenverfassung mit Konsistorium, Kirchen- und Schulordnung einrichten. Eine längere Zeit im Gebrauch befindliche Agende sowie die vollständige Kirchenordnung wurden gedruckt, besondere Fest- und Bußgottesdienste gefeiert. Geschädigt wurde dieses Werk durch die Politik Kurfürst Johann Georgs von Sachsen und den Prager Sonderfrieden.

Bis zum Erscheinen des Schwedenkönigs wird die Nacht des Kriegsjammers in unseren Landen kaum durch ein Licht kühnen, erfolgreichen Widerstands erhellt: der Zauber der großen Feldherren Tilly und Wallenstein lähmte Herz und Arm. Dem gegenüber verdient die todesmutige Mannhaftigkeit des Stadthauptmanns und Berggeschworenen Thomas Merten in Zellerfeld ein Ehrengedächtnis, der am 19. März 1626, als die zum Schutz der Evangelischen bestimmten Offiziere ihr Leben vor dem gefürchteten Ligistenführer in Sicherheit brachten, mit einer Schar tapferer Mitbürger seine Vaterstadt und seinen Glauben gegen den stürmenden Tilly verteidigte und mutig vordringend dahinsank, die Stadtfahne in den Händen haltend.

Waren auch solche Thaten frommen Opfermutes nur vereinzelte Erscheinungen, so waren doch die furchtbaren Schläge und Schrecken des Krieges nicht ohne einen nachhaltigen Segen. Nach einer Zeit großer Leichtfertigkeit und Üppigkeit besann sich der bessere Teil des Volkes wieder auf seine heiligsten Güter und lernte, daß es auch beim Greuel der Verwüstung noch einen Trost und Lebenshoffnung gebe. Im umgekehrten Verhältnis zur Abnahme der Bevölkerung durch Schwert und Seuche vermehrte sich der Besuch der Gotteshäuser. Da sehen wir die arme Nöschenröder Gemeinde in den Kummerjahren 1636 und 1637 ihr St. Theobaldikirchlein mit verhältnismäßig umfangreichen, durch den Kirchenbesuch nötig gewordenen Priechen oder Emporen ausstatten, die nicht weniger zum Herzen reden, weil die Kunst dabei auf niedriger Stufe steht. Die gleichfalls unbemittelte St. Johannisgemeinde in Halberstadt faßt, von ihren kirchlichen Gegnern aus einer Kirche nach der anderen vertrieben, 1640 den Gedanken, sich ein neues Gotteshaus zu bauen. Durch außerordentliche eigene Opfer und milde Gaben ihrer Glaubensgenossen sieht sie sich endlich am Ziel ihrer Wünsche, und am 9. März 1648, noch bevor das teure Friedenswort erklungen ist, kann die Kirche geweiht und bezogen werden.

Nächst dem Wort Gottes, zu welchem man sich so zahlreich versammelte, daß umfangreiche Priechen in Kirchen nötig wurden, aus denen sie in unserer Zeit bei doppelter oder vermehrfachter Seelenzahl, ohne einen Raummangel für die verringerte Besucherzahl zu verursachen, entfernt werden konnten, war es nun aber auch die Tonkunst, zumal die heilige, die als wirksame Trösterin in dieser unsäglich traurigen Zeit von großer Bedeutung erscheint. Es ist wohl wenig bekannt, was gerade bei uns am Harz durch Vereinigung von Kantoren, Organisten und ihrer Freundschaft geschah, um durch die Harmonie der Töne den Mißklang der Gegenwart aufzulösen. In den Vorreden zu ein paar durch solche Vereinigungen entstandenen Sammlungen von geistlichen Konzerten, die von Nordhausen ausgingen und 1637 und 1638 zu Goslar gedruckt wurden, heißt es: „Wie im Frühling die Generalkapellmeisterin, die holdselige Nachtigall, in ihrer herrlichen Melodie den Chor der Waldessänger anführt, die Gott dem Herrn ihr Dreimal-Heilig singen, so haben sich in Nordhausen musikliebende und -kundige Freunde zusammengethan, um bei solchen festlichen, meist kleinen Zusammenkünften nach dem Vorbild der heiligen Cherubim mehrstimmiges Zusammenspiel der Instrumente zu veranstalten und zur Zeit der langwährenden Irrungen und Kriegsbedrückungen den Geist zu erheben und zu beleben" u. s. f. Wir wissen, wie zu dieser Zeit auch in anderen Harzstädten, Halberstadt, Quedlinburg, Wernigerode, die kirchliche Musik und Orgel gepflegt, auch beim Darniederliegen anderer Künste die Tonkunst eifrig, teilweise mit Meisterschaft gepflegt wurde.

Als dann endlich nach langem vergeblichen Harren der Friede unseren Landen wiedergegeben war, hob sich, trotz einiger kriegerischer Nachspiele, die Volkszahl und der Anbau des Landes ziemlich schnell wieder, wozu das Bemühen trefflicher Landesherren, des Großen Kurfürsten, der Herzöge von Braunschweig, der Grafen zu Stolberg, das seinige beitrug. Freilich deuten auch die zahlreichen Verbote gegen Üppigkeiten und Unsitten darauf, daß das vollsäftige Geschlecht, das nach Überwindung einer so furchtbaren Zeit übrig geblieben war und heranwuchs, zu Roheit und Ausschreitungen neigte.

Ein Beispiel besonderer Verwilderung war in den ersten neunziger Jahren des Jahrhunderts ein Streit zwischen der Bürgerschaft und dem Rat zu Wernigerode wegen der Verwaltung der städtischen Güter. Da bei der großen Erbitterung der gräfliche Landesherr keinen Frieden stiften konnte, so wandte man sich an den Kurfürsten von Brandenburg. Dieser griff zwar bald ein, aber die Stadt hatte schweren Schaden davon, indem der Kurfürst ihr wertvollstes Besitzstück, Hasserode, unter Sequester nahm und nicht wieder herausgab. Auch der Graf, damals der in Ilsenburg Hof haltende Ernst (1672—1710), wurde dabei geschädigt, und es wurde sein Walten durch die bösen Zeitumstände sehr erschwert und verbittert. Seit etwa 1685 wurden von Brandenburg die Gerechtsame der Grafen namentlich betreffs der Klöster einer scharfen Prüfung unterzogen. Lange bemühte sich der Graf, durch freiwilliges Entgegenkommen eine vertragsmäßige Abgrenzung seiner und der oberlehnsherrlichen Rechte von Brandenburg-Preußen zustande zu bringen. Im wesentlichen ans Ziel dieser Bemühungen gelangt, verstarb er, aber sein tüchtiger, thatkräftiger Neffe Christian Ernst (1710—1771), Sohn des Grafen Ludwig Christian zu Stolberg in Gedern, erreichte nach weiterem eifrigen Bemühen am 19. Mai 1714 den Abschluß des zwischen ihm und der Krone Preußen geschlossenen Rezesses oder Vergleichs, durch welchen der Graf auf manche Rechte, insbesondere den bewaffneten Landesschutz und das Steuerwesen, Verzicht leistete, aber als „regierender Graf" und Landesherr unter preußischer Oberlehnsherrlichkeit doch noch eine ansehnliche Summe von Hoheitsrechten behielt. Dieses Rechtsverhältnis blieb — nur durch die französisch-westfälische Fremdherrschaft 1807—1814 unterbrochen — im wesentlichen bis zum Oktober 1876 bestehen. Die Geschichte dieses Rezesses, der im August und September 1822 im einzelnen nochmals näher bestimmt und gewandelt wurde, ist nicht ohne ein besonderes rechtsgeschichtliches Interesse. In den besonders unter sächsischer Oberlehnsherrlichkeit stehenden südharzischen Grafschaften Stolberg-St. und St.-Roßla kam es zu einem solchen Rezesse nicht, aber wie es schon seit dem 14. Jahrhundert begonnen hatte, so fuhr auch in der neueren Zeit das Haus Wettin fort, in viel schärferer Weise als die Hohenzollern die Gerechtsame der Grafen einzuschränken. So erregte es denn besonderes Aufsehen und Teilnahme, als am 27. August 1736 in Wernigerode die Nachricht einging, daß zu Stolberg eine kursächsische Kommission mit drei Kompagnien Kriegsvolk eingerückt sei und allerhand harte Prozeduren habe vornehmen lassen. Unter sich suchten die drei Linien sich hauptsächlich auf Betreiben Graf Christian Ernsts durch Erstgeburtsordnungen zu stärken, von denen die wernigerödische am 21. Mai 1738 erlassen wurde.

Vater Gleim.

Kehren wir zu den allgemeinen sittlichen Zuständen am Harz in der zweiten Hälfte des 17. Jahrhunderts zurück, so schien deren Besserung dadurch erschwert, daß man, des im Frieden erworbenen köstlichen Besitzes der Bekenntnisfreiheit froh, seitens des geistlichen Lehrstandes sich zu sehr an einer äußeren Kirchlichkeit genügen ließ, statt auf eine lebendige Umgestaltung des inneren Wesens zu dringen. Wohl machte sich der Protest einer lebendigen Frömmigkeit gegen kirchliche Veräußerlichung, wie sie zuerst im Reich die apostolische Persönlichkeit eines Spener gefordert und getrieben hatte, auch am Harz geltend, aber es geschah das zuerst mit schwärmerischen, auf besondere innere Eingebung und Erfahrung sich stützenden Erscheinungen. Dazu gehören ekstatische Frauenspersonen, wie eine Dienstmagd Katharina in Halberstadt, Magdalena in Quedlinburg, deren sich die Prediger Achilles in Halberstadt, Hofprediger Sprögel in Quedlinburg annahmen. In letzterer Stadt, die überhaupt in der Geschichte des geistigen Lebens in Deutschland eine hervorragende Stelle einnimmt, richtete auch der hochmütige Goldschmied Heinrich Kratzenstein, der die Kindertaufe verwarf, das heilige Abendmahl lediglich als Gedenkfeier an

Christus gelten ließ und die Ehe nur für Wiedergeborene als gültig anerkannte, einen großen Unfug an.

In Quedlinburg und dem vor dem Südostharz liegenden Allstedt war's dann auch, wo der anfangs schwärmerisch-mystische Gottfried Arnold seine merkwürdigsten Schriften: die erste Liebe, die unparteiische Kirchen- und Ketzerhistorie und das Geheimnis der göttlichen Sophia verfaßte, wo er dann aber auch stufenweise von seinen Verirrungen zur Kirche und ihren Ordnungen zurückkehrte. Auch unter der Bergmannsbevölkerung des Oberharzes hören wir durch die vom hannöverschen Kirchenregiment seit 1703 erlassenen Edikte von „Irrtum, Spaltung und Separatismus". Freilich wurden hier auch später zur Zeit des Klausthaler Superintendenten und General-Superintendenten Joh. Math. Meyenberg (1726—1743) entschieden evangelische Regungen als Irrtum und Schwärmerei verfolgt. Nicht frei von Schwärmerei waren die religiösen Bewegungen im ersten Viertel des 16. Jahrhunderts zu Nordhausen.

Friedrich Gottlieb Klopstock.

Während nun überall, wo die Erneuerung und Vertiefung des Glaubenslebens nur von unten ausging, bedenkliche Erscheinungen nicht ausblieben, entfaltete sich dieselbe durchaus segensreich da, wo sie von den leitenden Organen, kirchlichen und weltlichen, vorgenommen wurde. So geschah es in der Grafschaft Wernigerode, wohin 1697 Heinrich Georg Neuß, ein Freund und Gesinnungsgenosse Speners, als Superintendent berufen wurde. Selbst ein begabter Sänger und Pfleger der geistlichen Tonkunst, hob er dieselbe auch mächtig in seinem Amtssprengel, während gleichzeitig der Benneckensteiner Andreas Werkmeister in Halberstadt als hervorragender Orgelkünstler wirkte.

Merkwürdig, wie sich damals an unserem Harze in zwei unmittelbar aneinanderstoßenden Gebieten in den ersten Jahrzehnten des vorigen Jahrhunderts Typen eines so verschiedenen Wesens unter dem kräftigen Walten ihrer Oberherren herausbildeten, wie es nicht oft vorkommen mag, im Blankenburgischen und Wernigerödischen. In der zum Fürstentum erhobenen Grafschaft Blankenburg entfaltete nach dem Vorbilde eines Ludwigs XIV. der prachtliebende Herzog Ludwig Rudolf von Braunschweig (1690—1731) mit seiner geistreichen Gemahlin Christine Luise ein überaus farbenreiches, glänzendes Leben und Treiben. Schauspiele, Mummenschanz, Bälle, Karussels, strahlende Feste jeder Art jagten einander. Unter den vielgesehenen, beliebten Gästen finden wir die wegen ihrer Schönheit viel bewunderte Quedlinburger Pröpstin Auguste von Königsmark. Ohne Rücksicht auf den Glauben, lediglich um des „lustre" willen, wurden die Töchter an den griechischen Großfürsten Alexei von Rußland, an das römisch-katholische Haus Spanien und an den lutherischen Herzog von Braunschweig-Bevern vermählt.

Neben ihm waltet seit 1710 (1713) in Wernigerode Graf Christian Ernst, der Sohn einer entschiedenen Anhängerin Speners. An Berührungspunkten zwischen ihm und seinem fürstlichen Nachbarn fehlte es nicht: auch der Graf hielt auf eine standesmäßige Vertretung, und seine Baulust, sein Eifer für Bücher- und sonstige Sammlungen war sehr groß. Im übrigen und vor allem andern hat er sein Sinnen und Schaffen in den Dienst eines entschiedenen lebendigen Glaubens und der evangelischen Kirche gestellt. Seine größte Sorge war, durch die Berührung mit dem politischen und Hofleben an seinem innern Leben Schaden zu nehmen. Seinen Sohn hat er daher auch nicht in die Dienste des von ihm als Held und Staatsmann verehrten Königs Friedrich II., seines Oberlehnsherrn, treten lassen, weil er darin eine Gefahr für dessen inneres Leben erblickte. Wie in Blankenburg gab es in Wernigerode allzeit reichen Besuch. Man hing so innig an der hohen Grafenburg und war so glücklich im dortigen Verkehr, daß wohl einmal ein Gast — der jüngere Professor Francke in Halle — am 20. Juli 1731 erklärte, er habe sich hier jüngst wie im Himmel gefühlt und entsinne sich nicht, je anderswo eine höhere Seligkeit empfunden zu haben. Aber der Inhalt dieses Lebens, dieser Lust, war ein durchaus religiös-geistlicher. Darauf bezogen sich auch des Grafen überaus erfolgreiche Bemühungen für Predigt, Kirche, Schule und Mission, die hier einen ihrer frühesten Stützpunkte in unserer Kirche hatte. Der hier seit dem Jahre 1727 mit neuer Kraft sich ausbreitende Pietismus war der gewissenhaft an der geschichtlichen Entwickelung festhaltende des J. Franz Buddeus in Jena, zu dessen Wernigeröder Schülern ein Libor. Zimmermann, K. H. Zachariae, Seydlitz u. a. gehörten. Auch in Stolberg gelangte diese Gestalt des evangelischen Christentums vorübergehend durch Ulitsch, Winckler, auch den Chronisten Zeitfuchs zur Herrschaft.

Friedr. Wilh. Heinrich v. Trebra.

Wohl währte dieses geistliche Leben, teilweise über weitere Kreise verbreitet, durch Menschenalter fort, aber allerdings kamen neue Strömungen und Bestrebungen dazu. Hier nimmt nun unser Harz seit Mitte des 18. Jahrhunderts beim Emporblühen des schönen deutschen Schrifttums eine hervorragende Stellung ein. Schon der Reigenführer der deutschen Dichterkönige, „der die Welt fortreißt in erhabener Odenbeflüglung, und das Maß herstellt und die Sprache beseelt und befreit von der gallischen Knechtschaft“: Klopstock, ist ein begeisterter Sohn des Harzes, zu Quedlinburg unter dem hehren Ausgangsthal der Bode geboren. Auch sein jüngerer Freund und Schüler Graf Friedrich Leopold zu Stolberg, obwohl sonst als Romantiker seine eigenen Wege wandelnd, fühlt sich mehr als Harzer, als der mitten im Gebirge zu Molmerswende gebürtige, reichbegabte, aber traurig endende Bürger (1747—1794).

Doch wie hoch ein Klopstock und Stolberg ihr harzisches Stammland feiern mochten, sie können nicht als Glieder eines besonderen harzischen Dichterkreises bezeichnet werden. Das sind aber die Sänger, die sich um den im Jahre 1719 zu Ermsleben in der Grafschaft Falkenstein geborenen, 1803 als Domsekretär zu Halberstadt verstorbenen „Vater Gleim“, jenen geselligen Einsiedler und Menschenfreund scharten und in seinem „Hüttchen“ versammelten (s. Abb. S. 120). Ein Joh. Georg Jacobi, der Fabeldichter Lichtwer, Joh.

Karl Ritter.

Benj. Michaelis, Nath. Fischer, Joh. Theoph. Jähns gehörten dazu, auch der oft zügellose Heinse. Durch Gleims jüngeren Freund, den geschmackvollen, zartsinnigen Übersetzer und Kunstrichter Lorenz Benzler, wurden diese schöngeistigen Bestrebungen auch nach Wernigerode verpflanzt, wo auch der sonst meist für sich alleinstehende Episteldichter Göckingk fünf Jahre neben ihm im Amt stand und wo der in Halberstadt lebende Klamer Schmidt wohlbestallter gräflicher Hofdichter war.

Es ist merkwürdig, wie verschiedene Geister sich damals in der kleinen Brockenstadt auf dem Parnaß zusammenfanden. Gleim, obwohl ein Vertreter der Aufklärung, bewahrte doch eine religiöse Wärme, und so blieb ein nahes frommes Verhältnis zwischen ihm und dem religiös-kirchlich in festerem Boden wurzelnden Grafenhause in Wernigerode bestehen. Schmidt, der anakreontische Sänger von „Hier sitz ich auf Rasen mit Veilchen bekränzt“, bekennt selbst, wie sein verehrter Herr und Gönner, Graf Christian Friedrich, Vater Stolberg, oder Grandison, wie ein weiter Freundeskreis ihn nannte, seiner Leier heilige Gedanken und Töne zugeführt habe. Unzugänglich für jedes positiv-christliche Wesen lebte eine Zeitlang in diesem Kreise der unglückliche, reichbegabte Jüngling Ludwig August Unzer, ein Sohn edler, frommer Eltern, aber ein erklärter Freigeist, ein echter, selbstbewußter Vertreter der Geniezeit, als deren Herold Goethe diesen scharfen Kritiker der deutschen Dichtung wohl bezeichnet hat.

Nicht als Dichter, wohl aber durch sein kräftiges Volks- und Vaterlandsgefühl, das freilich nur inbezug auf Schrifttum und Sprache als deutsches, politisch aber als preußisches zu bezeichnen ist, überragt Vater Gleim die meisten seiner Freunde, selbst unsere Dichterkönige. Den völligen Zusammenbruch Preußens und des Reiches erlebte er nicht mehr. Vier Jahre nach seinem Tode aber mußten seine jüngeren Freunde alle harzischen Gaue nach Niederwerfung Preußens dem Rheinbunde einverleibt sehen, der ganz von dem gewaltigen Korsen abhing. Die südharzischen, unter Kursachsen stehenden Gebiete, darunter auch die Grafschaften Stolberg, Roßla und der anhaltische Harz, blieben wenigstens unter ihren angestammten Fürsten und Herren. Auch dem Grafen Christian Friedrich (s. Abb. S. 124) stellte König Hieronymus Napoleon einen neuen Lehnbrief aus, aber die Grafschaft Wernigerode wurde samt allen braunschweigischen und hannoverschen Landen dem neugebildeten Königreich Westfalen zugeschlagen.

Dem frommen, kerndeutschen Wesen „Vater Stolbergs“ war das napoleonische Wesen so aus tiefster Seele zuwider, daß es ihn unter dem westfälischen Regimente nicht litt und er sich im Mai des Jahres 1809, von seiner Tochter Luise begleitet, auf seine schlesischen Besitzungen zurückzog. Auf der Höhe von Elbingerode angelangt, wandte er nochmals den Blick nach dem Brocken zurück. Welche Gedanken ihn hierbei bewegten, ist leicht zu ermessen. Seine Söhne und Freundschaft in Wernigerode aber stellten in Wort und Ton die Frage an den Lenker unserer Geschicke, wann er das Siegel von des Vaterlandes Zukunft lösen werde. Und als dann das Volk sich in frommer Begeisterung erhob und durch Blut und Eisen ein neues Deutschland geboren wurde, wobei auch seine eigenen Söhne und andere Söhne des alten harzischen Hauses kämpften und bluteten, da kehrte auch er nochmals 1814/15 in seine Besitzungen zurück, die samt allen anderen wieder an ihre alten Herren zurückgelangten. Nur kamen die vorher sächsischen Landesteile des Harzlandes unter preußische Hoheit.

Unter den Dichtern, die bei den äußeren und inneren Gefahren des Vaterlandes durch einen frommen, ernsten Sinn in die Tiefe geführt wurden, ist ein Sohn des

Harzes Friedrich v. Hardenberg, geb. zu Wiederstedt, dann in Eisleben auf der Schule, einer der ersten. Ein kennzeichnendes Kind seiner Muse ist das Lied: „Freiheit, die ich meine!“

Auch von den Pflegern der in unserem Jahrhundert so reich emporgeblühten Wissenschaften hat unser Harz seinen Teil gestellt. Wir nennen darunter den einer alten harzischen Familie entstammten und 1740 zu Allstedt im Vorharz geborenen Friedr. Wilh. Heinrich v. Trebra (s. Abb. S. 122), den Begleiter Goethes auf seiner dritten Harzreise, von 1780—1801 erst Vizeberghauptmann in Zellerfeld, dann Berghauptmann in Klausthal. Einer der ersten Schüler Werners war er der erste, der in seinem, mit guten

Christian Friedrich, Graf zu Stolberg-Wernigerode.

landschaftlichen Abbildungen und vorzüglichen farbigen Darstellungen von Erzgängen ausgestatteten Werke: „Erfahrungen aus dem Inneren der Gebirge“ (1788) ein wissenschaftliches System über d.n Bau des Harzes aufstellte und dabei auch ein ausgezeichneter praktischer Bergmann war. Von noch allgemeinerer Bedeutung war dann Karl Ritter (s. Abb. S. 123), der Vater der neueren Erdkunde, ein Sohn Quedlinburgs und warmer Freund des Harzes (1779—1859).

Freilich hat die Erhebung der Freiheitskriege, welche die verschiedenen Stämme zu einer Einheit zusammenschweißte, und die weitere, auf eine einheitliche Ausgestaltung des deutschen Volkes und Vaterlandes gerichtete Entwickelung der nächsten Menschenalter dem eigentlichen politischen Sonderleben der Landschaften, und so auch dem des Harzes, ein Ziel gesetzt. Dennoch sind gerade zu unserer Zeit mehr denn jemals zuvor Herzen und Geister geschäftig, die Quellen der heimischen Vorzeit zu sammeln und uns den Verlauf und den geschichtlichen Zusammenhang der Erscheinungen bis ins Einzelne lebendig vor Augen zu führen.

Mädchen auf dem Kirchgang. (Heudeber.)

Land und Leute.

An keinem Ende deutscher Erde ruht auf gleich beschränktem Raume das Volkstum auf so mannigfaltigen Grundlagen, nirgends lassen sich diese wenigstens so klar aufweisen, wie am Harze. Erklären läßt sich diese Erscheinung aus erdkundlichen und geschichtlichen Ursachen. Die geschichtliche erkennen wir wesentlich darin, daß gegen Ende der sogenannten Völkerwanderungsepoche, als in den weiter westlich und südlich gelegenen Gebieten die deutschen Stämme sich bereits festgesetzt hatten, die östlicheren Strecken bis zur Saale zeitweise die deutsche Ostmark bildeten, so daß sich hier, wenn auch nicht ohne Kampf, einzelne Volksteile von Norden nach Süden leichter nachschieben und ein festes Heim gewinnen konnten.

Dazu kommt nun die eigenartige Natur unseres massigen Gebirges. Sind auch seine Größen- und Höhenverhältnisse nur bescheidene, so ist doch der trennende Einfluß, den die nur gegen 15 Geviertmeilen betragenden Flächen und Bergzüge des hohen oder Tannenharzes ausübten, in der früheren Zeit ein überaus bedeutsamer gewesen. Wir haben dafür merkwürdige Zeugnisse aus dem späteren Mittelalter. Wenn Herren und Städte des Nordharzes mit denen des Südharzes Verträge schlossen, in welchen Einlager festgesetzt waren, so sah man sich genötigt, für die beteiligten an der Nordseite andere Orte zum Einreiten zu bestimmen, als für die südlich des Gebirges wohnenden; der Weg über die Waldhöhen war zu unsicher und schwierig, um ihn einzelnen Reitern anzumuten.

Der tüchtige Chronist Rudolf von Fulda berichtet, wie Ludwig der Deutsche im Jahre 852, durch das Land der Engern, Haruden, Schwaben und Hohsingen ziehend, ins Thüringer Land gelangte. Hier sind nicht weniger als fünf Stämme genannt, deren Sitze in den Harz eingreifen. Nach den Haruden, (Nord-)Schwaben und Hohsingen sind drei aneinanderstoßende Gaue genannt. Im Friesenfelde, einem Untergaue des Hassegaus, saßen außerdem noch die Friesen. Mögen die Silinger, an welche die Schlenze, das Grenzwasser zwischen Hohsingen und Nordschwaben, sowie der Ort Zielingen Selingen, mögen die Heruler oder Herilingen, an welche der Herlunge- oder Harlyberg bei Vienenburg erinnert, keine greifbaren Spuren ihres Daseins bei uns hinterlassen haben, so ist das doch entschieden bei den bis 531 am Nordharz herrschenden Thüringern der Fall, nicht nur in den noch bestehenden Orten, deren Namen mit -stedt und -leben endigen, sondern auch solchen, die nach den Thüringern genannt sind, wie das wüste Duringerod bei Wiedela, Düringsbüttel (1007 Duringesgibutli) bei Braunschweig, Turincwarterot (j. Darlingerode) im Wernigerödischen.

Von diesen frühesten geschichtlich verfolgbaren Grundlagen harzischer Bevölkerung abgesehen, sind nun aber auch in späterer, durch schriftliche Kunde mehr gelichteter Zeit merkwürdige Zuwanderungen von anderen Stämmen erfolgt.

Dazu gehören im 12. und 13. Jahrhundert die Siedelungen betriebsamer Fläminge und Niederländer, welche die Sumpfgegenden an der Helme bis zur Unstrut zu einer fruchtbaren „Goldenen Aue" umwandelten und die Auedörfer Vorrieth, Elre, Lorenz-, Katharinen-, Kalbs- und Martinsrieth, Weidenhorst, Ritteburg, Schönwerda anlegten, und darin ihre besonderen Einrichtungen und Gerechtsame hatten. Auch nördlich vom Gebirge begegnen wir in der Gegend des großen Bruchs hinter Hornburg und Oschersleben ums Jahr 1180 derselben Erscheinung. Und neben anderen Beobachtungen giebt uns schon der „flämische Grund" auf der Westerhäuser Mark einen sicheren Fingerzeig, daß die besondere Art der betriebsamen Bewohner jenes Dorfes auf niederländischen Ursprung zurückzuführen ist.

Im großen und ganzen verschmolzen jene wenig zahlreichen späteren Einwanderer mit ihrer Umgebung. Wenn nun aber ganz im Gegensatze hierzu noch spätere Einzöglinge auf dem Westharze mitten unter niederdeutscher Bevölkerung eine Art Insel mit scharf ausgeprägtem, oberdeutschem Volkstum bildeten, so erklärt sich diese Erscheinung aus der ganz besonderen Eigenart des Bodens und aus der besonderen Berufsthätigkeit dieser Ansiedler. Waren die Waldhöhen, auf welchen sie sich niederließen, für die Siedelung und Gemeindewirtschaft der alten deutschen Stämme kein geeigneter Boden, so fanden bei weiter entwickeltem Gewerbfleiß seit Beginn des 16. Jahrhunderts große Scharen betriebsamer Bergleute unter dem Schutz und mit Förderung einer für sie sorgenden Landesherrschaft reiche Gelegenheit, hier den Wald zu Heimstätten und zum Betrieb des Bergwerks zu roden. Schon im Mittelalter waren von Goslar aus Franken auf den Oberharz gezogen und hatten dort Bergbau betrieben. Außer dem Namen wissen wir indes kaum etwas von der besonderen Stammesart der Erzgräber vom „alten Mann". Als dann aber seit dem ersten und zweiten Viertel des 16. Jahrhunderts der oberharzische Bergbau in größerem Maßstabe wieder auflebte, da zogen auch wieder süddeutsche Bergleute hier ein. Wie teils vereinzelte bestimmte Angaben, teils die noch fortlebende Volkssprache es zeigen, kamen diese neuen Einwanderer allermeist nicht aus dem süddeutschen Frankenlande, sondern vom Erzgebirge und den anstoßenden nordwestböhmischen Gegenden. Ohne Prüfung wurde nur der von alters her übliche fränkische Stammesname beibehalten.

Ohne hier auf weitere Einzelfragen nach etwa hie und da noch verfolgbaren Spuren auswärtiger Einwanderung einzugehen, versuchen wir nun zu prüfen, ob sich Zeugnisse einer dieser volklichen Zusammensetzung entsprechenden Mannigfaltigkeit auch im Volksglauben, in der Mundart, in häuslichen Einrichtungen, in Tracht und Eigenart der Bewohner Hercyniens nachweisen lassen.

Im Bereiche des alten Heidentums vermögen wir, soweit es sich um eigentliche Göttergestalten handelt, überhaupt nichts Näheres zu sagen. Wir finden den Wodan im Wodansberg südlich Sangerhausen, den Phol am Südwestharz bei Pholedhe-Pölde, den Donar im Donresho im Harzgau und sonst bezeugt, doch ohne sagen oder annehmen zu können, daß diese Gottheiten einem besonderen Stamme eigentümlich waren.

Etwas mehr scheint auf dem Gebiete der niederen, an die Natur sich anlehnenden Volksvorstellungen die Besonderheit der Stämme von Einfluß zu sein. Freilich beim Brocken, der sonst im Bereich der Naturmythen so viel von sich reden macht, kann von einer stammlichen Eigenart nicht wohl die Rede sein. Denn diese so viel in Nebel und Wolkendunkel gehüllte weithin sichtbare Höhe ist mehr als irgend eine andere in der christlichen Weltzeit, kraft ihrer Weltstellung, der klassische Geisterberg der christlich-abendländischen Kulturwelt geworden. Je mehr diese Weltzeit unter dem siegreichen Lichtzeichen des Kreuzes steht, um so schwärzer ist der Schlagschatten, der auf diesen Berg der Volkssage fällt. Er ist der allgemein gefürchtete Gipfel, den mit Geisterreihen kränzten ahnende „Völker", nicht dieser oder jener Stamm.

Schon vor sechs Jahrhunderten ist er in einer Brochelsbergsdichtung der „Nachtfahrerberg", der Versammlungsort aller finsteren Unholde und Unholdinnen. Hier hält nach der alten Sturmesmythe „Wutanes her und alle sine man" Umzug, hier finden wir die monezzen, die mannaeta oder Menschenfresser, die Geräderten und Erhängten, die bedrückenden Alb und Elbin, die Blutsauger, Truten und Maren, die bösen Geister, die durch ihren Anhauch das Haar verfilzen und alle möglichen Zauberkrankheiten erzeugen, die Molkendiebe und andere schadenkräftige Geister. Nicht in einheimischen Quellen wird unser Harzgipfel zuerst zum Brochels-, Bocks- oder Blocksberge. Aber merkwürdig genug und nicht zufällig ist es doch, daß seit dem 13. Jahrhundert bald gelegentlich einzelne Nachrichten, dann seit dem 16. und 17. Jahrhundert ein ganzes Heer als Hexen gefolterter und gerichteter Weiber gerade unsern deutschen Mittelberg zum Sammelplatz aller Unholden und des Wahns europäischer Völker stempeln. Die Truten, die Maren, Alb und Elbin gehören der einheimischen Sage an. Es erinnern daran die verschiedenen Truten- oder Trautensteine; der Bergname Marenreth am Austritt der Bode aus den Bergen, auch wohl die Elfensteine.

Gegenüber den gemeindeutschen, ja allgemein abendländischen Volksvorstellungen von der Nachtfahrersage hat man nun aber auch am Harze einige auf Verschiedenheit des Volkstums beruhende Überbleibsel altheidnischer Überlieferungen beobachtet. Indem der erfahrene Sagenforscher Wilhelm Schwartz die südharzisch-thüringischen mit den angrenzenden westharzisch-niedersächsischen Gegenden zusammenstellt, sagt er, gemeinschaftlich sei beiden Landstrichen die noch zum Teil fortlebende Erinnerung an die sagenhafte Holde (Frau Holle, Hulle, Wulle), welche sich in der Überlieferung noch weiter über den Harz und einige westlich angrenzende Teile Niedersachsens fortzieht, obwohl sie eigentlich in Thüringen-Hessen heimisch ist. Eine gewisse Sonderung tritt aber in den Überlieferungen jener südharzischen Gebiete in den Sagen hervor, in denen einst ein rasch vorüberziehender Sturm- und Gewitterzug gefaßt wurde. Wie ein solcher in Niedersachsen vorwiegend als eine wilde Jagd, die vorüberjagt, gedeutet wurde, in Thüringen aber mehr als ein Aus- und Umzug von allerhand gespensterhaften Wesen galt, so erzählt man am ganzen Harz und bis zur Altmark hin vom wilden Jäger Hackelberg. Im Mansfeldischen hingegen tritt sofort die thüringische Sage vom wütenden Heere auf, mit dem man dann auch Frau Holle, wie weitere Sagen ergeben, als Windsbraut und Wetterhexe hinziehend wähnte.

Ein noch entschiedeneres Wahrzeichen einer in diesen Landstrichen hervortretenden ursprünglichen Stammesverschiedenheit der Bevölkerung ist es, daß man im niederdeutschen Südwestharz (aber auch im niederdeutschen Wernigerode) von Mahr- oder Mahrtdrücken redet, in dem thüringischen Sachsa aber vom Alpdrücken. Ferner werden oder wurden in den niederdeutschen Harzstrichen die Osterfeuer angezündet, während weiter im Süden, besonders auf altthüringischem Boden, die Johannisfeuer üblicher sind. Ersteres bedeutete Frühlingseintritt, letzteres Mittsommer oder Sonnenwende. So weisen auch die Sagen von der Erlösung einer hier oder dort umgehenden Jungfer, Ahnfrau, Schlüsseljungfrau im niederdeutschen Südwestharz auf Ostern und eine Osterjungfer, während im Thüringischen die Sagen auf den Hochsommer weisen. Im thüringischen wie niedersächsischen Südharz fand W. Schwartz auch eigenartige Überlieferungen von Frau Holle, als Bestraferin derer, welche in den Zwölften, der Wintersonnenwende (Weihnachten bis Epiphanien) sich mit Spinnen, Waschen, überhaupt mit einer ernstlichen Arbeit befassen, außerdem von dem Wäldmannstag — 28. Dezember, sonst Unschuld. Kindertag —, wo nicht in den Wald gegangen werden darf, weil dann der wilde Jäger sein Wesen treibt. Hier berühren sich der thüringische Süd- und der niederdeutsche Südwestharz.

Weit fester mit Familie und Stamm verbunden, als das geheimnisvolle Gebilde der Sage ist die vom Menschenwesen unzertrennliche, von Geschlecht zu Geschlecht sich fortpflanzende Sprache, die nur in außerordentlichen Fällen gegen eine höhere Kultursprache und die Sprache des Eroberers vertauscht wird. Halten wir nun mit Rücksicht auf die Volkssprache eine Umschau im Harzgebiete, so begegnen wir einer außerordentlichen Mannigfaltigkeit. Vor allen Dingen haben wir zu unterscheiden zwischen einer niederdeutschen West- und Nordhälfte und einer mitteldeutschen Süd- und Südosthälfte, die im großen und ganzen trotz der oberdeutsch-westharzischen Sprachinsel sich im Laufe der Jahrhunderte gleich geblieben und nur im Nordosten zu gunsten des Mitteldeutschen etwas vorgeschoben ist.

Zu den allgemeinen Erscheinungen innerhalb der niederdeutschen Hälfte gehört es, daß man im Westen und Nordwesten ēk, mēk, dēk, sēk spricht. Nach Osten ist die Grenze für die gedehnt gesprochenen Fürwörter Elbingerode, Hasselfelde, Rübeland, Schierke, Hüttenrode, Neuwerk, Altenbraak. Weiter östlich und südlich wird ĕk, mĕk, dĕk, sĕk, teilweise auch ĭk und mĭk gesprochen. Zu bemerken ist, daß die kurze Aussprache, wie sie z. B. in der Grafschaft Wernigerode, Blankenburg, Heimburg, Kattenstedt, Wienrode herrscht, auf Kosten der gedehnten Aussprache an Verbreitung gewinnt. Im Westharze wird sodann anlautendes s, wie bei Forst, Trost u. s. w., im Inlaut gesprochen, während man weiter östlich sch, also schl, schm, schn, schp, scht spricht. Die letztere Aussprache macht in neuerer Zeit einige Eroberungen, wobei der Einfluß der Schule von Bedeutung ist. — Sodann wird dem part. passivum ein kurzes e vorgeschlagen: ĕseggt, ĕkofft. Zu bemerken ist, daß man in Elbingerode, Schierke bis südlich Benneckenstein mei statt wei (= wir) spricht.

Prüfen wir nun aber die festen mundartlichen Besonderheiten, so finden sich in der Gegend westlich von Sachsa und Steina bis unmittelbar vor Linde und Ührde, aber auch auf dem Harze in den Ortschaften Lerbach, Lonau, Sieber, Kamschlacken, Buntenbock, die Eigentümlichkeit, daß sehr als ſsehr, chout (gut), loapen (laufen) gesprochen wird. In Schambachs Wörterbuch wird diese Mundart als göttingisch-grubenhagisch bezeichnet. Da sie sich aber wenigstens für unser Harzgebiet (soweit nicht die oberharzische Sprachinsel dazwischen tritt) ganz mit dem alten Lisgau, der zu Engern gehörte, deckt, so dürfte die Bezeichnung lisgauisch-engrisch nicht ungeeignet erscheinen.

Nordwestlich und nördlich schließen sich an den Lisgau die kleineren Gaue Ambergo, Saltgo, Densigo, Lerigo und nördlich von diesen der größere Gau Ostfala oder Ostfalen, das Kernstück des größeren Ostfalenlandes. In kirchlicher Beziehung gehörten sie alle zum Bistum Hildesheim, das sich bei Mönchehof-Kaminadan vom mainzischen Lisgau scheidet. Die in dieser Gegend gesprochene und füglich als ostfälische im engeren Sinne zu benennende Mundart ist durch eigentümliche Doppellaute ausgezeichnet, die örtlich etwas verschieden klingen. Man spricht hous, häus, hius, huus, Mehrzahl huiser, me^{i}n, meu^{i}n, mu^{i}n. Dagegen lautet es, sobald man bei Hannover die Leine überschreitet, z. B. bei Döhren, gleich hus, huser. Nach dem Gebirge zu herrscht diese Sprachweise teilweise bis ein paar Kilometer über die Oker hinaus nach Osten, so daß man geneigt sein muß, ein im Laufe der Jahrhunderte erfolgtes Vordringen derselben anzunehmen.

Auf diese doppellautige ostfälische folgt nach Osten eine einlautige, in der man hūs, hūser, stellenweise auch hīser spricht. Da sie von Wasserleben im Norden bis nach Benneckenstein, nach Westen stellenweise bis zur Oker, nach Osten bis Harsleben herrscht, so ist sie als ursprüngliche Sprache der Haruden oder Harzgauer anzusehen. Wenn nun auch ein ansehnlicher Streifen im Osten nach der Bode zu, wozu sogar die Hauptorte Quedlinburg und Halberstadt gehören, sich von dem Hauptteile dadurch unterscheidet, daß darin anlautendes g wie j ausgesprochen wird (jott, Joslar, jut), so folgt daraus nicht, daß dieser Unterschied als Mundart-bildend anzusehen sei und es bleibt in dieser Hinsicht die Sprache dieses Striches noch näher vergleichend zu prüfen.

Mit Halberstadt, Westerhausen, Thale beginnt nun aber eine bis auf den östlichen Unterharz sich verbreitende Volkssprache, in der jene Sprachweise jott, jrofs, janz durchaus herrscht. Man nennt sie wohl mit Recht die anhaltische, könnte sie aber auch mit gutem Grunde die nordschwäbische oder schwabengauische nennen, denn der Nordschwabengau mit Aschersleben, Anhalt, Ballenstedt, Bernburg ist das deutsche Stammland des Hauses und Landes Anhalt.

Von Quedlinburg und Aschersleben an und weiter nach Osten kommen wir an ein Gebiet, wo das seit Jahrhunderten nach Norden vordringende Mitteldeutsche mit dem Niederdeutschen um die Herrschaft ringt, so daß jetzt Suderode, Gernrode, Ballenstedt, Ermsleben die südlichsten niederdeutschen Vorposten sind. Der übrige Unter- und Südharz sowie Mansfeld gehört verschiedenen mitteldeutschen Mundarten an. Sie haben gemeinsam den neuhochdeutschen Konsonantenstand, nur wurde aus anlautendem p ein f; also niederdeutsch perd wurde nicht zu pferd, sondern lautet ferd; niederdeutsch pp und mp blieb, also kopp und strump. Wie in der nordschwäbisch-anhaltischen Mundart spricht man im ganzen, einst zu Sachsen gehörenden Osten des Nordthüringerlandes anlautendes g wie j, also janz, juter jott, dagegen weiter westlich im Helmgau, im eigentlichen bonifazischen

GAU- UND MUNDARTEN-KARTE DES HARZES.

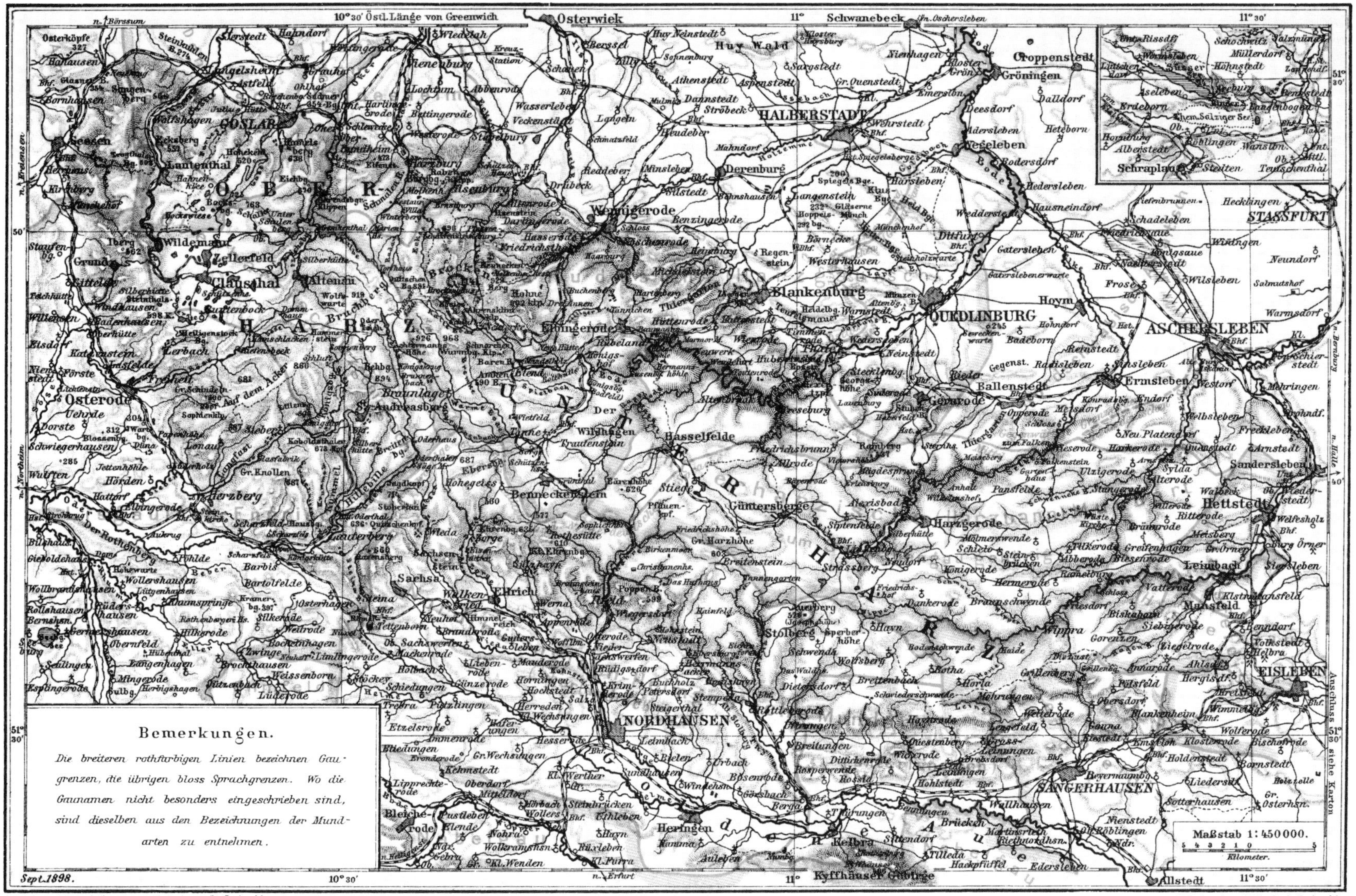

F. A. Brockhaus' Geogr.-artist. Anstalt, Leipzig.

C. F. Amelang's Verlag, Leipzig.

Thüringen, also beispielsweise in Stolberg, Kelbra, Sittendorf, Dietersdorf, ganz und kanz. Ein durchgreifender Unterschied zeigt sich in der Aussprache der Selbstlauter. Hier hat das Mansfeldische bayerischen Vokalismus. Der Mansfelder sagt mei haus, während der Nordthüringer im Helmgau und der Unterharzer auf dem alten Vokalstand stehen geblieben sind und mîn hûs sagen. Verschieden von dem Mansfeldischen und Unterharzischen setzt der Nordthüringer, z. B. in Nordhausen, vor den Infinitiv nach Hilfszeitwörtern ein ge. Alle drei mitteldeutschen Hauptmundarten des Harzes, das Unterharzische, Nordthüringische und Mansfeldische, gehören zum mich-Quartier, d. h. sie setzen für den Dativ mich. In Bornstedt, Holdenstedt, Liedersdorf wird dagegen schon mir gesagt. Für die Ursprünglichkeit der mitteldeutsch-helmgauischen Mundart, die kaum Spuren der vlämisch-niederdeutschen Zuwanderung erkennen läßt, zeugt noch der Umstand, daß sich darin mit großer Bestimmtheit eine westliche, oberländische (Nordhausen, Heringen, Berga u. s. w.) und eine niederhelmgauische Untermundart (in Auleben, Kelbra, Thürungen, Wallhausen u. s. w.) unterscheiden läßt. In der ersteren lauten beispielsweise Brot, tot, Klee, geh, kehrte = brât, tât, klä, gäh, kahrte, in letzterer brut, tut, bruot, klie, gih, kihrte. Nach Osten setzt sich das Thüringische südlich vom Mansfeldischen, östlich vom Sachsgraben und Gonna bis zur Saale fort. Morungen, Grillenberg, Pölsfeld am Harz sind nordthüringisch. Jecht weist den Hassegau dem Mansfeldischen, das Friesenfeld dem Thüringischen zu, doch neigt letztere Mundart, insbesondere das Sangerhäusische, entschieden dem Mansfeldischen zu.

Ein Überblick über die bis in die Uranfänge unserer Geschichte zurückreichenden mannigfaltigen Mundarten des Harzes, über welche im einzelnen noch vieles zu erforschen bleibt, hat im großen und ganzen einen merkwürdigen Zusammenhang mit der alten Gaueinteilung ergeben. Wenn nun ganz im Gegensatz zu dieser Beobachtung in dem nördlichen Lisgau und im südlichen Densi- oder Wenzigau im Gebiet der Bergstädte Klausthal, Zellerfeld, Altenau, Lautenthal, Wildemann und Andreasberg eine Volkssprache gehört wird, welche sich weder an die Gaugrenzen, noch an eine sonstige Mundart des Harzes anschließt, vielmehr als die dem bayerischen Stamme angehörige Mundart des Erzgebirges und des nordwestlichen Böhmens erweist, so bestätigt diese Ausnahme nur die Regel. Denn jene erst seit Beginn des 16. Jahrhunderts auf den kühlen Höhen des Gebirges eingezogene Bergmannsbevölkerung fand hier keine fest angesiedelten einheimischen Gaugenossen vor. Wo aber in etwas älterer Zeit oder an Orten, wo der Bergbau weniger von Bedeutung war, Leute aus der Nachbarschaft einzogen, da brachten sie auch deren Mundart mit. So wurde oder blieb auch Grund wesentlich niederdeutsch, wenn auch zeitweise das Oberharzisch-Oberdeutsche einige Herrschaft erlangt zu haben scheint und dort auch noch heute in der Bergmannssprache gehört wird. In ähnlicher Weise mag durch nordalbingische Zuwanderung in der zweiten Hälfte des 11. Jahrhunderts das ältere Hasselfelde die vermutlich ursprünglich mitteldeutsche Sprache der Harzbannsgenossen mit dem Niederdeutschen vertauscht haben. So erklären sich auch die schon um 1200 neben einem weiteren Dorfe Hagen vorhandenen drei Orte des Namens Hasselfelde, und es ist leichter verständlich, wie sechshundert holsteinische Familien auf dem Harze Raum zur Ansiedelung fanden.

Jene so bedeutsame und mannigfaltige sprachliche Eigenart der Bewohner Hercyniens legt uns die Frage nahe, ob derselben auch nachweisbare Verschiedenheiten in der körperlich-leiblichen Erscheinung entsprechen. Daß solche stattgefunden haben, ist zwar ohne weiteres anzunehmen, auch mag einzelnes davon auf die späteren Geschlechter vererbt sein, aber bei der fortwährenden Bewegung und Kreuzung der Bevölkerung haben sich diese im großen und ganzen so ausgeglichen, daß die Einflüsse des Klimas, des Berufs und der Beschäftigung mit der Zeit mächtiger eingewirkt haben als die besondere körperliche Grundanlage.

Etwas mehr läßt sich stammliche und landschaftliche Eigenart beim Bau von Haus und Hof verfolgen, obwohl sich auch hier ein großer Wandel und ein Verlassen des alten Brauchs vollzogen hat. Was bis dahin noch an alten Knicks und Rainen vorhanden war, hat in unserem Jahrhundert infolge der Verkoppelung regelrecht abgeschnittenen Feldern und Wiesen weichen müssen. Für den südwestlichen Harz im alten Lisgau ist zu bemerken, daß sich hier noch vielfach schmale Raine zwischen den einzelnen Äckern finden, was weiter östlich am thüringischen Harz nicht mehr der Fall ist. Am Nordharz, so in der Grafschaft Wernigerode, kennt man zwar noch Dorf für Dorf den Thie und die Stelle, wo die alte Linde stand, sie findet sich auch hie und da noch vor, aber der alte Brauch ist verschwunden, Tanz und Spiel finden nicht hier, sondern im Dorfkruge statt.

Vergeblich sucht man jetzt entsprechend der volklichen Zusammensetzung ein altsächsisches, friesisch-vlämisches oder thüringisches Wohnhaus. Das altsächsische Haus, jener eigenartige, Menschen, Vieh und Feldfrüchte umschließende Einbau, läßt sich — jetzt auch mehr und mehr zurückweichend — nur noch auf der Höhe von Braunschweig und nördlich von Helmstedt und Königslutter nachweisen. Nach Westen rückt er wohl ein wenig mehr ans Gebirge oder dessen Vorberge heran. Während aber bei Peine und weiter südlich bis Harber der sächsische Hausbau noch bis ins 19. Jahrhundert üblich war und auch bei Neubauten angewandt wurde, beginnt zwischen Harber und Hildesheim jetzt fränkisches Haus und Hof. Vielleicht dürfen die tief in die Erde gebetteten Hausurnen, wovon eine bei Hoym ausgegrabene sogar die merkwürdige Pferdekopfverzierung erkennen läßt (s. S. 68), als stumme Zeugen dafür angesprochen werden, daß jener sächsische Einbau einst bis zum Fuße der Harzberge üblich war. Ist doch gerade der Nordschwabengau, dessen Bewohner der Chronist gelegentlich als Sachsen, die man Nordschwaben nennt, bezeichnet, die reichste Fundgegend jener so merkwürdigen Gefäßform.

Im allgemeinen wiegt nach einer Angabe im Sachsenspiegel III, Art. 44, § 3, in den Gegenden des südöstlichen Sachsens östlich der Oker bis zur Saale — auf dem Boden des alten Thüringerreichs — eine Abart des Hofbaues vor, welche die Scheuer als den regelmäßigen Bergeplatz des Getreides erwähnt. Diese wichtige Nachricht gewährt einen Anhalt dafür, daß dieses den Halberstädter Sprengel umfassende Gebiet der Osterleute (der Angler, Weriner, Nordschwaben, Hohsinger und sonstiger Einwanderer) nicht zum eigentlichen Sachsen, insbesondere Ostfalen gehörte, sondern eine eigene, von den fränkischen Herrschern dazu gelegte Provinz war.

Soweit der heutige Befund einen Anhalt bietet, herrscht jetzt rings um den Harz auf dem Lande die fränkische Bauweise vor, welche die Stirnseite des Hauses der Straße zukehrt. Vielfach finden wir wenigstens am Nordrande des Harzes die Giebelseite der Straße zugewandt, doch so, daß sich der Eingang an der Breitseite befindet, von wo der Blick auf den Hof mit seinen Stallungen und Wirtschaftsgebäuden gerichtet ist. Von der Sommerrichtung der Häuser, d. h. der Ostwestrichtung des Langhauses, das seine Stirn- und Langseite dem Süden zukehrt, finden sich noch manche Beispiele, doch wenden die Häuser mehr und mehr, ohne Rücksicht auf die Himmelsrichtung, ihre breite Vorderseite der Straße zu. Am Südharz ist beobachtet, daß nach altem Herkommen die Fenster nach auswärts aufschlagen. Der ursprünglich am südlichen und östlichen Harz übliche Sonnenbau ist an vielen Orten mit der fränkischen Bauweise im Kampf. Meist finden wir, der Grundanlage nach, am Harz das unregelmäßige deutsche Haufendorf. Im östlichen Mansfeld finden sich Beispiele der auf slavischen Ursprung weisenden Rundlingsdörfer, doch ist die Gestalt meist durch spätere Einflüsse mehr oder weniger unkennbar gemacht.

Auf dem Harze nötigen zwar die Berufsarten des Bergmanns, Försters und Jägers zu besonderen baulichen Anlagen, aber diese sind so sehr durch den Zweck und das vorhandene Material: Holz, Bruch-, auch Schlackensteine, auch meist zu sehr von der Anordnung der Berg- und Forstverwaltung bestimmt, als daß sich hier ein volkstümliches Stammesgepräge hätte entwickeln können. Späte Nachbildungen der ältesten halbnomadischen Wohnstätten sind die besonders in den höchsten Lagen des Gebirges anzutreffenden Holzköten, die freilich bei dem gewaltigen Rückgange der Holzköhlerei immer seltener werden, so daß man bald nur noch Nachbildungen derselben in unseren Altertumssammlungen zu Gesicht bekommen wird (s. S. 36).

Während nun durch den Gang der Kultur die Spuren der ursprünglichen ländlichen Haus- und Hofanlage fast ganz verwischt sind, hat das sich mächtig entwickelnde Städtewesen einen merkwürdigen, vielfach künstlerisch reich ausgestalteten Hausbau gezeitigt, den harzischen Fachwerks- oder Ständerbau. Trotz aller Einbußen durch Feuersbrünste, Witterungseinflüsse und neue Geschmacksrichtung ist noch eine stattliche Reihe merkwürdiger Baudenkmäler dieser Art auf uns gekommen. Ganze Wälder von Eichen und anderem Laubholz, besonders aber von der Fichte, der harzischen Tanne, sind von den Höhen des Gebirges zum Hausbau an dessen Abhänge und weiter ins Land verfrachtet, um davon ganze Städte aufzuführen. Auf den Höhen selbst mag auch manch ansehnlicher Bau dieser Art, wie wir ihn noch in der im Jahre 1674 aufgeführten Zellerfelder Apotheke vor uns

Oberes Gemach eines Hauses in der Münzstraße zu Goslar.

sehen, aufgeführt worden sein, aber die allzu zahlreichen Feuersbrünste haben wenig davon übrig gelassen.

In den angeseheneren Städten ging diesen Holzhäusern ein künstlicher Steinbau vorauf. Schon die Bezeichnung caminata, Kemenate, erinnert an den lateinischen Kultureinfluß, der solche Bauten schuf, doch tritt an dessen Stelle auch schon früh stenhus auf. Oft erinnert daran das frühe Auftreten von Familien Stenhus, die nach einem bestimmten Steinhause, de domo lapidea, von der Kemenaten, genannt wurden. Zufällig ist es gewiß nicht, daß gerade die älteste bekannte Kemenate der Stadt Braunschweig zu dem Hause des Henricus de Domo (von der Kemenaten) gehörte. Wie hier und in Hildesheim gab es auch unmittelbar am Harz in Goslar verschiedene derartige der Übergangszeit vom romanischen zum gotischen Stil im 13. Jahrhundert angehörige Steinhäuser. In einigen Fällen ist nur der Unterstock in Stein, der obere in Holz ausgeführt.

Unter den wenigen Überbleibseln solcher Steinhäuser erwähnen wir ein gewölbtes oberes Gemach eines Hauses in der Münzstraße im spätgotischen Stil, das jetzt ein Nebengebäude von Marktstraße 928 ist. Es hat je ein Fenster nach dem Hof und nach der Straße, beide mit Sitzplätzen versehen.

Mit dem 14. Jahrhundert begann der künstlerisch immer reicher sich entfaltende Holz- oder Fachwerkbau vorzuherrschen. Man errichtete zwei und mehr Stockwerke übereinander, und zwar so, daß die oberen über die darunter gelegenen hervorkragten. Dadurch erzielte man sowohl eine festere Verzapfung der unteren Ständer in die darüber gelegte Schwelle, als auch eine malerische Wirkung. Durch das reiche an Saumschwellen, Balkenköpfen, Füllhölzern, auch an den Ständern angebrachte Schnitzwerk, durch Erker und Vorbauten, durch eine Fülle sinniger Sprüche wurde diese Bauweise sehr belebt. In günstigen Fällen sind noch heute Gruppen von Fachwerks- und älteren Steinbauten erhalten. Dazu gehört eine Stelle in der Marktstraße zu Goslar, wo besonders die Häuser Nr. 927 und 928 durch schöne Gliederung hervorragen und der Marktplatz jener alten Reichsstadt mit dem stilvoll hergestellten, dem 15. Jahrhundert angehörenden Rathause und der 1492 gebauten „Kaiserworth", dem in einen Gasthof verwandelten Gildehause der Gewandschneider (s. S. 158).

Die Geschichte des Hausbaus steht in engstem Zusammenhang mit der Stadtgeschichte. Zur Zeit der Kirchenerneuerung, etwa von 1525 bis 1575, wo Deutschlands Städte an der Spitze der geistigen Bewegung standen, erfuhr auch der harzische Ständerbau seine höchste Entwicklung. Wie in Braunschweig das Haus Friedrich Huneborstels von 1536 gehören auch die hervorragendsten Holzbauten in Hildesheim, Halberstadt, Quedlinburg, Goslar dieser Zeit an. Dahin zählen in letzterer Stadt das sogenannte „Brusttuch", an dessen steinernem Erdgeschoß sich über der Thür die Jahreszahl 1521, an dem darübergelegenen reichverzierten Oberstock aber das Jahr 1526 angegeben findet, sodann das an drei Seiten freistehende Bäcker-Gildehaus (jetzt altdeutsches Gasthaus), an dessen gegiebeltem Erker wir die Jahreszahl 1557 lesen (s. S. 161).

Die schönsten Ständerbauten Quedlinburgs sind die Häuser Marktstraße 5 mit einer auf den Hausbau selbst bezüglichen sinnigen Inschrift (vom Jahre 1562) und Hohestraße 8 von 1576. In Wernigerode stammt der schönste, jetzt leider sehr verwahrloste Teil des Thom. Schützeschen Hauses aus dem Jahre 1556. Erwähnenswert ist auch das neuerlichst sorgfältig ausgebaute kleine von Gadenstedtsche Haus daselbst vom Jahre 1582. Älter ist hier, ziemlich gleichzeitig mit dem um 1500 gebauten schlank getürmten Rathause, das sogenannte Gotische Haus, im 16. Jahrhundert Wohnsitz der Humanistenfamilie Reifenstein, die hier im Mai 1547 den Besuch von Melanchthon und seinen Gefährten empfing.

Marktstraße in Goslar.

Ebenfalls in Wernigerode sind erwähnenswerte Vertreter des Ständerbaues aus einer bedeutend späteren Zeit zwei Häuser in der Neustadt, das von Heinrich Krümmel (s. S. 135) im Jahre 1674 gebaute mit seinem sinnbildlichen figürlichen Schnitzwerk; außer den Fenstern ist auch bis auf den Thürsturz rechts vom Beschauer das Schnitzwerk am Erdgeschoß neuesten Ursprungs. Das ganz nahe dabei gelegene 1680/84 gebaute stattliche Hans Faulbaumsche Haus empfiehlt sich mit seinem Erkerturm durch seine Einfachheit.

Bei der größeren Zahl erhaltener Fachwerksbauten aus der besten Zeit dieses Stils müssen wir die etwas weiter vom Harze abliegenden größeren Städte unberücksichtigt lassen. Verhältnismäßig reich an schönen,

Schlosshof in Wernigerode.

AUFNAHME VON FR. ROSE IN W.

Gadenstedtsches Haus 1582.
(Vor der Erneuerung.)

stilvollen Holzbauten sind von den kleineren Harzstädten Osterwieck und Hornburg, auch noch Alfeld; Wegeleben, Bockenem besitzen noch einiges (einen Fachwerksbau von 1584). Für Blankenburg, das nur noch drei erhaltene Fachwerksbauten besitzt, war das Bestreben des sehr thätigen Herzogs Rudolf August (1690—1731), die für nicht kurfähig gehaltenen Holzbauten durch feste Steinbauten zu ersetzen, für die baulichen Überlieferungen aus älterer Zeit verhängnisvoll. Architektonisch wie malerisch gewährt in dieser Hauptstadt der Grafschaft Blankenburg-Regenstein das schönste Bild ein Blick auf den Markt mit seinem stattlichen Rathaus, auf die darüber gelegene Bartholomäikirche und das über beiden auf einem Berge sich erhebende Schloß.

Auch Teile unserer alten Harzschlösser sind in Fachwerk ausgeführt, so an dem zu Ermsleben, der ehemaligen Hauptstadt der Grafschaft Falkenstein, und am Schlosse Ballenstedt. Dieselbe Bauweise zeigt der Oberstock der Nordwestseite des Schlosses Falkenstein. Reichere und schönere Holzarchitektur als die letztgenannten Burgen hat neben größeren in Bruchstein ausgeführten Flügeln Schloß Wernigerode nach dem inneren Hofe zu aufzuweisen. Aber so sehr der erlauchte Erneuerer dieses schönsten unserer Harzschlösser weiland Se. Durchlaucht Fürst Otto zu Stolberg-Wernigerode mit größter Pietät alle nur irgendwie verwertbaren Teile des überkommenen alten Baues zu erhalten suchte, so konnten doch von den in Fachwerk ausgeführten Teilen nur die sehr einfachen aus der Zeit Graf Ernsts (1672—1710) stammenden in den erneuten Bau wesentlich unverändert aufgenommen werden. Dagegen sind nicht nur — neben ähnlichen Resten aus Osterwieck — wertvolle Holzschnitzereien aus dem Reifensteinschen (jetzt Gotischen) Hause in zwei Zimmern des Schlosses verwertet, es sind auch mit kunstvollem Schnitzwerk und figürlichen Darstellungen ausgeführte Fachwerkteile an Stelle der verwitterten alten nach dem Schloßhofe zu neu entstanden. Da wir es hier mit einer Schöpfung der Neuzeit, wenn auch in altem Geiste, zu thun haben, so schien es sich zu empfehlen, das Bild des innern Schloßhofs diesem Abschnitte anzufügen.

Aus nahe liegenden Gründen haben sich von den kunstvollen Hausbauten weit mehr die Außenseiten, besonders die der Straße zugekehrten, als die inneren Teile und Einrichtungen in ihrer ursprünglichen Gestalt erhalten. Um so schätzbarer ist es, daß wir umstehend einen in frischer Ursprünglichkeit erhaltenen Hausflur aus einem sehr alten Bürgerhause zu Goslar vor Augen führen können.

Wir schauen auf die geräumige, durch zwei Stockwerke reichende Diele oder ‚Deele‘ des Hauses Bergstraße 868, das von außerhalb mittelalterlich-gotischen, in

Das Brusttuch in Goslar.

seiner inneren Einrichtung aber Renaissancestil zeigt. Wir sehen auf eine breite Treppe und eine obere Galerie, Thür- und Thoreingänge im Hintergrund, auch unten Eingänge zu Wohn- und Haushaltsräumen und Braulokal. Auch der Eingang zum Keller ist zu sehen. Vorn rechts erblicken wir eine Vorrichtung zum Aufwinden der Fässer mit senkrechter Welle, Rolle und Seil. In dem unteren, aus mittelalterlicher Zeit stammenden Fenster fehlen auch nicht die Sitzplätze. Alles dieses giebt uns eine leichtere, deutlichere Vorstellung von den häuslichen Unterlagen des Lebens vergangener Geschlechter, als Beschreibungen es oft zu thun vermögen.

Als auf einen rein, wenn auch spätgotisch reich stilisirten Teil eines Profanbaus möge hier auf das Hofthor am Brauhause Nr. 841 in der Bergstraße zu Goslar vom Jahre 1510 hingewiesen werden (s. S. 163).

Bergkanne und Pokal aus dem Goslarer Silberschatz.

Erzeugnisse der Kleinkunst in Thon, Edelmetall oder sonstigen Stoffen aus mittelalterlicher Zeit oder auch aus der Periode der Renaissance finden sich äußerst selten an der alten Gebrauchsstelle erhalten. Das meiste, was davon auf uns gekommen ist, muß in unseren Museen und Altertumssammlungen gesucht werden. Um so mehr verdienen ein paar Wertstücke dieser Art aus dem Silberschatze des Rathauses zu Goslar erwähnt zu werden. Es ist das die sogenannte in Silber getriebene Bergkanne vom Jahre 1477, ungefähr 2 Fuß 7 Zoll hoch, eine ausgezeichnete Arbeit. Der Fuß ist mit Filigranarbeit geziert, sodann der aus des Bürgermeisters Johann Pape Nachlaß 1519 gestiftete Pokal (vergult kop).

Mehrfach enthalten noch unsere Kirchen höchst merkwürdige Reste alten Kunstgewerbes, wie der Dom zu Halberstadt und die Schloßkirche zu Quedlinburg, doch sind es vielfach nicht einheimische Erzeugnisse.

Wie wir's bei unserem Hinweise auf die großen, alten Kirchenbauten des Harzlands beobachteten, ist auch in betreff des Kunstbaus alter Häuser und ihres Geräts der Südharz weit ärmer als die Nordseite des Gebirges. In Osterode ist noch das 1552 gebaute Rathaus, dessen Erdgeschoß in Stein ausgeführt ist, erwähnenswert. Nordhausen hat unverhältnismäßig viel durch widrige Schicksale verloren: wieviel mag wohl allein in den vier großen Feuersbrünsten zwischen 1612 und 1712 zerstört worden sein! Jedenfalls hat es

Hausdeele. Bergstraße 868 zu Goslar.

der südharzischen Reichsstadt, wo schon 1359 ein bemaltes Haus erwähnt wird, nicht an Bürgerhäusern gefehlt, welche dem Streben und der Wohlhabenheit ihrer Bürger entsprachen. Noch ist als Muster eines solchen Hauses mit massivem Erdgeschoß, Spitzbogen, gewölbtem Thor, gekehlten Mauerlatten und Saumschwellen im Obergeschoß, mit fächerförmiger Verzierung in den Füllungen Nr. 40 am Petersberge erhalten und sind daneben auch das Pfarrhaus der Frauenberger Kirche mit etlichen andern zu erwähnen. Im Verhältnis zu ihrem bescheidenen Umfang ist höchst merkwürdig für die Geschichte des Fachwerkbaus die alte Grafenstadt Stolberg. Das, wie billig, am Markt gelegene Rathaus ist zwar 1482 erbaut, aber 1600 stark erneuert. Ein viel höherer, stattlicherer Bau ist das im Jahre 1535 errichtete jetzige Konsistorialgebäude. Aber für den Freund und Forscher unseres heimischen Hausbaus hat fast das ganze Städtchen ein nicht geringes Interesse. Gerade wegen der hier seit dem 15. Jahrhundert mangelnden, auch nur einigermaßen bedeutenden Erwerbsthätigkeit wurde hier wenig Neues gebaut, so daß die meist kleinen, baulich aber nicht unmerkwürdigen Häuser teilweise ins 15. Jahrhundert zurückreichen. Im Gegensatze zu solchen engen Verhältnissen erhebt sich über dem Städtchen in überaus malerischer Lage das stattliche alte Grafenschloß (Abb. s. später).

In Sangerhausen ist der ansehnlichste Profanbau das im letzten Viertel des 16. und im ersten des 17. Jahrhunderts erbaute sogenannte alte Schloß. Ganz nach Osten zu, im anhaltischen Harze, mögen die Rathäuser zu Ballenstedt und Harzgerode verhältnismäßig jüngere Bauwerke, und ein niedliches Privathaus in letzterer Stadt mit Freitreppe und überdecktem Eingang genannt werden. Einen nennenswerten alten Fachwerksbau hat auch noch das Städtchen Mansfeld.

AUFNAHME VON FR. ROSE, WERNIGERODE.

Krümmelsches Haus vom Jahre 1674 in Wernigerode.

Zu erwähnen bleibt noch Eisleben mit seinen monumentalen Luther-Erinnerungen. Das Geburtshaus des Reformators wurde 1693 mit einem neuen Oberstock versehen. Besser erhalten ist das architektonisch nicht unbedeutende Sterbehaus. Daneben sind noch verschiedene Gebäude der Alt- und Neustadt, das Rathaus, das Bergamt mit spätgotischem Portal und ein Amtschösserhaus von 1574 zu erwähnen. Als Ergänzung zu den an Luther erinnernden Denkmalen Eislebens mag noch die Lutherkanzel in der St. Andreaskirche erwähnt werden (Abb. s. im Schlußkapitel).

Des Menschen Wohnung in Palast und Hütte ist wie ein äußeres Überkleid anzusehen, das er, obwohl es zunächst nur dem Schutz gegen die Witterung und menschliche Übergriffe diente, im Verlauf der geschichtlichen Entwicklung aufs mannigfachste wandelte und schmückte. Zu einer nicht minder reichen, aber viel leichteren Aus- und Umgestaltung bot das den menschlichen Körper unmittelbar umhüllende Kleid Gelegenheit, und so entfalteten sich denn auch bei uns am Harz die bäuerlichen, bürgerlichen und sonstigen Standestrachten. Aber so bunt die Bilderreihe wäre, wenn wir all die Wandlungen, welche die Tracht am Harze erfuhr, vorführen könnten, so gering sind die Überreste, welche das gleichmachende Streben unserer Zeit von eigentlichen harzischen Volkstrachten auf uns hat kommen lassen. Hierbei kommt nur noch das platte Land in Betracht, da in den Städten die Gewalt der Mode nichts übrig gelassen hat. Auch auf dem Lande ist meist nur an Orten, die von den verkehrsreichen Straßen etwas abliegen, noch manches von der mit dem ganzen Volkswesen enge zusammenhangenden Volkstracht überkommen.

Am wenigsten ist von der althergebrachten Bekleidung am Nord-, wie am Südharz bei den Männern erhalten. Ihre blautuchenen Röcke, ihre hellblauleinenen Kittel mit ganz schmalem, weißgezacktem Rande oder Kragen für den Werktag, Gamaschen von hellem Tuch, schwarze oder helle Hosen von englischem Leder herrschen zwar an manchen Orten noch vor, weniger die über die Kniee reichenden hohen Stiefel; auch ist der schwarze oder braune Filzhut mit meist niederem Kopf und breiter Krämpe nicht mehr gemeinüblich.

Typen nordharziger Bauern, wie sie leiben und leben, sehen wir in den folgenden Gruppen vom Amt Wasserleben in der Grafschaft Wernigerode vor uns. Auf der ersten sehen wir links vom Beschauer den Gärtner in grünem Anzug und Joppe, dann den Schafmeister (schapmester, schaper) mit grauweißem Mantel von ungebleichter Leinwand und hohem Filzhut, einen Knotenstock in der Rechten, den langen Schäferstab senkrecht aufgepflanzt mit der Linken haltend. Die drei folgenden Gutsleute sind in blaue Kittel (Krüpkittel) gekleidet. Der eine trägt bis über die Kniee reichende Stiefel. Die Gruppe auf S. 137 beginnt mit dem Kuhhirten mit Filzhut, großen Lederstiefeln, Treiberstecken und weißem Leinenrock. Am weitesten rechts steht der Schweinehirt mit weißem Leinenrock über dem hellblauen Kittel und langen Stiefeln. Die kurze Peitsche, deren Schweppe er über die Brust gelegt trägt, hält er mit der in die Seite gestemmten Linken. Zu bemerken ist, daß unsere Bilder von Maesser in Wernigerode ums Jahr 1864 aufgenommen sind.

Bauern vom Amt Wasserleben.

Die fast unverändert gebliebene Gestalt des Schäfers verdient unsere besondere Aufmerksamkeit, weil sie sich ganz nahe mit der des Rinderhirten im Harze berührt, der für das Leben im Walde eine bemerkenswerte Erscheinung ist. Er trägt einen blauen Tuchrock mit hochrotem Unterfutter und blanken, gemusterten Messingknöpfen, die lederne Schäfertasche mit Ringen und Hundekoppel über dem Rücken hängend. Das breite Hirtenhorn, dessen er als Hirt im Walde zum Austreiben und Sammeln der Herde bedarf, ist geblieben, auch der derbe Stock in der Rechten. Dagegen ist der mit der Linken gehaltene Schäferstab mit Haken oder Schaufel von einem alten, kernigen Schäfer in Wernigerode statt an seinen Nachfolger an die fürstliche Altertumssammlung übergeben, weil das alte Gerät nicht mehr zeitgemäß erschien. Dennoch sehen wir auf unserer Abbildung in etwas vereinfachter Tracht den gegenwärtigen Schäfer des Amtes Wernigerode mit einem langen Schäferstabe vor uns.

Im Wernigerödischen hat sich noch vielfach eine alte kleidsame Frauentracht erhalten, deren Hauptstück ein meist schwarz- oder dunkelblau-weiß gestreifter Mantel (scherzweise Schilderhaus genannt) bildet (s. S. 139). Die nicht gleich breiten weißen Streifen fallen vom Rücken gerade herab, dagegen laufen sie an den Seiten schräge herunter, doch kommt auch allgemeine Schrägrichtung der Streifen vor. Statt der blauweißen giebt es auch rot und weiß gestreifte.

Für den gewöhnlichen Hausgebrauch, namentlich zum Tragen der kleinen Kinder, dienen die hellen, besonders trübroten Kattunröcke mit großen Kragen, am unteren Saum mit einem in Falten gezogenen Besatz; am Halse sind sie mit einer Krause versehen. Bei Stolberg trägt man wohl auch noch ein Kattunkopftuch, das als Binde um den Kopf gelegt wird, und dessen Enden im Nacken herabhängen. Ganz abgekommen sind die bei Hochzeiten und anderen Freudenfeiern früher üblichen gold- und silbergestickten sehr wertvollen Käppchen, von denen breite rote oder bunte Seidenbänder herunterhingen. Einzelne sind in unseren Sammlungen, z. B. der fürstlichen in Wernigerode, erhalten, wo sich auch eine große Puppe in Veckenstedter Frauentracht findet. Um des Gold- und Silberwertes willen ist auch mancher Schmuck vom Lande, z. B. aus Langeln, Veckenstedt, Derenburg, zum Goldschmied getragen worden.

Schäfer vom Amt Wernigerode.

Unsere folgende Abbildung (S. 138) giebt uns eine Vorstellung von der alten Frauentracht zu Wasserleben (links vom Beschauer) und zu Heudeber im Halberstädtischen. Die Wasserleberin trägt einen (auf der Vorderansicht nicht sichtbaren) schwarzen senkrecht rotgestreiften Beiderwandsrock, nach unten mit einem breiten grünen „Trum", darüber eine senkrecht grüngestreifte blaue Schürze. Unterm Kopfe hat sie ein seidenes, mit Blumen gesticktes, gefranstes Schultertuch. Dieses wird auch aus anderem, besonders wollenem Stoff getragen und pflegt überaus bunt zu sein. Das Haupt deckt eine schwarze Seidenmütze, von der nach vorn gleiche breite Streifen herunterhängen. Neben ihr auf dem Stuhle liegt der beim Ausgehen benutzte gestreifte Mantel (vergl. auch die Abbildung auf S. 139).

Mit ihr Arm in Arm sehen wir eine Jungfrau aus Heudeber in Halbtrauer-Tracht. Sie trägt ein prachtvolles schwarz-tafftenes, weißgeblümtes Seidenkleid. Vom Halse herab hängt als Schultertuch eine ebenfalls kostbare weiße Stickerei, worüber oben, gleich am Halse, noch ein kleineres reich in Silber gesticktes Tuch liegt; den Kopf deckt, den vorderen Teil des gescheitelten Haares frei lassend, eine schwarzseidene Mütze, deren breite Streifen vom Nacken lang herabhangen, während vorn die beim Zubinden übrig gebliebenen Enden kürzer sind.

Bauern vom Amt Wasserleben.

In den meisten Gegenden des Harzes, besonders im thüringischen Süden, sind die Volkstrachten mehr wie im Norden außer Gebrauch gekommen.

Etwas Eigenartiges in ihrer Tracht und in ihrem Gehaben finden wir bei den Harzer Bergleuten, doch handelt sich's hier nicht um eine Volks-, sondern um eine angeordnete Amtstracht (Abb. s. später).

Wenn wir von alten Volksvorstellungen, Sitten, Trachten, Hausbau des Harzes redeten, so galt es, vorzugsweise in den alten Kulturboden der Umlande hinabzusteigen. Dagegen giebt es nun auch eigen-

Frauentracht (Wasserleben, Heudeber).

artigen Brauch, Leben und Treiben, welches an die besonderen Berufe des Gebirges mit seinem Wald und Wild, seinem Erz und Gestein, geknüpft ist. Wohl hat der Harz, zumal in älterer Zeit, in der gewöhnlichen Vorstellung eine weitere Ausdehnung, im engeren und eigentlichen Sinne umfaßt er aber doch den Kern des Gebirges, jenes massige Eirund, dessen Höhen im Brocken bis über viertehalb tausend Fuß emporsteigen. Schon das Mittelalter verstand unter Harz jenen ununterbrochenen Bergwald (1297: in nemore dicto Hart), und das früh besiedelte Herzstück des Unterharzes im Schwabengau von Hasselfelde bis Silda und dem Mansfeldischen hieß der Harz- oder Waldbann. Als dem in dem damals stolbergischen Amt Elbingerode weilenden Grafen Albrecht Georg zu Stolberg im Jahre 1545 dorthin Lebensmittel: Fleisch, Eier, Mumme zugesandt wurden, heißt es gleichbedeutend und abwechselnd, sie seien ihm ins Holz, in den Forst, in den Harz geschickt.

Des Grafen damaliger Aufenthalt galt der hohen Jagd. Ihr Betrieb war das früheste, was uns vom Gebirge berichtet und um dessentwillen es aufgesucht wurde. Aber die sie übten, waren nicht seine Bewohner: niemand anders als die deutschen Könige waren die ältesten Besitzer und Nutznießer dieses bedeutendsten alten Reichsbannforsts. Von ihnen ging der Wildbann auf weltliche Fürsten und geistliche Stifter, dann auf die gräflichen Harzherren: Regensteiner, Hohnsteiner, Wernigeröder, Mansfelder, Schwarzburger, Stolberger, auch auf einzelne Städte über.

Weltliche und geistliche Fürsten, Grafen und Herren haben in unseren tiefen, wildreichen Wäldern um die Wette der hohen Jagd obgelegen, und es ist zu bemerken, wie erlauchte Herren von streng geistlicher Richtung in der eifrigen Übung des Jagdspiels mit durchaus weltlich gerichteten übereinkamen. Wir wiesen gelegentlich auf den Gegensatz zwischen einem Herzog Rudolf August in Blankenburg und dem Grafen Christian Ernst in Wernigerode hin. Ein eingestelltes Jagen, das am 23. November 1753 am Panberge, dem alten Pagenberge über Darlingerode stattfand, zeigt dieselbe Gestalt, wie dergleichen Jagdbelustigungen ein paar Jahrzehnte früher in Blankenburg sie hatten (s. S. 141). Auch des Grafen Sohn Heinrich Ernst, im Hause der geistliche Herr genannt, gesteht seine Jagdleidenschaft, worüber er freilich gelegentlich Gewissensbisse empfand.

Während aber die eigentlichen Jagdherren nur zur Kurzweil in den hohen Jagdrevieren erschienen, waren ihre niederen Bedienten, die Jäger, Jägerknechte und Weidleute mehr bodenständig. Wenigstens hatten sie ihr Daheim unmittelbar am Fuße des Gebirges und versahen die Küchen ihrer Herren mit dem nötigen Haar- und Federwild, auch wohl mit Fischen, doch beschränkt sich der Fischfang in den Gebirgsgewässern bis ins 17. Jahrhundert auf wilde Fischerei.

Von besonderem Ruf und Bedeutung war bis auf unsere Zeit die harzische Vogelfängerei. Bekanntlich hat man diese früher bis auf die Zeit König Heinrichs I. zurückgeführt, und man nennt eine Reihe von Örtlichkeiten bei Quedlinburg, Pöhlde bei der Staufenburg, Schulenburg mit der Königswiese auf dem Oberharz, wo man jenem trefflichen Sachsen am Vogelherde die deutsche Königskrone angetragen haben soll. Nun ist diese ein paar Jahrhunderte nach Heinrichs Ableben zuerst auftauchende Nachricht zwar nicht als geschichtlich anzusehen: Die Vogelfängerei auf Vogelherden mit Netzen und Leimruten galt als eines deutschen Fürsten und Edelings nicht würdig; es war eine von wilden Knaben getriebene

Übung. Dennoch hat die alte Überlieferung ihr Recht und, richtig verstanden, ihre Wahrheit. Der alte sächsische Zeitbuchschreiber und der von Pöhlde zeugen dafür, daß schon im 11. und 12. Jahrhundert die niedere Jagd auf Federwild mit Leimruten in Netzen, Kloben und auf dem Vogelherd bei unseren Vorfahren beliebt und bei der Jugend, beim Volk, auch beim niederen Adel in Übung war.

Jene kleine sangeskundige Vogelwelt, die in Bauer gesetzt und ins Heimwesen der Harzbewohner aufgenommen wurde, gewann für diese eine tiefere Bedeutung, denn die ursprünglich für die sanfte Gewalt der Töne wenig empfänglichen Gemüter wurden durch die lieblichen Töne der kleinen Waldessänger dafür empfänglich. Dafür zeugen auch die Namen mancher lieblichen lauschigen, vom Gesang der Finken und Nachtigallen durchtönten Stellen des Namens Vogelsang oder Vogelgesang an und auf dem Harze bei Elbingerode, Ilsenburg, Wernigerode, Aschersleben. Hauptvertreter jener Singvögel ist der Fink, daher auch die Bezeichnung Vogelherd mit Finkenherd, Vogler mit Finkler wechselt. ‚Finken-Hans‘ wird der Vogelfänger genannt, der dem Grafen Wolfgang zu Stolberg ums Jahr 1545/46 das zur Küche gebrauchte Federwild: Krammetsvögel, Drosseln, Haselhühner, Schnepfen, einlieferte. Das Schock Finken wurde mit drei Groschen berechnet. Am 22. September 1546 werden ihm zu den wacholter bheren auf den vogelherd auf bevhel m. gn. hern zwei Groschen gegeben.

Ihren außerordentlichen Umfang gewannen Vogelfang, Vogelzucht und Vogelhandel am Harze dadurch, daß an verschiedenen Orten der Bergwerksbetrieb mehr und mehr nachließ oder gar eingestellt wurde. So wurde denn das einst durch sein Bergwerk blühende Andreasberg vor allen andern Orten ein Sitz dieses Gewerbes. Zu Tausenden wurden die kleinen Singvögel eingefangen, Tausende dieser Tierchen kamen auch, besonders bei dem Fang mit Leimruten, elendig zu Tode. In großen Tragkörben oder Kiepen brachten die Vogelhändler ihre Beute über das Gebirge, und der Handel mit Singvögeln breitete sich bis in weite Fernen und über das Weltmeer hin aus, besonders nach Amerika. Es war teilweise Tauschhandel. Aber schon im Beginn unseres Jahrhunderts wurde aus edlen Beweggründen die Vogelstellerei durch obrigkeitliche Verordnungen eingeschränkt und die Anlage eines Vogelherds von besonderer Genehmigung abhängig gemacht. Dann erlaubte im Jahre 1873 die Landdrostei Hildesheim, zu welcher der Oberharz gehörte, den Vogelfang nur für die Monate Oktober und November; vier Jahre später wurde er ganz verboten. Dennoch blüht, wie von zuverlässiger Seite versichert wird, das schädliche Gewerbe den Verboten zum Trotz wenig eingeschränkt weiter.

Bäuerinnentracht im Wernigerödischen.

Hinsichtlich ihres Alters kann sich mit der Jagd die Holzköhlerei des Harzes messen. Sie übertrifft darin den Vogelfang und -handel und steht über beiden durch ihre wirtschaftliche Bedeutung. Von größerem Umfang konnte allerdings die Köhlerei im Kern des Gebirges erst werden, als dieser zugänglicher wurde, und der gesteigerte Hüttenbetrieb immer größere Mengen dieses Brennstoffes in Anspruch nahm. Sie wurde dann zeitweise dem Forstbetrieb gefährlich, indem dieser schließlich nicht mehr so viel Holzkohle liefern konnte, als die Hüttenwerke, und so viel Balken und Bretter, als die Auszimmerung der Bergwerke in Anspruch nahm. Im 13. Jahrhundert gedenken die Urkunden zuerst der Köhlermeister, der carbonum magistri, als Arbeitsleute der Berg- und Waldleute des Harzes. Ihre größte Ausdehnung gewann die Köhlerei zur Blütezeit der Bergwerke im 16. und 17. Jahrhundert. Seitdem aber in der Neuzeit die Steinkohle den seit alter Zeit üblichen Brennstoff mehr und mehr verdrängte, begegnet man heutzutage nur noch in den höheren, schwer zugänglichen Lagen des Gebirges den runden Meilern mit ihrem bläulichen Dampf und den Köhlerhütten oder Köthen (s. S. 36). Kaum hier und da hat ein Köhlermeister noch nötig, seinen Gehülfen mit dem ureinfachen Schallbrett der Hillebille in den Waldestiefen ein Zeichen zu geben. Der alte Köhler hatte bei seiner mühsamen Arbeit, wozu besonders das Stukenroden gehörte, eine ungemeine Sehnsucht nach dem Walde, und sein Gewerbe pflegte sich durch Jahrhunderte in derselben Familie von Geschlecht zu Geschlecht zu vererben. So geht mit der Köhlerei ein gutes Stück ältesten harzischen Wesens zu Grabe. Auch das Stukenroden ist in neuester Zeit mehr und mehr eingeschränkt worden, weil die Werbung des dadurch gewonnenen Holzes zu große Kosten verursacht. So läßt man denn, wo es füglich angeht, die Stuken, besonders die des Nadelholzes, im Boden verfaulen.

Längere Dauer scheint der Viehwirtschaft und dem Hirtenwesen des Harzes beschieden zu sein. Sobald Axt und Beil so weit vorgearbeitet hatten, daß man, wenn auch anfangs mühsam, auf die Höhen steigen konnte, erkannte man auch die Bedeutung der Bergweiden und -triften für die Ernährung und Züchtung des Viehes. Zuerst hat man wohl die Rossezucht hier oben gepflegt. Eine dazu dienende Anlage im Klettenbergischen Harze lernen wir 1219 mit dem Namen Jagdhaus kennen; ein Vierteljahrhundert später steht dafür Wildenhaus, die Stuterei, denn Wilde ist die Mutterstute, die man in früherer Zeit als halbwild in den Wald trieb. Im Jahre 1482 legt sich die damals ganz kleine Stadt Wernigerode einen ‚wildenstut‘ mitten in den Harzbergen an. Mit der fortschreitenden Waldkultur steigt auch die Pferdezucht immer höher hinauf, bis wir im 16. Jahrhundert Rosse und Fohlen aus der Ebene bis auf den Brocken auf die Weide getrieben sehen. Eine merkwürdige alte Weidestelle war die ‚Lange‘ südlich von Elbingerode im Regensteinschen. Näheres hören wir darüber im 16. Jahrhundert, als die Grafen zu Stolberg sie nützten. Wir erfahren, wie damals nicht nur vom Fuße des Gebirges, sondern auch fernher aus Hannover (1579), ja aus Pommern Ochsen auf die Lange getrieben wurden. Das eigentliche Harzrind ist jetzt das durch seine rotbraune Farbe ausgezeichnete. Manche Viehhöfe weisen schon durch ihre Namen auf ein höheres Alter zurück, so der Kurtshof im Wernigerödischen bei dem heutigen Forsthofe Scharfenstein auf das 14. Jahrhundert, die Abtshöfe bei Zellerfeld, ein Viehhof an den Romkequellen ebenfalls auf die frühesten Siedelungen auf dem Harze. Oft lagen diese Höfe und Triften ziemlich weit von den Städten oder Herrensitzen, wozu sie gehörten, so die Seesener Viehweiden westlich vom Brocken, der Katlenburger Rinderstall östlich der Oder zwischen Altenau und dem Torfhause, der Osteröder Rinderstall am Bruchberge.

Auch bei der Viehwirtschaft hat manches im Laufe der Zeit einen Wandel erfahren. Der Hirte übernachtet nicht mehr in den Rinderställen, sondern vom Maitag bis zum Eintritt der ungünstigen Jahreszeit treibt er die Herde auf die Höhe und am Abend wieder an ihren Ort am Fuß der Berge zurück. Über diesem Aus- und Eintreiben des Viehes und dem Weiden auf den Bergwiesen webt ein besonders poetischer Hauch. Es ist ein lebhaftes Treiben, wenn im Frühjahr das Vieh zum erstenmal aus den Ställen und der engen Winterhaft entlassen wird. Zunächst weiß die Herde, wenn sie den Maitag schmeckt, sich vor Übermut kaum zu lassen, auch fehlt noch die Bekanntschaft mit den steilen und gewundenen Wegen, daher sie erst auf den benachbarten Wiesen vorbereitet wird, bis nach etwa vierzehn Tagen der Hirt oder Hutmann mit seinem mächtigen Hirtenhorn nebst dem Knecht und Enken, auch von seinem treuen Hunde begleitet, höher hinauf ins Gebirge zieht. Den Rindern wird das Geläut der Kuhglocken angelegt, welches der Hirt gegen besonderes Entgelt liefert. Auf dieses Glockenspiel, das beim Beginn der Triftzeit eine neue Stimmung erfährt, wird viel Wert gelegt; jedes Tier erhält an einem eng an den Hals sich anschließenden Bügel seine Glocke. Noch vor 100 Jahren gab es nur einen Dreiklang und Oktaven bildende Glocken (cis, eis, gis, cis), die als Stump, halb Stump, große und kleine Bell unterschieden wurden. Jetzt besteht das Spiel aus acht verschiedenen Glocken, wovon zwei den Dreiklang bis zur 2. Oktave hinaufführen, während die vierte die tiefere Oktave des Grundtons angiebt (Überstump, Stump, Halbstump, Beischlag, Langschelle, Zinkel, Biller und Innerbiller). Verstimmen sich die Glocken mit der Zeit, so wird durch sogenannte Stimmbeulen die Stimmung wieder hergestellt. Früher gab es besondere Schmiedemeister, welche auf die Herstellung des Geläuts eingeübt waren. Gegenwärtig liefert das Geschäft von Krach & Meinders in Blankenburg a. H. diese Glocken nicht nur für den Harz, sondern das Harzer Herdengeläut wird von hier aus nach allen Gegenden der Erde vertrieben.

Die Ruhe und Gleichmäßigkeit des Hirtenlebens hat in unsere fieberhaft bewegte Zeit noch etwas von der unwandelbaren Stetigkeit des Morgenlandes herübergerettet: Während der Mittagszeit führt der Hirt seine Herde zu schattigen, geschützten Lagern, wo er ihr zur Seite selbst der süßen Ruhe pflegt. Kehrt die Herde am Abend zurück, so kennt jedes Rind Stall und Krippe seines Herrn. Eine Verlegenheit entsteht nur dann, wenn etwa versäumt wird, zur rechten Zeit die Thür zu Haus und Stall zu öffnen. Neben dem Ein- und Austreiben des Viehes ist auch das Mähen und Einbringen des Heues auf den duftigen Bergwiesen, wobei das Hauptgeschäft meist den Frauen zufällt, eine anmutende Arbeit, die im Verlauf der Jahrhunderte sich wesentlich unverändert erhalten hat.

Zu den kleineren Erwerbszweigen, denen die Frauen und Kinder, besonders die Mädchen obliegen, gehört das Sammeln der Erd-, Heidel-, Him- und Brombeeren, sowie der Preißelbeeren, von denen namentlich die letzteren bis zur Brockenhöhe gedeihen. Stellenweise werden diese Früchte weit ins Land hinein getragen. Auch allerlei heilkräftige

Treibjagd am Panberge 23. November 1753, nach einem gleichzeitigen Bilde.

Kräuter werden von Kräuterfrauen, teilweise auch von Waldarbeitern mit zu Thal gebracht: Arnika, Johanniskraut, wilde Cichorie, Bitterkresse, Salbei, Wolfs- und Nießwurz, Schwarzkümmel, Benediktenkraut, Isländisches Moos u. a. Auch wird aus der Ebene mancherlei mühsam auf den Harz getragen, wobei die betriebsamen Westerhäuser sich auszeichnen. Den Eindruck großen Fleißes macht es auch, wenn man Frauen, die ihren Männern das Essen hoch hinauf getragen haben, mit gefüllten Kiepen auf dem Rücken strickend die langen Bergpfade herabsteigen sieht.

Eine gar mannigfache, auf Leib und Gemüt wirkende Thätigkeit ist das Waldwerken, das mühsame und nicht gefahrlose Fällen der Bäume, das Herabschleifen derselben von den Höhen und Gehängen auf die Abfuhrwege, was im Winter über Schnee und Eis mittels besonderer Schlitten zu geschehen pflegt. Das Hacken, Aufschichten und Abfahren des Holzes ist Männerarbeit. Den Frauen fällt aber als Kulturarbeitern, Kulturweibern auch eine wichtige Arbeit bei der Waldwirtschaft zu: aus den Kulturkämpen oder Saatkämpen pflanzen sie die kleinen Tännchen in die sogenannten Kulturen, die, bis die Pflanzen zu einiger Stärke herangediehen sind, als Schonungen bezeichnet und teilweise eingegattert werden. Gegenwärtig ist in solcher Weise wohl schon der ganze Harzwald von weiblichen Händen, doch unter männlicher Leitung, angepflanzt. Im Vergleich zu der übrigen meist sauern und gefahrvollen Waldarbeit gehört dieses Pflanzen zu den leichteren, daher die dabei beschäftigten Frauen und Mädchen ihr Werk mit mehrstimmigem Gesang zu begleiten pflegen. Es hat einen hohen Reiz, wenn dem durch die Gebirgsthäler Wandernden dieser durch den Einfluß der Schule wohl geübte Gesang volltönig von den Höhen herab entgegenschallt. Um so mühsamer ist das Herabkarren und -schleifen des Leseholzes an den Holztagen, was auch zumeist Sache der Frauen ist. Von Schweiß triefend sieht man sie die oft schweren Lasten von Wasen- und Brennholz über manche ‚böse‘ Wege herab- und zu ihren Wohnungen schleppen.

Die immerwährende Erneuerung der Waldesdecke des Gebirges, der ewige Wechsel vom Hai, Saatkamp, Schonung, Stangen- und Jungholz, Dickung bis zum hohen Ort und völlig ausgewachsenen stolzen Tannen- oder Laubwald gehört zu den höchsten Reizen des Gebirges. Ist auch die Zeit des Umtriebes beim Laubholz eine größere als beim Nadelholz, bedarf auch der Tannenwald in den höheren Lagen und unterm Brocken eine bedeutend längere Reihe von Jahren als an den unteren Gehängen und am Fuß der Berge, so reicht doch kaum im günstigsten Falle die Frist eines Menschenlebens dazu aus, um den ganzen Kreislauf eines solchen mannigfaltigen Wechsels zu überleben. So ist denn für den Menschen ein und derselbe Wald von seiner Wiege bis zum Grabe eine stets sich wandelnde Erscheinung. Schon in Zeiträumen von 10 bis 20 Jahren gewinnt ein und dieselbe Waldpflanzung ein durchaus verändertes Aussehen: gleich nachdem der Wald abgetrieben ist, keimen auf dem der Sonne und dem Regen voll geöffneten Boden ungezählte Pflanzen, rot, gelb oder blau blühend, dann die Sträucher mit ihren Beeren, bis die neugepflanzten Fichten mehr und mehr emporschießen und ihr Recht geltend machen.

Obwohl die Verwertung des Waldes und Holzes beispielsweise in der Gewinnung und Bereitung von Holzessig und -papier zugenommen hat, so sind doch die dazu dienenden Anlagen und Gewerke mehr und mehr von den Höhen an den Fuß der Berge verlegt, wie die Sägemühlen, die Holzpapiermühlen, die Zündholzfabriken, die Schindel- und Parkettschneidereien. Dennoch werden noch manche kleinere Holzgewerbe mitten im Harze eifrig betrieben, teilweise wegen des Zurückgehens anderer Erwerbszweige. So ist Hohegeiß durch seine Wassereimer, Benneckenstein durch seine Spinnräder, Stiege durch seine hölzernen Löffel, Schaufeln, Mollen und Tröge berühmt. In Hüttenrode wird Besenbinderei berufsmäßig getrieben. Ein ebenso verbotenes Gewerbe wie die Vogelfängerei oder die Wilddieberei, wegen welcher zeitweise Benneckenstein übel berufen war, ist das Geschäft der Harzstuffer oder Harzpulker, die das Baumharz oder Kolophonium den im Saft stehenden Bäumen abziehen und sie dadurch schädigen und zerstören, ein Frevel, den ein Hasseröder Weistum schon im Mittelalter rügt und straft. Unerwähnt bleiben darf für Leben und Wirtschaft der Harzer nicht die grüne Tannhecke. In ihrem frischen Zustande dient sie zur Zier von Festen und Aufzügen, wobei ganze Gassen, ja Ortschaften als grüne Laubgänge ausgeschmückt werden. Puchjungen und Erwachsene kleidet der Harzer auch wohl in dieses Grün als Moos- und Harz- oder Wilde Männer. Und abgesehen von ihrem Nutzen beim Heizen dient die Tannhecke auch zum Reinhalten des Fußbodens und der Tritte vor den Häusern.

AUFNAHME VON J. SPÖRL, EISLEBEN.

Bergmann in Sonntagstracht.

In gewissem Sinne ist vor andern der Herr des Harzes der Bergmann, der in seinen Tiefen wühlt und von der Bearbeitung des Gebirges seinen Namen hat. Merkwürdig nur, daß der harzische Bergbau, der einen Weltruf erworben und vielerorten zum Vorbild gedient hat, seit alter Zeit nicht von Eingeborenen, sondern von Auswärtigen, allermeist von Süddeutschen betrieben wurde. Gleichwohl fühlt der Bergmann sich im Westen wie im Osten des Gebirges in ganz besonderem Sinn als Harzer. Und trotz der Verschiedenheiten und der mannigfachen Zusammensetzung läßt sich doch dank dem Einflusse der so eigenartigen, von Geschlecht zu Geschlecht sich fortpflanzenden Beschäftigung von gemeinsamen, eigenartigen Zügen im Wesen der Harzer Bergleute reden. Auch dient hierzu die Geschlossenheit der bergmännischen Kreise. Im Oberharze ist der Bergmann, da er auf seinen Höhen das Getreide nicht selbst bauen kann, auf obrigkeitliche Unterstützung angewiesen.

Von alters her ist er wegen seiner Kunst und des von ihm zu bezeugenden Muts und Opferfreudigkeit durch besondere Freiheiten und Privilegien ausgezeichnet gewesen. Wie das schon im Mittelalter und im 16. Jahrhundert geschah, so that man dasselbe seit der zweiten Hälfte des 17. Jahrhunderts, als man Hochöfner und Hüttenleute nach dem damals sehr abgelegenen und als rauh verschrieenen Schierke zu ziehen suchte. Nehmen wir dazu die besondere Art des hohen geschlossenen Bergwerksbezirks mit dem steten feierlichen Dunkel seines Tannenwaldes, so können wir uns wohl das gleichartige und ernste Wesen des Harzers erklären. Treffend hat Georg Schulze, der bedeutendste Sänger in oberharzischer Mundart, in seinem Gedichte ‚Schlegel und Eisen‘ die Hauptzüge in dem Bilde eines oberharzischen Bergmanns gezeichnet. Derselbe muß Ausdauer, festen Willen und eisernen Mut haben; er soll sich auf Kreuz und Gefahr gefaßt machen und sich überall als Christ bezeigen. Mit seinen Genossen hält er fest zusammen und wartet auf Gottes Segen, bis seines Lebens Uhr abgelaufen ist. Der fromme Zug wird durch die stets vor Augen stehenden Gefahren des einsam unter der Erde schaffenden und durch die stets vor dem

AUFNAHME VON J. SPÖRL, EISLEBEN.

Aus dem Innern eines Bergwerks.

Einfahren stattfindenden Gebetsandachten gekräftigt und genährt. Mit diesem Ernst ist aber gepaart ein der Freude geöffnetes Herz. Der Oberharzer liebt Gesang und Tonkunst, auch Feiern und öffentliche Aufzüge. Wie uns an dem Oberharzer seine erzgebirgische Mundart fremdartig anmutet, so hat er auch, wie der Weidmann, seine besondere Berufssprache: er redet von der Teufe statt Tiefe, von der ewigen Teufe, vom Adel, das ist dem Reichtum der Erzgänge, vom tauben oder inhaltlosen Gestein. Die Oberfläche und die Tiefe der Erde unterscheidet er als Tag und Nacht; er redet von den Wangen, d. h. den Seitenwänden des Gebirges. Auch hat sein einsames Schaffen in der Tiefe mit ihrem matten Lichtschimmer ihn zu abergläubischen Vorstellungen von Riesen und Zwergen oder Wichteln und vom Bergmönch Anlaß gegeben.

Auch die Betriebe zur Verwertung der Gesteine des Harzes haben in neuester Zeit an Bedeutung gewonnen, und wie einst und noch heute zum Bau der Fachwerkshäuser ganze Wälder vom Gebirge an den Fuß der Berge und ins Land wanderten, so errichtet man jetzt Bauten aus gewachsenem Stein nicht nur auf oder gleich unter den Bergen, sondern seitdem sich in neuester Zeit ein goldener Regen über weitere Kreise herabgesenkt hat, begnügt man sich im Lande nicht mehr mit Backstein und Holz zur Errichtung von Häusern, sondern mitten in der Ebene und im angeschwemmten Lande entstehen in stetig zunehmender Zahl Hauspaläste aus gewachsenem Stein mit üppigen Quadern, wozu ganze Felsen aus dem Gebirge ins Land verfrachtet werden müssen. Dazu liefert auch unser Harz seinen Anteil, und mitten im Kern des Gebirges und bis zum Brocken sind bedeutende Granitsteinbrüche im Betrieb.

So wird nach verschiedenen Richtungen eifrig Hand angelegt, die Erzeugnisse des Harzes für den Bedarf des Menschen zu heben: das Erz der Tiefe, das ihn deckende grüne Wald- und Wiesenkleid und das mannigfaltige steinerne Gerüst, aus dem er besteht. Aber mag der Bergmann in der Teufe des Schachts sich beim matten Grubenlichte mühen, der kühne Holzhauer die schlanke hohe Tanne fällen und den Abhang herab schleppen, der Steinhauer mit dem Meißel oder dem furchtbaren Sprengstoff die granitenen Pfosten, mannigfaltige Platten und Steine vom uralten Felsen lösen, sie alle treiben ihr Gewerbe auf den hohen Bergen, und die Frucht ihres Mühens ist das, was das Gebirge selbst erzeugt und einschließt, sie alle fördern dessen Segen zu nutz der menschlichen Gesellschaft zu Tage, sie alle lassen aus schwerer, ernster Arbeit ihre Sehnsucht nach Segen, Freud und Frieden zum Herrn der Schöpfung in dem echt harzischen Kernspruche emporsteigen:

Es grüne die Tanne, es wachse das Erz,
Gott schenke uns allen ein fröhliches Herz.

Schloß Wernigerode vom Agnesberg aus gesehen.

Das Breite Thor in Goslar.

Eine Wanderung durch den Harz.

Von

Hans Hoffmann.

Goslar.

Der große Hauptstrom der allsommerlichen Völkerwanderung in die deutschen Gebirge mit Einschluß der Alpen nimmt seine Richtung nach Süden mit einem starken Strich nach Westen. Diesem Gesetze gemäß empfängt auch der Harz die große Mehrzahl seiner Besucher von Norden her, aus der norddeutschen Tiefebene, aus der er als die erste ansehnlichere Erhebung emporsteigt. Nicht so bestimmt aber kann man hier von jenem Zuge nach dem Westen reden, obgleich von Osten her schon allein Berlin und Magdeburg höchst beträchtliche, ja nicht selten erschreckende Menschenmassen hierher ergießen; allein Hamburg und Bremen, Hannover und Braunschweig halten doch so ziemlich das Gleichgewicht.

Entsprechend diesem geteilten Zustrom giebt es denn auch nicht eigentlich einen bestimmten Punkt, der als die bevorzugte Eingangspforte ins Gebirge bezeichnet werden könnte, wie etwa der weitaus größte Trupp des Reiseheeres über München und Rosenheim ins Tirol und über Basel in die Schweiz einzuströmen pflegt. Für den Harz dürften Goslar, Harzburg, Ilsenburg, Wernigerode, Thale ungefähr den gleichen Anspruch auf solche Ehre erheben können. Berlin-Magdeburg mit ihren weiten Hinterländern werden häufiger Thale und Wernigerode wählen, die westlichen Städte Goslar oder Harzburg.

Wir schließen uns in unserer Betrachtung diesen Westländern an, nicht aus irgend welcher Mißachtung der vielberufenen Ost-Elbier, als vielmehr aus einer rein sachlichen, geographischen Erwägung. Obgleich der Harz kein Kamm- oder Kettengebirge ist, vielmehr sich deutlich als breite Hochebene mit eingeschnittenen Thälern und aufgesetzten Kuppen darstellt, so erstreckt er sich doch keineswegs von einem erkennbaren Mittelpunkt aus ungefähr gleichmäßig nach allen Seiten, sondern er reckt sich so bedeutend in die Länge, daß seine Langseite — etwa 100 Kilometer — seine größte Breite um reichlich das Dreifache übertrifft. Wir können seine Gestalt sehr unpoetisch, aber nicht ebenso unappetitlich und jedenfalls anschaulich mit einer Wurst vergleichen, jedoch einer solchen von mehr gedrungener Form, wie sie etwa die angenehmen Wiener Würstl zeigen: eine Wurst aber schneidet der sinnigere Mensch vom Zipfel an und nicht irgendwo in der Mitte. Dieser Erkenntnis folgend, schneiden wir den Harz bei Goslar an, als einer dem einen Zipfel so ziemlich nahe liegenden Stadt, und zwar demjenigen Zipfel, der weitaus fester und kräftiger gebunden ist als der andere, südöstliche, der sich bis zur Unkenntlichkeit ausfasert und vertrödelt und dadurch unsern Vergleich allerdings zum Hinken bringt, was ja aber bei einem solchen uraltes Gewohnheitsrecht ist.

Weitere Vorteile dieser allgemeinen Marschrichtung von Nordwesten nach Südosten werden sich im Laufe der Darstellung ergeben; der erste ist der, daß er uns Gelegenheit giebt, allen Harzreisenden, auch den ostelbisch geborenen, den guten Rat zu erteilen: versäumet nicht, die herrlichen Städte Braunschweig und Hildesheim zuvor zu besuchen und zu besichtigen, die beide zwar dem Harzgebiete auch im erweiterten Sinne noch nicht angehören, aber doch historisch wie kultur- und kunstgeschichtlich mit ihm in den engsten Beziehungen stehen. Daß es außerdem neben Lübeck und Danzig die interessantesten und schönsten Städte Niederdeutschlands sind, kann hier nur angedeutet, nicht durch eine Schilderung des näheren dargethan werden; vielmehr müssen wir den Leser seiner Selbständigkeit überlassen, werden aber auf dem Braunschweiger Bahnhofe geduldig seiner warten.

Auch an dem bescheideneren Wolfenbüttel fahren wir, es ungeschoren und unbeschrieben lassend, mit ihm vorüber, obgleich die Erinnerung an Lessings letzte Jahre und an Wilhelm Raabes Schulzeit ihm einen so feinen litterarhistorischen Duft verleihen.

Von hier an beginnt das Gelände sich kräftiger zu falten und das Gebirge merkbar vorzubereiten. Zu beiden Seiten der Oker, deren breitem Thale die Eisenbahn von Braunschweig ab getreulich folgt, erheben sich lange, meist bewaldete Höhenzüge, zunächst noch flach ansteigend und niedrig, später zum Teil schon zu bedeutenderen Formen sich ausprägend.

Der Zug hält bei dem Dorfe Ohrum, dessen Namen jedoch die Eisenbahnverwaltung von alters her sorgfältig verschweigt, denn es ist preußisch und sie war braunschweigisch, also heißt die Station nach einer Fabrikanlage Hedwigsburg. Gleichwohl weckt dieses Ohrum, Horoheim in den ältesten Urkunden genannt, eine Reihe so bedeutsamer historischer Erinnerungen, daß die besten Kalipräparate von Hedwigsburg sich damit an Würde nicht messen können, Erinnerungen, die gerade auf den Besuch der Kaiserstadt Goslar wahrhaft sinnvoll vorzubereiten geeignet sind.

Der Thüringerkönig Irminfried, dessen Name und Schicksal den deutschen Stämmen einen so nachhaltigen Eindruck gemacht hat, daß er als Irnvrit von Düringen noch nach sieben Jahrhunderten im Nibelungenliede eine Rolle spielt, war vermählt mit der Ostgotin Amalberga, einer Nichte Theodorichs des Großen, die demnach Christin war, während ihr Gemahl mit seinem Volke noch in der Nacht des Heidentums seufzte. Ihre christliche Gesinnung bewährte sie allerdings wenig dadurch, daß sie ihn, der etwas unter dem Pantoffel gestanden zu haben scheint, was er als Heide ja auch nicht besser verdiente, durch kluge Reden aufhetzte, seinen Bruder Berthar umzubringen und dem anderen, Balderich, die gleiche Befreiung von allem Erdenleide zuzudenken. „Dem halben Könige den halben Tisch!" hatte sie gerufen, indem sie ihm nur die Hälfte des Tisches deckte.

Allein dieser Balderich, gewarnt und streitbar, hielt sich wohlgerüstet, und nur im Bündnis mit dem mächtigen Theodorich, dem Sohne des großen Frankenkönigs Chlodwig, wagte der liebevolle Bruder ihn anzugreifen, dann freilich mit vollem Erfolge: jener unterlag im Jahre 520 nach tapferer Gegenwehr.

Der Erfolg zeugte Übermut; vermutlich steckte auch hier Amalberga dahinter; Irminfried weigerte dem Verbündeten die Erfüllung der vereinbarten Bedingungen, nämlich die Teilung des eroberten Landes, ja auch einen alten Tribut, den ihm sein Vater entrichtet hatte. Nun wandte der Franke sich gegen ihn und schlug ihn zuerst bei Ronneberg am Deister und darauf entscheidend bei Ohrum an der Oker und warf ihn in sein Reich hinter dem Harz zurück. Das war im Jahre 528.

Um ihn nun im eigenen Lande anzugreifen, verband sich Theodorich von seinem festen Lager bei Ohrum aus mit den Sachsen und zog mit 9000 Mannen dieses kriegerischen Stammes um den Harz herum — hinüber führte noch kaum ein Pfad, geschweige denn etwas wie eine Heerstraße — bis an die Unstrut, wo er in dreitägiger Schlacht den Feind vernichtete. Irminfried, auf der Burg Scheidungen eingeschlossen, knüpfte mit dem Franken Verhandlungen an und machte den Vorschlag, die auch diesem schon unbequemen Sachsen gemeinsam zu überfallen und um den bedungenen Siegespreis zu bringen. Theodorich als echter Merovinger war solcher gemütvollen Abmachung nicht abgeneigt; jedoch die Sachsen kamen dem zuvor, erstürmten zur Nachtzeit die Burg und erschlugen die Besatzung. Irminfried mit Amalberga vermochte sich ins Frankenlager zu retten, wo er freundlich empfangen und später natürlich ermordet wurde. So gewannen die Sachsen auch den ganzen südlichen Harz bis hinab zur Unstrut.

Zweihundert Jahre später sah die Oker bei Ohrum abermals zwei gewaltige Heere einander gegenüber gelagert. Grifo, ein Halbbruder Pipins des Kurzen (vgl. S. 74 f.), war zu den Sachsen geflohen und hatte diese zum Kriege gegen seinen Bruder aufgestachelt. Pipin drang eiligst in die südlich vom Harz gelegenen Gaue des Sachsenlandes ein, durchzog siegreich auch die östlichen Vorlande des Gebirges und wandte sich dann, durch ein Slavenheer verstärkt, nordwärts und wieder nach Westen herum, bis er bei Ohrum an die Oker gelangte, an deren linkem Ufer der Heerbann der Sachsen auf den Hängen des Ohderwaldes eine feste Aufstellung genommen hatte. Doch keiner von beiden Teilen wagte den Angriff; vielmehr versöhnten sich die beiden Brüder an dieser Stelle löblich miteinander, und beide Heere kehrten ohne weiteres Blutvergießen in ihre Heimat zurück. Das geschah im Jahre 747.

Ernsthafter ging ein Menschenalter danach Pipins gewaltigerer Sohn an derselben Stelle den ostfälischen Sachsen zu Leibe. Zweimal, 775 und 780, lagerte Karl der Große bei Ohrum und empfing die Unterwerfung des besiegten Volkes. Bei dieser Gelegenheit diente die Oker als geräumiges Taufbecken, nachdem es gelungen war, diese blinden Heiden durch die frische Beredsamkeit des Schwertes von der Verkehrtheit ihres alten Götterglaubens zu überzeugen. Sehr tief scheint diese Überzeugungskraft indessen noch nicht bei allen gedrungen zu sein; wenigstens heißt es, daß die frommen Täuflinge gewisse bleierne Kreuzchen, die ihnen als Zeichen der Bekehrung übergeben worden waren, zumeist als Merkmale der Knechtschaft ins Wasser geworfen haben. Noch heute sollen manchmal solche Kreuze in der Oker gefunden werden.

In der That wurden die Ostfalen erst unter Ludwig dem Frommen nach Gründung der Bistümer Hildesheim und Halberstadt dem Christentume allgemein und dauernd gewonnen. (Vgl. S. 75 f.)

So hat also diese unbedeutende Eisenbahnstation recht beträchtliche Dinge zu erzählen als eine treffliche Einleitung zur Kaisergeschichte Goslars.

Etwa sieben Kilometer südwärts an unserer Bahnstrecke, zwischen Börssum (wo die Ilse in die Oker mündet) und Schladen, näher dem letzteren Dorfe, springt eine einzelne Höhe des westlichen Zuges ganz dicht an den Fluß heran; auf dieser bezeichnet, von der Bahn aus sichtbar, ein aufgerichteter Stein die Stelle, wo einst, schon im 10. Jahrhundert, die Burg Werla stand, eine der fünf Kaiserpfalzen des Sachsenlandes, die Vorgängerin der Pfalz Goslar selbst. Werlaha, Werlohe, das ist Wehrwald, heißt ursprünglich der ganze Hügelzug auf dieser Strecke. Gleich einer natürlichen Festung schiebt sich jene Höhe gegen die Oker vor, deren breites Thal hier das Steinfeld heißt und die durch lange Zeiten die Grenze zwischen Christentum und Heidentum gebildet hat.

Wie Ohrum uns die Zeiten der Merovinger und dann der Karolinger ins Gedächtnis zurückruft, so versetzt uns Werla in die Tage der sächsischen Kaiser, während Goslar wieder uns zu dem fränkischen und noch zum hohenstaufischen Herrscherhause führt. So haben wir hier auf dem knappen Raume weniger Meilen ein halbes Jahrtausend ältester Reichsgeschichte in schweigsam deutenden Zeugen vor Augen.

Im Jahre 924 ist zum erstenmal von Burg Werla die Rede; und dann erscheint sie alsbald in großer historischer Beleuchtung. Von ihr aus leitete Heinrich I. den Verteidigungskrieg gegen die wilden Magyaren, denen er in offener Feldschlacht noch nicht Stand zu halten vermochte; hierher ward ihm der gefangene Häuptling eingeliefert, dessen Freigabe er sich mit dem neunjährigen Waffenstillstande bezahlen ließ; und hier feierte er dann zu Weihnachten 933 das Dankfest für den Sieg bei Merseburg, richtiger an der Unstrut, der Deutschland auf lange Zeit von jener Plage befreite.

Auch von wiederholter Anwesenheit der drei Kaiser Otto auf Werla berichten uns Urkunden. Im Jahre 1002 wurde Heinrich II. hier von der Fürstenversammlung zum deutschen Könige gewählt.

Bei dieser letzten Gelegenheit wird von seinem Mitbewerber, Markgraf Ekkehart von Meißen, eine unschöne oder doch mindestens ungalante That berichtet: er hat mit seinem Gefolge den beiden Schwestern des verstorbenen Kaisers Otto III., Äbtissinnen von Quedlinburg und Gandersheim, das stattlich für sie hergerichtete Abendbrot aufgegessen! Zur Strafe für eine so große Gefräßigkeit entging ihm die Königskrone, und er ward überdies bald darauf im Südharz ermordet.

Das Aussterben des sächsischen Kaiserhauses machte der Herrlichkeit der Reichspfalz Werla ein Ende, und Goslar trat an ihre Stelle. Heinrich IV. verschenkte sie sogar aus dem Besitz des Reiches an den Bischof von Hildesheim. Trotzdem hat noch Friedrich Barbarossa hier einmal getagt; im Jahre 1180 stellte er von hier aus den Anhängern Heinrichs des Löwen eine letzte Frist. Von da an verschwindet Burg Werla aus der Geschichte, und es ist nicht einmal bekannt, wann und wie sie zerstört oder in Verfall geraten ist. Sicher ist nur, daß nicht der kleinste Mauerrest mehr Kunde giebt von den großen Dingen einer reichen Vergangenheit.

Auch die nächste Station Vienenburg, jetzt ein verkehrsreicher Kreuzungspunkt der beiden Bahnstrecken Braunschweig-Harzburg und Halle-Halberstadt-Goslar, hat etwas zu erzählen, und zwar aus den Tagen des Streits der Welfen und Ghibellinen.

Als nach dem Tode des gewaltigen Heinrich VI. im Jahre 1197 die beiden Söhne der alten Gegner Friedrichs Barbarossa und Heinrichs des Löwen, Philipp und Otto IV., als Gegenkaiser miteinander rangen, hielt die Stadt Goslar getreulich zu dem Staufer. Da erbaute Otto auf dem Harlyberge nördlich bei Vienenburg, in so unangenehmer Nähe, etwa zwei Wegstunden von ihren Thoren, im Jahre 1201 eine Zwingburg, von der aus er ihr mit solchem Erfolge die Zufuhr abschnitt, daß eine Hungersnot ausbrach und die meisten Bürger aus der Stadt entwichen. Im Jahre 1204 endlich zog Philipp zu ihrer Erlösung herbei; auch gelang es ihm, Otto zurückzudrängen; die Herlingsburg aber vermochte er nicht zu brechen, und zwei Jahre später wurde Goslar von Ottos Feldherrn dennoch erobert.

Im Jahre 1218 erkrankte Otto, von Friedrich II. längst völlig in den Hintergrund gedrängt, hier auf der Herlingsburg und starb auf der nahen Harzburg, wohin er sich noch hatte bringen lassen.

Diese Burg selbst auf dem Harlyberge sollte das Jahrhundert ihrer Entstehung nicht überdauern. Ums Jahr 1290 gehörte sie dem Welfen Heinrich dem Wunderlichen von Grubenhagen. Um diese Zeit beklagte sich die Stadt Hildesheim über Störung ihres Handels durch die Besatzung von Herlingsburg, und die Klage mochte so begründet sein, daß sich bald eine Anzahl benachbarter Fürsten, der Erzbischof von Magdeburg, die Bischöfe von Hildesheim selbst und von Halberstadt, eine Reihe von Harzgrafen, ja auch Heinrichs eigene Brüder, die Herzöge von Braunschweig und Göttingen, zur Wahrung des Landfriedens kriegerisch zusammenthaten.

Doch auch der Grubenhagener fand Bundesgenossen, mit deren Hilfe er den Feinden bei Einbeck sogar eine Niederlage beibrachte. Doch im nächsten Jahre kamen sie verstärkt wieder, umlagerten die Burg vier Monate lang, und als Heinrich zum Entsatz herbeieilte, besiegten sie ihn und eroberten die Feste, die nunmehr von Grund aus zerstört wurde.

Das ist der „Herlingsbergische Krieg", der sogar von einem Poeten, Heinrich Roßla, in lateinischen Hexametern besungen worden ist.

Die Stätte aber verdient, daß wir den Zug weiterfahren lassen — umsteigen müssen wir ohnehin — und einige Stunden ihrer Besichtigung widmen. Keine Mauerreste zwar, wohl aber zwei ausgedehnte Ringwälle mit den Gräben sind aus jener Zeit geblieben, jetzt überwuchert von üppigem Waldwuchs, darunter Bäume, besonders Eschen, von hervorragender Schönheit, das Ganze von heimlich poetischem Hauche zaubervoll durchweht. Und dann gewinnt man in der Nähe einen Ausblick auf den Nordrand des Harzes, wie ihn so umfangreich bei solcher Nähe nicht leicht eine andere Stelle bietet. Wir sehen von der Nordwestecke über die Gegend von Langelsheim, Goslar, Harzburg, Ilsenburg, Wernigerode hin bis zum Regenstein bei Blankenburg und den Halberstädter Bergzügen, das ist fast zwei Drittel des ganzen Gebirges, das sich hier als eine scharf abfallende, ziemlich gleichmäßige, dunkel bewaldete Mauer darstellt, jedoch gerade in der Mitte von der schön profilierten Brockengruppe überragt, ein ebenso ausdrucksvolles als deutsames Bild. Man kann eine Harzreise kaum besser eröffnen, als mit dieser vorbereitenden prachtvollen Übersicht.

Da Wegweiser nicht vorhanden sind, muß man sich freilich beim Aufsuchen der Örtlichkeit der eigenen Intelligenz überlassen, die indessen bei unseren Lesern unzweifelhaft groß genug ist, den Zweck mit Glanz zu erreichen. Man überschreitet die Radau, die sich, von Harzburg kommend, hier in die Oker ergießt, darauf diese selbst, wendet sich dann, von der Fahrstraße abbiegend, zur Rechten am Berge entlang, bis man einen Weg zum Aufsteigen findet: und dann hat man's.

„Einsteigen in der Richtung Goslar — Seesen — Kreiensen —"

Die Bahn folgt immer noch der Oker, nun in südwestlicher Richtung, bis sie den nach dem Flusse benannten rauchumqualmten Hüttenort und damit den Gebirgsfuß erreicht, fährt scharf umbiegend an diesem hin, indem sie den ganz abgesonderten hohen Sudmerberg zur Rechten läßt, und nach wenigen Minuten empfängt uns die Bahnhofshalle von Goslar. Wer die paar Kilometer von Oker ab lieber zu Fuß geht oder wer das Zweirad zu bändigen weiß, gewinnt den Vorteil, daß er von dem der Stadt im Westen vorgelagerten niedrigen Petersberge aus sich gleich die trefflichste Übersicht über die turmreiche Stadt und ihre Umgebung verschaffen kann. Da haben wir im Vordergrunde die drei mächtigen Türme des Breiten Thores (s. Abb. S. 145), den bedeutendsten Rest der alten Befestigung; mehr nach hinten eine Reihe von Kirchtürmen, schon aus der Ferne durch Stil und Aussehen ihr ehrwürdiges Alter offenbarend, ganz zur Linken das langgestreckte Kaiserhaus, zur Rechten im Hintergrunde die nur oben bewaldete Kuppe des Steinberges.

Auf dem Petersberge selbst befinden sich die aufgegrabenen Fundamente der Kirche des alten Petersstifts, das die Goslarer Bürger selbst zerstört haben, sehr deutlich die Form einer romanischen Säulenbasilika erkennen lassend, deren drei Schiffe jedes mit einer Absis abschließen.

Ähnliche Grundmauern eines noch interessanteren Baues sind an der Nordseite der Stadt, nahe dem Bahnhof, auf dem Georgenberge bloßgelegt: den Hauptteil bildet ein stattliches Achteck, dessen Kuppel vier Türme umgaben. Auch von dieser Höhe hat man einen Blick auf die Stadt, der sich jedoch jenem vom Petersberge an Schönheit nicht vergleichen kann.

Der erste Gesamteindruck der Stadt mit Einschluß ihrer landschaftlichen Umgebung ist nun keineswegs einschmeichelnd und heiter, wie die meisten anderen Städte des Harzrandes sich darstellen, sondern eher herb, beinahe trübe. Ernst, starr und düster ragen hier die Berge, ausschließlich mit schwarzem Fichtenwald bestanden, derb, selbst plump von Formen umkreisen sie die Stadt im Süden, selbst die Linien der Thaleinschnitte sind ohne Weichheit und Fülle. Es ist eine harte und strenge Landschaft, welche die den Waldbergen vorgelagerten Äcker und Wiesenhänge nur noch nüchterner erscheinen lassen.

Und ganz so hat auch die Stadt selbst wenig Anheimelndes und Trauliches an sich; jene schwerfälligen Türme, die ernsten, massigen Formen der uralten Kirchen, die engen, winkligen Gassen, die vorherrschende stumpfe Färbung der Häuser, die häufige schwarze Schieferbekleidung nicht bloß der Dächer, sondern oft auch der Wände, das alles trägt dazu bei, den Eindruck des Ernsten, fast Finsteren zu steigern.

So mag man denn wohl allenfalls begreifen, daß Goethe, der aus dem freundlichen Wernigerode hierherkam, bei furchtbarem Unwetter obendrein, Goslar mit den paar gleichgültigen Worten von der „alten, in ihren Privilegien vermodernden Reichsstadt" abthut und eine weit größere Teilnahme den Bergstädten des Oberharzes zuwendet, die er „von unterirdischem Segen fröhlich nachwachsen sieht". Man wird sich freilich auch den damaligen vermodernden Zustand der zu jener Zeit gänzlich verarmten und verrotteten Stadt kaum schlimm genug vorstellen können.

Heutzutage aber empfindet man doch sehr bald, nachdem sich das Auge ein wenig eingewöhnt hat, eine große, tiefe Harmonie in dem ganzen Bilde; man merkt, an der Stelle leichten, frischen Reizes steht hier Charakter. In der That, das Gesamtbild von Goslar und seinem Gelände ist das charaktervollste des Harzes, und man möchte bald im Großen keinen Strich darin anders wünschen. Diese ernste, nachdenkliche Stadt erscheint nun wie organisch aus dieser Landschaft herausgewachsen, und jedes einzelne jener alten, wuchtigen Bauwerke fügt sich wie ein notwendiges Glied in den Rahmen des Ganzen. In seiner ganzen Physiognomie trägt es Goslar uns entgegen, daß es auf eine bald tausendjährige Geschichte zurückblickt, die ganz etwas anderes war als eine kleinstädtische Kirchturmgeschichte.

An schönen alten Häusern ist die Stadt zwar nicht so sehr reich — Brände pflegen in den Fachwerkstädten häufig und von verhängnisvoller Ausdehnung zu sein, und in den Neubauten des 17. und 18. Jahrhunderts macht sich die Zeit der Verarmung oft trübselig genug geltend —, aber doch genügt ihre Zahl und Art, dem Orte sein Gepräge zu geben. Es ist nach dem Haupteindruck eine Stadt des 16. Jahrhunderts, die wir durchwandern, die aber in ihren Kirchen und einzelnen Profanbauten in sehr viel ältere Zeiten zurückweist.

Und da steht denn weitaus in erster Reihe das herrliche Kaiserhaus, dem nur noch anderthalb Jahrhunderte zu seinem tausendjährigen Geburtstag fehlen, und das zwei Jahrhunderte hindurch eine Lieblingsstätte der deutschen Kaiser war und Goslar so lange fast den Rang einer Hauptstadt des Reiches gegeben hat.

Die Entstehung und Geschichte dieser Kaiserpfalz und des ihr zugehörigen Domes ist im vorigen Abschnitt behandelt worden (S. 84 f.). Beide sind gegen die Mitte des 11. Jahrhunderts fertig geworden, zu einer Zeit also, da der romanische Baustil sich voll entwickelt hatte, sich aber noch in ernsten und strengen Formen bewegte, einer prunkvolleren Dekoration noch wenig Spielraum gab.

Der einst weitgepriesene und bewunderte Kaiserdom ist heute bis auf einen geringen Rest verschwunden, nachdem er fast achthundert Jahre lang gestanden hat; unser bildungsstolzes Säkulum hat mit dem baufälligen alten Kasten aufgeräumt. Da es an Geld zu einer Wiederherstellung fehlte, auch bei der starken Verminderung der Einwohnerzahl kein Bedürfnis zu seiner Benutzung mehr vorlag, so wurde er für 500 Thaler auf Abbruch verkauft. Das geschah im Jahre 1819. Keine Hand rührte sich damals für die Erhaltung eines der ehrwürdigsten Denkmäler unserer nationalen Kunst und Geschichte. Hinterher, als es zu spät war, wurde freilich Lärm geschlagen, und das hatte vielleicht immerhin das Gute, daß später wenigstens das Kaiserhaus vor dem drohenden gleichen Schicksal bewahrt blieb.

Es sind Zeichnungen von dem Dome aus der Zeit kurz vor dem Abbruche vorhanden, die ihn freilich nicht mehr ganz in seiner ursprünglichen Gestalt zeigen, wie die gotischen Fenster des Chors, des Querschiffs und der äußeren Seitenschiffe auch dem Laienauge alsbald verraten. Doch machen sich diese späteren Zuthaten so deutlich erkennbar, daß es nicht schwer ist, den ältesten Bau in Gedanken sich wiederherzustellen. Es war eine dreischiffige Basilika mit schlichten Rundbogenfenstern und flacher Holzdecke. Die große Einfachheit zeigt sich am besten an der dem Kaiserhause zugekehrten Westfront mit ihrer fast ungegliederten Mauermasse, über die sich die Türme nur wenig emporhoben. Auch die Eingangsthür war klein und vollkommen schmucklos; sie führte in eine Vorhalle, das „Paradies", und dann erst durch ein reicheres Portal in das hohe und weite Mittelschiff.

Der Haupteingang aber lag an der Nordseite, der Stadt zugekehrt, gleich neben dem Turme, ebenfalls mit einer Vorhalle versehen: und diese ist erhalten geblieben zu dem Zwecke, den noch geretteten Kunstwerken und Altertümern als Aufbewahrungsstätte zu dienen. Doch ist diese „Domkapelle" dem ältesten Baue nicht gleichzeitig, sondern weist nach ihrem Stile in die zweite Hälfte des nächsten Jahrhunderts.

Sie wirkt nach außen sehr eigenartig (s. Abb. S. 95) durch die reiche, ganz mit phantastischen Ornamenten bedeckte Mittelsäule, welche die beiden Rundbogenthüren trennt, und durch die acht großen Nischenfiguren, die den hohen Giebel über ihnen füllen, die untere Reihe drei Heilige und zwei Kaiser, Konrad II. und Heinrich III., darstellend, die obere die Jungfrau Maria und zwei Engel.

Das mit einfachen Kreuzgewölben ohne Rippen gedeckte Innere birgt allerlei Raritäten, Teppiche, Denksteine, Architekturteile, Holzschnitzereien und ähnliche Dinge, deren nähere Beschreibung hier zu weit führen würde. Nur der sogenannte Crodoaltar soll nicht ganz unerwähnt bleiben, schon um ihm diesen thörichten Namen, dessen Unrichtigkeit längst erwiesen ist, auch an dieser Stelle abzusprechen; ist doch nach allem Schein der angebliche Götze Crodo, dessen scheußliches Bildnis die Sachsen auf dem Harzburgberge verehrt haben sollen, bis es Karl der Große vernichtete, eine eitle Erfindung leichtfertiger Chronisten des fünfzehnten Jahrhunderts, da der älteren Zeit davon gar nichts bekannt ist. Es handelt sich hier vielmehr offenbar um einen ehrlichen, gut christlichen Reliquienschrein, wahrscheinlich von Heinrich III. dem Domstift geschenkt, ohne daß wir über Zeit und Ort seines Ursprungs etwas Näheres wüßten. Es ist ein aus Bronze gegossener Kasten, ehedem vergoldet und mit Edelsteinen geschmückt, innen mit einem ganz kleinen Marmoreinsatz als Behälter der Reliquien. Das Merkwürdigste daran sind vier halb knieende Männergestalten, welche die Ecken tragen und augenscheinlich unterworfene Heiden darstellen; jedenfalls läßt der höchst grimmige Ausdruck ihrer etwas fremdartigen Gesichter ihnen nicht viel Christentum zutrauen. Man hat früher wohl etruskischen oder römischen Ursprung des Werkes vermutet, ist aber längst davon zurückgekommen und weist es jetzt der niedersächsischen Kunst selber zu, die seit Bischof Bernwart von Hildesheim († 1022) in mannigfaltiger Blüte stand.

Der wohlbelobte Kunstsammler Napoleon Bonaparte hat einst auch diesen Schrein nach Paris reisen lassen, von wo er nach neunjährigem Exil wieder heimkehrte, jedoch nach Abzug alles wertvolleren Materials, wie Gold und Steine, für die man in Frankreich inniges Verständnis gehabt zu haben scheint.

Auf ein abenteuerliches und schauerliches Ereignis, das sich einst in den Räumen dieses Domes abgespielt hat, ist in der geschichtlichen Übersicht schon hingedeutet worden (S. 85), jenes berüchtigte Blutbad, das einem Rangstreit zwischen dem Bischof Hezilo von Hildesheim und dem Abte Widerad von Fulda entsprang, einem Streite, den sie in der Kirche selbst als dem ihnen natürlichen Boden auszutragen für gut fanden und zwar nicht etwa durch Wortgefechte und geistliche Disputationen, sondern durch ehrliche, blanke Waffen, geschwungen von den Händen getreuer Mannen, die der Bischof hinter dem Altar versteckt hatte und die sich den Fuldaischen entgegenwarfen. Der Dom ward erfüllt von dröhnendem Kampfgetümmel, Blut besprengte die Pfeiler und strömte über den Fußboden, und über den Lärm hin tönte die muntere Stimme des Hildesheimer Kirchenfürsten, die Seinen zur

Tapferkeit mahnend, und dazwischen der flehende Zuruf des armen jungen Königs, des zwölfjährigen Heinrichs IV.; der Knabe konnte sich selbst kaum aus dem Getümmel in das nahe Kaiserhaus hinüberretten.

Die von Hildesheim erfochten am Ende einen fröhlichen Sieg, die Fuldaischen, soweit sie noch lebten, flogen zum Tempel hinaus, und es war damit wissenschaftlich erwiesen, daß Hezilo ein höheres Recht habe, neben dem Erzbischof zu sitzen als Widerad von Fulda; denn um diese Etikettenfrage drehte sich der Streit. Ein wenig sonderbar mögen uns heute solche geistlichen Sitten bedünken.

Dem Dome gegenüber hat in beherrschender Lage auf sanft ansteigendem, breitem Hügel Heinrich III. sein Kaiserhaus gegründet, des koninges saal oder des rikes palenze. Im Jahre 1050, wo Heinrich IV. darin geboren wurde, müssen wenigstens die Wohngemächer schon fertig gewesen sein. Als Erbauer wird ein schwäbischer Geistlicher Benno genannt, der es später zum Bischof von Osnabrück gebracht hat.

Von diesem ursprünglichen Bau ist uns indessen nur etwa das Mauerwerk der Grundanlage, nicht die Einzelformen erhalten; was wir heute davon sehen, entstammt im wesentlichen erst der Zeit Friedrich Barbarossas. Denn im Jahre 1132 war das Haus durch einen Einsturz schwer beschädigt und erfuhr eine gründliche Erneuerung, die sich den Bauformen nach in manchen Teilen ziemlich lange hingezogen haben muß, obgleich Kaiser Lothar schon 1134 in dem großen Saale wieder einen Reichstag abhalten konnte. Insbesondere scheint die feine Vorhalle erst dem dreizehnten Jahrhundert zuzuweisen.

Verhängnisvoller wurde dem Gebäude der große Brand von 1289: do vorbrende dat keyserhus to Gosler in de grunt. Das bezieht sich allerdings nur auf die kaiserlichen Wohngemächer, die auch nicht wieder aufgebaut wurden, daher das Haus seiner ursprünglichen Bestimmung fortan entzogen blieb und zur Gerichtsstätte herabsank. Beschädigt aber wurde auch der Reichssaal sehr stark, zum wenigsten das Holzwerk völlig vernichtet, so daß die auf uns gekommenen Holzpfeiler die Formen erst des fünfzehnten Jahrhunderts zeigen.

Im Jahre 1415 ging der Besitz des alten Reichshauses an die Stadt über und ist bei ihr bis 1866 geblieben. Nur 1630 mußte es der Rat den Jesuiten abtreten, die aber schon nach zwei Jahren von den anrückenden Schweden wieder verjagt wurden. Der Dreißigjährige Krieg aber machte der altgoslarischen Herrlichkeit ein gründliches Ende, und nun sank auch das Kaiserhaus von Stufe zu Stufe. Es diente als städtisches Munitionshaus, dann als Schauspielbude und zuletzt gar als Kornspeicher.

Allein diese tiefste Entwürdigung gedieh ihm zum Heile. Man konnte um solcher nutzbaren Verwendung willen das Gebäude nicht so gänzlich verfallen lassen wie den unbrauchbaren Dom, sondern mußte das Gemäuer notdürftig im stande halten. Die Architekturformen verschwanden dabei gänzlich, die Bogenfenster wurden verbaut, zum Teil durch Fachwerkwände verdeckt, und um die Mitte unseres Jahrhunderts glich das Ganze genau einer großen ruppigen Scheune, nur der kleine Vorbau konnte mit einigen geretteten Fenstersäulen noch an Höheres erinnern. Es gehörten schon fachkundige Augen dazu, in so trauriger Schale den edlen Kern zu erkennen.

Zum Glück fanden sich solche noch gerade zur rechten Zeit. Der Regierungsrat Blumenbach und der Oberbaurat Mithoff erwarben sich zuerst das Verdienst, darauf hinzuweisen, welche Perle der Baukunst hier elend verkam. Im Jahre 1866 kaufte die hannöversche Regierung den großen Speicher für 1000 Thaler und warf 7000 für die Instandsetzung aus. Der Ausgang des Krieges entwand ihr das vornehme Werk und legte es in die Hände des Siegers, der denn auch alsbald die zehnfache Summe dafür spendete. So ist der Hauptteil des Kaiserhauses, der den Reichssaal enthält und zugleich die kaiserliche Kapelle, gerettet, und der Palast steht wesentlich wieder in jener Gestalt vor unsern freudigen Augen, in der ihn die Hohenstaufen erblickt haben (s. Abb. S. 85).

AUFNAHME VON FR. ROSE, WERNIGERODE.

Goslar.

Es ist eine köstliche Probe romanischen Profanbaues, doppelt wertvoll für uns durch die ungemeine Seltenheit solcher Bauten. Die Hauptfront wendet sich nach Osten, dem Dome entgegenblickend; einfacher, edler und würdiger kann man sie nicht wünschen. Sie gliedert sich in zwei Stockwerke, die von einem schlichten, hohen Schieferdache überragt werden; das untere zeigt eine solide, kraftvolle Mauermasse, die jetzt nur von kleinen, viereckigen Löchern durchbrochen wird, während sie einst mäßig große, einfache Rundbogenfenster zeigten, die man aus konstruktiven Gründen nicht wiederhergestellt hat, deren Umrisse aber sich noch deutlich markieren. In der Mitte führt eine Thür ins Innere, die ebenfalls einst größer war.

Die Mauer des oberen Stockwerks dagegen ist ganz aufgelöst in sieben hohe und breite Prunkfenster, die durch je zwei Säulchen dreiteilig gegliedert sind; man erkennt schon von außen auf den ersten Blick: hier befindet sich der Hauptraum des Gebäudes, der Raum, um dessen willen es vornehmlich gegründet ist. Über dem mittleren, bedeutend erhöhten Fenster, das auch durch zwei Säulenstellungen übereinander ausgezeichnet ist, erhebt sich ein stattlicher Giebel, aus dem Dach herausspringend und dessen lange Fläche ausdrucksvoll in zwei Hälften teilend.

Zur Linken des Beschauers tritt ein kräftiger Vorbau aus dem Hause — so daß diese Fronthälfte ein gut Teil länger als die nördliche ist —, eine Bogenthür führt hier von vorn in die unteren Räume, während zwei seitliche Freitreppen zu dem oberen Saale leiten. Die Fenster dieser Vorhalle sind reicher und zierlicher als die anderen und weisen durch die Form ihrer Säulenkapitäle in spätromanische Zeit, etwa die Friedrichs II.; es muß also wohl ein späterer Anbau sein. Durch ihn tritt man in ein Vorgemach des großen Saales, der also im Innern von vollkommen symmetrischer Anlage ist.

Dieser Saalbau hat jetzt an der Nordseite eine unorganische Fortsetzung unsichern Ursprungs, die unter demselben Dache liegt, aber architektonisch gar nicht dazu gehört, wie ein flüchtiger Blick auch dem Laien leicht deutlich macht. Dieser dreistöckige, wenig kunstvolle Bauteil enthält jetzt die Wohnung des Kastellans, sowie auch Zimmer für fürstliche Gäste und ist zu diesen praktischen Zwecken erhalten geblieben.

Der Südseite hingegen ist ein ganz andersartiger Bau angegliedert, der von hohem Interesse und eigener Schönheit ist: die alte Kaiserkapelle, Sankt Ulrich gewidmet. Ehedem war der Raum zwischen dieser und dem Saalbau ausgefüllt durch die kaiserlichen Wohngemächer; da aber deren verschwindend geringe Reste keinen Anhalt für einen Wiederaufbau gaben, so hat man die Verbindung zwar willkürlich, aber hübsch und stilgerecht durch eine nach vorn offene Gallerie hergestellt.

Die Kapelle, deren Entstehung ihrem Stile nach in die erste Hälfte des zwölften Jahrhunderts gesetzt wird, gilt als eine besondere architektonische Merkwürdigkeit. Es ist nämlich eine Doppelkapelle, zwei Stockwerke übereinander, wie das in alten Schlössern einigemal auch sonst vorkommt. Der Grundriß des unteren Geschosses hat die Form eines griechischen Kreuzes — das einzige Beispiel in Niedersachsen —, der obere Teil ist ein regelmäßiges Achteck, nur daß nach Osten ein Apsis heraustritt. Die architektonische Umwandlung der unteren Form in die obere ist (anscheinend ein Unikum im romanischen Stil) durch eingewölbte Nischen in den Winkeln zwischen den Kreuzarmen hergestellt, was denn von außen freilich etwas gezwungen und seltsam aussieht. Im Innern sind beide Geschosse durch eine viereckige Öffnung über der Vierung des Kreuzbaues zu einer Einheit verbunden.

Von der Mitte des Saalbaues führt eine nach Spuren alter Fundamente erbaute prächtige Doppelfreitreppe hinab auf eine rundliche Fläche, die mittelalterlichen Dingstätten entspricht. Noch bis ins fünfzehnte Jahrhundert hinein wurden hier Gerichtsverhandlungen abgehalten. Auf den vorspringenden Ecken der Treppenanlage stehen zwei Nachbildungen des bekannten Braunschweiger Löwen. Später werden an dem Mittelgiebel selbst sich auf hohen Sockeln die Bronzebilder Friedrich Barbarossas und Wilhelms I. erheben, die, von den Bildhauern Toberentz und Schott geschaffen, zur Zeit noch (1898) in einem der unteren Räume des Hauses ihrer Auferstehung harren.

Und endlich betreten wir das Innere. Der große Saal — seine Länge beträgt 45, seine Tiefe 15 m — hält, was er von außen versprach. Seine Höhe ist im Verhältnis nicht groß, nicht mehr als 6 m, nur die mittlere Aufwölbung der sonst flachen Balkendecke erhebt sich zu 10 m: doch der Raum erscheint darum nicht im mindesten gedrückt, vielmehr nur weiträumig, zugleich behaglich und feierlich, von vollendeter Harmonie, ein wahrhafter Kaisersaal, des Reiches würdig. Wundervoll wirkt der große einheitliche Lichtstrom, der von der einzigen Fensterseite mächtig hereinquillt, und der die reiche, wohlthuende Farbenschönheit der feingegliederten Balkendecke und der sechs sie stützenden prächtigen Holzpfeiler kraftvoll hervortreten läßt. Und wundervoll ist auch der Blick auf diese formenreiche und edelgestaltete Fensterwand selbst, die zudem die Ausschau in die weite Welt unter ihr so ungehindert freigiebt, hier über die turmreiche Stadt, dort auf die tannendunkeln Berge.

Wahrhaft groß ist dann der Eindruck des stolzen hölzernen Tonnengewölbes, das die Mitte des Saales, wie schon von außen, so noch bedeutsamer hier innen als die Hauptstätte des ganzen Baues, die Stätte des Kaisersitzes hervorhebt. Hier steht jetzt auf einer Erhöhung zwischen zwei eigenartigen Steinsäulen an der Rückwand, zum Licht hingewendet, der echte, alte, prächtige Kaiserstuhl, den ein seltsam glückliches Schicksal beim Abbruch des Domes, wo er sonst seinen Platz hatte, aus der Verschleuderung rettete: er wurde damals mit anderen Kunstschätzen und Altertümern versteigert, erzielte ganze 28 Thaler und hatte später das Glück — für die mehr als hundertfache Summe — in den Besitz des Prinzen Karl von Preußen zu kommen, der ihn seinen berühmten Sammlungen einverleibte und dann später, als Kaiser Wilhelm 1875 das neu hergestellte Haus besuchte, der Stadt Goslar zum Geschenk machte, ohne auch nur die von ihr eingestrichenen 28 Thaler wieder herauszuverlangen. Es ist ein steinerner Sessel mit bronzenen Rücken- und Seitenlehnen; der Stil der reichen Ornamentik weist in das elfte Jahrhundert, also doch wohl auf den ersten Gründer des Domes, auf den gewaltigen Heinrich III.

Man möchte sich wünschen, diesen edlen Raum einmal von einer Festversammlung angefüllt zu sehen: aber die müßte die malerische, farbenfrohe Kleidung der Hohenstaufenzeit tragen, um Gotteswillen nicht die steife, moderne Uniform oder gar den dumpf-barbarischen Greuel des schwalbenschwänzigen Frackungetüms und den blödsinnigen Cylinder.

Nun, wenigstens in etwas ist solchem Wunsche Rechnung getragen: die großen Freskogemälde, die seit kurzem vollzählig die Wände bedecken, von der Hand des löblichen Meisters Wislicenus, versuchen uns Farbe und Stimmung verklungener Zeiten zurückzurufen und den stillen Raum mit dem freundlichen Schein des Lebens zu füllen. Es ist ein würdiges historisches Bilderbuch, das uns mit sachkundiger Treue durch die Reihe der deutschen Kaiser von Karl dem Großen bis auf Friedrich II. von Hohenstaufen führt. Das große Mittelbild hinter dem Kaiserstuhl stellt uns den ersten Herrscher des neuen Reichs in einer etwas seltsam anmutenden Vermischung modern-realistischer mit allegorischen und übersinnlichen Gestalten vor Augen.

Doch eine kritische Bewertung oder genauere Beschreibung gestattet weder der Raum noch der Zweck dieses Buches. Eine ernstlich eingehende Betrachtung der Bilder wird übrigens dem gemeinen Sterblichen nicht so leicht gelingen, denn unerbittlich zerrt uns der herumführende Erklärer von Bild zu Bild und duldet kein stimmungsuchendes Verweilen, denn draußen harrt zumeist schon ein neuer schaubegieriger Gewalthaufe, den es sein Trinkgeld loszuwerden inniglich verlangt. So finden wir uns denn unversehens, vom Wirbel herumgeschleudert, in der oberen Ulrichskapelle, und wie wir eben beginnen, uns ihrer eigenartigen Schönheit zu freuen, sind wir unvermutet schon ins untere Stockwerk geraten und stehen vor dem steinernen Bilde Heinrichs III. und dem darunter beigesetzten Herzen dieses Kaisers, das man aus dem Dom in das Welfenmuseum und von dorther in diese kaiserliche Hauskapelle als passendste Ruhestätte geführt hat.

Und dann sind wir im Freien und betrachten in Hast die Fundamente und verschiedentliche Architekturstücke der einstigen Wohnräume; einen kurzen Augenblick dürfen wir uns freuen, in eine wie feine, malerische Aufstellung diese schwachen Reste gebracht sind — da befinden wir uns schon wieder in gedecktem Raume, diesmal im Untergeschosse des Saalbaues; und hier macht uns zum erstenmal die Eile geringeren Kummer, denn es ist wenig zu sehen und wenig zu hören. Wir erfahren nur, daß wahrscheinlich auch dieser Raum ursprünglich eine einzige Halle mit flacher Decke und stützenden Mittelarkaden

Frankenberger Plan mit Kirche in Goslar.

gebildet hat, und daß erst nach dem Brande von 1289 die jetzige Teilung in sieben spitzbogige, nicht gerade schöne Tonnengewölbe ausgeführt wurde.

Einstweilen haben noch die großen Erzbilder Barbarossas und unseres Wilhelm hier unten eine Aufstellung gefunden, die ihrem ruhigen Genusse natürlich nicht sehr günstig ist.

Und dann sind wir entlassen. An der ausdauernden Bewunderung der schönen Außenseite und der weitlangenden Aussicht hindert uns niemand, und in unserer Trinkgeldtasche herrscht erquickliche Ruhe — wenn auch wahrscheinlich, wenn wir Goslar fleißig weiter durchwandern wollen, nur die Ruhe vor dem Sturm.

Mit der Herrlichkeit und Erinnerungsfülle des Reichspalastes kann sich nun freilich kein anderes Bauwerk der Stadt vergleichen; des Schönen und Bedeutsamen aber giebt es noch übergenug zu beschauen.

Einen gewissen Ersatz für den verlorenen Dom können uns vier ihrer Anlage nach ebenfalls noch aus romanischer Zeit stammende Kirchen gewähren, deren schönste und stilreinste die dem Bahnhof zunächst dicht an der alten Stadtmauer und zwar außerhalb dieser gelegene Kirche des ehemaligen Klosters Neuwerk. Sie ist zwar mehr als ein, vielleicht anderthalb Jahrhunderte später gegründet als der Dom Heinrichs III., zeigt also in allen Teilen spätromanische Formen, hat diese aber konsequent erhalten, ohne eine Ein=

mischung der Gotik zu erfahren, die alle andern Kirchen Goslars mit Einschluß des Domes nicht zu ihrem Vorteil betroffen hat.

So giebt denn schon das Äußere ein rein harmonisches Bild jenes ersten deutschen Baustils, der in seinem Ernst und seiner Schlichtheit die Grundformen so klar hervortreten läßt, daß man die Gestaltung des Innern mit Sicherheit aus ihnen vorauserkennt. Besonders schön und am reichsten gegliedert ist die nach der Straße zu gelegene Hauptapsis, besonders wuchtig wirkt die entgegengesetzte, westliche Seite mit der ungeheuren, kompakten und doch nicht zu schwerfälligen Mauermasse und den beiden einfachen achteckigen Türmen darüber. Im Innern zeigt das Mittelschiff Spitzbogengewölbe mit vortretenden Rippen, jedoch durchaus nach romanischer Art auf ungelöste Wandflächen mit kleinen rundbogigen Fenstern sich stützend. Besonders schlicht und allem gotisierenden Beigeschmack fremd ist der östliche Chorabschluß. Im einzelnen fällt besonders die interessante steinerne Kanzel mit gutem Bildwerk und die würdig wirkenden Malereien der Chorwölbung ins Auge, beides dem Bau selbst gleichzeitig und also ihm rein sich einfügend. Die Lage dieser Kirche in einem geräumigen, stillen Garten in der Nähe mächtiger, alter Mauer- und Turmreste giebt ihr ein besonders weihevolles Ansehen. (Hauptbild rechts hinten.)

Die dieser sehr nahe gelegene — jetzt katholische — Jakobikirche ist ihrer Gründung nach vielleicht noch älter als der Kaiserdom, jedoch im Laufe der Zeiten so gründlich verbaut und entstellt worden, daß sie von außen wie von innen einen gleich unharmonischen Anblick gewährt. Reiner und edler stellt sich die stattliche Marktkirche dar, von uralten Linden stimmungsvoll umgeben; obgleich das rein romanische Hauptschiff einen gotischen Chorabschluß hat, fügt sich doch beides besonders im Innern gut aneinander. Ähnliches gilt von der schönen, malerisch auf baumbestandener Höhe gelegenen Frankenberger Kirche, die nur der späte Turmaufsatz etwas entstellt (s. Abb. S. 155). Ihr Inneres enthält ebenfalls sehr alte Wandmalereien — um 1200 — neuerdings einigermaßen wieder aufgefrischt — und eine sehr reich und prunkvoll geschnitzte Kanzel, die freilich erst der Barockzeit ihre Entstehung verdankt (s. Abb. S. 97).

Wir wenden uns nunmehr von der kaiserlichen, romanischen zu der bürgerlichen, gotisch bauenden Zeit; vornehmlich das 15. und 16. Jahrhundert sind in Goslar durch mehrere hervorragende öffentliche Profanbauten und eine Reihe schöner Privathäuser glücklich vertreten.

In unserer geschichtlichen Übersicht ist die spätere glänzende Entwicklung Goslars als selbständige Handelsstadt, ihre zweite, aus eigener Bürgerkraft errungene Blütezeit gebührend hervorgehoben worden, ebenso ihr bedeutsamer Anteil an der Einführung der Reformation in den Harzlanden. Der Anfang des 16. Jahrhunderts fand Goslar noch auf der Höhe seiner Macht und seines Wohlstandes. Vierzig damals bestehende Kirchen, Kapellen und Stiftungen legen Zeugnis davon ab sowie von dem regen Bürgersinn, nicht minder die um diese Zeit angelegten großartigen Festungswerke, davon einige stolze Reste, die Jahrhunderte überdauert haben.

Ein ziemlich anschauliches Bild der damaligen Thorbefestigungen giebt noch das Breite Thor im Osten der Stadt (s. Abb. S. 145 und das Hauptbild). Das Stadtthor selbst war der viereckige Turm; dieser zu beiden Seiten flankiert von runden Zwingern, deren einer erhalten ist. Von ihnen ziehen sich zum äußeren Walle — der jetzigen Promenade — zwei divergierende Mauern, die sich dort wieder an zwei runde Zwinger lehnen, die das Außenthor deckten. Es war also ein System von sechs Türmen, die natürlich mit schwerem Geschütz reichlich versehen waren. Obgleich zwei davon abgebrochen sind, ist doch die Gesamtanlage noch deutlich zu erkennen, und der äußere Eindruck des Wehrhaften, Trutzigen ist dadurch kaum abgeschwächt. — Der südliche dieser äußeren Zwinger ist jetzt zu einer romantischen Privatwohnung umgebaut und mit einem hübschen Garten umgeben.

Von ähnlichen Werken an den andern Thoren ist nur noch am nördlichen Rosenthor — beim Bahnhof — der „Achtermann" erhalten (jetzt Pauls Hotel) und im Süden der kolossale „dicke Zwinger", dessen Mauerstärke fast 7 m beträgt, ein beängstigend gediegenes Bauwerk. In seinem weiten Bauche befindet sich — was zu Goslar fast selbstverständlich — jetzt eine Schenke, auch als Tanzboden beliebt, den man Sonntags, seiner Urbestimmung ihn wieder annähernd, mit modernen Kriegsknechten und deren minniglichen Maiden erfreulich bevölkert sehen kann. Von der Stadtmauer sind nur noch einzelne Stücke, hier und dort verstreut, übrig geblieben, von den 182 größeren und kleineren Mauertürmen immer noch genug, dem Stadtbild ein kräftiges Gepräge zu geben.

Alle diese gewaltigen Kriegswerke aber haben nicht vermocht, die Stadt vor der endlichen Überwältigung durch die stetig wachsende Fürstenmacht zu schützen, obgleich sie immerhin ihre Selbständigkeit länger bewahrt hat als die meisten anderen Städte des Harzgebiets. Gegen das Jahr 1527 war sie in einen verhängnisvollen Streit mit dem Herzog Heinrich dem Jüngeren von Braunschweig-Wolfenbüttel über gewisse Rechte am Rammelsberger Bergbau geraten. Dieser zog mit Heeresmacht heran und begann die Stadt zu bedrängen, worauf die Bürger in wildem Grimme die vor den Thoren belegenen uralten — katholisch gebliebenen — geistlichen Stiftungen auf dem Petersberge und dem Georgenberge zerstörten, angeblich, damit jener sich nicht darin festsetzen könne. Diese Gewaltthat — deren Spuren wir noch heute auf jenen beiden Anhöhen gefunden haben — blieb zwar vorläufig ungestraft, weil der Herzog inzwischen Kaiser Karl V. nach Italien begleitete; im Jahre 1540 aber, nachdem die Stadt dem schmalkaldischen Bunde beigetreten war, wurde sie in die Reichsacht gethan und Heinrich selbst mit der Vollstreckung beauftragt.

Pauls Hotel und Turm in Goslar.

Noch einmal ging das Unheil vorüber. Der Bund kam zu Hülfe, schlug den Herzog und führte ihn sogar gefangen nach der Feste Ziegenhain. Das war im Jahre 1545. Doch kaum zwei Jahre später ward durch die unselige Schlacht bei Mühlberg der Bund zersprengt und der Herzog befreit, und die nun ganz auf sich selbst angewiesene Stadt war seiner Rache und Übermacht preisgegeben. Das Ende war 1552 deren völlige Unterwerfung. „So ist beredet und beschlossen, daß wir, Bürgermeister, Rat und Gemeinde der Stadt Goslar, unsere Erben und Nachkommen, Hochermeldeten Fürsten, Herzog Heinrich, seiner fürstlichen Gnaden Erben und Erbnehmern alle und jede Obrigkeit, Jurisdiktion, Vogtei und Gerichtszwang, samt dem Verkauf von allen Silbern und Metallen, die an, auf und in dem Rammelsberg gemacht und gewonnen werden, unverhinderlich folgen lassen."

Damit hatte Goslar seine alte Selbständigkeit verloren, und da es zudem durch sehr bedeutende Zahlungen und Abtretungen geschädigt wurde, so sank es nunmehr auch in seinem Wohlstande von der alten Höhe unaufhaltsam herab und trat in eine fast dreihundertjährige Periode wachsender Armseligkeit. Daß der Dreißigjährige Krieg zu dieser Verarmung redlich das Seinige gethan hat, braucht nicht erst gesagt zu werden. Erst unser Jahrhundert meinte es wieder besser mit der tiefgesunkenen Größe; schon vier kurze Jahre preußischer Herrschaft, 1803—1807, machten einen hoffnungsvollen Anfang. Die napoleonisch-westfälische Zeit folgte; 1814 kam Goslar wieder an das Welfenhaus, diesmal den hannöverschen Zweig; und so ward es 1866 preußisch, um nun einer dritten Blütezeit entgegenzugehen, in der es seine alte stätige Kaisertreue auch im neuen Reiche wird bewähren können. In gewissem Sinne verdankt es einen nicht kleinen Teil seines neuen Wohlbehagens noch immer seinen alten Kaisern: denn der durch die Wiederherstellung des Reichspalastes stark geförderte Fremdenbesuch hat seinen wohlbemessenen Anteil daran.

Jetzt ist Goslar eine behäbige, gewerblich und geistig regsame Kreisstadt von 15 000 Seelen und damit wieder die bevölkertste der eigentlichen Harzstädte — nur Wernigerode steht ihm ungefähr gleich, wenn man da die großen Vororte mit einrechnet, was seine Berechtigung hat bei deren unmittelbarem Zusammenhange. Das Leben jener Glanzzeit des Bürgertums im fünfzehnten Jahrhundert fand seinen natürlichen Mittelpunkt auf dem Markte, den außer dem Rathause noch sechs stattliche Gildehäuser umgaben. Von diesen ist nur eines, aber das der fürnehmsten Gilde, der Gewandschneider, das ist der Tuchwirker und Großhändler, unversehrt erhalten und ist unter dem Namen Worth oder — von den sechs Kaiserbildern — Kaiserworth zu einem behaglichen und vortrefflichen Gasthause umgestaltet worden; wie denn überhaupt den Goslarer Herbergsvätern zum Ruhme nachgesagt werden muß, daß sie es sehr glücklich verstanden haben, in so manchem schönen und würdigen alten Gebäude dem Fremden eine äußerst ansprechende Raststätte zu bereiten. Das Anheimelnde, Einladende, das dem Äußern der Stadt auf den ersten Anblick abgeht, ist desto fülliger in manchem solcher Innenräume vorhanden; das neue Goslar ist die Stadt altertümlich schöner, im besten Sinne „stilvoller“ Kneipen geworden. Wie die Kaiserworth, so bieten besonders auch das „Brusttuch“, das Bäckergildehaus, Pauls Turm in geschmackvoll hergestellten Räumen einen stimmungsvoll traulichen Aufenthalt. Und das soll niemand unterschätzen; wer sich tagsüber im Gebirge oder, noch anstrengender, in den schier allzuvielen Sehenswürdigkeiten der Stadt getummelt hat, dem stärkt so etwas die Seele, zumal auch für den elenden Leib hier meist löblich gesorgt ist.

Marktplatz in Goslar.

Worth soll area, Hausplatz, bedeuten oder nach Andern Word = Werder, eine Hausstätte am Wasser.

Der Marktplatz bietet heute, von Nordosten gesehen, noch immer ein prächtiges, mittelalterliches Bild: das gotische Rathaus geradeaus, sehr wirkungsvoll überragt von den spitzen, ungleichen Türmen der Marktkirche, die Worth zur Linken, massiver Steinbau wie jenes, zwischen beiden ein Einblick in die altertümliche Straße, dazu in der Mitte das eigenartige Marktbecken, zwei schlichte bronzene Schalen, die ein wunderlich stilisierter Adler krönt: das giebt ein fein zusammenklingendes Architekturbild von kraftvollem Charakter.

Von diesem Marktbecken geht die unheimliche Sage, daß es in einer geheimnisvollen Verbindung stehe mit den unterirdischen Tiefen des Rammelsberges, woselbst der Teufel seinen ständigen Wohnsitz hat, der zuweilen in Sturmnächten durch ein sonderbar schauerliches Erklingen des Erzbeckens von sich eine Kunde giebt, wie er andrerseits ein Klopfen an dieses um die mitternächtliche Stunde als telephonische Anmeldung derer in Empfang nimmt, die mit ihm in geschäftliche Verbindung zu treten und ihm ihre Seele zu verschreiben gewillt sind. —

Die beiden andern Seiten des Marktes freilich kann man ohne ästhetische Einbuße mit der eigenen Rückfront ansehen: es stehen dort nur modern nüchterne und finstere Gebäude mit schieferbekleideten Wänden. Der Platz steht mit der Hauptverkehrsader der Stadt nicht in unmittelbarer Verbindung, sondern ist durch eine kleine Häuserzeile davon getrennt; daher erscheint er meist ziemlich still und leblos; man möchte vermuten, daß dies ehedem anders gewesen sei und diese neuen und unerfreulichen Gebäude erst später sich eingedrängt haben, wodurch denn der Markt auch einen der Größe der Stadt mehr angemessenen Umfang gehabt haben würde; werden ihr doch nach ernsten Berechnungen an 40 000 Einwohner zugeschrieben — Lübeck, der Vorort der großen Hansa, wird auch nur auf 70 000 geschätzt.

Das Rathaus ist ein etwas komplizierter Bau, dessen Hauptteil dem 15. Jahrhundert entstammt. Die gotische Marktfront ist einheitlich und stattlich, wenn auch vielleicht in ihren Maßen bescheidener, als man von der „reichsten Stadt des Sachsenlandes“ erwarten möchte, zumal im Vergleich mit den stolzen Bauten der damals doch geringeren Nachbarstädte Hildesheim, Braunschweig, Hannover.

Über einer spitzbogigen, offenen Pfeilerhalle, die ursprünglich die doppelte Tiefe hatte, zieht sich eine Reihe von Fenstern hin, die vor wenigen Jahren noch eine recht dürftige, mit dem Ganzen gar nicht harmonierende, offenbar viel jüngere Form zeigten, seitdem in angemessener Gotik wieder umgebaut sind. Darüber erheben sich ebensoviele spitze, durch reizvolles Maßwerk verbundene Giebel, aus dem Dache vorspringend.

An der Südseite führt eine recht malerische Freitreppe mit Holzüberdachung zum Obergeschosse; durch die Thür tritt man unmittelbar in die „Rathausdiele“, einen einfachen, langgestreckten, ziemlich niedrigen Saal, in welchem vermutlich die Huldigung der Bürgerschaft vor den Kaisern stattgefunden hat. Jetzt bilden seinen einzigen Schmuck vier alte Kronleuchter, von denen der letzte, messingne, sich durch schöne Arbeit hervorthut, während einer der beiden aus Hirschgeweihen verfertigten weniger durch das Schnitzbild eines unbestimmten Kaisers, als durch den schönen — und wirklich durch die Geschichte bewährten Spruch interessant ist:

O Gosler, Du bist togedan
Den hil'gen romisken rike
Sunder middel[1]) und wane
Nicht macstu darvan wiken.

Das weitaus merkwürdigste Gemach des Hauses aber ist das jetzt als Huldigungszimmer bezeichnete, das jedoch von einigen vielmehr für einen der Andacht geweihten Raum gehalten wird, obgleich die einfache quadratische Form nicht gerade auf diese Bestimmung hinweist. Der vorzüglich erhaltene, Wände und Decke ganz überkleidende Bilderschmuck aus dem Ende des fünfzehnten Jahrhunderts ist in Goslar einzig. Die laut gewordene Vermutung, der treffliche Michael Wohlgemuth, der Lehrer Albrecht Dürers, sei der ausführende Künstler, entbehrt des Beweises; seiner so ganz unwürdig wären die Bilder nicht; nur ist schwerlich alles von einer Hand. Die Wände zeigen vierundzwanzig Einzelgestalten, jede von prachtvollem, spätgotischem Schnitzwerk umrahmt, abwechselnd je einen Kaiser und eine Sibylle, die Kaiser zum Teil von scharf individualisierender Charakteristik, unter den Frauen manche von großer Anmut, die schönste wohl die Delphica. Die Decke zieren vier große Hauptbilder aus der Kindheit Christi, dazu zwölf Propheten. Der Eindruck des Ganzen ist reich und vornehm.

Der Saal wird jetzt benutzt als ein kleines Museum verschiedenartiger, höchst sehenswerter Gegenstände aus Goslars Vergangenheit. Das schönste Stück ist die silberne, in

[1]) Mittel in der Bedeutung von Falsch.

reichen und schwungvollen gotischen Formen meisterhaft gearbeitete „Bergkanne“, mit feinem Figurenschmuck aus dem Leben des Bergbaues, nebst zwei dazu gehörigen Pokalen (s. Abb. S. 134). Das prachtvolle Evangelienbuch aus dem dreizehnten Jahrhundert, mit farbenschönen Miniaturen geziert, einige sehr alte Urkunden, darunter eine schon von Otto dem Großen, ferner ein eigenhändiger Brief Luthers von 1529, die evangelische Gemeinde zur Standhaftigkeit ermahnend, dann der Thronsessel mit dem Reichsadler, Fahnen, Waffen und anderes, das alles versetzt uns lebendig in die großen Zeiten Goslars und schreibt der Phantasie ein gut Stück Historie. Auf die minder erquickliche Kehrseite jenes kernhaften Lebens deutet eine kleine Sammlung handlicher Folterwerkzeuge. Dies Zimmer ist eine schöne und farbenfrische Ergänzung dessen, was das mühsam aus dem Schutt wieder hergestellte Kaiserhaus uns noch bietet, und was es uns schuldig bleibt.

Der Lutherbrief sei hier immerhin — des bequemeren Lesens halber in heutiger Rechtschreibung — zum Abdruck gebracht:

Den ehrsamen, weisen, lieben Herrn und Freunden in Christo, den Pfarrkindern zu Sankt Jacob zu Goslar sämtlich und sonders.

Gnade und Friede in Christo. Ehrsamen, lieben Herren und Freunde, eure Schrift samt dem Herrn eurem Seelsorger ist zu mir kommen und von mir so gut als vermag empfangen. Und weil und wo sich's also bei euch hält, wie ich von ihm berichtet, so bin ich von Herzen froh, und bitte Gott den Vater aller Gnaden, wollte euch bei solcher Weise erhalten und fördern. Amen.

Davon ich zuvor unlängst auch nichts sonderlichs von euch Arges erfahren. Allein das einige Stück bei uns in die Ohren getragen, als sollt sich Ungehorsam, Aufruhr und Frevel wider die Obrigkeit bei euch ereignen, welchen ich doch bis auf Kundschaft des andern Teils nicht habe stattlich glauben wollen. Ohne daß ich mich dennoch gefurcht und Gott gebeten habe, euch und uns alle und das liebe Evangelion für solcher Ärgernis zu behüten. Hinfürder helf euch, der bei euch angefangen hat. Unfriede, Fahr und Widerwärtigkeit müsset ihr leiden; wäret ihr des Teufels und seiner Welt Teil, so hätten sie euch lieb und ließen euch in Friede. Weil aber Christus euch zu seinem Teil gefordert hat und behält, so müssen sie euch hassen, wie Christus lehrt. Aber seid getrost; er ist größer, der bei uns ist, denn der in der Welt ist. Haben sie den Hausvater Beelzebub geheißen, so werden sie es seinem Gesinde nicht bessern. Knechte sollens nicht besser haben denn der Herr. Fahret also fort in Geduld, so wird der Herr bei euch sein. Amen. Behaltet mich in euer Gebet. Zu Wittenberg Montags ultima Maji 1529.

Martinus Luther.

Man vergleiche hierzu die Darstellung der Reformation in den Harzlanden im vorigen Abschnitt (S. 112 ff.). —

Heinrich Heine sagt in seiner Harzreise (1824): „Das Rathaus zu Goslar ist eine weißangestrichene Wachtstube.“ (Man denke sich den damaligen Zustand des schönen Gebäudes.) Und er fährt fort: „Das danebenstehende Gildenhaus hat schon ein besseres Aussehen. Ungefähr von der Erde und vom Dach gleich weit entfernt stehen da die Standbilder deutscher Kaiser, räucherig schwarz und zum Teil vergoldet, in der einen Hand das Scepter, in der anderen die Weltkugel; sehen aus wie gebratene Universitätspedelle.“ Es ist nicht zu leugnen, daß dieser schnöde, aber packende Witz eine gewisse Wahrheit enthält, wenn man anders diesen nötigen und nützlichen Beamten — den Pedellen nämlich — mit Heine das Unrecht anthun will, sie für ziemlich stumpfsinnige Gesellen mit ungeschickt angelernter Amtswürde auszugeben.

Im übrigen enthält Heines berühmte Harzreise zwar eine übersprudelnde Fülle von Witz und einige schöne Lyrik, über den Harz aber bringt sie eigentlich gar nichts, als klingende Reden, die ebenso gut auf jedes andere Gebirge der Welt oder wenigstens

Deutschlands passen; mit wie gewaltiger Anschaulichkeit hat dagegen Goethe in den wenigen Versen und den wenigen Briefstellen das Besondere der Harznatur erfaßt und wiedergegeben! Es ist dieser Unterschied für die innere Weite der beiden Dichter doch sehr charakteristisch.

Die Kaiserworth, von der die Rede ist, übertrifft in der That an Originalität der Bauweise und an malerischer Wirkung auch heute noch das Rathaus. Es zeigt eine rundbogige, ungewölbte Vorhalle, gradlinig abschließende Fenster, die von gotischen Ornamenten umrahmt werden, und besonders reizvoll ist das Dach belebt durch den achteckigen Mittelturm und vier erkerartige Ausbauten. — An der Ecke des Hauses befindet sich eine figürliche Darstellung, welche die Heiterkeit leichterer, die Mißbilligung gediegenerer Naturen hervorzurufen pflegt. — Die Worth ist 1494 erbaut.

Ebenfalls gotischen Stil in besonderer Ausprägung zeigt das nahegelegene, 1526 erbaute, nach der absonderlichen Gestalt seines überhohen, spitzigen Daches „Brusttuch“ geheißene Haus (s. Abb. S. 133); das untere Stockwerk ist massiv, das obere Fachwerk und dieses an der schmalen Giebelseite mit einem hübschen dreifenstrigen Erker verziert. Es ist das auffälligste alte Haus in Goslar und noch besonders sich kennzeichnend durch seine merkwürdigen Holzschnitzereien, die in wunderlichstem Durcheinander ernste und scherzhafte Figuren und Motive, von antiken Göttern und Amoretten bis zur „Butterhanne“, ziegenbockbändigenden Hexen und musizierenden Affen und Schweinen zeigen. Das Bauwerk hat, so hübsch es ist, im ganzen und einzelnen einen Stich ins Barocke, und man wundert sich nicht zu lesen, daß ein gelehrter Magister es sich errichtet hat, der auch den nicht minder barocken Einfall hatte, seinen Namen Thalling mit griechischen Buchstaben zu schreiben. Vermutlich aber würde dieser würdige, aber gewiß doch auch lustige Herr nicht zürnen, wenn er wüßte, daß seine Wohngemächer jetzt zu einem allerliebsten Kneipchen umgestaltet sind, in dessen molligen und wohlgezierten Räumen es nicht nur der Fremdling, sondern sogar der Einheimische sich wohl sein läßt.

Bäcker-Gildehaus in Goslar.

Das benachbarte Gildehaus der Bäcker, ein Menschenalter jünger, von 1557, ist von verwandter Anlage, doch reiner und edler im Aufbau; es ist, als ob die um diese Zeit leise von Süden her in Deutschland eindringende Renaissance hier schon ihr zartes Raumgefühl geltend machte; der anmutvollste Bau Goslars und eine kleine Perle der Architektur überhaupt dieses reichen Jahrhunderts.

Die Versuchung ist für den Schilderer sehr groß, noch so manches andere alte schöne Haus, manche interessante und lehrreiche Baureste, manchen Erker, Thorbogen und Spitzgiebel einer rücksichtslosen Beschreibung zu unterwerfen; doch muß anerkannt werden, daß auch dem hülflosen Leser gewisse Rechte auf Schonung zustehen. Es sei daher nur jedem Besucher Goslars empfohlen, die Gassen in behaglichem Schlendern ein Stündchen oder auch deren zwei zu durchwandern; einige unserer Abbildungen (s. S. 132. 163), denen wir verstummend das Wort erteilen, mögen ihm einen Fingerzeig geben, daß er bei aufmerksamem und verständigem Umschauen der Freuden genug erleben, sich in alte Zeiten gemächlich versenken und ihres Geistes einen Hauch verspüren kann.

Nicht ganz so leicht wird es ihm gemacht sein, einen Augenschein zu gewinnen, wie es im Innern dieser Häuser, hinter jenen gotischen Fenstern aussah. Unthunlich aber ist es nicht; zu einem Teile genügt manchmal schon ein Blick durch die offene Hausthür. Denn trotz aller Zerstörungen, Umbauten und Modernisierungen haben doch eine Anzahl Häuser auch ihre innere Ausstattung leidlich so erhalten, wie sie ehedem gewesen ist (s. Abb. S. 131. 134). Charakteristisch ist da besonders eine hohe und weite, durch zwei Stockwerke gehende Hausdiele, um welche sich die meist sehr kleinen Zimmer gruppieren; gewöhnlich sind sie mit einer flachen Balkendecke versehen, doch giebt es auch Beispiele gewölbter Wohnräume. Ein trauliches Aussehen ist beiden gemeinsam; wie sehr dieser Eindruck durch Erkerausbauten verstärkt wird, hat ja freilich auch der moderne Mensch nun wieder begriffen. —

Wer sich solcherart den Tag über architektonisch-historisch fleißig getummelt und manches Fünfzigpfennigstück seinem Bildungsdrange geopfert hat (es giebt auch noch ein reichhaltiges Museum und eine Kunstuhr zu besehen), der mag sich mit leisem Aufseufzen auf die Wallpromenade begeben, welche die Stadt umzieht, und von dort auf die Häuser hinabschauend sich im Abendsonnenschein einen friedlichen Nachgenuß gönnen. Deren schönster Teil schließt sich gleich östlich an den „dicken Zwinger", er ist die Annenhöhe geheißen und zeichnet sich aus durch einen guten Stadtblick, die Nähe zweier stiller, hübscher Teiche und nicht am wenigsten durch eine Gruppe wundervoller alter Bäume, darunter das Prachtstück einer Riesenulme, deren mächtiger Wipfel vielleicht noch Erinnerungen an Goslars glänzende Tage rauscht.

Der Westrand des Harzes und das Innerstethal.

Wir hatten Goslar als Einfallspforte in den Harz gewählt, um diesen von seinem nordwestlichen scharfen und strammen Zipfel her allmählich nach Südosten vorschreitend der Länge nach gleichsam aufrollen zu können. Diesem Zwecke sind wir, genau genommen, schon ein wenig untreu geworden, indem wir uns allzu gewissenhaft in die Historie der alten Stadt und deren ehrwürdige Reste vertieften. Indessen uns rechtfertige eine alte löbliche Regel: man mache sich vor dem Antritt einer Reise einen möglichst genauen Plan zurecht, um nachher möglichst oft von ihm abzuweichen.

Jetzt freilich rät uns doch das einmal erwachte Programmgewissen, Goslar in seiner Landschaft einstweilen liegen zu lassen und uns mit Volldampf westwärts zu wenden. Diesen liefert die Eisenbahn, die hart am Gebirgsrande hin über Langelsheim an der Thalmündung der Innerste vorüber, hier einen bescheidenen Seitenstrang thalaufwärts entsendend, gradeswegs nach der ersehnten Nordwestecke führt, die sie bei der Station Neuekrug unweit des Dorfes Hahausen in einem halben Stündchen glücklich erreicht. Während der Fahrt haben wir aus dem linken Fenster meist den Blick auf die Berge frei, an deren Fuße wir dahinsausen; zur Rechten streckt sich anfangs eine offene Fläche, dann mehr und mehr bewaldete Höhen, die besonders hinter der Nordwestecke den eigentlichen Harzbergen fast ebenbürtig erscheinen.

Für politische Köpfe sei hier bemerkt, daß wir gleich hinter Goslar die preußische Provinz Hannover verlassen und uns der Gastfreundschaft des Bundesstaates Braunschweig anvertraut haben. Wir denken dabei vielleicht im stillen: wie nervenzerrüttend müßte das Reisen im Harze sein, wenn Braunschweig nach bayerischem Muster seine eigenen Briefmarken führte; man würde von Stunde zu Stunde nicht wissen, wie man seine Ansichtspostkarten bekleben sollte, so kunterbunt schlingen sich überall die Grenzen der beiden Großmächte hier durcheinander.

In starrer Programmtreue lassen wir den Zug ohne uns in südwestlicher Richtung auf Seesen weiterfahren, das er in zehn Minuten erreicht, während es uns drängt, einige Stunden zu opfern, um dem notorisch nördlichsten der höheren Harzgipfel, dem 566 m hohen Sangenberge einen persönlichen Besuch abzustatten. Er ist der letzte Ausläufer des langen, schmalen Bergrückens, den das Innerstethal von der Oberharzer Hochebene abtrennt und dessen westlicher Fuß die Grenze des Harzes bildet. In anderthalb Stunden etwa erreichen wir die Höhe und gewinnen eine Aussicht, die sich auf ein freilich bald durch höhere Berge beschränktes Stück des Harzrandes, vornehmlich aber weit über die stattlichen Vorberge im Norden und Westen erstreckt. Auf der Höhe steht eine kleine Jagdhütte, die uns mit erheuchelt gastlicher Miene begrüßt, denn sie ist verschlossen; doch bieten uns Tisch und Bank immerhin einen Ruheplatz; wer Schutz vor dem Regen sucht, muß unter den Tisch kriechen.

Der Sangenberg, gleichsam das Nordkap des Harzes, erweckt wiederum eine bedeutsame historische Erinnerung, diese aus einer Zeit, da Goslar bereits in den Winkel gestellt war. Grade nordwärts von seinem Fuße erstreckt sich ein kleines, ringsum von Bergen umschlossenes Thalbecken, in dessen nördlicher Ecke die Stadt Lutter am Barenberge liegt. Hier stellte sich am 27. August 1626 König Christian IV. von Dänemark mit 19500 Mann zu Fuß und 8600 Reitern dem mit überlegener Macht heranziehenden Tilly in Schlachtordnung entgegen. Dieser drang von Seesen her durch den Engpaß, der bei Hahausen den vorgelagerten Langen Berg von der Harzecke scheidet und brachte ihm trotz tapferer Gegenwehr eine entscheidende Niederlage bei. Aber es gab in der Schlacht eine so kritische Stunde, daß der greise Tilly sich vom Rosse schwingend mit Thränen in den Augen seine weichenden Veteranen durch Bitten und Drohungen zu neuem Widerstande drängen mußte. Auch seine Artillerie ermahnte er persönlich, gut zu zielen, sie dürften keinen Schuß mehr vergebens thun. „Dies Wort ist ihnen durchs Herze gegangen und haben so wohl auf die Andringenden Feuer gegeben, daß sie nicht anders als das Getreide vom Hagel darnieder fielen.“ Erst eine von ihm angeordnete äußerst schwierige Umgehung des Feindes durch die damals gegen Langelsheim sich erstreckenden unwegsamen Sümpfe des Wedebruchs entschied die Niederlage der Dänen. Vergebens versuchte der König persönlich noch immer, das Schicksal aufzuhalten; so lange verweilte er auf dem Schlachtfelde, daß er nur mit äußerster Not der Gefangenschaft oder dem Tode entging. Seine berittene Leibwache war aufgerieben; schon hatte ein feindlicher Korporal Hand an ihn gelegt, als sein Diener sich für ihn opfernd ihn rettete. Ein Pferd stürzte, ein zweites erlag der Erschöpfung bei der Flucht durch das Bruchland, sein Stallmeister blieb zurück und überließ ihm das seine; abgehetzt, barhäuptig und verstört erreichte er endlich das offene Land und einige seiner Leute. „Ach, wie wird mein armes, liebes Volk niedergehauen werden,“ hörte man ihn seufzen. Und diese Furcht war nur zu begründet. Wie wilde Tiere wurden die Versprengten im Walde gejagt und selbst von den Bäumen heruntergeschossen.

Hofthor am Brauhause in der Bergstraße zu Goslar.

Die traurigen Folgen dieser Niederlage für die protestantische Sache sind allbekannt und wie erst das Eingreifen eines andern skandinavischen Königs, des großen Gustav Adolf, dem Kriege wieder eine glücklichere Wendung gab. Wir lassen den Sieger die Toten begraben und begeben uns dahin, woher er kam, nach Seesen, der westlichsten Stadt des Harzes. Wir gelangen zu ihr entweder in direktem Abstieg auf Waldwegen, zuletzt durch das schöne Thal der Schildau, binnen 2 Stunden, oder auch reuevoll zur nächsten Eisenbahnstation zurückkehrend.

Der Name Seesen ist der reisenden Menschheit vornehmlich bekannt als ein wichtiger Bahnknotenpunkt. Es kreuzen sich hier die Strecken Halle-Goslar-Herzberg und Magdeburg-Börssum-Holzminden-Köln oder -Göttingen-Frankfurt; außerdem entsendet die Stadt Braunschweig hierher eine „Landesbahn", deren Züge den genau zehn Meilen langen Weg zweimal täglich in je vier Stunden durchbrausen, während eine gute Kutsche gewiß deren fünf brauchen würde und auch dann schon tüchtig zufahren müßte. Ein Radfahrer natürlich — aber was braucht eine Zweigeisenbahn (nicht Zwei-Geisenbahn zu sprechen; sie wird mit Dampfkraft betrieben) mit Radfahrern zu konkurrieren?

Außerdem aber ist das Städtchen Seesen, das 209 m über dem Meeresspiegel gelegen ist und vielen Rauchern von Bremer Cigarren das edle Kraut formt, der Geburtsort eines weltberühmten Mannes, des Klavierfabrikanten Steinweg — auf deutsch Steinway — und bietet 4500 anderen Seelen ihr irdisches Heim. In seinem Äußern entspricht es ziemlich genau der Vorstellung, die man sich wohl von einem Bahnknotenpunkt macht: es ist regelmäßig, sauber, weiträumig gebaut, modern-anständig, ganz ohne romantische Winkel, anscheinend durchaus unserer praktischen Zeit ihren Ursprung verdankend. Und doch täuscht dieser Anschein gründlich; vielmehr blickt der Ort in eine bald tausendjährige Vergangenheit zurück — schon im Jahre 973 wird er in einer Urkunde Kaiser Ottos II. genannt. Man schrieb damals Seuson, später Sehusen, das ist Seehausen. Nach einigem Umforschen in der Gegend wird der Reisende vermuten, dieser Name sei wie lucus a non lucendo gegeben; doch er wird abermals irren: denn ehedem bildete das Bächlein Schildau hier wirklich zwei Seen, die aber längst wie mancher guten Mutter Sohn im Schlamm verkommen sind. Übrigens täuscht auch dies Bächlein mit dem Anschein der Harmlosigkeit; es kann recht bösartig werden; so hat es im Sommer 1898 eine Reihe fester Steinbrücken gründlich zerstört.

Des weiteren erweckt dieser trügerische Ort durchaus nicht sogleich den Eindruck, daß er wie Goslar am Harzrande gelegen sei; man glaubt sich viel eher recht inmitten eines Gebirgslandes zu befinden. Denn im Westen erhebt sich alsbald wieder ein ansehnlicher Bergzug, der Heber genannt, hinter dessen waldiger Höhe sich das altberühmte Kloster Gandersheim unsern Blicken verbirgt; auch im Norden und im Süden fehlt es nicht an Erhebungen, während im Osten die wirklichen Harzberge kaum bedeutender erscheinen. Erst eine genauere Umschau von einem der kahlen Vorhügel in der Nähe wird unserer Geographie aufhelfen.

Ihren Beruf als Straßenknotenpunkt hat die Stadt Seehausen — Stadtrechte erhielt sie allerdings erst 1428 — frühzeitig ergriffen; darauf deutet schon eine Unterredung, die in ihr anno 984 nach dem Tode Ottos II. dessen Vetter Heinrich der Zänker als Kronprätendent mit den treu gebliebenen Anhängern des Kindes Otto III. gehabt hat.

Später kreuzten sich hier die großen Handelsstraßen, die von Nürnberg und Augsburg nach Braunschweig und von Frankfurt nach Hildesheim und Hamburg führten. Zu ihrer Sicherung gab es auch eine nach dem Ort benannte und also jüngere Sehusenburg, die ihr Besitzer, der damalige Welfenherzog Albert der Fette, im Jahre 1291 an die reiche Stadt Goslar verpfändete, ein Zeichen, welchen Wert sie für diese hatte durch Beherrschung der großen Verkehrsstraßen.

Die spätere Geschichte der Stadt, die im Jahre 1599 ganze vierhundertsechsundachtzig Bürger zählte (1769 sogar deren 1700!), ist die allgemein übliche: ewige Kämpfe des Rats um Erweiterung seiner Rechte nach oben, gegenüber der herzoglichen Gewalt, und um Wahrung dieser Rechte nach unten gegen die aufstrebenden 486 Bürger.

Aber auch seinen frischen fröhlichen Krieg mit blanker Waffe hat Seesen geführt und zwar keineswegs ohne Ruhm, wenn auch nicht eben mit Glück. Die wackeren 486 (wenn es nicht damals ihrer noch weniger waren) nahmen thätigen Anteil an der bekannten Hildesheimer Stiftsfehde, die wegen welfischer Streitigkeiten während der ersten Reformationszeit ganz Niedersachsen in Aufruhr setzte. Bischof Johann rückte am 9. Oktober 1522 mit achthundert geworbenen Reitern vor Seesen; diese hatten es sehr eilig, denn sie wünschten mit der Plünderung fertig zu sein, ehe die Hildesheimer Bürger nachkämen und sie mit denen teilen müßten. Die Rechnung aber war verfrüht: die Seeser wehrten sich dermaßen ihres Gutes, und sogar Weiber griffen tapfer nach altgermanischer Art in den Kampf mit ein, daß sie zwei Stürme abschlugen, und die Angreifer bereits im Begriff standen, mit leeren Händen schwermütig abzuziehen.

Da trafen die Hildesheimer endlich ein, brachten die Landsknechte zum Stehen und rissen sie zu einem dritten Sturme mit sich fort. Ihr Bürgermeister sprang ihnen selbst in den Graben voran mit dem lauten Rufe: „Ein Jeder thue gleich mir.“ So gelang dieser Angriff wirklich, und die Mauer ward erstiegen. Die Seeser gaben aber trotzdem nicht klein bei, sondern steckten mit großartigem Entschlusse ihre Häuser eigenhändig in Brand und warfen sich in die Burg, sich dort weiter zu verteidigen.

Dieser Brand von Moskau im kleinen that seine Schuldigkeit: die Eroberer vermochten ihre Beute nicht einzuheimsen; nicht einmal eine Anzahl Pferde, welche die Seeser vor der Burg gelassen hatten, konnten sie mitnehmen, weil jene zu unangenehm schossen, sondern mußten sich begnügen, die armen Tiere ihrerseits teilweise zu Schanden zu schießen. Ja, sie mußten zuletzt gar durch einen mitternächtlichen Marsch sich in Sicherheit setzen, da der braunschweigische Herzog Heinrich der Jüngere (derselbe, der Goslars Herrlichkeit brach und von dem wir im Harz noch öfter hören werden) mit seiner Mannschaft und einer Hülfstruppe von 2000 Mann aus der Stadt Braunschweig eiligst heranzog und sie abzufangen verhoffte, was denn freilich mißglückte.

So endete dieser Froschmäusekrieg zum Schaden für beide Teile; und doch mögen die Seeser mit gutem Recht ihrer Heldenthat froh gewesen sein und ihr Gut zwar gemindert, ihre Ehre aber gemehrt gefühlt haben. Auch befreite sie der Herzog zum Lohn und zur Entschädigung im nächsten Jahre von Diensten und Abgaben. — Auch dieses Ereignis ist im kleinen immerhin ein Beispiel, wie viel edle Kraft und Heldentum damals in deutschen Landen für nichtige Zwecke verschleudert wurde.

Nicht lange danach, als im Jahre 1542 dieser selbe merkwürdige Herzog Heinrich der Jüngere, der hitzige Gegner der Reformation, vom Schmalkaldischen Bunde auf den Hülferuf Goslars vertrieben und seiner Lande beraubt worden war, nahm die Seeser Bürgerschaft mit allem freudigen Eifer die Kirchenbesserung an und blieb ihr auch treu trotz der versuchten Gegenreformation des nach der Schlacht von Mühlberg zurückgekehrten Herzogs. Dem lutherischen Parteigänger, Grafen von Mansfeld, öffnete sie in dieser schlimmen Zeit willig die Thore, als er das Herzogtum gewaltthätig durchzog, und behielt ihn 1552 auf 1553 zwei Monate im Winterquartier. 1568 starb endlich der schlimme Heinrich, und sein Sohn Julius förderte selbst die Sache der Reformation.

In den folgenden Jahrhunderten sorgten der Dreißigjährige Krieg und eine Reihe von sonstigen schweren Feuersbrünsten redlich dafür, daß von der alten tapferen Stadt kaum ein Haus übrig blieb und das heutige Seesen in seinem äußeren Gewande sein ehrwürdiges Alter durchaus verleugnet. —

Obgleich Seesen zu den echten Harzstädten gerechnet werden muß, liegt es von den höheren Waldbergen etwas entfernt auf sonniger Fläche; erst ein Spaziergang von zwanzig Minuten bringt uns an den Wald und in einen Gasthof „Zum grünen Jäger“, der den höheren Zwecken der Sommerfrische dient. Ihm gegenüber wird sich der neu angelegte „Steinway-Park“ dereinst zu einer Schönheit auswachsen und bietet schon jetzt von seinem Pavillon aus einen sehr freundlichen Blick; ein paar kleine Teiche dienen ihm als Schmuck und der Gegend als bescheidener Ersatz für die verschwundenen Seen.

Das von hier ab sich enger zusammenziehende Thal der Schildau ist sogleich von großer und dann stetig sich steigernder Schönheit, und ein erster Eintritt in den Harz von dieser Seite aus entschieden zu empfehlen; er wird hier schneller für sich einnehmen als in den strengen Thälern von Goslar. Der herrliche Wald zeigt gemischten Bestand; anfangs überwiegt das Laubholz, erst nach der Höhe zu tritt die Fichte mehr hervor.

Nach einem Stündchen bequemen Bergaufwanderns erreicht man die Schildauköte, ein bescheidenes Hüttchen in reizender Waldestiefe, das einige bescheidene Getränke verabfolgt zur Stärkung für den nun beginnenden schärferen Anstieg. Mit besonderem Genuß mag hier der patriotische Braunschweiger noch einmal im Vaterlande rasten, da er nunmehr in das ihm vielfach bedenkliche preußische Ausland hinüberzuschreiten genötigt ist, sei es nun, daß er sich links in die Richtung auf Lautenthal wende, sei es, daß er, der Schildau zunächst weiter folgend, den bedeutend längeren Weg auf Grund oder Wildemann einschlage.

Wir lassen vom Linken uns umgarnen; immer waldschöner und waldstiller geht es aufwärts, bis wir nach einer reichlichen halben Stunde abermals die Paßhöhe des langen und schmalen Kammes erstiegen haben, der, östlich von der Innerste scharf begrenzt, eigentlich einen kleinen Gebirgszug für sich bildet und dessen nördlichste Kuppe wir im Sangenberge kennen lernten. Von der hier aufgerichteten Schutzhütte führt ein knappes halbes Stündchen auf der andern Seite ins Innerstethal hinab.

Wer jedoch nicht von Hunger, Durst oder innerer Unrast geplagt wird, der soll nicht versäumen, den sehr lohnenden Abstecher auf die Brombergshöhe zu machen, der wieder nur eine halbe Stunde in Anspruch nimmt. Der Blick von dieser teilweis kahlen Kuppe (599 m) ist zwar nach Osten, nach der eben verlassenen Gegend hin, durch Hochwald verschlossen, desto freier und schöner dafür nach der andern Seite. Jenseits des tief einschneidenden Thales thut sich der weite Oberharz auf, bis der lange ruhige Rücken des Ackers und Bruchbergs und nördlich davon der Brocken selber den Ausblick abschließen.

Der Abstieg nach Lautenthal ist besonders auf der letzten Strecke, wo das Innerstethal sich aufthut, von entzückender Schönheit, eine wahrhafte Ueberraschung. Prächtig zwischen steilen und gestaltenreichen Waldbergen liegt der Ort in die Tiefe eingebettet, doch an deren Hängen emporsteigend, da wo der Lautenbach, davon er seinen Namen trägt, sich in die Innerste ergießt. Der ganze landschaftliche Aufbau des Thales ist hier so malerisch als großartig, und keine der andern oberharzer „sieben Bergstädte" (Grund, Wildemann, Klausthal, Zellerfeld, Altenau, Sankt Andreasberg) kann sich in diesem Betracht mit ihr vergleichen.

Die Bergwerksanlagen mit ihren mächtigen Schutthalden thun durch deren grade, steife Linien und die kahlen, schmutzfarbigen Abhänge der malerischen Wirkung allerdings einigen Eintrag, geben aber dem Gesamtbilde doch auch wieder seinen ausgeprägten besonderen Charakter: es ist eben eine „Bergstadt". Auch das ewige Rummeln und Poltern der Maschinen ist auf die Dauer nicht allzu erfreulich; und wenn der Rauch der Schmelzhütte bei der Höhe des Schornsteins auch Nase und Lunge nicht gerade belästigt, so ist doch der mißfarbige Qualm auch dem Auge keine anmutende Zugabe. Ebenfalls eine Wirkung der Bergarbeit ist die widrige, schmutzig-graue Farbe des Wassers der Innerste, die solcherart als ein rechtes ungewaschenes Proletarierweib unter den Bachnymphen des Harzes eine absonderliche Stellung einnimmt. Indessen Arbeit bringt ja nicht Schande, sondern Ehre, und so wird man ihrem schmierigen Kittel eine stille Ehrerbietung wohl auch nicht versagen dürfen. Von dem Wasser zu trinken wird wohl niemand sich versucht fühlen, und das ist ein Glück, denn es ist giftig für Menschen und Vieh mit Einschluß der Fischbrut. „Gesund wie ein Fisch im Wasser," das Wort verliert hier völlig seine Geltung.

Eine sehr günstige Nebenwirkung aber haben diese Verhältnisse auf den menschlichen Verkehr geübt: Lautenthal steht als Sommerfrische noch heute im Geruche einer zum Herzen sprechenden Billigkeit: und das würde ohne jene kleinen Störungen bei dem Glanz seiner Lage und dem Reichtum seiner Umgebung wohl kaum mehr so der Fall sein. Man braucht nur an Schierke zu denken — doch davon später. Von den Gasthäusern ist die „Prinzeß Karoline" durch seine reizende Lage am Waldesrand ausgezeichnet.

AUFNAHME VON P. SOMMER, POTSDAM.
Lautenthal.

Eine Reihe von kurzen, aber tiefen Querthälern münden in der Nähe von Lautenthal, zum Teil, wie die Dölbe, waldwilde, einsame Schluchten; die von ihnen umschlossenen Höhen bieten mehrfach glänzende Aussichten, so die Bielsteinlaube (496 m) und die Teufelsecke, beide in einer halben Stunde zu erreichen. Ganz bequemen Leuten steht das Innerstethal aufwärts und abwärts mit prachtvollen und wechselreichen Landschaftsbildern unentgeltlich zur Verfügung; ja, auch Gichtbrüchige und Lahme können sich dieses Genusses teilhaftig machen vermittelst der Eisenbahn, die ohne atembeklemmendes Jagen das Thal hinaufklimmt.

Lautenthal ist von den „sieben Bergstädten" am niedrigsten gelegen (296 m). Entstanden ist sie erst um die Mitte des sechzehnten Jahrhunderts; außer der selbstverständlichen Verödung durch den Dreißigjährigen Krieg hat sie eine Geschichte kaum aufzuweisen, wenn man nicht die Errichtung eines Badekomitees und einer Kurkommission zu den historischen Akten nehmen will. Ihre Einwohnerzahl beträgt 2700, und zwar berühren sich hier Abkömmlinge des oberdeutschen Stammes (s. S. 129) mit zugezogenen Niedersachsen, was durch die niedrigere Lage und die leichte Zugänglichkeit von der Ebene her sich leicht erklärt.

Rein oberdeutschen Dialekt spricht schon die 7 km weiter ins Gebirge und 126 m höher (422 m) gelegene Schwesterstadt Wildemann. Sie ist etwas älterer Gründung, schon von 1529 an erwachsend, ist aber an Einwohnerzahl zurückgeblieben und hat es, damit die kleinste der sieben Bergstädte, nur auf deren knapp 1400 gebracht. Der Bergbau ernährt diese, auch einige Pflastersteinbrüche und etwas Viehzucht, daneben im Sommer eine maßvolle Ausnutzung der luftschnappenden Fremden. Denn auch Wildemann wird noch umwittert von dem lieblichen Geruche der Billigkeit, wofür man denn freilich keine Palastwohnungen beanspruchen darf; doch kommt das etwas abseits gelegene „Kurhaus Engelhardt" auch üppigeren Sitten einen Schritt entgegen.

Die Stadt hat ihren Namen von einer alten Grube, die ihrerseits benannt war nach der allbekannten mythisch-symbolischen Gestalt des einzig mit Tannengrün bekleideten und mit einer Keule bewaffneten Mannes. Dieser findet sich von alters sowohl auf Münzen wie im Wappen verschiedener Städte und Herren und ist seinem Ursprunge nach nichts Anderes und nichts Geringeres als der gewaltige Germanengott Wodan selbst. Wie dieser nämlich seit seiner Degradierung zum „wilden Jäger" in den Sagen verschiedener deutscher Stämme die unritterliche Gewohnheit hat, schutzlose Weiber zu jagen (in Tirol sind es Wald-, an der Ostsee Wasserweibchen — der Sturm jagt die Wolken), so ist auch dem Harzer wilden Manne solche Untugend nicht fremd und enthüllt seinen Ursprung: er verfolgt Moosweibchen, die ganz in Moos gekleidet sind und Gänsefüße haben. Solche wohnten der Sage nach ehedem auch in einer Mooshütte, die an der Stätte des heutigen

Städtchens Wildemann stand, oder auch in der Linde, die heute noch vor dem dortigen Rathause grünt.

Nach einer jüngeren und mehr künstlich konstruierten Sage hat zu dem Manne auch eine gleichgekleidete wilde Frau gehört. Beide wohnten hier in einer Höhle, wurden von einem Ritter Klaus überrascht und gefangen; dieser vermochte den Mann zu zähmen und ihn den Bergbau zu lehren, die Frau aber nicht: die ist ihm entsprungen und wild geblieben. — Ob die leichtere Zähmbarkeit des Mannes im allgemeinen psychologisch begründet ist, kann hier nicht näher untersucht werden. —

Die unmittelbare Lage von Wildemann läßt sich der von Lautenthal freilich kaum vergleichen; es liegt etwas eng und beinahe wie ängstlich eingeklemmt zwischen steile, meist unbewaldete Hänge; es fehlt der große Zug der Linien und ein wohlgefälliger Aufbau. Dagegen wohnt dem kleinen Neste ein eigenes Behagen inne, an Frische der Bergwiesen und Fichtennadelduft fehlt es im Umkreise nicht, und an der Schönheit der weiteren Umgebung hat es zum Teil gleichen Anteil mit den Nachbarorten Lautenthal, Bockswiese-Hahnenklee, Zellerfeld und Grund.

Eine Wildemann zunächst liegende besonders reizvolle Partie ist der Weg in das östlich einmündende Spiegelthal; immer hübsch und angenehm wandernd erreicht man in 3/4 Stunden das Zechenhaus, wo an schöner Waldstelle die erlahmenden Kräfte gestärkt werden können; und nun beginnt eine Strecke voll feinsten Waldzaubers und intimster Teichpoesie. Von den beiden Spiegelthaler Teichen, deren jedem an seinem Sperrdamme ein hübscher kleiner Wasserfall beigegeben ist, gewährt besonders der untere einen ganz wunderschönen Blick über die waldumkränzte, stille Wasserfläche hin auf die in ruhig edlen Linien sich auftürmende Bergwand der Schalke; das ist alles so einfach und so recht von Herzen schön. Die menschenfreundliche Bank auf diesem Teichdamme sei besonders liebenden Paaren empfohlen und solchen, die es gern werden möchten: in dieser Waldtiefe am Teich mögen leicht die sprödesten Herzen schmelzen. — Derbere und durstigere Naturen aber finden bald an einem dritten freundlichen Teich im Kurhaus Untermühle schon wieder eine Stärkung, vermöge deren ihnen der Rückweg durch das gleiche Thal oder über das Johanneser Kurhaus leicht werden wird. Dieses ist eine zwischen Zellerfeld und Wildemann ungefähr in der Mitte liegende viel besuchte und des Besuches werte Bergluftheilstätte; genauer deren zwei, in einiger Entfernung voneinander, beide ursprünglich Zechenhäuser, davon das alte, das echte Johanneser, seine ursprüngliche Gestalt bewahrt hat, während das andere, ursprünglich das Joachimer Zechenhaus, jetzt als ein stattlicher Holzbau moderner Stilrichtung prangt. Die Lage auf der Höhe der Oberharzer Ebene, gegen 600 m, also sehr beträchtlich über Wildemann, ist frei und doch geschützt, in einer geringen Vertiefung zwischen höheren Rändern, Fichtenwald zur einen, Wiese zur anderen Seite; die Bedingungen für einen gesunden Aufenthalt sind also die besten. Spaziergänge finden sich in Fülle; hinunter ins Spiegelthal ist's kaum ein halb Stündchen. —

Wenn wir von Wildemann die entgegengesetzte Richtung einschlagen, also dem Innerstethal wieder westwärts entsteigen, so gelangen wir nach Überschreitung der Paßhöhe auf prächtigem Waldpfade in einer guten Stunde hinab in die wieder tief in ein Thal eingebettete Bergstadt Grund, die besuchteste und wohl auch schönste Sommerfrische des Nordwestharzes, eine der reizendsten Stätten unseres Gebirges überhaupt. Obgleich sie gar nicht hoch liegt, wenig über 300 m, und dem Gebirgsrande ganz nahe, hat man doch recht besonders den Eindruck eines frischen, friedlichen, weltfernen Bergnestes; man möchte sagen, man fühlt sich einige tausend Fuß höher, als man wirklich ist. Das macht vor allem die abgesonderte Lage, wirklich im „Grunde", in einem ringsum eingeschlossenen hingestreckten Thale, ohne Ausblick in das Vorland; dazu kommen die herrlichen, grünen Matten, die zu allen Seiten an steilen Hängen emporsteigen, bis sie dem Hochwalde weichen. Auch die Luft scheint anregende, erquickende Eigenschaften zu haben, die solchem Eindruck entsprechen und ihn vielleicht steigern.

Die Weitenausmessung dieses Thales ist die glücklichste; es ist eng genug, um traulich, schützend, waldeinsamlich zu wirken, aber nicht so eng, um zu drücken und zu beklemmen; recht mollig eingepackt liegt es wie in freundliche, grüne Kissen. Die Gestalten der umliegenden Höhen haben wohl nicht so den Zug ins Große wie die bei Lautenthal, dafür um so reinere Anmut und Lieblichkeit; keine unruhige oder flache Form stört irgendwo das Auge, auch keine Schlackenhalde eines Bergwerks noch Schornstein einer Hütte; diese Dinge halten sich bescheiden in entfernteren Winkeln. Grund stellt ersichtlich den modernen Beruf des Luftkurortes in die erste Linie; dem entspricht auch das stattlichere und kultiviertere Aussehen der Häuser, ohne daß sich deshalb der Ort, wie etwa Harzburg, in eine anspruchsvolle Sommergroßstadt verwandelt hätte.

Der Hauptplatz, von Gasthöfen umgeben, um eine einfache Kirche mit eigenartigem Schieferturme sich breitend, ist nicht so städtisch geschlossen, daß man die Sommerfrische

Kurort Wildemann.

vergäße; er bietet in den belebten Juli- und Augustwochen ein heiteres und unterhaltendes Treiben, zumal um die Stunde, wenn die Wagen vom Bahnhof Gittelde heraufkommen und ihren Inhalt ausladen: lustig zu sehen bei Sonnenschein, noch lustiger — mit einem herzstärkenden Zusatz von böslicher Schadenfreude — bei handfestem Regenwetter; und diesen Genuß hat man allerdings hier, westlich vom Brocken, noch besonders häufig. Einen im Harz nicht allzu häufigen Kulturluxus vergönnt sich Grund in einem anständigen und trefflichen Gasthof größeren Stils, der trotzdem weder sehr kostspielig ist noch durch fürnehm protzendes Gebaren denjenigen anödet, der seinen Beruf als Millionär vorläufig verfehlt hat; besondere Kennzeichen: ein ebenso prächtiger als geschmackvoll-behaglicher Oberlicht-Speisesaal (Römers Hotel Rathaus).

Die Geschichte der Entstehung von Grund, früher auch „Gittelde im Grunde“ geheißen, steht in seinen Wäldern deutlich geschrieben: zahllose trichterförmige Vertiefungen erweisen sich als alte Eisensteingruben und bekunden den ursprünglichen Charakter als

„Bergstadt“. Es ist sogar die älteste der sieben Städte, bis ins 15. Jahrhundert zurückreichend, und nebenbei die einzige, deren Bevölkerung sich ausschließlich der niederdeutschen Sprache bedient. Ein Hauptverdienst an ihrem Emporkommen und Gedeihen hat jener selbe braunschweigische Herzog Heinrich der Jüngere, der Goslars Blüte geknickt hat. Seine Feindseligkeit gegen die Reformation bewährte er auch hier, mußte aber dem tapfern und zähen Verlangen der wackern Gemeinde schließlich nachgeben und nach langem, unmutigem Sträuben die Anstellung lutherischer Prediger gestatten.

Der Dreißigjährige Krieg hat natürlich auch Grund in Asche gelegt, und zwar vollständig: am 10. Februar 1626 unterzog sich eine Abteilung des Tillyschen Heeres, vornehmlich Spanier, mit Ernst dieser Mühe. Nach den üblichen Plünderungen, Mißhandlungen mit und ohne tödlichen Ausgang, Freundlichkeiten gegen jüngere Damen und dergleichen frommen Übungen wurde das Städtchen sorgsam und erfolgreich in Brand gesteckt. So munter ward diese Arbeit gefördert, daß nicht wenige Kranke in den Flammen der Winterkälte für immer ledig wurden. Die übriggebliebenen Einwohner mußten mit Frost und Hunger durch den Wald in die Nachbarstädte flüchten, denen aber auch bald kräftiglich aufgespielt wurde.

Auch nach Überwindung dieser Schreckenstage kam Grund nicht wieder so recht in Blüte, da die Gruben und Hütten nicht genügende Ausbeute gaben. Erst wir Wohlthäter der Menschheit, Touristen und Sommerfrischler, können den Ruhm in Anspruch nehmen, dem Orte wieder einen kräftigen Aufschwung gegeben zu haben. Zur Zeit mögen auf 2000 Eingeborene reichlich 3000 Gäste jährlich kommen; und diese lassen denn schon etwas hängen.

Nicht bloß die Lage des Städtchens selbst, sondern auch die weitere Umgebung macht diesen starken Zuspruch begreiflich. Der Wald zeigt hier dieselbe glückliche Mischung wie etwa bei Harzburg und Wernigerode: Nadel- und Laubholz ungefähr zu gleichen Teilen. Die Spaziergänge gliedern sich in ihrer Fülle nach dem Mut und den Kräften der wanderfrohen Gäste. Alte Damen, Kinderwagen und sehr alte Herren wenden sich wohl gerne westlich zu den schön bewaldeten Abhängen des Knollen, westlich der Stadt, wo rührend bequeme Wege, reizende Blicke und gutmütige Kaffeehäuser die Thatkraft belohnen. Verwegenere Gemüter erstürmen in einer Viertelstunde den Eichelberger Pavillon im Süden, von wo aus man Thal und Stadt als ein wohlkomponiertes Gemälde zwischen buchenbewachsenen Höhen, Königsberg zur Linken, Iberg zur Rechten, dicht vor den Füßen liegen hat, während dahinter in der Mitte das dunkle Fichtenhaupt des Winterberges sich aufhebt, von dem wieder die lichte Pyramide des Hübichensteins effektvoll absticht.

Von hier aus führen lohnende Wege, mit trefflicher Übersicht über die Formation der Gegend, nach der Wiemannsbucht, einer besuchten Waldschenke bei einer Grubenöffnung, dem Tiefe-Georgs-Luft-Schacht, und weiter hinauf zur „Köte am Kaltenborn“, einer Schutzhütte, deren Inschrift beweglich mahnt:

Vor Wetter und Wind beschirm' ich euch,
Beschützt ihr mich vor Bubenstreich!

und in deren Nähe man zum Lohn der Unterdrückung aller bösen Zerstörungslüste in seinem Busen einen hübschen Ausblick über den Harzrand hinweg ins untere Söfethal und auf die Berge an der Leine um Göttingen genießt.

Schreitet man von hier aus auf dem waldigen Höhenrücken ohne neue nennenswerte Steigung eine Viertelstunde weiter, so erlangt man nach der entgegengesetzten Seite einen beschränkten, aber originellen und sehr schönen Blick: man sieht zwischen den Tannen unerwarteterweise über das Innerstethal hinweg die Stadt Klausthal und gerade darüber den Bruchberg und den Brocken; der Gegensatz zwischen den roten Dächern inmitten der weiten lichten Wiesen und den in bläulichem Duft schimmernden Hochbergen, die ihre Flügel darüber zu breiten scheinen, ist ungemein fesselnd und eigentümlich. Elisabethblick heißt die Stelle, hoffentlich nach der Herzogin dieses Namens, Großmutter Heinrichs des

Jüngeren, die vor diesem schon viel für das Aufblühen der Bergwerke gethan hat. Leider beginnt die Aussicht durch junge Fichten bereits zu verwachsen.

Noch häufiger besucht werden von Grund her die nördlich gelegenen Waldpartieen. Ganz besonders reizend ist ein Spaziergang an der Rückseite des (nordwestlichen) Königsbergs durch das Rabenthal; die seltene Mischung von Fichten- und Eichenbestand mit schönem Untergrund giebt dieser Partie einen eigenen angenehm fremdartigen, leise geheimnisvollen Zauber. Wenn hier etwa gerade das harmonische Geläut einer unsichtbaren Kuhherde aus der Waldestiefe erklingt, mag der Zauber dieser stillen Gründe geradezu bestrickend werden.

Das nächste Ziel dieser Wanderung ist eine Stelle, die in lieblichstem Wechsel plötzlich ein ganz anderes Bild vor uns aufstellt, nach der geborgenen Stille eine freundlich geöffnete, fein idyllische kleine Welt: eine waldumkränzte Bergmatte senkt sich gegen Südwest und zeigt uns fern über dem Walde einen reizenden Ausschnitt der Welt außerhalb des Harzes, die sich in bewegten Bergformen darstellt. Je beschränkter und schlichter diese Ansicht ist, desto reiner weckt sie den Eindruck eines wohlgerundeten, fein abgestimmten Gemäldes. Heuernte oder weidende Kühe sind hier eine besonders glückliche Staffage. Der Platz trägt den seltsamen Namen Doppmeierei.

Sehr nahe dieser Wiese, je kaum eine Viertelstunde davon entfernt, liegen zwei Aussichtsstellen besonderen Verdienstes, der Pavillon auf dem Winterberge und der Hübichenstein; ersterer eröffnet einen sehr erweiterten Blick in die westliche Ferne auf wuchtigem Vordergrund der Harzrandberge; dieser giebt wohl das malerisch reichste und glänzendste Bild in der ganzen Gegend: die Stadt mit ihren Waldbergen wie ein Juwel in köstlicher Fassung und dazu ein feines Stückchen Ausschau in die verdämmernde Ferne.

Der Hübichenstein (430 m, etwa 100 m über dem Orte, von da in 20 Minuten zu erreichen) ist aber auch als Felsbildung sehenswert. Es ist eine mächtige Doppelzacke, senkrecht und spitz aufstrebend; die höhere der beiden stellt sich am besten von der Ostseite dar, nur daß weder der dort an seinem Fuße geebnete modische Lawn Tennisplatz, noch

AUFNAHME VON FR. ROSE, WERNIGERODE.

Bad Grund.

auch die mehr patriotische als stimmungsgerechte Verzierung des Felsens durch einen bronzenen Adler und ein Medaillonbild Kaiser Wilhelms I. so recht in die Naturstille der Landschaft hineinpassen. Um daher die daran geknüpfte Sage rein zu würdigen und zu genießen, mag man sich lieber an eine einsamere Stelle begeben.

Der Zwergkönig Hübich, der unter dem Felsen in einem wunderbaren Schlosse wohnte — den Zugang deutet noch jetzt eine Grotte —, tötete jeden Sterblichen, der den schroffen Felsen zu erklimmen wagte. (Er erinnert hierin an den Tiroler Zwerg Laurin. Doch ist Hübich oder Giebich ursprünglich nichts anderes als ein Beiname des großen Gottes Wodan, der sich hier freilich zum Zwerge, wie sonst zum wilden Manne erniedrigt sieht: doch soll er ganz froh sein, wenn er nicht völlig als Teufel behandelt wird!

Keine Klauen, keinen Schwanz;
Doch bleibt es außer Zweifel:
So wie die Götter Griechenlands,
So ist auch er ein Teufel,

sagt im Faust der „Orthodoxe".)

Ein junger Förster trotzte der Gefahr und erklomm die Spitze: doch er hatte sich verstiegen, er konnte schlechterdings nicht wieder hinabkommen und sah nun dem jämmerlichsten Hungertode mit grausamer Sicherheit entgegen. In höchster Verzweiflung erflehte er von seinem Vater, der ihn in der schrecklichen Lage entdeckte, ihn durch einen Gnadenschuß zu erlösen, wie er wohl selbst manch im Eisen gefangenes Raubzeug so von seinen Ängsten befreit hatte.

Den Seelenkampf des Vaters mag jeder sich denken. Als er endlich die langen Qualen des Sohnes nicht mehr ansehen konnte, erhob er entschlossen die Büchse und zielte. Solches Vaterelend aber erbarmte nun doch selbst des strengen Zwergkönigs Herz, er schenkte dem Sohne das Leben und öffnete ihm den Abstieg. Doch mußte er zuvor das Versprechen leisten, daß er und niemand sonst im Lande mehr nach den Raubvögeln schießen dürfe, die auf dem Steine hausten; denn wenn der große Hübichenstein zum kleinen werde, bleibe er ins Innere des Berges gebannt und könne nicht mehr ans Licht kommen. — Diese Motivierung der Forderung klingt etwas sonderbar; mit Flintenkugeln zerstört man keine Felsen, und mit Kanonen pflegt man nicht nur nicht nach Spatzen, sondern auch nicht nach Raubvögeln zu schießen. Offenbar aber deuten diese auf Wotans Raben, und das verstand man später nicht mehr und suchte nach einem anderen Grunde.

Die beiden Förster und deren Nachbarn in Grund haben ihr Versprechen treulich gehalten. Erst im Dreißigjährigen Kriege haben trunkene Landsknechte mit einer Kanone wirklich die Spitze herabgeschossen und damit den großen zum kleinen Hübichenstein gemacht. — Hier mag sich eine Erinnerung bergen an den alles zerstörenden Einfall der Tillyschen Truppen.

Der arme Zwergkönig haust seitdem in der dunkeln Tiefe, und der Fels ist erklimmbar — seit 1896 sogar für die vorsichtigsten Damenfüße. Wer aber den Hungertod fürchtet, suche seine Zuflucht in dem unfernen Iberger Kaffeehause, das zu Speise und Trank auch eine nicht umfangreiche, doch überaus liebliche Aussicht auf die Stadt und deren nähere Umgebung liefert.

Bedeutend weiter sieht man ins Land von dem 562 m hohen Iberge selbst, auf dessen breiter Kuppe ein Holzturm die Waldmassen überragt und den Ausblick ermöglicht. Der Vordergrund der westlichen Harzberge und die Weite der angrenzenden Gebirge, vom Thüringerwald im Süden bis zum Süntel und Deister im Nordwesten bilden einen schönen Zusammenklang, dem die Stadt „im Grunde" einen freundlichen Mittelpunkt giebt. Den Brocken sieht man von hier aus nicht, doch ersetzt in einiger Nähe ein „Brockenblick" diesen Mangel. Auch an diesem Turme hält uns eine Wirtschaft die Qualen des jungen Försters fürsorglich fern.

Ganz nahe dem Turme befinden sich einige besonders tiefe Erdlöcher (bis zu 9 m), die früher mit den zahllosen anderen als Eisengruben galten, neuerdings aber durch den

Spruch gelehrter Forscher zu Gletschertöpfen avanciert sind und als solche von der urfernen Eiszeit des Harzes wie ganz Deutschlands zu uns Nachgebornen reden.

Ebenfalls in Urzeiten führt uns eine nahe Tropfsteinhöhle, die zwar den berühmten Rübeländer Grotten nicht gleichzuachten, aber doch nützlich und gut zu besehen ist. Sie ist 40 m im Lot tief und 200 m lang. An Stalaktiten und Stalagmiten fehlt es nicht; der „wilde Mann", die „Madonna" und der „Zwerg" sind für den Liebhaber solcher Schnurrpfeifereien ganz hübsche Naturspiele, und wirklich schön und malerisch ist der „versteinerte Wasserfall", der das Bild eines in Eis erstarrten kleinen Katarakts bis zur vollen Täuschung hervorzaubert. Und so hat denn Grund wenigstens unter der Erde, was ihm am Licht der Sonne allerdings versagt ist, ein etwas kräftiger plätscherndes und hüpfendes Gewässer. —

Grund wird am häufigsten von der Eisenbahnstation Gittelde der Strecke Seesen-Herzberg besucht, die hart am Fuße des westlichen Harzrandes entlang läuft. Eine Fahrstraße führt 5 km weit im Thalgrunde herauf, ein hübscherer Fußweg über den Berg bringt ebenfalls in einer Stunde zum Ziele. Wir benutzen diesen zum Absteigen, durchschreiten das freundliche Dörfchen Windhausen am Bergesfuße, das dem Bahnhof am nächsten liegt, und könnten das größere, aber entferntere Gittelde getrost seinem Schicksal überlassen, obgleich es durch Alter ehrwürdig ist und schon vor tausend Jahren als Gethlithi (vielleicht Geißleite, Ziegenberg) erwähnt wird, auch im Jahre 1626 vor der Schlacht am Barenberge ein heftiges Gefecht zwischen der dänischen Nachhut und Tillys Vorhut mit angesehen hat und bei der Gelegenheit natürlich in Flammen aufging; interessanter aber noch wird es uns durch die Nachbarschaft der ehemaligen Staufenburg, die uns recht merkwürdige Dinge zu erzählen hat.

Erwähnt wird die Burg zum erstenmal im Jahre 1131, während die Sage ihre Gründung schon Heinrich dem Ersten zuschreibt und hier, wie an mancher anderen Stelle in und um den Harz, einen Vogelherd zu bezeichnen weiß. Bald darauf kam sie an Heinrich den Löwen und ist seitdem immer in welfischem Besitz geblieben, wenn auch die mannigfachen Erbteilungen dieses Hauses sie wechselnd verschiedenen Linien desselben zufallen ließen. Zur Reformationszeit gehörte sie Heinrich dem Jüngeren von Braunschweig-Wolfenbüttel, von dem wir schon manches im guten und bösen zu berichten hatten; und eben diesem war sie eine Lieblingsstätte, wenn auch nicht am wenigsten aus einer ganz besonderen Ursache.

Am Hofe zu Braunschweig lebte ein junges Edelfräulein, Eva von Trott, „ein stark, wohlgebildet, gesund jung Mensch und ein züchtig, wohlerzogen jung Maidlein". In dieses angenehme Persönchen verliebte sich der Herzog, und sie schenkte ihm in stiller Zurückgezogenheit auf der Staufenburg im Laufe von sieben Jahren einen Sohn und zwei Töchter; in der Zwischenzeit lebte sie harmlos und vergnüglich zu Braunschweig. Inzwischen aber war doch von der Sache etwas ruchbar geworden, und nicht nur die Herzogin Marie vermerkte das übel, sondern auch die Verwandtschaft des züchtigen Maidleins begann unruhig zu werden.

In solcher ehelichen Verlegenheit ersann Heinrich eine Komödie, wie sie so frech und abenteuerlich, so grotesk zugleich und schauerlich in deutschen Landen wohl niemals wieder aufgeführt worden ist. Er ließ seine Eva auf einer Reise plötzlich zu Gandersheim scheinbar erkranken und nach zwei Tagen dem schrecklichen Siechtum, das offenbar nur die Pest sein konnte, elend erliegen. Man konnte die Leiche sehen, nur freilich der Ansteckungsgefahr wegen mit einem Tuche bedeckt und beständig von Rauch umwogt; eben deshalb wurde das Begräbnis so sehr als möglich beschleunigt. Doch mit aller Feierlichkeit, unter Gesang und kirchlichen Bräuchen ward die Leiche in der Kirche bestattet.

So raffiniert aber ging der Herzog zu Werke, daß er für die zu begrabende Puppe eigens einen hölzernen bemalten Kopf von einem braunschweigischen Künstler hatte anfertigen lassen. Das Stück ist so toll in seiner wilden Frivolität, daß man ihm eine gewisse frevelhafte Größe nicht absprechen kann. Und wenn man's von einem Manne, wie dieser launenzähe und gewaltsame Herzog war, allenfalls begreift — was muß das für ein Weib gewesen sein, das den grellen Seelenmut aufbrachte, solch grausiges Spiel mit sich vornehmen zu lassen? Welche Glut der Leidenschaft kann man dahinter ahnen! Und daß sie weiter es über sich gewann, sich für ihr ganzes ferneres Leben so schlechthin von der Welt, von aller Verwandtschaft und Freundschaft abschließen zu wollen, um ganz allein für den einen zu leben!

Und Eva von Trott lebte nunmehr neun Jahre hindurch auf der Staufenburg, wohin sie von Gandersheim als Bäuerin verkleidet heimlich entwichen war, in tiefster Weltabgeschiedenheit wie eine Gefangene, außer dem Geliebten, der sie zeitweilig besuchte, und ihren Kindern einzig angewiesen auf die Gesellschaft untergeordneter Personen, die mit strengen Eiden zu ewigem Verschweigen des Geheimnisses verpflichtet waren — und es war nicht ihre Schuld, daß sie in solcher Einsamkeit nicht ihre Tage beschloß.

Sie gebar während dieser Zeit und später noch mehrere Kinder, im ganzen deren zehn, die in aller Stille auf den Namen ihres herzoglichen Vaters getauft worden sind.

Der strengste Moralist wird nicht leugnen können, daß in so stetiger Treue eines launenhaften Selbstherrschers und in so opfervoller Hingebung eines Weibes des Versöhnenden viel bei aller Sträflichkeit des Verhältnisses selbst und des ungeheuerlichen Betruges liegt. Die Geschichte wäre ein Stoff für einen Dante gewesen; in die Hölle hätte er die beiden gesteckt, doch unter Annahme mildernder Umstände.

Trotz aller strengsten Vorkehrungen, und obgleich künstlich die Sage von einer weißen Frau verbreitet wurde, die allen sich Nähernden Übles zufüge, eine Sage, die so wirksam wurde, daß sie sich bis heute erhalten zu haben scheint, konnte das seltsame Geheimnis doch auf die Länge nicht gewahrt werden. Die Sonne bracht' es an den Tag, wenn sie sich auch vermutlich dazu schwatzender Mägde bediente. Bald wußte alle Welt, was es mit dem Begräbnis von Gandersheim auf sich hatte. Die Herzogin wurde sehr unangenehm, und wenn ihr hoher Gemahl auch tapfer log, so half ihm das nicht viel; auch die Familie von Trott begann sich zu regen, und am meisten fürchtete Heinrich den ihm feindlichen Bund von Schmalkalden, dem so ein strammer Skandal ein gefundenes Fressen sein mußte.

Doch er ließ nicht von der Geliebten. Von der Staufenburg, wo sie nicht mehr sicher genug schien, brachte er sie bei Nacht nach der festeren Liebenburg nördlich vom Harz und später an verschiedene andere Stätten. Er hatte noch mehrere Kinder von ihr. Zuletzt starb sie in Hildesheim, wo er ihr ein Asyl bereitet hatte, über sechzig Jahre alt.

Es wird berichtet, während der langen freiwilligen Verbannung auf der Staufenburg habe sie sich fast immer heiteren Sinnes gezeigt und habe sogar mit ihrer Umgebung über den tollen Unfug von Gandersheim fröhlich gescherzt. Was ist das für eine Frau gewesen? Ein züchtig, wohlerzogen Maidlein eigentlich wohl nicht — aber ein stark, wohlgebildet, gesund jung Mensch, das muß wohl wahr sein. Doch ein Rätsel gewiß. Nun, der eine, den sie liebte, muß sie verstanden haben. Requiescat in pace. —

Die Staufenburg ist noch nicht fertig mit ihren Geschichten. Die zweite ist kürzer und häßlicher und grausamer. Doch immer auch noch etwas für einen Dante. Es ist auch eine Liebesgeschichte von der minder löblichen Art. Ein halbes Jahrhundert nach Eva war eine Äbtissin von Gandersheim, Margarete von Warberg, ihrem Stiftsverwalter freundlicher gesinnt, als Äbtissinnen das sollen; zur Strafe ward sie nach dem menschenfreundlichen Spruch des geistlichen Gerichts lebendig auf der Staufenburg eingemauert; nur durch ein kleines Loch wurde ihr Speise verabreicht. Acht Monate lang ertrug sie diese Qual, dann glückte es ihr, zu sterben. Das geschah im Jahre des Heils 1587. —

Die Staufenburg war noch bis in den Anfang des 18. Jahrhunderts in gutem Zustande und von einem Amtmann bewohnt; dann wurde sie baufälliger und diente seit 1713 nur noch als Gefängnis; 1778 aber wurde der Aufenthalt selbst für verurteilte Verbrecher nicht mehr für standesgemäß erachtet; im Anfang unseres Säculums wurde sie niedergerissen und als Steinbruch benutzt. Und so künden jetzt nur ganz kümmerliche Reste die wunderlichen Mären vergangener Tage.

Die Staufenburg liegt schon nicht mehr im eigentlichen Harzgebiet, sondern auf dem Kalkbergzuge, der dessen Rand hier wie an anderen Stellen in einiger Entfernung begleitet. Der kleine Abstecher aber darf uns nicht reuen; auch ist eine Fußwanderung nordwärts nach Seesen oder südwärts nach Osterode nicht zu widerraten, da man immer den interessanten Blick auf den Westabhang des Gebirges behält. Dieser ist nicht so scharf geschnitten wie der Nordrand bis in die Gegend von Ballenstedt, aber doch trotz der vorgeschobenen sanften, waldlosen Hügel deutlich genug markiert.

Schneller freilich, nämlich in einer Viertelstunde, bringt uns die Eisenbahn nach Osterode, das am Austritt der Söse aus dem Gebirge, des dritten größeren Gewässers im Oberharz — neben Oker und Innerste — und zugleich des kleineren Lerbachs, 230 m hoch gelegen ist. Gleich östlich davon beginnen die Ausläufer des langen Ackerzuges, der den Nordwestharz, einem riesigen Walle gleich, so scharf und auffällig abgrenzt.

Osterode ist eine behäbige und gefällige Stadt von 7000 Einwohnern, eine der betriebsamsten des Harzes, zur Provinz Hannover gehörig, denn wir haben seit Gittelde wieder einmal eine Grenze überschritten. Der langgestreckte Marktplatz hat ein besonders stattliches Ansehen und lebhaften Verkehr, er ist umgeben von meist älteren, soliden Häusern — des vorigen Jahrhunderts —, von denen nicht wenige zu Gasthäusern eingerichtet sind und löbliche Unterkunft geben; besonders kann der Deutsche Hof ernstlich empfohlen werden, auch um vernünftiger Preise willen. Ganz alte bürgerliche Bauten aus gotischer und Renaissancezeit sind kaum mehr vorhanden. Besuchenswert ist die Marktkirche, die durch die eigentümliche, fast an altnordische Bauart erinnernde Form ihres schiefergedeckten Turmes auffällt, um ihrer Grabsteine willen; es liegen hier vier Herzöge und drei Herzoginnen des grubenhagenschen Welfenhauses begraben, alle aus dem 16. Jahrhundert, darunter der letzte dieses Geschlechts, der 1596 starb; dessen Gemahlin war eine Tochter Heinrichs des Jüngeren von Braunschweig. Eine Art Wahrzeichen der Stadt ist die sogenannte Hünenrippe am Rathause, die entweder einem Walfische oder einem vorweltlichen Ungeheuer entstammt.

Im Norden der Stadt, am Gebirgsrande, liegt die Ruine der alten Burg, fast nur noch aus der Hälfte eines kolossalen Rundturmes bestehend; sie war schon im 16. Jahrhundert von den herzoglichen Besitzern aufgegeben und dem Verfall überlassen. Man hat von hier eine gute Übersicht über die Lage der Stadt und auf den langen Zug der dem Harz gegenüberliegenden weißlich schimmernden Kalkberge, welche die Söse zwingen, ihren Lauf wider ihre natürlichen Absichten auf eine gute Strecke nach Nordwesten zu richten, dem Harzrande parallel, bis sie bei Badenhausen einen Durchbruch findet und wieder nach Südwesten abbiegt, um bald, mit der Oder und Ruhme vereinigt, der Leine zuzuströmen.

Schöner noch ist aber der Blick von jenen Kalkhöhen selbst, ganz besonders von dem an freier Stelle errichteten steinernen „Sedanturm", wo man über der Stadt das Gebirge in schönen Linien sich auftürmen sieht. Man erkennt hier am besten den nicht geringen Reiz der Lage, der auch Sommergäste anzuziehen und zu fesseln weiß, wenn auch Osterode den Wettkampf mit einigen anderen so ganz bevorzugten Punkten des Südwestharzes, wie Lauterberg, Sachsa, Ilfeld, nicht völlig zu bestehen vermag, auch wohl für rechtes sommerliches Behagen ein wenig zu sehr Geschäfts- und Fabrikstadt ist. Vortrefflich geeignet aber ist es als Standort für thatenlustige Fußwanderer: es giebt von hier prächtige Waldwege durchs Gebirge nach Grund, über Lerbach entweder durch das oberste Innerstethal nach der Frankenscharner Hütte und nach Wildemann, oder rechts über die Kuckholzklippe nach Klausthal, ferner, und das ist die glänzendste Partie, auf verschiedenen Wegen zur Höhe des Ackers und auf die Hanskühnenburg. Wer nach Nordwest oder Südost die Eisenbahn benutzt, kann die Zahl der Tagesausflüge noch sehr beträchtlich erweitern.

Der günstigen Lage am Ausgang zweier Gebirgsthäler verdankt Osterode ohne Zweifel sein Entstehen und sein Anwachsen. Doch gehört es nicht wie Seesen und Gittelde zu den ganz alten Ortschaften; schon die enge Nachbarschaft der Berge und die Endung -rode deuten auf etwas jüngeren Ursprung (vgl. S. 76 f.). Ob in dem ersten Teil des Wortes der Name der Frühlingsgöttin Ostara steckt — was bei verschiedenen „Osterbergen“ kaum zweifelhaft ist —, kann nicht mit Sicherheit entschieden werden.

Erst aus dem 12. Jahrhundert haben wir urkundliche Nachricht von einem Dorf Osterode; da dieses aber im Jahre 1152 schon als sehr reich bezeichnet wird, konnte es damals kaum mehr eine ganz neue Gründung sein. Die Burg gehörte Heinrich dem Löwen und dessen Erben. Im nächsten Jahrhundert hatte es schon Stadtrechte und war stark befestigt. Schon im 15. Jahrhundert war es eine blühende Industriestadt, vornehmlich in Eisen, und eine Zeitlang Mitglied der Hansa.

Die festen Mauern schützten die Stadt freilich nicht einmal vollkommen vor Straßenräubern adeliger wie gemeiner Herkunft, die ihren Kaufleuten vielfachen Schaden thaten, noch weniger vor den allerorts üblichen Streitigkeiten zwischen dem Rat und den Bürgern der Zünfte. Im Anfang des 16. Jahrhunderts wurde sogar einmal ein bei diesen unbeliebter Bürgermeister Namens Heiso Frienhagen vom Volke in offenem Aufruhr kurzerhand aus dem Fenster des Rathauses auf die Gasse gestürzt und dort von starrenden Lanzenspitzen grauenhaft empfangen. Die Thäter wurden hingerichtet, aber auch die Stadt als solche mit Geld und Lieferungen von dem Grubenhagener Herzog schwer gebüßt.

Einige Jahrzehnte vor diesem aber hatte die Stadt die Ehre gehabt, einen berühmten Meister der Bildnerkunst in ihren Mauern der Welt Licht erblicken zu sehen, den trefflichen Tilemann Riemenschneider, einen Zeitgenossen des großen Peter Vischer und dessen nicht unwert; er zeichnete sich durch Weichheit und Innigkeit der Empfindung aus. Seine hohe Begabung kam freilich größeren und reicheren Städten zu gute, besonders Würzburg und Bamberg; seine Vaterstadt muß sich mit der Ehre des bloßen Namens begnügen.

Die Reformation wurde in Osterode im Jahre 1537 anscheinend ohne sonderliche Stürme und Schwierigkeiten durchgeführt.

Die Plagen des Dreißigjährigen Krieges aber lernte die Stadt aus dem Grunde kennen, wenn auch nicht in ganz so schrecklicher Weise wie die Nachbarorte im Gebirge, Grund und Zellerfeld. Es hieß nur zahlen und wieder zahlen, einmal dem „tollen Christian“ von Braunschweig und einmal dem Tilly, einmal den Pappenheimern und einmal den Schweden und dann wieder den Kaiserlichen und wieder den Schweden — zahlen, zahlen, bis nichts mehr da war. Und dann gelegentlich eine flotte Plünderung durch den Grafen Merode im Jahre 1632, wobei der Rat vergebens versuchte, nach der Naumburger Methode durch flehende Kinder das Herz des Bedrängers zu erweichen; so sentimental wie der Hussite war der Kaiserliche nicht.

Zu den Drangsalen durch das reguläre Kriegsvolk beider Parteien kam dann noch die Landplage der Harzschützen (s. S. 117 f.), die einige Jahre lang in erstaunlichem Maße den Oberharz unsicher machten, ganz besonders aber die Wege von Osterode nach Goslar, also daß sich die Fuhrleute nicht mehr getrauten, die Mauern zu verlassen. Mußten doch sogar Städte wie Klausthal, Zellerfeld, Andreasberg durch besondere Besatzungen vor ihnen geschützt werden. Ja, sie wagten es, der festen Stadt Osterode einen regelrechten Fehdebrief zuzuschicken und eines Tages in offenem Zuge heranzurücken, sich dicht vor der Stadt zu lagern und Vorräte und Vieh wegzuschleppen.

Der Anführer dieser übermütigen Bande war Hans von Eisdorf, einer der berüchtigtsten, man möchte fast sagen berühmtesten, „Rädleinführer“ dieser wilden Gesellen, dessen Name noch heute im Volke nicht verklungen ist. Der Kerl muß in der That Züge von einem Briganten im großen Stil gehabt haben, und es thut einem fast leid, wenn ihn der Volksbericht schließlich durch eine elende Hinterlist jämmerlich zu Tode kommen läßt. Er begab sich, so heißt es, im Vertrauen auf die Jahrmarktsfeier in fröhlicher Sorglosigkeit nach Osterode, um ehrbar Einkäufe zu machen und sein Bierchen in Frieden zu trinken. Aber der Rat ließ plötzlich das Ende des Jahrmarkts früher als sonst üblich durch Glockenschlag verkünden, nachdem er den armen Hans durch Geheimpolizisten in einer Kneipe zuvor hatte umzingeln lassen. Darauf wurde er schleunigst gevierteilt und die blutigen Stücke zum warnenden Exemplum an den Stadtthoren ausgestellt.

Wenn dieser Bericht nicht ganz genau der Wirklichkeit entspricht, den Kern der Wahrheit wird er wohl treffen. Zu bemerken ist, daß besagter Hans von Eisdorf einem von Tilly und dem Herzog von Braunschweig genehmigten Generalpardon für die Harzschützen, dafern sie unter Eid die Waffen niederlegten, sich nicht gefügt hat. Es muß ein Stück Karl Moor in ihm gesteckt haben.

FERD. NITSCH, KUNSTANSTALT IN O.

Osterode.

Der Herzog hatte geschrieben: „Daß ein jeder dieser Harzschützen, so noch ein Fünkchen eines ehrliebenden Gemüts hat, sich solcher Plackerei, Plünderei, Mordbrennerei und landfriedensbrüchigen Thaten entschlage, seine gottlose Gesellschaft verlasse, von Herzen Buße thue und sich zu seinem vorigen Berufe wieder anstelle, gestalt ihnen dann auch Gnade und Pardon werden solle. — Wir haben zwar mit ihnen — den Harzschützen — wegen dero erlittenen Drangsale ein christliches landesväterliches Mitleiden. Da aber dieselben ohne Zweifel der vielfältigen Sünde willen über unsere Lande verhängt sein, so soll ein jeder bedenken, daß es keinem Christen gezieme, gleichsam dem lieben Gott zum Trotz, darüber ungeduldig zu werden, sondern vielmehr in Geduld still zu halten und dem Herrn Christo sein Kreuz nachzutragen, darunter wir das unsere gleichergestalt befinden."

Die meisten Harzschützen folgten diesem milden Rufe; Hans von Eisfeld blieb anderer Meinung. —

Heutzutage kommen solche Dinge in und um Osterode nicht mehr vor.

Die Klausthaler Hochebene.

Zwei große Verkehrsstraßen führen von Osterode aus quer über das Gebirge, die eine, belebtere, durch das Lerbachthal auf Klausthal und hinab nach Goslar, die andere das lange Söseþal hinauf und dann hinüber nach Altenau und ins Okerthal.

Die Söse entspringt wie die Oker an dem moorreichen Bruchberge und begleitet auf ihrem ganzen Gebirgslaufe den diesem sich anschließenden langen Zug des Ackers, von dem herab sie zahlreiche Nebenbäche empfängt. Ihr Thal gehört landschaftlich großenteils zu den bescheideneren des Harzes; es ist etwas flach, die Berge erscheinen niedrig und formlos, der hohe Acker selbst wird durch Vorhöhen zumeist verdeckt. Doch liegen in seinem oberen Teil zwei stille Sommerfrischen in äußerst lieblicher Umgebung, die Dörfchen oder Weiler Riefensbeck und Kamschlacken (d. i. Kampesschlacken, auf der Schlackenstätte der älteren Kampeshütte gegründet) mit je etwa hundert Einwohnern niederdeutscher Zunge. Beide sind im 15. Jahrhundert, als die Hochebene verödete (s. S. 83), als Hüttenorte entstanden, haben dieses Geschäft aber schon im 17. wieder aufgegeben und nähren sich heute vornehmlich von Waldarbeit. Von beiden Orten führen schöne, doch ziemlich anstrengende Pfade in je etwa 2 Stunden hinauf zur Hanskühnenburg auf dem Acker, die wir später von einer anderen Seite her zu erreichen gedenken. Von Osterode bis Kamschlacken sind es 12 km bei mäßigem Anstieg.

Von nun an aufwärts verstärkt sich die Steigung und auch die Schönheit des Thales; besonders hat man mehrfach wundervolle Rückblicke nach unten. Nach etwa einer Stunde stößt unser Weg senkrecht auf die große Poststraße, die von Andreasberg und Braunlage in nordwestlicher Richtung nach Klausthal führt, während von Nordosten hier die Altenauer Chaussee in der Nähe, beim Dammhause, einmündet (570 m hoch gelegen).

An dieser Stelle sehen wir längs der Klausthaler Straße einen gewaltigen Damm die Vertiefung zwischen dem Bruchberge und dem Tränkeberge — dem Eckberge der Hochebene — übersetzen, in der Mitte 16 m hoch und fast einen Kilometer lang; und wenn wir dessen Zweck untersuchen, so finden wir, daß er nichts anderes als einen Aquädukt darstellt: er leitet das Wasser des mit allen Verzweigungen an 50 km langen Grabens, der die Klausthaler Teiche und durch sie die Bergwerke speist, und der von ihm der Dammgraben heißt, über jene Senkung, die zugleich die Wasserscheide zwischen Söse und Oker bildet. Er wird von dem nördlich benachbarten Berg der Sperberhaier Damm genannt. Sein Wärter wohnt in dem genannten Dammhause, hat aber nicht bloß mit dem Wasser, sondern für einkehrende Fremde auch ein wenig mit Bier zu thun. Erbaut ist das bewundernswerte Werk in den Jahren 1732—34; das Grabensystem ist seitdem beträchtlich erweitert und umzieht jetzt im Kreise fast den ganzen Bruchberg und langt im Osten bis dicht an die Brockenkuppe selber hinauf.

Eine südliche Abzweigung, die das Wasser vom Acker holt, mündet in der Nähe des Hauses; folgen wir dieser, dem Mergenbrotsthaler Graben, auf schmalem Waldpfade 20 Minuten aufwärts, so kommen wir an die Siebenwochenklippe, von deren 600 m hohem Rande man einen ganz großartigen Durchblick gewinnt zwischen den hohen, düstern Tannenwänden des oberen Sösethals hin nach Südwesten bis zum Ausgang des Gebirges und weit hinaus in das leuchtende Land, wo die fernen Höhen des Meißner, des Solling und anderer Berge das Bild ausdrucksvoll abschließen.

Ähnlich, doch wohl noch etwas mehr ins Große gesteigert ist ein anderer Söseblick von der etwa eine halbe Stunde östlich gelegenen Hammersteinsklippe aus — von der Chaussee aus oberhalb des Dammhauses zu erreichen —, ja, dieser Blick mag an malerischer Wirkung und künstlerischer Komposition, wie man gern sagen möchte, im ganzen Harze nicht übertroffen werden.

Schon der Vordergrund ist sehr eindrucksvoll und stimmt das Ganze; gleich einem breitergossenen Lavastrom fällt eine dunkle Schutthalde in die tiefe Waldschlucht ab, hinter der sich links mit ganzer Wucht die gewaltige Tannenbrust des hohen Ackers aufhebt, doch aber zur Rechten in nahen und fernen Höhen ein großartiges Gegengewicht findet. Dazwischen schieben sich die Thalwände der Söse wie wunderschöne Kulissen weiter und weiter, bis endlich aus duftiger Ferne jene fremden Höhen das Auge entzücken.

Ganz besonders reizvoll ist die Stelle bei Sommerabendbeleuchtung, wenn die Sonne von Nordwesten her seitwärts in das Sösethal hineinscheint. Man muß, um den besten Eindruck zu haben, von dem dort aufgestellten Pavillon aus ein wenig über das Schuttgebröckel bis zu einem geeigneten Vorsprung hinausklettern.

Auf dem Rückweg zum Dammhause hat man von der Straße aus plötzlich zur Rechten ein davon ganz verschiedenes Bild, einen überraschenden Vorblick auf das Klausthaler Hochland mit seinen Randbergen, unter denen als der höchste zur Rechten der lange, stumpfe Rücken der Schalke bedeutsam hervortritt.

Wir folgen nun der Chaussee und dem Damme weiter nach Westen, ersteigen langsam die mäßige Höhe des Tränkeberges und gehen dann wieder ein wenig hinab, um fortan bis Klausthal (8 km vom Dammhause) leidlich eben zu wandern. Wir sind auf der Hochfläche. Nach einem Blick in das anmutige Polsterthal zur Rechten, durch das man nach Altenau hinabsteigen kann und in dem auf einer reizenden Waldblöße das Hubhaus steht, das einen Teil des Dammgrabenwassers mittelst der „Hubkunst" 18 m hoch in die Teiche zu heben bestimmt ist, durchquert man einen Fichtenwald und erblickt dann zur Linken über Wiesen und Teichen das etwas tiefer (535 m) gelegene Dorf Buntenbock, gerade vor sich die lange Häuserreihe des oberen Klausthal.

Doch bevor wir diese größte und bedeutendste der „Bergstädte" betreten, ziehen wir es vor, einen Abstecher in südlicher Richtung zu machen, um noch einen letzten Rückblick auf die Gegend von Osterode zu gewinnen. Wir gehen, nun immer zwischen freien Wiesen wandernd, an dem Sanatorium Schwarzenbach, einem einladenden und hübsch in einer flachen Senkung über einem Teiche gelegenen Hause, vorüber nach Buntenbock, das von alters her überwiegend von Fuhrleuten bewohnt wird und trotz der großen Nähe des oberdeutschen Klausthal (dreiviertel Stunden) noch niedersächsisch redet, und von hier in einem halben Stündchen auf die Kukholzklippe, einen freien Bergvorsprung, der von einem 1897 errichteten eisernen Gerüst aus eine ausgezeichnet schöne und eigenartige Rundsicht bietet.

Vor uns reckt sich, nach Südwesten offen daliegend, das meist ganz kahle Lerbachthal, von der Poststraße durchzogen, die durch das lange Dorf Lerbach hinunter nach Osterode führt: und diese Stadt sehen wir nun noch einmal, obzwar aus der Ferne, doch in voller Klarheit als Mittelpunkt des Bildes unter uns liegen, dahinter die hellschimmernden niedrigen und flachen Kalkberge und darüber die bewegten Höhenzüge an der Leine und weiter noch ins Land hinaus. Links von diesem Mittelbilde blicken wir ins Söсethal und auf den tannendunkeln Ackerzug dahinter, der die Welt hier abschließt, rechts in die Gegend von Grund und die deutlich markierte Rinne des Innerstethals. Drehen wir uns nach Norden herum, haben wir die Hochebene mit ihren Wiesen und Teichen, die Ortschaften Buntenbock und Ziegelhütte und etwas weiter die höchstgelegenen Häuser von Klausthal. Darüber erhöht steigen die breiten Randberge, der Bocksberg und die Schalke auf, die bedeutendsten Erhebungen westlich vom Brocken und Bruchberg.

Den Rückweg von der Kukholzklippe nehmen wir über das Weghaus zum Heiligenstock (590 m), dessen Name auf eine ehemalige Elendskapelle an diesem alten Straßenzuge Goslar-Klausthal-Osterode hinweist (vgl. S. 82), am Prinzenteich vorüber durch das hier beginnende, zunächst noch flache Thal der oberen Innerste, das wir auf reizvollem Wege an Mühlen und Fabriken vorüber verfolgen bis zur Frankenscharner Silberhütte, wo wir auf die Straße von Wildemann und die Eisenbahn stoßen, die hier beide die Innerste verlassen und in ein östliches Seitenthal einbiegen.

Hier ist die Landschaft einmal wieder zum Greuel verwandelt durch die giftigen Dämpfe des Hüttenwerks; nackt, wüst und häßlich starren die Berglehnen, und ein stinkender Schwefelqualm benimmt uns fast den Atem. Hier ist's nicht gut sein, und wir beschleunigen gern die Schritte, es sei denn, daß wir die für eine Mark gebotene Gelegenheit benutzen wollen, uns über die Verschmelzung oder „Aufbereitung" der in den Klausthaler Gruben gewonnenen Erze durch den Augenschein belehren zu lassen.

Es steht auch nichts im Wege, behufs schnellerer Flucht aus diesem verräucherten Gebiete die Eisenbahn zu benutzen, da der weitere Spazierweg keine sonderlichen Schönheiten mehr bietet. In acht Minuten erreichen wir den Bahnhof Klausthal-Zellerfeld, der, gerade in der Berührungsstelle beider Schwesterstädte gelegen, den Ansprüchen beider gleichmäßig gerecht wird. Die Stelle ist die flache Senkung des Zellbachs, 534 m hoch, von der sich Zellerfeld nach Norden, Klausthal nach Süden den Hügel hinaufzieht, jenes als ein regelmäßiges Rechteck bis zu 600 m, dieses schmal als eine einzige Straße beginnend, dann sich breit ausfächernd und krebsscherenförmige Ausläufer versendend, bis zu 605 m. Klausthal hat 8500, Zellerfeld 4500 Einwohner; zu einer Gemeinde vereinigt, würden sie also eine der größten Städte des eigentlichen Harzes darstellen und fast Goslar erreichen.

Wir ersteigen nunmehr zunächst entweder die Bockswieser Höhe über Zellerfeld oder die Klausthal überragende Bremerhöhe, die durch die weithin sichtbare große Windmühle gekennzeichnet ist, um eine Übersicht über die Gegend zu gewinnen. Es thut sich hier eine ganz neuartige Landschaft überraschend vor uns auf, wie sie im Harze in der That ganz einzig dasteht. Alles eher als eine Gebirgslandschaft; man könnte sich einen Augenblick beinahe nach Holland versetzt glauben. Weite, frischglänzende Wiesenflächen dehnen sich nach allen Enden, nur in so flachen und langen Wellen bewegt, daß der Eindruck der reinen Ebene bestehen bleibt, von zahlreichen baumbesetzten, geraden Straßenzügen durchschnitten, in der Ferne umrahmt von schlicht geformten Höhen, die nur um ein Geringes die Fläche überragen; der Brocken ist zu weit, um sich als Hochgipfel recht zur Geltung zu bringen, auch schließt er sich nur als letzte Erhebung an den von hier gesehen nicht so viel niedrigeren gleichmäßigen Kamm des Bruchbergs und Ackers. Viel näher rücken im Norden die Schalke und der Bocksberg, im Westen die Höhen der Gegend von Grund, aber sie überragen den Vordergrund in der That nur um ein Geringes und sind wenig ausdrucksvoll in den Linien.

Sein ganz besonderes Gepräge aber erhält dieses einfache Bild durch die zahlreichen blinkenden Teiche, die über die Wiesen und in die sie umlagernden Wälder hinein in verschiedenen Höhenlagen zerstreut sind und sie aufs angenehmste beleben, nicht minder aber auch durch die häufigen Gruben- und Zechenhäuser, die mit Schlackenhalden und allerhand absonderlichen Vorrichtungen sich auffällig genug markieren, auch sie hier und dort über die Ebene zerstreut. Beides belehrt uns, daß diese Gegend vom Bergwerkswesen ganz und gar beherrscht wird, von ihm ihr menschliches Leben so gut wie ausschließlich empfängt.

Romantisch im landläufigen Sinne ist diese Landschaft ganz und gar nicht, aber sie ist überstrahlt von einer leuchtenden Frische, sie atmet eine Klarheit und Gesundheit, die herzerfreuend wirkt, man wittert doch die Höhenluft, und die beiden weitgedehnten Städte mit dem leuchtenden Rot ihrer Ziegeldächer verleihen dem Bilde eine behagliche Heiterkeit.

Es ist immerhin bemerkenswert, daß Goethe, dem es in Goslar nicht wohl wurde, in Klausthal gerne verweilte; es muß doch wohl außer dem ihn lebhaft fesselnden Bergbau auch die Landschaft dazu beigetragen haben, obgleich er sie kaum erwähnt, wie er überhaupt über die Harznatur nicht allzuviele Worte macht, während doch der „Faust" zeigt, wie tief er sie in seine Seele aufgenommen hat; man darf aber vermuten, daß die Landschaft von Klausthal ihm zugesagt habe um ihrer Einfachheit und Klarheit willen.

Auch das Straßenbild der Städte selbst ist von dem anderer Harzorte mit Ausnahme eben der „Bergstädte" sehr verschieden; eher könnte es beim ersten Hinsehen an manche kleine Hafenstädte an der Ostsee erinnern. Wir sehen durchweg hölzerne, niedrige Häuser mit eigenartigen Schiebefenstern und von sehr einfacher Bauart, die mit der niedersächsischen Fachwerkarchitektur gar nichts gemein hat. Die Häuser stehen nicht so gedrängt aneinander wie in den Städten des Landes, weil sie niemals wie diese durch Mauern und Graben eingeengt gewesen sind; wegen ihrer späten Entstehung (s. S. 83) sind alle Bergwerksorte von vornherein unbefestigt angelegt. Aus demselben Grunde ziehen sich auch ihre Straßen, der Bodengestalt folgend, ohne irgend welchen Plan willkürlich dahin; der Stadtplan von Klausthal erscheint von geradezu launenhafter Gestalt.

Ganz umgekehrt verhält es sich allerdings mit Zellerfeld; das ist so mathematisch regelmäßig angelegt, daß die Berliner Friedrichstadt es darum beneiden könnte. Dazu kommen auffallend breite Straßen, von alten Bäumen beschattet, richtige Boulevards, aber sehr abschüssig von der Höhe niedersteigend. Besonders eigen und stattlich stellt sich mit seinem reichen Baumwuchs der weite Marktplatz dar, der die Kirche umschließt. Ein großer Brunnen ziert ihn; auch die Straßen sind reich an fließenden Brunnen mit dem

Klausthal.

für alle sieben Bergstädte charakteristischen, weitgebauchten, metallenen Becken, statt deren man nur in Klausthal hie und da schäbige Holzbütten findet.

Im Jahre 1677 ist Zellerfeld so gut wie vollständig niedergebrannt. Aus den Jahren danach stammt die ansehnliche, massiv steinerne Kirche, die ihren letzten Ausbau aber erst in unserm Jahrhundert erfahren hat. Daraus ist ein etwas seltsam stilisiertes Bauwerk entstanden, das zopfige Motive und eine kastenartige Anlage mit gotischen Fenstern und Gewölben wunderlich vereinigt. Einen Turm hat sie nicht, sondern nur einen kleinen Dachreiter. Dagegen hat die Klausthaler Kirche einen Turm zu viel, nämlich deren zwei, nicht etwa neben-, sondern unmittelbar hintereinander, so daß es aussieht, als ob der eine den andern fortdrängen wollte. Überhaupt wird die hölzerne Kirche durch irdische architektonische Schönheit ihrem geistlichen Berufe nicht entfremdet; sie stammt aus der Mitte des siebzehnten Jahrhunderts.

Klausthal ist nicht so regelmäßig erbaut wie die Schwesterstadt, nur daß die lange Hauptstraße sich ziemlich geradeaus vom Thal zur Höhe, wieder zu Thal und wieder zur Höhe streckt. Breit und sauber sind die Straßen auch hier, doch ohne den Baumschmuck. Wie Klausthal der Mittelpunkt des oberharzer Bergbaues ist, so ist es auch der Sitz einer Bergakademie, deren Gründung es übrigens der Regierung des weiland westfälischen Königs Hieronymus verdankt, dessen lebensfrischen Wahlspruch „Morgen wieder lustick“ sich, wie man sagt, nicht wenige der Hochschüler zur Leuchte ihres Lebens erwählt haben. Auch sollen deren Bestrebungen von dem benachbarten städtischen Brauhause und dessen geistigen Leistungen aufs wohlwollendste unterstützt werden. In Zellerfeld befindet sich ein vom Brande verschontes interessantes Haus, die Bergapotheke, des 17. Jahrhunderts, dessen dekorativen, schauerlichen Fratzengesichtern man die Kraft nachrühmt, auf homöopathischem Wege den schwersten Katzenjammer zu heilen.

Wie die Studenten und Professoren, haben auch die übrigen Bewohner der beiden Städte so ziemlich Alle direkt oder indirekt mit dem Bergbaue zu thun und ziehen aus ihm ihre Nahrung. Wenn dieser einmal nicht mehr lohnte, so könnte es geschehen, daß die Hochfläche wieder verödete, wie es im 14. und 15. Jahrhundert der Fall war, und nur noch Herden und Hirten zur Wohnstätte diente. Denn die Grundlage der andern Gewerbe, der Ackerbau mit Einschluß der Obstkultur, findet hier kein Gedeihen mehr. Das muß überraschend erscheinen, wenn man sich erinnert, daß die Höhenlage von Klausthal nur etwa der von München, Berchtesgaden, Innsbruck, Brixen gleichkommt, — an welch letzterem Ort die Edelkastanie prächtig reift und ein trinkbarer Wein gekeltert wird, wie andererseits noch bei Drontheim, zwölf Breitengrade nördlicher, Getreide gebaut wird und Nußbäume wachsen. Dazu belehrt uns noch die meteorologische Statistik, daß der Winter auf dieser Höhe im Vergleich zur Tiefebene nicht einmal sonderlich hart ist, jedenfalls die Kältegrade Ostpreußens nicht erreicht, wo doch schöner Weizen und Obst die Fülle gebaut wird, ja in alten Zeiten größeren Heldenmutes sogar Wein gekeltert wurde: an

Klausthaler Sonnenseite oder Zellerfelder Auslese hat auch die wildeste Phantasie noch nicht gedacht.

Aber wenn man unter „ostpreußischem Maitrank" einen steifen Grog zu verstehen hat, so gilt das mit mindestens gleichem Rechte auch für unsere Hochfläche: der Mai ist hier noch ein Wintermonat, und auch für den Juli und August ist's oft zweifelhaft genug, ob man sie nicht dieser erfrischenden Jahreszeit zurechnen soll. Wer bei dem Namen Sommerfrische den Accent auf die zweite Worthälfte legt, der findet in dieser Gegend Erfüllung seiner Wünsche. Die den Sommer über einstrahlende Sonnenwärme ist infolge der starken Bewölkung nicht groß genug, um Feld- und Baumfrüchte zur Reife zu bringen. Es ist eben die „Luvseite" des Brockens (vgl. S. 20), an dessem Nordostfuße Wernigerode eßbare Kastanien erzeugt.

Auch sind starke Temperaturschwankungen innerhalb eines Tages hier sehr die Regel. Aus diesen Gründen ist die Hochebene kein wünschenswerter Aufenthalt für Rheumatiker, Schnupfeninhaber und Frühlingsdichter, wohl aber können die Nerven wohlthätig angeregt werden, und verstimmte Mägen werden bei genügender Tapferkeit ihrer Besitzer und genügenden Regenschirmen hier bald erfreuliche Wirkung spüren.

Klausthal-Zellerfeld ist die erste menschliche Siedelung im Harze, die wir hoch auf freier Höhe gefunden haben, alle übrigen, die wir durchwandert haben, und weitaus die meisten, die wir durchwandern werden, bergen sich tief in die Thäler oder benutzen doch eine Senkung der Hochfläche zu ihrem Schutze. Von den ganz hoch gelegenen Ortschaften haben nur noch Sankt Andreasberg und das Dorf Hohegeiß den Mut, so deckungslos den Winden zu trotzen. Es ist zu begreifen, daß solcher Mut erst in jüngeren Zeiten von Erfolg gekrönt war und diese Gegend vor 400 Jahren noch öde lag, nachdem, wie wir früher gesehen haben, die ersten Versuche eines Anbaues nicht von Dauer gewesen waren. Erst um die Mitte des 16. Jahrhunderts, einige Jahrzehnte nach Andreasberg und Zellerfeld, ward Klausthal gegründet, wuchs aber sehr bald zur bedeutendsten der Bergstädte heran.

Und doch fehlte nicht allzuviel, daß allen diesen Neugründungen schon im nächsten Jahrhundert zum andernmal ein Ende mit Schrecken bereitet worden wäre. Zur Zeit des Dreißigjährigen Krieges hatten die beiden Schwesterstädte das sonderbare und wenig erfreuliche Schicksal, sich als Feinde gegenüberstehen zu müssen. Denn infolge einer der üblichen Erbteilungen des Welfenhauses war Zellerfeld — wie Andreasberg und Altenau — an Braunschweig-Wolfenbüttel gefallen, Klausthal aber gehörte mit Grund, Wildemann, Lautenthal dem Fürstentum Grubenhagen an. Während nun Wolfenbüttel besonders in der Person des „tollen Christian", des heißblütigen und schwärmerischen Verehrers der unglücklichen Böhmenkönigin Elisabeth, mit leidenschaftlichem Anteil auf protestantischer Seite focht, hatte der Grubenhagener sich anfangs neutral zu halten gesucht und war dann mit Entschiedenheit auf die kaiserliche Seite getreten. So hatte denn das letzte Haus von Zellerfeld den Tilly und Wallenstein als Feinde zu fürchten, das daneben liegende erste von Klausthal mochte sich vor dem Braunschweiger und Mansfelder und nachher vor dem Dänen und Schweden in Acht nehmen. Und beide Teile haben denn mit munterem Hin und Her die beiderseitigen Hiebe verschwenderisch zu kosten gekriegt. Den löblichen Anfang machten die braunschweigischen Truppen, die im Jahre 1623 die grubenhagenschen Lande im und um den Harz tapfer heimsuchten, auf Klausthal aber nur einen vergeblichen Versuch gemacht hatten, obgleich hier damals keine Besatzung lag; ein Zufall rettete für diesmal die Stadt. Ein Oberst Hillefeld war mit fünfzig Reitern in den Oberharz entsendet, konnte aber schon das kleine Nachbardorf Buntenbock nicht nehmen. Die wackern Fuhrleute dort bauten sich eine regelrechte Wagenburg und schlugen die Angreifer mit Verlust zurück; auf ihrer Seite fiel ein Mädchen, das seinem Vater die Gewehre lud, so daß dieser mit doppelter Schnelligkeit zu feuern vermochte und vom Fenster seines Hauses aus manchen Feind niederstreckte.

Ganz so tapfer waren die Klausthaler selbst nicht, obgleich sie einige Verhaue angelegt hatten; sie gestatteten den Reitern freien Durchzug nach Zellerfeld, freilich nur gegen das bündige Versprechen, die Stadt zu schonen. Ein Scharfschütze unter ihnen aber wußte nichts von dem Vertrage, und als die Feinde einrückten, nahm er den Obersten Hillefeld aufs Korn und schoß ihn vom Pferde. Allerdings war dieser gegen Kugeln so fest wie der kaiserliche Generalissimus Wallenstein, aber der Schütze war schlauer: er lud einen hölzernen Bolzen in die Büchse, und so war der Zauber wertlos. Die Reiter aber, sich böslich verraten glaubend, rissen aus wie Schafleder, und so hatte Klausthal sich glänzend verteidigt, wenn auch nur aus Versehen. Die Sache hatte auch weiter keine schlimmen Folgen.

Böse Zeiten gab es aber doch schon. Zuerst kam schwere Teuerung, denn das Land am Harzfuße war jämmerlich ausgesogen, und die Höhe erzeugte keine Früchte; Erz kann man nicht essen. Und dann kam die Pest, an der im Laufe des Jahres 1625 nahezu ein Viertel der Einwohnerschaft Klausthals dahinstarb, in den andern Städten nicht weniger. Und dadurch wieder kamen die meisten Bergwerke zum Stillstand, und also ward die Hungersnot nur noch größer. Und dazu ward in diesem entsetzlichen Jahre Niedersachsen her- und hinüber von den Kriegsvölkern durchzogen, jetzt von Christian und Mansfeld, jetzt von Tilly und Wallenstein; und die hatten alle auch Hunger, nicht bloß nach leidlichem Essen, sondern auch nach Gold und Silber. Auch Zellerfeld ward einmal von den Wallensteinern besetzt und mußte zahlen; die diesen befreundete Stadt Klausthal allerdings kaum minder; die hatte die Einquartierung des lieben Freundes zu fürchten und mußte sie abkaufen.

Noch schlimmer ward Zellerfeld im nächsten Jahre betroffen. Wir haben gehört, wie am 10. Februar 1626 das nahe Grund durch Tilly's Rotten eingeäschert worden. Darauf schickte Christian von Braunschweig 300 Mann unter einem Hauptmann Hollstein zum Schutze von Zellerfeld. Darauf schickte der Grubenhagener Herzog seinerseits 300 Mann zum Schutze von Klausthal. Und nun konnte es losgehen.

Hollstein griff an, warf die Feinde zurück und eroberte Klausthal; natürlich ließ er mit den Seinen sich's dort wohl sein, und nicht auf seine Kosten. Zugleich aber schickte der tolle Christian neue dänische Hülfsvölker zur Verteidigung des Gewonnenen, und der Paß von Osterode wurde mit Schanzen verwahrt.

Von der Höhe dieses Passes, der Heiligenstock genannt — nahe der Kukholzklippe — hat man eine reizende Aussicht auf Osterode und weit ins Land. Bei Betrachtung dieser Landschaft entdeckte die Feldwache eines Tages, daß ein Heerhaufe heranziehe. Und der Führer dieses Haufens war, wie sich nachher herausstellte, kein Geringerer als der gewaltige Tilly selbst, der sich denn auch alsbald des Passes bemächtigte und nun dicht vor den Städten stand, vor den Thoren konnte man nicht sagen, denn deren hatten sie keine.

Der Zauber des großen Namens wirkte sehr verschieden auf die kriegerische Besatzung und auf die friedliche Bürgerschaft der Feindesstadt Zellerfeld. Die Besatzung, von heftiger Friedensliebe ergriffen, unternahm einen Marsch, der sie, soweit es in der Eile ging, von den unangenehmen Städten entfernte; die Bürgerschaft geriet in eine taumelnde Kriegswut, die allerdings an Wahnsinn grenzte, aber doch die Kriegsvölker gründlich beschämen mußte, wenn die sich Zeit zum Zusehen genommen hätten.

Der Stadthauptmann und Berggeschworene Merten organisierte und leitete die Verteidigung. Die Verteidigung einer offenen Stadt gegen einen Tilly! Das Schicksal der Stadt war durch den bloßen Gedanken besiegelt.

Tilly schickte einen Trompeter mit der Aufforderung zur Übergabe; da wollte noch das Unglück, daß dieser von den Bürgern als Feind erschossen wurde, ehe er herankam und reden konnte. Was nun Tilly über Zellerfeld beschlossen hatte, ging mit schöner Deutlichkeit aus seinem Befehl an die Klausthaler hervor, sie möchten ihre Hüte mit Tannenzweigen bestecken, damit sie nicht etwa für Zellerfelder gehalten würden. Eine solche Verwechselung schien also unangenehm werden zu können.

Der Angriff begann, aber die Bürger kämpften unter ihrem Thomas Merten, der die Fahne trug, mit einem wilden Heldenmute, an dem der Ansturm der geübten Kriegsscharen sich brach. Doch Tilly, über den ganz unerwarteten Widerstand des verächtlichen Civilvolks erbittert, machte nun erst Ernst und ließ seine Übermacht spielen. Lange konnte der ungleiche Kampf nicht währen; die Schar der Verteidiger wurde zurückgesprengt und mußte sich in ihre Stadt werfen. Merten sammelte sie wieder, und nun stand das Gefecht eine Weile auf dem Markt und wogte dann weiter von Straße zu Straße, von Haus zu Haus. Thomas Merten immer voran, anfeuernd und kämpfend, die Fahne im Arm, mehr und mehr von Blut überströmt, von Wunden zerrissen. Endlich, als er mit dem kleinen Rest der Seinen bis ans Ende der Stadt gedrängt und inzwischen die vierzehnte Kugel erhalten hatte, brach er zusammen, nachdem er seine Fahne um sich geschlungen, soviel davon noch übrig war. Die Soldaten hielten es aber doch für sicherer, ihn noch gründlicher totzuschlagen, ehe sie zu weiteren Thaten schritten.

Diese waren nun sehr einfach: es wurde geplündert und zerschlagen, was sich zerschlagen ließ, unter anderm auch Menschen; mit dem Geschlecht wurde es dabei so genau nicht genommen. Wer von den Bürgern konnte, entfloh, alles hinter sich im Stich lassend. Solche Flucht war aber kein leichtes Unternehmen, denn erstens schossen die Sieger hinterdrein und verwundeten viele; und zweitens fand, wer sich doch rettete, draußen in den Wäldern den auch nicht sehr gastlichen Märzenschnee, den ihnen überdies damals auch noch Wölfe streitig machen konnten. Auch mit Hunden wurden sie dort von den Feinden noch gehetzt, — nicht etwa die Wölfe. Da war Erfrieren noch der leichteste Tod. Am schrecklichsten vielleicht kamen diejenigen ums Leben, die sich in die Gruben gerettet hatten; vor den Soldaten waren sie da sicher, vor dem Hunger aber nicht. Und sie hatten verschmachtend nicht einmal den Trost des himmlischen Lichtes. Wer verwundet oder durch Elend und Angst geschwächt war, kam wohl hinab, aber die senkrechten Leitern nicht wieder herauf.

Doch entkamen Viele nach schrecklichen Leiden in die Nachbarstädte Altenau und Andreasberg, wo sie freundlich verpflegt wurden, obgleich diese dem Grubenhagener unterthan waren. Einige wurden auch dadurch gerettet, daß die Klausthaler ihnen heimlich Tannenzweige zusteckten, so die Soldaten irre führend. —

Tilly, der übrigens anständig genug dachte, den Heldenmut des Thomas Merten anzuerkennen und ihn mit kriegerischen Ehren bestatten zu lassen, blieb einige Wochen in Klausthal, benutzte die Zeit, auch Wildemann und Lautenthal moderiert anzuwüsten, wie die Bayern sagen, und zog dann seines beglückenden Weges weiter.

Er konnte getrost ziehen; er ließ hinter sich als Ergebnis und Fortsetzung seiner Thaten die Banden der Harzschützen, die dafür sorgten, daß die Zellerfelder Bäume nicht in den Himmel wuchsen; sie lagen fleißig an den Straßen nach Goslar und Osterode und ließen nicht zu reichliche Zufuhr herein. Auch mögen sie den offenen Städten manchen Gelegenheitsbesuch gegönnt haben, denn beide erhielten militärische Bedeckung zum Schutz wider die Räuber, jegliche von ihrem Staate.

Der Hauptmann der Zellerfelder Truppe kränkte die Schützen böswillig dadurch, daß er Palissaden um die Stadt zog und ihnen dadurch augenscheinlich die Besuche ohne Visitenkarte zu erschweren gedachte. Darum beschlossen sie, ihn durch Belehrung zu bessern. Eines schönen Abends erschienen sie 250 Mann stark trotz aller Palissaden mitten in der Stadt vor seinem Hause mit geschwungenen Fackeln; er vermochte sich dieser Ovation noch gerade zu entziehen, indem er ohne Überladung gekleidet aus der Hinterthür entwischte. Sie entnahmen darauf dem Hause und dem Stalle, was sich fortschaffen ließ, das Übrige zerschlugen sie, jedoch mit Ausnahme der Menschen: dies im Unterschiede von Tilly's Regulären, die kein „aufrührerisch Gesindlein“ waren. Nur als Geiseln nahmen sie seine Frau und ein Knechtchen mit sich, thaten ihnen aber nichts Übles. Den so geretteten Hauptmann komplimentierten die Bürger nun eiligst aus der Stadt hinaus, damit der Fackelzug sich nicht wiederhole; und er that ihnen die Liebe anscheinend gerne. Auf einem geborgten Pferdchen trabte er in die Sommerluft.

Das war eine der Thaten des berufenen Hans von Eisdorf; sie geschah am 26. Juli 1627. Und noch eine andere wird uns aus diesen Tagen berichtet. Am 31. Juli schickte Grubenhagen — hierin aber im Einverständnis mit Wolfenbüttel — Tillysche

Truppen zu besserem Schutze der Stadt und zur Unterdrückung der Harzschützen. Die erste Folge dieser Maßregel war, daß viele anständige Bürger, ganz besonders aber Frauen, vor ihren edlen Beschützern nach Goslar entflohen, ohne daß man hört, daß sie unterwegs von dem streifenden Gesindlein belästigt worden seien. Statt dessen rückte Hans von Eisdorf mit vollen 24 Reitern gegen Zellerfeld selbst vor; und sobald dieser bedrohliche Anmarsch ruchbar ward, warfen sich die Tillyschen Krieger in schleunige Flucht und fanden ihres Leibes Rettung in Osterode. Hans von Eisdorf veranstaltete auf dem Markte ein ausgiebiges Frühstück, requirierte wohl auch sonst, jedoch immer gegen bar, und ritt dann gelassen mit den Seinen von dannen.

Jetzt aber faßte die Klausthaler Besatzung sich Mut und sandte den Vorbeireitenden aus ihrer Verschanzung auf der Bremerhöhe wohlgezielte, aber nicht treffende Kugeln nach. Ja, sie wagten es, sie mit 100 Mann ins Freie zu verfolgen und nun wirklich einen vom Pferde zu schießen; die andern entkamen. Nach diesem Siege kehrten sie im Triumph zu ihren Schanzen zurück.

Mit dem Ende des Jahres 1727 verschwanden die Harzschützen, aber nicht die Leiden der Städte. In der Siegeszeit der Schweden war es vornehmlich Klausthal, das herhalten mußte; von einer regelrechten Plünderung und Devastierung von Grund aus blieb es verschont, wenn auch nur mit knapper Not, aber die unaufhörlichen, bis zur Sinnlosigkeit hohen Kontributionen im Verein mit schweren Feuersbrünsten und anderem Unheil brachten es am Ende ziemlich ebensoweit herunter wie die unglückliche Schwesterstadt. Erst die letzten Jahre des Krieges verstatteten ein leises Aufatmen.

Doch eine rechte Erholung kam zunächst auch im Frieden nicht; wiederholter schwerer Wassermangel in den Bergwerken hinderte deren neues Aufblühen. Erst das Ende dieses schrecklichen Jahrhunderts brachte wirkliche Besserung. Ja, im Jahre 1736 hatte Klausthal 1000 Einwohner mehr als heute, 1762 aber, nach den Einwirkungen des Siebenjährigen Krieges, deren tausend weniger als jetzt.

Während dieser neuen Drangsalszeit gehorsamte Klausthal dem Kurfürsten von Braunschweig-Lüneburg und Könige von England und hatte dafür zweimal die Ehre, siegreiche Franzosen zu bewirten, — und das wurde teurer als Hans von Eisdorfs Frühstück. Das erste Mal büßten die Klausthaler mit ganz Niedersachsen die Schuld ihres Thronerben, des Prinzen von Cumberland, nachmals Georg III., der durch die schimpfliche Niederlage von Hastenbeck und die schmachvollere Konvention von Kloster Seven 1757 Nordwestdeutschland dem Feinde preisgab. Dieser erhob hier wie überall gewaltige Kontributionen, bis Ferdinands von Braunschweig glänzende Feldherrnkunst ihm gründlich heimleuchtete und den Oberharz auf drei Jahre von ihm befreite.

Im September 1761 aber kamen sie im Wechsel des Kriegsglücks noch einmal wieder, und diesmal begnügten sie sich nicht mit den üblichen Geldzahlungen, sondern blieben gleich zwei Monate im Quartier und lagen der ausgesogenen Bevölkerung weiter auf der Tasche. Doch hatte die Stadt es mit den feindlichen Führern noch immer ganz glücklich getroffen und erduldete keinerlei Greuel wie manche andere Stadt Niedersachsens; der General St. Victor war ein gerechter und uneigennütziger Mann, der strenge Mannszucht hielt und einmal wegen eines Überfalls und Diebstahls in der Altenauer Silberhütte drei seiner Soldaten zum Tode verurteilte; nur die Fürsprache des Klausthaler Rates selber — es waren offenbar kluge Leute — rettete zweien von ihnen, die sich freilosten, das Leben; der dritte mußte baumeln.

Fast noch mehr Glück hatte die Stadt Klausthal als solche — im Gegensatz zu der Umgebung — mit dem Grafen Vaubecourt, der jenen eine Zeitlang vertrat. Dieser hatte den Drang, eine schriftliche Bescheinigung seines Edelmuts zu besitzen, und zwar in möglichst dauerhaftem Stoff; er ließ deshalb in der Stille dem Rate nahe legen, ihm durch die Prägung einer Medaille seinen Dank auszudrücken für die von ihm geübte schonungsvolle Milde. Solche übte er auch wirklich im Bereiche der Stadt, während er die umliegenden Gebiete desto rücksichtsloser brandschatzte, und zwar als ein guter Haushalter nicht bloß für seines Herrn, sondern auch für seine eigene Kasse; eine Bescheinigung dieser letzteren Thätigkeit hat er nicht beansprucht.

Der kluge Rat willfahrte dem Wunsche und ließ den Stempel schneiden, wofür er noch schöne Versprechungen für Erlaß der noch nicht voll ausgezahlten Kontribution in den Kauf erhielt. Vaubecourt erhielt 150 Stück Medaillen, die ihn als Schirmer der Billigkeit im Gegensatz zur Strenge des Kriegsrechts darstellten, und dazu die Befugnis der Publikation in einem öffentlichen Blatte: das will sagen, einer seiner Offiziere gab es — ganz ohne sein Vorwissen natürlich! — dem Rate unter den Fuß, dergleichen zu veranlassen; und so wurde denn sein Ruhm in der weitverbreiteten Altonaer Zeitung der Welt verkündet. Und so schön glückte dem edlen Herrn Grafen seine Absicht, daß er noch heute in der bekannten Archenholzischen Geschichte des Siebenjährigen Krieges als einer der wenigen wahrhaft edelmütigen französischen Heerführer seine stattliche Pose einnimmt.

Bald nach diesem nahte der Erbprinz von Braunschweig dem Harze, und die Franzosen räumten die Stadt am 10. November. Im März 1762 schon kamen sie noch einmal auf kurze Zeit, die doch lang genug war, Kontribution zu erheben. Dann hatten die Bergstädte Ruhe bis zur nächsten Franzosenzeit — die aber sonderbarerweise ihnen zum Glücke ausschlug. Die Napoleonischen Kriege nährten hier das Friedenswerk, denn es wurde so viel Blei für die Kugeln verlangt, daß die Bergwerke es kaum schaffen konnten und glänzende Geschäfte machten, die denn den Klausthalern und Zellerfeldern reichlich zu gute kamen.

So hatten sie wenigstens einigen Trost dafür, daß sie nach der Schlacht von Jena ihrem angestammten Herrscherhause entfremdet und dem Königreich Westfalen zugebacken wurden. Und der Trost war immerhin kräftig genug, daß sie ihren preislichen Herrscher Jérome zusamt seiner hohen Gemahlin bei deren Besuche im Jahre 1811 mit jubelnden Huldigungen empfingen, die, gelinde gesagt, schon gar nicht mehr hübsch waren. Daß man ihn in Osterode in Rotwein badete, war ja noch ganz in der Ordnung, denn er war das nun doch einmal so gewöhnt, aber anderes, was die fett gewordene Bergwerksverwaltung anzuordnen für gut fand, ist deutschen Ohren eklig zu hören. Daß ihnen solcher Ergebenheitsschwindel aber doch nicht von Herzen ging, sondern wirklich ein Schwindel war, geht aus dem damals still umlaufenden Grundsatze hervor: „Nicht zu viel Geld nach Kassel!", vermöge dessen im Berghaushalt eine Art von patriotischer Unterschlagung geübt wurde, indem sogar die Behörden falsche Abrechnungen aufstellten und heimliche Überschüsse des Betriebes aufbewahrten, die dann später die wieder eingesetzte hannöversche Regierung einzog. Auch eine absonderliche Blüte der Fremdherrschaft.

Und als es dann losging, haben auch Klausthal-Zellerfeld und die andern Bergstädte ihr angemessen Teil mit Ehren beigesteuert, Napoleon zu verjagen. Und doch hatten sie offenkundigen Nachteil davon, denn mit dem Frieden sank alsbald das Blei im Kurse, und die üppigen Zeiten, die auch den kleinen Leuten den Säckel füllten, waren vorüber und kamen so nicht wieder, auch nicht, als die Bergstädte — mit Ausnahme des braunschweigischen Grund — 1866 preußisch wurden, obgleich die Städte mit ihrem Bergbau unter staatlicher Verwaltung jetzt wieder erfreulich in Blüte stehen.

Charakteristisch ist für die Verhältnisse des Oberharzes, daß die Einwohnerzahl von Klausthal seit reichlich hundert Jahren sich weder bedeutend vermehrt noch vermindert hat, während die von Goslar in derselben Zeit sich so ziemlich verdreifachte. Wesentlich mehr Menschen scheint also der Erzreichtum jener Gegend bei dem Fehlen fast jeder andern Erwerbsquelle nicht ernähren zu können.

Doch bringt ganz neuerdings ja auch der Fremdenbesuch manchen schönen Thaler ins Land. Denn während früher die Ansicht vorherrschte, die Heine ausspricht, „daß der Oberharz" (von dem er freilich nicht sehr viel gesehen hat) „bei weitem keinen so erfreulichen Anblick gewähre wie der romantisch malerische Unterharz", und die vielleicht nur gerade ihm immer wieder nachgesprochen worden ist, hat man jetzt doch allmählich mehr Geschmack an ihm gewonnen, und man hat entdeckt, daß er außer der „wildschroffen, tannendüstern Schönheit“ doch auch in Fülle so liebliche und freundliche Bilder aufweist, wie man sie irgendwo finden mag. Richtig ist eigentlich nur, daß der auf der Höhe des Westharzes — keineswegs aber, außer bei Goslar, an den Rändern und in den unteren Thälern — ausschließlich herrschende Fichtenwald zuweilen monoton wird, was dem Laubwalde kaum geschehen kann, der außer im schneelosen Winter immer seinen Reiz hat. Der Fichtenwald ist ungleicher; er kann wunderbar ausdrucksvoll sein, ja phantastisch bestrickend in altem Bestande bei schönem Untergrund und reichem Buschholz oder hoch um den Brocken herum in wildknorrigem Wuchs; aber er kann allerdings auch nahezu langweilig, nüchtern und trübselig wirken, vornehmlich da, wo er weite ebene Strecken mit nacktem braunem Boden einförmig bedeckt: solche Strecken sind aber östlich vom Brocken im Ganzen häufiger und ausgedehnter als westlich. Denn der Oberharz hat wohl breite Bergrücken, aber keine wirklichen Ebenen außer der von Klausthal, und die ist nicht bewaldet.

Auch bei Klausthal finden wir in geringer Entfernung Partien genug gerade von malerisch zartem, idyllischem Reiz; so das reizende Spiegelthal, das wir von Wildemann aus besuchten, so das Polsterthal, das man auf dem Wege nach Altenau durchwandert, der waldumkränzte Hirschlerteich, der größte der Gegend, das Hutthal im Osten, das obere Innerstethal; so auch das Forsthaus Festenburg (eine Stunde von Zellerfeld), eine allerliebste Sommerfrische und Sonntagsnachmittags-Kaffeeschenke zwischen schönen Waldwiesen und nahe dem schönen Schalker Teich, den dunkle Höhen prächtig umrahmen.

Von Festenburg gewinnen wir den Aufstieg zu einem der gerühmtesten Aussichtspunkte, der 763 m hohen Schalke, die wir in ³/₄ Stunden erklimmen. Minder bequem hat man von Goslar aus diese Besteigung, da man etwa 300 m mehr zu überwinden hat; der geradeste Weg führt von dort am Herzberg in die Höhe, nicht eben steil, aber durch Beständigkeit ermüdend, immer im Fichtenwald, doch mit einigen hübschen Durchblicken in die Thäler zur Rechten und zur Linken.

Ein eiserner Aussichtsturm mit Schutzhütte empfängt uns oben und verheißt ungehinderte Umschau, leider ohne sein Versprechen völlig zu halten. Denn die ganze Westhälfte der Runde ist durch den Hochwald unerbittlich überwachsen, und nur nach der andern Seite dringt der Blick frei bis zum Brocken, der mächtig über den nördlichen Bergen steht, dem Wurmberg und dem langen, nur leise gewellten Rücken des Ackers. Davor sehen wir den Einschnitt des Okerthals, scharf gezeichnet, in dessen oberem Teil Altenau sich in seine Wiesenhänge einschmiegt. Noch näher leuchtet aus den Waldmassen der Festenburger Teich herauf, und zur Rechten zeigt Klausthal seine glänzende Häuserreihe, hinter der sich das Söſethal abzeichnet, die Kukholzklippe sich deutlich markiert und endlich das Vorland des Harzes frei wird bis hinüber zu den Bergen an der Leine.

Es ist nicht ganz zu leugnen, daß dieser Schalkeblick bei aller Größe doch eine gewisse Eintönigkeit hat, daß der wirkungsvollere Aufbau der Linien fehlt, ein Mangel, den er dann nicht wie der gleich schuldige Brocken durch die ungeheure Weite des Horizonts zu ersetzen weiß. Doch soll man die Ehre, auf dem höchsten Gipfel des Nordwestharzes zu stehen, nicht unterschätzen.

Die Schalke — wie alle Wörter auf -ke, d. i. -beek, ursprünglich der Name eines Baches — ist ein Teil eines langen Rückens, der sich ziemlich beträchtlich — an 200 m — im Norden der Hochfläche über diese erhebt und mit wechselndem Namen dem Okerthale parallel bis nach Goslar streicht und hier, zuletzt durch das Winterthal gespalten, als Herzberg und Rammelsberg (636 m) aus nicht sehr verringerter Höhe steil in die Tiefebene abfällt. Durch das Gosethal davon geschieden läuft westlich daneben in gleicher Richtung ein zweiter Höhenzug, der als Bocksberg fast ebenso hoch (725 m) beginnt, dann aber merkbarer absinkt und noch weiter nördlich in die Ebene vorspringend sich endlich als Steinberg noch einmal etwas erhebt, jedoch nur bis zu 480 m.

Den schmalen Sattel zwischen diesen beiden Erhebungen, der also den Abschluß des Gosethals bildet, übersteigt die große Poststraße Goslar-Klausthal-Osterode; wo sie die Paßhöhe erreicht, liegt 625 m hoch, also immer noch etwas über der Hochebene, das Gasthaus zum Auerhahn, das dem Wanderer und den Postpferden willkommene Rast, aber auch Einsamkeit liebenden Sommergästen angenehmen Aufenthalt bietet. Die Stelle ist verlockend, die dunkle Waldstille durch Wiesen und liebliche, die südliche flache Senkung füllende Teiche belebt. Vom Auerhahn ersteigt man die Schalke in einer halben, den Bocksberg bequem in einer Viertelstunde.

Die Aussicht vom Bocksberge sucht ihre Meisterschaft in der Beschränkung, sie öffnet sich fast nur nach Norden und bildet solcherart eine treffliche Ergänzung des Blickes von der Schalke. Man sieht da weit in die Vorlande dieses Harzteils, die keineswegs eine Ebene darstellen, sondern ein lebhaft bewegtes, gehügeltes Gebiet, bebaute Strecken mit Dörfern und Weilern, immer wieder unterbrochen durch bewaldete Kuppen und kräftig geformte Gipfel. Wie in einer mächtigen Wellenbewegung setzt sich der Harz in weitem Kreise hier fort in die äußerste Ferne hinein. Schade, daß man die Stadt Goslar nicht sieht und so das Bild eines kräftig sammelnden Mittelpunktes entbehrt.

Westlich von dem Höhenzuge Bocksberg-Steinberg vertieft sich, der Gose parallel, das Thal der Grane, das dann jenseits wieder von einer niedrigeren Erhebung begrenzt wird, deren südlicher und höchster Kopf den Namen Hahnenklee trägt (d. i. Hahnenklef, niederdeutsch für Hahnenklippe; Hahne, Hohne, Hohn ist nichts als das einfache Hoch: man sagte „Zur hohen Klippe", und die Dativform, als die häufigst gebrauchte, erstarrte und blieb fest, wie das bei so vielen Städtenamen der Fall ist. Daß Hahne und Hohne wechseln, ist nach der Harzer Aussprache leicht begreiflich. — Andere erklären Auerhahnklippe). In der Senkung zwischen dieser Höhe und dem Bocksberge liegt 560 m hoch das Dörfchen Hahnenklee, das man beim Abstiege vom Bocksberg dicht unter sich aufgebaut sieht, wie aus einer Kinderspielschachtel hervorgeholt, ein, wenn nicht gerade malerischer, doch freundlicher und lustiger Anblick.

Die Lage ist sehr ähnlich der des Auerhahns, nur ist der Sattel zwischen den Waldbergen viel breiter, daher denn die behaglicher gedehnten, anmutigen Bergwiesen hier die ausschlaggebende Rolle spielen. Der Ort selbst verrät auf den ersten Blick die beliebte Sommerfrische. Vier stattliche Gasthöfe und eine große Zahl sauberer Logierhäuser in der bekannten Badeorts-Holzarchitektur offenbaren seine innerste Seele; es giebt wohl kaum eine zweite Ortschaft im Harz, deren ursprünglicher Charakter so ganz von der neuen Bestimmung verschlungen worden ist, nicht einmal Harzburg und Suderode. Zahlen berichten dasselbe: auf 400 eingeborene Seelen kommt das Sechs- bis Achtfache an jährlichen Gästen. Jene Seelen sind oberdeutscher Abstammung, gehören also zu den späten Siedelungen des 16. Jahrhunderts — es ist die allerspäteste sogar, wie es scheint, erst etwa aus den sechziger Jahren — daher die Annahme des niederdeutschen Bergnamens erklärlich.

Hahnenklee liegt eine Stunde von Lautenthal, wo es eingepfarrt ist, entfernt, deren anderthalb von Zellerfeld und zwei von Goslar. Das freundliche Nest hat einen eigenen Reiz; der freie Ausblick nach Norden, über das Thal in das Hügelland hinein, erweckt das Gefühl des leichten Atmens, der besonders erfrischenden Luft; man fühlt sich so recht hoch im Gebirge. Luftig und frisch erscheint alles, man meint trotz der sonnigen Lage niemals drückende Hitze befürchten zu dürfen und wird sich darin kaum weit von der Wahrheit entfernen; alles ist offen, hell und heiter, ohne viel eigentliche Romantik, ohne Großheit oder sonderliche Feinheit von Formen und Farben; stille Erquickung und Beruhigung für das Auge, Gesundheit für abgespannte Nerven und Glieder.

Nicht unähnlich im Gesamteindruck und doch beträchtlich variiert ist das nahe Dorf Bockswiese — eine ungefähr gleichzeitige oberdeutsche Gründung — auf gutem Waldpfade in einer Viertelstunde zu erreichen; die Spaziergänge und Ausflüge sind also beiden Orten gemeinsam. Bockswiese liegt wie Hahnenklee auf waldumkränzten Bergmatten; doch erhält es sein besonderes Gepräge im Unterschiede von jenem durch die Geschlossenheit der Lage, die stille Versenktheit zwischen etwas erhöhten Rändern; man hat die Empfindung des Geschütztseins, des friedlichen Behagens. Vielleicht ist dieser sanftere Charakter die Ursache, daß der einzige Gasthof, das freundlich ansprechende Kurhaus, vornehmlich von Damen besucht zu werden scheint: daher ledige Herren vor unvorsichtiger Annäherung zu warnen sind.

Zwei Gruben bezeichnen Bockswiese als ein Bergmannsdorf; wenn deren Schutthalden die idyllische Landschaft auch nicht gerade verschönern, so stören sie hier doch wenig.

Ein reizender Weg führt von hier an sechs hübschen Teichen vorüber in einer halben Stunde zum Auerhahn zurück. Nach Lautenthal und Wildemann ist's je eine Stunde, nach Zellerfeld nicht viel weiter, ein sehr schöner Fußpfad, der das Spiegelthal kreuzt und dann die prächtige Bockswieser Höhe erklimmt. —

Westlich vom Hahnenkleeberge fließt der Vorleybach nach Norden, der später in die Grane mündet; dann folgt wieder ein paralleler Höhenzug, zunächst oben der Schul-

AUFNAHME VON P. SOMMER, POTSDAM.

Hahnenklee.

berg geheißen, der gerade über Lautenthal steht, mehr nördlich der Sommerberg (611 m), von dessen Gipfel man unerwartet einen schönen Blick auf den Brocken genießt, dann nordwestlich vorspringend die kahle, richtiger mit ganz junger Schonung bedeckte, Kuppe des Vorberges (600 m); dieser neu erwachsende Wald wird künftigen Geschlechtern eine besondere Freude verschaffen, weil er, was im Harze nicht häufig, aus Fichten und Buchen zu gleichen Teilen gemischt ist. Diese Höhe gewährt wieder eine prächtige und weite Aussicht auf das ganze sich um Goslar gruppierende Gebirgsgebiet von den Harzrandbergen hinterm Innerstethal bis zum Rammelsberge im Osten; nur die Stadt ist auch hier durch die Zwischenberge verdeckt; doch bietet das stattliche Dorf Wolfshagen im Mittelgrunde des Bildes einen freundlichen Ersatz.

In einer Stunde steigen wir durch schönen Buchenwald zu diesem — zur Abwechselung braunschweigischen — sehr wohlgebauten Dorfe mit sauberen Fachwerkhäusern hinab. Es liegt nicht reizlos in einer breiten Senkung, eine halbe Stunde oberhalb des Bahnhofs Langelsheim; besonders von Osten gesehen, stellt es sich sehr anmutig dar. Zwei Kurhäuser bieten Gästen angenehme Unterkunft; Höhenluft können sie nicht aufweisen, aber Wiesen- und Waldduft in erfreulicher Fülle. — Das Dorf war schon im Anfang des 14. Jahrhunderts vorhanden.

Von Wolfshagen führen mehrere wechselreiche Wege über Berg und Thal in zwei Stunden nach Goslar.

Das Okerthal.

Wer sich über die Lage und die weitere Umgebung Goslars orientieren will, erklimmt den im Westen der Stadt dicht vor den Thoren zu 480 m sich erhebenden Steinberg (d. i. 220 m über dem Ort). Man erreicht in einem Stündchen auf bequemem, doch in der ersten Hälfte schattenlosem Wege das auf seiner waldigen Kuppe belegene Gasthaus, das für das Wohl des Leibes sorgt, wie ein naher steinerner Turm für die Lust des Auges und noch besonders durch deutsame Messingplatten für die geographische Belehrung.

Am meisten frappiert zunächst das schöne Stadtbild, das man hier wie aus der Vogelperspektive unter sich sieht, so daß man jedes einzelne Gebäude und jeden Straßenzug bequemlich herausfindet. Eine ziemlich breite Zone von langsam ansteigenden Acker- und Wiesenflächen umgiebt die Stadt, so daß der Bürger jeden Waldspaziergang mit einer kräftigen Durchsonnung erkaufen muß, zum Vorteil für die Bierwirtschaften, die in löblicher Zahl an den Waldrändern lauern. Dahinter blickt man im Norden weit in das Hügelland hinaus, das reich mit munteren Ortschaften besät das Gebirge wie mit lässigerem Wellenschlage fortzusetzen scheint. Im Westen und Osten schaut man am Harzrande entlang, hier bis zu den Grenzbergen hinter dem langen Innerstethal, dort bis zu den fernen Türmen von Halberstadt. Südlich aber breitet sich der dunkle Kranz des eigentlichen Gebirges aus, das in den nächsten Kuppen sich bis über 600 m erhebt. Die Mitte etwa bildet die schwere Masse des Herzbergs (632 m), den die beiden bei Goslar mündenden Thäler umfassen, das Gosethal zur Rechten, das Winterthal zur Linken, deren Bäche sich kurz vor dem — südwestlichen — Klausthor vereinigen. Noch weiter rechts winkt von ferner Höhe der hübsche Ort Hahnenklee freundlich herüber, während hinter dem Winterthal sich der Rammelsberg aufreckt und gleich daneben über den Okerbergen durch eine Waldlücke gerade noch die alleräußerste Spitze des Brockens mit Haus und Turm aus weiter Ferne hereinschimmert.

Goslar liegt am Rande der nördlichen Abdachung der großen Oberharzer Hochfläche, die sich um Klausthal-Zellerfeld dehnt und im Westen von der Innerste, im Osten von der Oker und im Süden von der Söse begrenzt wird, während sie sich nach Norden in eine Anzahl lang vorgestreckter Bergrücken zerfasert, zwischen denen kurze Bäche — deren einer die Gose zwischen der Innerste und der Oker — in gleicher Richtung zu Thale eilen, um sich außerhalb des Gebirges sehr bald mit dem einen oder dem andern dieser größeren Gewässer zu vereinigen. Diese Bildung des Geländes stellt sich recht deutlich vom Steinbergturme dar, und wir werden uns ob solchen nutzbaren Einblicks gern darüber trösten, daß an malerischem Reiz diese Aussicht von sehr vielen des Harzes erheblich übertroffen wird.

Um ein gut Stück näher als die Innerste liegt der Stadt aber die Oker, deren Austritt aus den Bergen nur eine kleine Stunde entfernt ist; und so dürfen denn die Goslarer dieses berühmte Thal mit gutem Recht ihrer engeren Umgegend zurechnen, und sie werden es sich nicht verdrießen lassen, wenn die Harzburger und die Altenauer ungefähr den nämlichen Anspruch erheben.

Doch um uns nicht gleich das Allerbeste vorwegzunehmen, werden wir gut thun, zuvor noch einen kleinen Rundgang um die Südhälfte der Stadt in einiger Entfernung von ihr zu unternehmen, damit wir genau erforschen, wo und wie der eingesessene Bürger und der seiner Obhut anvertraute Sommerfrischler ihren Kaffee mit Backwerk und Fichtennadelduft zu genießen Gelegenheit haben.

Vom Steinberge wenden wir uns zunächst südwestlich, genießen von dem Verlornen Berge, der aber schnell gefunden wird, dann vom Königsberge reizvolle Blicke erst in das westlich benachbarte waldige Granethal, darauf ins Gosethal mit dem hohen Herzberg und steigen, noch den Rabenkopf umwandelnd, in dieses hinab, wo uns Kaffeeduft zweier Wirtschaften schon zur Trägheit zu verlocken sucht. Wir gönnen der oberen von ihnen einen flüchtigen Besuch, dem dort uns verheißenen Gosewasserfall zu Ehren; wer sich unter diesem einen kleinen Niagara vorstellt, wird herbe enttäuscht werden; nimmt man ihn aber als ein bescheidenes Gießbächlein, das fröhlich und sogar ein wenig schäumend unter Fichten seines Weges zieht, so wird man das Plätzchen recht anmutend finden. — Man kann in dem Hause auch Wurzel schlagen und sommerlicher Dauergast werden ebenso wie auf dem Steinberge.

Verfolgen wir von hier aus das Gosethal aufwärts oder steigen wir an dem westlichen Berge, dem Hohekehl, empor, so erreichen wir in zwei Stunden den Höhenrand der Klausthaler Ebene entweder beim „Auerhahn", oder bei Hahnenklee. Wir klimmen vielmehr an dem Niagara vorüber ein Stück weiter hinauf und kommen in einer Viertelstunde an den oberen Rand der abschüssigen Herzberger Wiese, über deren frisches Grün von einem kleinen Pavillon aus hinwegblickend wir wieder die Stadt mit ihren Türmen, diesmal mehr von Süden her und aus etwas größerer Entfernung, ansehnlich sich darstellen sehen; dann weiter um den Bergvorsprung herum und jenseits hinab an den Eingang des Winterthals und den länglichen Herzberger Teich, dessen klares, blaues Wasser lieblich durch die Bäume heraufschimmert. Hat man ihn umgangen, so ergiebt sich ein besonders hübscher Rückblick über die stille Flut, auf die dunkeln Tannenwände gegenüber und in das ernste Thal dahinter.

Jenseits dieses Thales erhebt sich der berühmte, für Goslars Entstehen und Bestehen so hochwichtige Rammelsberg, von dessen fast tausendjähriger Bergwerksgeschichte gewaltige Schutt- und Schlackenhalden Zeugnis ablegen, die, aus einiger Nähe gesehen, wohl an Asche und Lava eines Vulkans erinnern können, in die Ferne jedoch durch die groben Linien ihrer öden, grauen Flächen die Landschaft nicht gerade verschönern.

Dafür bietet der Berg selbst bei der Klippe Ramseck in einer Höhe von 600 m (35 m unter dem Gipfel), in einer Stunde von der Stadt zu erreichen, eine neue vortreffliche, nach dem Hügellande zu bedeutend erweiterte Übersicht über das Goslarer Gelände. Eigentlich malerisch ist sie wohl nicht oder doch nur in einzelnen Partien, aber lebensvoll und anziehend, besonders durch das immer bedeutsame Stadtbild. Interessant ist auch die Felsenpartie selbst und der Blick an ihr hinunter auf die Bergwerksgebäude gerade zu unsern Füßen.

Kehren wir zu diesen zurück, so hindert uns nichts, für anderthalb Mark uns einen Ablaßzettel zu erwerben, der uns für würdig erklärt, das geheimnisvolle Erdinnere in Begleitung eines wissenden Mannes zu betreten. Zur rechten Vorbereitung sind allerdings gewisse Feierlichkeiten erforderlich, insbesondere das Anziehen eines im wesentlichen aus Schmutz bestehenden Kittels und eines dazu gehörigen Höschens aus dem nämlichen Grundstoffe; wir erfahren, daß diese beiden Gegenstände uns nach homöopathischer Methode vor dem Schmutz des Bergwerks bewahren sollen. Die Ausrüstung vervollständigt ein Hut, auf dem eine mehrhundertjährige Kulturschicht von Wirtschaftsabfällen (wissenschaftlich Kökkenmöddinger) und kondensiertem Schweinefutter abgelagert scheint.

Hierdurch und durch ein fröhliches „Glückauf" des Führers zu bergmännischem Selbstbewußtsein gelangt, betreten wir kühnlich das dunkle Loch des Stollens, der in die Unterwelt führt; nur ein trübes Grubenlicht leuchtet wehmütig vor uns her. Wir schreiten auf schlüpfrigen Bohlen zwischen schmalen Eisenschienen weiter; der enge, niedrige Gang scheint sich vor uns ins Unendliche zu dehnen; in unmeßbarer Ferne zittert ein Lichtlein durch das ewige Dunkel. Wir vernehmen ein dumpf-schauerliches Gepolter, und plötzlich ist das Lichtlein ganz in unserer Nähe, ohne dadurch heller zu glänzen; der Führer schiebt uns beiseite in einen ausweichenden Winkel, und ein schwer mit Erzgestein beladener Wagen, von einem keuchenden Manne geschoben, rollt hastig vorüber, ein „Glückauf" wird gewechselt, und das Dunkel verschlingt ihn.

Diese bei jeder Begegnung wiederholte Grußform, meist nur hingemurmelt, macht einen merkwürdig stimmungsvollen Eindruck; aber es klingt nicht so freudig, wie der Wortlaut will, sondern eher beinahe warnend. Das ist freilich nur unsere Stimmung, denn es giebt für uns hier gar nichts zu warnen; daß keine Gefahr uns bedrohe, dafür sorgt schon die Bergwerksverwaltung, der vermöge des Haftpflichtgesetzes unser Leben geheiligt ist. Darum ist auch von allen Harzer Werken nur noch das Rammelsberger dem Fremden geöffnet.

So wird es uns auch nicht gestattet, zum Hinabsteigen in ein tieferes Stockwerk, wie der Bergmann thut, die sogenannte Fahrkunst zu benutzen. Das ist eine im Jahre 1833 erfundene, ebenso einfache als sinnreiche Einrichtung. Zwei viereckige Holzgestänge, die ein Drahtseil umschließen, bewegen sich in dem senkrechten Schachte, von einer Maschine gehoben, in unablässigem Wechsel nebeneinander auf und nieder, gleich den Beinen eines behaglich stampfenden Riesen; an diesen Gestängen sind Trittbretter befestigt, auf denen stehend die Leute sich so weit hinabtragen lassen, bis der Wechsel eintritt (je gut $1^1/_2$ m), um in diesem Augenblick von dem nunmehr wieder steigenden auf das andere sinkende Brett überzutreten. So werden sie gemächlich morgens hinab- und abends wieder heraufgewiegt, statt wie früher, auf gewöhnlichen Leitern klimmend, gewaltige Zeit und Kräfte zu verschwenden. Man muß sich's nur überlegen, was es bedeutet, täglich im Rammelsberge bis zu 300 m hinab- und wieder emporzusteigen — etwa die doppelte Höhe der Kölner Domtürme bis zur Kreuzblume — in andern Gruben, wie im Klausthaler Schacht Kaiser Wilhelm II., gar bis fast zur dreifachen Tiefe. Da wir freilich zur Stunde bergmännisch fühlen, reden wir nicht von Tiefe, sondern von Teufe, plätschern überhaupt in einem Meere prächtiger Kunstausdrücke, mit denen wir nach der Ausfahrt den armen Laien draußen mächtig imponieren werden; was wissen denn die von Gesenk, Ort, Wange, Firstenbau und Strossenbau, Sturzrollen, Jöchern, Pfändungen, Bolzenschrotzimmerung, Geipel, Fäustel, Gedinghäuer, Ruscheln, Nestern und hundert andern schönen Dingen? Nur was schlagende Wetter sind, das weiß allerdings jeder — aber davon schweigen wir lieber an diesem Orte.

Diese Art des Einfahrens ist zwar nun an sich für einen nicht ganz tölpischen oder verfetteten Menschen nicht gerade gefährlich; jedoch steigen dicht daneben die gefüllten Erztonnen mit verworrenem Schnurren und Rascheln schwerfällig in die Höhe, auch sonst fehlt es nicht an allerlei verdächtigen Bewegungen und Tönen: und da wird gefürchtet, der arme Fremdling könne die Gewalt über seine Nerven verlieren und so ein Unglück entstehen. Aus diesem Grunde müssen wir elend auf ganz gemeinen und obendrein sehr schmutzigen Leitern herumkraxeln, wodurch wir innerlich vor uns selbst kein besonderes Ansehen gewinnen.

Gezeigt wird uns von den fünfzehn übereinander liegenden Stockwerken nur eines, weil die nämliche Einrichtung sich in allen gleichmäßig wiederholt, wir also dem Übel der Langenweile verfallen würden. Hier durchwandern wir nun die langen, teilweise durch starke Hölzer gestützten Stollen, sehen das „taube Gestein", den in gleichmäßigen Schichten schräg streichenden Schiefer, dann das eigentliche Erzlager, von stillem Glanze verheißungsvoll schimmernd; an manchen Stellen herabhängende zierliche Gebilde, bald wie Eiszapfen, bald wie Tropfstein, doch beim Anfassen zersplitternd; hier schillern die Wände von bläulichem Vitriolglanz, dort hauchen sie eine dumpfe Wärme aus, das ist an den Stellen, wo das Gestein Schwefel enthält; die Leute arbeiten hier in fast unbekleidetem Zustande und müssen sich doch unterweilen von der Mühe erholen. Eine Bohrmaschine wird uns vorgeführt, deren scharfe Schneide, durch gepreßte Luft in Bewegung gesetzt, in erstaunlich kurzer Zeit ein Sprengloch in den Felsen arbeitet, wobei allerdings die Funken stieben, als wäre es schon mit Dynamit oder Pulver gefüllt. Mit greulichem Geprassel entleeren anderswo die heraufgewundenen eisernen Tonnen ihr Erz in den Förderwagen, der alsbald mit seinem Führer in der Finsternis verschwindet.

Nach einer reichlichen Stunde unsteten Schweifens durch Stollen und Schächte werden wir wieder ans Licht entlassen und können nun feststellen, wieviel angenehmer nicht nur dieses, sondern auch die Luft hier draußen ist als im dumpfen Bauche des Berges. Und das dritte, was uns wohlthut: das reinigende Wasser. Wie dieses Wasser nach dem Reinigungsprozeß aussieht, soll schonend verschwiegen bleiben.

AUFNAHME VON FR. ROSE, WERNIGERODE.

Okerthal.

Nachdem wir uns nun auch in unserer Kleidung dem Kulturmenschen wieder genähert, vollenden wir die Umkreisung der südlichen Stadtseite, indem wir in nordöstlicher Richtung weiterdringen, bis wir uns in einer halben Stunde in der „Bleiche“ oder noch eine Viertelstunde weiter in der „Klus“ am Fuße des Petersberges wieder einen Kaffee und den uns schon bekannten Blick auf die Stadt genehmigen können.

Der Klusfelsen, ein hier auf sonst ehrbarem Ackergrunde überraschendes Klippengebilde, in das die Kaiserin Agnes, Gemahlin Heinrichs III., eine Kapelle einmeißeln ließ, ist der Sage nach ein Steinchen, das einem Riesen in die Schuhe geraten war und das er ärgerlich hinausgeschüttelt hat, so daß es bis hier in die Ebene flog. Da die Höhe des Steinchens etwa 50 Fuß beträgt, mag es eine anregende Aufgabe für junge Mathematiker sein, die Lebensgröße des Riesen danach zu bestimmen.

Ins Okerthal führen von Goslar drei Wege, deren jeder seine Vorzüge hat. Der bequemste ist der untere: mit der Eisenbahn bis zur Station Oker und dann thalauf. Ist man zum Fahren zu stolz, so bietet die Wanderschaft auf der Chaussee zwar sonst nur mäßige Reize, wohl aber die gute Gelegenheit, den mit Unrecht wenig besuchten Sudmerberg (354 m) zu ersteigen. Dieser merkwürdige Berg ist eine völlig isolierte, vom Harzrande durch eine tiefe Senkung getrennte Anhöhe, deren freie Kuppe eben durch ihre Sonderlage eine glänzende Rundsicht auf den Harz, die Vorlande und den Eingang ins Okerthal gewährt. Ganz besonders aber ist der Blick auf Goslar malerischer und schöner als von irgend einem andern Punkte, weil man nur von hier aus die Stadt recht auf dem Hintergrunde ihrer stolzen Berge erschaut, und weil die größere Entfernung ihr einen wahrhaft poetischen Schimmer verleiht; hier kann man wirklich die vornehme Reichsstadt des fünfzehnten Jahrhunderts in allem Glanze zu sehen vermeinen.

AUFNAHME VON J. SPÖRL, EISLEBEN.

Aus dem Innern eines Bergwerks.

Auf den Sudmerberg führt kein gebahnter Weg, sondern nur einige ganz schmale Fußpfade, deren unterer Anfang indessen bei einigem Aufmerken unschwer zu finden ist. Von Goslar aus mag man eine Stunde, von Oker eine halbe zu seiner Besteigung brauchen. Auf der Höhe steht ein alter Wartturm, zu dessen geschlossener Thür eine Treppe hinaufführt; doch hat man schon von dessen Fuße die ungehinderte Rundsicht nach allen Seiten, auch auf den Brocken, dessen Kuppe sich hier schon ausgedehnter und kraftvoller darstellt, als früher vom Steinberge. Unterhaltend ist auch die Beobachtung der hart am Bergesfuße sich hinziehenden Landstraße und Eisenbahn; man kann die Züge von Goslar bis Vienenburg deutlich verfolgen.

Der Sudmerberg liegt noch auf preußisch-hannöverschem Gebiete; gleich nach dem Abstieg betreten wir das Land Braunschweig, dem der Hüttenort Oker schon zugehört. Doch sind diese und einige andere Hütten, sowie der Betrieb im Rammelsberge nach einer alten Erbschaft des 17. Jahrhunders beiden Staaten gemeinsam (daher der Name Kommunionharz).

Oker ist eine ganz junge Ansiedlung, von der im 16. Jahrhundert noch nichts vorhanden war; das Thal war damals kaum zu betreten, gar nicht zu befahren. Jetzt ist es ein ausgedehntes Dorf von 2700 Seelen, die den Qualm der riesigen Schornsteine mit

Heldenmut genießen. Die wogenden Rauchmassen pflegen die Lage des Ortes weithin zu kennzeichnen. Der minder ausgepichte Wandersmann aber beeilt sich, der langweiligen Dorfstraße zu entrinnen, was ihm nach einer kleinen halben Stunde auch leidlich gelingt. Völlig im Freien darf er sich erst fühlen, wenn er das freundliche „Waldhaus" erreicht hat, das mit gutem Biere aufwartet und den Eintritt ins innere Okerthal bezeichnet. Die klügeren Goslarer pflegen deshalb auf einem hübschen Waldwege über die Hauenschildklippe (524 m), die auch Aussicht ins Thal bietet, in einer guten Stunde geradeswegs hierher zu pilgern und so das Dorf zu umgehen.

Der dritte Goslarer Weg, der weiteste zwar ($2^1/_2$ Stunde), aber auch der allerschönste, führt über Ramseck hoch über die Berge und mündet ins Okerthal erst eine Meile oberhalb bei Romkerhall. Er bietet Aussichten zuerst rechts in das dunkle Winterthal, dann nach Übersteigen der Kammhöhe links über das Gemkethal hin auf den Brocken; — die Höhe trägt hier den merkwürdigen lateinischen (wohl aus dem Griechischen stammenden?) Namen Sydecum; sollte Drusus oder gar Odysseus bis hierher gedrungen sein? Doch bei näherem Zusehen entpuppt sich der heimatliche Klang Süh dek um oder hochdeutsch Siehdichum: und der Zuruf verdient Beachtung — dann thut sich wieder zur Rechten eine Fernsicht auf über die Thäler des weiteren Oberharzes, und endlich eröffnet die Kuppe des Eichberges (670 m) einen herrlichen Gesamtblick, der uns eine Schönheit des Harzes entschleiert, wie wir sie ähnlich, aber kaum bedeutender vom Turm auf der Schalke genossen haben. Auch hier ist der Brocken mit seinem fürstlichen Gefolge der Beherrscher des Ganzen; an die weiche Linie des Königsbergs reiht sich das Klippengebiet des Quitschenbergs und der Hopfensäcke, dann springt die kecke Spitze der Achtermannshöhe auf, und hieran schließt die lange gleichförmige Linie des Bruchbergs und Ackers.

Auch der Abstieg von der Höhe ist überaus reizend; immer machtvoller treten die schroffen Fichtenhöhen des Okerthals mit ihren kühnen Felsgebilden dem Auge entgegen. Bald erblicken und bald erreichen wir die breite Straße, die in der Tiefe dahinführt; auf ihr ein paar Minuten abwärts, und wir sind in Romkerhall. —

Die berühmteste Strecke des Okerthals ist die Meile zwischen Romkerhall und dem Waldhause; man genießt von der Chaussee aus fortwährend die schönsten und wechselreichsten Blicke. In welcher Richtung man fährt oder wandert, mag ziemlich gleichgültig sein, eine Steigerung der Scene nach dem Ausgang des Thales zu, wie etwa bei der Bode, ist kaum zu bemerken (s. Vollbild). Die großartigsten Felsbildungen mögen so ungefähr in der Mitte sich finden.

Man pflegt das Okerthal als ein Seitenstück des Oberharzes zu dem unterharzischen Bodethale zu nennen; und jedenfalls entwickelt der Harz in beiden seine Thalscenerie zur höchsten Größe. Zugleich aber stehen beide zu einander in energischem Gegensatz. An der Bode giebt den Grundton der wilde Fels, den der Wald, und zwar ganz überwiegend Laubwald, mildernd und überreich schmückend bekleidet: die Oker umgeben düstere Tannenwände, aus denen die trotzigen Felsgebilde belebend und steigernd herausspringen. Das Bodethal — zwischen Treseburg und Thale — ist von Menschenhand unberührt, ganz einsame und wilde Natur, während die Okerlandschaft durch die zahlreichen Mühlenwerke bedeutsam beeinflußt wird.

So ist denn der Eindruck des Bodethals gewaltsamer und blendender, aufregender und überraschender, man möchte sagen, leidenschaftlicher, dramatischer; der des Okerthals bei aller Wucht der Stimmung ruhiger, feierlicher, ernster, von mehr epischer Größe. Um die Bode drängen sich noch reichere, kühnere Gestaltungen, die Oker umgeben vielleicht edlere Formen. Die Felsen des Bodethals sind schroffer, zerrissener, die Okerberge sind bedeutend höher. — Es ist nicht ganz übel, daß jeder der beiden Harzteile so ein Glanzstück hat, sich so trefflich ergänzend, und wir dürfen uns freuen, daß wir, wie an Goethe und Schiller, „zwei solche Kerle haben".

Die Felsbildungen des Bodethals sind im allgemeinen bizarrer und wilder, die des Okerthals schöner; besonders malerisch wirkt es, wenn, wie es häufig der Fall ist, die höchste Spitze solcher schroffen Klippe von einer alten Kiefer gekrönt wird; man lernt hier die Tugenden dieses trefflichen Baumes erst schätzen, der, in ebenen Wäldern in Reih' und Glied aufmarschiert, sich oft so nüchtern und reizlos anstellen kann: an solcher Stelle aber, vereinzelt und nach freiem Belieben das knorrige Geäst zu phantastischen Formen ausreckend, übertrifft er an Wirkung alle Fichten und Edeltannen weitaus, die sich sonst wohl etwas Vornehmeres dünken.

Wer Freude daran findet, bei Betrachtung der herrlichen Felsgruppen seine Phantasie regulieren und leiten zu lassen, der mag sich vom Reisehandbuche säuberlich vorschreiben lassen, daß er sich hier einen „schlafenden Löwen", dort eine „Madonna", einen „Großen Kurfürsten" oder einen „Zieten" vorzustellen hat; damit auch für unmoralische Geister etwas abfällt, giebt's einen Mönch, der die Schlechtigkeit so weit treibt, eine Nonne zu umarmen. Die Ähnlichkeiten sind für strebsame Augen leicht zu entdecken; wer's aber nicht mag, braucht sich dadurch nicht stören zu lassen.

Eine Unart des Okerthals darf nicht ganz unterschlagen werden; dieselbe ergiebt sich aus der chemischen Verbindung von Chaussee und Sonntag; wer gar einmal an einem Pfingsttage zu Fuß dieses Weges gezogen ist, der wird sich vorgekommen sein, als sei an ihm der Fluch Mephistos in Erfüllung gegangen:

Staub soll er fressen und mit Lust,
Wie meine Muhme, die berühmte Schlange.

Zur schönen Sommerzeit freilich genügt auch ein Werktag, solchen Effekt zustande zu bringen, denn von den Harzburger, Goslarer und Altenauer Kurgästen gilt, wiederum mit Mephisto:

Dem Volke hier wird jeder Tag ein Fest.

Wer daher das Okerthal — und sehr viele andere Schönheiten des Harzes — ganz reinlich genießen will, der komme im Frühling oder im Herbst oder gar im Winter: da ist's hierzulande überhaupt am schönsten; geradezu überraschend ist es für Großstädter, die sich aus ferner Kindheit vielleicht noch eine dunkle Erinnerung bewahrt haben, was eine Schlittenbahn ist: hier finden sie so etwas in aller Wahrheit und Wirklichkeit wieder.

Die besuchteste Stelle des Okerthals, ein wahres Sammelbecken seines schwirrenden Verkehrs, ist das Gasthaus Romkerhall an der Stelle, wo von rechtsher die Romke in die Oker mündet. Es ist gerade die Mitte zwischen Oker und Altenau (je 1½ Stunden) und ebenso über die Berge ungefähr gleich weit (2½—3 Stunden) nach Harzburg und nach Goslar.

Der Hauptanziehungspunkt für die Gäste ist hier der Wasserfall (s. Abb. S. 19), dem das Haus gerade gegenüber liegt, so daß man seinen Anblick bequem als Zukost zum Bier oder Kaffee genießen kann. Er ist eine künstliche Anlage; der Bach wird durch einen Graben am Berge entlang geleitet und gießt nun seine Wasser einen 65 m hohen Felsen steil in drei Absätzen herab, nach unten hin sich malerisch verteilend und verbreiternd. Im Sommer läuft sein Wässerlein freilich oft etwas kümmerlich, wenn ihm nicht ein kräftiger Gewitterguß zeitweilig aufhilft; die Zeit der Schneeschmelze giebt ihm meist ein ganz anderes, manchmal wahrhaft großartiges Ansehen. Von ganz besonderem Reiz aber ist er, wie alle stürzenden Wasser, im winterlichen Kleide, wenn er bei starkem Frost zu tausend und abertausend Eiszapfen und Zacken und Röhren erstarrt, und unter dem schimmernden und durchsichtigen Krystallmantel die bewegliche Flut wie flüssiges Silber herabgleitet.

Von Romkerhalle (330 m) giebt es außer dem schon besprochenen Wege auf den Eichenberg (670 m) zwei sehr interessante Aufstiege nach der entgegengesetzten Seite, die man beide auch zum Weitermarsch nach Harzburg benutzen kann. Der erste führt am Wasserfall in die Höhe und weiter mit tüchtiger Steigung (bis 608 m) zu einer Reihe ganz großartiger und wild phantastischer Granitklippen, wie sie dem Harze der Brockengegend so besonders eigentümlich sind und immer wieder die staunende Bewunderung erregen. Die erste ist die Grotte, ein machtvoller und zugleich sonderbarer, fast beängstigender Aufbau: drei pfeilerartige Blöcke stützen eine kolossale Platte als ein breites Dach, unter dem man denn auch Tisch und Bänke findet, auf denen rastend man sich mit leise gesträubten Haaren den schauderhaften Gedanken ausmalen kann, daß dieses bedenkliche Gebäude urplötzlich zusammenkrachen könnte. Es giebt Leute, die es nicht über sich gewinnen, sich diesem Dache zu vertrauen.

Gerade über der Grotte liegt die Feigenbaumklippe, von der man einen prachtvollen Blick hat in die schwindelnde Tiefe des Okerthals und darüber hinaus in das offene Vorland des Harzes. Ihr folgt die Mausefalle, an der ebenfalls ein scheinbar schwach gestützter Steinblock ein mildes Gruseln erweckt. Noch stärker vielleicht könnte dieses werden, wenn man sich das niedliche Mäuslein vorstellte, für das diese Falle bestimmt wäre. Bald danach erreichen wir die Hexenküche und endlich die Kästenklippe, deren wild aufgetürmtes Felsgebröckel wieder eine der vorigen ähnliche Aussicht bietet (s. Vollbild). — Von hier gelangt man in etwa zwei Stunden auf schönen Waldwegen über den breiten, flachen Bergrücken in das nächste Hauptthal, das der Radau, nach Harzburg hinüber. Von der Kästenklippe kann man auch in nördlicher Richtung direkt nach Oker hinabsteigen auf einem Wege, der manche reizvolle Aussichten bietet, aber doch im ganzen der Thalstraße längs des Flusses nicht gleichzuachten ist, weil die prachtvollen Felsgestalten sich meist dem Auge verbergen.

Hexenaltar im Okerthal.

Der zweite Aufstieg wendet sich vom Wasserfall zur Rechten und führt auf steilem Zickzackwege in einer kleinen Stunde hinauf zu den Ahrendsberger Klippen, von denen aus man einen freien Rückblick auf das ganze untere Okerthal und dessen Öffnung in die Ebene hat. Freilich ist dieser Blick thalabwärts, dem der kräftige Abschluß fehlt, bei weitem nicht so ausdrucksvoll, wie der umgekehrte zu sein pflegt, zumal wenn höhere Berge, am besten der Brocken selbst, das obere Thalende krönen. Die nahe gelegene „Brockenklippe“ zeigt zwar dessen Kuppe, aber nicht gerade in sonderlich günstiger Gruppierung.

Nun geht es eine halbe Stunde sanft abwärts zum Ahrendsberger Forsthause, einer jener im Harze so häufigen Waldsiedelungen, denen eine stille Poesie innewohnt, ohne daß man recht sagen könnte, wodurch sie das eigentlich zustande bringen; jedenfalls thun sie's, wie alle echte Kunst, mit sehr einfachen Mitteln.

Sehr empfehlenswert ist von hier aus der Überstieg nach Harzburg; wenn man auch auf der Hochfläche eine etwas stumpfe Strecke durch einförmigen Fichtenwald zu durchwandern hat, so entschädigt dafür auf einer großen Blöße ein ganz herrlicher Blick über weite Fingerhutfelder als farbeglühenden Vordergrund hinweg auf die Brockenkuppe und ihr Nachbargebiet bis zum Bruchberg mit der Wolfswarte. Den reizenden Abstieg ins Radauthal lernen wir später kennen.

Ungefähr in der Mitte zwischen beiden Thälern finden wir den Dreckpfuhl. Wessen Herz dieser scheußliche Name erschaudern macht, dem sei zum Trost und zugleich zur Warnung gesagt, daß es deren im Harze noch viel greulichere giebt, ja solche, gegen die das harte Wort Dreck wie ein liebliches Kindergelispel klingt und die einem gesitteten Ohre ewig fern bleiben mögen! Übrigens ist es an dieser Stelle mit dem Schmutze — denn warum sollten wir jetzt diese kosende Umschreibung nicht gebrauchen? — nicht gar so schlimm; der Name deutet nur auf eine etwas moorige Stelle, welche die Paßhöhe bezeichnet.

Vom Ahrendsberger Forsthause führen auch mehrere Wege ins obere Okerthal gerade auf Altenau zu; wir aber kehren diesmal von unserer Klippenfahrt nach Romkerhalle zurück, um die Thalwanderung fortzusetzen. — Unter den Klippen, die in der Thaltiefe selber den Blick auf sich ziehen, sei hier der merkwürdige „Hexenaltar“ genannt, der in seiner regelmäßigen Schichtung fast einem kyklopischen Mauerwerk gleicht.

Die obere Strecke des Thales, von Romkerhalle ab, wird weniger begangen und steht doch an Schönheit der ersten kaum nach. Die mächtigen Felsgebilde zwar hören hier auf, doch die ernsten, hohen Fichtenwände bleiben, und eine tiefe, wohlthuende Waldstille herrscht hier weit mehr als vorher. Nach einer guten Stunde erst macht die Altenauer Silberhütte einen sonderbaren Schnitt in das Landschaftsbild: häßliche, kahle, wie zerfressene Berglehnen starren uns plötzlich entgegen, der giftige Hüttenrauch hat im weiten Umkreise allen Pflanzenwuchs vernichtet und eine trostlose Wüste geschaffen, die das Hämmern, Rasseln, Zischen und Fauchen der Werke mißtönig belebt. Dafür freilich wird hier Silber gewonnen (ca. 3500 kg jährlich), woraus man die schönen Markstücke macht, die als Harzreisegeld so treffliche Verwendung finden; auch wird neben anderen guten Dingen Schwefelsäure fabriziert, die in der Kunst der Weinverbesserung eine so wichtige Rolle spielt. In manchen Weinsorten, die hie und da im Harze dem treuherzigen Wanderer vorgesetzt werden, glaubt man von jener nutzbaren Säure noch Einiges durchzuschmecken.

Doch ist diese künstliche Wüste zum Glück nur eine kurze Unterbrechung der reichen Wälderpracht; bald haben wir wieder Fichten zur Rechten wie zur Linken, dazu thaufrische Wiesen, und mitten darinnen betreten wir tief im Grunde die Bergstadt Altenau, die in einer Höhe von 500 m etwas mehr als 2000 Einwohner ernährt, die zahlreichen Sommerfrischler ganz ungerechnet. Altenau, d. i. Altenwasser, liegt am Einfluß dieses jetzt Schneidwasser genannten Baches in die obere Oker, die hier in einiger Nähe noch eine Reihe anderer Bäche aufnimmt, wodurch das Gelände sich ungemein mannigfach gestaltet und den Spaziergängern zahlreiche schöne Waldthäler zur Verfügung stellt. Trotz der ziemlich hohen Lage stellt sich Altenau nicht wie Klausthal-Zellerfeld oder auch Sankt Andreasberg als ein freier Höhenort dar, sondern eher wie eine versenkte kleine Welt, still ins Thal eingeschmiegt und von Bergen rings umdrängt und geschützt. Das von drei Thälern zerschnittene Hochland hebt sich langsam nach Südosten gegen den Bruchberg zu, der mit seiner Höhe von 926 m und seinen so gut wie unzugänglichen Sümpfen und Wäldern der eigentliche Beherrscher dieser Gegend ist und sie gegen das Brockengebiet wie ein ungeheurer Wall aufs vollkommenste abschließt.

Fast rund um diesen Bruchberg herum, an seiner abgekehrten Südseite beginnend, läuft der merkwürdige Dammgraben, der alle Wässer desselben und auch noch einige vom Brockenfelde her abfängt und in langem, stillem Laufe schließlich den Klausthaler Teichen und von da den Bergwerken zuführt. In einem weiten Halbkreise umzieht er Altenau in ziemlicher Höhe auf vier Wegstunden Länge, immerfort begleitet von einem bequemen Spazierpfade, den entlang zu wandeln einen ganz eigenartigen Stimmungsreiz hat. Immer gleichmäßig schlängelt sich das ruhig murmelnde Wasser durch gleichmäßigen Fichtenwald, auch die Bodengestaltung der Berglehne bringt nicht allzuviel Wechsel, immer die gleiche Waldeinsamkeit, von leiser Melancholie durchhaucht; aber man kann ziemlich lange wandern, ehe man etwas wie Ermüdung und Eintönigkeit empfindet. Und dann giebt es Wege genug, die in eines der Bachthäler und durch dieses zur Stadt hinabführen.

Die Zahl der den Sommergast reizenden Waldpartieen um Altenau ist so groß, daß der Raum mangelt, sie einzeln aufzuführen. Schon mitten im Orte selbst erhebt sich ein schroffer Felskegel, der eine vortreffliche Übersicht über dessen Lage und die Formation der Gegend gestattet. Eine breitere Fernsicht bis hin zum Brocken und dem langen Ackerrücken bietet der nahe Schwarzenberg, der von Promenadenwegen reichlich durchzogen wird. Nach Westen hin steigt man über den Rotenberg, auf dem man wieder einmal den Brocken begrüßt, in das liebliche Polsterthal, das zum Polsterberge hinauf und von da an Teichen vorüber in zwei Stunden nach Klausthal führt. Zwei wirtliche Zechenhäuser schützen unterwegs vor völligem Verschmachten.

Der natürliche Zug nach der Höhe aber treibt den Altenauer Sommergast vornehmlich ostwärts, der oft erblickten Lockung der Brockenkuppe entgegen. Altenau gehört bereits zu den Brockenstädten, denjenigen nämlich, von denen aus der Weg zu diesem belobten Gipfel von einem gesunden Menschen männlichen oder weiblichen Geschlechts in einem Tage hin- und herwärts zu Fuß geleistet werden kann. Es sind das außerdem vornehmlich Harzburg, Ilsenburg, Wernigerode, Elbingerode, Braunlage und Andreasberg. Von Altenau erfordert der Aufstieg etwa vier Stunden, der Abstieg dementsprechend etwas weniger.

Uns freilich, den gewissenhaften Programmreisenden, ist es noch nicht vergönnt, unser Ziel uns so weit zu stecken; nur einen Anlauf dahin dürfen wir nehmen und dann wieder umkehren. Dieser Anlauf führt uns durch das reizende Schulthal auf breiter, oft recht steil ansteigender Fahrstraße, mit freien, herrlichen Rückblicken, bis zu einer Stelle, wo der Bruchberg nach Norden hin in jähem Absturz sich senkt, so daß der Name der Steilen Wand ein wohlberechtigter ist. Hier ist im Jahre 1898 vom Harzklub eine wahrhaft glänzende Aussicht erschlossen worden, die vordem wohl nur zufällig ein Wanderer entdecken und mit Mühen, vielleicht selbst mit Gefahr sich erkämpfen konnte: über den Absturz hin blickt man auf die mächtig ansteigenden Tannenwände des tiefen Kellwasserthals, und dahinter erheben sich in feierlicher Schönheit die großen, ernsten Linien des Brockens mit dem ihm rechts anschließenden Königsberge, dem Klippengebiet, das den seltsamen Namen der Hopfensäcke führt, und dem spitzeren Gipfel des Wurmbergs. Da haben wir den vollen Blick aus größerer Nähe auf die Könige des Harzes, die aus geheimnisvoller Ferne schon so manches Mal winkten, einen Blick, der hier durch die düstere Größe des Vordergrundes in seiner Wirkung wundervoll gesteigert wird.

Doch es soll nur ein Vorblick sein in das jenseitige Land hinter der Scheidemauer des Bruchbergs; für jetzt ziehen wir uns wieder hinter diese zurück, doch nicht ohne von seiner Höhe selbst einen Rückblick auf die schon durchwanderten weiten westlichen Gebiete zu thun.

Ein Fußpfad führt von der Steilen Wand aus — ein anderer schon von einer früheren Stelle der Fahrstraße — steil empor auf die 919 m hohe Wolfswarte, eine nach Norden vorspringende wilde Felspartie jenes langen Bergkammes. Hier richtet sich der Blick vornehmlich nach Westen, zunächst an dem mächtigen, dunkelwaldigen Hange des Bruchbergs selber entlang schweifend, der von dem obersten Laufe der Oker kaum merklich gefurcht wird, dann nach Altenau hinab, das die tiefste hier sichtbare Stelle einnimmt; das Städtchen liegt da als einzige Oase in einsamer Waldwüste; in langgeschwungenen Zügen streicht ein Thal, ein Berg hinter dem andern dahin, bis der hohe Rücken des Kahlenbergs mit der Schalke diese bewegte Welt abschließt. Es ist ein abgeschlossenes Hochthalgebiet, das man nach dorthin überblickt; nur nach Nordosten thut sich auch ein Blick in das freie Vorland bei Harzburg und Ilsenburg auf, und im Osten werden die Tannenspitzen noch gerade überragt von den äußersten Gipfeln des Brockens und des Wurmbergs.

Zwei Stunden etwa erfordert die Besteigung der Wolfswarte von Altenau her; für den Rückmarsch mag ein verständiger Mann des ergötzenden Wechsels halber gern einen mäßigen Umweg bewilligen und den interessanten und schönen „Magdeburger Weg“ einschlagen, der an der Steilen Wand in halber Höhe entlang führt.

In Altenau wieder vorsprechend, werden wir durch Wort oder Schrift uns gemächlich belehren lassen, daß Altenau von den 7 Bergstädten die jüngste ist und erst im Jahre 1623 offiziell diesen zugezählt wurde; 1580 bestanden hier noch nicht mehr als zwanzig bescheidene Häuser. Auch haben die Gruben zu keiner Zeit recht lohnende Ausbeute geliefert, wie denn die Hütte auch fast nur auswärtige Erze verschmelzt. Aber wir wohlthätigen Sommerfrischler! Was würde Altenau, wenn wir nicht wären?

Das Siebertʰal und Sankt Andreasberg.

Von Altenau führt eine große Fahrstraße mäßig aufwärts in einer Stunde senkrecht auf die Klausthal-Andreasberger Chaussee zu und erreicht diese beim Sperberhaier Dammhause, wo wir sie von der andern Seite her getroffen und westwärts verfolgt haben. Jetzt wenden wir uns nach Osten, wo sie stark zu steigen beginnt und auf einer Strecke von 4 km vom Dammhause (570 m) bis zur Stieglitzecke (810 m) sich 240 m höher hinaufwindet. — Ein abkürzender Fußweg von Altenau, der eine Zeitlang am Dammgraben entlang und dann durch schönen Fichtenwald führt, trifft die Chaussee ungefähr in der Mitte zwischen beiden Punkten. — Der Ausblick ist auf der Straße meist durch Hochwald gehemmt, doch hat man an einer Stelle einen überraschenden und prächtigen Rückblick auf die Klausthaler Wiesenfläche und den breiten Waldrücken der Schalke.

Stieglitzecke heißt die Stelle, wo nahe der Paßhöhe, der geringen Senkung zwischen Bruchberg und Acker, rechts nach Süden hin eine Straße abzweigt, die sogenannte Ackerchaussee, welche, der ganzen Länge dieses Bergzuges folgend, südöstlich unterhalb des Kammes, meist um etwa 100 m, in etwa 5 Stunden bis nach Osterode hinabführt. Auf der ganzen Strecke läuft ihr oberhalb parallel, immer die Kammhöhe haltend, der Fastweg (d. i. Firstweg), ein unbequemer und nicht selten sumpfiger Fußpfad; die ganze Länge eines dieser Wege zu durchwandern, ist aber nicht sonderlich ratsam, weil durch Einförmigkeit ermüdend. (Über den Acker vgl. S. 14.)

Doch bevor wir unsere bisherige Richtung verlassen, gönnen wir uns das Vergnügen, das kurze Stück bis zur vollen Höhe sie noch weiter zu verfolgen, um den Vorblick von dort in die jenseitige Welt zu genießen. Und bald erblicken wir denn auch — etwas rechts abseits vom Wege am besten — in bisher ungewohnter Nähe vor uns die seltsam geformte spitze Kuppe der Achtermannshöhe, die sich hier eng an den dahinterliegenden runderen Wurmberg anzuschmiegen scheint, und weiter zur Rechten unbekannte Bergformen, unter denen der Stöberhai kräftig hervortritt.

Noch etwas weiter gewinnt man plötzlich zur Rechten durch eine lange Schneise einen originellen Durchblick, den schmalen Ausschnitt eines reizvollen Bildes: sechs oder sieben Thäler schieben sich kulissenartig übereinander, am Ende überragt von der kraftvoll geformten Kuppe des Ravenskopfes bei Lauterberg; es sind die Thäler der Sieber und Oder mit ihren Seitenästen, über die wir hinwegschauen, also ein knapper Querschnitt durch fast das ganze „Andreasberger Dreieck“ (vgl. S. 15).

Zur Stieglitzecke zurückkehrend, schlagen wir nun wirklich den Weg zur Rechten ein, der zunächst den breiten Kamm des Ackers in schräger Richtung überschreitet, und diese Strecke gestaltet sich allerdings zu der interessantesten und schönsten der ganzen Wanderung. Hier ist schon der unmittelbare Vordergrund, der Boden, auf dem wir wandeln, von feiner Stimmung; man wittert das Höhengebiet: das schwarze Torfmoor, aus dem die jungen Fichten herauswachsen, verrät es deutlich mit dem leisen Hauche des Unheimlichen, der es umschwebt. Bald eröffnet sich ein neuer Rückblick auf Klausthal-Zellerfeld mit ihrem schimmernden Wiesenkranz; und gleich darauf tritt auf einmal die wuchtige Gestalt der Brockenkuppe vor das überraschte Auge, und nun schnell sich entwickelnd, das ganze sich ihm anschließende Gebirge, vom Achtermann bis zum Stöberhai, im Vordergrunde auf einem Wiesenplan freundlich das nahe Sonnenberger Weghaus.

Dann verlassen wir die Kammhöhe, und dichter Wald nimmt uns auf. In etwa zwei Stunden erreichen wir den „Teilungspfahl“, von dem rechts ein Fußpfad zur Hanskühnenburg hinaufführt (810 m).

Es ist dies ungefähr die Mitte des Ackerzuges, aber nicht dessen höchster Punkt, der sich vielmehr nordöstlich von hier näher der Einsenkung befindet und den seltsamen Namen der Warmen Stube trägt (866 m) — vermutlich mit böser Ironie, weil sich schon mancher eine solche hier oben vergebens gewünscht haben mag. Unter der Hanskühnenburg versteht man einige aus wildem Gebröckel sich erhebende große Quarzfelsen, von denen einer die

Wipfel der Bäume ein wenig überragt. Die Sage bezeichnet diese Steine als den Rest einer Burg, die durch den Fluch einer reinen Jungfrau in den Berg geschmettert worden sei; der mit wilden Genossen hier hausende Raubritter Hans der Kühne hatte sie beim Erdbeersuchen gefunden und um ihrer Schönheit willen hierher verschleppt. Unter dem Felsen liegen noch heutigestags wunderbare Schätze verborgen, man braucht ihn nur aufzuheben, dann hat man sie.

Als Ersatz für dieses Märchenschloß hat nun der Harzklub einige Minuten abseits an einer noch günstigeren Stelle einen Aussichtsturm errichtet, der zu den wohlthätigsten solcher menschenfreundlichen Anstalten im Harze gehört; er ist vereinigt mit einer geräumigen verschließbaren Schutzhütte, darinnen zwei Holzpritschen sogar die Möglichkeit des Übernachtens bieten; Bettzeug und Waschgeschirr muß der Kulturmensch sich freilich mitbringen. Eine Quelle aber ist in der Nähe, so daß man sich in diesem Betracht nur mit einem Kochapparat, Zucker und Rum zu versehen hat. Denn eine „warme Stube" kann man diese Bretterbude auf der freien Höhe allerdings auch nicht gerade nennen.

Die Aussicht von der Höhe des Ackers kann sich der Harzwanderer, der diesen mächtigen Rücken so oft als eine schier mathematische Scheidewand zwischen zwei Gebirgsteilen vor Augen gehabt hat, gewissermaßen a priori konstruieren: und doch wird der wirkliche Anblick dieser Herrlichkeit darum nicht minder überraschend und entzückend wirken. Es giebt neben dem Brocken keinen zweiten Punkt im Harze, der eine so klare Einsicht in das Gefüge des Gebirges gewährte — ohne dabei aber wie jener an malerischer Wirkung einzubüßen. Die hohen Berge im Norden und Osten — Schalke, Brocken, Rehberg, Stöberhai, Ravenskopf — beschränken freilich die Weite des Ausblicks, aber nur, um das Bild durch ihre eigenen schönen Linien und die festere Geschlossenheit des Rahmens desto reizvoller zu heben. Das besondere und einzige dieses Bildes ist immer die seltsame Zweiteiligkeit, indem der langgereckte breite Waldrücken, in dessen Mitte wir stehen, es in zwei scharf gesonderte Hälften schneidet, ohne es jedoch unharmonisch zu zerreißen, da er vielmehr eine stimmungsvolle Verbindung und den großartigsten Vordergrund bildet.

Im Nordwesten haben wir unter uns den ganzen, soeben durchwanderten Harzteil, die kompakte Hochfläche bis zu ihren Randbergen; deutlich verfolgt man den Lauf der drei großen, sie durchschneidenden Thäler, der nach Norden sich öffnenden Oker und Innerste und der südwestlich laufenden Söse, und über deren breite Öffnung bei Osterode hinweg sieht man weit in das Land bis zu den Bergen an der Weser. Ebenso überschaut man im Südosten das „Andreasberger Dreieck", dessen Formation im schärfsten Gegensatz zu jener Hälfte steht: dort ruhige Linien der Ebene und der flacheren Höhen, hier ein überaus lebhaft bewegtes, hundertfach zerrissenes und zerspaltenes Gelände mit mannigfachen kräftigen und auffallenden Bergformen, das Ganze überragt durch die bedeutenden und charakteristischen Kuppen des höchsten Gebirges. Auch hier markieren sich kräftig die beiden Hauptthäler, das der Sieber und der Oder, dem Acker parallel laufend, mit ihren zahllosen Verzweigungen, die dieses Gebiet so vielgestaltig durchfurchen, während im Osten das Oderthal dann von einem geschlossenen Walle begrenzt wird, den von der Quelle bis zum Austritt aus dem Gebirge kein einziger größerer Thaleinschnitt gliedert.

Es mag nur etwa ein Drittel des Harzes sein, das man hier überblickt, aber es ist das in der Formation weitaus interessanteste Stück; was fehlt, ist die große Unterharzebene, die, gerade von größerer Höhe gesehen, fast ungegliedert und geradezu langweilig erscheint. Ein besonderer Vorzug dieser Ackeraussicht ist dann die frische Belebung der ruhigen dunkeln Waldmassen durch die leuchtenden Farbenflecken der beiden Städte Klausthal und Andreasberg, die in ziemlich gleicher Entfernung von uns in jeder der beiden Bildhälften einander fast symmetrisch gegenüberlagern, beide auch durch ihre ausgedehnten Wiesenflächen sich kräftig abhebend und einander ähnlich, so verschieden im übrigen das sie umgebende Gelände sich darstellt. —

Den Abstieg von der Hanskühnenburg kann man entweder gerade hinab in die benachbarten Thäler nach Riefensbeek-Kamschlacken oder nach Sieber in je einer Stunde

Hanskühnenburg.

nehmen, oder man verfolgt den Fastweg, passiert die Seilerklippen (750 m), die wieder eine reizvolle Aussicht bieten, und kommt in drittehalb Stunden nach Osterode, oder man gelangt, von der Ackerchaussee links abbiegend, durch das Kirchthal nach dem Waldarbeiter-dorf Lonau und weiter durch das anmutige Lonauthal in knappen zwei Stunden hinab nach Herzberg, einem am Zusammenfluß der Lonau und Sieber und dem Austritt beider aus dem Gebirge 240 m hoch gelegenen Flecken von 3700 Einwohnern.

Es ist ein ziemlich unansehnliches Örtchen, das sich lang an der Sieber hinstreckt, bis wo diese, von dem vorspringenden Schloßberge gezwungen, ähnlich wie die Söse bei Osterode, eine Strecke weit nach Nordwesten umbiegt. Die landschaftliche Lage ist hübsch und freundlich, doch den eigentlichen Glanzpunkten unseres Gebirges nicht zuzurechnen, daher es denn auch als Sommerfrische zwar besucht, aber nicht überströmt wird, was manchem ein Vorzug bedünken mag. Die Nähe der Hanskühnenburg und des Großen Knollen sowie des prächtigen Sieberthals geben einem Aufenthalt immerhin Reiz genug; noch näher bietet der Rotesoolskopf einen sehr schönen Blick in das Sieber- und Oderthal. Ein interessanter Forstgarten mit schönen Bäumen und ein natürlicher Teich von bedeutender Tiefe (35 m), nach dem Volksglauben unergründlich, der Jüs, sind ebenfalls sehenswert.

Der Hauptanziehungspunkt aber für den Besucher ist immer das Schloß Herzberg (s. S. 203) auf einer steilen Anhöhe mit bewaldetem Abhang gelegen, die durch die Sieber vom eigentlichen Harze schon geschieden ist. Es ist eines der wenigen Schlösser und Burgen des Harzes, die unzerstört bis auf unsere Tage gekommen sind, wenn auch nicht in seiner allerältesten Gestalt.

Über die Zeit seiner ersten Erbauung fehlt es an sicheren Nachrichten, wahrscheinlich ist es die des Kaisers Lothar (1125—37). Es war ursprünglich kaiserlicher Besitz, doch ging es schon im Jahre 1157 im Wege des Tausches an Heinrich den Löwen über und verblieb seitdem bis 1866 beim welfischen Hause, nur daß es bei dessen zahlreichen Erb-teilungen bald Wolfenbüttel, bald Grubenhagen, bald Celle und zuletzt Lüneburg-Hannover zugehörte.

Einmal, um das Jahr 1218, war Hertesberg die Residenz einer Kaiserin, der Witwe des Welfen Otto IV. Herzoglicher Wohnsitz blieb sie mit geringen Unterbrechungen bis 1714. Im 14. Jahrhundert wurde von Herzberg aus eine Orientreise — ohne Stangen oder Cook — unternommen, die, wie die modernste Palästinafahrt, mit einem Besuch bei dem Beherrscher Konstantinopels ihren Anfang nahm — nur daß dieser damals kein Moslem, sondern Christ war und den Namen Andronicus Paläologus führte. Dieser war der Schwager Heinrichs II. von Grubenhagen, der dann den Beinamen De Graecia trug und seinerseits als zweite Gemahlin eine Prinzessin aus dem Hause Lusignan heimführte, das zu Cypern und Jerusalem die Königswürde innehatte. 1330 kam dieser Heinrich ins gelobte Land und brachte von dort zwei Dornen der Krone Christi mit, die er dem benachbarten Kloster Walkenried zum Geschenk machte. Die frommen Mönche wußten trefflich mit dem Pfunde zu wuchern; sie gaben die Dornen einem silbernen Muttergottesbilde in die Hand, das nun unverzüglich Wunder zu thun anhub und dadurch dem Kloster einen reichen Gottessegen an blankem Gelde einbrachte. Der arme Herzog aber blieb von der kostspieligen Reise an in beständiger Geldklemme und kam aus den Schulden und dem Verpfänden seiner Besitzungen gar nicht mehr heraus. Ob vielleicht auch seine vornehme Gemahlin mit ihren orientalischen Gewöhnungen ihm das Leben so verteuert habe, läßt sich nicht feststellen.

Nach seinem Tode ereignete sich die Merkwürdigkeit, daß zwei seiner Neffen, die in Streit über den Besitz des Schlosses Herzberg geraten waren, den ehrsamen Rat ihrer Stadt Osterode um ein schiedsrichterliches Urteil angingen, das denn auch mit Verstand und guter Meinung abgegeben wurde und den gewünschten Erfolg hatte, daß die beiden wieder, wie der Rat mahnte, „leve getruere broder" waren.

Im Jahre 1510 entstand bei nächtlicher Weile ein so fürchterliches Feuer im Schlosse, daß es mit allen Kostbarkeiten und allen Papieren und Urkunden bis auf den Grund niederbrannte und der damalige Herzog Philipp mit seiner Gemahlin und ihrem kleinen Sohne sich nur mit Mühe ohne jegliche Kleidung aus dem Fenster retten konnte. Das Traurigste war, daß dem Kinde die Erkältung eine dauernde Krankheit zuzog, an der es nach zwei Jahren verstarb. — Im Jahre 1528 war das Schloß wieder hergestellt und vom Herzog bewohnt.

Im Jahre 1617 kam es mit den andern grubenhagenschen Besitzungen an das Haus Celle, wo damals sieben Brüder in das Erbe sich hätten teilen müssen. Doch um eine so übermäßige Zerstückelung des kleinen Ländchens zu verhüten, hatten sie sich dahin geeinigt, daß nur einer von ihnen sich standesgemäß vermählen sollte; der Glückliche wurde Georg, der Anna Eleonore von Hessen=Darmstadt heimführte. Die Sage weiß anmutig zu berichten, daß die Brüder sich im Schlosse versammelt hatten, um das Los entscheiden zu lassen. Das war ein grausam banger Augenblick für Georg, den jüngsten von ihnen, weil er mit jener Prinzessin schon heimlich verlobt war und sie von Herzen liebte. Und so saß auch diese mit zagendem Herzen in dieser Stunde auf einem Felsen vor dem Schlosse und harrte des Ausgangs. Als nun der glückliche Gewinner jubelnd zu ihr herausgeeilt kam und sie an dem Felsen umarmte, da war die Freude so groß, daß dieser davon den Namen Freuden= oder Fräuleinstein behielt. Leider weiß man jetzt nicht mehr, wo der Felsblock zu suchen ist. Noch etwas pikanter ist die hübsche Wendung, Georg habe gar nicht gewußt, daß seine Geliebte eine ebenbürtige Prinzessin sei, und sei darum von der Entscheidung zuerst peinvoll betroffen worden, bis er nun aus ihrem Munde die holde Wahrheit erfuhr.

Dieses edle Paar bewohnte nun Herzberg bis zum Jahre 1635 und hatte acht Kinder. Ihr jüngster Sohn wurde der erste Kurfürst von Hannover, Ernst August, und dann Vater des ersten englischen Königs aus dem Welfenhause, der, wie sein Großvater, Georg hieß. So erhielt die bewunderte Großherzigkeit der sieben Brüder eine denkwürdige historische Belohnung.

Die glänzende Zeit des Schlosses aber war damit vorüber; Ernst August verlegte seine Residenz nach Hannover und kam nur noch vorübergehend in seinen Geburtsort. Dagegen hatten hier mehrere kurfürstliche Damen ihren Witwensitz, bis 1714 auch das aufhörte und das Schloß verlassen blieb. Doch blieb die Ausstattung noch zwei Menschenalter beisammen.

Im Jahre 1788 wurde auch das Mobiliar verkauft, und es ist von dem fürstlichen Glanze nichts geblieben als die äußere Architektur, und die ist für einen Ahnensitz weltbeherrschender Könige einfach genug. Auf einem massiven Unterbau lagert leichteres Fachwerk, auf dem Hofe teilweise von schlichten Säulen gestützt. Der nördliche und östliche Flügel sind erst in der Mitte des 17. Jahrhunderts erbaut und zeigen in einigen Portalen und ganz besonders in dem den Winkel ausfüllenden Treppenturm eine originelle und höchst reizvolle Renaissance-Architektur.

Jetzt dient der teilweise restaurierte Bau dem königlichen Amtsgericht als Stätte seiner nüchternen, aber würdigen Wirksamkeit.

Die Lage des Schlosses auf der abgesonderten Höhe ist prächtig und bietet vom Turm eine bedeutende Aussicht. Der Wald an der steilen Nordseite des Felsens, Burghals geheißen, zeichnet sich durch viele schöne Buchenstämme aus und hat ebenfalls hübsche Blicke über die Siebersenkung und den langen Flecken hinweg auf das sich hebende Gebirge, besonders von einer „Kaiserlaube“ genannten Schutzhütte aus.

Die Sieber fließt hier nordwestwärts, biegt aber sehr bald wieder in ihre natürliche Richtung zurück und mündet dann in die Oder, die ihre Wasser nach der Leine mitnimmt.

Bei Herzberg vereinigt sich die westliche Harzgürtelbahn mit der Strecke Ottbergen-Northeim-Nordhausen, die von hier an den Südrand des Harzes begleitet.

Wir haben lange genug der Lockung widerstanden, die die Öffnung des Sieberthals ausübt; wir beeilen uns nunmehr, dessen Sohle folgend, uns wieder ins innere Gebirge zu vertiefen. Auf breiter Straße haben wir bequemen Anstieg, auf die erste Meile nur hundert Meter. Anfangs erscheinen die Berge noch niedrig, bald aber heben sie sich höher und steiler; zur Linken haben wir den Langfast, den das Lonauthal vom Ackerzuge abtrennt, zur Rechten die Höhen, die das Gebiet der Sieber von dem der Oder scheiden. Wir erreichen die Lange Wiese, über deren Breite hinweg wir einen ganz entzückenden Blick thalaufwärts genießen, und erreichen nach anderthalb Stunden das stille Dorf Sieber (340 m), dessen 500 Bewohner sich von Waldarbeit nähren, nachdem die im 16. Jahrhundert bestandene Eisenhütte längst eingegangen ist. In neuerer Zeit bringen die Sommerfremden einiges Geld ins Land; die Verhältnisse sind bescheiden, die Gasthöfe einfach, die Wohnungen billig.

Die Lage von Sieber ist prachtvoll, kaum ein anderer Ort im Harze mag so sehr an ein Alpendorf erinnern. Die große Natur könnte etwas Strenges und Finsteres haben,

Schloß Herzberg.

wenn nicht die freundlichen Wiesenhänge am Fuße der hohen Waldberge den Eindruck wieder milderten. Mehrere benachbarte Seitenthäler bieten herrliche Spaziergänge; zwei Aussichtsberge ersten Ranges sind in je anderthalb Stunden — beide auf steilen, aber sehr schönen Wegen — von hier zu ersteigen, im Westen die Hanskühnenburg (s. S. 201), im Osten der Große Knollen, welchem letzteren man auch von Herzberg, Lauterberg und Andreasberg aus etwas größerer Entfernung beikommen kann. Er zieht durch seine Höhe (687 m) wie durch seine Form als ein im Vergleich zu den meist flachen Kuppen stark zugespitzter Kegel von weither das Auge auf sich und ist dem Wanderer bald eine der vertrautesten Berggestalten des Südharzes. Man meint, ihm die gute Aussicht schon aus der Ferne ansehen zu können, und sieht sich mitnichten getäuscht in dieser frohen Ahnung.

Wir finden vor allem ein musterhaftes Übersichtsbild über die beiden Flußgebiete der Sieber und Oder, in deren Centrum der Berg liegt. Wie ein aufgewühltes Meer liegen diese wirrverschlungenen Thäler vor uns, und es ist nicht leicht, in die krausen Bergmassen einige geographische Ordnung zu bringen. Einen anziehenden Ruhepunkt für das Auge in dieser wunderbaren Wirrnis bildet ein überaus reizender Blick in das südliche Bremkethal, das bei Scharzfeld sich nach der Oder hin öffnet; dahinter sieht man weit über den nahen Harzrand hinaus in die blaue Ferne bis zum Meißner zur Rechten und zum Kyffhäuser zur Linken. Nahe und stattlich stellt sich im Nordosten Sankt Andreasberg dar mit seinen rotleuchtenden Häuserreihen und in entgegengesetzter Richtung Herzberg mit dem hohen Schlosse. Nördlich von diesem schließt der lange Acker die Welt der Dinge. Über Andreasberg erhebt sich die Brockenkuppe, die aber in dieser Ferne nur unbedeutend erscheint; der etwas nähere Wurmberg macht hier größere Wirkung. Alles in allem umfaßt der Knollenblick genau die eine Hälfte der Hanskühnenburgaussicht; doch ist die Verschiebung bedeutend genug, um seine ganz selbständige Wirkung zu wahren.

Ein Turm und eine Schutzhütte sind löbliche Zugaben, für die dem Harzklub zu danken ist.

Wer mit uns nach Sankt Andreasberg strebt und sich scheut, die mühsam errungene Höhe wieder aufzugeben, kann von hier aus über das Hohe Feld und weiter auf dem Bergrücken, immer in hohen Lüften wandernd, in etwa zwei Stunden dorthin gelangen. Wir aber, nach Wechsel begierig, suchen wieder die Thaltiefe und nehmen unsere Wanderung längs der rauschenden Sieber bei dem Dorfe wieder auf. Sie biegt hier stärker nach Osten und eine Strecke weit sogar nach Südosten herum; das Thal bleibt immer gleich reizend in Waldfrische und Wiesenglanz.

Kurz vor dem Forsthaus Königshof biegt rechts eine Straße ab, die in langen Windungen gegen Osten bergauf steigt; sie führt direkt nach Andreasberg. Sie scheint Aussicht zu versprechen; doch die Erwartung wird lange Zeit immer wieder getäuscht durch hindernden Fichtenhochwald; um so überraschender aber gestaltet sich dann ein kurzer, plötzlicher Durchblick in das wahrhaft großartige obere Sieberthal mit dem wundervollen Gegensatz der tannendunkeln Steilwände und der stillen Wiese mit weidenden Kühen im tiefen Grunde. Nicht weit von dieser Stelle erreicht die Straße ihre Höhe und eröffnet eine neue Sicht in eine neue Gegend; man hat nun Andreasberg nahe vor sich, muß aber noch einmal ganz tief hinab und dann ebensoweit wieder hinauf, um die Stadt endlich zu erreichen: und das ist sehr charakteristisch für die Lage des Ortes.

Wir kehren ins Thal zurück, das sich hinter Königshof enger zusammenzieht und sich wilder gestaltet; links haben wir beständig den langen, undurchbrochenen Rücken des Königsbergs, der sich vom nördlichen Acker abzweigt, rechts öffnet sich nach einer halben Stunde das enge Dreibrodethal am Fuße des schroffklippigen Eisensteinsberges. Dieser wilde Geselle hat etwas unwiderstehlich Anlockendes, wir müssen seine Besteigung versuchen, ob wir wollen oder nicht. Und es wird sich lohnen. Schon das Seitenthal selbst ist von einer wilden, gewaltigen Schönheit; den Thalabschluß bildet die wuchtige Kuppe des schwarzbewaldeten Rehberges. Dann geht es an der linken kahlen Felswand

Sieber.

in steilem Zickzack hinauf, mit immer sich steigernden herrlichen Rückblicken ins Thal, bis zu dem klippenstarrenden Kamme, auf dem wir nun eine Strecke weit uns um die Felsen herumwinden, bis wir an dessen Ende einen Pavillon finden (650 m), von dem eine der machtvollsten Aussichten sich aufthut, ein echter Gebirgsblick im großen Stil.

Tief unter uns gähnt das Fichtendunkel des oberen Sieberthales, das wir weit aufwärts und abwärts überschauen, besonders reizvoll der Blick nach Süden; dahinter erhebt sich, den Königsberg überragend, gewaltig eindrucksvoll in dieser Nähe, der Rücken des Ackers mit der Hanskühnenburg und des etwas ferneren Bruchberges. Dieses ganze Bild mit seinen wenigen großen Linien ist von hinreißender Größe. Doch auch nach der Gegenseite haben wir einen schönen Blick auf das nahe Andreasberg und die es im Halbkreis umlagernden Höhen, von dem sanft gerundeten Sonnenberge im Norden zum Stöberhai in der Mitte und der kräftig geformten Kuppe des Ravenskopfes im Süden. Über den Harzrand hinaus sehen wir nirgends, das Bild bleibt geschlossen.

Der siebermüde Wanderer kann auch hier vom Dreibrodethal auf hübschem Waldwege gleich nach Andreasberg hinaufsteigen; wir aber als Führer bleiben unerbittlich bei der Stange und bei der Sieber. Und wir finden hier gleich eine der großartigsten Stellen dieses Hauptthales: der vortretende Eisensteinsberg drängt es zum Engpaß zusammen, kaum windet die Straße sich zwischen den Felsblöcken hindurch. Laubbäume sind hier in die Fichtenmassen eingesprengt und geben einen überaus reizvollen Wechsel.

Allmählich geht's nun schärfer aufwärts, und wir erreichen das schön im tiefen Grunde und doch schon 561 m hoch gelegene Forsthaus Schluft, das uns angenehme Rast und freundliche Bewirtung bietet. Man könnte hier lange mit hohem Genuß verweilen; die Gegend ist sehr reichhaltig und hat prächtige Ausblicke, in denen besonders der schroffe, kahle Eisensteinsberg eine bedeutsame Rolle spielt.

Uns aber, die „Unmenschen ohne Rast und Ruh", zieht es alsbald weiter. Auch stehen uns verschiedene Wege zur Verfügung, deren einen, der durch das schöne Fischbach=

thal direkt wieder einmal nach Andreasberg führt, wir freilich verschmähen. Die andern führen alle, es sind ihrer vier, zur Klausthaler Chaussee hinauf, die wir am Anfang dieser Wanderung bei der Stieglitzecke verließen. Wir können sie jetzt an derselben Stelle wieder erreichen und damit die Schleife vollenden. Auch ist dieser Weg wohl der schönste, zumal wenn man den abkürzenden Fußweg vermeidet und den großen Windungen der Fahrstraße folgt, die schöne Blicke in das dunkle Thal zwischen Rehberg und Acker eröffnet. Sie mündet dann auf die Ackerchaussee und mit ihr auf die Stieglitzecke. Wir folgen der Klausthaler Poststraße in östlicher Richtung bis zum Sonnenberger Weghaus, wo sie sich gabelt und links nach Braunlage, rechts, nach Süden abbiegend, über den Sonnenberg am Rehberge vorüber nach Sankt Andreasberg führt.

Diese letzte Strecke bietet wenig Wechsel, und wir möchten bereuen, nicht einen der früheren Wege eingeschlagen zu haben, wenn uns nicht zu guter Letzt schon nahe der Stadt die links von der Straße hinter einem Wäldchen mit Wirtshaus gelegene Jordanshöhe eine Überraschung bescherte mit einer glänzenden Aussicht über das ganze Gebiet von Andreasberg und den Gebirgsteil zwischen Acker und Ravenskopf, und dann darüber hinaus bis zum Thüringer Wald und den Hessischen Bergen. Nach Norden sehen wir nahe den massigen Rehberg, der den Brocken zudeckt, während dessen Nebenberge, besonders die Achtermannshöhe und der Wurmberg, kräftig hervortreten.

Der Vordergrund, die Umgebung der Stadt, giebt ein völlig neues, ungewohntes und im Harze einzigartiges Bild. In einem Betracht erinnert es an Klausthal, in den ausgedehnten schimmernden Wiesenflächen, aus denen die roten Dächer so kräftig herausleuchten, sonst aber stehen beide Landschaften im vollkommensten Gegensatz. Dort die ruhige, breite Fläche, von mäßigen Waldbergen in ernsten Linien umrahmt, hier bei Andreasberg ein merkwürdig zerrissenes Gelände, ein krauses Gewirr von Kuppen und Thälern, die förmlich durcheinander zu rennen scheinen, so daß es dem Auge schwer wird, den Verlauf und Zusammenhang der einzelnen zu bestimmen. Alles ist unruhig, verworren, kompositionslos, möchte man sagen. Die einzige ruhige Linie, die einen stillen Halt giebt, ist der wohlbekannte gleichmäßige Ackerrücken; sonst lauter zerfahrene, taumelige Formen, dabei aber durchaus ohne scharfe Spitzen, Schroffen, Abstürze oder Steilwände, vielmehr ist die Glockengestalt der Berge ganz vorherrschend, die sich am deutlichsten in der Mitte des Bildes in dem seltsamen Glockenberge ausprägt, der nach allen Seiten durch tiefe Schluchten isoliert, nur an die nördliche Bergzunge, die einen Teil der Stadt trägt, mit flacherer Senkung angewachsen ist. Was dieser Gegend an harmonischer Schönheit abgeht, ersetzt sie durch Besonderheit und charakteristischen Ausdruck.

Dieselbe Unruhe und dieselbe kecke Eigenart zeigt nun auch die Lage der Stadt. Erst zieht sie sich von Norden nach Süden auf einem schmalen Bergkamme hin und stürzt dann auf einmal zur Rechten äußerst steil in die Tiefe hinab, so daß auch der hier unten liegende Marktplatz sehr abschüssig bleibt, um dann wieder links in die Höhe zu klettern und einen schmalen Ausläufer nach Westen zu schicken.

Launenhaft wie diese Anlage scheint hier alles, selbst die Beschäftigung der Leute: was hat die eifrig betriebene Kanarienvogelzucht mit dem Bergbau zu thun? Denn als Bergwerkstadt ist Andreasberg gegründet und weist sich als solche noch heute aus durch die zahlreichen Gruben mit ihren Zechenhäusern und Schlackenhalden, die in diese absonderliche Gegend ganz gut hineinpassen, weil sie keine Harmonie zu stören finden, und nur etwa wie eine kleine Extralaune der Landschaft erscheinen. Als eine Laune kann man es auch auffassen, wenn hier der Glockenturm nicht an der Kirche, sondern weit davon auf dem Glockenberge steht, der wohl davon den Namen trägt, nicht von seiner Form.

Selbst der Gedanke kann manchem bizarr vorkommen, Andreasberg als Winterstation für Lungenkranke zu verwerten, die höchst gelegene Stadt im Harze (580—627 m — nur das Dorf Hohegeiß liegt noch ein paar Meter höher) auf freiem, windgepeitschtem Bergrücken: aber das hat denn doch seine guten Gründe. Gegen die kalten Nordwinde bieten Acker-, Bruch- und Rehberg und die diesen vorgelagerte lange Höhenwelle bedeutenden Schutz, und die Sonnenbestrahlung ist eine verhältnismäßig reichliche und findet für ihre Wirksamkeit günstige Bedingungen an den schrägen Südhängen, auf deren einem die ausgedehnte Anlage des neuen Sanatoriums steht, das, genau gegen Mittag gerichtet, alle Sonnenblicke für seine Kranken sorgfältig einfängt. Daß für allerlei sonstige Leiden des vielgeplagten Kulturmenschen die reine, herbe Bergluft, aus weiten Fichtenwäldern über frische Wiesen streichend, eine gediegene Heilkraft haben muß, liegt klar auf der Hand. Bedeutet doch eine Höhenlage von 600 m hinsichtlich der Frische im Harz etwas ganz anderes als in südlicheren Gebirgen. Drückend warme Nächte kommen schon am Gebirgsfuße, z. B. in Wernigerode kaum vor, viel weniger auf so freier Höhe. So ist denn auch der Sommerbesuch zu Kur- und Erholungszwecken beträchtlich, bis zu 2600 ständigen Gästen, während die Einwohnerzahl des Städtchens nicht mehr als 3600 beträgt.

Für die Unterhaltung dieser Gäste sorgt Andreasberg reichlich durch eine Fülle schöner Wanderziele und freier Ausblicke, deren Zahl noch vermehrt wird durch die Eisen-

Sankt Andreasberg, vom Treibholz aus gesehen.

bahnverbindung mit Lauterberg und dem anschließenden Harzrande. Zwar haben die nähergelegenen Aussichten im wesentlichen immer denselben Gesichtskreis; doch gewinnt jede durch Verschiebungen und neue Gruppierungen ihre besonderen Merkmale und Reize. So hat der Glockenberg (627 m) außer der allgemeinen Umschau einen höchst lieblichen Blick über eine Bergsenkung hinweg in das mittlere Sieberthal; so zeigt der Matthias-Schmidtberg (664 m) den oberen Stadtteil sehr malerisch auf der Bergkante über dem tiefen Wäschgrund sich hinziehend; so läßt uns das Grubenhaus Katharine Neufang von der andern Seite her auf die Stadt blicken, da wo sie den steilen Abhang hinab in die Tiefe steigt; von der hohen „Kuppe“ oder Förmerhanskuppe (729 m) schauen wir ins Dreibrodethal hinein und auf den felsigen Eisensteinsberg; südwestlich von hier absteigend, gewinnt man von einer Stelle, die „Vor dem Treibholz“ heißt, einen besonders anschaulichen Blick auf die Stadt, wie sie vom Bergkamme nach Westen hin zum Thale niedersteigt; vom Dreijungfernholz öffnet sich ein weiterer Blick auf den Unterharz bis zum Ebersberg bei Hohegeiß, während zugleich die Brockengruppe sich recht ansehnlich aufbaut und die dunkle Masse des Rehbergs sich ausdrucksvoll von dem lichten Wiesengrunde abhebt.

Ein sehr beliebter Nachmittagskaffeespazierweg führt zum Rehberger Grabenhaus, das, am steilen Hange des Fischbachthales hübsch und poetisch gelegen, sich durch hervorragende Schönheit des Waldes auszeichnet, der aus Buchen und Fichten zu gleichen Teilen sich mischt.

Der Rehberger Graben versorgt die Andreasberger Bergwerke — wie der Dammgraben die Klausthaler — mit Wasser, das er eine Meile weit aus dem großen Sammelbecken des Oderteiches herführt; er ist im Jahre 1722 nach neunjähriger Arbeit vollendet und versieht seitdem durch die Jahrzehnte getreulich seinen Dienst.

Sankt Andreasberg selbst ist wie alle oberharzischen Bergstädte erst im 16. Jahrhundert entstanden und ist wie die meisten von ihnen von Anfang bis heute von Leuten oberdeutscher Mundart bewohnt, während ringsum alle Ortschaften, auch die im Süden, niedersächsisch reden. Erst 1521 begann auf Veranlassung der in diesem Harzteil regierenden Grafen von Hohnstein hier „am Andreasberge“ ein ausgiebigerer Bergbau, der aber so schnell anwuchs, daß in wenigen Jahren eine Stadt entstand, die eines Bürgermeisters und einer Kirche bedurfte. 1536 erbaut, war diese nach einem Menschenalter schon zu klein.

Doch ging es bald wieder rückwärts mit den Werken, da nur wenige Gruben genügenden Ertrag gaben. Nur in den ersten drei Jahrzehnten des 18. Jahrhunderts gab es wieder einen bedeutenden Aufschwung, der dann aber bald nachließ. Heute ernähren sich die Bewohner keineswegs so überwiegend vom Bergbau wie früher, sondern treiben mancherlei Gewerbe, darunter das bekannteste die Vogelzucht, von der viele ausgehängte Bauer an den Häusern Zeugnis geben. Weltberühmt sind ja die Kanarienvögel, die „Harzer Roller“, die vornehmlich in Andreasberg gezüchtet werden und zu vielen Tausenden — über 30000 jährlich — in ganz Europa und bis nach Amerika verkauft werden; auch sollen nicht wenige in die alte Urheimat ihres Geschlechts, die „glücklichen Inseln“, auf diesem sonderbaren Umwege zurückkehren; auf dem Gipfel des Pic de Teneriffa werden sie dort wohl ungefähr ein dem in der Jugend gewohnten entsprechendes Klima vorfinden.

Auch einiges Spitzenklöppeln wird in Andreasberg betrieben und erinnert an den erzgebirgischen Ursprung seiner Einwohner. Ackerbau wird so wenig wie in Klausthal getrieben, nur einige schüchterne Kartoffelfelder grünen an den Südabhängen; den von ihnen etwa entstammenden Schnaps mag man mit Fug „Andreasberger Sonnenseite“ heißen.

Im Dreißigjährigen Kriege hatte die Stadt eine Zeit lang schwer durch die Harzschützen zu leiden. Und zwar stand an der Spitze einer solchen Bande ein Andreasberger Stadtkind, ein gewisser Thomas Günther, der als eine Art von Harzer Michael Kohlhaas erscheint. Denn er verfolgte mit seinem Zorne ursprünglich einen einzelnen Mann, den Bürgermeister Stolle, gegen den seine Mutter einen Prozeß verloren hatte — zu Unrecht, mag man annehmen, jedenfalls in seiner Vorstellung. Diesen verleumdete er zunächst bei dem auf der Harzburg stationierten Hauptmann von Wildenstein, er habe dem Feinde Munition zugesteckt; und weil er ein reicher Mann sei, gab er den Rat, ihn mit 4000 Thalern zu büßen.

Die Gelegenheit zu einem kleinen Nebenverdienst schien dem klugen Hauptmann erfreulich, und er schickte den Günther mit fünfzig Soldaten nach Andreasberg, die Sache zu besorgen. Das Fähnlein rückte in die Stadt ein, benahm sich aber zunächst ganz ordentlich und anständig, als wären sie nur auf dem Durchmarsche, bis die Bürger beruhigt sich zerstreuten. Da auf einmal stürmten sie auf Stolles Haus zu, um diesen zu überwältigen; und als es ihm im letzten Augenblick durch die Hinterthür zu entfliehen gelang, warfen sie sich in das Haus und plünderten emsig, ja, sie suchten beim Abzuge Feuer anzulegen, das aber noch rechtzeitig von den Bürgern gelöscht werden konnte.

Wildenstein verlangte nunmehr von der Stadt die Auslieferung Stolles oder Zahlung des Geldes und gab diesen Anspruch erst auf, als er allmählich dahinter kam, daß an Günthers Aussagen kein wahres Wort sei. Hundert Thaler ließ er sich immerhin doch noch für seine Bemühungen zahlen. Thomas hielt es nun für zweckmäßig, eine Zeit lang aus dem Lande zu verschwinden, kam aber bald wieder und ergriff nun ernstlich den Beruf als Rädleinsführer der Harzschützen. Er ängstigte und schädigte mit seiner Rotte die Städte des Oberharzes, hielt dabei aber immer sein Augenmerk auf den Bürgermeister Stolle gerichtet, den er mehrmals zu erschießen versuchte. Es kam so weit, daß trotz beginnender Hungersnot sich niemand mehr aus der Stadt wagte, ja, daß die Regierung zu Osterode selbst dem Rate vorschlug, sich vorläufig auf der Burg Scharzfels in Sicherheit zu bringen, obgleich Andreasberg — ebenso wie Altenau — eine Schutzmannschaft von 50 Mann erhalten hatte, die später noch verstärkt wurde. Endlich erwischte man Günther doch einmal in Zellerfeld und brachte ihn nach Osterode ins Gefängnis, ließ ihn aber rätselhafterweise nach einigen Monaten wieder laufen, nachdem er geschworen hatte, Frieden zu halten. Den Schwur hielt er nicht; aber wie er geendet hat, ist unbekannt geblieben. Vielleicht ist er erschossen, vielleicht hat er auf jene Amnestie von Ende 1627 sich — ungleich Hans von Eisdorf — doch zur Ruhe gesetzt. Mag sein, daß er dann im Jahre 1631 noch einmal dabei gewesen ist, als die Harzschützen wieder sich regten, diesmal jedoch in ehrenhafterer Weise als Landstürmer gegen Tilly, der eine Abteilung seines Heeres nach der Zerstörung Magdeburgs über den Harz marschieren ließ und manchen Mann in den Wäldern durch Kugeln aus sichern Verstecken verlor; wie nach einem scharfen Gefecht soll die Truppe ihre Wege mit Leichen bestreut hinterlassen haben. —

Wie Andreasberg seinen Kohlhaas besitzt, so kann es auch einen Hundertjahrschläfer aufweisen, den freilich nur in der Sage. Ein Bergmann, so erzählt diese, war aus Gewinnsucht zwischen Beichte und Abendmahl nochmals eingefahren, statt seine Gedanken ganz auf das Göttliche zu richten; da stürzte der Schacht zusammen, und es war den Kameraden nicht möglich, auch nur seine Leiche zu bergen. Nach hundert Jahren traf man mit einem neuen Stollen auf die Stelle dieses Bruches und entdeckte einen schlafenden Mann mit einem mächtigen Barte. Er öffnete die Augen und sagte, er wolle nun zum Abendmahl gehen, und auch als man ihm bedeutete, es sei heute kein Sonntag, blieb er bei seiner Rede. Da führte man ihn zum Pastor, der den Zusammenhang erkannte und seinem Verlangen sogleich willfahrte. Doch sobald der Bergmann das Abendmahl genossen, stürzte er in Staub zusammen. —

Andreasberg, das nach dem Aussterben der Grafen von Hohnstein 1593 an die Grubenhagener Welfen, dann an Wolfenbüttel gekommen war, stand seit 1617 unter hannöverschem Scepter. Vor hundert Jahren, 1796, hat ein furchtbarer Brand, durch einen Blitzschlag verursacht, den größeren Teil der Häuser vernichtet, so daß die stehengebliebenen die Menge der Obdachlosen nicht aufzunehmen vermochten, und viele bis zum Wiederaufbau sich in die Nachbarstädte flüchten mußten. Die heutigen Häuser sind von der nämlichen Bauart, wie die der übrigen Bergstädte.

Tief unten im Thal, durch den ganzen Glockenberg von der Stadt geschieden — zu deren Vorteil — liegt die Silberhütte, deren Qualm hier die übliche Verwüstung des Pflanzenwuchses vollbracht hat. In der Nähe ist der Bahnhof, 3 km von der Stadt, so daß den Ankommenden ein ganz gediegener Anstieg bevorsteht. Die Bahn führt durch das mäßig hübsche Thal der Sperrlutter und dann der Oder nach Lauterberg und Scharzfeld.

Das Oderthal.

Wir waren in Sankt Andreasberg aus dem Wassergebiet der Sieber unversehens schon in das der Oder hinübergeraten; denn die diesen Ort umgebenden Schluchten laufen in das Thal der Sperrlutter, die sich, mit zwei anderen Bächen vereinigt, oberhalb Lauterberg in die Oder ergießt. Dieser bedeutendste der nach Süden fließenden Harzbäche entspringt — beträchtlich näher bei Harzburg am Nordrande als bei Lauterberg im Süden — nördlich von der Achtermannshöhe, ganz nahe an der Quelle der warmen Bode, sammelt sich mit seinen Nebengewässern, die zum Teil vom nordöstlichen Bruchberg kommen, im Oderteich, wo ihm durch den Rehberger Graben ein gut Teil seines Wassers abgezapft wird, jedoch nur leihweise, da es später die Sperrlutter ihm wieder zuführt, und strömt dann durch ein enges Felsenthal zwischen Rehberg und Hahnenklee in südöstlicher Richtung; hinter dem Oderhause wendet er sich nach Südwesten, bis er hinter Lauterberg den Harzrand erreicht, dem er nun nach Westen zu parallel fließt, um bei Scharzfeld das Gebirge zu verlassen. Bald dreht er sich, durch den Rotenberg bei Pöhlde gehemmt, entschieden nach Nordwesten, so abermals, nur in größerer Entfernung, dem Harzrande parallel laufend, und erreicht, mit der Sieber und Söse und links mit der Ruhme vereinigt, hinter Nordheim die Leine.

Von rechts her empfängt die Oder bedeutende Nebenbäche, namentlich die Sperrlutter mit dem Breitenbache und die vereinigte Grade und Krumme Lutter; von Osten dagegen kommen ihr nur winzige Rinnsale zu: hier trennt sie von den Wassern der südöstlich gerichteten Wieda ein schmaler Höhenzug, der dem Acker parallel läuft, aber reicher gegliedert ist als dieser — er trägt die Kuppen des Ravenskopfes und des Stöberhais — und nördlich in der Gegend des Oderhauses in die Hochebene übergeht, wo die Zuflüsse der Oder und Bode sich scheiden. Die Wieda fließt in die Zorge, die Zorge in die Helme, die Helme in die Unstrut, die Unstrut in die Saale, die Saale in die Elbe: jener Höhenzug, der zwar keinen gemeinsamen Namen trägt und auch keinen so scharf erkennbaren Kamm bildet wie der Acker, ist also die Wasserscheide zwischen Weser und Elbe; wie die Wasser, so scheidet er aber auch die Menschen nach Gau, Stamm und Sprache: auf ihm lief einst die Grenze zwischen dem Lisgau, den sächsische Engern bewohnten, und dem Helmegau, in dem Thüringer saßen; und so spricht noch heute das westliche Gebiet sein niedersächsisches Platt, das östliche thüringisch-oberdeutsch. Eine politische Grenze ist er überdies auch jetzt noch, wenn auch keine von so einschneidender Bedeutung: er läuft zwischen Hannover und dem Herzogtum Braunschweig.

Diese nordöstlich gerichtete Sprachgrenze reicht, immer zwischen den Flußgebieten, bis etwa in die Mitte des Gebirges; dann biegt sie, kurz vor Braunlage, scharf nach Südosten, dann südlich von Benneckenstein nach Osten herum, jetzt genau der Wasserscheide zwischen der Bode und den Südbächen, später der Selke folgend; einzig die oberdeutschen Ortschaften Stiege und Allrode haben sich in die südlichsten, ungebührlich weit vorspringenden Zipfel des Bodegebietes verirrt.

Nach dieser kleinen geographischen Lektion vertrauen wir uns wieder der Andreasberger Thalbahn, die uns ohne jede Überstürzung, aber doch reichlich doppelt so schnell, als ein Fußgänger schreitet — 15 km in 50 Minuten —, über Lauterberg nach Scharzfeld hinabführt, wo sie in die Strecke Herzberg-Nordhausen mündet.

Das große und ansehnliche Dorf mit tausend niederdeutschen Einwohnern, das von seinem Bahnhof eine viertel, von Herzberg eine halbe Stunde entfernt ist, besitzt in seiner Umgebung außer schönem Laubwald drei höchst bedeutsame Merkwürdigkeiten, die ihm einen zahlreichen Fremdenbesuch verschaffen.

Die erste ist die dem Dorfe ganz nahe, dicht unter dem Gipfel eines mit sonderbaren Felsgebilden, ähnlich denen der Teufelsmauer bei Thale, bedeckten Berges gelegene Steinkirche, eine natürliche Höhle von 38 m Länge, durchschnittlich 4 m Breite und 8 m Höhe, die aber durch deutliche Spuren menschlicher Werkarbeit verrät, daß sie einst als primitive Kirche benutzt worden ist. Naturgemäß führt das in uralte Zeiten; man setzt ihre Einrichtung spätestens ins neunte, vielleicht schon ins achte Jahrhundert.

Genaueres weiß nur die Volkssage. Sie läßt den heiligen Bonifazius selbst die hier am Felsen dem schändlichen Götzen Wodan opfernden Sachsen von der Wahrheit des Christentums dadurch überzeugen, daß er mit einem hölzernen Hammer den Felsen aushöhlte, bis die mächtige Grotte entstanden war, die er nun alsbald zur Kirche weihen konnte, nachdem er die Heiden in der nahen Oder getauft hatte. —

Schon vor dem Eingang kennzeichnet eine roh eingehauene, kleine und enge Kanzel rechts und eine Art Nische, die man als Weihbecken zu deuten hat, links die kirchliche Bestimmung. Die Kanzel ist aber nach außen gewendet, so daß man die Zuhörer als im Freien stehend sich denken muß, wenn nicht der ebene Platz vor der Höhle irgendwie überdacht gewesen ist, wo dann diese mehr als Chor gedient haben würde. Sie öffnet sich in ihrer ganzen Höhe und Breite nach außen; Balkenlöcher, die sich auch im Innern finden, deuten an, daß sie wohl ehedem eine Thür oder sonst einen Zwischenbau gehabt hat. In der Mitte der rechten Seitenwand ist über einigen klotzigen Stufen ein großes Loch eingehauen, das augenscheinlich als Altar fungiert hat. In der Decke befindet sich ein rundes Loch — im groben und kleinen an die Lichtöffnung in der Pantheonskuppel zu Rom erinnernd.

Von dieser seltsamen Zeugin einer tausendjährigen Vergangenheit begeben wir uns zu einem ein Stündchen waldeinwärts befindlichen Denkmal einer sehr viel älteren Zeit. Es ist wieder eine Höhle, aber weitaus größer und als solche interessanter. Weil man die zahlreich darin gefundenen Höhlenbärenknochen im 17. Jahrhundert für die des berühmten Fabeltiers Einhorn ansah, hat sie den Namen der Einhornshöhle behalten.

Schon Leibniz hat sie untersucht und beschrieben; sie war von jeher berühmt durch die Menge der fossilen Knochenfunde, von denen man freilich damals einen recht seltsamen Gebrauch machte: man gebrauchte sie, säuberlich zu Pulver gestoßen, als Arzneimittel, das weithin, sogar über die deutschen Grenzen hinaus, verschickt und verhandelt wurde: ein neuer Beweis, daß der beste Helfer des Arztes der Glaube des Patienten ist; es ist nicht zu bezweifeln, daß solch Einhornpülverchen Tausenden ebensogut geholfen hat, wie heutzutage die Rezepte mancher berufenen und verschrieenen Wunderdoktoren.

Die Höhle ist noch nicht elektrisch beleuchtet; der Führer begleitet uns mit einer Gasfackel, und stimmungsvoller ist das immerhin. Es sind mehrere ansehnliche Räume, die wir durchschreiten, durch schmale Gänge miteinander verbunden; daß man einen von ihnen Leibnizsaal benannt hat, ist recht und billig; daß ein anderer Schillergrotte heißt, berührt zunächst etwas seltsam, aber es ist bezeichnend für die Schillerbegeisterung von 1859, daß sie sogar bis in diese unterirdischen Tiefen ihre Wellen geschlagen und sich hier eine Gedenktafel gestiftet hat.

Stalaktitenbildungen sind wenige vorhanden. Sehr merkwürdig sind dagegen die deutlichen Spuren von stark fließendem Wasser an den Wänden, die sich vielfach abgeglättet und ausgewaschen zeigen; da nun die Höhle auf der Höhe eines Berges liegt, so findet man keine andere Erklärung, als daß während der Eiszeit ein Gletscherbach hindurchgeflossen ist. Auch an manchen Knochen kann man erkennen, daß sie von Wasser gerollt und abgeschliffen sind, und da eben diese sichtbare Zeichen tragen, daß sie von Menschenhand aufgeschlagen sind, so schließt man daraus auf die Anwesenheit des Menschen schon vor der letzten Eiszeit, denn nur wenn die Höhle wie heute wieder trocken war, konnte sie bewohnbar sein. In so ungemessene Fernen führt uns die seltsame Hieroglyphenschrift dieser Höhle. Sehr eindrucksvoll ist der Austritt aus der dunkeln Tiefe: in einer Art Vorhalle hat die Decke eine weite Öffnung, durch die mit dem Tageslicht das sanfte Grün der Buchen freundlich hereinschimmert.

Durch prächtigen Buchenwald kommen wir in einer Viertelstunde zu dem dritten Anziehungspunkte der Gegend, der Ruine Scharzfels. Wenn man diese auf dem Wege von weitem erblickt, kann man wohl denken, daß hier gewaltige Trümmermassen, Türme, Mauern und Basteien erhalten seien. Kommt man aber näher und tritt durch das frische Mauerwerk des restaurierten Burgthors, so erkennt man alsbald, daß es natürliche Felsen sind, die den Anschein von Trümmern erweckten und solchen allerdings recht auffällig gleichen. In diese Felsen war die Burg hineingebaut und erhielt dadurch eine bedeutende Festigkeit. Wirkliche alte Mauerreste sind ziemlich wenige vorhanden, und diese haben infolge moderner Restauration ein mehr neues Ansehen. Aber das Ganze wirkt durch die Verbindung mit den stolzen Felsgruppen höchst malerisch und bedeutend.

Man unterscheidet eine Niederburg mit weitem Hofraum, in welchem sich jetzt eine nette Bier- und Kaffeewirtschaft mit angenehmem Ausblick befindet, und die kleinere Hochburg, zu der eine neuerbaute Treppe statt der alten zerstörten hinaufführt; sie war zum Teil auf dem für diesen Zweck merkwürdig schmalen Kamme eines Felsens erbaut, zu dem man durch einen in den Stein gehauenen Gang hinaufsteigt. Oben befinden sich zwei alte gußeiserne Reliefs, deren eines durch die flotte Naivetät merkwürdig ist, mit der das Lager des Holofernes mit Schanzkörben und Kanonen ausgestattet ist. Judith trägt das abgeschlagene Haupt, und darunter steht die warnende Inschrift: Holofernes und sein Volck Gott veracht, darum im dis geschacht.

Die Aussicht von der Höhe ist vortrefflich; man übersieht in der Nähe die schönen Waldberge der Lauterberger Gegend, darunter der Ravenskopf kräftig hervortritt, von einem Gasthause gekrönt, dann nördlich den Großen Knollen, westlich Herzfeld mit seinem hohen Schlosse. Dahinter ein weiter Blick bis zu den hessischen Bergen, im Süden das Ohmgebirge und die Hainleite. Gegenüber liegt im Oderthale am Rotenberge das Dorf Pöhlde, wo Heinrichs I. Gemahlin Mathilde um 950 ein Kloster gegründet hat, Palithi, später Poleda geheißen, das im Laufe der Zeit zu bedeutendem Reichtum gelangte und häufigen Besuch von Kaisern empfing, im Bauernkriege aber mit so vielen andern zerstört wurde. Zu Pöhlde wäre es im Jahre 1001 beinahe zu einem ähnlichen Blutbade gekommen, wie dem berüchtigten von Goslar; die Mannen eines Erzbischofs, des Willegis von Mainz, stürmten auch hier mit Waffen in die Kirche, und nur der Besonnenheit des Gegners, des kunstfreundlichen Bernwart von Hildesheim, gelang es, den blutigen Streit zu vermeiden. Die Kirchenhallen scheinen also damals als Kampfplatz nicht so ganz unbeliebt gewesen zu sein. Schon im folgenden Jahre aber sollte das Kloster dennoch Blut sehen, und zwar hochfürstliches. Ekkehart von Meißen, der Mitbewerber um die Kaiserkrone mit Heinrich II., dem letzten vom Sachsenstamme, wurde hier in seiner Kammer bei Nacht überfallen und elend ermordet. Die Thäter waren zwei Grafen von Catlenburg, Heinrich und Udo; sie handelten entweder aus eigener Privatrache, oder um jenen Schimpf zu rächen, den Ekkehart zu Werla den Kaisertöchtern und Äbtissinnen von Gandersheim und Quedlinburg angethan hatte. (Vgl. S. 148.) Auch Catlenburg, den alten Grafensitz, sieht man weiter abwärts im Oderthale von Scharzfels aus.

Auch Scharzfels selbst war seit dem 12. Jahrhundert der Sitz eines Grafengeschlechts, das von ihm seinen Namen führte und eine Zeit lang zugleich zu Lauterberg herrschte. Dessen Geschichte ist sehr langweilig und soll daher gutherzig hier übergangen werden; nach seinem Aussterben gehörte die Burg drei Jahrhunderte lang den mächtigen Grafen von Hohnstein, bis auch deren Stamm 1593 erlosch. Nun fiel sie an die Lehnsherren, die Welfen, zurück, zuerst an die Grubenhagener, danach an Wolfenbüttel, endlich 1617 an Celle. Der Bauernkrieg und der Dreißigjährige Krieg vermochte ihr nichts anzuhaben, sie war fest genug, allen Feinden zu trotzen, so viele Heere auch an ihr vorüberzogen und das Land umher selbstverständlich verwüsteten.

Erst der Siebenjährige Krieg ward ihr Verhängnis, obgleich sie eigentlich damals schon ausgedient hatte und wegen ihrer Lage abseits von großen Straßen von geringem Werte als Festung war. Darum war sie damals auch nur mit hannöverschen Invaliden bewehrt, die hier den Werken des Friedens nachgingen und vergnüglich ihren Kohl bauten, auch sich mit der edlen Kunst des Bierbrauens befaßten. Da erschienen am 27. September 1757

Ruine Scharzfels.

nach der bösen Schlacht von Hastenbeck vor der ehrwürdigen Veste die Franzosen, und die armen Invaliden übergaben den Platz.

Die französische Herrlichkeit dauerte aber nicht lange: am 5. November war die Schlacht von Roßbach, und gleich darauf erschien Ferdinand von Braunschweig auf dem Plane. Jetzt regte sich's auf einmal wieder im Harze, es zeigten sich freie Schützen wie im Jahrhundert zuvor, nur von besserer Aufführung, und der französischen Besatzung wurde es ungemütlich in ihrer Bergeinsamkeit. Im Februar 1758, als Ferdinand seinen Feldzug begonnen hatte und alsbald die Franzosen im Sturmschritt vor sich hertrieb, verließ sie eines Tages ihr stilles Winterquartier und ward nicht mehr gesehen.

Allein der Krieg war lange nicht zu Ende, und seine Geschicke waren des Wechsels voll. Im Jahre 1761 hatten die Franzosen einmal ein bißchen Oberwasser und drangen auch am Harze vor. General Vaubecourt, den wir im nämlichen Jahre zu Klausthal schon als klugen Medaillenempfänger kennen gelernt haben, rückte mit einem Heere von nicht weniger als 6000 Mann vor das kleine Felsennest. Diesmal aber ließen sich die wackeren Invaliden, an Zahl 250, durch 40 Artilleristen und 100 Harzschützen verstärkt, nicht wieder so ohne weiteres überrumpeln, sondern ihr Kommandant, Major von Sack, verweigerte die Übergabe und ließ seine Kanonen so lustig spielen, daß der Feind die Hoffnung, die Burg mit Sturm zu nehmen, aufgeben mußte und sich zu einer Beschießung entschloß. Auf dem südlichen Bühberge errichteten die Franzosen ihre Batterieen und knallten los; aber die tapferen Vierhundert ließen sich nicht lumpen, gaben fleißig Antwort und demolierten mehrere feindliche Geschütze. Da gelang es Vaubecourt, einen der Burg näher-gelegenen und höheren Berg ausfindig zu machen, den östlichen Lietberg, und dort seine Artillerie zu postieren. Und nun wirkten seine Kanonen so gewaltig, daß der heldenmütige Widerstand, den die kleine Schar zehn Tage lang geleistet hatte, nicht länger fortzusetzen war. Die Harzschützen warfen sich in die Wälder und vermochten in deren Schutz zu entkommen; die Burg ergab sich.

Und nun benahm sich Vaubecourt seiner Medaillenschlauheit würdig: der große Windbeutel schickte einen prahlerischen Bericht nach Paris von der Bezwingung einer gewaltigen Bergfestung und der Gefangennahme ihrer gefährlichen Besatzung. Paris illuminierte und sang Tedeum.

Quartier aber konnten die Franzosen diesmal hier nicht nehmen, denn der schlimme Ferdinand begann die Gegend schon wieder unsicher zu machen. Da bekam Vaubecourt Befehl, die Burgmauern in die Luft zu sprengen, um nicht dies Schrecknis wieder in seinem Rücken zu lassen. Das geschah, und so fand der Scharzfels ein ruhmwürdiges Ende. Von seinen Erinnerungen zu erzählen aber genügen die Ruinen.

Von Scharzfels steigen wir auf einem bequemen und hübschen Waldwege hinunter zum Gasthof Schuster, der dem Bahnhof gerade gegenüberliegt und löbliche Erquickung bietet.

Die Eisenbahn verschmähen wir jedoch diesmal und wandeln auf unsern guten Füßen auf Lauterberg zu, entweder links den Andreasbach hinauf über die Berge, oder näher rechts an der Oder entlang, etwas über eine Stunde, davon einen Teil auf dem reizenden Philosophenwege, von herrlichen Bäumen beschattet, die sich in anmutigem Spiel als ein luftig grünes Zeltdach über das rauschende Wasser neigen (s. S. 217).

So betreten wir Lauterberg von der Südseite her, wo es uns zunächst als ehrbare und arbeitende Stadt entgegentritt, um weiter oben teilweise den ausgesprochenen Charakter eines Badeorts anzunehmen. Der große Flecken Lauterberg ist bevölkert von 4800 eingeborenen Menschen und annähernd ebenso vielen Kurgästen im Sommer; er liegt 300 m hoch, schon etwas gebirgseinwärts, daher höher als die eigentlichen Randorte (Herzberg 240 m, Walkenried 244 m, Ellrich 250 m), seinen Namen Lutterbarg, wie es plattdeutsch noch heute heißt, trägt er von der an seinem Südende einströmenden Lutter; in der scharfen Ecke, die diese mit der Oder bildet, liegt der Hausberg (421 m), der ehedem das Haus, die Burg, trug, und der nach einer tiefen Einsattelung sich als ein schmaler Höhenzug unter dem Namen Kummel (601 m) zwischen der Sperrlutter und der Krummen Lutter weit nach Norden hinzieht; an dem andern Ufer der Oder erhebt sich der Scholben oder Scholm (572 m), der ein südwestlicher Ausläufer jenes früher besprochenen Grenzkammes ist.

Zwischen diese hohen und steilen Berge liegt Lauterberg eingepackt, doch in ziemlich breitem Thale; die Landschaft ist freundlich und anmutend, wenn auch die Linien der Berge nicht von allen Punkten so rein harmonischen Fluß zeigen, wie sie der Harz uns verwöhnend so häufig bewundern läßt. Die weitere Umgebung ist überaus reich an Gelegenheit zu den herrlichsten Ausflügen.

Der Ort zieht sich wurstförmig eine halbe Stunde weit das Thal hinauf; die ihn begleitende Bahn hat daher außer dem südlichen Hauptbahnhof noch eine obere Haltestelle, Kurpark, die wesentlich dem lebhaften Sommerverkehr dient. Wer hier aussteigt, findet sich alsbald inmitten eleganter Häuser und Gärten nebst zahlreichen Gasthäusern vornehmeren Stils; saubere Verkaufsbuden und derlei Dinge in dem gutgemeinten Kurpark bezeugen uns, daß uns ein moderner Badeort als Gäste empfangen hat, und zwar nächst Harzburg der besuchteste in unserm Gebirge; wenn es diesem an Frequenz nicht gar so sehr nachsteht, so desto mehr — in den Augen vieler zu seinem Vorteil — an Üppigkeit, Prunk und großstädtischer Manier der Lebenshaltung und Erscheinung. Lauterberg hält hierin ein angenehmes Maß, wie es denn auch in seinen Preisen sich immerhin ein gut Stück menschlicher geberdet. Es ist weniger Luxus- und mehr ernsthaftes Kurbad, obgleich der Mehrzahl der Gäste denn doch die Röte der Gesundheit auf den Wangen leuchtet.

Bei alledem besitzt Lauterberg von Hause aus weder eine Heilquelle äußern oder innern Gebrauchs, noch sonstige wirksamere Eigenschaften etwa der Temperatur und Atmosphäre, als die vielen andern ähnlich gelegenen Harzorte; seine Bedeutung als Bad verdankt es allein dem glücklichen Eingreifen einer sinnvollen Menschenhand. Der Arzt Dr. Ritscher ist es gewesen, der hier vor 60 Jahren — 1839 — eine kräftige und verständige Art der Kaltwasserbehandlung einführte, die sich durch stetige Tradition bis heute ebenso erhalten hat und dem Bade einen nicht nur anhaltenden, sondern beständig wachsenden

Ruf und Zuspruch verschafft. Die Bürgerschaft hatte daher wohl Grund, dem verdienstvollen Manne durch Benennung eines Berges, der Ritschershöhe, und durch Errichtung eines Denkmals daselbst zu ehren. Daß die Badeverwaltung durch Anlage von schönen Spazierwegen, Erschließung von Aussichten und derlei Kulturthaten die Lockungen der Gegend eifrig erhöht hat, sei auch nicht verschwiegen.

Der erste Besuch des Ankömmlings pflegt dem ganz nahen Hausberge zu gelten, der vom Kurpark aus in einem halben Stündchen leichtlich bewältigt wird und die kleine Anstrengung durch Dach und Fach und Kaffee und Kuchen und Aussichtsturm lohnt. Von der Ostseite führen steile, aber schattige, von Norden her ein bequemer, aber sonniger

Blick vom Kummel ins Oderthal.

Zickzackweg zur Höhe. Der Turm giebt eine gute Übersicht über das obere Lauterberg und das Oderthal dahinter, sowie westlich davon in das, von hier aus gesehen, schönere Thal der Graden Lutter mit den einschließenden Bergen.

Kümmerliche Spuren deuten auf die ehemalige Ritterburg, die einem Grafengeschlecht zum Wohnsitz diente, das sich durch Erbteilung von dem Scharzfelder trennte und sein Dasein ein Jahrhundert länger als dieses fristete, dann ebenfalls von den Hohnsteinern als welfisches Lehen und endlich unmittelbar von den Welfen besessen wurde und so mit Scharzfels hannöverisch und nun preußisch geworden ist. Das lange Leben und ruhmvolle Ende dieser Nachbarburg war dem Lauterberger Schlosse nicht beschieden; um 1415 wurde es einmal zerstört, aber wieder aufgebaut, um dann doch schnell zu verfallen; nach 1530 wird es nicht mehr erwähnt, sondern nur noch das Dorf, und 1586 gab es nur noch geringe Trümmer. Das Dorf aber blühte weiter, dank seinem Bergbau und seiner Eisenindustrie, wurde zum Marktflecken und hätte heute auf den Namen einer Stadt genügenden Anspruch.

Die fremden Eroberer kommen und gehen;
Wir gehorchen, aber wir bleiben stehen,

heißt es auch hier wie überall.

Einen noch weit umfangreicheren und schöneren Ausblick aber erlangen wir von dem Gerüst auf der Südecke des Kummel (550 m). Die Stelle, obgleich nicht die höchste dieses Rückens, ist äußerst glücklich gewählt, die Gruppierung von Berg und Thal ist von überraschender Schönheit. Prächtig in Fächerform aufgereiht, recken sich nach Norden die vier Hauptthäler der Gegend, das der Oder oberhalb Lauterberg mit breiter Wiese, dahinter die Masse des Jagdkopfes mit dem Stöberhai, das der Sperrlutter, das sich in einiger Entfernung nochmals verzweigt und von dem Brocken und dessen Trabanten vom Sonnen- und Rehberg bis zu den Hohneklippen prachtvoll gekrönt wird, dann das Thal der Krummen Lutter, vom Bruchberg überragt, und das der Graden Namensschwester, hinter der sich die energische Kuppe des Großen Knollen in eindrucksvoller Nachbarschaft aufbaut. Im Süden erhebt sich uns gegenüber der hier kahle und spitze Hausberg, der durch seine Form, den sich scharf markierenden Zickzackweg und das betürmte Haus darüber an einen südländischen Wallfahrtsberg erinnert. Links seitwärts sehen wir dem unteren Lauterberg in die Gassen hinein, und im weiten dehnen sich die schimmernden Berglände des Thüringerwaldes und des Wesergebietes; sowohl der Inselsberg ist bei klarem Wetter erkennbar als auch der auffällige Rücken des Meißner zwischen Werra und Fulda.

Blick auf den Großen Knollen.

Den Abstieg vom Kummel kann man auf verschiedenen schönen Waldwegen machen, entweder rechts zur Oder oder links zur Lutter, wo man bei der Vereinigung ihrer beiden Quellbäche das hübsch gelegene Forsthaus Kupferhütte erreicht und daselbst seinem Durste den Krieg erklären kann. Von hier führen zwei Wege in je zwei Stunden auf den Großen Knollen, der eine, der Graden Lutter folgend, der andere gleich den sie begleitenden Höhenrücken ersteigend, der an den Knollen sich ansetzt; im

AUFNAHME VON FR. ROSE, WERNIGERODE.

Lauterberg.

Am Philosophenweg bei Lauterberg.

letzteren Falle hat man die stärkste Steigung im Anfang, dann bequemere Höhenwanderung im Walde, stellenweise mit einiger Aussicht; und das ist ein erfreuliches Verhältnis.

Ganz anderer Art, nicht so weit umgreifend, mehr ausgeschnitten und eingerahmt, aber desto malerischer in ihrer Wirkung, sind die Bilder, die verschiedene Punkte des gegenüberliegenden Scholm eröffnen; so sieht man von der Rögnersklippe durch eine Waldlücke auf den Brocken, der hier merkwürdig klein erscheint; der Königstein enthüllt den ganzen Ort Lauterberg in seiner waldschönen Lage mit dem Hausberg dahinter und in größerer Ferne den Großen Knollen über den eingeschnittenen beiden Lutterthälern. Ein gut Stück weiter, schon ziemlich halbwegs zum Stöberhai — zu dem hier der nächste Weg führt —, liegt der Pavillon des Hassensteins, der in ganz besonders malerischer Entfaltung eine Reihe herrlicher Thalkulissen aufrollt, die sich bis zum Acker, Rehberg — vor dem das Andreasberger Sanatorium sichtbar wird — und dem Brocken hinaufschieben. Ganz nahe dem Hassenstein giebt es dann von der Höhe des Quitschenkopfs nach der andern, der südlichen Seite, einen zwar ganz beschränkten, aber entzückend anmutigen Blick in das von seinen Bergen eng umschlossene, einsame und idyllische Wiesenbecker Waldthal, dessen kurzen, steilen Ablauf, von der Hausbergkuppe gekrönt, man völlig überschaut. Vom Hassenstein führt ein Weg hinunter nach der sogenannten Schweiz, einer lieblichen Waldpartie in der Nähe des Bahnhofs Oderthal — am Einfluß der Sperrlutter in den Hauptbach —, von wo aus man nach Lauterberg oder auch nach Andreasberg zurückfahren kann.

Wir aber entschließen uns, den Höhenweg vom Hassenstein weiter zu verfolgen und sogleich den Stöberhai, den Gipfel des Jagdkopfes, zu ersteigen, den wir von Lauterberg in starken zwei Stunden erreichen. Er ist mit 719 m (der Turm 732 m) die höchste Erhebung des Grenzrückens zwischen Elbe- und Wesergebiet und genießt mit gutem Rechte den Ruhm, einer der glänzendsten Aussichtspunkte des Harzes zu sein. Auch bietet ein wohlgehaltenes Gasthaus Gelegenheit, auf der luftigen Höhe länger zu verweilen und die Aufgangs- und Untergangskunststücke der Sonne zu bewundern. Auch wem es einmal vergönnt war, den Vollmond über dieser weiten Landschaft leuchten zu sehen, wird eine unvergeßliche Erinnerung bewahren.

In der That ist der Blick vom Turme von gewaltiger Wirkung und wahrhaft groß, ganz besonders nach Norden hin auf die prachtvollen Bergzüge, deren lange, stolze Wellenlinien das Auge wie im Triumphzuge hinüberleiten zu dem noch stolzeren Aufbau der gesamten hohen Aristokratie des Harzes, vom Acker und Rehberg über die spitze Kuppe des Achtermanns und die runde des Brockens zum Wurmberg und dem feingezackten Kamme der Hohneklippen, während die wirkungsvolle Mitte des Gemäldes die großartige Tiefe des Oderthals bildet. Der weiträumige Überblick ist hier so vollkommen malerisch geordnet wie schwerlich an einer andern Stelle. Wohl giebt es Punkte, die uns die Hochgipfel in größere Nähe rücken und so noch eindrucksvoller machen, wie besonders die Achtermannshöhe und der Bruchberg; aber bei aller ihnen eigentümlichen Schönheit fehlt dann doch die Vollständigkeit und Längenentwicklung der ganzen hohen Kette und besonders die weitschichtige Fülle der hinüberleitenden Berge- und Thälermassen.

Mit besonderer Kraft und Wärme heben sich aus diesem ernsten und feierlichen Gebirgsbilde zwei menschliche Siedelungen hervor, im Osten die stark leuchtenden Häuser von Hohegeiß, dem höchstgelegenen Harzdorfe, kühn auf freier Berglehne, und im Nordwesten das Sanatorium von Andreasberg, während dieser Ort selbst sich hinter seinen Kuppen verbirgt. Im Westen beschränkt selbstverständlich der Acker den Blick; desto mächtiger thut sich im Süden die Ferne auf bis zum Thüringerwalde, und am Harzrande selbst tritt kräftig und schön besonders der Ravensberg hervor.

Das Gasthaus liegt auf einer Blöße in dem den breiten Rücken des Jagdkopfes bedeckenden Hochwalde, und diese mit dem Gebäude darauf macht den sonst nicht sehr charakteristisch geformten Berg weithin im Harz kenntlich.

Vom Stöberhai kann man südöstlich nach Sachsa oder nach Wieda, dem nächstgelegenen Orte, absteigen oder beträchtlich weiter (gegen 3 Stunden) und ziemlich einförmig auf dem Grenzkamme nördlich nach Braunlage oder, ebenso weit, aber wechselreicher, ins Oderthal hinab und vom Oderhause wieder hinauf nach Andreasberg. Wir wählen den sehr

Aus dem Lutterthal mit Kupferhütte.

bequemen Höhenweg „auf dem Plan", der uns in einer Stunde zu dem benachbarten, wenig niedrigeren (660 m) Ravensberg führt, der ebenfalls mit einem vielbesuchten Gasthause und einem Turme gesegnet ist.

Die Aussicht auf das hohe Gebirge ist freilich mit der vom Stöberhai nicht zu vergleichen, weil eben durch dessen nahe und höhere Masse der dort so herrliche Ausblick stark beschränkt wird, so daß vom Brocken selbst nur ein Stück in die Erscheinung tritt, wodurch denn die harmonische Schönheit seiner Linie gebrochen wird. Um so prächtiger und interessanter gestaltet sich dafür die weite Übersicht über die Höhenzüge und Thäler des Südrandes, wo man im Westen am Fuße der schön aufgebauten Höhen Kummel, Knollen, Acker den Scharzfels und das Herzberger Schloß sieht, während im Osten der Blick in noch weitere Fernen schweift, bis nach Nordhausen, dem Gebiete von Stolberg und dem Kyffhäuser. Selbstverständlich ist auf einer so hart am Harzrand gelegenen Kuppe die freieste Aussicht nach Süden über das thüringische Bergland.

Außer diesem Gesamtblick vom Turme giebt es in der Nähe des Gipfels noch mehrere sehr hübsche Landschaftsausschnitte, die durch malerischen Reiz ersetzen, was ihnen an Weite der Umschau abgeht, und die auch einzelne Stellen erschließen, die dort durch Schiebung der Höhen verdeckt waren: so erscheint besonders reizvoll und neu an der zehn Minuten südwärts gelegenen Wilhelmshöhe das freundliche Städtchen Sachsa, das schon dem jenseitigen, oberdeutschen Gebiete und einer andern Provinz angehört, so an einem andern Punkte der Wiesenbecker Teich mit einem Stück Oderthal unterhalb Lauterberg dahinter, so auch nördlich der Brocken in ganzer Figur.

Ferner läßt sich ein prächtiges Echo vom Ravensberg erwecken, zumal wenn man die Kosten für einen derben Böllerknall nicht scheut. An schönen Wintertagen bei gutem Schnee aber entwickelt sich hier oft ein fröhliches Leben, denn es wird an dieser einzigen Stelle des Harzes die Hörnerschlittenfahrt gepflegt, ein lustiger Sport, der im Riesengebirge viel weitere Ausbildung gefunden hat; in sausendem Fluge geht es durch die schimmernde Schneelandschaft nach Sachsa hinab.

Wir aber haben einstweilen noch Pflichten gegen das obere Oderthal und verlassen den Gipfel in westlicher Richtung. Ziemlich steil geht es hinab in das Steinaer Thal, das, vom Jagdkopf sich südwärts herabziehend, den Grenzkamm von den Lauterberger Höhen absondert. Es ist ein sehr liebliches Thal, und eine abschweifende Wanderung aufwärts oder auch abwärts bis zum Dorfe Steina wird sich reichlich lohnen. Südlich von diesem erhebt sich der merkwürdige Römerstein, den wir schon von unserem Wege aus in der Ferne erblicken, eine zackige, dunkle Felsengruppe, die so unvermittelt aus einem kahlen Hügel herauswächst, daß man sie lange für eine Burgruine zu halten geneigt ist. Als eine solche nimmt sie auch die Sage, die sie von Riesen erbaut sein läßt, hier dicht an der Grenze des Zwergenreichs, das die Höhlen am benachbarten Sachsenstein bewohnte, und mit dem sie in Feindschaft waren. Sehr deutlich klingt hier die Erinnerung an die alte Gaugrenze durch und an Kämpfe zwischen Sachsen und Thüringern. Da die letzteren als Zwerge erscheinen, so ist die Sage wohl sächsischen Ursprungs. Damit vermischen sich dann lokale Beziehungen auf die eigenartigen Bodenverhältnisse dieser Gegend mit ihren Höhlen und Erdfällen und unterirdisch verschwindenden Wassern. Ein Riesenjüngling Romar — daher der Name Römerstein — verliebte sich in die Zwergenjungfrau Ruma und verkehrte mit ihr heimlich: gar so sehr groß darf also wohl der Längenunterschied zwischen Riesen und Zwergen nicht aufgefaßt werden. Der Vater des Mädchens, der Zwergkönig, entdeckte aber endlich ihren Umgang mit dem Feinde und sperrte sie in eine finstere Höhle, die von ihren Thränen das Weingartenloch heißt — eine allerdings recht wunderliche Volksetymologie. Sie verwandelte sich, da sie die Tochter einer Nixe war, in eine Quelle und versuchte so auszubrechen, doch immer zwang der Vater sie wieder in den Kerker zurück, bis sie endlich ganz weit im Lande der Riesen doch glücklich zu Tage trat und als Quelle des Ruhmaflüßchens ihrer Freiheit sich freute. Diese Quelle liegt südlich von Pöhlde und ist höchst merkwürdig durch ihre fast beispiellose Mächtigkeit: direkt aus dem Quellteich strömt der Fluß reichlich zehn Meter breit ab; man nimmt an, daß sie thatsächlich mit den Erdfällen dieser Gegend in Verbindung stehe. Das Weingartenloch, nicht weit vom Römerstein, ist eine bedeutende Höhle, die aber wegen der häufig von der Wölbung herabstürzenden Steine nicht zu betreten ist.

Wir kehren zu unserer Übergangsstelle durchs Steinathal zurück, übersteigen den Sattel zwischen dem Hüttenberge zur Linken und der Hohen Thür zur Rechten und gelangen in das von diesem östlich begrenzte, waldschöne Wiesenbecker Thal und bald an den diesen Bach aufnehmenden Wiesenbecker Teich, ohne Zweifel den allerschönsten des Harzes. Von hohen, herrlichen Bergen unmittelbar umgeben und von Wald und anmutigen Bergwiesen in reizendem Wechsel umkränzt, macht er besonders durch seine ganz regellose Form durchaus den Eindruck eines natürlichen Waldsees, den schöne Zufälle gebildet. Ja, seine flotten Ausbuchtungen haben phantasievolle Leute an den — Vierwaldstättersee erinnert, und man hat dieser Entdeckungsfreude durch Benennung eines Platzes am Wasser als „Rütli" Ausdruck gegeben. Mögen wir nun auch über solche Scherze milde lächelnd das Haupt schütteln, so ist es doch darum nicht minder köstlich, vor dem hübschen Gasthause des westlichen Endes an dem herrlichen Wasserbecken zu sitzen, dem Glitzern der Sonnenstrahlen auf der klaren Flut und dem leisen Gleiten der kleinen Böte zuzuschauen, die seine Fläche beleben, am allerschönsten aber vielleicht, einen Teil einer warmen Mondnacht hier zu verträumen. Um den Wiesenbecker Teich ist Lauterberg von allen andern Harzorten gleichmäßig zu beneiden (s. Abb. S. 221).

Ein hübscher Spaziergang von einer halben Stunde führt uns an diesen Ort zurück, an dem wir indessen höchstens noch auf eines Stehseidels Länge verweilen, um endlich dem oberen Oderthal einen Besuch abzustatten, den es überreichlich verdient. Es ist ein vom unteren Anfang im Gebirge an wunderschönes und höchst großartiges Thal, zu beiden Seiten von hohen, schöngeformten Waldbergen begleitet. Während der ersten zwei Stunden bis zum Oderhause hat es eine breite Sohle; prächtige Wiesen, mit stolzen Fichten bestanden, geben dem Bilde fortdauernd ein vornehm parkähnliches Ansehen, das durch die zahlreich aufgestellten Ruhebänke noch freundlich verstärkt wird.

Diesen bei aller ernsten Größe freundlichen Charakter, zu welchem der häufig vorherrschende Laubwald an den Berglehnen trefflich stimmt, behält das Thal bis zur Försterei Oderhaus, einer sauberen Häusergruppe, wo man an besonders behaglicher Stelle den angenehmsten Rastort nach der langen Wanderung findet. Wer eine durch Verkehr gemilderte Einsamkeit liebt, kann in dem einfachen Hause auch längeren Aufenthalt nehmen.

Denn der Wagen- und Wanderverkehr ist hier oft recht lebhaft; von der Thalchaussee (Lauterberg-Oderbrück-Harzburg) zweigt rechts die Straße nach Braunlage, durch ein kurzes Seitenthal aufsteigend, ab, links die nach dem gleich — $1^1/_4$ Stunde — entfernten Andreasberg, diese ganz besonders lohnend, da ihre großen Windungen allmählich reizende Rückblicke ins Oderthal und seitwärts ferne auf Brocken und Wurmberg erschließen, während nach erreichter Höhe die Bergstadt mit ihrer Umgebung ein prächtiges Bild liefert. Etwas unterhalb des Oderhauses bei der Sägemühle beginnt ein Fußweg auf den Stöberhai, anderthalb Stunden erfordernd, in der ersten Hälfte recht steil, dann bequem und einen schönen Vorblick auf das lockende Ziel mit dem Gasthause in der Scharte bietend. Von derselben Stelle führt ein angenehmer, zuletzt höchst reizvoller Weg mit wunderschönem Brockenblick in drittehalb Stunden nach dem weiter östlich gelegenen Dorfe Hohegeiß.

Wir folgen dem Oderthale weiter aufwärts, das nun schnell seinen Charakter bedeutsam wandelt. Hohe, steile, düstere Berge, jetzt ausschließlich mit Fichten bestanden, engen das Thal zu beiden Seiten ein und verleihen ihm eine strenge, manchmal wilde Romantik, die der des Okerthals kaum etwas nachgiebt, am wenigsten an der Stelle, wo rechts und links der Hahnenklee und die Rehberger Klippen schroff und mächtig hervortreten. Man geht eine Stunde bis dahin, zumeist freilich im geschlossenen Walde, doch ist dieser schön und der stärker rauschende Bach ein flotter Begleiter, und die offenen Ausblicke sind zahlreich und immer überraschend. Einen Vorzug dieser Strecke vor dem Okerthale bildet die tiefe, nie unterbrochene Einsamkeit. Selbst von Reisenden wird sie wenig begangen, weil der hoch oben links an der Berglehne hinführende Rehberger Grabenweg den großen Verkehr abzieht. Dort oben pflegt es zu wimmeln und zu stäuben, hier unten kann man oft stundenlang wandern, ohne einer lebenden Seele zu begegnen.

Eine halbe Stunde vom Oderhause kreuzt bei einem einsamen Waldhause, dem Andreasberger Rinderstall, ein Fußweg Braunlage=Andreasberg die Straße, die nächste

Am Wiesenbeckerteich.

Verbindung zwischen beiden Orten. Wieder eine halbe Stunde weiter aufwärts öffnet sich links eine Schneise, durch die man die 200 Meter zum Rehberger Graben und den Klippen hinaufklettern kann, aber es ist ein böses Kraxeln, und das halbe Stündchen wird manchen bitterlichen Schweißtropfen kosten. Auch nach der andern Seite führt nicht fern so ein Pfad zur Hahnenklippe hinauf, der aber ebenfalls sein Bedenkliches hat. Wir als verständige Leute meiden solch verwegenes Beginnen und bleiben noch ein Stündchen in dem herrlichen Thale, das uns denn schließlich mit Weile eilend doch auch auf die Höhe bringt. Wir erreichen den Oderteich — doch da sind wir aus dem Thalgebiet in eine Höhenzone (724 m) gelangt, die als fest umgrenzte Hochfläche eine geschlossene Betrachtung wünschenswert macht.

Das Brockenfeld.

Der Oderteich bildet die Mitte und die tiefste Stelle (724 m) einer merkwürdigen Hochfläche oder flachen Beckens, das nach allen Seiten ansteigt und von einem festgeschlossenen höheren Rande umgeben ist. Es müßten also alle Quelladern dieses Gebietes, auch von Süden her, in den Teich strömen und diesen zu einem sehr viel umfangreicheren natürlichen See anschwellen lassen, wenn sich die Wasser nicht in der schmalen, tiefen Rinne des Oderthals durch den Südrand, welcher der niedrigste ist, einen Durchbruch geschaffen hätten. Wenn es denkbar wäre, einen Staudamm etwa von der zehnfachen Höhe des jetzigen quer über diesen Spalt zu ziehen, so wäre der See fertig. Vielleicht versucht's einer! Etwas höher als die höchste Pyramide müßte der Damm allerdings sein — aber nicht so sehr viel —, etwa 200 m braucht es. Das Bedenklichste wäre wohl die Dicke, da schon der jetzige in der Basis 48 m stark ist, um den ungeheuren Wasserdruck aushalten zu können. Ein ägyptischer König müßte es schon sein, der das Ding unternähme. Aber lohnend wäre es: welch ein wunderbares Landschaftsbild würde entstehen! Vielleicht aber — wäre es keine Verbesserung, sondern ein störender oder doch umwandelnder Eingriff in die reine Stimmung.

Dieses Becken, das wir etwas willkürlich, aber nicht ohne Vorgang das Brockenfeld in einem weiteren Sinne nennen — gewöhnlich heißt so nur das östliche Teilstück —, ist umschlossen von vier mächtigen Eckpfeilern, dem Brocken oder genauer seiner einen „Schulter", dem Königsberg (1029 m) im Nordosten, dem Bruchberg (926 m) im Nordwesten, dem Rehberg (894 m) im Südwesten, der Achtermannshöhe (926 m) im Südosten und den dazwischen liegenden Senkungen, deren tiefste im Süden liegt (763 m, abgesehen natürlich von der Oderrinne), die höchste im Osten (885 m). Die so stark geneigte und geschwungene Fläche ist bedeutend kleiner als die Ebene von Klausthal, aber auch bedeutend höher über dem Meere; der tiefste Punkt ihres Randes ist genau gleich dem dortigen höchsten Gipfel, der Schalke (763 m), und ihr Mittel (810 m) liegt 130 m über jenem (580 m).

Darum ist die Natur dieses Gebietes auch völlig anders: von Dörfern oder gar Städten ist hier längst nicht mehr die Rede, drei ganz kleine Siedelungen von wenigen Häusern beherbergen die ganze Bevölkerung, Torfhaus, Oderbrück und das Sonnenberger Weghaus; und statt der lichten Wiesenflächen dehnen sich, mit Waldstrichen untermischt, dunkle, ernsthafte Moore, überragt von wilden Klippen und umgeben von ausdrucksvollen und kräftigen Kuppen. Das alles fügt sich zu einem wunderbaren Einklang von tiefer, mächtig ergreifender Stimmung: echter Hochgebirgsstimmung.

Nur eines paßt eigentlich ganz und gar nicht in diese Umgebung, das ist der Oderteich selbst (s. Vollbild); er wirkt, ob man nun von der Höhe kommt oder aus den großartigen Klüften des Oderthals, wie eine seltsame und schier wunderliche Überraschung: man mag sich am ehesten an die lieblichen Waldseen unserer norddeutschen Tiefebene erinnert fühlen, nur daß statt der Buche oder Kiefer hier die düstere Fichte dem Bilde einen etwas strengeren Charakter giebt, aber gar nicht an einen Gebirgssee. Es sind ganz bescheidene Waldhügel, die seine Ufer umsäumen; nur von der Südwestecke hebt sich die Anhöhe der „Oberen schwarzen Tannen" etwas kräftiger darüber, jedoch auch noch nicht sehr gebirgsmäßig.

Hat man indessen diese kleine Überraschung verwunden, so wird gerade der Gegensatz zu den bewegteren und gewaltsameren Landschaftsbildern ringsum das Auge wohlthätig beruhigen und erquicken. Ist es doch die weitaus größte Wasserfläche im ganzen Gebirge und schon darum von bedeutender Wirkung. Bei einer kleinen Schenke am Dammende kann man die friedliche Schönheit in Behagen genießen.

Sucht man einen starken Gegensatz, braucht man sich nur auf dem Damme herumzudrehen: da hat man nach Süden einen höchst bergromantischen Blick in einen tiefen, dunkeln Tannengrund, über dem sich die breite Kuppe des Rehbergs wuchtig emporhebt.

Man soll aber auch nicht versäumen, auf einem schmalen Schlängelpfade in diesen Grund hineinzuklettern: das überschüssige Wasser, das nicht durch den Rehberger Graben den Bergwerken zugeführt wird, sondern seinem natürlichen Bette folgen darf, strömt hier in malerischer Umrahmung als ein senkrechter Sturzbach vom Damm in die Tiefe, in Zeiten der Trockenheit freilich manchmal etwas kümmerlich fließend oder sogar völlig versiegend, nach der Schneeschmelze aber oder ausgiebigen Regenfluten dem übervollen Teiche in desto prächtigerem Reichtum entströmend. Wer ihn am 11. Juli 1898 bei der großen Hochflut gesehen hat, weiß nicht genug Rühmens von seiner Herrlichkeit zu machen.

Von der Südwestecke des Teiches, wo die kleine Schenke steht, zieht sich der künstliche Abfluß hoch an der Berglehne nach Süden und mit ihm ein breiter und bequemer Fahrweg, der sich regen Verkehrs und alten Ruhmes erfreut wegen seiner großartigen Aussichten, diesem Ruhme jedoch, wie mancher alternde Künstler, durch seine Leistungen nicht mehr entspricht, zur Zeit wenigstens nicht, wo der Hochwald auf der ganzen Strecke den Blick gefangen hält, so daß nur ein gleichmäßig angenehmer Waldweg am ruhig gleitenden Grabenwasser entlang übrigbleibt, wenn auch zu Zeiten leise etwas durchschimmert, das jene Herrlichkeit ahnen läßt, die unsere Kinder oder Enkel wieder genießen werden.

Nach einer kleinen Stunde Wanderns aber gelangen wir vom Ahnen dennoch zum Schauen: bei einer großen Rundbank weicht endlich der Wald, und die Sicht in den mächtigen Thalgrund wird frei und auf die schroff dahinter auftrotzenden Hahnenkleefelsen, deren wilde Schönheit freilich gerade an dieser Stelle durch große Schutthalden wie durch unansehnliche Fetzen etwas beeinträchtigt wird.

Sturzbach am Oderteich.

Sehr erheblich gesteigert und erweitert wird diese Aussicht, wenn wir uns entschließen, auf steinigem Pfade noch eine Viertelstunde hinaufzuklimmen bis zu den Rehberger oder Hohen Klippen (letzterer Name also gleichbedeutend mit dem Gegenüber, dem Hahnenklee). Hier eröffnet sich von einem Birkenhäuschen ein ganz glänzender Ausblick auf das Klippenfeld der Schwarzen Tannen, rechts davon den kecken Achtermann mit dem vorgelagerten Königskopf, dann den Brocken, der hier, von Südwesten her, eine ähnlich feine symmetrische Linie zeigt, wie in der Gegend von Wernigerode, weiter den Wurmberg und endlich ein weites Stück des leichtgewellten Unter-

Harzes, während zu diesem allem die gähnende Tiefe den stimmungsvollsten Vordergrund abgiebt.

Wir steigen nun wieder zur Straße hinab — die Beschwerlichkeit des Pfades macht sich erst jetzt recht fühlbar — und, indem wir der scharfen Biegung nach Westen folgen, die uns noch mehrere schöne Ausblicke ins Oderthal bietet, kommen wir bald zum Rehberger Grabenhause, das wir schon einmal von Sankt Andreasberg aus besucht haben. Wir können unsern Rückweg nach dem Brockenfelde nunmehr über die Kuppe des Rehbergs selber nehmen, zu der nicht mehr gar so hoch zu steigen ist, wenig über 200 m; sie ist zwar bewaldet, hat aber auf der breiten Höhe eine Blöße, von der man eine einseitige, aber sehr weite Aussicht hat, vom Oderthal und dem Stöberhai bis zum Kyffhäuser, während das Brockengebiet und das westliche Land dem Auge verschlossen bleibt. Es ist nicht ganz leicht, sich mit Sicherheit hier zurechtzufinden, da die Wegbezeichnungen unvollständig sind; indessen kann man sich ernstlich nicht gut verirren; wenn man nur irgend eine Richtung einigermaßen festhält, muß man schließlich eine der den Berg rund umziehenden Chausseen erreichen; und gerade so ein freies Schweifen in dieser tiefen Bergeinsamkeit hat seine ganz besonderen Reize. Moor hat der Berg wenig, so daß man ohne Furcht vor allzu nassen Stiefeln drauflosgehen kann; auch Steinblöcke giebt es nicht, das Wandern zu erschweren, in beiden Beziehungen ist der Rehberg so ziemlich der zahmste unter den höchsten Gipfeln des Harzes; auch ist der Wald von vielen Holzabfuhrwegen durchschnitten, so daß man niemals in vollkommene Wildnis gerät.

Mit einiger Wahrscheinlichkeit, da wir die Richtung nach Norden halten, werden wir zuletzt beim Sonnenberger Weghaus landen, und da ist uns etwas sehr Gutes widerfahren, denn zum ersten ist diesem Gasthause eine besondere Behaglichkeit und treffliche Bewirtung nachzurühmen: es gehört zu den Häusern der guten, alten Art, wo der Wirt — oder hier die Wirtin, die wackere Frau Wendeborn — sich als Persönlichkeit darstellt und darum auch der Gast sich nicht als unpersönliche Zahl fühlt; und dann giebt es keine Kellner, was nicht hoch genug zu schätzen! Und dann ist die landschaftliche Lage entzückend; in der Senkung zwischen Rehberg-Sonnenberg und Bruchberg 778 m hoch gelegen, bietet die Stelle einen wunderschönen Blick über Moore und Tannenwälder auf die herrliche Brockengruppe, die sich hier zur höchsten Schönheit entfaltet. Nimmt man dazu die reine, köstliche Luft dieser großen Höhe, so wird man die Leute preisen, die das Glück und den Verstand haben, hier ihren Sommeraufenthalt zu nehmen. Kurkonzerte und dergleichen Herrlichkeiten giebt es freilich nicht, aber das Posthorn tönt alltäglich, und an Leben und Gesellschaft fehlt es selten. Zu Ausflügen ist reiche Gelegenheit; der Oderteich ist eine halbe Stunde entfernt, das obere Sieberthal ebenso nahe; nach Andreasberg geht man zwei Stunden, auf den Brocken deren drei, davon nur die letzte stärker zu steigen. Der nächste Nachbar ist der hochinteressante Bruchberg — und diesem wollen wir jetzt einen eingehenderen Besuch abstatten. So ganz einfach ist das allerdings nicht, denn er ist der unwegsamste von allen Harzbergen. Einen nordwestlichen Vorsprung, die Klippe der Wolfswarte, haben wir zwar von Altenau aus auf einem gebahnten Fußpfade erklommen, aber die giebt, so lohnend sie ihrerseits ist, doch weder von der Natur, noch von der Aussicht des Hauptberges einen rechten Begriff.

Der Bruchberg ist, wie sein Name besagt, ganz und gar und in einer Ausschließlichkeit wie kein anderer Berg des Harzes mit Bruchland bedeckt; Steine giebt es auf ihm nicht, weder große noch kleine — mit Ausnahme der Wolfswarte —, sondern weiche, feuchte, schwankende Moore überziehen sowohl seinen breiten Kamm als seine ziemlich flachen Hänge vollständig, saugen die reichen Niederschläge dieser Gegend wie ein ungeheurer Schwamm in sich ein und geben die Feuchtigkeit nur langsam in Quellen und Bächen wieder ab. Daher ist ein Wandern über diese Höhen gemeinhin schwer ausführbar, jedenfalls nur mit sehr gewissenhaften Wasserstiefeln, stellenweise aber, wo weicherer und feuchterer Grund sich unter trügerischer Sumpfpflanzendecke verbirgt, gefährlich, zum mindesten für den,

Oderteich.

der sich über die Natur und den Standort solcher Pflanzen nicht auskennt. Wege giebt es nur wenige und unsichere, über die Höhe gar keine. Es ist unter diesen Umständen wohl zu begreifen, daß der Berg, obwohl er nächst dem Brocken und seinen beiden „Schultern“ und dem Wurmberg die bedeutendste Erhebung des Harzes ist (926 m), neben den gleich hohen Zeterklippen, Renneckenberg und Achtermannshöhe, und obwohl sein Rücken zum großen Teile waldfrei ist, gute Aussicht also sicher, doch von Fremden fast niemals, und selbst von ausgepichten Harzkennern äußerst selten betreten wird. Und doch kann man ihn ersteigen, auf dem ganzen Kamme entlang wandern und eine Aussicht genießen, die an Größe und Schönheit im Harz kaum ihresgleichen hat: es kommt nur darauf an, sich trockene Zeit auszusuchen. Diese findet man am sichersten bei Frost, und eine Schneeschuhfahrt über den Bruchberg ist in der That verhältnismäßig leicht auszuführen und die Belohnung glänzend. Das hohe Harzgebiet im Schnee ist immer etwas Besonderes.

Aber dennoch werden die meisten die Sommerzeit vorziehen, und zwar für so ganz unwirtliche Höhen mit gutem Recht; jedenfalls muß das Wetter sehr sicher sein; ein Schneesturm in solcher Einsamkeit könnte recht verhängnisvoll werden. Und auch im Sommer, wenn es einige Zeit nicht geregnet hat, kann man mit einiger Vorsicht den Aufstieg getrost unternehmen.

Etwas nordwestlich vom Sonnenberger Weghause läuft von der Chaussee ein Weg waldeinwärts und kreuzt nach einiger Zeit einen Graben, den ein schmaler Fußpfad begleitet. Folgt man diesem zur Rechten, so hat man eine bequeme und äußerst genußreiche Wanderung von einer Stunde, stellenweise mit herrlicher Aussicht, auf halber Höhe des Bruchbergs bis zur steilen Wand, von da weiter zum Torfhause oder nach Altenau, ein Spaziergang, der vorsichtigeren Leuten als Ersatz für die Kammbesteigung dringend zu empfehlen ist.

Nach links hin gelangt man bald an das Ende oder richtiger den Anfang des Grabens, der hier einen Bach aufnimmt; der Pfad aber setzt sich, im Walde langsam steigend, noch weiter fort. Wo er aufhört zu steigen, mag man ihn verlassen und die erste gangbar erscheinende Lichtung in dem Bruchwalde frei aufwärts klimmen: die Stiefel werden bald spüren, ob der Aufstieg zur Zeit thunlich ist oder nicht; geht es, so wird man angenehm überrascht sein, wie bald die volle Kammhöhe gewonnen ist. Man geht nur eben noch eine Strecke durch Wald, der aber licht genug ist, daß man ihn ohne Beschwerden pfadlos durchkreuzen kann, bis man auf das breite, offene Moor hinausgelangt, das baumlos — im Gegensatz zu dem völlig bewaldeten Acker — einen guten Teil des Kammes bedeckt, so daß man von ihm aus auch ohne Turm oder Klippe die Aussicht ungehindert genießen kann. So enthüllt uns diese Wanderung eine wunderbare Fülle von Schönheit. Auf den besonderen Vorteil der Hanskühnenburg, beide Seiten zugleich zu überblicken, muß man hier verzichten; man muß sie durch Zickzackgehen sich einzeln aufsuchen, und auch dann bleibt nach Westen der Blick trotz der größeren Höhe (926 m : 810 m) beschränkter als dort, man sieht nicht viel mehr als Klausthal-Zellerfeld mit seiner näheren Umgebung, dieses Stück freilich besonders hübsch hingesetzt: um so großartiger aber gestaltet sich die andere, die Brockenseite. Schöner und edler gruppieren sich die stolzen Kuppen des hohen Harzes an keiner Stelle, und nirgends sind sie vollständiger aufgebaut: Brocken mit Königsberg, dann Wurmberg und Achtermannshöhe, diese beiden eng aneinander gedrängt, dann als Mitte des Bildes südöstlich die Senkung des Oderthals, über der die Berge der blauen Ferne in wunderschönen Reihen übereinander gelagert hereinschimmern, dann zur Rechten der Rehberg, die lange Linie des Sonnenbergs, Stöberhai, Ravensberg und Knollen. Das Ganze ist so rein und ausdrucksvoll in den Linien, so ernst und doch so voll harmonischer Anmut, so leuchtend in der Farbe bei aller Schlichtheit, daß man das Auge nicht leicht wird ersättigen können. Und dazu nun als prächtiger Mittelgrund die weitgeschwungenen Waldmassen des Brockenfeldes mit ihren zackigen Klippen und, am allermeisten die Stimmung beeinflussend, der nächste Vordergrund, der Boden, auf dem wir stehen: der breite, ruhige

Rücken des hohen Kammes mit dem ernsten, stillen Moor, von Tannen umkränzt. Dies Moor, besonders im Spätsommer in einer köstlichen, rotbraunen Färbung leuchtend, doch mannigfach abgetönt: die unendliche Einsamkeit und unendliche Stille der Umgebung, wo kaum der Ruf eines Vogels tönt, von menschlichem Treiben aber jede letzte Spur verschwunden ist, denn auch der Wald erscheint als Urwald, völlig regellos, Stämme jeder Größe und jedes Alters bunt durcheinander, meist in ziemlich weiten Abständen — das alles ist so gesättigt von Poesie und stimmungsvoller Schönheit, daß es wie kaum ein anderes Gemälde des Harzes der Phantasie unauslöschlich sich einprägen muß.

Die glücklichste Stunde für den Vollgenuß dieses Bildes ist wohl die Mittagszeit: strömende Sonnenglut über dem stummen Moore steigert die Stimmung und vertieft die Stille; morgens blendet die Sonne das östliche Hauptbild ab und läßt die Linien zu sehr verdämmern, abends strahlt sie zu hart dagegen und nimmt ihr die zarten Schattierungen des schwebenden Duftes.

Die Stelle des Kammes, wo sich die Aussicht am vollendetsten gestaltet, muß sich jeder mit eigener Mühwaltung suchen, angeben läßt sie sich nicht, weil alle Kennzeichen auf der gleichförmigen Moorfläche fehlen.

Die Moorwanderung ist bei der großen Unebenheit des zerfurchten Bodens auf die Länge nicht ohne Beschwerde, aber auch von eigenem Interesse schon an und für sich. Etwas von der Stimmung des „Hu, schaurig ist's, übers Moor zu gehn" umschwebt uns mit leisem Hauche doch auch bei voller Trockenheit und Sicherheit; zuweilen stößt man immer auf unheimliche Sumpfstellen mit blank schillerndem Wasser, von weißen Blüten durchsetzt, deren eine zu pflücken man sich vergebens bemüht; dann wieder durchschneiden lange, schwarzbraune Risse die schönfarbige Fläche; dann wieder unterbricht diese ein Waldfleck; die Bäume, nicht so gedrängt stehend wie sonst zumeist, bringen sich einzeln mehr als Individuen zur Geltung, und wie wunderbare, phantastische, manchmal groteske, manchmal schier unheimliche Gestalten entwickeln diese knorrigen Individualitäten!

Den Abstieg kann man entweder über die Wolfswarte oder auch in beliebiger Richtung quer durch die Wildnis nehmen. Ein ernsthaftes Verirren ist ausgeschlossen, da man sich fortwährend durch Ausblick zu orientieren vermag — der Wald bleibt immer genügend licht — und selbst bei etwa eintretendem Nebel mit Notwendigkeit immer zuletzt auf den Graben stoßen muß, der einem dann dauernd die Richtung weist.

Hier sei zuletzt dem verehrlichen Harzklub in allen seinen Sektionen eine bewegliche Bitte ans Herz gelegt: möge er jeden etwa auftauchenden Ehrgeiz mannhaft in sich unterdrücken, in dieser köstlichen Bergwildnis jemals eine Schutzhütte oder einen Aussichtsturm oder sonst ein Kulturwerk errichten zu lassen; er würde den feinsten Duft der Stimmungspoesie dieses geheimnisvollen Berges erbarmungslos töten. Und auch keinen Weg! Wer es verdient, diese Schönheit zu genießen, der findet seine Wege.

Und da wir einmal beim Bitten und Wünschen sind, so sei hier gleich der weitere bange Wunsch kund gethan: möchte doch dem ganzen Brockenfelde die Anlage so großer und prächtiger Hotels erspart bleiben, wie sie seit einigen Jahren in Schierke und anderen Höhenorten entstanden sind; dort mögen sie immerhin noch leidlich unschädlich für das Antlitz der Landschaft sein; die ernste Poesie unseres stillen Hochgebietes zwischen Brocken und Bruchberg ist viel empfindlicher und würde schwer darunter leiden. Die einfachen und guten Häuser, die jetzt in dieser Gegend den Bedürfnissen dienen, sind ganz an ihrer Stelle und fügen sich sinngemäß in den Geist der Landschaft. Aber was hilft alles Wünschen? Das Unheil wird doch kommen. Wir sehen heute noch vom Torfhause, was Goethe sah; unsere Kinder werden es nicht mehr sehen, wie wir schon die „Gegend von Schierke und Elend" in verwandelter, gezähmter Gestalt erblicken: da reiten heute keine Hexen mehr, oder wenn ja noch solche dahinkommen sollten, so sind sie wie Mephisto von der Kultur beleckt, tragen Glacéhandschuhe und speisen Table d'hôte.

Von dem Bruchberggraben führt in der Nähe der Steilen Wand ein bezeichneter Weg durch die dichtbewaldete, flache Senkung oberhalb des Oderteiches hinüber nach dem

Forsthause Oderbrück, das eine angenehme und gute Bewirtung und Unterkunft ähnlicher Art wie das Sonnenberger Weghaus bietet. Die Lage ist zwar bezüglich der unmittelbaren Aussicht nicht ebenso glänzend, doch immer noch sehr hübsch zwischen Wald und Wiese; ihr eigenster Vorzug ist die enge Nachbarschaft der Achtermannshöhe und des Klippengebietes der Schwarzen Tannen.

Eine besondere kleine Merkwürdigkeit dieses Forsthauses ist die Hirschkuh Mike. Sie ist daselbst auferzogen, ist zahm bis zur Frechheit, wahrt sich aber trotzdem ihre volle Selbständigkeit und treibt sich Sommers frei in den Wäldern umher; ein umgehängtes Glöckchen macht sie den Jägern kenntlich und erwirkt ihr immerwährende Schonzeit. Nur zuweilen giebt sie zur Freude der gerade anwesenden Fremden im Vaterhause eine Gastrolle. Im Winter zieht sie sich wie andere Sommerfrischler in die Stadt zurück, nämlich nach Sankt Andreasberg, woselbst sie von Haus zu Haus wandelt und Tribut an Naturalien von den Eingeborenen erhebt. Einmal hat ihr Leben in großer Gefahr geschwebt: wegen des von ihr angerichteten Wildschadens hatte der Förster sie zum Tode verurteilt und schon das Mordgewehr gespannt; doch da weder er noch ein anderer Jäger den rauhen Mut zu dem Henkerdienste fand, so gewann sie eine rettende Frist; und inzwischen fand sich in Andreasberg eine Gesellschaft edler Männer, die sie gemeinsam ankauften und für den Wildschaden aufzukommen sich anheischig machten; und so lebt sie denn gelassen weiter als eine Hindin auf Aktien; daß dieser Zustand bekömmlich ist, beweist ihr fettes und behäbiges Aussehen. Möge sie ihren Aktionären noch lange erhalten bleiben!

Oderbrück, so benannt von der in der Nähe entspringenden Hauptquelle der Oder, die dann mit den andern Quellgewässern der große Teich aufnimmt, liegt 781 m hoch, also ziemlich auf gleichem Niveau mit dem durch die Teichsenkung davon geschiedenen Sonnenberger Weghause, in trefflicher Sommerfrischlage, nur noch 145 m unter der Kuppe der Achtermannshöhe, die mit 926 m genau dem höchsten Kamme des Bruchbergs gleichkommt und in 40 Minuten mit geringer Anstrengung erstiegen wird. Sie hat eine sehr auffällige, im Harze ganz ungewohnte Gestalt: über einem breiten, flachgewölbten Rücken erhebt sich jählings ein steiler Aufsatz in Form einer Schlafmütze oder, poetischer gesprochen, einer Sturmhaube, aus einem wirren Gebröckel loser Felstrümmer bestehend; der Geologe belehrt uns, daß er als ein Hornfelskegel aus granitenem Untergrunde aufsteigt.

Diesem Kegel zustrebend, folgen wir eine Strecke weit dem alten Kaiserwege Goslar-Ellrich, dem ältesten Querübergange über den hohen Harz, hier einem mit derben Steinen gepflasterten Hohlwege, der nördlich an der Kuppe vorüber führt; nach einer Viertelstunde zweigt ein Pfad davon ab und wendet sich in schnurgerader Richtung auf den Gipfel zu.

Zur Linken erblickt man unweit dieses Pfades zwei sonderbar gestaltete Granitklippen, die Breitensteine genannt, von so regelmäßiger Form und Schichtung ihrer mächtigen Platten, daß sie ganz wie von Menschenhand gefügt aussehen, nur daß etliche keck vorspringende „Felsennasen" diesen Eindruck wieder beeinträchtigen. Man hat wohl vermutet, daß sie ehedem als Opferstätten benutzt seien, und die Lage hart an dem uralten „Heidenstiege" könnte das allerdings wahrscheinlicher machen, während sonst die ganz abgelegene Stelle im hohen Gebirge dagegen spräche. Zu beweisen ist es schwerlich.

Am Fuße des Kegels angelangt, ersteigen wir nach kurzer Kühlungsrast in der Schutzhütte in wenigen Minuten die Höhe, die einen der gepriesensten Rundblicke des Harzes bietet, von nicht wenigen und nicht unweisen Männern sogar an allererster Stelle genannt wird.

Beschränkter als vom Brocken ist die Sicht zwar bei weitem — aber entschieden zum Vorteil; an Stelle der unerbittlich nach allen Seiten ausgreifenden Weiträumigkeit treten hier wohlthätige Grenzen nach drei Seiten hin, im Westen der Bruchberg und Acker, den Oberharz völlig verdeckend, nach Osten ganz nahe die steilere Hochkuppe des Wurmbergs, hinter der sich die einförmigen Flächen des Unterharzes zum Nutzen der malerischen Wirkung verbergen; im Norden aber dehnt sich das Brockengebirge vom Königsberge bis zu den

Hohneklippen, eine lange, großartig geschlossene und doch wohlgegliederte Mauer, die man in so reinlicher Ausgestaltung bei so großer Nähe von keinem andern Punkte übersieht. Einzig nach Süden zu ergeht sich der Blick, nun gern hinausschweifend über die Waldmassen des Vordergrundes und die lebhafter bewegten Bergformen, in ungehemmte Weiten bis hin zum Thüringerwalde.

Gerade dieser Gegensatz zwischen offener Fernsicht und fester Umgrenztheit macht das Bild so wohlthuend. Wie von Süden her das Bergland in langen Wellenzügen zu uns heraufsteigt, bleibt uns nach den andern Seiten die ahnende Illusion: Dort reckt sich das majestätische Gebirge in stiller Steigerung je weiter und weiter. Auf dem Brocken ist es anders: der plaudert das Geheimnis aus, daß es mit der Harzherrlichkeit in Weite und Höhe nichts gar so Großes ist, und solche leichtfertige Offenherzigkeit macht die Phantasie verstummen.

Und dann vor allem ist's die schöne, feierlich geschwungene Brockenkuppe selbst, die dem Gesamtbilde erst Halt und Würde giebt. Man kann es ja billigerweise vom Vater Brocken nicht verlangen, daß er seine eigene Gestalt in sein Panorama aufnehme; sicher aber ist, daß dieser Mangel ihn gegen die Nachbarhöhen immer in Nachteil setzt, was malerische Bildwirkung anlangt.

Wundervoll gesteigert wird die Stimmung der hohen Bergeinsamkeit durch die mächtigen Waldmassen, die sich rundum dunkel dehnen, Fichten ausschließlich; nur Klippen überragen sie, und öde Moorflächen recken sich dazwischen. In dem ganzen, weiten Bilde wird nur eine einzige größere Siedelung sichtbar, der Flecken Braunlage im Südosten, mit seinen roten Dächern sich wirksam heraushebend, sonst nur zwei Einödhöfe, der vom Sonnenberg und der Königskrug, sowie das Haus auf dem Brocken. So bleibt Einsamkeit immer der Grundton der Stimmung.

Dazu stimmt es erfreulich, daß außer einer bescheidenen Bank den kecken Hornfelskegel kein Menschenwerk verunziert; auch ist zum guten Glück der Raum auf ihm so klein, daß die Errichtung eines Hotels wenigstens auf seiner Spitze nicht zu befürchten steht. Auch ein Turm wird nie gebaut werden, weil er ganz überflüssig ist, denn die Aussicht kann in dem nackten Gestein ja nicht durch Bäume überwachsen werden.

Den Abstieg nehmen wir in südlicher Richtung zum Königskruge (758 m), einem einfachen Gasthause, dessen Name andeutet, daß es einst weiter nördlich an dem alten Kaiserwege lag; erst bei Anlage der neuen Straße Oderbrück-Braunlage, die südlich um den Achtermann und den ihm vorgelagerten Königskopf herumführt, ward es hier aufgebaut. Wir erreichen es in einer halben Stunde und sind hier wieder nur eine halbe Stunde von dem oft gesehenen Hahnenklee (762 m), der das Oderthal überragenden schroffen Klippe entfernt, haben somit Gelegenheit, diesem noch einen letzten Besuch und zwar an seiner großartigsten Stelle zu machen. Der Blick über den wilden Felsabsturz in die gähnende Tiefe der Oder und die riesige Tannenwand des hohen Rehbergs dahinter ist in der That von mächtig überraschender und ergreifender Wirkung; auch die weiteren Ausblicke sind prächtig, links das schöne Thal hinab bis zum Stöberhai, Ravenskopf und den Lauterberger Höhen mit dem fernen Knollen dahinter, rechts der Bruchberg, die Achtermannshöhe und der Brocken. Es ist ein Gegenstück zu dem Blicke von der gegenüberliegenden Rehberger Klippe, aber noch gesteigert und von reinerem Eindruck; an finsterer Größe kann im Harz nicht allzuvieles dagegen kommen.

Einige Schritte abseits giebt es dann noch eine hübsche, ergänzende Nebenaussicht, die das Auge von der Heinrichshöhe und dem Wurmberg nach dem Unterharz leitet, der sich in feinen Wellenlinien in die Ferne zieht.

Steigen wir von diesem Südrande unseres großen Brockenfeldes wieder zum Oderteich nieder — er liegt zwar nur 34 m tiefer —, so gewinnen wir ungefähr an der Stelle, wo die Braunlager Straße sich in die nach Oderbrück-Harzburg und die nach Sonnenberg-Klausthal spaltet, einen allerletzten und ganz entzückenden Rückblick in das tiefe Oderthal, das wir nun endgültig verlassen.

Bei Oderbrück gabelt die Straße von Braunlage sich abermals: der linke Zweig führt durch dichten Wald — zwischen den Unteren und Oberen Schwarzen Tannen — ohne erhebliche Aussicht in einer starken halben Stunde zum Torfhause (800 m) und von da weiter nach Harzburg, der andere mit bedeutenderer Steigung ebenfalls durch Wald zunächst zum Dreieckigen Pfahl, der eigentlich ein Grenzstein zwischen Braunschweig und Hannover ist, für den Fremden aber wichtiger vermöge der hier zusammenstoßenden vier Wege und der hier angesiedelten umfangreichen Kolonie von Wegweisern. In der That feiern diese hier wahre Orgien; jede der vier Richtungen ist durch vier Tafeln verschiedener Gestalt und Schriftart bezeichnet; es ist, als hielte man die Reisenden für besonders hartgläubige Gemüter, denen man die ihnen nötige Wahrheit gleich vierfach zuschreien müßte, um Eindruck zu machen. Überhaupt ist auf den stark begangenen Harzwegen in diesem Betracht des Guten stellenweise so viel geschehen, daß empfindsamere Seelen sich leicht gekränkt fühlen mögen ob des beschämend geringen Vertrauens, das in ihre Verstandeskräfte gesetzt wird. Doch darf das beileibe kein Vorwurf sein für den Harzklub oder wer sonst diese Wohlthäter sind; vielmehr ist deren Menschenkenntnis nachdrücklich zu loben.

Vom Dreieckigen Pfahl führt die Straße geradeaus in südöstlicher Richtung hinab nach Schierke, ein schöner und interessanter Weg von 1½—2 Stunden, dem Thal der Kalten Bode zwischen Königsberg und Wurmberg folgend; rechts biegt ein Pfad ab um den Wurmberg herum nach Braunlage im Thal der Warmen Bode; wir aber wenden uns zunächst zur Linken und kommen in wenigen Minuten auf die höchste Stelle des großen Moores, das im engeren Sinne den Namen Brockenfeld trägt; hier liegen dicht nebeneinander die Quellen der Kalten Bode, die südöstliche Richtung einschlägt, und der Ecker, die sich scharf nach Norden wendet und gleich von Anfang in einer tiefen, schmalen Schlucht dahinströmt, im Gegensatz zu den meisten Harzflüssen, die mit einer flachen Mulde zu beginnen pflegen.

Hier finden wir uns abermals an einer Wegvierung; links weist man uns wieder zum Torfhause, geradeaus durchs Eckerthal nach Harzburg oder Ilsenburg, rechts aber heißt es: „Goetheweg" zum Brocken. In der That, wir stehen — 885 m hoch — hart am Fuße des Königsbergs und damit der Hauptkuppe selbst, die sich nur noch 257 m über uns erhebt und in einer Stunde ohne allzugroße Anstrengung wohl zu erreichen ist. Wie wäre da zu widerstehen, dem allbeherrschenden hohen Haupte sogleich unsern ersten Besuch zu machen, zumal wir belehrt werden, daß der berühmteste aller Brockengäste auf diesem Wege im Jahre 1777 am 10. Dezember den Aufstieg unternommen hat?

Es geht nun die bewaldete Höhe leidlich steil bergauf; der Wald nimmt mehr und mehr den Hochgebirgscharakter an; phantastisch geformte, flechtenbekleidete Baumgestalten, vom Sturm zerzaust und von Schnee zerdrückt, winden sich scheinbar mühsam aus wildem Felsgebröckel hervor oder entringen sich dem Moorgrunde; doch mitten in dieser ausdrucksvollen Wildnis überqueren wir plötzlich, nicht ohne einige Ernüchterung oder gar Beschämung, einen wohlgegründeten, ehrbaren Schienenweg; bald darauf haben wir die erste Höhe errungen, nicht die des Königsbergs selbst, die etwas zur Rechten bleibt, aber eines Vorsprungs, dessen keck aufragende Eckklippen den Namen der Hirschhörner tragen (980 m; der Gipfel des Berges 1029 m). Sie liegen links einige Schritte abseits vom Wege und bieten eine Überschau über das westliche, höhere Drittel des Harzes, wie sie von der Brockenkuppe selbst an Weite wohl etwas übertroffen, an Schönheit nicht erreicht wird.

Den Grundaccord der Stimmung giebt hier die geschwungene Fläche des Brockenfeldes bis zum Bruchberg und Rehberg hinüber, ganz vorn unter unsern Füßen das mächtige braune Moor, dahinter schwarzgrüne Wälder und schroffe Klippen darinnen; drei lichte Wiesenoasen beleben und mildern die ernste Wildnis, das Sonnenberger Weghaus, Oderbrück und Torfhaus; deutlich erkennen wir die eingeschnittenen Thäler der Ecker, Radau und Oker, sowie nach der andern Seite die flacheren Senkungen der beiden Bodebäche. Zur Linken zeigt sich der Stöberhai, dann die nahe Achtermannshöhe mit ihrer scharfen Spitze; geradeaus sehen wir über den Bruchberg hinweg die hellen Klausthaler Wiesen und dahinter die Randberge überm Innerstethal, mehr rechts die Schalke, dann den Burgberg und Sachsenberg bei Harzburg und endlich, das große Halbrund schließend, die Brockenkuppe selber, der wir hier zum erstenmal in fast bedrückender Nähe gegenüberstehen. Durch ihre Form wirkt sie nicht mehr, desto mehr aber durch die gewaltig wuchtende Masse. Auch recht steil sieht sie hier aus, und wir ahnen trotz des geringen nur noch vorhandenen Höhenunterschiedes (162 m) ein tüchtig Stück Arbeit.

Zunächst nun gehen wir wieder eine kleine Strecke abwärts; eine schwache Senkung trennt uns von der Kuppe; in dem Sattel begegnen wir zum zweitenmal dem Schienenstrang, der hier tief in das Moor eingegraben ist; wir schicken uns an, den allerletzten Aufstieg zu beginnen, da — ein Windstoß, ein Huschen und Quirlen seltsamer Luftgebilde, es wird grau um uns und dunkel, der Brocken ist verschwunden, verschwunden auch der Gipfel des Königsbergs und die rechts absinkende Thaltiefe zwischen beiden: wir sitzen im Nebel. Alle Wetterzeichen verkünden, daß er auf den Gipfeln ein dauerhafter Gast sein wird, — was sollen wir noch da oben? Da ist's besser, umzukehren, wieder in tieferer Zone vielleicht besseres Glück zu finden.

Wir kehren zur Eckerquelle zurück und schlagen nunmehr den Weg nach dem Torfhause ein, der zwischen dem großen Brockenfeldmoor und dessen nördlichem Rande, dem klippenreichen Quitschenberge, nach Westen zieht. Es ist ein guter, bequemer, langsam absteigender, zuletzt nahezu ebener Waldpfad, auch hier „Goetheweg" geheißen.

Selbst der flüchtigste Springinsbrockenfeld sollte nicht versäumen, eine der dicht am Wege aufragenden Granitklippen zu besuchen, zu denen man mittels romantischer Walddurchschlupfe gelangt. Am bequemsten, ja beschämend bequem zu erklimmen ist die Luisenklippe (881 m), auf der sich ein Triangulationsgerüst befindet, und die Aussicht ist glänzend. Noch ein wenig lohnender ist die etwas höhere Nachbarklippe, von der man über jene hinwegsieht und dadurch einen freieren Rundblick erlangt; außerdem hat sie den Vorzug, daß man sie nicht so ganz ohne Umstände erklimmt, sondern immerhin einige Anstrengung erfordert wird, wenn auch keine übermenschliche, und dafür dann der Standort selbst als stimmender Vordergrund kulturfreier und würdiger erscheint. Nur thut man wohl, sich in dem verworrenen Getrümmer und Gestrüpp die Rückzugslinie zu merken, da man sich sonst leicht in gar zu stachliches Dickicht verlieren kann.

Der Blick ist wohl ähnlich dem von den Hirschhörnern; die Grundlage bildet das Brockenfeld, doch ist die Ansicht dadurch anders gewendet, daß man jetzt mehr mitten darinnen steht und die prächtige Waldmasse des Königsbergs selbst nun mit in dem Bilde hat; er erscheint hier seiner Form nach wie eine nur wenig niedrigere Wiederholung der Brockenkuppe. Wenig entfernter als diese erhebt sich gegenüber aus der sanften Senkung, die sich zum Oderteich hinabzieht — dieser hier nicht sichtbar —, die weiche und doch vornehme Linie des Bruchbergs mit seinen warmtönigen Moorflächen. Nach Norden blickt man über den Burgberg ein Stück in die Ebene hinaus bis zu den Vienenburger Höhen, während im Südosten der Wurmberg einen kräftigen Abschluß macht.

Uns gegenüber ragen in ziemlicher Nähe aus dem finstern Walde noch einige andere merkwürdige Klippen hervor, deren eine durch einen sargähnlichen Aufsatz sich besonders bemerkbar macht, und die einzeln unbenannt sind und unter dem gemeinsamen Namen der Hopfensäcke zusammengefaßt werden. Wer gern einen Schritt vom Wege thut und volle, ernste Einsamkeit mit engen, geheimnisvollen Pfaden liebt, dem kann eine Wanderung durch dieses Gebiet aufs wärmste empfohlen werden; er wird hier so sehr seine Rechnung finden wie sonst im Harz nur etwa auf dem Bruchberg und einigen Nebenhöhen des Brockens, besonders den Zeter- und Hohneklippen. Einiges Pfadfindertalent muß man freilich immerhin auch mitbringen und Lust am Klettern selbst und womöglich einen gediegenen Hosenboden. Doch kann eine der fünf durch beträchtliche Abstände getrennten Felsgruppen ganz ohne Mühe erstiegen werden. Bei den andern ist einige Vorsicht ratsam wegen mancher bedenklichen Löcher, die zwischen den lose geschichteten Blöcken gähnen und oft, durch eine Moosdecke trügerisch überkleidet, den Fußknochen verderblich werden können. Eines

Anleimens mit dem eigenen Blute und sonstiger Gemsjägerkünste bedarf es im übrigen nicht; doch bieten sich hie und da auch ernsthafte Schwierigkeiten, und wer es nachdrücklich darauf anlegt, kann sich allenfalls auch die Freuden und Ehren eines Absturzes von mehr alpinem Charakter vergönnen.

Der Lohn dieser fröhlichen Mühen aber ist immer groß und glänzend; jede dieser Klippen bietet das nämliche große Bild in einer neuen, reizvollen, manchmal überraschenden Schiebung und Abwandlung, so wenn eine von ihnen das Ganze unerwartet um den Oderteich als um einen festen, natürlichen Mittelpunkt gruppiert zeigt; wie ein breiter, ruhiger Strom zieht sich dieser zwischen den hohen Bergen dahin und erscheint so weit effektvoller als aus nächster Nähe. Wir finden uns auf diesen Klippen so recht im Centrum der herrlichen Hochfläche zwischen Brocken und Bruchberg, Achtermann und Rehberg und überschauen sie in aller Fülle und in ruhiger Geschlossenheit zwischen diesen mächtigen Seiten-

AUFNAHME VON FR. ROSE, WERNIGERODE.

Das Torfhaus (Hotel Wendt) mit dem Brocken.

mauern; im Norden und im Süden aber öffnen sich über den niedrigeren Rändern der Mulde fein ausgeschnittene Durchblicke über das niedersteigende Gebirge und in die freie Weite hinaus.

Es ist kein Alpenbild, das wir hier bewundern, hier giebt es nirgends wilde, zackige, aufregende Gebilde; alle Linien sind rund und ruhig, die vereinzelten Klippen beleben das Bild, aber erregen es nicht; aber es liegt in dieser anspruchslosen Stille so viel reine Größe, daß man sich wohl an die erhabene Einfalt Goethescher Dichtung erinnert fühlen kann und sich nicht wundert, daß dieser Genius gerade von der Harzlandschaft so tiefdringende Eindrücke empfangen hat, wie sie im „Faust“ so wunderbar nachklingen. Schreibt er doch gerade aus dieser Gegend, vom Torfhause her, in so ekstatischer Entzückung, die manchem unbegreiflich scheint. Dies ist echte Harzlandschaft von so eigenem und scharfgeprägtem Charakter, daß man sie schlechterdings nicht in irgend ein anderes Gebirge versetzt denken kann. Die freudige Anmut der Harzränder findet in Thüringen und anderswo sicher ihre nahe Verwandtschaft, die schöne Felswildnis des Bode- und Okerthals ist auch dem Schwarzwald nicht fremd, den Hohneklippen mag das Riesengebirge Gleiches an die Seite setzen; dieses Brockenfeld gehört dem Harze allein. Und es gewinnt solchen scharfen Charakter nicht etwa um den Preis der Schönheit; man kann vielmehr getrost sagen: es ist für den Harz, was für Italien die römische Campagne, die ernsteste, schlichteste, aber auch edelste und feinste Gestaltung seiner Landschaft.

Wir kehren vom Gedanken an Goethe auf den Goetheweg zurück und erreichen einen Graben, der einen Teil des Wassers der Abbe, eines auf dem großen Brockenmoore entspringenden Bächleins, dem Dammgraben und somit den Klausthaler Gruben und endlich der fernen Innerste zuführt. Dieselbe Abbe erleidet wenig nördlich von unserem Wege eine nochmalige Bifurkation, sie fließt links in die Radau und rechts in die Ecker und hat so das merkwürdige Schicksal, auf drei verschiedenen Wegen ihr Quellwasser der Weser zuzuführen. Für ein so junges Dingelchen immerhin eine Leistung!

Der Abbegraben begleitet uns bis zum Torfhause, auch Brockenkrug genannt, der höchstgelegenen Ansiedelung des Harzes (abgesehen vom Brockenhause, das ausschließlich dem Fremdenverkehr dient und im Winter nur sehr eingeschränkten Betrieb hat), bestehend aus einem Forsthause, das auch Gäste aufnimmt, einer Oberförsterei und dem netten Hotel Wendt, von dem ungefähr dasselbe Gute auszusagen ist, wie vom Sonnenberger Weghause; die Lage ist herrlich, die Verpflegung gut, und der Gast fühlt sich behaglich. Das alte Forsthaus, das Goethen beherbergte, lag Wendt gegenüber an der andern Seite der Straße; 1869 ist es abgebrannt.

Vom Garten des Hauses genießt man eine wundervolle Aussicht; der ruhigen, schweren Masse des Brockens mit seiner hier sehr stattlich sich darstellenden Hausbekrönung sind äußerst wirksam die zackig getürmten Klippengebilde des Quitschenberges vorgebaut, die, selbst noch aus größerer Nähe, der Ruine eines mächtigen Festungsbauwerks von Menschenhand zum Verwechseln ähnlich sehen: man glaubt deutlich einen fast wohlerhaltenen Turm, Fensteröffnungen und Zinnen zu erkennen. Davor erstrecken sich große, offene Moorflächen, deren satte, rotbraune Färbung sich von dem dunkeln Waldhintergrunde stimmungsvoll abhebt und dessen stille Masse wohlthätig belebt.

Die Kolonie Torfhaus liegt hart an der Paßhöhe der Poststraße von Harzburg nach Braunlage-Ellrich (oder Andreasberg-Lauterberg), 576 m über dem Harzburger Bahnhof und 12 km von dort entfernt, zu Fuß bergauf gegen 3 Stunden Wanderns; fast ebensoweit ist es nach Braunlage oder Schierke, bedeutend näher ($1^1/_2$ Stunden) nach Altenau. Es giebt Leute, die hier ihre Sommerfrische verbringen, und solche sind als hochverständig zu erachten. Höhenluft giebt es hier aus erster Hand, und eine reichhaltigere, großartigere und eigentümlichere Umgebung, nähere und fernere, ist im Harz überhaupt nicht zu finden. Der Brocken ist eine behagliche Vor- und Nachmittagspartie, noch näher die Achtermannshöhe, der Oderteich und der Bruchberg; vor der Thür liegt der Quitschenberg und die Hopfensäcke hier, die Steile Wand dort, ebenso nach Norden das obere Thal der hier entspringenden Radau mit den es umschließenden prächtigen Waldhöhen.

Zu lang läßt sich freilich der Sommeraufenthalt hier nicht ausdehnen; wenn in Harzburg die Buchen sich begrünen, blühen hier die Schneeglöckchen, und der Herbst rückt früh ins Land und mit gewaltigen Stürmen. Wer aber im Winter sich heraufwagt, wird sich glänzend belohnt finden, — und das Wagnis ist mit der Harzburger Post wahrhaftig nicht groß. Der Anblick dieser ernsten, feierlichen Landschaft ist im Schneeschmuck und Rauhreif ganz überwältigend. „Und der Schnee über alles macht wieder das Gefühl von Fröhlichkeit" schrieb Goethe aus dem Harze. Wer freilich diese Freuden ausgiebiger genießen will, thut wohl, sich mit Schneeschuhen zu versehen; und es wird sich für diesen schönen Sport, der sich bei den Bewohnern des hohen Harzes immer mehr einbürgert, nicht leicht eine günstigere Gegend finden.

Das Torfhaus ist wie die höchste, so auch die jüngste Siedelung im Harze; sie verdankt ihre Entstehung nach der Mitte des vorigen Jahrhunderts einem Versuche, das Moor zur Torfgewinnung auszunutzen, der bald wieder aufgegeben werden mußte, weil er die Arbeit nicht lohnte; auch hat man später erkannt, wie wichtig und notwendig die Erhaltung der Moore für die Aufsaugung und langsamere Verteilung der gewaltigen Niederschläge dieses Höhengebietes ist. Heute wird nicht einmal in diesen Häusern selber

Torf gebrannt und auch nicht Holz, das den Leuten doch vor der Nase wächst, sondern Kohlen, die sich trotz des umständlichen Wagentransports auf diese Höhe doch immer noch billiger stellen als das allzuschnell verflackernde Fichtenholz.

Der Glanzpunkt in der kurzen Historie des Brockenkruges ist ohne Zweifel Goethes Besuch vom Jahre 1777. Er war am 10. Dezember von Altenau, wo er „unendlich geschlafen" hatte, früh vor Sonnenaufgang hierher aufgebrochen in tiefem Schnee. „Wie ich gestern zum Torfhause kam," schrieb er darüber an Charlotte von Stein, „saß der Förster bei seinem Morgenschluck in Hemdsärmeln, und diskursive redete ich vom Brocken, und er versicherte die Unmöglichkeit hinaufzugehen, und wie oft er Sommers droben gewesen wäre, und wie leichtfertig es wäre, jetzt es zu versuchen. — Die Berge waren im Nebel, man sah nichts, ‚und so', sagte er, ‚ist's auch jetzt oben, nicht drei Schritte vorwärts können Sie sehen. Und wer nicht alle Tritte weiß' p. p. Da saß ich mit schwerem Herzen, mit halben Gedanken, wie ich zurückkehren wollte. Und ich kam mir vor wie der König, den der Prophet mit dem Bogen schlagen heißt, und der zu wenig schlägt. Ich war still und bat die Götter, das Herz dieses Menschen zu wenden und das Wetter, und war still. So sagt er zu mir: ‚Nun können Sie den Brocken sehen'; ich trat ans Fenster, und er lag vor mir, klar wie mein Gesicht im Spiegel; da ging mir das Herz auf, und ich rief: ‚Und ich sollte nicht hinaufkommen? haben Sie keinen Knecht, niemanden?' Und er sagte: ‚Ich will mit Ihnen gehen.' — — Ich habe ein Zeichen ins Fenster geschnitten zum Zeugnis meiner Freudenthränen, und wär's nicht an Sie, hielt ich's für Sünde, es zu schreiben. Ich hab's nicht geglaubt bis auf der obersten Klippe. Alle Nebel lagen unten, und oben war herrliche Klarheit, und heute nacht bis früh war er im Mondschein sichtbar und finster auch in der Morgendämmerung, da ich aufbrach."

AUFNAHME VON FR. ROSE, WERNIGERODE.

Auf Schneeschuhen durch den Harz.

Und weiter berichtet er knapp: „ein Viertel nach zehn aufgebrochen von da auf den Brocken. Schnee eine Elle tief, der aber trug. Ein Viertel nach eins droben. Heitrer, herrlicher Augenblick, die ganze Welt in Wolken und Nebel und oben alles heiter. Was ist der Mensch, daß du sein gedenkst. Um viere wieder zurück. Beim Förster auf dem Torfhause in Herberge."

Und hier schrieb er abends jubelnd: „Dies Ziel meines Verlangens ist erreicht; es hängt an vielen Fäden. Sie wissen, wie symbolisch mein Dasein ist. — Und die Demut, die sich die Götter zu verherrlichen einen Spaß machen, und die Hingebenheit von Augenblick zu Augenblick, die ich habe, und die vollste Erfüllung meiner Hoffnung!" Und weiter: „Ich sagte: ich habe einen Wunsch auf den Vollmond! — Nun, Liebste, tret ich vor die Thüre hinaus, da liegt der Brocken im hohen herrlichen Mondschein über den Fichten vor mir, und ich war oben heut und habe auf dem Teufels-Altar meinem Gott den liebsten Dank geopfert."

Ganz den letzten Worten entsprechend heißt es am Schlusse der „Harzreise im Winter":

Und Altar des lieblichsten Dankes
Wird ihm des gefürchteten Gipfels
Schneebehangener Scheitel,
Den mit Geisterreihen
Kränzten ahnende Völker.
Du stehst mit unerforschtem Busen
Geheimnisvoll offenbar
Über der erstaunten Welt
Und schaust aus Wolken
Auf ihre Reiche und Herrlichkeit,
Die du aus den Adern deiner Brüder
Neben dir wässerst.

Es ist kaum zu viel vermutet, daß er dies wunderbare Gedicht, das er am 1. Dezember zu Rübeland begonnen hatte, an diesem langen Winterabend im Torfhause so zum Abschluß brachte.

Am andern Morgen brach er früh wieder auf und gelangte über Altenau um Mittag nach Klausthal, woher er gekommen war. Am 12. ging er, meist zu Fuß, bei kaltem Nebel nach Sankt Andreasberg und am 13. zu Pferde bei halb thauendem Schnee nach Lauterberg, wo er den Harz verließ. — Wir werden ihm noch auf den früheren Stationen seiner denkwürdigen Reise begegnen.

Harzburg und Ilsenburg.

Ganz nahe dem Torfhause entspringt dem Moore, wie schon erwähnt, die Radau — Berliner werden dringend gebeten, zur Vermeidung von Mißverständnissen den Ton mit aller Kraftanstrengung auf die erste Silbe zu legen, schon um den Wirt eines Harzburger Gasthofes nicht weiter zu kränken, der mit Nachdruck durch die Schreibung „Hôtel Rădau" für diese Aussprache eintritt. Was mag er schon gelitten haben! Dieser Bach fließt nordwärts in ziemlich gerader Richtung dem Harzrande zu, zwischen Oker und Ecker, dieser jedoch bis zu ihrem unteren Gebirgslaufe, wo sie stark östlich ausbiegt, bedeutend näher.

Die Radau kann sich mit diesen Parallelflüssen weder an Länge des Laufes noch, im ganzen genommen, an Schönheit der Thalwände messen, hat aber dafür den Vorzug, an einer der allerschönsten Stellen des Harzrandes die Ebene zu erreichen und dadurch zum Entstehen und Aufblühen des vielberühmten Bades Harzburg ein Wesentliches beigetragen zu haben. Draußen hat es mit ihrer Selbständigkeit gar bald ein Ende, schon bei Bienenburg wird sie von der Oker aufgenommen, die sich binnen kurzem auch die Ecker und die Ilse einverleibt.

Das obere Radauthal ist meist sumpfig und unwegsam, daher es von allen Straßen und Pfaden zu beiden Seiten umgangen wird. Es giebt deren aber verschiedene nach Harzburg, und jeder hat seine Vorzüge: den des Postwagens hat die Hauptstraße, die aber zum größeren Teil ziemlich einförmig auf langsam abfallender Hochfläche dahinführt. Schöner und wechselreicher ist der Weg zur Rechten, der bald über den Bach setzt und hinter der hübschen Felsgruppe des Schubensteins sich zu beiden Seiten des Abbensteins teilt. Links folgen wir auf der Höhe nach Anweisung des Harzklubs den Spuren des alten Kaiserwegs oder Heidenstiegs, der uns durch sehr schönen Fichtenwald mit mehreren prächtigen Rückblicken auf den Brocken nach dem Burgberge führt; rechts suchen wir zunächst auf dem Seitenpfade den 758 m hohen Abbenstein auf, dessen romantische Klippe ziemlich leicht ersteigbar ist, aber allerdings diese Kunstleistung wenig lohnt, denn die Aussicht ist verwachsen. Dagegen ist etwas unterhalb die flache Kuppe kahl und läßt über dem Eckerthal in großer Nähe den Brocken als eine imposante Wand und neben ihm den Königsberg und den klippenreichen Quitschenberg mächtig emporsteigen; etwas weiter den Abhang hinab beherrscht man das ganze Eckerthal mit den kühnen Rabenklippen, ein höchst eindrucksvoller Gebirgsblick. Der Weg führt nun auf dem langen Rücken des Kolför dahin und vereinigt sich dann wieder mit dem Kaiserwege. Wer ein Absteigen von der Höhe, die er nachher wieder gewinnen muß, nicht gar zu sehr scheut — scheußlich ist so etwas immer —, der kann einen interessanten Umweg machen ins nahe Eckerthal hinab und dem neu angelegten Pionierwege flußabwärts folgen, der eine besonders romantische Strecke dieses hier sehr engen Thales aufschließt. Das Bachbett ist hier mit Felsblöcken wild übersät, ähnlich dem der Oker, und der „Eckerblick“ von einer Ruhebank zeigt einen besonders prächtigen Ausschnitt aus diesem düster-großartigen Waldbilde an dem tobenden Wasser. Die „Schreckensecke“ etwas weiter unterhalb spricht schon durch ihren Namen. — Nachher gewinnt man, wieder etwas aufwärts steigend, den Anschluß an den Kolför- und den Kaiserweg.

Einen ähnlich gewinnreichen Umweg kann man machen, wenn man, der Poststraße ein halb Stündchen folgend, kurz vor dem Übertritt ins Braunschweigische links von ihr abbiegt und auf der Paßhöhe zwischen der Radau und der Oker weiter wandert, bis man den früher beschriebenen Weg Altenau-Forsthaus Ahrendsberg-Harzburg in der Gegend des damals schon erwähnten „Dreckpfuhls“ erreicht, und dann auf ihm weitergeht, zunächst noch auf der Hochfläche bis zu der Schutzhütte, die den beginnenden Abstieg markiert, wo wir damals Halt machten. Sie hat Aussicht nordwärts in das Land, die aber nicht besonders schön ist; Kornfelder dehnen sich dort unten und hier im Vordergrunde junge, noch ungestaltete Fichtenschonung, beides erfreulich dem verständigen Sinne des Volkswirts, aber nicht so ganz in gleichem Maße dem nutzloser Romantik zugethanen Auge.

Desto köstlicher gestaltet sich der Abstieg gleich von Anfang an; wir schreiten zwischen hohen, einzeln stehenden Buchen und schauen über die tiefe, laubwaldgeschmückte Senkung des Riesenbachthals hinweg auf herrlich geschwungene Waldkuppen, unter denen der Burgberg und der Sachsenberg sich kräftig markieren, und wieder über anderen Thalgründen und reizenden Bergschiebungen erhebt sich als wuchtige Bekrönung und Abschluß der schwere Brockengipfel mit seinen kahlen Hängen und den anschließenden Klippenhöhen.

Weiter unten nimmt uns schattenreicher Niederwald auf, und dann gewinnen wir einen Einblick in den lieblichen und poetischen Waldkessel, in welchem das große Gebäude in prächtiger Holzarchitektur mit dem unpoetischen Namen „Aktienhotel“ liegt (s. S. 237). Es nennt sich selbst zwar lieber „Harzburger Hof“, aber der Volksgebrauch zieht mit einer gewissen Instinktsicherheit den andern Namen vor. Kein Haus kann anmutiger, idyllischer liegen, und keines paßt weniger in solche Idylle hinein mit seiner ausgeprägten Weltbadphysiognomie. Man ist aber gut aufgehoben in diesem und ähnlichen Häusern, rüstet durch reichliche Mahlzeiten seinen Magen für neue Badekuren zu und zahlt meist nicht mehr, als den Leistungen gerecht ist, allerdings auch nicht weniger.

Der hier beschriebene erste Eintritt in den Ort kann als der günstigste bezeichnet werden, weil man sich zugleich in den höchsten Glanz der Landschaft und in das eleganteste Villenviertel des vornehmen Bades versetzt sieht. Und man kann nicht leugnen, diese stolzen Sommerpaläste, die sich an unseren Waldhang anlehnen, würden die Kaiser Heinrich IV. und Friedrich Barbarossa, die Erbauer der alten Harzburg, mit Staunen erfüllen, in welcher Pracht ein Sterblicher wohnen kann, und zwar auf Sommerfrische, wenn er die Vorsicht gehabt hat, nicht auf einem mittelalterlichen Throne, sondern in vertraulicher Nähe einer modernen Börse zur Welt zu kommen.

Auch ist man von hier aus in wenigen Minuten an der belebtesten Sammelstätte des Badelebens, das sich vom Kurhause zu der Promenadenanlage „Unter den Eichen“ mit ihren reich ausgestatteten Verkaufsbuden — das Kosewort Bude wagt man kaum zu gebrauchen — und zum Badehause Juliushall erstreckt, von dem die Blüte des Ortes ausgegangen ist, und das sich ganz neuerdings durch einen Umbau auf die Höhe der Zeit und ihrer Lebensansprüche gestellt hat. In diesem geweihten Bezirk wimmelt es von eleganten Fuhrwerken, einladenden Reittieren und geputzten Menschen.

Die weitaus größte Zahl der Gäste wird Harzburg freilich zuerst vom Bahnhof aus erblicken, sei es, daß sie von Westen und Norden über Vienenburg kommen, sei es, daß sie der Berliner Schnellzug über Wernigerode-Ilsenburg herbeiführt. Hier ist der erste Eindruck nicht ganz so bestrickend. Denn der Bahnhof liegt am unteren Ende des Ortes, ziemlich eine halbe Stunde vom Fuß der Berge entfernt, in der blanken Ebene, und man bekommt viel Staub zu schlucken, ehe man die Waldesfrische erreicht. Auch sind hier Häuser und Gasthöfe von minder ansehnlichem Äußern — allerdings auch billiger —, ohne doch den Charakter badeortsmäßiger Kunstprodukte zu verlieren; die Straßen sind stadtähnlich, aber es fehlt das Behagen eines natürlich erwachsenen und aus sich selbst lebenden Städtchens; jedes Haus, jeder Laden, jedes Schaufenster weist auf den einen großen Lebenszweck Harzburgs, Sommergäste zu nähren und sich von ihnen nähren zu lassen.

AUFNAHME VON C. SIMON IN H.

Großes Kurhaus in Harzburg.

Kommt man einmal außerhalb der Badezeit nach Harzburg — es giebt Sonderlinge, die grundsätzlich nur dann kommen —, so hat man den seltsamen Anblick einer weiträumigen, wohlgebauten, sauber frisierten, zum Teil höchst prächtigen Stadt, die durch irgend eine mörderische Krankheit den größten Teil ihrer Einwohner verloren zu haben scheint. Der Eindruck kann manchmal fast unheimlich sein, manchmal aber auch, zumal bei frischem Schnee, in dem totenstillen Viertel der großen Villen, wahrhaft poetisch.

Die Gegend des Bahnhofs hat indessen den Vorzug, daß man von hier aus, am besten vom nahen Butterberge, den trefflichsten Überblick über die Lage des Ortes und die Bodengestaltung des umliegenden Harzrandes hat. Die Stadt selbst folgt etwa 2 km, mit dem engverbundenen Dorfe Bündheim 3 km lang, dem Thal der Radau, schlingt sich aber in der Mitte links um den Burgberg herum in das hinter diesem gelegene kurze Krodothal hinein; dieser Teil war ursprünglich das Dorf Schulenrode und ist seit kurzem im glücklichen Besitz eines neuentdeckten Brunnens, der Krodoquelle, und einer dazugehörigen Kuranstalt, welcher gute Erfolge gegen Magenkatarrh und umliegende Krankheiten nachgesagt werden, ähnlich wie dem Hauptbrunnen Juliushall auch. Das Krodothal scheidet den

AUFNAHME VON FR. ROSE, WERNIGERODE.

Harzburg.

Burgberg vom Eichenberge, diesen das Stübchenthal von den Uhlenköpfen und anderen Höhen, die schon zum Eckerthale abfallen. An der andern Seite, im Süden des Burgbergs, zweigt vom Radauthale das Kaltethal ab, südwestlich durch den sehr schmalen Mittelberg begrenzt, dem das Lange Thal folgt, anscheinend von seiner Kürze so geheißen. Zwischen diesem und dem Radauthale oberhalb der Stadt erhebt sich der keilförmige, nach oben sich bedeutend verbreiternde Ettersberg (506 m), dessen Fortsetzung unter verschiedenen Namen sich als der mäßig breite Rücken zwischen Ecker-Radauthal zum Abbenstein (758 m) und weiter zum Quitschenberge (881 m) hinaufzieht und sich somit als unmittelbarer Vorberg des Brockens legitimiert. Westlich wird das Radauthal durch den Schmalenberg von dem Nebenthale des Riefenbachs getrennt, und dieses, das in der Gegend des Dreckpfuhls seinen Ursprung nimmt, wird jenseits wieder vom Breitenberge begrenzt, über dessen Rücken wir zuerst nach Harzburg hinabgestiegen waren, und dessen nördlicher Fuß dem Burgberge gegenüber zur Ebene abfällt.

Die lange Kette dieser Berge, die zu den höchsten des Harzrandes gehören, giebt nun mit der vorgelagerten ausgedehnten Stadt ein höchst prächtiges Gesamtbild. Die Gipfel sind schöner und mannigfaltiger geformt als die bei Goslar, und der stark überwiegende Laubwald verleiht ihnen ein freundlicheres Ansehen, während ihnen doch durch den steilen Abfall ein Zug ins Großartige nicht abgeht. Man kann wohl sagen, daß keine zweite Stelle des gesamten Gebirgsrandes eine gleiche Vereinigung von Anmut und Größe aufzuweisen hat.

Nicht die höchste, aber die auffallendste Berggestalt schon aus der Ferne ist der Burgberg (484 m, 238 m über dem Bahnhof) durch seine scharf vorspringende Lage, seine Steilheit und seinen finsteren Fichtenwald. Er würde sehr bald zu einer Besteigung locken, auch wenn nicht seine große Vergangenheit mächtig auf uns wirkte.

Trotz seines jähen Absturzes gerade nach dem Radauthale ist der Aufstieg leicht; sehr bequeme Promenaden- und Fahrwege führen im Zickzack oder in weiten Windungen in 30–60 Minuten von den „Eichen" oder von Schulenrode hinauf. Oben findet man einen stattlichen Gasthof mit angenehmen Sitzplätzen unter rauschenden Bäumen; ob noch Quartier frei ist, zeigt weithin bis zum Bahnhof bei Tage eine Fahne und bei Nacht eine Laterne an. Von der alten Kaiserburg sind nur geringe und formlose Mauerreste vor-

AUFNAHME VON FR. ROSE, WERNIGERODE.

Harzburger Hof.

handen. Der Abbruch im 17. Jahrhundert hat ganze Arbeit gemacht. Der interessanteste Teil ist der alte 57 m tiefe Brunnen, der 1867 von dem ihn verstopfenden Schutt gereinigt und wieder brauchbar gemacht worden ist. In diesen Brunnen hat nach der Sage Heinrich IV. bei seiner Flucht im Jahre 1073 die Kaiserkrone geworfen, oder er ist auch selbst durch ihn und einen anschließenden unterirdischen Gang entwichen. Die Kaiser, die einst die Burg bewohnt haben, sitzen aber noch jetzt hier in der Tiefe des Berges und speisen miteinander, Heinrich IV., Otto IV. und Barbarossa, dem auch hier wie im Kyffhäuser der Bart durch den Tisch gewachsen ist. Wer sie sehen und womöglich etwas von ihren Schätzen davontragen will, muß sich mit der weißen Frau gut stellen, die auch dort unten ihr Wesen treibt. Kindern hat sie gelegentlich zinnerne Teller mitgegeben, die ihnen dann auf der Oberwelt aus den Händen sprangen und lustig mit lieblichem Klingen vor ihnen herliefen; und als sie doch wieder eingefangen wurden, siehe, da waren sie aus purem Silber. — Daß der Hackelberg, der wilde Jäger, wie auf vielen andern hohen Harzbergen, so auch auf dieser frei vorspringenden, windgetroffenen Höhe sein Jagdrecht ausübt, darf niemanden wundernehmen.

1077 that Heinrich IV. seinen Fußfall vor dem Papst zu Canossa. 800 Jahre später wurde von patriotischen Männern auf dem Burgberge ein Denkstein gesetzt mit Bismarcks Wort vom Jahre 1872 als Inschrift: „Nach Canossa gehn wir nicht.“ Es ist ein hoher, weit ins Land sichtbarer Obelisk, zu dem zwei geflügelte weibliche Genien den Zugang hüten. Es mag in neuester Zeit vorkommen, daß von den Beschauern der eine etwas höhnisch, die meisten aber etwas wehmütig lächelnd die stolze Inschrift betrachten. Mit ungetrübter Sympathie wird dagegen jeder dem schlichten Granitstein sich zuwenden, der an einen Besuch Ludwig Uhlands vom Jahre 1841 erinnert. Der edle Schwabe wird hier mit besonderem Stolze seines schwäbischen Kaisers Barbarossa gedacht haben, der im fernen Sachsenlande den zerstörten Bau seines fränkischen Vorgängers wieder aufgerichtet hat.

Dieser zweite Bau von 1180 hat ja nahezu ein halbes Jahrtausend gehalten, jedoch mit immer sinkendem äußern und innern Glanze. Das kaisertreue Grafengeschlecht der Woldenberger mußte die Harzburg aus schnödem Geldmangel den benachbarten Wernigeröder Herren in Pfand geben, die sie gerade 100 Jahre lang (1269—1369) im Besitz behielten. Dann begann infolge einer Fehde zwischen Wernigerode und Braunschweig-Göttingen ihre welfische Zeit. Im 15. Jahrhundert wurde der alte Kaisersitz zur richtigen Raubburg. Drei Brüder von Schwiecheldt, die mit ihr belehnt waren, führten einen ausgedehnten und erfolgreichen Guerillakrieg mit den Kühen und Ochsen der ganzen Nachbarschaft bis ins Magdeburgische hinein. Endlich, als er zu toll wurde, kam ein gewaltiger Bund fast aller geistlichen und weltlichen Herren und der großen Städte der Umgegend zu stande, den Wüstlingen das Handwerk zu legen. Trotzdem erwies sich die Burg als so stark, daß nach einer längeren Belagerung die Schwiecheldts zwar klein beigaben, aber doch mit einer sehr geringen Buße und einem eidlichen Besserungsgelöbnis davonkamen.

Dieses brachen sie natürlich schon im folgenden Jahre 1413 und warfen den Kuhherden wieder den Fehdehandschuh hin. Die sauberen Brüder hatten aber nicht mit der merkwürdigen Erfindung des Schießpulvers gerechnet, vielleicht weil sie selbst es niemals erfunden haben würden. Die Verbündeten kamen verstärkt wieder, und zwar vor allem durch etliche Geschütze verstärkt; und diese neumodischen Maschinen machten den Trotz der festen Mauern binnen wenigen Tagen zu Schanden. Die Kuhfreunde mußten abziehen, und die Burg wurde zunächst gemeinsames Eigentum der Eroberer, ging aber sehr bald in den alleinigen Besitz der Herzöge von Braunschweig-Wolfenbüttel über, unter deren Herrschaft sie bis heute verblieben ist, obgleich ihr Ahnherr doch der bittere Feind des zweiten Burgerbauers gewesen war.

Sie verfiel aber immer mehr. Im 30jährigen Kriege zeigte sich's, daß sie militärisch keinen Wert mehr hatte. Zwar erhielt sie 1626 eine dänische Besatzung, unter einem Hauptmann von Wildenstein, diese vermochte aber nicht einmal zu hindern, daß die Kroaten den inzwischen am Bergesfuße entstandenen Flecken Neustadt und die anderen Dörfer der Gegend total ausplünderten. Das einzige, was die Burg noch leistete, war, daß sie den wilden Rotten der Harzschützen eine Zeit lang als Stützpunkt diente.

Zur Strafe für ihre Unbrauchbarkeit wurde sie schon 1650 zur Vernichtung verurteilt: noch einmal zerstörte ein Welfe ein Werk Barbarossas. Die uralten Mauern wurden umgeworfen und von den nahen Dörfern als Steinbruch benutzt.

Und mit den Steinen stieg die Geschichte der Harzburg ins Thal hernieder. In unserm Jahrhundert erwuchs aus dem Zusammenschluß verschiedener Nachbargemeinden das Städtchen Harzburg, und die Benutzung der alten Salzquelle zu einem Soolbade hat im Verein mit der Zugkraft der herrlichen Gegend seit einem halben Jahrhundert dem Namen Harzburg einen neuen, weithin schallenden Klang verliehen, der von dem der alten Kaiserveste ganz unabhängig ist. Die Stadt hat jetzt 3300, aber mit den Vororten 6400 Einwohner.

Die Aussicht vom Burgberge ist ziemlich beschränkt, da die umliegenden Berge höher sind, so der nächste, der Sachsenberg (545 m), dessen äußerster Vorsprung er ist; man sieht wohl den Brocken, aber nur die oberste Kuppe, die Waldberge überragend; der Blick in die Ebene ist weit und frei, doch ohne malerischen Reiz; sehr schön dagegen ist die Überschau über die nächste Umgegend von Harzburg selbst mit den drei am Fuße des Burgbergs zusammenlaufenden Thälern. Noch etwas gesteigert hat man diesen Blick von dem nördlich vorgelagerten Kleinen Burgberg (436 m), wo sich besonders der obere Teil des Ortes mit den prächtigen Villen auf waldgrünem Hintergrund höchst reizvoll darstellt.

Vom Burgberg spinnt sich ein Netz von wunderschönen Promenadenwegen — deren die Umgegend von Harzburg etwa 100 km aufweist — nach allen Seiten, meist durch herrlichen Buchenwald, zeitweilig großartige Aussichten eröffnend; unter ihnen ist der Kaiserweg, den der Harzklub nach den vorhandenen Spuren auf der ganzen Strecke quer über den Harz durch Wegweiser bezeichnet hat. Wir schlagen zunächst einen Weg ein, der am Fuße des kleinen Burgbergs nördlich um ihn herum durch das Krodothal, dann um den Eichenberg in das hübsche Stübchenthal führt, und nun an den Uhlenköpfen langsam bergauf steigt bis zu einer Schutzhütte, die eine wunderbar schöne Aussicht ins Eckerthal gewährt, mit prächtigen Felszacken als Vordergrund, während darüber in der Ferne das ganze Brockengebirge von den Hohneklippen bis zum Quitschenberge in all seiner Herrlichkeit aufsteigt.

Ein Viertelstündchen weiter liegt die Kattnäse, eine gleich lauernder Katzennase vorspringende Klippe mit trigonometrischem Gerüst (590 m). Hier ist der Brockenblick zwar ein wenig beschränkt und der schöne Vordergrund verdeckt, dafür sieht man weit am westlichen Harzrande entlang über den Sudmerberg und den durch schwebenden Qualm bezeichneten Hüttenort Oker bis zu den blinkenden Türmen und Häusern von Goslar mit dem Steinberg und darüber hinaus bis zu den Bergen des Innerstethals, also der Nordwestecke des Harzes. Auch die Höhenzüge des Hügellandes sind weit zu verfolgen.

Die Vorzüge beider Aussichten vereinigt in ausgezeichneter Weise eine zweite, wenig bekannte Klippe, die der Schutzhütte näher, dicht am Wege, doch im Walde ziemlich versteckt liegt. Sie ist nicht schwer zu erklimmen, und der Blick ist von einziger Größe und Schönheit. Der Brocken liegt gerade nach Süden, daher um die Mittagsstunde die Klarheit der Aussicht dorthin zwar etwas beeinträchtigt ist, desto feiner dafür die zarten Zauber der Luftperspektive zur Geltung kommen.

Von der Schutzhütte führt über den Stötterthalskopf und an dem abgeholzten Kaltethalkopfe hin ein aussichtsreicher, prächtiger Weg, der besonders das walddunkele untere Eckerthal bis zu seiner Öffnung in die Ebene aufschließt, zur Rabenklippe, einem höchst großartigen, dicht über dem Eckerthal thronenden Felsgebilde, an das eine Restauration plump vertraulich sich anschmiegt, die ein Lieblingsziel des Harzburger Badegastes bildet. Wer außerdem noch die Klippe besteigen will, hat zwar ein Dutzend Steinstufen oder gar deren noch mehr zu überwinden, wird sich aber für solche Willensanspannung dreifach belohnt finden. Die Aussicht über das tiefe Eckerthal auf den Brocken ist recht ähnlich der von der Kattnäsenschutzhütte, hat aber einen noch wirksameren Vordergrund in einem Teile der jäh abstürzenden Klippe selbst; ein echtes, großes Harzbild in allem edlen Ernst und feierlicher Schönheit (s. Vollbild).

Von der Rabenklippe wenden wir uns südwestlich, stoßen bald auf den Kaiserweg und folgen ihm, der von einer Blöße wieder einen besonders eindrucksvollen Blick auf die massige Brockenkuppe bietet, bis zum Molkenhause (513 m), einer ebenfalls vielbesuchten Sommerwirtschaft am Rande einer großen Waldwiese, deren Lockungen durch allerhand anmutiges Viehzeug erhöht werden, als da sind einige zahme Äffchen, ein sehr humoristisch veranlagter Kolkrabe, ein stattlicher Edelhirsch und sonst allerlei, was großen und kleinen Kindern Freude bereitet. Im Winter ist das Molkenhaus ein beliebtes Ziel für Schlittenfahrten wegen der hier regelmäßig stattfindenden, höchst interessanten Wildfütterung. Die Lage ist freundlich, ohne gerade Besonderes zu bieten. Wohl aber giebt die ganz nahe Murklippe (5 Minuten) einen dritten glänzenden Eckerthalblick, der sich den schon geschilderten würdig anschließt.

Vom Molkenhause pflegt man auf Waldwegen über die Pferdediebsklippe und die Felsengrotte ins Radauthal zurückzukehren, das man bei dem hübschen Wasserfalle erreicht, der 24 m hoch über eine Felswand herniederwallt. Wie der Romkerhaller im Okerthal verdankt er sein Dasein einer künstlichen Leitung, und wenn er diesen an Höhe bei weitem nicht erreicht, so übertrifft er ihn an Schönheit der Linien des stürzenden Wassers, dessen Fülle freilich starkem Wechsel unterliegt und zuweilen in ein gar zu demütiges Tröpfeln verfällt; bei Hochwasser kann er sich aus dem Anmutigen auch ins Großartige erheben. — Auch hier fehlt es nicht an einem Gasthause, und es ist an dieser Stelle im kühlen Waldesschatten des engen Thales besonders freundlich zu weilen, wenn nicht etwa der Staub der anrollenden Wagen und die allzugroße Menschenmenge das Behagen stört.

In einer halben Stunde kommen wir wieder zum Kurhause und zu den „Eichen“ und können hier bei den rauschenden Klängen der Badekapelle der Ruhe pflegen, oder bei noch genügendem Kraftüberschuß die Toiletten studieren. Diese ganze Rundwanderung von Burgberg zu Burgberg mag 4–5 Stunden in Anspruch nehmen. Ermüdung wird man unterwegs kaum spüren bei dem immer neu anregenden Reichtum wechselvoller Schönheit. Vielleicht erschwingt man sogar hinterher noch den Mut, nach der nahen Sennhütte (20 Minuten) zu pilgern und dort in traulicher Waldesfrische am Mittelberge über dem Langenthale seinen Kaffee zu schlürfen. Oder man begiebt sich, wenn man den Blick ins freie Land vorzieht, zum gleichen Zwecke nach dem westlich nicht allzuviel weiter gelegenen Gasthof zum Silberborn am Nordfuße des Breitenberges. Von hier führt ein vielbetretener Waldpfad über die Aussichtsklippe des Elfensteins zur Käste und den andern Klippen hinüber, die wir früher von Romkerhall aus besichtigt haben.

Im ganzen genommen ist Harzburg mehr ausgezeichnet durch schöne Höhenwanderungen und glänzende Aussichten als durch intime Thalscenerieen. Eine solche aber bietet das reizende Riesenbachthal zwischen dem Breiten- und Schmalenberge, das den so nahe bei Harzburg beispiellosen Vorzug genießt, noch keine Restauration zu besitzen, und sich daher selbst in der üppigsten Badezeit oft einer höchst anmutenden Einsamkeit erfreut. Und solche Einsamkeit verlangt dies köstliche Waldthal, um seine rechte Wirkung auf das Gemüt zu entfalten. Man muß ungestört dem Sprudeln und Hüpfen dieses überaus lebhaften Wässerchens zusehen und lauschen können, das etwas oberhalb sogar etliche sehr malerische Kaskaden formiert, nicht zwar großartig wilder und überraschender Natur, aber zum Verweilen desto freundlicher lockend und ladend. Das liebliche Thal ist vorwiegend mit Buchen bestanden, doch findet man eingestreut einige Riesenfichten, wie sie der Harz in solcher Pracht nur selten erzeugt, und die hier im Kontrast desto nachdrücklicheren Eindruck machen.

Noch haben wir Harzburg nicht als Brockenstadt betrachtet, und doch gehört diese Eigenschaft, die es am Harzrande nur mit Ilsenburg und Wernigerode teilt, mit zu den wesentlichen Ruhmestiteln des berühmten Bades. Die Entfernung vom Brockenhause beträgt in der Luftlinie etwa 10 km, nach Ilsenburg deren 8, nach Wernigerode 12. Der

Aufstieg von Harzburg ist unter den Fußwegen zwar nicht der interessanteste, wohl aber der bequemste und jedenfalls der bestgepflegte; ja, der neueste Pfad über die letzte Höhe ist eigentlich schon nicht mehr recht stilgemäß, er scheint mehr zum Tanzen, als zum ehrsamen Bergsteigen einzuladen. Indessen besonders beim Abstieg mag das doch mancher manchmal

Wasserfälle im Riefenbachthale.

recht angenehm empfinden, zumal wer sich einmal, über die Schneelöcher nach Ilsenburg hinabkletternd, die Knochen durcheinandergeschüttelt hat.

Der nächste Weg führt über das Molkenhaus und die Muxklippe, steigt hier plötzlich steil bis zur Sohle des Eckerthals hinab — was immer einen Schmerz bedeutet —, dann über die Dreiherrenbrücke (einst Grenzpunkt zwischen Hannover, Braunschweig und Wernigerode-Preußen) und klimmt dann jenseits wieder empor, bis in 2 Stunden als Halbwegsraststätte das Forsthaus Scharfenstein (615 m) erreicht ist, wo es sich in der That auf hübscher Waldwiese höchst angenehm sitzt. Wer den Überschwang seiner Kräfte nicht bändigen kann, mag als Abstecher die nahen Scharfensteiner Klippen (693 m) mitnehmen:

die Aussicht auf die mächtige Brockenkuppe ist so großartig als möglich. Vom Scharfenstein geht es ziemlich gleichmäßig, ohne schärferen Anstieg, aufwärts wieder etwa 2 Stunden, zumeist durch Wald, bis auf den Kleinen Brocken, den nördlichen schmalen Ausläufer der Kuppe, dann über den dünnbewachsenen, mehr und mehr kahlen Hang, und dann — befinden wir uns selbstverständlich in hoffnungslosem Nebel und thun am klügsten, dem Bereich der naßkalten Wolke nach unterhalb zu entfliehen und über Scharfenstein entweder nach Harzburg zurückzukehren, oder uns nach dem ungefähr gleich entfernten Ilsenburg hinüberzuretten. Wir gehören ja nicht zu denen, die nach dem Ruhme geizen, „oben gewesen zu sein", sondern wir wollen etwas sehen.

Von Harzburg nach Ilsenburg führen außer diesem oberen Wege, den man hinter der Dreiherrenbrücke noch etwas abkürzen kann, und außer der Eisenbahn und der Chaussee, die am Fuße des Gebirges laufen, noch zwei mittlere Pfade, der eine, nördlichere, der Ilsenburger Stieg, durch den schönen Schimmerwald mit geringerer Steigung, der andere über die Rabenklippe, der schönste und wechselreichste von allen, etwa 2 ½ Stunden erfordernd oder wenig mehr. Vom Burgberg zur Rabenklippe ist beständig schöner Waldweg, dann geht es auf romantischem Pfade hinab in die Tiefe des Eckerthals, dem wir nun am rauschenden Bache entlang unter dunkeln Fichten bis zu einem rechts abbiegenden Fußwege, dem Besenbinderstieg folgen, der in einer guten halben Stunde nach Ilsenburg hinüberführt, oder bei feuchtem Wetter lieber mit einem kleinen Umwege bis zum Ausgang des Thales beim Eckerkruge und dann auf besserem Wege zur Rechten weiter.

Das Eckerthal ist von allen größeren Harzthälern das einsamste; eine Holzschleiferei nahe dem Ausgange ist im Gebirge die einzige Besiedelung, und es ist das einzige, das nicht einmal bei seinem Austritt ins Land eine Ortschaft ernährt; erst ein gut Stück draußen liegt das kleine Dorf Stapelburg, von dessen Burgruine auf niedrigem Rundhügel man eine vortreffliche Aussicht auf den Harzrand genießt. Eine Durchwanderung des ganzen Eckerthals auf der Sohle bis zur Quelle am Fuße der Hirschhörner ist ohne Schwierigkeit zu machen und hat ihre stillen Reize gerade vermöge der Einsamkeit; es geht immer durch ernsten Fichtenwald, der auch seltener einen Ausblick freiläßt; so mag es auf die Länge trotz manchen feinen Wechsels beispielsweise am Pionierweg etwas einförmig werden; von großer Wirkung ist aber dann zuletzt das plötzliche Auftauchen aus der tiefen, oberen Schlucht auf das offene Brockenfeld, wo man sich unvermittelt in eine ganz neue, fremdartige und wunderreiche Welt versetzt sieht.

In einem sehr bedeutsamen Gegensatze zu der herben Weltabgeschiedenheit der Ecker steht nun das engbenachbarte Ilsethal: hier ist alles Leben und Wechsel, Anregung und Fülle; idyllische Lieblichkeit wechselt mit felsstarrer Wildnis, frisches Buchengrün mit Fichtendunkel, reges Menschentreiben mit tieftraulicher Stille, sanfter Anstieg mit schroffem Hinaufklimmen, enge Geschlossenheit der Wände mit weitem Ausblick auf das hohe Gebirge. Es ist kein Wunder, daß gerade die Ilse ein besonderes Lieblingskind der Sage und der Dichter geworden ist.

Die Ilse ist der Brockenbach im engsten Sinne; sie hat den kürzesten Lauf zur Ebene und die höchstgelegene Quelle; sie bezieht ihre Gewässer von der ganzen nordöstlichen Breitseite des Brockens, während in die andere Hälfte die Ecker und die Bode sich teilen müssen. Die Hauptquelle liegt auf dem unteren Absatz der Heinrichshöhe, der südöstlichen „Schulter" des Brockens; zwischen dieser und dem Renneckenberge, der sich in den Zeterklippen fortsetzt, fließt sie in fast genau nördlicher Richtung zu Thal, biegt aber in der Mitte ihres Gebirgslaufs, hier starke Bachschnellen, die „Ilsefälle", bildend, ganz wie die Ecker, der sie sogar eine scharfe westliche Ausbiegung als Intermezzo nachmacht, nach Nordosten herum, durchbricht einen Engpaß zwischen den Granitfelsen des Ilsesteins und der Westerklippe und strömt dann beruhigter, doch immer noch lebhaft, dem Gebirgsrande zu, den sie bei dem ansehnlichen Marktflecken Ilsenburg (238 m) erreicht, der von 3500 Seelen bewohnt wird, ungerechnet die Sommerfremden, deren man durchschnittlich 2000 zählt, wieder ungerechnet die bloß Durchreisenden. Bedeutende Hüttenwerke und Holz=

AUFNAHME VON FR. ROSE, WERNIGERODE.

Ilsenburger Schloß.

schleifereien oberhalb und unterhalb des Ortes bekunden, daß dieser keineswegs wie Harzburg überwiegend von den Fremden lebt, sondern sein eigenes fleißiges Leben hat, was auch das bescheidenere und werktäglichere Aussehen seiner Häuser bestätigt. Die zahlreichen, jedoch minder prunkenden Gasthöfe indessen verraten, daß Gäste gleichwohl nicht unwillkommen sind. Noch immer in gutem Ansehen steht das altberufene Haus „Zu den roten Forellen“, das, über einen Teich hin gesehen, von außen einen so überaus hübschen Anblick gewährt (s. S. 244). Andere Häuser suchen mehr durch ihre Lage auf der Höhe und am Waldesrande zu locken.

Der Name Ilsenburg beweist, daß — wie Harzburg — der Flecken jünger ist als die Burg und von ihr seinen Namen trägt. In der That wird jener nicht vor dem 13. Jahrhundert erwähnt, während auf dieser, der Elysynaburg, schon im Jahre 995 Kaiser Otto III. eine Urkunde ausstellte. Derselbe Kaiser verschenkte vor seinem frühen Tode diesen königlichen Besitz an den Bischof Arnulf von Halberstadt, der ihn alsbald vergeistlichte und zum Kloster umschuf. Reichlich ein halbes Jahrtausend, bis zur Reformation, hat dieses bestanden, unter mancherlei Schicksalen und Fährlichkeiten, doch immer wieder aufblühend und sich behauptend. In mancherlei Zeitfehden wurde es hineingezogen, so in den Kampf der sächsischen Fürsten gegen Heinrich IV., wo es gegen diesen stand und hart dafür büßen mußte; die Kämpfe zwischen Welfen und Hohenstaufen veranlaßten sogar heftige innere Wirren, indem Äbte und Gegenäbte widereinander standen, und am schlimmsten erging es ihm in dem friedlosen 14. Jahrhundert durch die Fehde seiner eigenen Vögte, der Grafen von Wernigerode; 1309 wurden gar die Klostergebäude zerstört und die Mönche zeitweilig vertrieben. Wenn sie auch wiederkehrten, so doch nicht mit ihnen die alte Blüte, die sich nicht nur durch materielles Gedeihen, sondern auch durch tüchtige, weithin angesehene Schulen und gelehrte Studien bewährt hatte, davon noch heute einige erhaltene schöne Handschriften Zeugnis geben.

Seit 1452 galten die Grafen von Stolberg, die Erben des alten Wernigeröder Geschlechts, als Erbvögte und Lehnsherren des Klosters, das ein Jahrhundert später die Reformation annahm und sich so allmählich in einen rein weltlichen Besitz verwandelte. Eine blühende Klosterschule bildete den Übergang, die erst durch den Dreißigjährigen Krieg zu Grunde gerichtet wurde. 1629—31 versuchte sogar der Benediktinerorden sich hier wieder einzurichten, doch blieb es beim Versuche. 1615—25 diente das alte Kloster zum erstenmal einer Gräfin Stolberg als Witwensitz, was auch zur Zeit seine Bestimmung ist, wo es wieder, wie in Urzeiten, ein weltliches Schloß geworden ist, nur ganz ohne kriegerische Zwecke.

Der jüngst verstorbene Fürst Botho zu Stolberg-Wernigerode hat die Überreste der

Klosterbauten im alten romanischen Stil restaurieren lassen und durch einen Neubau erweitert. Das Ganze macht einen einfachen, doch würdigen Eindruck und verleiht dem bescheidenen Flecken ein bedeutsameres Ansehen, wie es sich auch in die Landschaft belebend einfügt. Fürst Bothos Witwe hat hier ihre Residenz.

Nicht ganz unerwähnt dürfen hieneben als eine ganz moderne Einrichtung bleiben die fürstlichen Eisenwerke, die den weitbekannten und vielverbreiteten Ilsenburger Kunstguß liefern, mannigfache Gegenstände alter und neuer Kleinkunst in vortrefflicher und wohlfeiler Nachbildung.

Freilich, wer nach Ilsenburg kommt, sucht vor allem die Natur: und die findet er in erquickender Fülle. Die Ilsenburger Landschaft steht in einem gewissen Gegensatze zu der von Harzburg: dort überwogen die Reize der Höhen, hier herrscht das Thal; man kann sagen, beide ergänzen einander, und, da die Entfernung gering genug ist — zumal mit Zuhilfenahme der Eisenbahn —, daß sie sich gegenseitig als „Umgegend" betrachten können, so ist beiden geholfen. Das Ilsethal ist ein gesteigertes und bereichertes Riesenbachthal. Anmut ist sein Grundcharakter, doch es erhebt sich zur höchsten Großartigkeit und erhabensten Bergwildnis.

In der Nähe des Ortes waltet die Anmut. Über reizende, kleine Teiche neigen sich hohe Laubbäume, und lauschige Schlängelpfade folgen dem sanftgekrümmten Lauf der murmelnden Ilse, den Staub und Rauch der Landstraße vermeidend. Nach einer halben Stunde treten plötzlich zu beiden Seiten des sich verengenden Thales mächtige und schroffe Felsen hervor, zur Linken der Ilsestein (460 m, 150 m über der Thalsohle), zur Rechten die Westerklippe. Beide locken zur Besteigung; doch bevor wir dieses Werk unternehmen, wollen wir, um nachher leichter zu klimmen, vorher ein schwierigeres absolvieren: die Erzählung der Sage von der Prinzessin Ilse. Es ist hart, hundertmal Erzähltes und Gesungenes noch einmal aufzuwärmen, aber umgangen werden darf es ja füglich nicht. Nehmen wir also Platz in der wunderhübsch gelegenen Restauration „Zur Prinzessin Ilse" (s. S. 247) — die sich freilich die Lage auch bezahlen läßt — oder in der benachbarten neuen „Zum Ilsestein" und lauschen dem Klingen des Baches und dem Singen der Bäume.

Es war einmal eine Zeit, da der Ilsestein und die Westerklippe drüben überm Thal

AUFNAHME VON FR. ROSE, WERNIGERODE.

„Zu den roten Forellen" in Ilsenburg.

AUFNAHME VON FR. ROSE, WERNIGERODE.

Jlsefälle.

ein einziger Berg waren, und ein herrliches Schloß stand hoch auf dessen Gipfel, darinnen wohnte König Ilsung mit seiner wunderschönen Tochter, der Prinzessin Ilse. Von deren Schönheit redeten die Leute weitum im Lande, und viele Ritter und Prinzen hörten davon und wurden von Begierde ergriffen, die Holde zu sehen.

Nun machte sich ein junger Ritter namens Rolf auf den Weg, das Schloß König Ilsungs zu suchen, und kam auch wirklich nach langer Irrfahrt ganz in dessen Nähe. Die letzte Rast aber machte er tief unten im Thale in einem einsamen Hause, das eine alte Zauberin bewohnte, zusamt ihrer Tochter Trute, die grausam häßlich von Angesicht war. Der Ritter Rolf aber war schön wie der Tag, darum verliebte das junge Scheusal in aller Eile sich heftig in ihn und hätte ihn gar zu gern bei sich behalten. Das ging aber so nicht an, denn sie war ihm zu garstig, und er dachte einzig an die schöne Prinzessin in sonniger Höhe; da braute die Alte aus allerlei Kräutern des Waldes ein Liebestränklein und gab ihm das als einen Schlaftrunk: und allsobald wurden seine Sinne verwandelt und seine Augen wirr, daß er den greulichen Fratz für etwas Köstliches ansah und der holdseligen Ilse völlig vergaß, die er doch mit so großer Sehnsucht gesucht hatte. So blieb er in der Hexenklause im schwarzen Waldthal als getreuer Buhle der mordshäßlichen Trute; und die alte, böse Zauberin braute vom Morgen bis zum Abend Nebel über Nebel, daß nichts ihn erinnern könnte an die helle Welt draußen und er aller sonnigen Höhen vergäße.

Eines Tages aber, da sie den schönen Ritter mit seinem trauten Liebchen so andächtig kosen sah, erschrak sie selbst ein wenig über solch seltsame Verblendung und ließ vor Verwunderung den Braulöffel fallen, und der blieb ein Weilchen liegen. Davon kam ein Loch in den Nebel, und plötzlich erblickte der Ritter hoch über sich im Blauen ein Eckchen des Felsens, darauf goldner Sonnenschein ruhte. Und alsogleich ward er von heftiger Sehnsucht ergriffen nach der goldenen Höhe und riß sich mit einem Ruck aus den Armen der wüsten Trute und entkam in die Freiheit. Und der Nebel entwich auch aus seinem Kopfe und von seinen Augen, und er merkte, was für ein Scheusälchen er als Buhle geliebkost hatte, und schämte sich erbärmlich.

Und er klomm immer schneller den steilen Felsen hinauf, bis ihm der Atem verging und er stillstehen mußte. Doch wie er drunten das Heulen der verlassenen Trute und das schmetternde Schelten der Zauberin vernahm, da kriegte er wieder Atem vor Angst, sie möchten ihn wieder einfangen, und kletterte weiter.

So gelangte er glücklich an das Königsschloß auf dem Berge und zog an der Klingel. Da öffnete ihm die Prinzessin und wollte nach seinem Begehren fragen, und wer er wäre. Doch, das Wort blieb ihr in der Kehle stecken, weil der Ritter so schön war, wie sie nie etwas gesehen hatte. Und ihm geschah das Gleiche: er konnte kein Wort sagen, so reizend fand er die Prinzessin. Und da blieb ihnen beiden nichts weiter übrig, als sie fielen einander um den Hals und herzten und küßten sich mit tausend Freuden, bis sie davon beide mehr noch außer Atem kamen als er vorher bei dem Klettern. Und nun kam auch König Ilsung selber dazu und merkte, daß er einen Eidam bekommen hatte ohne sein Zuthun, und gab ihm seinen Segen. Da feierten sie Hochzeit, und war großer Jubel auf dem sonnigen Berge.

Das junge Paar lebte in eitel Wonne den ganzen Winter hindurch, bis die Walpurgisnacht kam. Da sattelte die alte Hexe unten ihren feurigsten Besenstiel und fuhr auf den Blocksberg. Daselbst ging sie dem Junker Satan mit tausend Liebeskünsten um den Bart und streichelte und kitzelte ihn, bis er schmunzelte und nieste und ihr alles versprach, was sie von ihm verlangen würde. Und sie erbat sich, er solle eine furchtbare Wasserflut in das Ilsethal schütten.

Da preßte Junker Satan mit seinen ungeheuren Tatzen alle Moore des Blocksberges zusammen wie einen Riesenschwamm, daß die Wasser herausströmten und in den Ilsegrund stürzten. Und sie rissen alles mit sich, die mächtigsten Tannen und Steinblöcke wie zehn Häuser groß. Als sie aber gegen den großen Berg stießen, der quer vor dem Thale stand und das Königsschloß trug, da schäumten sie auf in gesteigerter Wut und nagten und rissen und schmetterten so schrecklich gegen den Fels, daß der mitten entzweibrach und das Wasser hindurchschoß und das Schloß in die Tiefe stürzte. Und der König und sein Eidam fuhren auch mit hinab und kamen jählings ums Leben. Es fügte sich aber, daß die arme Prinzessin gerade ein wenig abseits auf einer Felsenspitze saß, an der die wilde Flut tosend vorüberschoß, ohne sie mitreißen zu können, obwohl sie ihr die Füße netzte, und so ward sie allein gerettet.

Das aber gab ihr mehr Leid als Freude, und ihr Schmerz war so groß, daß sie seit jenen uralten Zeiten immer noch jammernd den Felsen umschweift, der von ihr der Ilsestein heißt, den toten Geliebten zu suchen. Weil es aber keinem sterblichen Menschen gegeben ist, bis ans Ende aller Dinge um einen einzigen zu trauern, darum kann auch sie erlöst werden von ihrer wandernden Unrast: ein Strauß Blumen kann das vollbringen, den einer in der Walpurgisnacht zum Ilsestein bringt. Freilich müssen's die rechten Blumen sein; welche aber, das weiß niemand, sonst hätte es wohl mancher schon vollbracht. Denn das weiß man, wem es gelingt, der bringt nicht nur ihr selbst den Frieden, sondern sich selber auch reiches Glück und unermeßliche Schätze von Gold und Edelgestein aus der Tiefe des Felsens.

Mancher auch hat wohl versucht, sie zu belauschen, welche Blumen sie selber pflückt, denn das sind eben die rechten: und das thut sie an heißen Sommertagen um die hohe Mittagsstunde, wenn die Luft schwül und stumm ist und der Wind beklommen steht; und dann badet sie gern in geheimer Waldecke in dem kühlen Bache, der den Namen von ihr trägt, — aber wehe, wer sie dabei belauschend beschleicht: viele knorrige, schwarze Tannen bezeugen, daß keiner sie ungestraft solcherart erblickt hat; er verwandelt seine Gestalt und wurzelt fortan fest als ein düsterer Baum. Und wenn der Wind das Thal durchweht, geht ein dumpfes Stöhnen durch das schwarze Geäst, und damit mengt sich bisweilen ein feinerer Ton, wie ein Singen und Seufzen einer sehnsüchtigen Frauenstimme. — —

Da der Fels nun einmal unerbittlich in zwei Teile zerrissen ist, so bleibt den gewissenhaften Reisenden nichts übrig, als diese nacheinander beide zu besteigen und dazwischen das Thal zu durchqueren. Den Aufstieg zu den Westerklippen beginnt man entweder etwas oberhalb oder etwas unterhalb der beiden Gasthöfe; der letztere Zickzackweg giebt unterwegs von einer Schutzhütte aus die beste Übersicht über den Flecken Ilsenburg, der in größerer Breite die sich erweiternde Thalöffnung füllt, als man's vielleicht erwartet hat, da der Ort beim Durchschreiten nur aus einer einzigen langen Straße zu bestehen schien. Auf der Höhe des Westerberges trifft man zunächst eine aussichtslose, aber merkwürdig geformte Felsgruppe; durch einen überhängenden Stein, der einem Rhinoceroskopfe verglichen wird, bildet sich eine Art Grotte oder Mausefalle, oder wie man es nennen will, und wem der Mut in der Brust seine Spannkraft übt, mag hier auf einer Bank in gutem Behagen dem möglichen Zusammenklappen der Falle trotzen.

Eine kurze Strecke weiter gelangt man dann zu den eigentlichen Westerklippen, deren zwei oder drei sehr anziehende Blicke in das Ilsethal, den runden Waldkessel des Rohnthals und darüber auf die hier ziemlich ungestalte Masse des Brockens gewähren. Der Vordergrund ist ausgezeichnet durch einige Gruppen von herrlichen alten Kiefern, deren malerische Formen sich von dem einförmigen Fichtenwalde bedeutsam abheben. Den gegenüberliegenden Ilsestein sieht man nur von einer etwas abgelegenen, weiter vorspringenden Klippe, doch erscheint er, durch die dunkle Bergmasse überragt, hier bei weitem nicht so bedeutend, wie er sich von der Südseite, vom Ilsethale her, darstellt.

Einen sehr wirksamen Kontrast zu diesem walddunkeln Gebirgsblick giebt die Aussicht von dem eine halbe Stunde entfernten Blauen Stein: da hat man einen überaus freundlichen Blick nach Osten am Gebirgsrande hin; in einer schimmernden Kette reiht sich hier Ortschaft an Ortschaft, Drübeck mit seiner uralten romanischen Kirche, Altenrode, Darlingerode, dann, die schönste Stelle im Bilde, die waldumkränzte Stadt Wernigerode, von ihrem herrlichen Schlosse malerisch überragt, dann die Höhen zwischen Blankenburg und Halberstadt, unter denen die charakteristische Gestalt des Hoppelbergs besonders auffällt, und endlich die hohen Türme der alten Bischofsstadt selbst, hinter der sich die lange, dunkle Linie des Huywaldes abschließend dahinzieht.

Den Ilsestein (s. S. 248) selbst kann man entweder auf einem sehr bequemen und prächtig aussichtsreichen Wege vom Schlosse her ersteigen oder von der „Prinzessin Ilse" aus auf einem ungewöhnlich steilen Zickzackpfade, der aber den Vorteil bietet, daß der Aufblick zu den senkrechten Felswänden zu beiden Seiten eine stimmungsvolle Vorbereitung bildet. Die Aussicht von der Höhe ist gebirgaufwärts sehr ähnlich der von den Westerklippen, nur daß der Brocken noch freier hervortritt und dadurch der Gegensatz zu der gähnenden Thaltiefe zu seinen Füßen noch wuchtiger zur Geltung kommt. Dazu fügt sich hier aber ein sehr hübscher Blick nach der Nordseite in das untere Ilsethal, auf die Dächer von Ilsenburg mit Schloß und Klostergebäuden und darüber hinaus in das ebene Land.

AUFNAHME VON FR. ROSE, WERNIGERODE.

„Zur Prinzessin Ilse".

Der Ilsestein liegt etwa 150 m über der Thalsohle und 460 m über der Meereshöhe; eine vorspringende Felsspitze wird durch ein eisernes Kreuz geziert, das der Graf Anton von Stolberg-Wernigerode dem Gedächtnisse der Gefallenen aus den Freiheitskriegen errichtet hat: das einfachste Denkmal, aber an Großartigkeit der landschaftlichen Lage wohl kaum wieder erreicht. Kühne Kletterer können bis zu diesem Kreuze empordringen und, sich daran anklammernd, die freieste Aussicht genießen; doch einige Vorsicht ist immerhin anzuraten und Schwindelfreiheit erwünscht.

Vom Ilsestein führt ein sehr schöner Weg hoch am Bergeshange mit prächtigen Ausblicken ins Ilsethal, besonders von der Paternosterklippe aus, in etwa 40 Minuten hinauf zu dem vielbesuchten Forsthause Plessenburg, auf einer etwas eingesenkten Hochfläche in klippenreicher Gegend gelegen (529 m). Es ist hier im Sommer höchst angenehm, unter hohen Eichen und Eschen zu rasten, und die Besteigung der nur 10 Minuten entfernten Karlsklippe mit trefflicher Aussicht mag thatendurstigeren Seelen eine willkommene Abwechslung zwischen Kaffee und Bier bieten. Höher und weiter sind die Wolfsklippen (723 m), ein äußerst lohnender Ausflug von 3/4 Stunden. In bedeutender Nähe thut sich das Brockengebirge auf; an die Hauptkuppe mit ihrem nördlichen Ausläufer, dem „Kleinen Brocken“, schließen sich zur Linken die Zeterklippen, und von diesen leitet der Renneckenberg zu dem imposanten Rücken der Hohneklippen hinüber. Einen besonders reizvollen Durchblick genießt man nach Nordosten auf Wernigerode mit seinem leuchtenden Schlosse.

Die Höhe der Wolfsklippen ist die Wasserscheide zwischen Ilse und Holtemme und damit zwischen Weser und Elbe; wir treten also jenseits derselben in ein anderes Gebiet über, das wir im folgenden Abschnitt von Wernigerode aus besuchen wollen. Eine gute Chaussee führt auf der Höhe zur Steinernen Renne und dann stark abwärts nach Hasserode und durch dieses lange Dorf nach Wernigerode. Erwähnt sei hier gleich, daß es zwischen dieser Stadt und Ilsenburg außer der großen Fahrstraße außerhalb des Gebirges und der sie begleitenden Eisenbahn einen etwas weiteren ($2^1/_2$ Stunde), aber sehr hübschen Verbindungsweg giebt, der beständig durch Wald an der Försterei Öhrenfeld vorüberführt, wo ein außergewöhnlich deutliches Echo die Verwunderung des Wanderers zu erregen pflegt.

Ilsestein.

Von der Gegend der Wolfsklippen und der Plessenburg kann man auch durch zwei Zwischenthäler zur Ebene absteigen, das Tännthal oder das Sandthal, beide hübsch, anziehend und sehr einsam; man gelangt dann durch das Dorf Darlingerode nach Drübeck und kann sich nach Besichtigung der tausendjährigen Klosterkirche der Eisenbahn nach Ilsenburg oder Wernigerode anvertrauen.

Wir kehren indessen auf dem Rückwege noch einmal in der Plessenburg ein, um hier eine kleine litterarhistorisch=

romantische Erinnerung aufzufrischen: Ernst Schulze, der bekannte und beliebte, etwas gar zu weiche Dichter der „Cäcilie" und der „Bezauberten Rose", hat hier mehrfach geweilt und die Gelegenheit benutzt, sich in die schöne Pflegetochter des Försters zu verlieben. Das gedieh ihm als Dichter wahrscheinlich zum Vorteil, als Menschen aber nicht, denn das hartherzige Mädchen wollte nichts von ihm wissen. Der Gedanke, in so einem Harzer Forsthause eine Liebe zu haben, wenn auch nur eine unglückliche, hat aber entschieden seinen poetischen Reiz.

Damit wir indessen solchem Reize nicht etwa unterliegen, ergreifen wir nach Bezahlung unserer Zeche die Flucht und wandern auf einem andern Wege wieder ins Ilsethal hinab und nun eine Strecke am Bache aufwärts, bis wir zu den „Ilsefällen" gelangen. Wir können sie nicht verfehlen, denn oberhalb und unterhalb sind mahnende Handweiser angebracht, die uns gleichsam mit der Nase darauf stoßen. Und das ist recht gut so, denn es könnte sonst mancher harmlos daran vorübergehen, ohne von „Fällen" etwas zu merken. Es sind hübsche, bei reichlichem Wasser sehr hübsche Bachschnellen in überaus anmutiger Waldgegend, aber einem Wasserfalle doch nur so verwandt wie die Hauskatze dem Löwen. Doch das soll uns nicht abhalten, an dem lieblichen Sprudeln des Wassers über das versprengte Gestein und an den überhängenden Bäumen unsere herzliche Freude zu haben. Von den Ilsefällen sind es nur noch zwei knappe Stunden zum Brocken, zu dem wir hier den kürzesten Aufstieg aus der Ebene haben (3 Stunden); doch da die Kuppe, wie gewöhnlich, so auch jetzt wieder in Wolken gehüllt ist, so verschieben wir die Besteigung auf eine andere Gelegenheit.

Wernigerode.

Wernigerode liegt ziemlich genau in der Mitte des nördlichen Harzrandes, soweit er von Fremden ausgiebig besucht wird, nämlich von der Nordwestecke bis zum Ausgang des Selkethals; gleich weit entfernt liegen die beiden historisch bedeutenden Harzstädte Goslar und Quedlinburg, gleich weit auch Oker und Thale, die Zugänge zu den berühmtesten Thälern des Ober- und des Unterharzes; die nächsten Höhen im Westen der Stadt bilden die Wasserscheide zwischen Weser und Elbe; eine Linie von hier in der Querachse, das heißt nach Südwesten übers Gebirge gezogen, scheidet den hohen Harz mit der aufgesetzten Brockengruppe von dem niedrigeren Tafellande des Unterharzes ab und trifft jenseits dieselbe Wasserscheide.

So bildet denn die Landschaft dieser Gegend naturgemäß den Übergang von einem zum andern der beiden so verschiedenartigen Gebirgsteile, die gerade hier im Norden in dem schroffsten Gegensatz gegeneinander stoßen, und hat Anteil an beiden. Das östliche der beiden großen, bei Wernigerode sich öffnenden Thäler leitet gemächlich zur Hochfläche hinauf, das westliche führt, schroffer ansteigend, geradeswegs zum Brocken; zeigt jenes, das Mühlenthal, eine weiche Lieblichkeit, wie sie im Unterharz nirgends übertroffen wird, so kann dieses, als Steinerne Renne, an wilder Felsromantik mit jedem Hochthale wetteifern. Charakteristisch ist auch, daß Nadel- und Laubwald ziemlich zu gleichen Teilen nebeneinander bestehen.

So ist Wernigerode recht eigentlich eine Stadt der Mitte, und diese Gunst der Lage kommt dem Harzwanderer, sei er ansässig oder Sommerfrischler, noch mehr zu gute, seit ihm durch die neue Harzquerbahn (eröffnet 1899) der Südharz, durch die Brockenbahn das Hochbecken um den Oderteich und durch die Bahn nach Blankenburg-Thale (eröffnet 1900) auch das nordöstliche Gebiet mit dem Bode- und Selkethal in handliche Nähe gerückt sind. Es giebt fortan keine Stadt des Harzes mehr, von der aus das gesamte Gebirge so bequem bestrichen werden könnte.

Die ganze Landschaft um Wernigerode trägt so einen Mittel- und Übergangscharakter; die Berge sind durchschnittlich um fast 100 m niedriger als bei Harzburg, doch um eben-

AUFNAHME VON FR. ROSE, WERNIGERODE.

Der Lindenberg mit dem Brocken im Hintergrunde.

soviel höher als bei Blankenburg, auch ihre Formen sind gemildert, doch noch nicht so ganz abgeweicht und abgeschliffen wie zumeist weiter östlich; das Anmutig-Freundliche überwiegt schon, selbst gegenüber Ilsenburg, doch fehlt es nicht ganz an schroffen Abhängen und düsteren Thaltiefen. Einen Zug ins Großartige aber bringen weniger die Einzelformen, als die prachtvollen Ausblicke ins Weite nach dem Brocken und den Hohneklippen hinzu. Im ganzen ist die Wernigeröder Landschaft der Harzburger am nächsten verwandt; was ihr dieser gegenüber an Größe abgeht, ersetzt sie durch eine ganz ungewöhnliche Feinheit der Linien, die sich besonders in dem wunderschönen Aufbau der beiden großen Thäler kundgiebt. Neben der köstlichen Romantik von Ilsenburg könnte man Wernigerode einen klassischen Hauch zusprechen.

Die Lage der Stadt ist sehr eigenartig: in stumpfem Winkel stoßen zwei Thäler gegeneinander, das der Holtemme gegen Nordosten, das des Zillierbaches gegen Nordwesten gerichtet; den Raum zwischen beiden im Süden der Stadt, da wo sie gegen 5 km voneinander entfernt sind, füllt ein von West nach Ost streichender Höhenrücken (480 m, 250 m über der Stadt, zu einem Teile Zwölfmorgen genannt), der südwärts scharf und ungegliedert in ein ihm parallel laufendes Querthal, das Kalte Thal, abfällt, während er gegen die Stadt und die Hauptthäler hin langsam sinkend sich in zahlreiche, durch kurze tiefe Thäler getrennte Ausläufer auflöst. Durch diese Bodengestaltung, und da auch die Gegenwand des Zillierbachthals durch verschiedene Einbuchtungen gegliedert ist, gewinnt das Gelände nahe der Stadt eine ungemeine Mannigfaltigkeit, die eine wechselvolle Fülle von behaglichen und reizenden Spaziergängen ermöglicht, wie sie so leicht keinem anderen Orte vergönnt ist — von den vielen größeren Ausflügen ganz abgesehen.

In jedes dieser beiden zunächst nur unmerklich ansteigenden Thäler schiebt sich eine schmale Ortschaft, je 3 km lang, Hasserode und Nöschenrode, jenes ein Dorf, dieses ein Flecken, beide von der Stadt kommunal getrennt, aber social aufs engste verbunden, da zumal in Nöschenrode viele der edelsten Steuerzahler wohnen, und räumlich so dicht aneinander und ineinander gefügt, daß selbst gereifte Ortskenner nicht immer genau wissen, unter welches Polizeigewaltigen Scepter sie sich gerade befinden. Dazu kommt als vierter Bestandteil, ebenso fest anschließend, der fürstlich Stolbergische Gutsbezirk, dergestalt, daß wir hier, eine eigene Kuriosität, alle vier Spezies preußischer Gemeindeverwaltung auf so kleinem Raume bei einander finden. Wenn daher Wernigerode nur gegen 11 000 Einwohner angiebt, so thut es sich eigentlich Unrecht: mit den Vororten darf es getrost reichlich

16000 Seelen ankreiden und also mit Goslar weit an der Spitze aller Harzstädte im engeren Sinne marschieren; nur vor Nordhausen (28000), Eisleben (23000) und Quedlinburg (22000), die aber schon außerhalb des eigentlichen Gebirges liegen, muß es auch so noch schamvoll das Haupt beugen.

Auch die Stadt selbst nimmt wie die Landschaft eine gewisse säuberliche Mittelstellung ein unter Vereinigung von Gegensätzen. Sie liegt größtenteils in der Ebene, zieht sich aber auch kräftig an den Berghängen hinauf; sie ist keine fürstliche Residenz und doch erblicher Wohnsitz eines uralten Fürstengeschlechts; ihr Äußeres zeigt keine historisch-würdevolle Pose wie Goslar und ist doch nicht farblos modern, sondern wahrt einen leisen, altertümlichen Anhauch; sie wird von großstadtmüden Lebensrückzüglern gern aufgesucht und ist doch keine Pensionopolis, beliebte Sommerfrische und doch keineswegs ein Badeort, zwischen protzendem Großstadtwesen und dürftiger Kleinstädterei in einer behäbigen Mitte, sehr kirchlich gesinnt und sehr vergnügungssüchtig, weder still noch lärmvoll, weder teuer noch wohlfeil, städtische Enge und ländliche Behaglichkeit, reiche Gartenkultur und Waldesstille hart aneinander grenzend, selbst im Klima ausgeglichen und den stärksten Extremen von Hitze und Kälte fremd, im Pflanzenwuchs streng nordisch und doch die Frucht der Edelkastanie zur Reife bringend, viele rauhe Forstmänner beherbergend und (als besondere Specialität) Chokoladenfabriken und Predigerwitwen — man könnte die Weder-Nochs und Sowohl-Alsauchs noch beträchtlich vermehren, ohne sie völlig zu erschöpfen.

An schönen alten Bauten kann sich die Stadt nicht mit Goslar, noch weniger mit Hildesheim, auch nicht mit Quedlinburg vergleichen, aber doch hat sie sich zu ihrem Vorteil die altheimische, malerische Fachwerkbause erhalten und macht dadurch auch in dem meist schlichten, neueren Gewande einen freundlich und behäbig anheimelnden Eindruck; sie hat ihren aparten Charakter, wenn's auch kein aristokratischer, sondern mehr ein brav bürgerlicher ist.

Und völlig fehlt es doch auch nicht an ehrwürdigen Resten der Vergangenheit; noch stehen Stücke der Stadtmauer und mehrere Türme, darunter der stämmige Westernturm, der bedeutendste, der noch heute den Eingang zur Stadt wahrt, wenn sein großer Thorbogen auch keine Kontrolle mehr übt: die Fuhrleute halten es zumeist noch heute für ihre Pflicht, unter diesem hindurchzufahren, ein so viel breiterer Raum ihnen auch neben ihm zur Verfügung steht: und das ist eine löblich pietätvolle Gewohnheit, wenn sich auch einmal ein hochbepackter Möbelwagen darunter festfährt. Einige interessante alte Häuser sind hier und da zerstreut, die meisten in der Breitenstraße, der Hauptverkehrsader der Stadt, so nahe bei einander das sogenannte Neustädter oder Alte Rathaus oder Faulbaumsche Haus (s. Abb. S. 253), ein stark verfallener, aber eben dadurch malerisch wirkender vierstöckiger Bau mit durchlaufendem Erker, und das Gerlitzsche oder Krümmelsche Haus, das durch die merkwürdigen holzgeschnitzten Bilder an das Brusttuch in Goslar erinnert (s. Abb. S. 135); beide entstammen dem Ende des 17. Jahrhunderts. Von besonders feinem Reiz ist das alte Häuschen des weiland ritterlich Gadenstedtschen Geschlechtes, ganz neuerdings sehr hübsch restauriert, am Oberpfarrkirchhof etwas abseits gelegen, mit einem schönen Erker und zierlichen Holzornamenten (s. Abb. S. 133).

Die Perle der Architektur Wernigerodes und eine wirkliche kostbare und wohlerhaltene Perle ist das altberühmte Rathaus, dessen Fassade an Originalität, Frische und graziöser Feinheit ihresgleichen sucht (s. Vollbild). Dieser Bau, dessen hervorstechendstes Merkzeichen die beiden reizenden, sehr spitz auslaufenden Erkertürme sind, den letzten Jahren des 15. Jahrhunderts entstammend, hat das Glück gehabt, auch durch spätere Zuthaten, wie die schöne Renaissance-Freitreppe und den runden Glockendachreiter mit zierlichen Säulen aus dem Schluß des 17. Jahrhunderts, keineswegs entstellt zu werden. Eigentlich ist sogar diese reizende Fachwerkfassade selbst ein Anbau und Aufsatz auf einen älteren massiven Kern, und gerade die glückliche Verbindung von Stein- und Holzbau, die wir übrigens auch anderwärts, z. B. beim Goslarer Bäckergildehaus, finden, ist ein besonderer Vorzug des Hauses. Jenes ältere Gebäude, das ein gräfliches „Spelhus“ war und als solches zu Spiel und Festlichkeiten, aber auch zu Gerichtsverhandlungen diente, war schon im Jahre 1427 vom Grafen Heinrich mit allerlei wichtigen daran haftenden Rechten und Pflichten der Stadt überwiesen; dieser Schenkungsakt war also für die selbständige Entwicklung der Stadt von nicht geringer Bedeutung. Unter anderem hatte fortan der Rat für die Verteidigung der Stadt und die ordnungsmäßige Bewaffnung der Bürger neben dem Grafen mit zu sorgen.

Zu den ernsten Pflichten gehörte auch die Unterhaltung und Verpachtung des Ratskellers, der für die Bürger einen guten Trunk, Wein oder Bier, zu schaffen hatte. „Echtes“ Bier, dem einheimischen überlegen, gab es schon damals, und zwar spielte das Einbecker diese ehrenvolle Rolle. Der alte schöne Ratskeller ist in unserer Zeit wiederhergestellt und seine stimmungsvollen Gewölbe ihrem Zwecke nachzuleben wieder löblich bemüht. Das Innere des oberen Hauses dagegen enthält keine sonderlich sehenswerten Räume mehr; wer so etwas wie den herrlichen Ratssaal zu Hildesheim oder auch nur das Goslarer Huldigungszimmer erwartet, der wird enttäuscht werden. Die Räume dienen jetzt ausschließlich den nüchternen Verwaltungsgeschäften, der Bürgermeister führt seinen nimmer endenden Heldenkampf mit der hydraköpfigen Stadtverordnetenversammlung, und die Schmerzensseufzer der steuernbezahlenden Bürger durchhallen die Kassenzimmer. In alter Zeit war das anders; da wußte der hohe Rat die Feste zu feiern, wie sie fielen, mit Schmausen und Zechen, Würfeln und Tanzen und anderen guten Dingen, und zwar that man das gewissermaßen sub specie aeternitatis, denn es sind uns sehr ausgiebige Berichte und Rechnungsablagen über diese verantwortungsreiche Thätigkeit hinterblieben. Daß man den Karpfen dabei besonders bevorzugte, zeugt für den guten Geschmack unserer Altvordern; fünf Teiche besaß der Rat zum Zweck der Bestellung seiner Festtische. Da ist man wohl berechtigt, mit einiger Sehnsucht von der guten alten Zeit zu reden. Wenn aber die heutigen Wernigeröder sich wiederum bestreben, durch reichliches Feiern von Schützenfesten — sie haben ja deren drei alljährlich — und anderen Vergnügungen sich des Lebens Last zu erleichtern, so dürfen sie sich mit Fug auf das Beispiel ihrer Ahnen berufen.

Die sonstige Geschichte der Stadt zeigt wenig aufregende Momente, von Belagerung, tapferer Verteidigung und blutiger Eroberung ist nichts zu berichten. Daß der Dreißigjährige Krieg auch hier seine Klauen gehörig einschlug und Schweden und Kaiserliche in edlem Wettstreit Kontribution erhoben, ist selbstverständlich, ebenso selbstverständlich verschiedene schwere Feuersbrünste, deren eine noch im Jahre 1847 einen Teil der Stadt in Asche legte. Soweit die Geschicke der Stadt mit denen ihrer beiden Grafengeschlechter zusammenhängen und über die Geschichte dieser Grafen selbst ist in einem vorigen Abschnitt (S. 107 ff.) das Nötige berichtet worden.

Über die Entstehungszeit der Stadt sind wir so wenig wie über die Persönlichkeit ihres mutmaßlichen ersten Gründers und Namengebers Werniger unterrichtet, der freilich wohl nur die erste Rodung ausführte und sich mit seiner Familie hier ansiedelte. Ein kluger Mann wird er gewesen sein, denn eine günstigere Stelle konnte er nicht leicht finden, wie das die Zukunft bis auf den heutigen Tag bestätigt hat. Sicher ist nur, daß im Jahre 1121 schon eine ansehnlichere Ortschaft bestanden haben muß, nach der die in diesem Jahre zuerst erwähnten Grafen ihre Burg und damit ihr Geschlecht benennen konnten. Als ein städtisches Gemeinwesen mit Kaufleuten wird sie zuerst 1229 genannt; 50 Jahre später hatte sie schon eine „Neustadt“. Die Größe oder Kleinheit der Stadt wird sich vom 15. bis in den Anfang unseres Jahrhunderts, wo es 4000 Seelen gab, ungefähr gleichgeblieben sein, mit den üblichen Depressionen durch die Kriegsläufte.

Drei Kirchen, wie auch heute noch, besaß die Stadt schon im 13. Jahrhundert. Unter den jetzigen ist die Oberpfarrkirche zu St. Sylvestei ein stattlicher, wenn auch etwas nüchterner Neubau auf alten Grundmauern, die Liebfrauenkirche eine zopfige Mißgeburt aus dem vorigen Jahrhundert an Stelle einer alten, 1751 abgebrannten Basilika; doch verheißt ein sehr schöner, schlanker, 1891 vollendeter gotischer Turm, der besonders auch von feiner landschaftlicher Wirkung ist, auch der unzugehörigen Kirche eine künftige Auferstehung zu edlerer Gestalt.

Marktplatz in Wernigerode.

Eine Zierde Wernigerodes ist der kleine Marktplatz, obgleich die ihn umgebenden Gebäude außer dem Rathause und etwa dem diesem gegenüberliegenden „Gotischen Hause“ durchaus nicht von architektonischer Bedeutung sind. Aber er hat Stil und Stimmung, er hat etwas von dem feinen, anheimelnden Reiz, der vielen südländischen Plätzen zu eigen ist. Worin das liegt, ist schwer zu sagen; vornehmlich macht es wohl das richtige Verhältnis von baulicher Geschlossenheit und freien Ausblicken in die Straßen, von wallender Verkehrsbewegung und behaglicher Ruhe —, auch das rechte Größenmaß thut viel, das Auge will nicht zu weit langen und sich doch nicht eingepreßt fühlen; ebenso eine gewisse Unregelmäßigkeit des Grundrisses, die doch übersichtlich bleibt: die Straßen sind nicht zu geradlinig und münden nicht zu symmetrisch; das Ganze erscheint nicht konstruiert, sondern gewachsen. Wie dem auch sei, es ist ungemein vergnüglich, draußen vor dem Ratskeller oder dem „Gotischen Hause“ oder dem „Weißen Hirsch“ an schönen Sommertagen zu sitzen und das fröhliche Treiben von Reisenden und Einheimischen, das hier vorüberflutet, in Seelenruhe zu betrachten; das giebt meist ein so festliches und heiteres Bild in wohlthätigem Rahmen, daß man sich heimlich mit immer neuer Wanderstimmung durchtränkt fühlt und doch wieder gern und wohlig verweilt, die freundliche Gegenwart und die Frische des Augenblicks zu genießen.

Und indem wir so sitzen, Behagen schlürfen und die Reisenden bekritteln, mögen wir etwa still für uns oder in bedächtigem Gespräch der vielen, vielen Leute gedenken, die in neuer und alter Zeit diesen Boden betreten und seine Schönheit genossen haben; und es mag uns ein Name um den andern einfallen, manch einer von Klang und dauernder Bedeutung, Namen von Fürsten und Edlen, von Künstlern und Geisteshelden — und wir werden mit Freude bemerken, daß die Namen darunter sind, die uns als die größten und herrlichsten aller Deutschen seit vier Jahrhunderten gelten: Luther, Goethe und Bismarck. Luther war hier Anfang August 1517, um in dem nahe vor den Thoren gelegenen Kloster Himmelpforten eine Zusammenkunft mit Staupitz zu haben — in wie entscheidungsvoller Zeit also war er hier! Noch nicht drei Monate vor dem großen welthistorischen Sturmläuten der 95 Thesen. Freilich mag seine durchwühlte Seele die für damals Schönheiten der Stadt und der Landschaft wenig übrig gehabt haben.

AUFNAHME VON FR. ROSE, WERNIGERODE

Faulbaumsches Haus in Wernigerode.

Auch Bismarck war hier zu einer Zeit, da er mit wichtigen Dingen umging: es war auf der Harzreise, die zu seiner Verlobung mit Fräulein Johanna von Putkamer führte — und selbst für einen künftigen eisernen Kanzler ist die eigne Verlobung eine Sache von einiger Wichtigkeit.

Weit intimere Beziehungen zum Harz und zu Wernigerode aber hat doch Goethe, und es ist nicht mehr als billig, daß eine Gedenktafel das Haus am Markt, ehedem das Gasthaus „Zur goldenen Forelle“, bezeichnet, in welchem er im Dezember 1777 gewohnt hat. So wird es hier der rechte Ort sein, jene denkwürdige „Harzreise im Winter“ kurz im Zusammenhange zu überschauen.

„Letzten Winter hat mir eine Reise auf dem Harz das meiste Vergnügen gegeben,“ schrieb er im folgenden August an Merck, „Du weißt, so sehr ich hasse, wenn man das Natürliche abenteuerlich machen will, so wohl ist mir's, wenn das Abenteuerliche natürlich zugeht. Ich machte mich allein auf, etwa den letzten November zu Pferde mit meinem Mantelsack u. s. w. Da war ich vierzehn Tage allein, daß kein Mensch wußte, wo ich war. Von den tausend Gedanken der Einsamkeit findest Du auf beiliegendem Blatt fliegende Strophen.“ Gemeint ist das herrliche Gedicht, das diese Reise in so besonderer Art verewigt.

Er selbst giebt als die Ursachen seines Unternehmens diese zwei an: erstens den Wunsch, den Harzer Bergbau mit eigenen Augen zu sehen und danach den verfallenen Ilmenauer Werken desto besser aufhelfen zu können, also ein rein ministerielles Interesse, und zweitens das Verlangen, einen jungen Weltschmerzling, den Sohn des Superintendenten Plessing zu Wernigerode, kennen zu lernen und ihm vielleicht zu helfen, der sich schon im Jahre zuvor an den Dichter des Werther in einem langen Briefe gewendet und ihm sein ganzes Herz ausgeschüttet hatte. „Es war,“ sagt Goethe, „fast das Wunderbarste, was mir in jener selbstquälerischen Art vor Augen gekommen.“ Er bekennt, daß ihn dabei außer rein menschlicher Teilnahme an einem dem Werther so ähnlichen und dessen Schöpfer so unähnlichen Menschen auch ein physiognomisches Interesse geleitet habe, „zu sehen, welchen Körper sich ein so wunderlicher Geist gebildet habe“.

Es ist aber wahrscheinlich, daß daneben und vielleicht auch hauptsächlich noch eine andere Sehnsucht, eine eigne Seelenstimmung mitspielte, ähnlich jener, die ihn neun Jahre später so gewaltsam nach Italien trieb. Schon die heimliche, fluchtartige Abreise ist beiden Fahrten gemeinsam. „Ich bin in einer wunderbar dunklen Verwirrung meiner Gedanken. — Hören Sie den Sturm? Der wird schön um mich pfeifen!“ schrieb er kurz vorher. Auch aus andern Briefen dieser Zeit können wir Ähnliches ersehen: es gab etwas in Weimar, das ihn ängstigte und drückte, das er von sich abschütteln mußte, vielleicht ein Schuldbewußtsein, darauf deutet einiges, vielleicht auch schon damals wie später nur die Last der amtlichen Geschäfte, die den Dichter in ihm erdrückten. Vielleicht suchte er halb unbewußt, wie später in Italien, so jetzt in der Einsamkeit des winterlichen Harzes nur sich selbst als Dichter wiederzufinden. Daher denn das leidenschaftliche Aufjauchzen nach der geglückten Brockenbesteigung, die doch gar nicht im eigentlichen Plane lag, im Gegensatz zu dem kühlen Berichte, den er von dem Erreichen seiner Hauptabsichten giebt.

Am 29. November brach er von Weimar auf, schon hier gegen Schneegewölk kämpfend, aber sogleich „den ganzen Tag in unendlicher gleicher Reinheit“. Er sah einen Geier fliegen — und der Anfang seines Gedichtes war gefunden:

Dem Geier gleich,
Der, auf schweren Morgenwolken
Mit sanftem Fittig ruhend,
Nach Beute schaut,
Schwebe mein Lied.

Am 30. mittags war er in Nordhausen und betrat den Harz spät abends bei Ilfeld; ein Bote mußte ihm mit einer Laterne leuchten, deren Schein auf die Wellen des sprudelnden Baches fiel —

Mit der dämmernden Fackel
Leuchtest du ihm
Durch die Furten der Nacht
Über grundlose Wege
Auf öden Gefilden.

Am 1. Dezember ritt er nach Elbingerode, wo er mittags ankam und im „Blauen Engel" zwei Nächte verweilte.

„Wege mitunter!!" schrieb er von dort an Frau von Stein, „Im dreckigen Jerusalem Swedenborgs ist's nicht gröber. Und wenn nun gleich die allzugefällige Nacht Einem sich an den Rücken hängt!! Die Trauer an den langen, seichten Wassern hin in der Dämmerung!" — „Gar hübsch ist's auf seinem Pferde, mit dem Mantelsäckchen, wie auf einem Schiffe, herumzukreuzen." Er ritt nach Rübeland und besichtigte die Baumannshöhle. „Wie verschwinden vor dem ruhigen Blick alle die Wunderbilder, die sich eine düster wirkende Einbildungskraft so gern aus formlosen Gestalten schafft." Hier brachte er die ersten Strophen seines Gedichtes zu Papier.

Am 3. Dezember kam er nach Wernigerode und kehrte in der „Goldenen Forelle" ein. Er fand hier einen „sinnigen Kellner" (o glückliches Jahrhundert, wo es sinnige Kellner gab) und fragte diesen, ob es am Ort einen durch „Wissenschaft und Gelehrsamkeit ausgezeichneten Mann gebe". Der Kellner nannte sogleich den jungen Plessing. Nun ließ sich Goethe bei diesem melden unter dem Namen eines Malers Weber aus Gotha, getreu seiner Lust am Versteckspiel und Verkleidung, die er öfter bethätigt hat. Er ward empfangen und bewirtet; man machte einen gemeinsamen Spaziergang über die Berge. Goethe-Weber sprach von der Baumannshöhle, von der Plessing wenig wissen wollte; sie habe ihn so enttäuscht, „daß der kurze Weg, den er daran gewendet, ihn recht eigentlich gereue". Denn er selbst hatte sich, bedeutsam für seine Geistesart, vorher davon eine Vorstellung gemacht, „wie kaum der kühnste Theatermaler den Vorhof des plutonischen Reiches darzustellen gewagt hätte!" Goethe, vor dessen „ruhigem Blick alle die Wunderbilder, die eine düster wirkende Einbildungskraft so gern aus formlosen Gestalten schafft", verschwinden mußten, mißbilligte solches Verfahren einer übermäßig nach innen gewandten Natur und empfahl als Heilmittel dagegen eine „gläubige Wendung gegen die Natur und ihre grenzenlose Manigfaltigkeit"; er wies als Muster hin auf die realen Berufsarten, die des Gärtners, Landbauers, Jägers, Bergmanns.

Plessing fragte, ob Weber in Weimar bekannt sei. Jawohl. Wen er dort kenne? Goethe zählte die dortigen Größen her und berichtete von ihnen. „Warum nennen Sie Goethen nicht?" fragte jener ungeduldig und erzählte von seinem ausführlichen Briefe, indem er sich bitter beklagte, daß Goethe nicht geantwortet habe, trotz einer nochmaligen bittenden Zuschrift. Das sei freilich nicht zu entschuldigen, erwiderte der Schalk Weber.

Man trennte sich mit der Verabredung, sich am andern Tage wiederzusehen; doch Goethe erkannte, daß er hier weiter nichts helfen könne, und machte sich am Morgen heimlich davon, indem er durch den sinnigen Kellner eine Entschuldigung bestellen ließ. „Mein Abenteuer hab' ich bestanden," schreibt er, „schön, ganz wie ich mir's vorauserzählt. Es ist niedrig, aber schön, es ist nichts und viel. Die Götter wissen allein, was sie mit uns wollen; ihr Wille geschehe."

Dem wunderlichen Selbstquäler aber rief er die tief mitfühlenden, unvergleichlich schönen Verse nach:

Ach, wer heilet die Schmerzen
Des, dem Balsam zu Gift ward?
Der sich Menschenhaß
Aus der Fülle der Liebe trank?
Erst verachtet, nun ein Verächter,
Zehrt er heimlich auf
Seinen eigenen Wert
In ung'nügender Selbstsucht.

Ist auf deinem Psalter,
Vater der Liebe, ein Ton
Seinem Ohre vernehmlich,
So erquicke sein Herz!

Öffne den umwölkten Blick
Über die tausend Quellen
Neben dem dürstenden
In der Wüste.

Er ritt am 4. mit einem Führer über Ilsenburg nach Goslar; eine Poststraße gab es noch nicht. Ein furchtbares Unwetter überfiel ihn unterwegs, Sturm, Schnee, Schloßen, Regen, und nahm ihn so mit, daß er erst nach dreistündiger Ruhe im Schefflerschen Gasthause zu Goslar, dem jetzigen Militärkasino, sich wieder erholen konnte. Am 5. brach er früh auf und besichtigte den Rammelsberg. „Niemand reiset, als wen Not treibt und dringende Geschäfte. Und mich treiben seltsame Gedanken in der Welt herum.“ Am 6. besuchte er die Hüttenwerke in Oker. Von dem herrlichen Thale weiß er nichts; es war damals noch so gut wie unentdeckt und nicht so leicht zugänglich. Am 7., einem Sonntag, kam er nach Klausthal, wo er im „Rathause“ abstieg. Am 8. fuhr er ein in die Gruben „Karoline“ und „Dorothea“ und kam hier einer Lebensgefahr sehr nahe. „Der Geschworene ward einen Schritt vor mir von einem Stück Gebirg, das sich ablöste, zu Boden geschlagen. Da er ein sehr robuster Mann war, so stemmte er sich, da es auf ihn fiel, daß es in mehrere Stücke auseinanderbrach und an ihm hinabrutschte; es überwältigte ihn aber doch, und ich glaubte, es würden ihm wenigstens die Füße beschädigt. Es ging aber so hin. Einen Augenblick später, so stand ich an dem Flecke; denn es war eben vor einem Orte, den er mir zeigen wollte; und meine schwanke Person hätte es gleich niedergedrückt. Es war immer ein Stück von 5—6 Centnern. — Also daß Ihre Liebe bei mir bleibe und die der Götter.“

Es wäre doch schade gewesen, wenn Johann Wolfgang Goethe hier einen ehrenvollen Tod im Dienst gefunden hätte und den Brocken nicht mehr hätte besteigen und die „Walpurgisnacht“ nicht mehr hätte dichten können. Am 9. besichtigte er die Silberhütte und ging nach Altenau, am 10. zum Torfhaus und Brocken, am 11. nach Klausthal zurück. Am 12. ging er, meist zu Fuß, bei kaltem Nebel über das Dammhaus und die Schluft nach Sankt Andreasberg, wo er die Grube „Samson“ besuchte. Bei Lauterberg verließ er am 13. Dezember, nach vierzehntägiger Reise, den Harz. Er hatte erreicht, was er wollte, und viel mehr als das. Die auf dem winterlichen Harze aufgenommenen Bilder hafteten dauernd in seiner Seele und fanden viel später nicht bloß in der „Walpurgisnacht“, sondern auch in zahlreichen andern Stellen des „Faust“ den wunderbarsten Ausdruck. Die größte Weltdichtung der Deutschen ist mit Harznatur durchsättigt; und wenn Faust zu Mephisto sagt:

Verstehst du, welche neue Lebenskraft
Mir dieser Wandel in der Öde schafft?
Ja, würdest du es ahnen können,
Du wärest Teufel g'nug, mein Glück mir nicht zu gönnen,

so spricht er wohl genau die Stimmung Goethes während dieser Harzreise aus. Und Mephistos höhnische Antwort giebt treffend die Gefühle wieder, die den „Jüngling, näher dem Manne“ damals bewegten, wie sie in seinen Briefen so leidenschaftlich hervorsprudeln:

Ein überirdisches Vergnügen!
In Nacht und Tau auf den Gebirgen liegen,
Und Erd' und Himmel wonniglich umfassen,
Zu einer Gottheit sich aufschwellen lassen,
Der Erde Mark mit Ahnungsdrang durchwühlen,
Alle sechs Tagewerk' im Busen fühlen,
In stolzer Kraft, ich weiß nicht was, genießen,
Dann liebewonniglich in alles überfließen,
Verschwunden ganz der Erdensohn — —

Goethe hat später noch dreimal den Harz besucht, ohne daß wir über die näheren Umstände so genau unterrichtet wären wie bei dieser ersten Reise. Im Jahre 1783, diesmal im September, war er in Gesellschaft Fritzens von Stein, seines Zöglings, wieder auf dem Brocken und übernachtete sogar oben, nämlich auf der Heinrichshöhe, wo damals ein bescheidenes Wirtshaus stand, und zum drittenmal am 4. September 1784. Endlich war er 1805 nochmals im Harz; in allen Fällen leiteten ihn vornehmlich bergmännische und mineralogische Interessen, daher er denn auch, wohin er kam, „an alle Felsen klopfte".

Das Schloß Wernigerode hat Goethe nicht erwähnt, und es war auch wohl, wie alte Abbildungen zeigen, nicht so sonderlich erwähnenswert, während es in seinem jetzigen Zustande ein architektonisches Juwel und eine köstliche Zierde der Landschaft ist.

Der Sage nach hat die alte Burg ursprünglich an der andern Seite des Mühlenthals auf der Harburg gestanden und ist auf den Wunsch des Grafen, dem der Raum dort zu eng geworden war, durch den Schutzgeist des Hauses bei nächtlicher Weile an die jetzige Stelle hinübergetragen worden. Erwähnt ist hier eine Burg erst im Jahre 1213, doch entstammt sie vermutlich schon dem Anfang des 12. Jahrhunderts. Natürlich erfuhr sie im Laufe der Zeiten mancherlei Umbauten, bis sie im Dreißigjährigen Kriege dermaßen mitgenommen wurde, daß die gräfliche Familie sich gezwungen sah, ihren Hofhalt nach Ilsenburg zu verlegen. Erst 1710, nach mancherlei Neubauten, kehrte sie zurück, und auch fernerhin wurde das Schloß mancherlei Änderungen und Verbesserungen unterzogen, jedoch offenbar mehr nützlicher als verschönernder Art. In unserm Jahrhundert erschien es des edlen Geschlechts so wenig würdig, daß sich der verstorbene Graf, später Fürst Otto, zu einem vollständigen Umbau entschloß, den der Baurat Frühling in den Jahren 1862—84 mit vollendeter Meisterschaft ausgeführt hat. Ganz ungemein malerisch wirkt die absichtsvoll unregelmäßige Anlage, die den Anschein eines allmählichen historischen Entstehens des Ganzen erweckt. Durch Türme von sehr verschiedener Größe und Form, so runde wie eckige, wird die schwere Masse des Hauptbaues höchst reizvoll belebt, während die mächtige vorgelagerte Terrasse den Eindruck festgegründeter Kraft und Sicherheit nachdrucksvoll steigert. Ein besonderes Schmuckstück ist die kleine Schloßkirche, im reinsten gotischen Stile musterhaft durchgeführt. Unübertrefflich an malerischer Kraft und bestrickendem Phantasiereiz ist der innere Hofraum, teilweise in Fachwerk ausgebaut, mit Benutzung alter Teile; er wirkt ebenso vornehm als traulich, und man wird nicht leicht müde werden, die Fülle anmutiger Einzelheiten zu bewundern (s. Vollbild).

Dieser Schloßbau ist ein Geschenk des Fürsten und seines Baumeisters an den Harz und alle dessen Besucher, das will so ziemlich sagen: an ganz Norddeutschland, und ein edles Denkmal, das sich das letzte der alten Harzgrafengeschlechter selber gesetzt hat. Und allerdings konnte eine günstigere landschaftliche Lage, um die Wirkung zu vollenden, schlechterdings nicht gefunden werden. Schon die Höhenlage (120 m über der Stadt) ist so ausgesucht glücklich, als wäre sie rein aus ästhetischen Rücksichten gewählt: ein wenig höher oder ein wenig tiefer gerückt, und der Eindruck würde schon verringert sein. Von landschaftlicher Bedeutung ist das Schloß nicht bloß für die nähere Umgebung von Wernigerode, wo sie denn freilich nicht hoch genug zu schätzen ist, sondern auf weite Strecken des mittleren Nordharzes; wir sahen es vom Blauen Stein bei Ilsenburg als Mittelpunkt eines schönen Bildes, wir sahen es von den Wolfsklippen als besonders reizenden Ausschnitt, wir werden es zu mancher andern freien Stelle bis zum Brocken und den Hohneklippen hinaufleuchten sehen: und immer wirkt es wie die naturnotwendige Vollendung und Krönung einer reizenden Landschaft.

Nicht minder aber bietet das Schloß selbst von seiner Terrasse, noch besser jedoch von dem es überragenden Agnesberge (391 m), wo es dann selbst als prächtiger Vordergrund in den Rahmen des Bildes tritt, eine Aussicht, die an Schönheit der Gruppierung, wie auch an Farbenfrische nicht viele ihresgleichen hat. Der Hauptblick geht nach Südwesten, auf den Brocken. Dieser hat hier eine sehr symmetrische Flachkuppelform, von einer Zartheit der Linien, wie an wenigen Stellen des Harzes, und mit nicht geringerer Feinheit schließen sich die langgeschwungenen Rücken des Renneckenbergs und der Hohneklippen an; unvergleichlich schön ist dann die Art, wie das breite, reichbelebte Hasseröder Thal sich gegen das Gebirge emporschiebt, und die es abschließenden Berge in herrlichem Aufbau sich an die Brockenkuppe anlehnen. Diesem weiten und klaren Bilde ist dann mit lebhafter Färbung ein Teil der Stadt vorgelagert, besonders das Villenviertel des schönen Lindenbergs, dessen Gipfel das reizvolle Gebäude eines Gasthofs wie ein kleines Gegenschlößchen krönt. Unmittelbar am Schlosse beginnt der fürstliche Tiergarten, ein wunderschöner Waldpark, der sich auf dem Höhenrücken an der Nordostseite des Mühlenthals etwa 3 km hinzieht und ohne jede Einschränkung Fremden wie Einheimischen als öffentliche Promenade zur Verfügung steht — aber zum Glück nur Fußgängern, so daß man die reine Waldluft ohne Staubbeimischung genießen kann. Es ist ein Hochwald von ausgesucht schönen Bäumen gemischten Bestandes, neben der vorherrschenden Buche auch Eiche, Ahorn, Ulme, Esche, Linde und Edelkastanie, streckenweise auch Fichte und Lärche, so daß sich im Herbst eine geradezu berauschende Farbenpracht entwickelt, ebenso wie man im Winter hier am schönsten die Mannigfaltigkeit der köstlichen Rauhreifbildungen an dem verschiedenen Gesträuch studieren kann, zumal die Hauptwege auch nach starkem Schneefall gangbar gehalten werden. Unter den Bäumen ist das meistbewunderte Individuum, und allerdings auch ein ganz ungewöhnliches Prachtstück, die etwas abseits an der Außenseite des Berges, am Ende einer schönen Lindenallee stehende „Silbertanne", ein Riesenexemplar der im Harz so seltenen Edeltanne, von ausgezeichnetem Wuchs und mächtigem Umfange (s. Abb. S. 38). Eine noch größere botanische und klimatische Merkwürdigkeit aber ist das Vorkommen der Edelkastanie, die im Tiergarten und unterhalb desselben, in einem besonderen Wäldchen in Hunderten von stattlichen Exemplaren gedeiht und Früchte reift, die regelrecht abgeerntet und in den Handel gebracht werden. Es ist das eine Fruchtart, die man an der Südseite der Alpen zu finden gewohnt ist, die man aber am Nordrande des Harzes gewiß nicht erwartet.

Schloß Wernigerode.

Der glänzendste Vorzug des Tiergartens aber ist doch erst die Fülle wechselnder Aussichten, die man von den zahlreichen bequemen Fußwegen auf seiner Südseite genießt. Immer bildet der Brocken den Hintergrund, der das Auge mächtig zu sich heraufzieht, und immer das Mühlenthal den lieblichsten Vordergrund, und doch ist die Gruppierung immer wieder neu und an manchen Stellen von ganz überraschender Schönheit. Auch der Thalblick wechselt schneller, als man erwartet: eben noch sahen wir die Tiefe reich belebt von den langen Häuserzeilen des freundlichen Fleckens Nöschenrode, und plötzlich blicken wir in eine tiefe Waldeinsamkeit, die allem menschlichen Treiben weit, weit entnommen zu sein scheint. Man kann an dieser Berglehne oder auf ihrem Kamme reichlich zwei Stunden — zuletzt außerhalb des eingezäunten Tiergartens — entlang wandern und immer neue, manchmal ziemlich verborgene Herrlichkeiten entdecken. Als besonders günstige Punkte seien hier genannt die Falkenbank über dem Christianenthal, der Brockenblick an der andern Seite dieses Thales, eine steinige Stelle oberhalb des Hermannsweges, nicht ohne weiteres zu finden, aber vielleicht die allerschönste Linienkomposition bietend, die Elisabethbank auf dem Triangel, der höchste Punkt des Tiergartens (465 m), eine verborgene Bank auf dem Mittelberg, eine Stelle von ganz besonders reicher und reiner Poesie, und die Höhe des Henkersberges (479 m). Von hier an verbreitert sich der schmale Kamm und geht allmählich in die Hochebene des Unterharzes über.

Einen gewissen Mittelpunkt für alle diese Höhenwege und den reizendsten Rastort bildet das Christianenthal, ein Meisterstück glücklicher Beeinflussung der Natur durch unmerklich ordnende Menschenhand. Die beiden hübschen Teiche, die anmutigen Wiesen, eine Reihe prachtvoller Riesenfichten, einige schöne Weiden am Wasser, das alles im Rahmen der freien Waldhöhen, giebt die entzückendste Idylle, eine jener Landschaften, die immer gleich ansprechen, ob man sie nun in still schwärmender Einsamkeit besucht, oder ob man sie von buntem Sonntagnachmittagsleben feiernder Menschenkinder erfüllt sieht — was bei weitem nicht jedes Harzbild verträgt (s. Vollbild).

An der Nordseite des Schlosses liegt am Fuße des Berges, nach der Ebene zu, ein kleineres Parkstück, der Lustgarten genannt, ebenfalls durch schöne, alte Bäume, hier besonders Roßkastanien und Linden, ausgezeichnet, und darinnen neben dem sehr achtbaren Palmenhause ein stattliches Gebäude aus dem Anfang des vorigen Jahrhunderts, das, ursprünglich als Orangerie errichtet, seit 1826 die Schätze der schon im 16. Jahrhundert gegründeten, hochangesehenen fürstlichen Bibliothek birgt und sich mit seiner weiten, feierlichen Halle dieser ernsten Bestimmung vorzüglich anpaßt. Die Bücherei umfaßt jetzt über 100 000 Bände, darunter wertvolle Handschriften und alte Drucke; als Specialität sind besonders reichhaltig vertreten Bibelausgaben, Gesangbücher — diese in einzigartiger Vollständigkeit —, Predigten und andere theologische Schriften. Aber auch auf die Geschichte entfallen über 15 000 Bände, und andere Fächer sind nicht vernachlässigt. Der liebevolle Verwalter dieser stillen Geistesgüter ist der Archivrat Dr. Jacobs, dem, als einem der ersten Kenner harzischer Geschichte, unsere Leser ihre historische Belehrung verdanken.

Dem Schloßberge gegenüber, an der Südwestseite des Mühlenthals, liegt als ein Ausläufer jenes oben erwähnten Querriegels der 311 m hohe (ca. 80 m über der Stadt) Lindenberg, der, zu städtischem Gebiet gehörig, sich seit einer Reihe von Jahren gänzlich mit Villen und Gärten besetzt hat und nun das anmutendste Viertel von Wernigerode bildet; ein Spaziergang durch diese halb ländliche Vorstadt mit ihren meist einfachen Holzhäusern, aber reichprangenden Gärten und reizenden Durchblicken in das Mühlenthal, ist besonders im Juni, wenn der Rotdorn und Goldregen und danach die Rose blüht, wahrhaft erquicklich. Sie setzt sich übrigens ohne Unterbrechung, nur allmählich weitläufiger werdend, über den aussichtsreichen Kreuzberg, in Nöschenrode wohl eine halbe Stunde thalaufwärts, fort (s. S. 250).

Auf dem Gipfel des Lindenbergs erhebt sich der nach ihm genannte Gasthof, ein schöner Holzbau, in wahrhaft beneidenswerter Lage. Dicht vor den Füßen hat man hier die roten Dächer der ausgebreiteten Stadt mit dem hübschen Liebfrauenkirchturm, von dem Schlosse überragt, zur Linken die freie Ebene, fern vom Huywald begrenzt, zur Rechten in prächtigem Gegensatz das waldige Mühlenthal, dessen ganze holdselige Schönheit hier am vollsten zur Geltung kommt. Wenn Wernigerode nichts hätte als die klassischen Linien dieses einen Thals, würde es doch unter den Harzorten eine der ersten Stellen einnehmen. — Man kann nicht leicht schöner wohnen; das Hotel ist übrigens eines der leider nicht sehr häufigen Harzhäuser, die eine vornehme Haltung mit anheimelnder Behaglichkeit zu vereinigen wissen. Zum Gasthof gehörig ist ein hölzernes Aussichtsgerüst, das den besten Orientierungsblick über die ganze Gegend, die beiden großen Thäler und das zum Brocken aufsteigende Bergland, gewährt, wenn sich auch allerdings diese Übersicht gerade wegen ihrer Weiträumigkeit an malerischer Kraft mit jenen Einzelbildern nicht völlig messen kann.

Vom Lindenberg steigen wir auf bequemem Pfade auf den Höhenrücken und gewinnen auf seinem Kamme eine Reihe sehr wechselvoller Aussichtsbilder, die sich jenen von der andern Seite würdig an die Seite stellen, bald auf den Brocken und das höhere Gebirge, bald, über ein seitliches Wiesenthal hinweg, auf die Stadt und die Ebene, bald in das Mühlenthal und auf die es einschließenden Berge. Armeleuteberg, Zwölfmorgen, Harburg, Jägerkopf, Eichberg, Astberg, Scharfenstein heißen die Höhenpunkte, die vornehmlich solche Ausblicke erschließen, während schöner Fichtenwald sie verbindet. Hervorgehoben sei die Harburg, ein ganz isolierter, ziemlich spitzer Kegel, von dem ein Bronzebild Bismarcks in die herrliche Weite hinausblickt, gewiß eine Stelle, wie man sie für ein Denkmal des Großen nicht würdiger wünschen kann. Eigenartig und bedeutend ist der Blick vom Scharfenstein, einer in das Kaltethal vorspringenden Klippe, von der aus man gerade über dieser fichtendunkeln Tiefe die hohe Brockenkuppe majestätisch emporsteigen sieht.

Das Kaltethal mündet in das Zillierbachthal, unterhalb Mühlenthal genannt, in das wir nun hinabsteigen. Hier liegt, 3 km von der Stadt, inmitten herrlicher Wiesen und wunderschöner Waldpartieen, das kleine Hotel Mühlenthal, noch zu Nöschenrode gehörig, doch in so stiller Einsamkeit, daß man sich wohl in ein abgelegenes Hochthal versetzt fühlen mag. Es ist eine reizende Stelle, zum Aufenthalt lockend auch durch seine günstige Lage am Fuße mehrerer der besten Aussichtshöhen, so der schroffen Fichtenwand des Henkersbergs, der weicheren Höhe des Mittelbergs und des felsigen Scharfensteins. Sehr lohnend ist es auch, von hier das schöne, fortan tief einsame Zillierbachthal weiter aufwärts zu durchwandern, das am Ende auf die Hochebene zu Füßen der Hohneklippen führt; es ist eines der lieblichsten Waldthäler — weiter allerdings nichts, aber das ist doch schon recht viel.

Auch thalabwärts führt ein allerliebster Weg, am linken Bachufer entlang, an heißen Tagen köstlich kühl und schattig, abends leicht etwas feucht, durch Nöschenrode nach der Stadt zurück, und so gesegnet ist dieses glückliche Thal, daß selbst der Marsch auf der Chaussee erhebliche Reize hat.

Das Gleiche kann man von der Hasseröder Chaussee keineswegs sagen. Sie ist 3 km weit wesentlich Dorfstraße, und dieses Thal — das der Holtemme, die am Renneckenberg entspringt — ist zu breit und von zu sanften Abhängen, um aus der Tiefe malerisch zu wirken. Daher ist diese Wegstrecke nicht ganz mit Unrecht als langweilig verschrieen, und man ist recht zufrieden, daß man sie jetzt mit der Eisenbahn im Geschwindschritt überwinden kann.

Daß trotzdem dies Thal, aus der Höhe gesehen, von hervorragender Schönheit ist, erkannten wir schon beim Schlosse; wir bemerken es wieder, wenn wir es vom Blockshornberg betrachten, der sich dicht vor der Stadt, vom Lindenberg durch das fichtenbewaldete, mit hübschen Villen besetzte Salzbergthal getrennt, zum Holtemmethal hinwendet (320 m). Auf der Höhe läuft am Waldesrand ein hübscher Spazierweg mit äußerst fesselnden Blicken auf den Brocken als letzten Thalabschluß und in ein gegenüberliegendes Seitenthal, durch das der Waldweg von Ilsenburg herüberkommt, und in dem einst das berühmte, für die Vorbereitung der Reformation höchst wichtige Kloster Himmelpforte lag. Im Bauernkriege ist es so gründlich zerstört worden, daß man heute selbst die genauere Lage nicht mehr weiß; die einzigen gebliebenen Spuren sind mehrere jetzt trockene Klosterteiche. Die Gegend hat schönen Laubwald, und man sieht dort im Herbst viel Schwarzwild harmlos herumspazieren und an Eicheln und Eckern sich gütlich thun. Man braucht sie nicht zu fürchten, sie sind froh, wenn man sie fressen läßt.

Am schönsten ist der Blick vom Blockshornberg im ersten Frühling, wenn die weite Hasseröder Dorfflur in üppigem Blütenschmucke prangt.

Am Ende des Dorfes spaltet sich das Thal, und beide Teile verengen sich; links führt durch das Drängethal Chaussee und Eisenbahn zur Hochebene und nach Schierke hinauf, rechts kommt die Holtemme vom Brocken herunter. Hier liegen am Fuße des

Christianenthal.

buchenbewaldeten Beerbergs zwei vielbesuchte und gute Hotels, und ein drittes etwas links abseits in einiger Höhe. Von diesen aus kann man mehrere schöne Ausflüge in die Nähe machen; zur Linken auf den hohen Steinberg (517 m), wo man von der Höhe und von einem etwas tieferen Felsvorsprunge, dem Elversstein, einen wahrhaft großartigen Blick hat auf die düstern und schroffen Tannenwände des Drängethals, an denen man jetzt die dunkle Schlange der Eisenbahnzüge dahinkriechen sehen kann, und hoch darüber, in schimmernder Pracht, die Hohneklippen und den Brocken. In der Mitte zwischen beiden Thälern bietet der Beerberg, der weiter oberhalb „Die Hippeln" heißt, auf einem freilich sehr ungepflegten Wege einen entzückenden Rückblick auf das ganze lebensvolle Hasseröder Thal mit der Stadt als Abschluß — oder vielmehr nicht als Abschluß, denn dahinter dehnt sich, fern durch den Huywald leise begrenzt, die sonnüberflimmerte Ebene. Und in überraschendem Gegensatz zu diesem heiteren Bilde eröffnet sich dann das Drängethal aufwärts ein Gebirgsblick von so herber und einfacher Größe, wie man ihn so nahe der lachendsten Landschaft kaum hätte erwarten mögen. Am eindringlichsten wirkt er wohl in der Mittagsstunde, wenn die Sonne gerade darübersteht — denn das Thal läuft von Süden nach Norden — und die vorspringenden Hänge, deren man sieben hintereinander zählen kann, und die dazwischenliegenden Schluchten kraftvoll und doch duftig herausmodelliert und zugleich die gewaltigen Tannenwände des Vordergrundes so schwarz wie nur möglich erscheinen läßt. Diese Aussichten muß man sich auf der einsamen Höhe freilich aus eigener Findigkeit suchen, bezeichnet sind sie so wenig wie die Wege dahin. Aber wie wohl kann solche unberührte Einsamkeit thun, wenn man ganz nahe zur Linken die Eisenbahn hat und zur Rechten — die Steinerne Renne!

Denn dieses wohl berühmteste Gebiet der Gegend von Wernigerode hat im Hochsommer, an schönen Sonntagen zumal, seine stillen oder richtiger lauten Schrecken. Da gehen böse Lärmgeister mit Butterstullen und Feldflaschen und greulichen Witzen darinnen um, und oben und unten ist eine Restauration, und auf der steilen Himmelsleiter zwischen beiden fluten die Völker, buntfarbig wimmelnd, auf und ab und freuen sich ihres Lebens und freuen sich des Bieres, das sie oben trinken, und dessen, das sie unten trinken — und doch giebt es wenige Gegenden des Harzes, die so sehr nach Einsamkeit dürsten, wie die Steinerne Renne. In der Wildeinsamkeit ruht ihre ganze Schönheit; schon die wohlgepflegten Wege, noch mehr aber die Wegweiser und Warnungstafeln, verderben sie zu einem Teile. Denn was hat sie zu bieten? (S. Titelbild.) Eine enge Thalschlucht, mit düsterm Fichtenwalde besetzt, ein Bach mit sehr starkem Gefälle, eine Unmenge umhergestreuter Granitblöcke, das ist alles. Keine Aussicht, kein zarter Reiz der Linien, kein Glanz der Farben besticht das Auge; was uns hier entzückt, ist einzig das Gefühl, einer von Menschen unentweihten, großen Natur und ihren ungefesselten, dämonischen Kräften Auge in Auge gegenüberzustehen, kurz alles, was man wilde Romantik nennt. In früheren Zeiten, bis ins vorige Jahrhundert hinein, würde man solche finstere Waldschlucht mit dem greulich tobenden Wildwasser ängstlich und mit Abscheu vermieden und nach Möglichkeit umgangen haben: heute sättigen wir uns mit Hochgefühlen in solch trotziger Gebirgseinsamkeit — wenn aber die einsame Wildnis von zahllosen Menschen durchtrampelt wird, so ist dieser feine Genuß vollkommen verkehrt und in sich selbst aufgehoben. Darum, wer sich der Steinernen Renne mit Sinnen erfreuen will, der besuche sie im ersten Frühling oder im Spätherbst, wenn die Wirtshäuser geschlossen sind, oder am allerbesten im Winter, wenn der Schnee die wilden Heimlichkeiten der Schlucht mit neuen, fremdartigen Reizen überkleidet, und der Frost das scheinbar Unmögliche zustande bringt, sogar das tobende Bergwasser mit einem Eispanzer zu überziehen.

Das Wasser selbst aber kann im Hochsommer auch bisweilen oder richtiger zumeist recht mattherzig wirken, wenn es in dünnen Adern, mit bescheidenem Plätschern, die Felsen hinabrieselt; ganz anders im Frühling nach der Schneeschmelze oder sonst nach starken Niederschlägen: da mag man wohl mit Erstaunen sehen, welch ein wütiges Wesen diese schüchterne Holtemme hier annehmen kann, wie sie donnert und rast, riesige Baumstämme zerknickt und herabschwemmt und die gewaltigen Felsen selbst in ihren Grundvesten erzittern macht. Das sind die Zeiten, wo die Steinerne Renne in ihrem Glanze sich zeigt, und wo sie dann allerdings in ihrer Art als Hochgebirgsschlucht im Harze und einigen umliegenden Gebirgen ihresgleichen nicht findet.

Von der oberen Restauration biegt zur Linken ein hübscher Waldpfad ab, der durch hohen, mit Granitklippen und zahllosen Steinen durchsetzten Fichtenwald zum Karlshäuschen führt, einem verschlossenen Jagdhause, das dem Wanderer zur Rast nur eine Bank und einen Tisch bietet, die aber auch diese bescheidene Gastlichkeit nur mit innerem Widerstreben auszuüben scheinen, vielmehr durch eine fast raffinierte Unbequemlichkeit den unliebsamen Störer ihres Waldfriedens baldmöglichst hinwegzuscheuchen suchen. Interessant ist hier ein hübscher Blick durch einen geradlinigen Walddurchhau,

AUFNAHME VON FR. ROSE, WERNIGERODE.

Hohnsteinklippen.

ganz ähnlich dem bekannten Durchblick, den man von der hohen Sonne bei Eisenach auf die Wartburg genießt.

In der Nähe sind die Hohnsteinklippen, von denen der mächtige Ottofels (584 m) seit einigen Jahren durch steile, eiserne Leitern zugänglich gemacht und damit in die Reihe der glänzendsten Aussichtspunkte getreten ist. In herrlicher Weite überblickt man die Waldmassen des Gebirges und die schimmernde Ebene, man verfolgt den Lauf der eingeschnittenen Thäler, die Züge der einzelnen Kämme, die von der Hochebene sich hinausschieben; besonders anmutig ist auch hier wieder der Blick auf Stadt und Schloß Wernigerode, und in ausdrucksvoller Hoheit reckt sich im Süden, nun ganz nahe, der lange, zackige Hohneklippenkamm, der sich durch den Sattel des Renneckenberges mit der etwas entfernteren Brockenkuppe verbindet.

Beim Ottofelsen und der Steinernen Renne treten wir nunmehr aus dem engern Bezirk von Wernigerode ins Hochgebirge über: wir sind auf dem Wege zum Brocken und den Hohneklippen.

Der Brocken.

In der altersgrauen und halbbarbarischen Zeit des 19. Jahrhunderts, das will sagen, bis zum Frühling 1899, pflegte man den Brocken von Wernigerode aus auf drei oder vier verschiedenen Wegen zu Fuß oder zu Wagen zu ersteigen: entweder über die Steinerne Renne und weiter an der Holtemme hin, bis nahe an deren Quelle auf dem Renneckenberg, und endlich auf der Ilsenburger Chaussee bis zum Gipfel; oder durch das Drängethal über Schierke; oder über den Ottofelsen und die Hohneklippen; oder man fuhr nach Ilsenburg und hatte von hier den kürzesten Aufstieg. Das sind nun alles verschollene Dinge. An Wagenfahrten denkt niemand mehr, und zu Fuße kraxelt höchstens noch hie und da einmal ein altmodisch romantisierendes Individuum oder ein bußfertiger Pilgrim zur Abspülung seiner Sünden. Da wir aber einmal von vergangenen Jahrhunderten reden, so mag es von Interesse sein, zur Vergleichung noch eine Nummer weiter zurückzugreifen und uns zu vergegenwärtigen, in welcher Art man damals den Brocken erklomm.

Im Jahre 1786 wurde zu Braunschweig ein Büchlein ans Licht gegeben, in welchem ein junger Mann Namens Karl Bläß seine „Reise nach dem Brocken" sehr ausführlich, mit guter Beobachtung und noch besserer Begeisterung beschrieben hat. Er war von Ilsenburg aufgestiegen, woselbst er einen Führer nahm, der soeben zwei Fremde aus Quedlinburg vom Brocken zurückgeleitet hatte. „Die beiden hörten kaum," so berichtet er, „daß wir auf den Brocken wollten, so wandten sie alles an, um uns von dieser abscheulichen Reise zurückzuhalten. Sie konnten nicht Worte genug finden, uns ihr ausgestandenes Ungemach hinlänglich zu schildern; perorierten uns solche schreckliche Dinge vor, daß uns Hören und Sehen verging; beschrieben den halsbrechenden Weg, redeten von dem vielen Wasser, zugleich auch von dem ungewöhnlichen Durste, den man unterwegs leide, ohne einen Tropfen Wasser zu finden; von der Kälte auf dem Brocken behaupteten sie, daß alle Kleider nicht hinreichten, dieselbe einigermaßen erträglich zu machen. Wie ist es möglich, sagten sie warnend zu unserem Lehrer, für die Kinder, solches auszustehen! Die werden nicht lebendig herunterkommen! — Wie bange meinem Bruder und mir wurde, kann man sich leicht vorstellen . . ."

Und da will man von Verweichlichung des heutigen Geschlechts reden! Heute gehen wir mit sechsjährigen Kindern hinauf und suchen mit Vorliebe Pfade, wie den durch das Schneeloch, der die alten Wege an Beschwerlichkeit zweifellos übertrifft. Im Bergsteigen jedenfalls sind wir offenbar rüstiger geworden, als unsere Altvordern; nur über Durst hört man auch wohl Männer unsers Säculums klagen, aber auch nur Männer; alles andere ertragen wir willig. Abzuwarten bleibt nur, ob die sich mehrenden Bergbahnen nicht von neuem entnervend auf die kommenden Generationen einwirken werden; vielleicht daß man sich künftig im sichern Abteil, mit leise gesträubten Haaren, von den halsbrechenden und tollkühnen Brockenerklimmungen im 19. Jahrhundert grausige Mären ins Ohr raunen wird.

Eines aber können wir aus jenen Schreckensschilderungen der Quedlinburger — die am 27. Juni, also in allerbester Jahreszeit, aufstiegen — deutlich ermessen, daß Goethes Dezemberbesteigung bei metertiefem Schnee in Wahrheit für seine Zeit ein ganzes Heldenstück gewesen ist. Ist doch solch ein Wintervergnügen noch heute nicht jedermanns Sache und thatsächlich nicht immer ohne ernste Gefahren.

Der Erzähler fährt fort: „Unser Lehrer ließ seine Perrücke in Ilsenburg zurück, setzte seine Mütze auf und den Hut darüber, den er auf dem Wege vor Hitze gemeiniglich in der Hand tragen mußte." — Man muß sagen, eine etwas wunderliche Veranstaltung. Fürchtete der Lehrer von den Stürmen des Hochgipfels Unheil für seine Perrücke, oder scheute er den Spott der Berggeister?

Die Schönheit des Weges thalaufwärts weiß der Jüngling gebührend zu würdigen. „Alles war voller Bäume; es waren meist Tannen und Birken, dazwischen auch Eichen und Buchen; ziemlich oben fanden wir einen einzigen Lärchenbaum; es soll aber mehrere in dieser Gegend geben.“ Wobei zu bemerken, daß dieser reizende Nadelbaum erst im 18. Jahrhundert in den Harz eingeführt ist; zur Zeit aber giebt es, zumeist den Fichtenwäldern eingesprengt, nicht bloß ihrer „mehrere“, sondern eine sehr erfreuliche Zahl. Besonders hübsch ist im ersten Frühling der Gegensatz zwischen ihrem zarten Neugrün und der dann noch ganz dunkeln Färbung der Fichten; ebenso fein hebt sich im Herbst ihr goldiges Gelb ab; ein eigener Anblick ist es, wenn nach frühem, herbstlichem Schneefall die Lärche ihre zarten Nadeln als ein zierliches Streuwerk über die weiße Decke hinschüttet.

Unser Wanderer gelangt an den Ilsestein. „Wir erblickten zu unserer Linken eine nackte Felsenwand von ungeheurer Höhe und außerordentlicher Breite, entsetzlich anzusehen.“ Erstiegen wird er nicht, denn „man kann nicht alles sehen“. „Wir sahen nahe bei diesem Felsen, etwa in der halben Höhe desselben, etwas wimmeln; mit Mühe erkannten wir, daß es Menschen waren.“ Das ist bei der mäßigen Höhe des Felsens doch wohl etwas stark aufgetragen! —

Die Wanderschaft geht weiter, an der Ilse entlang, in der Richtung des heutigen Fahrweges, zunächst auf die Heinrichshöhe. Die Ilsefälle werden nicht bemerkt: ein Beweis, wie nötig die jetzigen Handweiser sind. Heute wählt man zumeist den stark abkürzenden und interessanteren Fußweg durch das Schneeloch, eine Stelle, wo der Winterschnee sich besonders lange zu halten pflegt. Die obere Strecke ist äußerst steil, führt uns aber durch die echteste Brockennatur. Da ist Hochgebirgsurwald, knorrige, zottige Fichtenstämme, mit graugrünem Moose wie mit einem wunderlichen Pelzwerk dicht überkleidet, herauswachsend aus weiten Feldern verworrenen Felsgebröckels, unter dem geheimnisvoll nimmermüde Quellen, meist unsichtbar, überall sickern und rinnen, bald munter plätschernd, wie in anmutigem Geplauder, bald unheimlich aus der Tiefe gluckfend und gurgelnd. Die Baumwipfel sind von der Gewalt der Stürme nicht bloß zerzaust und zerrissen, sondern fast immer auch abgebrochen und zu seltsam formlosen Bildungen verzerrt. Solch ein Wald ist wie geschaffen, die Phantasie zu befeuern und ihr allerhand mißgeborene Geschöpfe entwachsen zu lassen, Gnomen und Zwerge, Erdmännlein, Berggeister und Nixen, halb lustig grotesk von Ansehen und neckisch von Gebaren, halb unheimlich und verderblich. Und nun muß man diesen verwunschenen Wald im Winter erst sehen! Da wächst der Zauber ganz ins Abenteuerliche hinein.

Doch wir kehren zu unserm jungen Freunde zurück, der inzwischen die Heinrichshöhe erreicht hat, den südöstlichen Vorsprung des Brockens, den eine leichte Senkung von der hundert Meter höheren Hauptkuppe trennt. Wir erfahren, daß sich hier damals ein Wirtshaus befand, „ein steinern Gebäude von mäßiger Größe, mit einer geräumigen Stube und einem Kämmerchen daneben, einer Diele, kleinen Küche, Vorratskammer und doppelten Stallung; über das ganze Haus geht ein großer Boden, der mit Schindeln gedeckt ist: so daß es denn doch wahrlich kein Loch zu nennen ist,“ fügt der Schreiber vorwurfsvoll hinzu, auf eine frühere Behauptung der Quedlinburger Warnebolde zurückdeutend; nach unserer raffinierteren Anschauung dürften diese allerdings kaum allzuhart geurteilt haben. Dagegen verzeichnet er einen höchst merkwürdigen Luxus, den wir sogar heute noch nicht wiederfinden, nämlich eine Kegelbahn, wo sich die wackern Jungen „einige Zeit von dem beschwerlichen Marsche mit Kegelschieben erholten“. Das Essen, Weinsuppe, Braten und Salat, wird als reinlich und wohlschmeckend gerühmt. An einem Fremdenbuche fehlte es schon damals nicht. Das Nachtquartier war freilich desto bescheidener. „In der Stube an der Wand waren zu einer Pritsche eingerichtete Bretter aneinander geschoben, mit Stroh und etwas Betten für uns drei belegt. Unser Führer und ein Hüttenarbeiter brachten hier gleichfalls die Nacht, ein jeder auf einer besonderen Bank zu. Diese nächtliche Kameradschaft mußten wir uns gefallen lassen.“

Die Grundmauern dieses Wirtshauses bestehen noch, und wer von Wernigerode oder Schierke aus zu Fuß den Brocken ersteigt — wenn ja noch jemand zu Fuß geht — und einen kleinen Marsch auf schmalem Jägerpfade durch Wald- und Moorwildnis nicht scheut, dem ist sehr wohl anzuraten, die Chausseen kurz vor dem schönen Aussichtspunkte an der Flanke der Heinrichshöhe zu verlassen und den weit interessanteren Weg über den Gipfel dieses Berges zu nehmen. Nicht nur der herrliche Wald belohnt ihn, sondern auch eine glanzvolle Aussicht, die zwar der von der Hauptkuppe mit der durch diese gebotenen Beschränkung sehr ähnlich ist, aber gerade durch den Blick auf sie ihr besonderes und charaktervolles Gepräge erhält. — Das Gebäude ist 1799 abgebrannt, und dadurch ein größerer Neubau auf der Gipfelhöhe veranlaßt.

Dort befand sich 1786 — seit 50 Jahren — nur erst eine steinerne Schutzhütte mit Rauchfang, die heute noch steht und ursprünglich als Brocken- oder Brunnenhaus bezeichnet ward und später erst den hübschen Namen „Wolkenhäuschen" erhielt. Hier konnte unser junger Bergsteiger sich wenigstens ausruhen und auf einem breiten Steine in der Mitte ein Feuer anzünden. Seine ausführliche und „empfindsame" Schilderung des Sonnenuntergangs und der Aussicht können wir auf sich beruhen lassen, weil diese schönen Dinge sich bis heute nicht verändert haben. Bemerkenswert mag nur ein Ton der Mißbilligung scheinen, der in die hohe Bewunderung der Naturgröße des Brockens seltsam hineinklingt: „Nur die Steine, womit er belegt ist, machen in der That einen höchst widrigen Eindruck, der Geschmack findet bei einem solchen Anblick wahrhaften Übelstand. Welch einen auffallenden Kontrast machen diese Steine mit dem Ganzen, mit dem Begriffe des Ehrwürdigen, des Erhabenen oder Majestätischen!" Wir heutzutage würden die so getadelten Steine gewiß nicht missen wollen, sie vollenden uns erst den Eindruck erhabener Öde und Wildheit; die rundlich gewölbte Grasfläche würde uns sonst ein gar zu friedfertig behäbiger Anblick sein.

Das erste Gasthaus auf der Brockenkuppe vom Jahre 1800.

Wir nehmen hier Abschied von unserm jungen Reisebegleiter mit der kurzen Notiz, daß er aus allen Schrecknissen des bösartigen Berges gerettet und trotz der schlimmen Prophezeiung lebendig wieder heruntergekommen ist.

Wie anders gestaltet sich eine Brockenfahrt und ein Brockenaufenthalt heute! Aus einer starken Strapaze ist ein Ausruhen geworden, aus Entbehren und Unbequemlichkeit ein Schwelgen in üppigen Mahlzeiten und molligen Betten. Wenn ein anderer Brockenfahrer von 1783 den sinnigen Vers ins Fremdenbuch schrieb:

Ich kam herauf als wie ein Schaf,
Gezwungen und nicht heiter;
Süß ist das Schnarchen und der Schlaf,
Das weiß ich und nichts weiter,

so kann man diese schafmäßige Süßigkeit heute schon unterwegs ausgiebig genießen: im Frühling 1899 ist die Brockenbahn eröffnet worden und zugleich die erste Querbahn über den ganzen Harz.

Sie ist freilich ein Kind des Streites gewesen, diese Bahn, und es ist ihr nicht leicht geworden, sich ins Leben zu ringen. Nicht bloß die Gelehrten der Börse und der Stadtverwaltungen waren sich uneins darüber, ob sie ihre finanzielle Daseinsberechtigung werde nachweisen können oder nicht, auch die Naturfreunde und Harzwanderer standen ihr zwiespältig und zweifelnd gegenüber. Ist es zu billigen, so fragte man mißmutig, daß der grelle Pfiff und das mißtönige Rasseln den Frieden der Natur störe und in jungfräuliche Waldheimlichkeiten das lärmvolle Hasten des gemeinen Welttreibens hineindränge? Ist es nicht ganz abscheulich, sogar dem erhabenen Haupte des Vater Brocken höchstselbst den eisernen Reif um den geweihten Scheitel zu legen? Darf der prosaische Schienenstrang die poesiegeweihte „Gegend von Schierke und Elend“ verunzieren? Soll künftig das kräftige „Wie sie schnarchen, wie sie blasen!“ nicht mehr auf die „langen Felsennasen“, sondern auf das allübertönende Pusten und Fauchen der stöhnenden Berglokomotiven bezogen werden? Und werden die hurtigen Besenstiele der Hexen die Konkurrenz mit der Dampfkraft bestehen können? Oder wird man zu Walpurgis dem luftigen Gesindel einen Mitternachtzug zur Verfügung stellen? Ist das dann noch der Berg, „den mit Geisterreihen kränzten ahnende Völker“? Welch ein Greuel muß es sein, wenn erst an jedem schönen Tage die überfüllten Bahnzüge den zappelnden Reisepöbel auf die ernste Brockenkuppe speien! Verdient der überhaupt die Schönheit der Berge zu genießen, der sie nicht im Schweiße seines Angesichts ringend sich erobert hat?

Nun, das hat wohl alles seine Wahrheit. Nur reicht diese Wahrheit nicht allzuweit. Der rechte Gebirgswanderer braucht noch lange nicht aus dem Harz zu verschwinden: der Harz ist groß genug, den fadendünnen Querstrich über seinem Rücken vertragen zu können. Es giebt noch grundeinsame Thäler wie Höhen in Hülle und Fülle, und vielleicht wird gerade die Eisenbahn, die Masse an sich lockend, solche noch einsamer machen.

Und dann, was die Hauptsache scheint: jene beglückende jungfräuliche Einsamkeit gab es gerade auf der von der Eisenbahn durchmessenen Strecke schon lange, lange nicht mehr! Die Lokomotive kann da mit aller Anstrengung gar nichts mehr schlimmer machen. Wer den Wagen- und Omnibusverkehr mit seinem Staub und Unrat an schönen Sommersonntagen auf den Brockenstraßen und auf der Kuppe kennt, wer dort im Gasthause einmal, in Menschenmassen eingekeilt, unter Lebensgefahr um ein Glas Bier oder Sauerbrunnen gerungen hat — der lächelt stumm über jede Befürchtung, es könnte noch ärger werden. Nein, der Tiefpunkt des Schreckens ist längst erreicht, es kann nur noch besser werden. Und das ist ganz ernstlich zu hoffen: vor allem werden die alten Wege vom Wagenverkehr entlastet werden, der weit störender ist als die Eisenbahn, denn da klappern die Züge doch nur zeitweilig vorüber, und der Rauch verfliegt weit schneller als der Staub der Straße. Die Menschenfluten werden zwar künftig wohl in noch größerer Zahl, aber auch in beschleunigtem Zeitmaß über die Kuppe gespült werden, dazwischen werden Ruhepausen eintreten, in denen der bessere Mensch zum Aufatmen kommt.

Wer aber unverbesserlich besserer Mensch ist und die ganze Neuerung unversöhnlich haßt, dem bleiben für eigene Freuden noch immer die Wintermonate übrig, wo die Berglokomotive ihre Lunge ausheilt: und daß gerade dann der Brocken seine weitaus besten Tage hat, weiß jeder Eingeweihte wohl. Die Schneeschuhe an die Füße und alle Bergbahnen der Welt verlacht! Und was die Hexen angeht, so ist zu glauben, sie sind Weibs

Brockenreise auf Maultieren 1837.

genug, für sich selbst zu sorgen. Und endlich noch eins: hat die Eisenbahn wirklich hier und da ein Stück Waldpoesie zerstört, so hat sie in Wahrheit weit mehr noch aufgebaut. Sie hat eine Fülle neuer Ausblicke erschlossen, und keiner der alten Fuß- und Fahrwege kann sich an reicher und wechselvoller Schönheit mit der neuen Bahnlinie auch nur annähernd messen. Dieser ihrer werbenden Kraft wird sich so leicht kein Harzreisender entziehen können.

Kurz, wir steigen beruhigten Gemütes in Wernigerode aus dem Zuge der Staatsbahn in die Schmalspurwagen der Gebirgsbahn, deren weite Fenster ein bequemes Ausschauen ermöglichen. Auch ist dafür gesorgt, daß der Landschaftsgenuß nicht durch eine allzu stürmische Heftigkeit der Fahrt beeinträchtigt werde; wenn das Kursbuch sagt, daß auf 32 Kilometer 2 Stunden verwendet werden, so sagt das ja genug; ein Radfahrer

AUFNAHME VON FR. MAESSER, WERNIGERODE.

Fahrt nach dem Brocken durch das Drängethal 1899.

macht's allenfalls in der halben Zeit — freilich nur bergab. Da es zudem eine reine Adhäsionsbahn ganz ohne Zahnrad ist, so werden bei der sehr allmählichen Auffahrt naturgemäß alle Winkel ausgefegt und die Höhen von allen Seiten betrachtet, so daß dem Fahrgast im Wechsel der Scene das Mögliche geboten wird.

Die Fahrt geht zunächst im Bogen um die Stadt, dann durch Hasserode etwas abseits von der Hauptstraße und um ein Geringes über der Thalsohle, wodurch sogleich ein prächtiger Brockenblick sich aufthut und wir unsere Hoffnung auf gute Aussicht vom Gipfel von vornherein abschätzen können — freilich nicht selten mit schweren Rechnungsfehlern. Wir fahren an der Kirche vorüber, einem etwas wunderlichen Experiment Friedrich Wilhelms IV., einem byzantinischen Centralbau mit weit abgesondertem Glockentürmchen, und biegen dann zur Rechten des Beerbergs in das sich jäh verengende obere Holtemmethal ein. Mit einem Schlage sind wir aus der belebten dörflichen Flur mitten ins dunkle Waldgebirge versetzt. Einige Minuten lang hat es den Anschein, als habe der Zug die Absicht, mit kühnem Draufgehen den Brocken in geradem Anstieg durch die Steinerne Renne zu nehmen.

Doch das geht ohne Zahnrad nicht an; wir überqueren plötzlich in sehr kurzem Bogen die schmale Thalsohle, um drüben in genau entgegengesetzter Richtung an der Lehne des Beerbergs dahinzufahren. Man könnte fürchten, der Zug trete, völlig entmutigt von den Schrecken der beginnenden Wildnis, einen fluchtähnlichen Rückzug auf Wernigerode an, wenn nicht gerade jetzt ein energisches Ansteigen uns eines Besseren belehrte. Ja, bald machen wir eine neue starke Biegung um die Nase des buchenbestandenen Beerbergs herum und nehmen an seinem östlichen Hange so ziemlich die anfängliche und zielbewußte Richtung wieder auf.

An dieser Stelle entsteht mit mathematischer Sicherheit eine Bewegung im Publikum; man drängt die Köpfe noch näher an die Fenster und hebt ein vielstimmendes Bewundern an. Und man hat auch allen Grund dazu: der Rückblick auf das hellschimmernde Hasseröder Thal mit der Stadt und dem Schlosse dahinter ist wahrhaft entzückend in seinem lebhaften Farbenglanz, zumal wenn voller Sonnenschein den heiteren Eindruck noch steigert. Fast gleichzeitig aber eröffnet sich auch schon nach der anderen Seite ein scharf gegensätzliches Bild, ein großartiger Gebirgsblick in das tannendunkle Drängethal, über dem wir jetzt schon in bedeutender Höhe dahingleiten, während die alte Fahrstraße mit viel geringerer Aussicht die Thalsohle entlang schleicht.

Schade, daß man kaum Zeit hat, diese beiden schnell einander ablösenden Prachtbilder recht in sich aufzunehmen; ein Aufenthalt von einigen Minuten wäre hier eine erfreuliche Zuthat.

Die Bahn setzt mit einer weiten Ausbiegung über das Thumkuhlenthal — das zum Ottofelsen und dem Forsthaus Hohne hinaufführt — und folgt dann dem Drängethal bis zu seinem Ende. Einmal giebt es einen kleinen Tunnel, von dem man behauptet, er sei, zwecklos wie ein Kunstwerk, nur um seiner selbst willen und zur Freude des Volkes erbaut, und der deshalb sinnvoll der Renommiertunnel genannt wird. Einigemal geht es über steile, hohe Dämme, dieses nicht zur Freude des Volkes, denn es sieht etwas beängstigend aus. Nachdem wir auf der Höhe des Drängethalkopfes mehrere Quelladern des Zillierbaches überquert haben, erreichen wir die Station Dreiannen-Hohne, wo die Lokomotive Wasser und der Reisende andere Getränke einzunehmen pflegt. Hier ist schon ein neues ansehnliches Gasthaus entstanden, wo man auch ausgiebigerer Stärkung mit Vorteil sich hingeben kann.

An dieser Stelle teilt sich die Bahn: links läuft der Strang der Harzquerbahn auf der Hochebene weiter über Elend und Sorge (absit omen!) nach Benneckenstein, von wo sie dann langsam wieder absteigt, rechts zweigt sich die eigentliche Brockenbahn ab, welche, die Ostecke der Hohneklippen umfahrend, bald wieder ansteigt. Nach Überschreitung des Wormkethals öffnet sich von der Höhe der Feuersteinswiesen wieder ein weiter und schöner Blick über die breiten Wellenzüge der großen Unterharzebene, und dann halten wir im Walde bei der Station Schierke. Sie liegt 80 m hoch über dem Dorfe, von dem man nichts sieht und zu dem neben einem steilen Fußwege eine weitgewundene Fahrstraße hinabführt.

Es geht weiter durch Wald, der nun immer schöner, hochgebirgsmäßiger wird und von Granitblöcken durchsetzt ist, an der Lehne des Erdbeerkopfs und des Ahrensklints, dann an der Südostecke des Renneckenbergs hin, wir überschreiten im Bogen die Senkung zwischen diesem und der Heinrichshöhe und steigen jetzt an derem Südhange selber empor; jetzt sind wir im engsten Brockengebiet, die großen Windungen um die Kuppe beginnen, und damit entfaltet sich Aussicht über Aussicht, immer wechselnd und immer sich steigernd, immer überraschend, in überwältigender und wahrhaft verwirrender Fülle. Man genießt das ganze Brockenpanorama Stück für Stück und eben, weil in Stücken, mit viel packenderer Wirkung. Es ist gar nicht zu leugnen, die Eisenbahn hat den Brockenbesuchern etwas ganz Neues erobert, das früher nicht vorhanden war. Jeden einzelnen Punkt, den die Bahn berührt, konnten rüstige Bergwanderer — aber auch nur solche — wohl sonst schon erreichen, aber das Neue ist der wirbelnde Wechsel, der schier wie ein Wunder wirkt.

AUFNAHME VON FR. MAASSEP, WERNIGERODE.

Brockenbahn beim Eckerloch.

Zunächst wird mit tiefer Einbiegung das Eckerloch überschritten, die tiefe Schlucht des Schluftwassers, die die Heinrichshöhe vom Königsberge trennt; hinter uns tritt plötzlich die Brockenkuppe fast erschreckend nahe und machtvoll hervor, dann vor uns das Dorf Schierke, reizend ins Thal gebettet, ein entzückendes Bild; die Südostecke des Königsbergs, der Schluftkopf wird umfahren, dann in längerer Linie sein Südwesthang bestrichen, und das Thal der Kalten Bode und die Berge dahinter marschieren auf, einer nach dem andern, der Barenberg mit den Schnarcherklippen, der große und kleine Winterberg und hinter diesen, sie alle überragend, der gewaltige Wurmberg, die spitze Kuppe der Achtermannshöhe, nun das Gebiet der großen Moore, der Rehberg, der Bruchberg; und nun wieder eine Wendung um die Nordwestecke des Berges dicht unter den Hirschhörnern hin; wir erkennen das Torfhaus und das Sonnenberger Weghaus, die Hopfensäcke und die Quitschenbergklippen, dann die Okerthalberge, die Schalke dahinter, die Harzburger Gegend — und dann sind alle diese Augenblicksbilder plötzlich verschwunden. Die Bahn durchbricht in tiefem Hohlweg das große Moor der Senkung zwischen Königsberg und Brocken und wendet sich ganz nach Osten, im Süden der Kuppe selbst hinziehend — hier wieder ein Blick über das Eckerloch nach Schierke und durch die Thalöffnung der oberen Bode auf die weite Hochebene; bei der Senkung der Heinrichshöhe eine Wendung nach Norden und mehr und mehr nach Westen; der Nordrand des Harzes tritt in die Erscheinung, Wernigerode mit dem Schlosse, Ilsenburg, Harzburg; wieder die Schalke, Bruchberg und Rehberg, auch der lange Acker —, und die Dampfpfeife ertönt, Station Brocken ist erreicht. Noch ein kurzer Weg zum Turme und zum Hause — nicht immer ein ganz leichter bei Sturm und Wetter — und das Ziel ist errungen, und man kann sich von den schweren Anstrengungen der Maschine bei Bier oder Champagner gebührend erholen.

Doch nicht allzu lange wird es uns im Zimmer halten; der Turm lockt und die Aussicht; der Himmel ist klar, die Luft ist rein, doch wer weiß, wie lange das dauert? Wir ersteigen den 18 m hohen Turm — die einzige Arbeit dieses ernsten Tages — wir finden tadellose Fernsicht, kein Zweifel, wir übersehen heut' die berühmten 250 km zwischen den entferntesten Punkten, wir grüßen die Türme von Braunschweig und Hannover, von Magdeburg und Leipzig, ja, den Brandenburger Hagelberg; Rhön, Thüringerwald selbstverständlich, kurz, wir haben Glück, ganz seltenes Glück — und das Ergebnis wird wahrscheinlich eine ganz leise oder, je nach der Gemütsart, eine ziemlich starke Enttäuschung und Ernüchterung sein.

Was mußte man vom Brocken nicht alles erwarten, dessen ehrwürdiges Haupt wir so oft aus der Ferne und Nähe bewundert haben, der den Harz und weithin die Vorlande des Harzes beherrscht so ausschließlich, so streng monarchisch wie kein anderer Hochgipfel sein zugethanes Gebirge, nicht der Feldberg den Schwarzwald, nicht der Belchen die Vogesen, nicht die Schneekoppe das Riesengebirge, noch auch Montblanc oder Ortler die Alpen: all diese hohen Häupter sind Erste unter Gleichen, die vornehmsten Herren einer aristokratischen Republik: der Brocken ist unbeschränkter König, alles bezieht sich auf ihn, in jeder Fernsicht noch im östlichsten Winkel des Harzes, noch weit in der nördlichen Ebene spielt er die erste Rolle, jedes Bild erhöht und verklärt seine edle und mächtige Form; aus jedem andern Gebirge kann man dessen höchsten Gipfel getrost hinwegdenken, ohne daß es wesentlich seinen Charakter verändert: der Harz ohne Brocken ist ganz undenkbar. Ist dieser doch darin schon einzig, daß er allein im Harze über die Waldzone hinausragt, daß er unabänderlich und von Amts wegen eine Glatze trägt: diese Glatze ist das, was sterblichen Königen die Krone ist. Sie drückt ihm den Hochgebirgsstempel auf, sie entrückt ihn völlig dem Kreise seiner Brüder in eine höhere Sphäre.

So war die Erwartung auf die von ihm zu offenbarenden Wunder aufs höchste gespannt — und siehe, er giebt freilich sehr viel mehr als die anderen Berge, aber er giebt auch sehr viel weniger, weil er allzuviel giebt, weil er das Maß und die Form vergißt. Das griechische tiefe Wort von der Hälfte, die mehr ist als das Ganze, gilt auch vom Brocken. Es ist eine ungeheure Weite, die wir überblicken, aber eine haltlose, ungegliederte, zerfließende Weite. Nach drei Seiten dehnen sich ziemlich gleichförmige Ebenen, nur gleichsam in mehreren Stockwerken gelagert: die große Tiefebene füllt den ganzen Nordhalbkreis aus, gestaltlos und eintönig hingegossen, mit gleichgültigen Städten und Dörfern übersprengt; die belebenden Hügelzüge sind fast verschwunden, erscheinen plattgedrückt aus der zu großen Höhe. Dasselbe gilt von der großen Hochfläche des Unterharzes im Osten, die noch aus der Höhe von Schierke so reizvoll erschien: von hier oben reckt sie sich vor uns fast noch einförmiger als das Tiefland, größtenteils mit Wald bedeckt, doch mit breiten Feldflächen untermischt, wenige Ortschaften dazwischen, die eingeschnittenen Thäler, in denen die Schönheit des Harzgebirges wohnt, dem Auge nicht erkennbar, die geringen Erhebungen wie der Ramberg und der Auerberg von unbedeutendster Form. Nicht viel besser ist's im Westen; der Oberharz, um eine Stufe höher getürmt, ist doch in der Hauptsache wieder eine Ebene, nirgends eine geschlossene, formenreiche Bergkette, nur im Süden die Fläche gespickt mit einer großen Zahl spitzigrunder Kegelberge, einer fast genau dem andern gleichend, stumpfsinnig nebeneinander gesetzt wie Sandhäufchen, von spielenden Kindern in einer Form gebacken; nirgends auch ein klar gezeichneter Thaleinschnitt, noch weniger ein malerischer Aufbau, ein poetischer Winkel: einzig die Gegend von Wernigerode zeigt etwas der Art, aber auch in allzu verkleinernder Ferne und Tiefe. Das meiste Interesse werden im Süden und Südwesten die fernen Bergketten erwecken, der Thüringerwald, der Meißner, die Hohe Rhön und andere; sie können bei günstigem Sonnenstande auch durch feine Beleuchtungen erfreuen.

Und dann hat freilich auch der Vordergrund seine Anziehungskraft, das Brockenfeld und das Brockengebirge selbst mit seinen Verzweigungen und Ausläufern, hier giebt es doch Gliederung, feste Thäler und Höhen: nur geben auch dies Bild die umliegenden Berge zwar nicht so vollständig, aber mit größerer, plastischer Kraft — schon weil sie die Brockenkuppe selbst in dem Rahmen umfassen.

So mäßig begeisternd mag manchem wackeren Naturfreunde die Brockenaussicht auf den ersten Blick sich darstellen, wenn ihm so tadellose Wetterklarheit beschieden war. Gelingt es ihm aber, den stillen Unwillen in sich zu überwinden, so wird er sich dennoch ergriffen fühlen von der ernsten Erhabenheit einer so großen Raumweite an sich, von dem vornehmen Gefühl des herrschenden Schwebens über allen Dingen. Solchem Gefühl mag auch die freilich nur vermittelte und anschauungslose Betrachtung zu Hilfe kommen, auf wie riesenhafte Strecken hin unser bescheidener Brocken mit seinen armen 1142 m Höhe seine herrschende Stellung behält: findet er doch nach Osten und Westen erst in Asien und Amerika seines Gleichen. Nach Süden und Norden ist er freilich entthront, aber ein ganz hübscher Weg ist es bis zu den Alpen und den norwegischen Gebirgen immerhin doch auch.

Sodann aber, und das ist die Hauptsache: er kennt in Wahrheit vom Brocken und seinen Reizen noch verzweifelt wenig. Ein vollkommen gutes Sommerwetter ist für den Brocken bei weitem nicht das beste Wetter. Viel großartiger ist es schon, wenn stürmische Wolken über die Kuppe fahren und in aufregendem Wechsel die Welt bald verhüllen, bald wieder freigeben, bald diesen, bald jenen Teil des großen Rundbildes der Betrachtung öffnen; oder wenn gar ein Gewitter unter unseren Füßen sich austobt, ein wunderbarer und unvergeßlicher Anblick. Vom Sonnenaufgang und -Untergang soll hier gar nicht die Rede sein: diese Schauspiele brauchen schließlich keinen Brocken, um durchschlagende Erfolge zu erzielen, wenn sie auch hier noch besondere Effekte zu stande bringen.

Die großen Künstler aber, welche den Charakter des Brockens vollkommen verwandeln und mächtig erhöhen, sind Nebel, Schnee und Rauhreif.

Im Spätherbst ist es eine fast regelmäßige Erscheinung, daß Tage, auch wochenlang dicker, kalter Nebel die unglückliche norddeutsche Tiefebene in Trostlosigkeit einwickelt, während im Gebirge der Himmel in bezaubernder Klarheit lacht und eine fast sommerliche Wärme die Höhen überflutet. Es kommt vor, daß es in den Städten des Harzrandes unter dem Nebel Stein und Bein friert, während man auf dem Brocken im Freien seinen Nachmittagskaffee trinkt: man fühlt sich hier mitunter im November im ungeheizten Zimmer behaglich, wenn unten im Thale die Kohlenhändler jauchzen. Die Nebelschicht ist nicht selten so dünn, daß schon die Spitzen der Kirchtürme darüber hinwegragen und man schon auf den niedrigeren Randbergen, wie beim Wernigeröder Schlosse, im schönsten Sonnenschein wandelt.

Ist dies der Fall, so hat man vom Brocken den Anblick eines uferlosen Meeres, aus dem sich scharf abgegrenzt mit deutlichen Rändern das Harzgebirge emporhebt. Diese Illusion des Meeres kann bis zur vollkommensten Täuschung gehen. Manchmal ist es eine glatte ruhige Fläche wie bei tiefer Windstille, manchmal aber wälzen sich gewaltige Wogen, schwerflüssig und langsam, die Wasserwogen nur noch in der Form, nicht mehr in der Bewegung nachbildend und doch die Illusion nicht störend. So stark ist diese, daß man in der Ferne hier und dort die Rauchsäulen eilender Dampfschiffe zu sehen glaubt: es werden Fabrikschornsteine sein, deren Qualm den Nebel durchbricht. Man sieht auch wohl riesige Brandungswellen zäh schwellend gegen die Bergwände schlagen und wuchtig wieder zurückprallen, ein Anblick so wunderbar und voll dauernden Reizes wie die wirkliche Wasserbrandung.

Der Nebel kann aber auch höher steigen und neue Wunder bewirken. Er dringt hoch hinauf in die Thäler, zeichnet deren Verlauf nun fest und deutlich und macht sie zu tief einschneidenden Föhrden oder breiten Strömen mit steilen Waldufern. Er steigt noch weiter und überdeckt die ganze Hochebene des Unterharzes, die Insel ist auf ein Drittel zusammengeschrumpft, nur der Oberharz ist übrig. Auch dieser versinkt und nach ihm allmählich auch seine überragenden Kuppen, der Ravensberg, der Knollen, der Stöberhai, zuletzt auch die Schalke; langsam wird vom Oderteich her auch das Brockenfeld überflutet, auf dem eine kurze Zeit lang der See, den wir früher träumten, sich leibhaftig darstellt. Immer enger und immer öder ward das Eiland, auf dem wir stehen, mit dem Torfhause versinkt die letzte Spur von menschlichem Siedeln. Was jetzt noch Land ist, ist ein zersplittertes, vielgegliedertes Gebiet mit lang vorgereckten Halbinseln — und jetzt schon Inseln für sich: der Wurmberg mit den Winterbergen hat sich losgetrennt, ebenso der Bruchberg mit dem höheren Acker, — die Hanskühnenburg ist schon verschlungen, — und der rundköpfige Rehberg steht für sich und für sich die Achtermannshöhe.

Die schweigsame Flut leckt weiter und weiter; der Acker versinkt ganz, dann die Quitschenbergklippen, der Rehberg, die Winterberge, der Bruchberg; vom engeren Brockenstock sind Erdbeerkopf und Hohneklippen von den Wogen überschwemmt, der Renneckenberg und die Zeterklippen, auch nur in den allerhöchsten Spitzen noch sichtbar, abgetrennt und verinselt. Auch diese tauchen unter und zugleich die Achtermannshöhe: was bleibt, ist noch die Wurmbergspitze als Insel und der Brocken mit seinen beiden Schultern. Auch jene ertrinkt, und Königsberg und Heinrichshöhe werden zu Inseln, um bald, erst jener, dann diese, von der Sündflut gefressen zu werden.

Jetzt steht nur noch die Kuppe selbst über Wasser, immerhin noch ein ganz ansehnliches Stückchen Land, das dem oberen Ausschnitt einer schwimmenden Kugel gleicht. Dieser wird kleiner und kleiner; die letzten verkrüppelten Bäumchen verschwinden, nur eine einsame Arche, das Brockenhaus, schwimmt noch auf dem endlosen Meere. Und zuletzt geht es auch ihr und dem Turme ans Leben. Und wollten wir auf seine höchste Kuppe hinaufklettern, so könnte es geschehen, daß wir bis zum Halse von der festen weißlichen Masse umwogt werden und nur noch unser verdutztes Haupt wie ein Böcklinsches Seeungetüm aus dem weltverschlingenden Meere hervorguckt, über ihm Sonnenschein und lachender Himmel. Doch auch das Ungetüm muß hinab in sein Element, und wenn sein Auge noch so sonnenhaft ist, so wird es von der Sonne keine Spur mehr erblicken.

Vielleicht nun tage-, vielleicht wochenlang keine Spur. Immer der dicke, zäh lagernde Nebel: und dazu kommt auf einmal ein kräftiger Frost. Wir verweilen die Nacht in dem gastlichen Hause und getrösten uns des Morgens, der uns neue Klarheit bringe. Das thut er zwar nicht, der Nebel klebt: doch als wir aus der Thür treten, entdecken wir neue Wunder über Wunder, die wir einzig diesem liebenswürdigen Nebel verdanken. Er ist es, der aus jedem Gegenstande im Freien weitum, jedem Baume, jeder Stange, jedem Draht, jedem Grashalm ein entzückendes Kunstwerk gemacht hat. Wer den Rauhreif — der hier Anhang genannt wird — nur in der Ebene oder niederen Gebirgsschichten kennt, kann sich schwer eine Vorstellung von seinen Großthaten auf dem Brocken machen. Zwar die entzückend zierliche Spitzenklöppelarbeit im kleinen kennt und bewundert man auch dort nach Gebühr, aber nicht seine Kraftleistungen, nicht was er im großen verrichtet. Man betrachte nur die Telegraphenleitung, ein an sich gewiß weder poetisch noch künstlerisch interessantes oder gar schönes Ding: die Stangen sind in eine prächtig schimmernde Eiswand von beträchtlicher Breite, oben bis über Mannslänge, unten etwas schmaler, eine sonderbare Form, verwandelt, die Drähte sind spannendicke Gewinde geworden, die tief bis zum Boden herabhängen — wenn sie nicht längst zerrissen sind. Man hat die Schwere des Anhangs am Draht zwischen zwei Stangen nach einer Nebelnacht auf über 10 Zentner berechnet. Daß die dünnen Drähte das tragen sollen, kann man nicht verlangen; sie werden deshalb regelmäßig vom Herbst bis zum Frühling abgenommen und der Telegraph außer Betrieb gesetzt, so daß der Verkehr mit der Welt auf Briefe beschränkt ist, die auf Schneeschuhen nach Schierke gebracht werden — für die Wetterberichte vom Brocken ein bedeutender Übelstand.

Wenn das am dürren Holze — das ist doch eine Stange — geschieht, was soll am grünen werden? Und es wird auch etwas! Daß der Rauhreif nicht nur Drähte zerreißen, sondern auch hohe Bäume zerbrechen kann, sei nur nebenher erwähnt, denn das geschieht immerhin seltener. Zumeist begnügt er sich, in souveräner Künstlerlaune den Fichten eine Gestalt zu geben, wie sie toller und abenteuerlicher keine Phantasie auszudenken vermag. Die modernsten Künstler, die das Bizarre so lieben, sollten einmal auf dem winterlichen Brocken ihre Studien machen; das könnte etwas geben! — Zunächst überzieht sich jede einzelne Nadel, jeder Zweig mit einem dichten Gespinst von allerzierlichster Arbeit und doch von solchem Gewicht, daß die Zweige sich demütig immer tiefer herabsenken. Ein Sonnenschein bricht durch und schmelzt im Augenblick die zartesten Eisfasern, die am hangenden Zweige herab-

AUFNAHME VON FR. ROSE, WERNIGERODE.

Brockenkuppe.

rinnen, unten im Schatten schnell wieder gefrieren und sich durch neuen Zuschub von oben zu immer längeren Eiszapfen auswachsen, die mit der Zeit den Erdboden erreichen, aber nicht mehr als dünne Stäbe, wie sie anfingen, sondern, durch den Rauhreif selbst wieder in neue Arbeit genommen, zu handfesten Säulen gestaltet, die nun ihrerseits den Ästen als gediegene und sehr wertvolle Stützen dienen.

Nun denke man sich einen solchen auf zahlreichen glitzernden Säulen ruhenden Baum, dessen einzelne Äste und Zweige wiederum durch hundert und aberhundert Säulchen gestützt und verbunden sind, und der ringsum von einer wie Perlen und Diamanten schimmernden Eisfülle umgeben ist — das ist ein Weihnachtsbaum, wie ihn kein menschliches Schmuckwerk zu stande bringt! Und nun einen solchen Wald, wo die Fichten nicht regelmäßige Pyramiden sind, wie tiefer unten, sondern schon im Sommer die allerbarocksten, verrenktesten Formen zeigen, da Baum für Baum in so launenhaft phantastischem Aufputz: das kann ganz berückend schön sein, wenn plötzlich die Sonne die schleichenden Dünste auflöst und nun ein überschwengliches Funkeln und Leuchten aller Regenbogenfarben in dem silbernen Zaubergewebe beginnt und zugleich ein leises Rieseln und Raunen und Tupfen von Millionen abgleitender Tröpfchen: es kann aber auch unheimlich bis zur Beängstigung sein, wenn schleichende Nebel lautlos diese verhexte Wildnis durchwandern und die tollgewordenen Baumgestalten noch ungeheuerlicher und spukhafter verzerren. Solcher Anblick könnte allein schon das Entstehen der Hexensagen erklären, mit denen die Volksphantasie diesen einsamen Gipfel umsponnen hat.

Und wieder verweilen wir wohl eine Nacht, begeistert durch solche Entdeckungen: und am andern Morgen finden wir eine tiefe, leuchtende Schneedecke über die Kuppe gebreitet, und nicht über diese allein, auch über das ganze Gebirge nach allen Weiten: und mit einem Schlage ist die Landschaft wunderbar verwandelt und verklärt und in ihrer Wirkung unendlich gesteigert. Das ist der Brocken, den Goethe gesehen hat: „Ich stand wirklich in der Mittagsstunde, grenzenlosen Schnee überschauend, auf dem Gipfel des Brockens, zwischen jenen ahnungsvollen Granitklippen, über mir den vollkommen klarsten Himmel, von welchem herab die Sonne gewaltsam brannte." Man hat sich wohl gewundert, daß Goethe, der doch die Schweiz schon gesehen hatte, sich über seine Brockenbesteigung gegen Frau von Stein in gar so überschwenglicher, so leidenschaftlicher Verzückung äußert; die Erklärung liegt zu einem guten Teile in der einfachen Thatsache: er hat den Brocken eben im Winter gesehen, im vollen Schneeschmuck, der alle Gebirgsformen größer und edler erscheinen läßt.

Heutzutage wird er im Winter keineswegs mehr selten bestiegen; das Brockenhaus ist das ganze Jahr durch bewohnt und mit allem Nötigen zum Empfang der Gäste versehen. Anstrengend ist der Aufstieg allerdings, auch bei gutem, tragendem Schnee und mit Schneeschuhen, ohne solche bei frischem, lockeren Frostschnee oft nahezu unmöglich und zumal für einen einzelnen Wanderer lebensgefährlich. Gut Wetter ist Vorbedingung; in einen Schneesturm zu geraten ist nie ohne Gefahr, gegen einen solchen bergauf anzudringen, undenkbar. Es ist vorgekommen, daß Leute stundenlang auf der Kuppe selber umhergeirrt sind, ohne das Haus finden zu können; die rufende Stimme erstickt der Wind erbarmungslos. Die Gewalt solcher Stürme spottet jeder Beschreibung; nur kriechend können die Leute das Haus verlassen, der Wind reißt ihnen beim Stehen die Beine unter dem Leibe weg.

Die Winterbesteigung geschieht am häufigsten und leichtesten von Schierke durch das Eckerloch, wohin auch der Verkehr der Brockenleute geht, deren Schneeschuhspuren man häufig folgen kann. Auf der Eisenbahn gehen wohl auch im Winter gelegentlich Sonntagszüge hinauf, und man kann dann ohne Mühe und Gefahr einen Vorgeschmack der Herrlichkeit gewinnen, hat man rechtes Glück, auch wohl schönen Rauhreif finden. Nach stärkerem Schneefall aber hört dieser Verkehr auf, auch der Schneepflug kann es dann nicht mehr schaffen, die Verwehungen durch die selten ruhenden Stürme sind zu gewaltig; sind doch die Schneedünen am Brockenhause selbst bis zu 9 Meter gestiegen. —

Doch der Sommer hat auch seine Rechte, und die meisten Menschen werden immer diese beliebte Jahreszeit für ihre Reisen vorziehen, weil es da wärmer ist. Wer nun im Sommer dem Brocken seine intimeren Reize ablauschen will, der soll sich nicht mit dem flüchtigen Besuche seiner Hauptkuppe begnügen, sondern auch seinen Trabanten einen oder einige Tage widmen, in erster Linie dem Königsberg und der Heinrichshöhe, sodann den etwas entfernteren, aber doch noch der Gruppe zugehörigen Zeter- und Hohneklippen.

Von der Heinrichshöhe (1042 m) haben wir schon geredet. Noch interessanter und schöner, doch etwas schwerer zugänglich, ist der Königsberg (1029 m). Immerhin geht ein Pfad von Schierke her über den Schluftkopf hinauf bis zur ersten Klippe, doch dieser recht steil und beschwerlich. Bequemer wohl geht man — bei trockenem Wetter — von der Senkung zwischen ihm und dem Brocken aus quer über das Moor, indem man die waldfreien Stellen sich mit eigener Schlauheit heraussucht. Man kann sich auch von den Hirschhörnern geradeswegs durch den Wald schlagen und hat dann fast gar nicht mehr zu steigen: dafür ist aber dieser Wald, obgleich nicht sehr ausgedehnt, ein wahrer Ausbund von Unarten und struppigen Launen, und man wird meist recht froh sein, wenn man ihm wieder entschlüpft ist, womöglich mit heilen Kleidern. Doch sobald man ihn im Rücken hat, ist alles gewonnen und jede Beschwerde vorüber; das offene Moor liegt vor uns, nur noch von kleineren und milderen Waldstreifen durchsetzt.

Der Königsberg ist ein länglicher Kamm, der sich zwischen dem Schluftwasser etwa 3 km lang von Nordwesten nach Südosten erstreckt und an diesen beiden Enden ziemlich steil abfällt. Sein mooriger, flacher Rücken ähnelt dem des Bruchbergs und stünde diesem an geheimnisvoller Romantik kaum nach, wenn nicht die Eisenbahn seine frühere Einsamkeit ein wenig beeinträchtigte, und auch das Brockenhaus mit seinem Menschengetriebe schon aus allzu vertraulicher Nähe herüberwinkte. Dafür trägt er eine Reihe von schönen Klippen, die wundervolle und wechselreiche Aussichten gewähren, die prächtigste die Rabenklippe, etwa in der Mitte des Kammes gelegen und leicht zu ersteigen. Gewaltig bauen sich im Norden und Süden die beiden Kolossalgruppen des Brockens, mit der Heinrichshöhe, und des Wurmbergs, mit den Winterbergen, hinter den tiefen Thalschluchten auf, dann weiter der Achtermann und Bruchberg, und dazwischen ein reizender Weitblick nach Südwesten in die Gegend von Lauterberg. — Über die Formation der engeren Brockengruppe kann man sich hier besonders trefflich orientieren.

Der Berg senkt sich nun langsam; auf mehrere kleinere Felsgruppen folgt die Kanzelklippe, eine interessante, burgähnliche Bildung, die deutlich einen halben Mauerring von beträchtlichem Umfang darstellt. In der Nähe findet man zwei eng umrahmte, sehr schöne Blicke, die wir beide, doch in Hast, auch von der Eisenbahn genossen haben, den einen in den tiefen, dunkeln Tannengrund des Bodethals, mit dem Wurmberg dahinter, den andern auf das Dorf Schierke, das, seiner ganzen Länge nach hingestreckt, in seinen Bergen gerade vor uns liegt. Endlich geht es über den Schluftkopf auf steilem, aber sehr hübschem und romantischem Wege, der die Eisenbahn kreuzt, zum Schluftwasser oder zur Bode hinab.

Die Zeterklippen sind die nördliche Fortsetzung des Renneckenbergs, der sich mit einem schmalen, wenig eingesenkten Sattel, Brockenbett genannt (910 m), an die Heinrichshöhe anschließt. Auf diesem Sattel, von dem das Ilsethal nach Norden hinabsteigt, treffen sich die Brockenwege von Schierke, Wernigerode und Ilsenburg. Wir folgen der Ilsestraße eine gute Viertelstunde abwärts, um dann einen Waldpfad zur Rechten einzuschlagen, der in einer weiteren Viertelstunde zur Zeterklippe (929 m) hinaufführt. Sie ist durch Leitern und Eisenstangen zugänglich gemacht, und die Aussicht, besonders auf den nur durch das enge, tiefe Ilsethal von ihr geschiedenen Brocken, ist von gewaltiger Wirkung; wahrhaft riesenhaft erscheint in dieser Nähe die kolossale Breitwand der Kuppe, mit der Heinrichshöhe zur Linken und dem Kleinen Brocken, dem nördlichen Ausläufer, zur Rechten.

Ostwärts kann man von hier in das obere Holtemmethal und dann nach der Steinernen Renne gelangen; wer aber Lust hat, sich pfadlos in die Wildnis zu vertiefen, der kann hier die Bekanntschaft einer steinübersprengten, sumpfdurchzogenen Urwaldwüstenei machen, wie sie in solcher wilden Herrlichkeit der Harz nur an ganz vereinzelten Stellen noch aufzuweisen hat.

Der Hauptkonkurrent in diesem Fache ist der Hohneklippenkamm, der östlichste, weit vorspringende Ausläufer der Brockengruppe. Er ist durch eine flache Senkung, das Jakobsbruch, von dem südöstlichen Renneckenberge und dessen niedrigerer Fortsetzung, dem Ahrensklint (792 m) und dem Erdbeerkopf (857 m), getrennt und fällt nach den andern Seiten steil zur Hochebene ab, die er um etwa 400 m überragt. Sein schmaler, doch in der Mitte breiter anschwellender Rücken streicht von Nordwest nach Südost und ist durchweg mit sehr dichtem Walde bedeckt, aus dem eine ganze Reihe gewaltiger Klippen, die meisten sich weithin markierend, hervorragen. Eine von diesen, die mehr südöstlich gelegene Leistenklippe, ist von Schierke, dem Forsthaus Hohne (nahe der gleichnamigen Station) und von Wernigerode über den Ottofelsen (im ganzen drei Stunden) auf verschiedenen Pfaden leicht zugänglich, auch ihre Besteigung künstlich erleichtert, und sogar eine Schutzhütte ihr zugesellt. Sie wird viel besucht und bietet ihren Gästen eine der glänzendsten Fernsichten, nach drei Seiten hin ungefähr die der Brockenkuppe, nur daß der westliche Abschluß durch diese selbst dem weiten Bilde einen kräftigen Halt, ein bedeutsames und großartiges Centrum, verleiht. Die freundlichste Stelle ist auch hier wieder Wernigerode.

Auch weiter längs des Kammes führt von der Leistenklippe ein kleiner Jägerpfad, und wer ihn einschlägt, kann mit erfrischender Sicherheit darauf rechnen, sich sehr bald zu verirren. Und hat man einmal den Pfad verloren, so geschieht es gewöhnlich, daß man nach einer halben Stunde Suchens an einer Stelle wieder anlangt, die man vor dreißig Minuten verlassen hatte. Die Zahl der Wiederholungen dieses Kunststücks ist verschieden, je nach Laune und Lust der neckischen Klippenkobolde. Denn völlig mit rechten Dingen geht die Sache nicht zu; festgestellt aber ist sie durch das klassische Zeugnis einer Reihe der gewiegtesten Harzwanderer. Es giebt auch ermunternde Abwechselungen bei dieser Irrfahrt; einmal gerät man in einen Sumpf, aus dem man sich jedoch manchmal bald wieder herausfindet, ein andermal in ein Steinmeer mit sehr tiefen, aber keineswegs regelmäßig angebrachten Löchern, die einem graziösen Tänzeln einigermaßen hinderlich sind, oder man wird von einem boshaften Fichtendickicht eingefangen, das mit tausend spitzigen Aststümpfen das Entrinnen zu verhindern sucht und oft recht erfolgreich darin ist. Oder man hat auch diese drei Freuden alle auf einmal und noch dazu ein hochmalerisches Labyrinth umgestürzter Baumstämme, über die hinwegzuklettern zu den anregendsten Turnübungen gehört.

Wenn man jedoch durch irgend ein liebliches Wunder aus solchen Fährnissen gerettet ist und wieder auf ehrbarem Boden wandelt, so wird man sich gestehen müssen, daß man etwas Großartigeres, etwas so die Phantasie und alle Sinne Berauschendes, wie diesen Wald und diese Klippen, so bald nicht gesehen hat. Es giebt auch ein Rettungsmittel ohne erheblichere Wunder, und zwar ein sehr einfaches: man besteigt eine der Klippen, nimmt eine Prise Aussicht und orientiert sich. Allerdings wird man sich nachher wohl doch wieder verirren, aber es war doch ein Zwischenspiel, und die Aussicht war entzückend. Ersteigbar sind sie wohl alle, wenn auch nicht immer bis zum höchsten Blocke, und nicht immer ohne Hände, Kniee und Hosenboden; im Winter bei starkem Schnee ist das Klimmen jedoch bedeutend erleichtert. Die Aussichten geben das nämliche Bild in immer neuen, reizvollen Schiebungen und steigern die Wirkung nach Nordwesten mit der Annäherung an den Brocken. Die letzte in der Reihe ist die Landmannsklippe; von ihr führt ein schwer auffindbarer Pfad, nahe dem Lauf der Kleinen Holtemme, zur Steinernen Renne hinab. Wir aber wenden uns diesmal weglos nach der andern Seite und wandern durch das offene Jakobsbruch und über den Erdbeerkopf, dessen abgeholzte Kuppe einen guten, übersichtlichen Rückblick auf die Klippenreihe bietet, hinab nach Schierke.

Das Gebiet der Zorge.

Wir verließen, als wir die eigentliche Brockenfahrt begannen, den Hauptstrang der Harzquerbahn bei der Station Dreiannen-Hohne (543 m), am Ostfuße des Hohneklippenkammes. Wir kehren zu dieser zurück und besteigen den Zug nach Nordhausen, um die südlichen Harzteile nicht aus den Augen zu verlieren. Die Bahn hält sich nun etwa 20 km lang, mit leichten Senkungen und Hebungen, auf der Höhe des Unterharzes, eine Reihe von Bächen überschreitend, die sämtlich dem Bodegebiete angehören und ostwärts strömen, da die erhöhten Ränder der Ebene ihnen die Wege nach Norden wie nach Süden versperren. Diese Bachthäler sind sämtlich sehr flach, so daß die Strecke fast gleichförmig eben erscheint, ohne deshalb reizlos zu sein; besonders zur Rechten thun sich sehr schöne Rückblicke auf die Brockengruppe auf, deren einzelne Höhen hier merkwürdig gleichwertig nebeneinanderstehen, da die Hauptkuppe, als die entfernteste, die andern kaum merklich überragt.

Das Thal der Kalten Bode wird bei dem Dörfchen Elend (502 m), das der Warmen Bode bei Sorge (490 m) durchschnitten. Durch den traurigen Klang dieser durch einen höchst seltsamen Zufall so dicht aneinandergefügten Namen braucht sich niemand erschrecken zu lassen; sie sind wirklich Schall und Rauch und haben mit der heutigen Bedeutung der Wörter gar nichts zu thun. Bei Sorge kreuzt sich unsere Bahn mit einer zweiten Harzquerbahn, die sich aus der ebenfalls ganz neu erbauten Strecke Walkenried-Tanne und der alten Zahnradbahn Tanne-Blankenburg zusammensetzt.

Unser Zug eilt, freilich mit Weile, weiter nach dem nur 4 km südwärts gelegenen Städtchen Benneckenstein (535 m), das ungefähr die Mitte der Bahnstrecke darstellt, während es dem Südrande des Gebirges schon sehr nahe ist. Es liegt auf kahler Hochfläche, etwas eingedrückt in die flache Mulde der Rappbode, die von den Nebenbächen der Bode, deren größter sie ist, am weitesten nach Süden greift. Die Stadt mit einem geringen Umkreise ist eine Enclave der Provinz Sachsen, Regierungsbezirk Erfurt, die im Süden von hannöverschem, sonst von braunschweigischem Lande umschlossen ist; die Sprache ist noch niederdeutsch, gemäß der Zugehörigkeit zum Bodegebiet, während die ganz nahen Ortschaften Hohegeiß im Westen und Rothesütte schon thüringisch-mitteldeutsch reden. Die landschaftliche Lage ist an sich nicht eben schön, der Fichtenwald nicht allzu nahe, die freien Blicke auf das Brockengebirge ohne recht hebenden Vordergrund. Das hat aber den schönen Vorteil, daß es noch nicht, wie seine Kollegen von den oberen Bodethälern, Braunlage und besonders Schierke, von Fremden überströmt wird und daher sich die Keuschheit mäßiger Preise besser zu wahren vermochte. Die Luft ist ausgezeichnet, Wassertrinkern und solchen, die es werden wollen, kann es ganz extra empfohlen werden, und die Umgebung bietet eine Fülle von Schönheit; genannt sei hier nur der Große Ehrenberg bei Rothesütte und der Ebersberg bei Hohegeiß, 1—1½ Stunden entfernt, und der größere Spaziergang (3—4 Stunden) über Trautenstein, das reizende Rappbodethal ins Hauptthal der Bode nach Wendefurt oder Rübeland. Die neugewonnene Lage an der Querbahn aber erweitert den Kreis der Ausflugsziele ganz außerordentlich.

Von Benneckenstein führt die Bahn eine Strecke an der jungen, wiesentränkenden Rappbode entlang, und man macht die Bemerkung: was eine gute Bode werden will, krümmt sich bei Zeiten; sie überschreitet dann den Bach und klimmt zum letztenmal aufwärts über einen kahlen Sattel, hier mit 582 m ihren höchsten Punkt erreichend, um sodann in das Wassergebiet des Südharzes überzutreten und fortan ununterbrochen abwärts zu steigen. Das zunächst erreichte Tiefenbachthal ist anfangs noch flach, verengt sich aber schnell; seine fichtenbekleideten Hänge erhöhen sich, und von der einsamen Tiefenbachmühle an fahren wir immerfort durch ein prächtiges Waldthal, das seine Schönheit nun stetig steigert.

Bei der Eisfelder Thalmühle (352 m — also schon 230 m unter der Paßhöhe) fällt der Tiefenbach in die Bähre, deren herrlichem Thale die Bahn nun weiter bis zum Gebirgsrande folgt. Diese Strecke aber ist von so hoher und besonderer Schönheit — als Thalscenerie die prächtigste der ganzen Querbahn —, daß man wohl thut, die 6 km bis Ilfeld zu Fuß zurückzulegen, außer wenn man das Fahrgeld bereits bezahlt hat; dann kann man's natürlich nicht. Aber selbst in diesem Falle sollte man wenigstens bei der nächsten Haltestelle, Netzkater (309 m), die nächsten, noch nicht abgefahrenen 3 km (Verschwendungssumme 15—20 Pfennig) sich von der Seele reißen und der immer noch zu großen Eile dieser gemütlichen Klingelbahn entfliehen, sei es nur, um der an dieser glücklichen Stelle neu erbauten und vielbesuchten, stattlichen Hotelrestauration ihre Anlagekosten decken zu helfen.

Das Thal erfährt hier eine jähe Erweiterung durch das Einmünden zweier bedeutender Nebenthäler zur Rechten und zur Linken; eine breite, reizende Wiesenfläche thut sich auf, von den vierfach durchbrochenen Thalwänden in mannigfaltig prächtigem Aufbau umgeben; besonders wirkungsvoll ist der Blick nach Süden. Auch für einen dauernden Sommeraufenthalt ist die Stelle in manchem Betracht noch günstiger als Ilfeld selbst; dem oft etwas lärmenden Sonntagsverkehr, der von Nordhausen hereinbricht, wird man unschwer aus

AUFNAHME VON P. HALLENSLEBEN IN B.

Benneckenstein.

dem Wege gehen können. Man rettet sich beispielsweise westwärts, das wunderschöne Schoppenthal hinauf, in etwa zwei Stunden in das hübsche, hochgelegene Dorf Rothesütte (610 m), am Fuße des Großen Ehrenbergs, den man von da aus in einer Stunde bequem ersteigen kann. Oder man wendet sich durch das östliche Brandesbachthal nach der gastlichen Försterei Hufhaus, in waldberühmter Gegend, und mag unterwegs den Poppenberg erklimmen.

Wir ziehen indessen unsere Straße nach Süden weiter und durchwandern bis Ilfeld — knapp ³/₄ Stunden — eine Strecke von so großartiger Schönheit, daß man sich fast an das untere Bodethal erinnert fühlen mag, da es an stolzer Felsklippenromantik den üppigen Laubwaldhängen des engen Thales keineswegs fehlt; man darf diese Thalpartie den Glanzstücken des Harzes zurechnen.

Wir aber, nach der Wanderschaft zum Durst berechtigt, dürfen zu Ilfeld (260 m) zunächst an dem altberühmten Pädagogium vorübergehen und dem Früh- oder Abendschoppen in der „Goldenen Krone" huldigen, in die uns eine an Goethes Besuch von 1777 erinnernde Tafel hineinzwingt. In Ilfeld betrat er damals den Harz zuerst.

In der „Goldenen Krone" hatte er dann jenes harmlose Erlebnis, das ihm selbst als ein artiges Abenteuer erschien, und das er uns in seiner anschaulichen und sinnreichen Weise geschildert hat:

„Der Wirt führte mich durch das weite, hellerleuchtete Wirtszimmer, da ich mir denn im Vorbeigehen die sämtlichen munteren Gäste flüchtig beschaute. Doch sie sämtlich zu meiner Unterhaltung näher zu betrachten, gab mir in den Brettern des Verschlages eine Astlücke die beste Gelegenheit, die, seine Gäste zu belauschen, dem Wirte selbst oft dienen mochte. Ich sah die lange und wohlerleuchtete Tafel von unten herauf, ich überschaute sie, wie man oft die Hochzeit zu Kana gemalt sieht; nun musterte ich bequem von oben bis herab also: Vorsitzende, Räte, andere Teilnehmende, und dann immer so weiter Sekretäre, Schreiber und Gehilfen. Ein glücklich beendetes, beschwerliches Geschäft schien eine Gleichheit aller thätig Teilnehmenden zu bewirken, man schwatzte mit Freiheit, trank Gesundheiten, wechselte Scherz um Scherz, wobei einige Gäste bezeichnet schienen, Witz und Spaß an ihnen zu üben, kurz, es war ein fröhliches, bedeutendes Mahl, das ich beim hellsten Kerzenscheine in seinen Eigentümlichkeiten ruhig beobachten konnte, eben als wenn der hinkende Teufel mir zur Seite steht und einen ganz fremden Zustand unmittelbar zu beschauen und zu erkennen mich begünstigt. Und wie das mir nach der düstern Nachtreise in den Harz hinein ergötzlich gewesen, werden die Freunde solcher Abenteuer beurteilen. Manchmal erschien es mir ganz gespensterhaft, als sähe ich in einer Berghöhle wohlgemut Geister sich belustigen."

Nach dieser kleinen Goethe-Erinnerung geziemt es sich für den bedachtsamen Reisenden, einen Blick auf das Pädagogium zu werfen, das allerdings schon selbst dafür sorgt, daß es nicht übersehen werde; denn es ist in dem bescheidenen Flecken von 1225 Einwohnern ein durch seinen Umfang und seine Stattlichkeit höchst auffälliges Gebäude, das in dieser Gestalt der neuesten Zeit seinen Ursprung verdankt, während es im Volksmunde noch immer „das Kloster" heißt, aus dessen jetzt fast verschwundenen Mauern es erwachsen ist. Gestiftet war dieses gegen Ende des 12. Jahrhunderts von dem Grafen Elger II., aus einem Geschlecht, aus dem später die hochangesehenen Hohnsteiner (s. S. 108 ff.) hervorgingen, und blühte in reichem Besitz bis in die Zeit des Bauernkrieges, wo es, wie so viele andere, gründlich ausgeraubt und verwüstet wurde. Trotzdem bestand es als solches weiter, bis im Jahre 1546 der Abt Thomas Stange die Reformation einführte, und es auf den Rat Luthers und Melanchthons in eine Schule verwandelt wurde. Zu deren Rektor wurde im Jahre 1550 der junge, erst 25jährige Michael Neander bestellt, der sich, von Melanchthon selbst empfohlen, als ein ausgezeichneter Pädagoge erwies und die Anstalt, die damals nur 12, neun Jahre später jedoch schon 40 Zöglinge hatte, schnell in die Höhe brachte und sie 45 Jahre lang ganz allein, ohne einen Kollegen, unter schwierigen Umständen glänzend verwaltete und dabei noch Muße fand, viele und umfangreiche Werke zu verfassen. Die von diesem ausgezeichneten Manne begründete Blüte überdauerte die Jahrhunderte. Von manchen bedeutenden Männern, die diese Schule ausgebildet hat, ist der berühmteste Friedrich Wolf, der große Homerforscher, dem Goethe zusang:

Erst die Gesundheit des Manns, der endlich vom Namen Homeros
Kühn und befreiend uns auch ruft in die vollere Bahn!

Die Grabsteine von Stange und Neander, sowie des ersten Stifters Elger II. aus der alten abgebrochenen Kirche sind noch im Klostergarten vorhanden.

Das Land um Ilfeld war ehedem eine königlich hannöversche Enclave zwischen einem Stück Braunschweig und der preußischen Provinz Sachsen, ungefähr das Wassergebiet der Bähre mit einem Ausläufer nach Südosten umfassend, und ist 1866 preußisch geworden; nach der Besitzergreifung wurde auch das Pädagogium neugestaltet und ist seitdem als Gymnasium mit den Klassen Tertia bis Prima in gesteigertem Aufschwung begriffen.

Die Schüler sind um die landschaftliche Lage ihrer Pflegestätte als Zugabe zu der klassischen Weisheit wahrhaft zu beneiden. Eine Fülle von Waldspaziergängen in Thäler und auf Höhen steht ihnen zur Verfügung, und mehrere nahe Burgruinen, darunter der prächtige Hohnstein, sorgen für historische Romantik; etwaigen großstädtischen Herzensbedürfnissen kommt die letzte Strecke der Harzquerbahn entgegen, die in einer halben Stunde, nun schon außerhalb des eigentlichen Gebirges, nach Nordhausen führt.

Jlfeld.

Wir freilich, zur Zeit den Staub der Städte nach Kräften fliehend und nach den Höhen strebend, wenden uns zunächst dem nahen Poppenberge zu (600 m), den wir in einer Stunde ersteigen, der höchsten Erhebung zwischen der Josephshöhe bei Stolberg (575 m) und dem großen Ehrenberge bei Rothesütte (635 m). Der Wege von Jlfeld oder vom Netzkater giebt es verschiedene, der nächste durch das wunderschöne Gottesthal, der noch interessanter wird durch einen kleinen Umweg — freilich einen recht steilen — über die spitzen Felsnadeln des Falkensteins, mit reizenden Ausblicken in das nähere Gelände des Vorharzes. Auf dem breiten Gipfel des Poppenbergs — der auch Fürst Ottos Höhe genannt wird — steht ein luftiger Eisenturm, zu dem 13 bequeme Treppen hinaufführen, die nach oben immer kürzer werden, dergestalt, daß die unterste 20, die oberste nur noch 9 Stufen hat. Die Aussicht, ungemein weitreichend, ist die für den Unterharz charakteristische: im Vordergrunde das kräftige Berggekräusel des Bähregebietes, dahinter nach drei Seiten die breiten, mäßig gewellten Flächen der großen Hochebene, die im Nordwesten von der Brockengruppe bekrönt wird, und im Süden der endlose Blick über die Goldene Aue auf den nahen Kyffhäuser und fern den Thüringer Wald und die südwestlichen Gebirge.

Vom Poppenberg nehmen wir den Abstieg nach Süden auf die Ruine Hohnstein zu, die wir in einer Stunde erreichen. Der erste Blick von Norden her auf den steilen Burgfelsen ist höchst imposant, man erkennt schon hier die Ausdehnung und die verhältnismäßig gute Erhaltung des mächtigen Bauwerks, das an malerischer Ruinenwirkung im Harze wohl nicht seinesgleichen hat. Beim Aufstieg auf die Höhe, die sich 90 m über der Thalsohle erhebt, überschreitet man eine Trümmerhalde, die fast dem Geröll eines natürlichen Bergsturzes gleichsieht und Kunde giebt von der hier geschehenen gewaltigen Zerstörung. Diese ist erst im Dreißigjährigen Kriege durch einen kursächsischen Obristen, Vitzthum von Eckstädt, veranlaßt; er ließ die Burg kalten Blutes in Brand stecken, weil das Land die geforderten Kontributionen nicht aufzubringen vermochte, und verhinderte jeden Löschversuch der herbeieilenden Umwohner durch eine ringsum aufgestellte Postenkette. Durch diese brutale That sank die stolze Burg in Trümmer, die wenigstens in ihren ältesten Teilen ein halbes Jahrtausend überdauert und einem der mächtigsten Harzgrafengeschlechter den Namen gegeben und ihm als Wohnsitz gedient hatte.

Trotzdem ist die Zerstörung weniger gründlich ausgefallen als die der meisten andern Harzschlösser, die nach ihrer Aufgabe oder Niederlegung gewöhnlich als Steinbrüche benutzt wurden und dadurch erst ganz ihren Untergang fanden. Hier sind dagegen umfangreiche Mauern, Thorbogen und Türme erhalten, sogar einzelne Gemächer, die fast noch bewohnbar scheinen. Hie und da drängt sich der gewachsene Fels zwischen das Mauerwerk, und reichlicher Baumwuchs mitten in den Trümmern verstärkt den malerischen Eindruck des Ganzen. Von dem höchsten Turme genießt man eine treffliche Aussicht auf den südlichen Gebirgsrand mit der breiten, buchenbewaldeten Masse des Poppenbergs in der Mitte, die bewegten Berggestalten von Ilfeld zur Linken, und zur Rechten etwas ferner den hohen Birkenkopf der Stolberger Gegend. Auch nach Süden blickt man weit hinaus über die Höhen des Vorharzes.

Am Fuße des Hohnsteins, ein Viertelstündchen entfernt, liegt im Winkel einer geschützten Thalmulde, angenehm und freundlich am Waldesrand, der kleine Flecken Neustadt, gewöhnlich „unterm Hohnstein" oder auch „bei Ilfeld" zubenannt. Er wird als wohlfeilere Sommerfrische gern besucht und ist ausgezeichnet durch die Nähe noch mehrerer Ruinen, die alle schöne Aussicht gewähren, und von denen die eine Stunde entfernte Ebersburg auch durch ihren kolossalen Rundturm von fast 20 m Höhe bemerkenswert ist; sie gehört bereits zum Stolberger Gebiete.

Von Neustadt wenden wir uns wieder nach Westen und wandern auf der Landstraße durch den flachen Thaleinschnitt nach dem Dorfe Nieder-Sachswerfen, in dessen Nähe die Ilfelder Bähre in die von Nordwesten herströmende Zorge fällt, die nun, mit ihr vereinigt, südwärts nach Nordhausen und dann, wieder mehr östlich umbiegend, nach einer Meile sich in die Helme ergießt und also mit dieser ihre Wasser der Unstrut zuführt. Das Dorf ist mit zwei Bahnhöfen gesegnet, und so haben wir die Auswahl, auf welcher Strecke wir nach Nordhausen fahren wollen, ob auf der Querbahn oder der südlichen Harzgürtelbahn Herzberg-Sangerhausen.

Nordhausen ist zwar eigentlich keine Harzstadt im engeren Sinne mehr, denn es liegt schon ganz außerhalb der Berge in freier Ebene, aber doch ist es durch Geschichte und Leben so eng mit dem Harze verbunden und ist auch für den Reiseverkehr so wichtig, daß wir an ihm schwerlich vorübergehen können. Es hat im Südharz eine ähnlich centrale Lage, wie am Nordrand Wernigerode, von dem es genau südlich liegt; nur daß es nicht wie dieses den Vorzug eigener landschaftlicher Schönheit und der Brockennähe hat. Dafür ist der Kyffhäuser nahe und der Verkehr auch nach Süden bequem: kommt man von hier doch ebenso schnell in den Thüringer Wald als in den Nordharz, auch trotz der neuen Querbahn.

Die Stadt Nordhausen selbst bietet freilich dem Auge nicht das altertümlich-architektonische Interesse wie Quedlinburg oder Halberstadt, oder gar Goslar und Hildesheim; es ist im ganzen eine modern anständige Stadt mit einigen älteren Resten, darunter bedeutenden Teilen der Stadtmauer, stellenweise zum Großstädtischen strebend. Die beiden Hauptkirchen, der Dom und Sankt Blasii, zeichnen sich nicht durch Schönheit aus, beide erscheinen durch ein etwas zusammengedrücktes Hauptschiff sonderbar kurzleibig; sie sind gotischen Stils, doch der Dom mit einem romanischen Turme. Dagegen ist das Rathaus ein guter, einfacher Renaissancebau von vornehmem Ernst. An seiner Ecke steht ein Roland, im Jahre 1717 aus Holz gefertigt, in einem Schnürrock-Kostüm, das seltsam polnisch anmutet.

Was Nordhausen an äußerem Schein teilweise abgeht, ersetzt es durch innerliche Tugenden. Gemeint ist nicht allein die seit vierhundert Jahren bewährte Kunst der Erzeugung eines weltberühmten Kornbranntweins, der besonders im hohen Alter, so etwa hundertjährig, Milde und Kraft aufs schönste zu vereinigen weiß, sondern auch manche andere Handwerke und Fertigkeiten, welche die 28 000 Bürger, oder doch ein guter Teil von ihnen, mit wohlbelobtem Fleiße betreiben. Auch in der Hervorbringung bedeutender Männer ist die Stadt nicht faul gewesen und weiß solche durch Gedenktafeln zu ehren; erwähnt seien hier nur die beiden berühmtesten, aus der Reformationszeit Justus Jonas, der treffliche Freund Luthers, und aus der klassischen Zeit Friedrich August Wolf, der, wie schon berichtet, im nahen Ilfeld seine Ausbildung erhielt.

Großstädtisch angehaucht erscheint Nordhausen besonders durch seine prächtige Promenadenanlage innerhalb der Stadt und vor dem nördlichen Thore durch das „Gehege“, einen ausgedehnten Waldpark, der durch das abschüssige Gelände und den Wechsel des Baumbestandes — es ist meist Jungwald mit eingesprengten herrlichen Hochbäumen — eine anziehende Mannigfaltigkeit erhält. Es ist ein Schatz für die Nordhäuser, wie für die Berliner der Tiergarten, und ein kleiner Ersatz für die größere Entfernung des eigentlichen Gebirges. An der Ostseite des Gehölzes steht ein uralter Baum, der auf ein halbes Jahrtausend geschätzt wird, die Merwigslinde, die allerdings schon in das richtige Greisenalter eingetreten ist und nur noch durch die kolossale Dicke des kurzen Stammes, nicht mehr durch Schönheit der Äste und der Krone, Eindruck macht.

Von der tausendjährigen Geschichte der Stadt — Heinrich I. erbaute um 927 die Burg über schon vorhandenen Ansiedelungen — ist früher die Rede gewesen (s. S. 89 f.).

Wir haben den Südharz, den wir durch das Oderthal verließen, erst viel weiter östlich durch das Ilfelder Thal wieder betreten und werden nun die bedeutende dazwischenliegende Strecke westwärts durchwandern müssen. Es ist dies das Gebiet der Zorge, das von dem Grenzkamme östlich der Oder (mit Ravenskopf und Stöberhai) bis zu den Höhen hinter Neustadt unterm Hohnstein und hinter Nordhausen reicht. Die Zorge hat im Gebirge nur einen ganz kurzen Lauf und gehört zu den geringsten seiner Bäche; da sie aber nach ihrem Austritt dem Harzrande ein gutes Stück in südöstlicher Richtung folgt, so nimmt sie alle Wasser zwischen jenen beiden Scheiden auf und beherrscht somit den Südharz in sehr bedeutender Ausdehnung.

An der Zorge entlang fährt die Bahn zwischen den niedrigen, schroff abfallenden Gipsfelsen des Vorharzes hier in zwanzig und einigen Minuten nach Ellrich, einem sehr alten Städtchen von 4000 Einwohnern, das, einst zur Grafschaft Hohnstein gehörig, durch den westfälischen Frieden zu Brandenburg gekommen ist. Hier trat die älteste „Harzquerbahn“, der schon von den Ottonen benutzte Heidenstieg oder Kaiserweg, von Goslar und Harzburg kommend, aus dem Gebirge. Nahe dem Bahnhof hat man von dem niedrigen Burgberge aus eine gute Aussicht auf die Stadt und die bewaldeten Randberge des Harzes.

Die Stadt liegt mitten in bebauter, baumloser Ebene, gut eine halbe Stunde von den nächsten Bergen und Wäldern entfernt. Für einen dauernden Sommeraufenthalt eignet sie sich daher nicht so besonders, obgleich ihre Umgebung reichhaltig und schön ist. Dagegen wird gern als Sommerfrische benutzt das $^3/_4$ Stunden nordöstlich gelegene Dorf Sülzhayn; es liegt sehr anmutig, rundum von niedrigen, aber hübschen Waldbergen umgeben, in einem geschützten Thalkessel; eine vorspringende Hügelwelle schließt es auch gegen die Ebene ab und vollendet die Idylle. Noch weit reizender aber liegt eine halbe Stunde tiefer ins Gebirge hinein, auf halber Berghöhe, in einer bezaubernden Waldecke ein ganz neues Sanatorium vornehmen Stils, von dessen Terrassen und Balkonen sich ein beschränkter, aber wunderbar malerischer Thalblick eröffnet. Es giebt nicht viele

Rathaus in Nordhausen.

Punkte von so tief poetischer Stimmung, man glaubt schon durch den Anblick der Natur gesunden zu müssen. Die Anstalt ist in erster Linie für Angehörige der Grubengewerke bestimmt; doch sollen auch einzelne andere Kranke Aufnahme finden.

Von hier aus wird bequem in einer kleinen Stunde der „Große Ehrenberg“ erstiegen, von dessen teilweise bewaldeter Kuppe man zwar keine volle Rundsicht, aber einen vorzüglichen Ausblick nach mehreren Seiten auf Land und Gebirge genießt. Die Brockenkette baut sich in aller Pracht und Vollständigkeit auf, mit all seinen Ausläufern und Anhängen, bis hin zum Rehberg, Acker und Stöberhai; gerade vor der Brockenkuppe leuchtet das Dorf Hohegeiß auf freier Berghöhe. Nach Süden sieht man die Städte Ellrich und Nordhausen, und dahinter die reiche Ebene der „Goldenen Aue“ bis zum Kyffhäuser, und dann die ganze Weite der südlichen und westlichen Gebirge; den Vordergrund bilden schön geschwungene Waldberge.

Vom Ehrenberge kann man westwärts auf einem interessanten Kammwege, längs der braunschweigischen Grenze, mit vielem Auf und Ab zum Staufenberge ob dem Zorgethale hinübergehen und von da zum Flecken Zorge hinabsteigen. Ein gerader Abstieg aber führt östlich in einer Viertelstunde zum Jägerfleck hinab, einer Waldstelle, wo sich die Straßen Ellrich-Benneckenstein und Ilfeld-Rothesütte-Hohegeiß-Braunlage kreuzen. Der schöne Thalweg von dem nahen Rothesütte hinab zum Netzkater ist schon erwähnt worden; wir bleiben diesmal auf der Höhe und wenden uns nordwestlich nach Hohegeiß, dem höchstgelegenen Dorfe des Harzes (642 m), mit etwa 1000 Einwohnern, zu Braunschweig gehörig. Der Name stammt von einer alten Elendskapelle „zum hohen Geist“, die im Jahre 1257 zuerst erbaut und 1444 erneuert wurde. Eine Ortschaft entstand erst im 16. Jahrhundert infolge des Bergbaues, der seitdem längst wieder eingegangen ist; so erklärt sich die hohe, freie Lage, wie sie ältere Siedelungen niemals haben, auf einer kahlen Bergkuppe, die sich aus der Hochebene nicht unbeträchtlich heraushebt und namentlich nach Westen, zum Wolfsbachthale, tief und steil abfällt; sie ist in diesem Betracht ein Klein-Andreasberg zu nennen. Die heutigen Einwohner ernähren sich, da Getreide nicht mehr gedeiht, außer der Waldarbeit und ein wenig Viehwirtschaft, von allerhand Schmiede-, Böttcher- und Schnitzkünsten; viele der Hausierer, die in den Harzstädten und weit unten im Lande umherziehen, stammen aus Hohegeiß; auch die trefflichste und klügste aller Hausiererinnen, die von Wilhelm Raabe im „Schüdderump“ geschilderte, wird hier wohl zu Hause sein.

AUFNAHME VON P. HALLENSLEBEN, BENNECKENSTEIN.

Hohegeiß.

Auch die Fremdenverpflegung trägt neuerdings zum Unterhalt der Leute einiges bei. Auf den ersten Blick hat die Kahlheit der Höhe nichts sonderlich Verlockendes, trotz der hübschen Aussicht auf das Brockengebirge und andere Höhen; doch die Luft gilt als besonders zuträglich, und die Tagestemperatur schwankt weniger als in der Tiefe, wo die Thalwinde, namentlich im Sommer, oft sehr schroffen Wechsel erzeugen. Dazu birgt die Umgegend sehr schöne Dinge, wenn man deren Genuß auch immer zuletzt auf dem Rückwege durch einen ziemlich beschwerlichen Anstieg erkaufen muß. Die nächste Eisenbahnstation ist das ein Stündchen entfernte Benneckenstein.

Der besuchteste Punkt der Gegend ist der nordwestlich gelegene, in 3/4 Stunden ohne Anstrengung zu ersteigende Ebersberg (687 m). Dieser, ein schmaler Kamm, bildet mit seinen etwas niedrigeren Fortsetzungen einen langen, von Westen nach Osten gerichteten Querriegel, der die von Bodebächen durchströmte Wellenebene südlich vom Brocken, beträchtlich über diese erhöht, scharf vom Südharz abscheidet, wo die Wasser zur Zorge fließen. Diese eigentümliche Lage giebt der Aussicht von dem hölzernen Turme ihren besonderen Charakter. Wir sehen im Norden die flacheren Thäler nach Osten streichen, während sie im Süden, stärker vertieft, deutlich die südliche Hauptrichtung zeigen. Die Grenze des großartigen Bildes bezeichnet im Norden die Brockenkette, schön in die Breite entfaltet, im Westen der Ackerzug, im Osten dehnt sich die endlose Hochebene, von der sanften Kuppe des fernen Rambergs kaum merklich überragt, nach Süden aber öffnet sich der Blick weit über den Harzrand hinaus bis zum Thüringer Walde. An Ortschaften sieht man nur das nahe Hohegeiß auf seiner Höhe, sowie Benneckenstein und Tanne, in leichte Senkungen gedrückt. Deutlich erkennt man vor dem Acker den Lauterberger Kummel, den Großen Knollen, die Höhen bei Andreasberg; doch diese Stadt selbst verbirgt sich dem Auge.

AUFNAHME VON P. HALLENSLEBEN, BENNECKENSTEIN.

Wolfsbachmühle bei Hohegeiß.

Eine Landschaft sehr entgegengesetzter Art wie diese weite Ebersbergsicht gewinnt man von Hohegeiß aus bei südwestlichem Abstieg in das nahe Wolfsbachthal, dessen Grund man bei der Wolfsbachmühle erreicht. Diese Stelle und ein gut Teil des Thales abwärts ist wieder ganz durchtränkt von Poesie und zartester Waldschönheit; es giebt in dieser stillen Art nichts Köstlicheres im ganzen Harz. Einen Zug ins Große erhält diese Waldpartie durch die gewaltigen „dicken Tannen", eine beträchtliche Anzahl kolossaler Stämme, die an Riesenhaftigkeit wie an Schönheit des Wuchses im ganzen Gebirge ihresgleichen nicht haben; man fühlt sich beinahe an kalifornische Riesenbäume gemahnt und wird nicht leicht müde, diese Pracht zu bestaunen.

Der Weg geht weiter durch das wunderschöne Laubwaldthal und bringt uns in einer Stunde von Hohegeiß nach Zorge (356 m) (nicht zu verwechseln mit Sorge), einem ansehnlichen Flecken von 1300 Seelen, davon allein 300 an einem großen Eisenwerke beschäftigt. Die Lage, tief in den Bergen, recht im Gegensatz zu dem luftigen Hohegeiß, ist von höchster Schönheit, am ähnlichsten wohl der Ilfelder Gegend; einen guten Überblick gewinnt man von dem weit sichtbaren Glockenhäuschen an der Berglehne. Zorge ist als Erzhütte eine Gründung des Klosters Walkenried aus dem 13. Jahrhundert; der Name hieß damals Szurgenge; eine Ortschaft hat sich erst spät darum gesammelt; erst 1702 wurde eine Kirche erbaut.

Gleich südlich von Zorge erhebt sich 200 m über dem Thale (554 m) der Staufenberg, den man in einer guten halben Stunde ersteigt. Unterhalb des letzten, sehr steilen Gipfels liegt die Staufenwiese, eine breite, grüne Matte, wunderschön von bewaldeten Bergen umrahmt; ein echtes, prächtiges, fein geschlossenes Gebirgsbild. Auf dem Gipfel selbst steht ein trigonometrisches Gerüst, das höhnisch zu dem aussichtsdurstigen Wanderer herabgrinst. Denn keine Leiter führt hinauf, und an seinem Fuße ist der Blick durch Bäume unangenehm behindert. Riskiert man aber Hosen und Knochen und klettert hinauf, so entfaltet sich allerdings ein höchst großartiges Panorama vom Brocken, Bruchberg und Acker bis zum Kyffhäuser, mit dem weiten Blick nach Süden; Ellrich und Walkenried liegen nahe unter unsern Blicken. Wer aber solcher Turnkünste nicht mächtig ist, findet einen schönen Ersatz von einer etwas unterhalb der Kuppe gelegenen freien Stelle, dem „Zorgeblick": überraschend und herrlich tritt da der langgestreckte Flecken Zorge in seinem großartigen Thale vor unser Auge, und dahinter erhebt sich über dunkeln Tannenmassen der breite Ebersberg und über diesem die ganz fein hingezeichnete Linie der obersten Brockenkuppe mit dem Turm und dem Hause. So beschränkt dieser Blick ist, so malerisch fein seine Wirkung.

Am Fuße des Staufenbergs liegt ein nach ihm benanntes Gasthaus, das zu einem längeren Aufenthalt vorzüglich geeignet ist, besonders um der überaus reichen Verzweigung dieses obersten Zorgegebiets willen, dessen köstliche Thalpartieen einzeln zu ergründen eine wahrhaft lohnende Aufgabe ist.

Folgen wir nun der Zorge abwärts, so erweitert sich das Thal bald, wir treten aus den Bergen und gelangen bei der Drahthütte an eine Straßenkreuzung, wo von rechts her der Kaiserweg von Harzburg einmündet, während vor uns die Straße zur Linken nach Ellrich zurück-, die zur Rechten aber nach Walkenried führt. Wir erreichen das letztere Dorf in etwa 40 Minuten; es liegt wie Ellrich schon ganz außerhalb des Gebirges, in flacher Gegend am Fuße eines runden, kahlen Hügels. Doch nicht die Landschaft ist es in erster Linie, was uns nach Walkenried lockt, sondern die schönen und im Harz einzig-artigen Ruinen des alten Cistercienser-Klosters und seiner Kirche.

Gegründet war dies berühmte Kloster, wie wir früher sahen, schon im Jahre 1127, doch lag der älteste Bau etwas weiter nördlich, und der jetzige wurde erst im Jahre 1290 — nach achtzigjähriger Bauzeit — vollendet, um dann nach einem knappen Vierteljahrtausend schon wieder zerstört zu werden. Schon während seines ersten Jahrhunderts war das Kloster sehr reich geworden. Die Mönche haben sich hohe Verdienste erworben um die Urbarmachung der weiten Sümpfe und Riede, die damals den Lauf der Helme begleiteten, und indem sie so der Kultur des Landes mit Ehren dienten, erwarben sie für sich selbst ausgedehnte und fruchtbare Ländereien. Diesen Besitz wußte die kleine Republik dann in der Folgezeit mit bewundernswerter Energie und Umsicht, allerdings auch mit Aufbietung raffinierter Künste und Kniffe, so sehr zu vermehren, daß man später von ihnen sagte, ein Mönch von Walkenried könne nach Rom reisen und jede Nacht auf eigenem Boden zubringen. Und thatsächlich lagen ihre Besitzungen weit über das Land zerstreut, nicht bloß in der „Goldenen Aue", sondern auch am West- und Nordrande des Harzes, ja weit darüber hinaus, selbst in Brandenburg und in der Uckermark; sogar in Würzburg hatten sie Weinberge und eine Kellerei.

So konnten sie denn schon im 13. Jahrhundert an die Errichtung einer würdigeren Wohnstätte und einer Prachtkirche gehen, umsomehr als ihnen das Geld zu dem Baue großenteils von außerhalb zufloß und die Arbeiter selbst freiwillig um päpstlichen Ablaß dienten. Die Kirche wurde auf 85 m Länge angelegt — ungefähr die Hälfte des Kölner Doms — als eine dreischiffige Basilika, in der Hauptsache frühgotischen Stils; 36 Pfeiler trugen die Gewölbe. Daran schlossen sich dann mit einem prachtvollen Kreuzgang (s. Vollbild) die Klostergebäude.

Diese Herrlichkeit aber nahm ein jähes Ende durch den Bauernkrieg von 1525. Die Mönche konnten nach Nordhausen fliehen, wo sie einen Hof hatten; die verlassenen Räume aber zusamt der Kirche verfielen der schmachvollsten Verwüstung. Am schlimmsten wurde dem Kirchturm mitgespielt. Es heißt, die Aufrührer befestigten starke Taue an dem Turme, dessen unteres Gebälk sie angesägt hatten, und verbanden überdies den Turmknopf durch eine Kette mit einer mächtigen Linde. Diese wurde nun gefällt, und während sie fiel, zogen die Bauern gleichzeitig an den Tauen, und der Turm stürzte zusammen und durchschlug das Gewölbe des Hauptschiffes. Damit nahm der Verfall seinen Anfang, bald begann auch der Chor nachzustürzen, und schon im Jahre 1570 konnte die Kirche gar nicht mehr benutzt, sondern der Gottesdienst, der seit 1546 evangelisch geworden war, mußte in der Kapitelstube abgehalten werden.

Seitdem ist das Verderben immer weiter geschritten, und auf unsere Zeit sind nur recht dürftige Reste gekommen. Erhalten sind von der Kirche nur drei Hauptteile, und auch diese sehen beängstigend baufällig aus: ein Stück des Chores, des südlichen Querschiffs mit dem daran stoßenden Mittelschiff, und am besten das westliche Hauptportal mit einem sehr großen Spitzbogenfenster. Bei aller Trostlosigkeit des Verfalls legt das Ganze dennoch ein glänzendes Zeugnis ab für einstige Herrlichkeit des edlen Gebäudes.

Kloster Walkenried.

Weit besser konserviert ist der Kreuzgang, der, einen viereckigen Hof umziehend, sich an die Südseite der Kirche anschließt. Besonders schön ist der nördliche, doppelt breite Gang, der durch eine Säulenreihe mit prächtigen Blattkapitälen in zwei Schiffe geteilt wird, die mit kräftigen Rippengewölben überdacht sind. An die Ostseite des Kreuzganges stößt der Kapitelsaal, der noch heute als Kirche dient; in ihm befindet sich ein interessantes Schnitzwerk, das Grabdenkmal des letzten Hohnsteiner Grafen Ernst, mit dem das alte mächtige Geschlecht 1593 erlosch; es zeigt ihn in voller Waffenrüstung, knieend und betend. Auch ein sehr alter, noch romanischer Taufstein von großer Schönheit ist hier zu beachten. (S. Abb. S. 111.)

Eine etwas sonderbare Kuriosität ist die „Lutherfalle“, ein altes Verließ, zu dem aus einer engen Zelle eine Fallthür hinabführt. Durch diese wollte man, so berichtet die Sage, Luther bei einem Besuche in die Tiefe stürzen lassen; doch im Augenblick der Gefahr sprang ein unbekannter schwarzer Hund vor ihm her auf die Falle, fiel in die Grube und verriet so den bösen Anschlag. Zum Glück ist Luther so vorsichtig gewesen, nie nach Walkenried zu kommen, und hat dadurch den guten Mönchen jede Versuchung zu solcher Greuelthat und dem schwarzen Hunde den Absturz erspart.

Von Walkenried, das übrigens jetzt ein recht freundliches und behäbiges Dorf von über 1000 Seelen ist, führt ein sehr hübscher Waldweg, an Teichen vorüber, durch junge Buchen, die mit schönen alten Eichen durchsetzt sind, in einer Stunde nach dem Städtchen und Badeorte Sachsa. Unterwegs biegt zur Rechten ein Weg ab nach dem Sachsenstein, einem Gipsfelsen des Vorharzes, von dessen Höhe man einen schönen Überblick über den langgestreckten Ort Sachsa am Fuße des ausdrucksvollen Ravenskopfes und über einen Teil des Gebirgsrandes mit den Thälern der Zorge und der dieser zufließenden Wieda hat. Eigentümlich sind diesem Berge die „Zwerghöhlen", kleine, blasenartig überwölbte Löcher in dem weißen, marmorähnlichen Gestein, die das Wasser aufsaugen. In der Nähe sind die unförmlichen, aber deutlichen Reste der Sachsenburg oder Burg Sassenstein, die Heinrich IV. 1073 gegen die trotzenden Thüringer erbaute, sie aber schon im folgenden Jahre wieder zerstören lassen mußte. Ein starker Rundturm mit sehr dicken Mauern bildet den Hauptbestandteil der Ruine.

Die preußische Stadt Sachsa — Walkenried ist braunschweigisch — mit 1800 Einwohnern besteht in ihrem unteren Hauptteile aus einer langen und breiten baumgeschmückten Straße, die sich von 301—325 m Meereshöhe bergauf zieht. Besondere Reize hat sie vorläufig nicht. Nach oben hin verwandelt sie jedoch ihren gut spießbürgerlichen Charakter, hübsche Villen zeigen sich und wohlgepflegte Gärten, ein freundlicher, menschendurchschwirrter Gasthof, nette Baumanlagen, ein sauberes Badehaus: wir sind aus dem Städtchen in den Badeort Sachsa gelangt. Und der ist nun sehr reizend, anmutend auf den ersten Blick und ebenso fesselnd auf die Dauer; an wenigen Orten fühlt man so unmittelbar die erquickende Waldfrische. Alles erscheint hier heiter, zierlich, niedlich, etwas wie fröhlicher Rokokogeist durchweht diese Landschaft. Nichts kann lieblicher sein als der Schmelzteich mit seinem wunderhübschen Hintergrund von stillen Waldbergen, nichts sanfter, freundlicher als die Blicke von Eulings Wiese, vom „Gruß ins Land", vom Katzenstein, allerliebst ist das Kuckausthal, das mit seinen Felsenbildungen einen ganz kleinen Anlauf ins Großartige nimmt, aber doch damit auf dem halben oder viertel Wege stehen bleibt und die Grenzen des Rokoko nicht überschreitet. Durch dieses Thal und auf verschiedenen anderen hübschen Wegen geht man in 1—1½ Stunden zum Ravensberg hinauf, dem eigentlichen Glanzpunkt der Gegend von Sachsa, der diesem Bade und Lauterberg gemeinsam ist, und wo die beiderseitigen Gäste sich „Guten Tag" zu sagen pflegen.

Damit sind wir nun wieder auf dem Grenzkamm angekommen, der Elbe- und Wesergebiet, thüringisches und sächsisches Volkstum scheidet, und wir werden den Rückweg nach Osten oder einen Ausweg nach Norden suchen müssen.

Von Walkenried führt die neue Harzsüdbahn zunächst durch das Thal der Wieda zur Gebirgshöhe hinauf. Dieses Thal hat in seinem unteren Teile nichts sonderlich Anziehendes, es ist breit und flach, von ganz niedrigen Bergen eingefaßt und mehr durch prangende Kartoffelfelder als durch Waldromantik ausgezeichnet. Das gilt auch von dem langen Dorfe Wieda, der ersten Station der Gebirgsbahn. Von Sachsa wandern wir am besten direkt hierhin auf einem Waldwege über den Moseberg in einer Stunde — wenn wir nicht mehr dran wenden und etwa den weiten, aber lohnenden Umweg über den Stöberhai nehmen wollen.

Vom Dorf Wieda an steigt die Bahn stärker in dem sich verengenden und nun reich bewaldeten Thale, macht mehrere große Schleifen zur Umgehung von Nebenthälern und erreicht ihre Paßhöhe auf dem westlichen Ausläufer des Ebersberges, um damit das Zorgegebiet und den Südharz zu verlassen und auf die mittlere Hochebene überzutreten. Bei der Brunnenbachsmühle teilt sich der Schienenweg; rechts führt die Hauptstrecke am Brunnenbache, dann an der Warmen Bode entlang, hier die Nordhausen-Wernigeröder Bahn kreuzend, über Sorge nach Tanne, wo sie an die Zahnradbahn nach Blankenburg anschließt; links zweigt sich ein Nebenzweig ab nach dem braunschweigischen Flecken Braunlage — wie denn diese ganze Bahn ausschließlich auf braunschweigischem Gebiete den Harz durchquert; man kann sie füglich die braunschweigische Querbahn nennen.

Wir sind nunmehr im Gebiete des größten Harzflusses, der Bode.

Das Bodethal.

Die Bode entsteht aus zwei Quellflüssen, von denen die Kalte Bode auf dem Moore des höchsten Brockenfeldes, am Fuße des Königsbergs, die Warme Bode wenig südwestlich davon entspringt, aber in einem größeren Bogen zwischen Wurmberg und Achtermannshöhe hindurchfließt, während jene mit geringerer Krümmung ihren Weg zwischen Königsberg und Wurmberg, dann zwischen Erdbeerkopf und Barenberg zur Hochebene nimmt, auf der sich beide, nach lange getrenntem Lauf, dann endlich vereinigen.

Der höchstgelegene Ort an der Kalten Bode ist Schierke, an der Warmen Braunlage, das mit 560 m etwa 50 m tiefer liegt als jenes. Braunlage ist ein ansehnlicher Flecken mit fast 2000 niedersächsischen Einwohnern, der neuerdings durch zahlreiche stattliche Logierhaus- und Gasthofsbauten ein recht herrenmäßiges Ansehen gewonnen hat, wie er denn jetzt zu den besuchtesten Sommerfrischorten des Harzes gehört; er steht namentlich dem benachbarten Schierke gegenüber in dem angenehmen Rufe größerer Wohlfeilheit; freilich kann er sich auch in dem, was dort so teuer bezahlt wird, an landschaftlicher Schönheit mit jener Perle nicht messen, wohl aber getrost an gesunder Höhen- und Waldluft.

Immerhin liegt auch Braunlage sehr freundlich inmitten einer breiten, flachen, von Fichtenwald umschlossenen Wiesensenkung an den untersten Hängen des Wurmbergs und der Achtermannshöhe, teilweise bis zum Waldrande sich hinaufziehend. Die schönste Wohnstelle bietet das ein halb Stündchen abseits in köstlicher Waldeinsamkeit gelegene Gasthaus zur Waldmühle, das auch das beliebteste Wanderziel der minder rüstigen Sommergäste ist. Wer etwas, doch nicht viel weiter strebt, geht etwa nach dem Jermerstein, einer mäßigen Anhöhe, von der man eine einseitige, aber sehr anziehende Aussicht auf Achtermann und Wurmberg, und über die Senkung zwischen beiden auf den Brocken selbst mit dem Königsberge hat, dazu auch seitwärts einen stimmungsvollen Blick auf die Wellenfläche des Unterharzes.

Die Hauptanziehungspunkte für die thatenlustigeren Ausflügler sind jedoch außer dem Brocken und dem Stöberhai — je drei Stunden entfernt — der Hahnenklee, der in einer, die Achtermannshöhe, die in anderthalb, und der Wurmberg, der in zwei Stunden erreicht wird. Da wir jene beiden schon besucht haben, so wenden wir uns jetzt dem Wurmberge zu, dem höchsten Gipfel des Harzes nächst dem Brocken und seinen beiden „Schultern" (968 m). Die Besteigung ist nicht beschwerlich, bis auf die letzte Kuppe, zu der eine rohe Steintreppe mit hohen Stufen hinaufführt. Diese heißt die Heiden- oder auch Hexentreppe, und es knüpft sich wohl ein Sagengemunkel von einem heidnischen Tempel und dergleichen daran: in Wahrheit ist sie nach glaubwürdigem Bericht erst in unserm Jahrhundert von einem Braunlager Oberförster angelegt worden.

Auf der Höhe erwartet uns zunächst eine Enttäuschung: die Aussicht ist durch den Fichtenhochwald größtenteils verwachsen, ein Aussichtsturm nicht vorhanden, und nur einige Durchblicke nach Norden und Süden sind übriggeblieben, und auch diese muß man ein wenig suchen, indem man bald hier, bald dort seinen Standpunkt zwischen den Bäumen wählt: aber das hat seinen Reiz; jedes so gewonnene Bild ist eine kleine Überraschung. Und immerhin sind diese Durchblicke von so eigener Schönheit, daß sie wohl einigen Ersatz für eine Aussicht bieten können, die wahrscheinlich die großartigste des ganzen Harzes sein müßte, wie uns das der benachbarte, etwas niedrigere Achtermann lehrt. Durch eine nach Norden gehende Schneise sieht man gerade auf die stolze Breitseite des Brockens, dessen Haus mit dem Turme von hier aus auffallend einem Klostergebäude gleicht, wie sie im Süden so häufig und so wirksam solche Berggipfel zieren. Wenn Wolken die Kuppe umtanzen, sie bald freigebend, bald wieder verhüllend, dann wohl wie mit einem weißen Lichtkranz umziehend, mag ein phantasievolles Auge leicht wunderbare Gesichte zu sehen vermeinen und sich jenes Gebäude vielleicht gar zu einer Gralsburg oder sonst einer poesieverklärten Hochfeste ausbauen. — Eine zweite, südliche Schneise giebt einen ferndringenden

Blick über ein Stück Südharz und bis zum Thüringer Gebirge. Auch die prächtige Waldwildnis auf dem Gipfel, mit ihrem ausgeprägten Hochgebirgscharakter, möchte allein schon die Besteigung lohnen.

Den Abstieg mag man nun gleich nach der anderen Seite, nach Schierke, nehmen. Ebendorthin führt von Braunlage ein sehr hübscher Waldweg über die östliche, niedrigere Fortsetzung des Wurmbergs, den Barenberg (682 m). Nahe diesem Wege liegen drei bedeutende Felsgruppen, die den Hochwald überragen und teils von Natur leicht ersteigbar, teils durch menschliche Nachhilfe zugänglich gemacht sind. Am nächsten an Schierke ist die Mauseklippe, die durch ihre besonders regelmäßige Schichtung auffällt und fast den Eindruck eines künstlichen Bauwerks macht. Von ihrer Höhe übersieht man das ganze lange Dorf, vom Hotel Brocken=Scheideck bis zur Villa Gruson, in allem Glanz seiner unvergleichlichen Lage unter den beiden mächtigen Berggruppen, dem Wurmberg mit dem großen und kleinen Winterberge zur Linken und dem Erdbeerkopf mit einem Stück der Hohneklippen zur Rechten, während in der Mitte die Brockenkuppe aufsteigt, die freilich von der breiten Heinrichshöhe beinahe verdeckt wird. Auch ein kleines Stück Unterharz breitet sich vor uns aus, in wirksamem Gegensatz zu den großartigen Waldmassen des Barenbergs im nächsten Vordergrunde.

Sehr ähnlich, nur mit einer leichten Verschiebung, ist die Aussicht von einer der beiden Schnarcherklippen, jedoch etwas erweitert, da hier im Südosten der Ebersberg hervortritt, weithin kenntlich an der einzelnen hohen Fichte auf seinem Sattel. Die Klippen selbst erinnern noch täuschender an Menschenwerk; sie erscheinen als zwei kolossale Türme cyklopischer Bauart von 26 m Höhe; der eine kann auf Holzleitern erstiegen werden; Schwindelfreiheit erwünscht. Ihren Namen tragen sie von gewissen Tönen, die der Südostwind, an ihnen vorbeistreichend, hervorzurufen pflegt.

Und die langen Felsennasen,
Wie sie schnarchen, wie sie blasen!

singen Faust und Mephisto.

Etwas weiter südlich stehen die Scherstorklippen, deren Name aus Tôrstôr, wie es noch im Anfang des 16. Jahrhunderts heißt, entstellt ist, also geradeswegs in die germanische Heidenzeit zurückgeht. Der Ausblick ist hier stärker verändert, Schierke ist verschwunden, dagegen hat sich der Brocken mehr gelöst und dominiert kräftig, auch die Hohneklippen sind fast in ihrer ganzen Ausdehnung sichtbar geworden; das Bodethal kann man von Elend ab deutlich bis in die Rübeländer Gegend verfolgen, der ganze Unterharz breitet sich aus, und im Süden tritt das Dorf Hohegeiß auf seiner ragenden Höhe und neben dem Ebersberg mehr nach Osten der Stöberhai hervor.

Wir steigen nunmehr in das Thal der Kalten Bode nach Schierke hinab und suchen uns Unterkunft in einem der sechs großen und vornehmen Hotels, werden sie aber im Sommer wahrscheinlich nicht finden. Schierke hat ein sonderbares Schicksal gehabt. Es ist auffallend spät für den Sommerfrischbesuch im größeren Stile entdeckt worden. Das würde bei der Gunst der Höhenlage und der augenfälligen Schönheit der einzig=artigen Landschaft schwer zu verstehen sein, wenn nicht alle Launen des Publikums unberechenbar und unerklärbar wären. War doch schon Goethen diese Landschaft so besonders merkwürdig erschienen, daß er die „Gegend von Schierke und Elend" zum Schauplatz seiner großen Walpurgisnachtscene machte. Seit 1834 gab es eine brauchbare, seit 1872 eine vortreffliche Fahrstraße von Wernigerode; aber noch in seinem 1888 erschienenen, höchst lehrreichen Harzbuche redet F. Günther von Schierke als von einem „einsamen und armseligen Brockendörfchen". Es hatte nur Arbeiterhütten und eine Dorfschenke; die schöne neue Kirche allerdings stand schon seit 1881 und deutete auf bessere Zeiten. Diese begannen 1888 mit dem glücklichen Einfall eines Magdeburger Oberstleutnants Schumann, sich an einer prachtvollen Stelle unterhalb des Dorfes ein großes, burgähnliches Haus zu erbauen. Er starb vor der letzten Vollendung des Baues im folgenden Jahre, und

Kreuzgang in Kloster Walkenried.

AUFNAHME VON FR. ROSE, WERNIGERODE.

Schierke.

nun wurde dieser 1890 zu einem großen und feinen Gasthofe umgebaut. Und nun ging es Schlag auf Schlag; der Kommerzienrat Gruson erbaute seine Prachtvilla, immer neue und größere Hotels entstanden, auch ein ausgedehntes Sanatorium, und in wenigen Jahren war Schierke einer der besuchtesten, vielleicht der überfüllteste, und alsbald auch einer der vornehmsten und teuersten Harzorte geworden, vor dem der Mittelstand im Hochsommer klagend zurückscheut. Selbst im Winter fehlt es nicht an einigem, an schönen Sonntagen oft sehr lebhaftem Verkehr in dem einen Gasthause, das geöffnet bleibt. Und allerdings muß man sagen: Schierke in Schnee und Rauhreif ist noch etwas ganz Besonderes. Wunderschöne Tage stellen sich oft im Spätherbst ein; wenn unten am Gebirgsfuße, und mehr noch in der Ebene, dicker, zäher Dunst lagert, flutet hier oben vom klarsten Himmel goldener Sonnenschein, und es herrscht eine wohlige Wärme, wie sie von rechtswegen gar nicht mehr in die Jahreszeit paßt. Der Frühling dagegen pflegt sehr lange auf sich warten zu lassen und die Mailüftchen den Pelzhändlern günstig zu sein.

Es giebt keinen Ort im Harze, dessen Landschaft so entschieden das Gepräge des hohen Gebirges trägt; nicht bloß die hohen, das Thal umschließenden Berge bedingen diesen Eindruck, sondern auch der Charakter des Waldes, die wunderbaren Klippengebilde und vornehmlich das massenhafte Granitgebröckel, mit dem Wald und Wiese gleichermaßen übersprengt sind, und das dem ganzen Bilde einen herben und großartigen Zug verleiht. Einen der schönsten Überblicke über das Gebiet hat man von der Paßhöhe der Wernigeröder Fahrstraße, wogegen die Eisenbahn diesmal ausnahmsweise im Nachteil ist; doch holt sie diesen Mangel auf der Weiterfahrt zum Brocken reichlich nach.

Diese Brockenfahrt ist nun neuerdings ein Reiz für Schierke mehr. Den Rückweg wird man dann am besten zu Fuß machen; man vollbringt ihn bequem in 1½—2 Stunden entweder durch das Eckerloch oder noch schöner über den Renneckenberg, und weiter auf der Höhe, an den Klippen vorüber, am Hange des Erdbeerkopfes. Die erste und höchstgelegene dieser Felsgruppen heißt die Königinkapelle, zehn Minuten von der Schutzhütte (958 m, fast Wurmbergshöhe); sie bietet einen ausgezeichneten Blick auf die Brockenkuppe, die zwischen der Heinrichshöhe und dem Renneckenberge machtvoll emporsteigt. Auch die nahe Mönchsklippe ist ersteigbar und lohnend.

Eine halbe Stunde weiter unterhalb liegt wenig abseits vom Wege der Ahrensklint (eigentlich Arneklint = Adlersklippe, 792 m). Der Blick von ihr ist besonders reizend durch den tiefen Einblick in das oberste Bodethal, die schöne Schluftwiese, um die sich die Hochberge, vornehmlich Brocken, Königsberg, Achtermann und Wurmberg mit den Winterbergen, prachtvoll gruppieren; auch ein Stück Schierke wird sichtbar und über dem Barenberge in der Ferne der Stöberhai, der Ebersberg und das Dorf Hohegeiß. Noch eine Viertelstunde weiter gelangen wir zu den Feuersteinsklippen (741 m), die sich durch besonders malerischen Aufbau auszeichnen und eine stimmungsvolle Aussicht auf den Unterharz gewähren. Über die andern zahlreichen Höhen und Aussichtspunkte, die von Schierke

Straße in Schierke.

aus zu ersteigen sind, ist schon an anderer Stelle gesprochen worden. Bodeaufwärts führt eine interessante Fahrstraße durch schöne Wälder in etwa $1^1/_2$ Stunden zum Dreieckigen Pfahl auf der Höhe des Brockenfeldes, und von da weiter nach Oderbrück oder Torfhaus, oder auch durch das Eckerthal gerade hinab nach Harzburg: Wagen müssen dorthin allerdings den Umweg über das Torfhaus nehmen.

Unterhalb des Dorfes zieht sich die bis dahin ziemlich breite Wiesenmulde enger zusammen, und durch diese Waldschlucht führt einer der köstlichsten Harzwege, immer an der rauschenden Bode entlang, abwärts in einer kleinen Stunde nach dem Dörfchen Elend (500 m), das auf einer breiten Wiesenfläche, zu der sich das Thal nun wieder ausweitet, anmutig gelegen ist. Unterwegs ist zur Linken die Elendsburg, ein isolierter Fels, von dem man einen beschränkten, aber romantischen Blick in die Waldtiefe und auf die gegenüberliegende steile Tannenwand genießt. Auch diese ihrerseits hat einen Aussichtspunkt, doch ganz anderer Art, einen Blick von eigenartiger Lieblichkeit auf das Dorf Elend und den Unterharz; man erreicht den dort erbauten Pavillon von Schierke aus über den Barenberg, dessen Höhe selbst aussichtslos ist, oder von Elend gerade hinaufsteigend. Elend ist in neuester Zeit als Sommerfrische eine Art Ableger von Schierke geworden und viel besucht; seit es Station der Harzquerbahn geworden ist, wird der Verkehr sich voraussichtlich noch steigern. Bei Elend tritt die Bode aus dem Granit des Gebirges auf die Ebene hinaus — ein Schicksal, das ihr am Ende ihrer Harzlaufbahn noch einmal bevorsteht. Bis dahin, von Elend bis Treseburg, verändert sie völlig und dauernd, mit einziger Ausnahme der Gegend von Rübeland, ihren Charakter und wird aus einem tobenden Wildling ein sänftliches Wiesenflüßchen mit stillgleitendem Wasser. Während sie bisher auf ihrem kurzen Lauf fast 400 m gefallen ist, beträgt das Gefälle auf der drei- bis viermal größeren Strecke bis Treseburg nur 230 m; erst dann erinnert sie sich wieder ihrer Gebirgsnatur und fällt bis Thale schnell noch 100 m.

Eine gute Stunde unterhalb Elend, bei den Hüttenorten Rothehütte und Königshof, die zusammen 1100 Einwohner haben, vereinigt sich die Kalte mit der Warmen Bode, die von Tanne durch ein freundliches Wiesenthal herabkommt, in Höhe von 430 m. Die Blankenburger Eisenbahn, die sie bisher begleitet hat, schlägt hier einen großen Bogen nach Norden und führt unter Anwendung des Zahnrades über den Berg nach Elbingerode, um von da wieder ins Bodethal bei Rübeland hinabzusteigen. Die Gegend ist hübsch, trotz geringer Höhe der Thalwände; so hat man von der nahen Weiherklippe einen sehr feinen Blick über das waldige Steinbachthal auf die Oststirn der Hohneklippen.

Weit interessanter als die hier ziemlich reizlose Bahnfahrt ist der Weiterweg nach Rübeland, an der Bode entlang, und zwar landschaftlich wie historisch. In dieser Gegend lag das königliche Jagdschloß Bodfeld, wo von Heinrich I. an die sächsischen und fränkischen Kaiser so oft verweilt und von hier aus den hohen Harz jagend durchstreift haben. Die glänzendsten Tage sah es im Herbst 1056, als die beiden mächtigsten Herren des Abendlandes, der Kaiser und der Papst, Heinrich III. und Victor II., von der Einweihung des Domes zu Goslar zurückkehrend, hier einen gemeinsamen Aufenthalt nahmen. Allein dieser Glanz verwandelte sich jählings in schwere Trauer, als Heinrich ganz plötzlich erkrankte und starb — in den Armen des Papstes: schwerlich ahnte dieser gewaltigste Kaiser, den Deutschland gesehen, daß nur zwanzig Jahre später sein unglücklicher Sohn zu einem andern Papste den bittern Gang nach Canossa antreten würde. Einen seltsam herben und kläglichen Beigeschmack erhält dieser Todesfall, wenn es wahr ist, was einige Chronisten berichten, daß er aus keinem andern Grunde starb, als weil er sich übergessen hatte, und zwar an einer Hirschleber. Die Weltgeschichte in andere Bahnen gelenkt um eines zu reichlichen Frühstücks willen!

Seitdem schien ein Fluch über Bodfeld zu liegen. Erst mehr als hundert Jahre später wird es noch einmal erwähnt, und wieder geschieht einem Gewaltigen ein Unglück: Heinrich der Löwe stürzte hier vom Pferde und brach ein Bein. Er ließ sich zur Pflege nach Walkenried bringen, woraus man wohl mit einigem Recht geschlossen hat, daß der alte Jagdhof selbst nicht mehr in gutem baulichen Zustande gewesen sei. Auch verschwindet sein Name von nun an aus der Geschichte; statt dessen taucht seit der Mitte des 14. Jahrhunderts eine Burg Königshof auf, deren Name in dem heutigen Dorfe fortlebt und von der einige Reste, insonderheit eine stattliche Turmruine, noch Zeugnis ablegen. Daß diese Burg die Stelle des königlichen Jagdschlosses einnehme, ist eine Vermutung, die schon wegen des Austauschens der Namen viel Wahrscheinliches hat, zumal sonst jeder Hinweis auf dessen Lage fehlt. Neuerdings ist sie durch Ausgrabungen des Professor Höfer bestärkt worden.

Ein gut Stück unterhalb macht die Bode die erste jener abenteuerlichen Krümmungen, wie sie später für sie so charakteristisch sind, in denen sie beinahe in sich selbst zurückzufließen scheint. Solcherart wird hier eine Halbinsel herausgeschnitten, auf deren schmalstem Rücken einst eine Burg unbekannten Schicksals, die Susenburg, stand, von deren Dasein jetzt nur noch einige Grabenspuren Kunde geben; die Lage aber in dieser wasserumrauschten Stille hat einen eigenen träumerischen Reiz.

Die letzte Strecke bis Rübeland — von Königshof zwei Stunden — ist wunderhübsch und steigert sich zu immer kräftigerer Romantik, die bei jenem Hüttenorte selbst ihren Höhepunkt erreicht; hier macht das Bodethal einen vorläufigen Versuch, seine letzte großartige Gestaltung in kleinerem Maßstabe ein wenig vorzubilden. Höchst stattliche Felsen steigen fast senkrecht über dem Thale auf und verleihen der Gegend ein recht gebirgsmäßiges Ansehen. Einige hübsche Aussichtspunkte zu beiden Seiten entfalten das noch besser; eine besonders gute Übersicht über den Ort giebt die Hohekleef am rechten Ufer, zugleich aber auch einen prächtigen Blick auf Brocken mit Hohneklippen und Wurmberg hier und das mittlere Bodethal dort; nur die öde Hochfläche gegenüber wirkt hier nicht sehr schön.

Mehr aber noch als diese landschaftlichen Vorzüge locken nach Rübeland die beiden großen Tropfsteinhöhlen, die jetzt mit elektrischem Licht vortrefflich beleuchtet sind. Schon Goethe machte um der Baumannshöhle willen einen Abstecher von Elbingerode hierher und verweilte den Tag über.

„Ich durchkroch sie," schreibt er; heutzutage durchwandert man sie sehr gemächlich; „und betrachtete mir das fortwirkende Naturereignis ganz genau. Schwarze Marmormassen, aufgelöst, zu weißen krystallinischen Säulen und Flächen wiederhergestellt, deuteten mir auf das fortwebende Leben der Natur. Freilich verschwanden vor dem ruhigen Blicke alle Wunderbilder, die sich eine düster wirkende Einbildungskraft so gern aus formlosen Gebilden erschaffen mag, dafür blieb aber auch das eigene Wahre zurück, und ich fühlte mich dadurch gar schön bereichert. Wieder ans Tageslicht gelangt, schrieb ich die notwendigsten Bemerkungen, zugleich aber auch mit ganz frischem Sinn die ersten Strophen des Gedichtes, das unter dem Titel „Harzreise im Winter" die Aufmerksamkeit mancher Freunde bis auf die letzten Zeilen erregt hat."

Es mag manchem so gehen wie dem jungen Plessing in Wernigerode, daß er sich beim ersten Betreten der Höhlen leise enttäuscht fühlt und sich noch mehr von märchenhafter Phantastik erwartet hatte; freilich trägt heutzutage auch das ruhige elektrische Licht und der behäbig trappelnde Menschenstrom dazu bei, die Stimmung ein wenig zu ernüchtern. Man soll sich aber mit Goethe aufs ruhige Betrachten legen, und man wird reichlich auf seine Rechnung kommen und der Wunder genug erleben.

Am meisten besucht wird jetzt die Hermannshöhle, die erst 1866 zufällig durch einen Straßenarbeiter entdeckt und 1874 von dem Kammerrat Hermann Grotrian untersucht und nach diesem benannt ist. Sie ist vor allen andern Höhlen ausgezeichnet durch die Schönheit und Reinheit der Tropfsteingebilde, der herabhängenden Stalaktiten und der vom Boden aufsteigenden Stalagmiten. Da diese niemals durch Fackeln verräuchert worden sind, so strahlen sie durchweg in säuberlichster Weiße. Sie sind überreich an den schönsten und an den abenteuerlichsten Formen, und es ist kein Wunder, daß die Phantasie der Führer, vielleicht unter langsamer Mitarbeit des Publikums, ihnen die mannigfaltigsten Namen angehängt hat. Da giebt es einen Kaiser Wilhelm I., einen Vesuv, einen Seehund, eine Germania, einen Frosch, eine Kanzel, ein Elephantenohr, eine Madonna — in der That eine denkwürdig gemischte Gesellschaft! Ein ganz überraschendes und allerliebst täuschendes Gebilde ist eine Stadt mit einem Walde; wirklich ein reizendes Kinderspielzeug. Prächtig ist die hohe Kerze, die über 3 m schlank emporsteigt; schön dann einige Räume, die Gotische Halle, die Kirche; auch die Blaue Grotte ist ein hübsches Naturspiel und in der Nähe eine ganz wildromantische Felsenpartie. Die zierlichsten Gestaltungen zeigt die erst seit wenigen Jahren dem Besuch geöffnete Krystallkammer, Figürchen wie weiße Korallen, so fein und so mannigfach und reizend, wie frischer Rauhreif im hohen Gebirge (s. Abb. S. 7 u. 8.)

Viel älteren Ruhmes ist die Baumannshöhle am andern, linken Bodeufer; sie ist seit bald 400 Jahren bekannt und schon von einem Schüler Melanchthons beschrieben worden. Sie wurde frühzeitig viel besucht, zuerst der Wissenschaft, dann auch der Kuriosität halber, mit mancherlei Schwierigkeiten und noch mehr Angst vor dort umgehenden Gespenstern. Schreckliche Geschichten liefen um von verirrten und elend umgekommenen Besuchern; gleich der Entdecker Baumann sollte erst nach tagelangem, jämmerlichem Umhertappen durch einen Zufall wieder ans Tageslicht gekommen und kurz darauf gestorben sein. Einige wollten in der Höhle bis in die Gegend von Goslar gekommen sein; andere suchten sich den Ausgang auch aus diesem Labyrinth durch einen Ariadnebindfaden zu sichern; die aufgefundenen Tierknochen hielt man vielfach für Skelette von Verunglückten.

Die Baumannshöhle kann es der andern an Schönheit der Stalaktiten nicht völlig gleichthun, obgleich es an phantasievollen Bezeichnungen auch hier nicht fehlt; dafür übertrifft sie jene an Höhe und Weite prächtig gewölbter Räume, und damit an Wucht des Gesamteindrucks. Ein neu entdeckter Höhlenteil, von dessen Wundern viel Wesens gemacht wird, war bisher dem Publikum noch nicht geöffnet. — Es ist sehr zu empfehlen, beide Höhlen zu besuchen, da sie einander trefflich ergänzen; eine jede nimmt etwa eine Stunde in Anspruch. Eine dritte, die Bielshöhle, 1672 entdeckt, ist jetzt nicht zugänglich. Eine gute Illustration zu den in unserm geologischen und prähistorischen Teil gegebenen Notizen finden wir in dem Höhlenmuseum, wo unter vielen andern Knochen das zusammengestellte Skelett eines mächtigen Höhlenbären die Aufmerksamkeit fesselt (s. Abb. S. 57).

Rübeland liegt 378 m hoch (50 m unterhalb Königshof, 40 m über Wendefurt) und hat etwa 1000 Einwohner, meist Hüttenarbeiter, von deren Thätigkeit die vielen dampfenden Schornsteine Zeugnis ablegen. Den Namen hat der Ort entweder von der Rauheit des Landes (Roveland), oder von den Raubburgen der Gegend (Röveland), keineswegs aber vom Rübenbau — das könnte höchstens wie lucus a non lucendo sein.

Bevor wir weiter bodeabwärts wandern, ist ein kleiner, nordwestlicher Abstecher nach dem dreiviertel Stunden entfernten Städtchen Elbingerode (463 m, fast 3000 Einwohner) zu machen. Der Weg dahin durch das von niedrigen, kahlen, ruppigen Höhen umschlossene Seitenthal ist allerdings eine der wenigen Strecken, wo der Harz ganz ohne Abzug langweilig ist, daher die Eisenbahn vorzuziehen, wenn gerade ein Zug geht. Auch der Ort selbst, in einem weit vorspringenden Zipfel der Provinz Hannover gelegen, der sich zwischen Braunschweig und die Grafschaft Wernigerode hineinschiebt, hat außer einem guten Brockenblick von einem nahen Pavillon wenig landschaftlichen Reiz; er liegt zwischen Äckern und Weideflächen in eine Vertiefung geduckt; doch ist der Wald nicht weit, und die Umgegend bietet manches Hübsche. — Über die Entstehung der Stadt und ihres Namens ist S. 81 berichtet worden.

3 km nördlich von Elbingerode liegt das alte Zechenhaus Büchenberg (523 m), und

AUFNAHME VON FR. ROSE, WERNIGERODE.

Eingang zur Baumannshöhle in Rübeland.

eine halbe Stunde auf ebener Straße weiter nach Osten das Forsthaus Hartenberg (521 m), zwei auch von Wernigerode aus viel besuchte Punkte. Beide Bergwiesenlandschaften im Fichtenwalde haben in ihrer Schlichtheit einen eigenen idyllischen Reiz, dem schöne Brockenblicke einen kräftigen und bedeutenden Zug hinzufügen. Besonders interessant aber sind an beiden Stellen die verlassenen Eisensteingruben oder Pingen. Diese kann man nordische Seitenstücke zu den berühmten Steinbrüchen von Syrakus nennen, vor allem die Blaue Pinge auf dem Büchenberge. Die tiefe, steilwandige Höhlung ist durchwuchert von üppigem Baum- und Pflanzenwuchs und atmet die geheimnisvolle Romantik eines versunkenen und verwilderten Gartens. Ihr tritt auf dem Hartenberge der kleine Marmorbruch würdig an die Seite, der vor einem halben Jahrhundert das Material für die Potsdamer Friedenskirche Friedrich Wilhelms IV. geliefert hat, seitdem aber der Menschenhand wieder entschlüpft und zur freien Natur zurückgekehrt ist. Die grottenartige Vertiefung erscheint wie aus einem Bilde Schwinds herausgeschnitten, voll märchenhaften Zaubers. In zwei kleinen, krystallklaren Wassertümpeln spiegeln sich die jähen, reichbewachsenen Felswände; sie scheinen wie geschaffen zum Wohnsitz für angenehme Nixen, und es gehört schon eine mannhafte Enthaltsamkeit der Phantasie dazu, sich hier nicht in phantastische Lyrik oder Märchendichtung zu verlieren.

Der Rückweg von Hartenberg nach Rübeland führt größtenteils durch ein offenes Gelände, das nun den Gebirgscharakter fast völlig ablegt: man marschiert wie unten am Harzfuße in der Ebene, die teils redlich bebaut, teils Weideland ist, und sieht das Gebirge — den Brocken mit seinen Paladinen — in stundenweiter Ferne, etwa als wenn man von Halberstadt aus auf den Harz blickt. An keiner Stelle erkennt man deutlicher, wie scharf abgesondert diese Brockengruppe als ein zweites, kleineres Stockwerk, eine Art von Giebelbau, dem breiten Untergeschoß aufgesetzt ist. Durch diesen Ausblick erweist sich der — freilich ganz schattenlose — Weg als interessant und wechselreich genug; das Städtchen Elbingerode, dessen rote Dächer aus seiner Vertiefung hervorleuchten, belebt das Bild angenehm.

Nach einer Stunde senkt sich der Pfad, und wir steigen aus der Ebene steil abwärts wieder ins rechte Gebirge hinein; wir sind wieder im Bodethal. Beim Weitermarsch thalabwärts von Rübeland aus — die Eisenbahn nach Blankenburg verläßt hier das Thal — verliert sich der felswilde Charakter sehr bald wieder völlig; sanfte, mäßige Höhen von weichen Formen umschließen ein behaglich sich dehnendes Wiesenthal, das der breite Fluß freundlich durchrauscht. Mehr und mehr weicht der ernstere Nadelwald dem frischgrünen Buchenlaube; überall scheint fast ein bewußtes Streben nach einschmeichelnder Anmut sich kund zu thun: es ist eine Frühlingslandschaft von wonniger Heiterkeit und feinstem Duft, immer licht und klar, niemals berauschend, immer wohlthuend und erquickend. Die Bode will einmal zeigen, wie harmlos schön, wie friedsam liebenswürdig sie sein kann, ehe sie sich zu ihren großen dramatischen Glanzleistungen zusammenrafft. Das geht so an vier Stunden lang ziemlich gleichmäßig, aber gar nicht einförmig, weiter bis Treseburg; für anmutenden Wechsel sorgen schon die starken Krümmungen, in denen der launenhafte Fluß nun mehr und mehr geradezu ausschweift.

Vielleicht die allerreizendste ist die Stelle, wo der größte Nebenbach, die Rappbode, sich von Südwesten her in den Hauptfluß ergießt: da wird schwer zu entscheiden sein, welcher der beiden Blicke thalaufwärts köstlicher ist. Wer etwa der schmeichelnden Lockung der Rappbode folgen und ihr Thal bergaufwärts gehen will, wird keine Thorheit begehen; die Landschaft behält lange den gleichen, überaus lieblichen Charakter, nur muß er sich auf drei oder vier Stunden Wanderns, ohne tränkenden Rastort, gefaßt machen, bis er nach einer Steigung von etwa 100 m das Dorf Trautenstein (455 m) und weiter, nach einer Stunde durch sehr schönen Wald, Benneckenstein (535 m), den höchsten Ort dieses Thales, und damit die Harzquerbahn erreicht.

Ein Nebenbach der Rappbode ist die Hassel; an ihr liegt in gleicher Höhe mit Trautenstein, eine Stunde östlich davon, das Städtchen Hasselfelde mit fast 3000 Einwohnern in gesunder, aber nicht gerade sehr reizvoller Lage, in dem hier schon ganz flachen

Altenbrak.

Thale; doch hat man immerhin einen erfreulichen Brockenblick und eine angenehme Umgegend. Hier nimmt eine andere Eisenbahn ihren Ausgang, die zum Selkethal hinüber und in diesem abwärts bis Mägdesprung und dann weiter nach Gernrode führt, eine anfangs wenig lohnende, später sehr schöne Fahrt von drittehalb Stunden (41 km). Die erste Station, Stiege, ein Flecken von 1400 Einwohnern (482 m), liegt noch an der Hassel und also im Bodegebiet, redet aber trotzdem, entgegen der Regel, schon die oberdeutsche Zunge. Die Gegend ist ähnlich wie die von Hasselfelde, doch belebt durch einige Teiche und ein altes, gräflich blankenburgisches, dann braunschweigisches Jagdschloß. Gleich dahinter wird die Wasserscheide erreicht — ein langweiliges Gelände, wo man gar nicht mehr ahnt, daß man doch im Gebirge ist.

Von Hasselfelde kann man auf gerader Chaussee, durch schöne Buchenwälder, in einer guten Stunde ins Bodethal zurückgelangen, das man dann wenig unterhalb der Einmündung der Rappbode bei dem kleinen, reizend gelegenen Weiler Wendefurt (338 m) erreicht. Drei Gasthäuser ringen hier um die Gunst des Reisenden, und nicht erfolglos; mancher läßt sich locken, hier zur Sommerfrische zu verweilen, und wird es schwerlich bereuen. Denn die Gegend ist reich an prächtigen Punkten, und die Schönheit der Wälder, insbesondere in den nahen Sieben Gründen, ist unübertroffen. Ein herrliches Doppelbild giebt die Höhe des Kirchhofsberges: nach Südosten das Bodethal mit den zartesten Waldkulissen, nach Nordwesten die Brockengruppe, ein feinabgestimmtes Gemälde. Eine ähnliche Aussicht bietet der Rote Stein, nur daß hier das Rappbodethal den Vordergrund bildet.

Auf dem Weiterwege nach dem eine Stunde entfernten Dorfe Altenbrak, dem zweiten Rastort seit Rübeland, treffen wir zur Rechten auf einen Waldpfad, der zu der weit herrschenden Höhe der Schöneburg hinaufführt. Eine Burg zwar ist nicht mehr vorhanden, auch nicht als Ruine, doch der erste Teil des Namens besteht dauernd zu Recht: bezaubernd ist der Blick in eine Reihe scheinbar getrennter Flußthäler, von denen es schwer glaubhaft wird, daß sie in Wahrheit alle nur Stücke des einen, vielgewundenen Bodethals sind. Und wie über endlosen, prachtvoll geschwungenen Laubwaldmassen fern im Westen die dunkle Kuppe des Brockens in ihren schönen, ruhigen Linien emporsteigt, anscheinend gerade aus den Waldbergen hervorwachsend, von denen die dazwischengeschobene Hochfläche völlig verdeckt wird, das ist ein typisches Unterharzbild, wie es so oder so umgestaltet häufig genug wiederkehrt, doch nicht immer zu so reiner Schönheit geformt, und selten in so prächtig wirksamem Kontrast zu den breiten Flußläufen in der Tiefe. —

Von der Schöneburg steigt man in einer kleinen halben Stunde hinab nach dem langen Dorfe Altenbrak (310 m), in drei getrennten Teilen an der Bode sich hinziehend, deren jeder mit einem freundlichen Gasthause und einer Anzahl anderer Sommerwohnungen dem rastbedürftigen Fremdling entgegenkommt. Auch ist der Ort durch seine glückliche Lage, inmitten unerschöpflicher Bergwälder, und den ungewöhnlichen Reichtum leicht erreichbarer Aussichtspunkte in der That vorzüglich zur Sommerfrische geeignet. Ist doch der ganze, großartige Teil des Bodethals bis Thale, ebenso wie der liebliche bis Rübeland, bequem in einem Tage hin und zurück zu Fuß zu durchwandern, wie auch Blankenburg und Hasselfelde in gleich angenehmer Nähe liegen. Einer so bevorzugten Mittellage und der dadurch bedingten Mannigfaltigkeit der Genüsse können sich wenige Orte rühmen.

Nach Treseburg weiter geht man in einem Stündchen, entweder auf einem hübschen Waldwege am rechten Ufer, oder bei nicht zu heißer Sonnenstrahlung noch interessanter auf der schönen, neuen Chaussee, die immerfort die prächtigsten Bilder erschließt. Das Bodethal verändert hier ziemlich schnell seinen Charakter und tritt aus dem Anmutigen ins Erhabene über. Etwa auf dem halben Wege macht der Fluß eine seiner schwungvollsten Schleifen, so daß die Straße den Umweg durch zwei Brücken vermeiden muß.

Treseburg, eine der meistbesuchten und meistgerühmten Harzstätten, liegt in der That überaus reizend inmitten hoher Waldberge und mächtiger Klippen; nur erinnert eine Strecke bebauter Felder, etwas unharmonisch in diese Umgebung angeflickt, an die Prosa des mühsam erwerbenden Lebens. Das Dörfchen hat fast mehr Hotels als ehrsame Privathäuser, und jene wissen, zum nicht geringen Teil, ihre begünstigte Position mit Nachdruck und Eifer zu benutzen; der Fremdling aber geht und klagt. Doch giebt es auch einige wohlfeilere Gelegenheiten für sparsame Hausväter oder gutherzige Menschenfreunde, die auch für die Wirte anderer Ortschaften noch etwas übrigbehalten wollen.

Treseburg (270 m, fast 100 m über Thale) ist die obere Eingangspforte in den weltberühmten Teil des Bodethals, an den die meisten bei Nennung dieses Namens fast ausschließlich zu denken pflegen, die 10 km lange Strecke, wo der Fluß in zahlreichen, gewaltsamen Krümmungen einen mächtigen Granitstock durchbricht und dessen Felsmassen zu den wunderbarsten und großartigsten Gestalten zernagt hat, die zweifellos zum Ruhme des Harzes das meiste beigetragen haben.

Dieses Stück Bodethal legt dem kilometerfrohen und doch gewissenhaften Programmtouristen ein schweres Kreuz auf: er muß die Strecke Treseburg-Thale dreimal durchmessen, oder er versäumt etwas Wesentliches. Denn es giebt hier drei verschiedene Wege, deren jeder seine ganz besonderen und einzigen Schönheiten hat, so daß eine Wahl zur herzbrechenden Qual werden könnte. Einem von den dreien den Vorzug zu geben, würde ziemlich gewagt sein. Wir, die wir Zeit haben und gründlichen Geistes sind, folgen zunächst dem Flusse in der Tiefe, all seinen schlängelnden Launen so willig uns fügend, als wenn er ein schönes Weib wäre: im gleichen, klugen Sinne: denn wie ein solches erschließt auch die Bode erst durch ihre Launen ihre mannigfachsten Reize.

Wir gehen in Treseburg auf das rechte Ufer des Flusses und überschreiten sogleich auch die hier einmündende Luppbode, vielleicht nicht mühelos der Verlockung widerstehend, uns in deren schattenfrische Thalgründe zu vertiefen. Hier beginnt nun ein guter, breiter Fußpfad, der von der Eisenbahnverwaltung in der ihr gewohnten uneigennützigen Fürsorge für das Wohl ihres Nächsten angelegt ist, und auf einem zweistündigen Spaziergange, unter mäßigem Auf- und Absteigen, eine schwer zu erschöpfende Fülle von Schönheit vorführt, und zwar von Treseburg aus nach dem wichtigen Gesetz dramatischer Steigerung, da die Eindrücke nach unten hin immer mehr und mehr ins Erhabene und Gewaltige emporwachsen.

Der Weg führt durch Wald, und zwar durch wunderschönen Wald von stark gemischtem Bestande, und giebt doch immerfort die entzückendsten Blicke auf das schäumende Wasser und die Thalwände frei. Weiche Buchenhänge wechseln mit schroff und immer schroffer vorspringenden Granitklippen, die bald wahrhaft abenteuerliche und dabei plastisch klare und schöne Gestalten bilden; hervorgehoben seien, nicht bloß um ihres poetisch klangvollen Namens willen, die Gewitterklippen, ungefähr in der Mitte des Weges. Zuweilen lockt ein Seitenthal mit wegloser Romantik zum Abweichen vom Pfade — aber auch vom Pfade der Tugend und forstpolizeilichen Gehorsams, denn die Inschrift „Verbotener Weg" mit gediegener Strafandrohung erzwingt sich unsere Beachtung und schreckt den Gerechten alsbald zurück.

Bald hinter den Gewitterklippen windet der Pfad sich zu größerer Höhe am Felsen empor, den Blick immer glanzvoller gestaltend, um dann schnell zu einer Stelle hinabzusteigen, wo die höchste Wildheit ungeheuerlicher Felsscenerie sich mit einer berückenden Pracht reichster Baumvegetation verbindet. Eben diese köstliche Verbindung, nicht so sehr die Felsbildung an sich, ist der eigenste und besonderste Vorzug des Bodethals, worin es kaum seinesgleichen hat: daher es denn seine allerhöchste Herrlichkeit im Oktober oder auch

Treseburg.

im Mai entwickelt, wenn der Prunk einer überschwenglichen Farbenüppigkeit als Überschuß dazu kommt; zumal die Gegend um die Teufelsbrücke herum muß dann das verwöhnteste Auge berücken und berauschen.

Denn hier erreicht die Mannigfaltigkeit des Baumschlages wohl ihre Höhe. Die gemeinen Waldbäume des Harzes, Buche und Fichte, treten fast zurück, Eiche, Esche, Ahorn, Ulme, Linde, Birke mischen sich mit ihnen reichlich, und unter den Nadelhölzern kommt ein sonst im deutschen Walde so gut wie verschwundener Baum zu eigentümlicher Geltung, die Eibe oder Taxus. Grade um den Bodekessel herum wächst sie in ziemlich zahlreichen Exemplaren — eines davon wirkungsvoll genau auf dem Felsen über dem Kessel —, ein ganz alter, voll ausgewachsener Baum zwar ist nicht darunter, aber doch einige jüngere, schlank aufstrebende Stämme, während die meisten von vornherein eine eigentümliche, breit auslaufende Strauchform annehmen. Ihr besonderes Gepräge erhält die Eibe außerdem durch die Struktur der Rinde, die bei älteren Stämmen an die Olive erinnert, gewunden und knorpelig, und durch die tiefdunkle Färbung ihrer weichen, breiten Nadeln, welche die der Fichte an

Schwärze noch übertreffen. Auch einige hochwipfelig gewölbte, uralte Kiefern hängen oft wunderbar malerisch an den höchsten Felsen. Man könnte hier auf einer kurzen Strecke stundenlang hin- und herwandern und auf Schritt und Tritt neue, große und schwungvolle Bilder entdecken. Allzu gewaltsam oder drückend schauerlich ist der Eindruck nirgends, nicht einmal so feierlich ernst und stillmajestätisch, wie der des Okerthals; das Wilde und Strenge, selbst wie es in den riesenhaft starrenden Wänden der Roßtrappe und des Hexentanzplatzes hervortritt wird überall gemildert und umgestimmt durch den freudig triumphierenden Aufmarsch des überreichen Pflanzenlebens.

Zu den Felsen und dem Waldwuchs kommt aber als das dritte, wesentlich mitbestimmende Element die prachtvolle Wassermasse, die hier eng zusammengeklemmt, mit wild aufgeregtem Schäumen und Tosen zwischen den Steinen hindurchschießt: sie giebt dem Bilde ein wahrhaft leidenschaftliches Leben, für Auge und Ohr von gleich eindringlicher Sprache, zumal wenn nach der Schneeschmelze oder großen Gewittergüssen das Wasser zu seiner rechten Fülle gekommen ist.

Kronentempel im Bodethal.

Am unbändigsten und wütendsten gebärdet sich der Wasserschwall an der Stelle, die von einer tief ausgewaschenen Rundung im Stein den Namen Bodekessel erhalten hat — einen Namen, den überflüssiger- und geschmackloserweise eine häßliche, schwarze Inschrift auf dem Felsen dem Wanderer störend entgegenschreit. Aber auch eine lange Strecke oberhalb und unterhalb rast die Flut mit fast gleicher Gewalt und bietet ein Schauspiel, wie es in dieser Art im Harz und einigen freundnachbarlichen Gebirgen nicht annähernd wieder gefunden wird.

Einige Minuten unterhalb des Kessels und der ihm nahen Teufelsbrücke beginnt der Zickzack-Aufstieg zur Roßtrappe, der die Schurre genannt wird. Von unten sieht die Sache etwas abschreckend aus, doch ist sie in Wirklichkeit so arg nicht; die Steile ist nicht übermäßig, die Höhe noch nicht 200 m, also kaum eine halbe Stunde erfordernd; die schnell wachsende Größe des Einblicks in die gähnende Tiefe giebt zudem eine beständige moralische Erhebung. Nach oben zu staunen, ist weniger weise.

Wir setzen indessen für diesmal die Thalwanderung fort, deren Schönheiten keineswegs schon erschöpft sind. In einigen Minuten stoßen wir auf das Gasthaus Königsruhe, das einen wirklich königlich zu nennenden Ruhesitz unter schönen Bäumen, mit dem Blick auf das Wasser und die ragenden Felsen dahinter, uns bietet.

Auch von hier führt ein Weg in die Höhe, dieser am rechten Ufer zum Hexentanzplatz, ebenfalls im Zickzack, aber in köstlichem Waldesschatten, mit reizenden Durchblicken in Höhe und Tiefe. Dieses Waldstück hat gar keine Eichen und Buchen, selbst Birken ganz wenige, während die seltneren Laubbäume sich prächtig untereinander mischen.

Doch auch diesen schönen Aufstieg durch den Hirschgrund verhüllen wir uns einstweilen und gehen weiter thalabwärts, in immer gleichem Glanze der Scenerie, an dem „Kronentempel“, einem Birkenpavillon mit hübscher Aussicht, vorüber, lassen einige besonders bizarre Felszacken, wie die „Bergkanzel“ und das „Bodethor“ — dies wirklich den Pfosten eines eingestürzten Riesenthores gleichend —, zur Rechten liegen und gelangen in 10 Minuten an das bekannte Hotel Waldkater, das uns durch gute Speisen und Getränke, sowie ziemlich hohe Preise zu fesseln versucht.

Allgemach ist nunmehr der Ausgang des Engpasses erreicht, der Fluß gewinnt Raum, behäbiger zu strömen, und die Ebene öffnet sich. Wir aber haben noch Lust an den Bergen und schlängeln uns deshalb, am linken Ufer seitwärts abbiegend, auf prächtigen Waldwegen wieder in die Höhe. Nach dreiviertel Stunden sind wir 400 m hoch beim Gasthaus zur Roßtrappe, dessen Verpflegungsangebot wir uns nicht wohl entziehen können, wollen wir anders ohne vorwurfsvolle Kellnerblicke die Aussicht genießen. Diese erstreckt sich freilich nur auf die Ebene und kann sich an malerischem Reiz mit manchen andern, sonst ähnlichen Punkten des Randes, etwa dem Blankenburger Ziegenkopf oder dem Stubenberg von Gernrode, nicht messen, doch schon der geographischen Übersicht halber erfreut man sich ihrer willig.

Verlangt man mehr, so opfere man noch einen Nickel ohne trinkbare Gegengabe, ersteige den nahen Turm auf der Winzenburg“, und man wird den Verlust des Nickels mit Sekundenschnelle verwinden. Denn dieser Fernblick ist allerdings der glänzendsten einer, weil nun auch die andern Seiten der Betrachtung sich aufthun, nämlich der Blick hier auf die wuchtige Masse des Hexentanzplatzfelsens, dort über die herrlichen Waldhöhen bis weit hin zum Vater Brocken und seinem stolzen Leibgesinde.

Durchaus hiervon verschieden ist der Blick von dem eigentlichen Roßtrappenfelsen, knapp zehn Minuten unterhalb des Hauses 25 m tiefer gelegen. Die mächtige Granitrippe löst sich mit schmalem Grat von den Thalwänden ab, wie eine vorgeschobene Bastion, und beherrscht so zwar nicht mehr jene Gebirgsferne, aber das nächstgelegene Flußgebiet noch oberhalb und unterhalb in seiner ganzen schwindelnden Tiefe mit all dem verworrenen Felsgezack und Klippengebilden, den furchtbar jähen Wänden und den kochenden Strudeln des wilden Wassers dazwischen. Es giebt mehrere Punkte, von denen man, durch Eisengeländer geschützt, das große Bild in wechselnder Schiebung genießen kann, doch immer das gleiche an erhabener und fast grauenhafter Strenge. Einen merkwürdigen Kontrast aber bildet die ostwärts sich weit öffnende geruhsame und etwas nüchterne Ebene mit dem großen Dorfe Thale und beträchtlich dahinter der betürmten Stadt Quedlinburg zwischen harmlosen Hügeln.

Den Namen Roßtrappe trägt der Felsen von alters her von einem eigentümlichen Eindruck in der ebenen Felsplatte, der in der That einer riesenmäßigen Hufspur ähnlich genug sieht. Die Sage hat denn auch längst die Erklärung gefunden in der bekannten, freilich sehr verschieden erzählten Geschichte von der Königstochter, die flüchtend vom Hexentanzplatz über den ungeheuren Abgrund setzt, und deren Roß im Aufschlagen die Spur seines Hufes in den Stein gedrückt hat.

Die Gelehrten wollen in der Sage wohl eine Lokalisierung des Mythus von Wodan erkennen, der sich in christlicher Zeit in den wilden Jäger oder Hackelberent umgestaltet hat und auch sonst sehr häufig als Verfolger von Frauen erscheint: der himmlische Sturm, der die Wolken vor sich herjagt. Von dem Felsgipfel selbst aber steht nach hier gefundenen Graburnen und anderen Resten vorgeschichtlicher Urzeit mit Sicherheit fest, daß er einst eine befestigte germanische Kultstätte gewesen ist, und da kann denn die Trappe ebensowohl ein künstlich eingehauenes Kultzeichen sein, etwa auf das heilige weiße Roß deutend, wie ein zufälliges Naturspiel.

Von dem gerühmten siebenfachen Echo braucht nicht geredet zu werden: der Mann mit der Pistole drängt sich von selber auf. Daß freilich an besuchreichen Tagen durch das beständige Knallen die ernste Ruhe der Natur sehr angenehm belebt würde, kann man nicht behaupten.

Vom Roßtrappengasthause führt eine Chaussee, sich zunächst immer auf der Höhe haltend, den Fußgänger in zwei Stunden nach Treseburg zurück. Die erste Strecke giebt wenig Aussicht, aber schönen Ersatz durch einen Buchenwald mit eingesprengten Prachteichen, wie er herrlicher wohl im ganzen Harze nicht gefunden wird. Nach einer halben Stunde aber gewinnt man die Herzogshöhe, von der sich eine entzückende Sicht aufthut über das tiefe Felsenthal hinweg auf die weiten, wunderschönen Waldhöhen mit ihren freundlich-ruhigen Linien.

Nun wird's eine weitere halbe Stunde lang ein bischen langweilig; niedriger Fichtenwald ohne eigenen Reiz verhindert die Aussicht und giebt doch keinen Schatten. Dann aber senkt sich die Straße allmählich und giebt wieder anmutigere Blicke; gleichwohl kostet es keinen Schmerz, sie zu verlassen und sich durch einen engen Felsentunnel seitwärts zu schlagen, nach dessen Durchschreiten sich überraschend eine völlig verwandelte Scene darstellt: man sieht in ein weites Rund, rings von Waldbergen umschlossen, von dem Flusse umschlungen, der fast einer Schlange gleicht, die sich in den Schwanz beißt. Es ist die Stelle zwischen Altenbrak und Treseburg, wo die Bode eine so gewaltige Krümmung macht; man wundert sich ernstlich, daß sie es nicht vorgezogen hat, die ganz geringe trennende Bodenerhebung zu durchbrechen, sie, der doch die ungeheueren Granitmauern von Thale kein Hemmnis gewesen sind. „Wilhelmsblick" heißt die Stelle. In der Nähe, nur etwas höher, ist ein anderer Aussichtspunkt, „Krügers Lust" genannt. Krüger beweist einen guten Geschmack: die Stelle ist merkwürdig durch eine ausgiebige Übersicht nach beiden Seiten über die seltsamen Schlängelungen dieses Flusses, den man in lauter auseinandergerissenen Streifen erblickt. Die weitere Fortführung dieses Fußpfades verfolgt den augenscheinlichen Zweck, den Wanderer konfus zu machen, da man sich bald diesem, bald jenem Teile des Thales zu nähern scheint und in immer schmerzlichere Zweifel gestürzt wird, ob man Treseburg näher kommt oder sich davon entfernt.

Endlich kommen wir doch nach Treseburg hinab; doch nun heißt es, sogleich an der andern Seite wieder die Höhe zu gewinnen. 184 m müssen da vollbracht werden; zunächst freilich nur die gute Hälfte; nach einem kleinen halben Stündchen haben wir wieder eine Raststätte, den „Weißen Hirsch", einen Bergvorsprung mit einem überaus malerischen Umblick: Treseburg selber dicht vor unsern Füßen, dann das obere Bodethal mit den großen Laubwaldwogen dahinter, denen der Brocken den schon gewohnten und doch nie gleichgültigen Abschluß giebt.

Weiter geht es durch Wald bei geringer Steigung auf den flachen, bewaldeten Dambachskopf und zum Dambachshäuschen, das einst dem ausgezeichneten Forstmanne Pfeil zur Sommerwohnung gedient hat. Nur ist der vorhandene Bau nicht mehr das alte bescheidene „Häuschen", sondern ein ansehnliches Jagdhaus des Prinzen Heinrich von Preußen. Doch unverwandelt ist die Natur, die Pfeil so geliebt und in einfachen, nicht gerade formvollendeten, aber ernst empfundenen Versen besungen hat. Er war im Harz — auf Schloß Rammelsburg im Wipperthale — geboren und pflegte von Eberswalde aus, wo er an der Forstakademie eine reformatorische Wirksamkeit übte, bis zu seinem Tode 1859 jeden Herbst hier zur Jagd zu verweilen. Hier ist ihm denn auch, seinem Häuschen nahe, von „den deutschen Forstwirten" ein Denkmal gesetzt worden: ein ruhender Hirsch aus bronziertem Eisen auf einem Marmorblocke, dessen Vorderseite den fein geschnittenen Kopf des Mannes in Bronze zeigt. Das schönste an dem Denkmal ist die Waldstelle selbst: sechs wunderherrliche Riesenbuchen umstehen es im Halbkreise und geben als die vornehmste Ehrenwache der stillen Stätte eine wahrhaft poetische Weihe.

Dreiviertel Stunden weiter gelangen wir, von der Straße nach Thale und zum Hexentanzplatz links abbiegend, an einen Punkt, oder genauer deren zwei engbenachbarte, die vielleicht die poesievollsten Ausblicke des ganzen Bodebezirks geben. Es sind die „Prinzensicht" zur Rechten, der „Kaiserblick" zur Linken, beide am oberen Höhenrande 400 m hoch auf einer Waldblöße gelegen. Erstere beherrscht ein weiteres Gebiet, vom Brocken bis Quedlinburg; in der Tiefe sieht man gerade unter sich den Bodekessel und darüber die

AUFNAHME VON FR. ROSE, WERNIGERODE.

Hexentanzplatz vom Hirschgrund aus.

Riesenwände der Roßtrappe und des Tanzplatzes, beide zugleich, die sich zu einer geschlossenen Mauer zusammenzufügen und dem Flusse jeden Ausgang zu versperren scheinen. Ganz eigenartig schön aber läßt eben diese Mauer, in der Mitte sich senkend, hier über sich ein Stück der Ebene erscheinen. Besonders bei Abendbeleuchtung ist dieses Hereinschimmern einer geheimnisvollen Ferne von seltsam ahnungsvollem Reiz. Bei dämmerigem Wetter glaubt man zuweilen mit täuschender Deutlichkeit dort das Meer zu erblicken.

Enger begrenzt, weil einseitig nach Westen gerichtet, aber dafür desto schöner komponiert, ist der ganz nahe „Kaiserblick“. Den Vordergrund bildet hier eine äußerst malerische weite, weiche Buchenschlucht, darunter gähnt die schauerliche Bodetiefe mit den Gewitterklippen und den Heuscheunefelsen; die Mitte des fernen Hintergrundes nimmt in seiner stillen Majestät das Brockengebirge ein: das Ganze ein wahrhaft ideales Unterharzbild.

Eine nahe Wettbewerberin um die Palme der Schönheit ist die zwanzig Minuten entfernte „La-Vières-Höhe“, nach einem um die Erschließung der Gegend verdienten Staatsrat benannt. Der Blick von dem scharf vorspringenden, spitzen Felsturme in die Tiefe ist wieder von ganz besonderer Art und keinem andern nachstehend. Charakteristisch sind als ganz naher Vordergrund gewaltige, wildzackige Klippengebilde, hinter denen etwas ferner die Roßtrappe sich aufhebt. Nach der andern Seite senkt sich der schöne, waldige Hirschgrund zu Thal, durch den der schon erwähnte, romantische Schlängelweg zum Gasthaus „Königsruhe“ hinabführt.

Nochmals zwanzig Minuten angenehmer Waldwanderung bringen uns dann endlich zum Hexentanzplatz selber, der nun einmal von je als das letzte Ziel und die Krone des Bodethals gilt. Er liegt 80 m höher als der Roßtrappenfelsen, 454 m, und in gleicher Höhe mit der Plattform des Winzenburger Aussichtsturmes, seine Lage aber gestaltet die

Roßtrappe.

Aussicht noch etwas wirkungsvoller. Wird sie an malerisch-poetischem Reiz wohl von den soeben geschilderten Nebenaussichten noch übertroffen, so faßt sie dafür am besten alle Elemente zusammen, die dieses Harzgebiet charakterisieren: die wilde Tiefe, die Weite der Ebene mit Dörfern und Städten, und über Waldhöhen den Brocken. Dieser wirkt hier besonders bedeutend; kaum irgendwo erzeugt er so stark die Illusion, als befinde man sich am Eingange eines mächtigen Gebirges, das sich dort hinter zu immer wachsender Höhe emportürmen müßte.

Der Hexentanzplatz mit seinem Gasthause ist eines der großen Sommerverkehrscentren des Harzes und wird an Fülle des Fremdenbesuches nur vom Brocken übertroffen. Daher fliehe, wer es kann, den Hochsommer und besonders die Sonntage: seine Stimmung kann da leicht in Fetzen davonfliegen. Die Landschaftsfreude hat nun einmal unleugbar einen egoistischen Zug und gönnt dem Mitmenschen, wenigstens wenn er als Masse auftritt, das Mitgenießen nicht leicht; so geteilte Freude ist halbe Freude.

Den Abstieg nach Thale kann man durch das benachbarte schöne, stille Steinbachthal und auf andern Fuß- und Fahrwegen in einer halben Stunde oder wenig darüber, vollbringen. Unterwegs findet man Ausblicke, so besonders von der Homburg, unbestimmten vorgeschichtlichen Gedenkens; hier übersieht man das Hügelgelände zwischen Halberstadt und Blankenburg vortrefflich, besser als vom Tanzplatz. Gerade gegenüber, in nächster Nähe, steht der Bismarckfelsen, den ein Medaillonbild des Altreichskanzlers ziert oder auch nicht ziert, wie man es nehmen will. Bismarck zu ehren, ist allemal löblich; aber ein Kunstwerk, ins Freie gestellt, soll sich der Landschaft harmonisch einfügen, soll diese womöglich steigern und sich von ihr steigern lassen; mitten in diesen ernsten Naturformen aber wirkt so ein Bildchen doch mehr wie eine Spielerei: und dazu ist Bismarck zu schade.

Thale (175 m) ist ein sehr großes Dorf, an Einwohnerzahl, ca. 7500, die meisten Harzstädte übertreffend; außer einem großen Eisenhüttenwerk bietet es wenig von Interesse; es hat ein mehr kleinstädtisches, als dörfliches Ansehen. Es liegt schon ziemlich weit in die Ebene hinein, eine Viertelstunde vom Bahnhof: an diesen aber lehnt sich eine vom Dorf räumlich getrennte, neue Ortschaft an, die ausschließlich aus Gasthöfen und Sommermietshäusern nebst wenigen Privatvillen besteht; nur eine Blechhütte mit ihren Werkhäusern liegt daneben.

Eingang des Bodethals.

Dieses Thale ist längst eine Mode-Sommerfrische vornehmen Stils geworden, an Eleganz und Luxus, sowie auch in den Preisen mit Harzburg und Schierke konkurrierend; jedenfalls geht der sonst gar nicht so sehr berechtigte Ruf der großen Teuerung wesentlich nur von diesen drei Orten aus. Freilich bieten sie auch etwas dafür, es wird allen Bedürfnissen, auch des verwöhnteren Reisenden, Rechnung getragen: so trage denn auch er seine Rechnung geduldig. Das bekannteste und erste Haus ist „Hotel Zehnpfund", dicht am Bahnhof, ein stattlicher Bau mit einem glänzenden Blicke auf den Eingang des Bodethals. Ihm schließt sich das reizend gelegene Hubertusbad an, dem Thale schon näher.

Eine wohlgepflegte Gartenanlage mit sauberem Rasen, ausländischen Bäumen und Warnungstafeln atmet den genius loci. Eine Kurtaxe dient zur Erhöhung des Selbstbewußtseins und berechtigt nebenbei zur Befriedigung musikalischer Gelüste und zur geistigen Speisung im Lesezimmer. Für der Augen Lust sorgen viele Verkaufsbuden und die Toiletten der Damen, zuweilen auch deren Gestalt und Antlitz.

Quedlinburg. Halberstadt. Blankenburg.

Thale erscheint heutzutage in seinen beiden Teilen als ein völlig moderner Ort, dem man nirgends ansieht, daß er nicht erst in unserem Jahrhundert gegründet ist. Und doch war die Stätte schon vor tausend Jahren bewohnt; nur hieß sie damals Wendhusen, und es bestand hier ein Nonnenkloster.

Zwei Stunden nordöstlich davon lag draußen in der Hügelebene an der Bode im Anfang des 10. Jahrhunderts ein königlicher Hof Quitilinga oder Quitlingen; neben diesem erbaute Heinrich I. auf einem isolierten Sandsteinfelsen zum Schutz gegen die Magyaren und Slawen eine Quitilingaburg, die schon 922 erwähnt wird, und an die sich allmählich eine Ortschaft anlehnte und sich noch im nämlichen Jahrhundert zur Stadt auswuchs: den Namen aber behielt sie wie so manche Harzstadt von ihrer Burg.

Hier gedachte König Heinrich ein vornehmes Frauenstift zu gründen und versetzte kurzweg die Wendhausener Nonnen dahin, wie es scheint, nicht ohne einige Gewaltsamkeit und wider ihren Willen: und daß es ihnen an jener ersten Stelle besser gefiel, wird ihnen niemand verdenken. Heinrich starb darüber und fand in der neuen, noch unfertigen Gründung nur seine letzte Ruhestätte. Sein Sohn, Otto der Große, aber vollendete das Werk, wenn auch nur langsam: und die erste 966 geweihte Äbtissin war seine Tochter Mathilde; ihr folgte 999 Ottos II. Tochter Adelheid, welche die beiden nächsten Kaiser, Otto III. und Heinrich den Heiligen, und damit ihr ganzes Geschlecht, um mehr als 20 Jahre überlebte. Nach ihr waren zwei Töchter Heinrichs III. Äbtissinnen, und auch in der Folgezeit standen fast immer die vornehmsten Damen, wenn auch nicht mehr Kaisertöchter, an der Spitze des glänzenden Stiftes. Daß dieses unter solchen Umständen an Macht und Reichtum gedieh, ist gewiß nicht zu verwundern. Aber auch Kunst und Wissenschaft fanden hier so frühzeitig ausgiebige Pflege, und man kann es als eine Art Gerechtigkeit der Geschichte betrachten, daß der Stadt Quedlinburg später die Ehre zu teil ward, einen Dichter wie Klopstock und einen Gelehrten wie Karl Ritter, den großen Geographen, aus ihren Mauern hervorgehen zu sehen. Noch heute ist das weit sichtbare Wahrzeichen der Stadt das ehrwürdige Denkmal jener ersten großen Zeiten des berühmten Stifts, der dem heiligen Servatius geweihte Dom oder die Schloßkirche.

Der ursprüngliche Bau der Kirche geht auf Heinrich I. selber zurück. Doch erwies er sich bald als den Ansprüchen glänzenderer Zeit nicht mehr entsprechend, und es wurde um die Wende des Jahrtausends ein Umbau in der Weise begonnen und 1021 vollendet, daß die alte Kirche zur Krypta der neuen wurde. 1070 ward dieser Neubau durch einen Brand zerstört, aber im Laufe des nächsten halben Jahrhunderts in denselben Maßen wieder aufgerichtet und 1129 in Kaiser Lothars persönlicher Gegenwart eingeweiht. Und in dieser Gestalt ist die Kirche im wesentlichen auf unsere Tage gekommen (s. S. 72), nur daß im Anfang des 14. Jahrhunderts der Chor gotisch umgebaut worden ist. Freilich mußte der echte Kern erst durch eine neuerliche Restauration von 1862—1882 aus späteren Entstellungen wieder herausgeschält werden. Während aber die meisten alten Gebäude durch unpassende und stilwidrige Zuthaten späterer Jahrhunderte entstellt werden, war hier mehr das Umgekehrte der Fall: mehrere allzu streng protestantische Äbtissinnen des 17. Jahrhunderts hatten die Schmuck- und Farbenpracht, welche die katholischen Zeiten hier angehäuft, nicht vertragen können und mit bilderstürmerischer Emsigkeit für ihre Entfernung gesorgt.

Etwas von solcher Kahlheit und Nüchternheit ist auch an dem restaurierten Innern noch hängen geblieben; um so besser zeigt dieses die edlen Verhältnisse und die vornehme Schlichtheit des Baues. Es ist eine frühromanische dreischiffige Basilika mit flacher Balkendecke; je zwei Säulen, mit einem Pfeiler abwechselnd, tragen die mächtige Mauerfläche, die durch wenige, aber ziemlich große Rundbogenfenster gegliedert ist. Der gotische Chorabschluß stört ein unbefangenes Auge keineswegs, sondern fügt sich harmonisch und fein in das Ganze: es erscheint nur natürlich, daß dieser abgesonderte und ausgezeichnete Teil des Baues auch seine besondere Architektur hat. — In der Mitte des Langhauses befinden sich die teilweise sehr ruinierten Grabplatten von acht Äbtissinnen.

Die sehr altertümliche, mit schweren Kreuzgewölben überdeckte Krypta, von deren ursprünglich reicher Bemalung Spuren unter der Tünche gefunden und aufgedeckt sind, enthält die Grabstätte König Heinrichs, aber fast nur noch die Stätte; die Reste einer Marmorplatte bezeichnen sie, der Sarg ist verschwunden, erhalten dagegen der seiner Gemahlin Mathilde, sowie seiner gleichnamigen Enkelin, der ersten Äbtissin.

Andere der frommen Frauen ruhen in dem noch tieferen, zum Teil in den gewachsenen Sandstein eingehauenen Grabgewölbe, zu dem man von der Krypta hinabsteigt, und dem die wunderbare Kraft zugeschrieben wird, die Leichen als Mumien zu konservieren. So sollen die Gesichtszüge der hier gleichfalls bestatteten Aurora von Königsmark — „bewundert viel und viel gescholten“ — noch erkennbare Ähnlichkeit mit ihren Bildnissen zeigen, deren eines im Quedlinburger Schlosse bewahrt wird. Doch muß man's auf Treu und Glauben hinnehmen, gezeigt wird die schöne Mumie nicht.

In der Schatzkammer des Domes, der sogenannten Zitter oder Zither, einem Worte unerklärten Ursprungs, werden die geringen Reste des einst so glänzenden Kirchenschatzes aufbewahrt. Sehenswert sind sie auch so, besonders zwei Reliquienkästen, Heinrich I. und Otto I. zugeschrieben, aus Elfenbein geschnitzt, letzterer sehr fein gearbeitet, mehrere pergamentene Evangelienbücher mit Elfenbeindeckel; besonders wertvoll ist das kleine Bruchstück einer Handschrift der Itala, der ältesten lateinischen Bibelübersetzung, die der Vulgata vorausging, mit kunstreichen Miniaturen.

Im Schlosse, das in dieser Gestalt nicht der sächsischen oder fränkischen Kaiserzeit, sondern dem 16. Jahrhundert entstammt, ist weniger zu sehen, so stattlich sich die Außenseite auf der freien Höhe ausnimmt: der liebenswürdig fröhliche König Jérome hat als fürsorglicher Landesvater mit dem Inhalt der Gemächer auf dem schlichten Wege der Versteigerung aufräumen lassen, so daß es nun recht öde darin aussieht; doch sind einige gerettete alte Porträts nicht ohne Interesse. Das Schönste ist die Aussicht aus einem kleinen Zimmer auf die ehrwürdige Stadt und den ganzen Nordrand des Harzes mit seinen Vorhöhen von Wernigerode bis Ballenstedt.

Das Stift bestand auch nach Annahme der Reformation fort, wurde aber mehr und mehr abhängig von weltlichen Schirmvögten, deren es nicht entbehren konnte. Im Jahre 1697 kam diese Schirmvogtei — genau wie die von Nordhausen — durch Kauf von Kursachsen an Brandenburg, und der Kurfürst Friedrich III. ließ Stift und Stadt alsbald kurzerhand militärisch besetzen. Unmittelbarer preußischer Besitz aber wurde das „Fürstentum Quedlinburg“ erst 1801 durch den Frieden zu Lüneville und dann wieder nach der Schlacht von Leipzig.

Nächst Dom und Schloß ist das bemerkenswerteste Gebäude der Stadt das alte Rathaus, das schon 1310 bestand, aber infolge eines Umbaues von 1615 besonders durch das prächtige Portal der Marktseite durchaus den Charakter eines Renaissancebaues empfangen hat. Nur der feine Eckturm zeigt noch gotischen Stil, ist aber auch erst ein nachträglicher Anbau an das älteste Haus. Einen eigenartigen und hübschen Schmuck hat das Rathaus in der dichten Umwucherung seiner ganzen Hauptfront bis an das hohe Dach mit wildem Weinlaub erhalten, das seiner bis auf das Portal einfachen Architektur ein malerisches Ansehen giebt.

Im Innern finden sich eine Reihe von alten Bildnissen, die zum Teil von Wert und Interesse sind, so die der zwölf evangelischen Äbtissinnen, von ihnen selbst dem Magistrate geschenkt, darunter Anna Amalia, die Schwester Friedrichs des Großen. — Ein absonderliches Schaustück ist ein zwei Meter hoher Holzkasten aus dicken Fichtenbohlen, darin die Quedlinburger den Grafen Albrecht von Regenstein — den „Raubgrafen" Julius Wolffs, auch eines Stadtkindes — anderthalb Jahre lang gefangen gehalten haben sollen, bis 1338; die Sache ist freilich schlecht verbürgt und in sich nicht allzu wahrscheinlich. — Dagegen ist aus dem 16. Jahrhundert zweierlei verbürgt: zum ersten, daß die Bürgerschaft um die Einführung der Reformation sich ernste Verdienste erworben und gegen scharfe Gewaltmaßregeln des Herzogs Georg von Sachsen sich die Freiheit der Lehre wacker erstritten hat; zum andern, in einem bedauerlichen Gegensatz dazu, daß man nicht lange danach hierorts mit besonderem Eifer Hexen verbrannt hat, und zwar bis tief ins 17. Jahrhundert hinein. Ja, noch 1750 ist eine Hexe verbrannt worden, nachdem sie freilich gemäß der Milde des aufgeklärten Jahrhunderts vorher sänftlich erwürgt worden war. Die guten Bürger aber haben im Dreißigjährigen Kriege ihre Strafe bekommen und sind gründlich drangsaliert, einmal auch, 1642, sechs Stunden lang rite geplündert worden.

Rathaus in Quedlinburg.

Die heutige Stadt, von der Bode durchströmt, mit 22000 Einwohnern gesegnet, ist in ihren inneren Teilen eine behäbige, altertümliche Stadt von großem malerischen Reiz, nächst Goslar die charaktervollste am Harz, doch freundlicher als dieses, reich an alten Fachwerkhäusern, darunter nicht wenigen interessanten und schönen. Es ist ein Vergnügen, die winkligen Gassen zu durchschlendern und hier und dort lauschige Ecken, Durchblicke und hübsche Architekturbilder aufzustöbern. Das älteste Haus geht vielleicht noch ins 14. Jahrhundert zurück. In das 16. gehört Klopstocks Geburtshaus, nahe dem Schloßberge, davor wir wohl etwas nachdenklicher verweilen werden.

Der Dichter wurde hier am 2. Juli 1724 geboren; er besuchte das heimische Gymnasium bis zum 16. Jahre und hat auch im mittleren Mannesalter einmal vorübergehend in seiner Vaterstadt gelebt. Bedeutsam ist, daß der erste große epische Stoff, mit dem der Jüngling sich trug, und den später der Messias zurückdrängte, die Geschichte des seiner

Heimat so eng verknüpften Königs Heinrich I. gewesen ist. Jetzt ist ihm im Brühl, einem hübschen Lustwäldchen dicht vor der Stadt, in schöner Umgebung ein einfaches, aber feines und würdiges Denkmal errichtet, im Aufbau von Schinkel entworfen, während die Büste von Tieck modelliert ist. Ebenfalls am Brühl steht in einem gotischen Überbau die Büste Karl Ritters, der am 7. August 1779 zu Quedlinburg geboren wurde.

Außer dem Harzblick vom Schloß und der Schloßbergterrasse finden sich in der Nähe der Stadt noch verschiedene andere im ganzen ähnliche Aussichten; genannt sei nur der Wartturm der Altenburg und der neue Bismarckturm.

Quedlinburg ist wie Nordhausen keine eigentliche Harzstadt mehr, aber durch seine Lage und seine Geschichte so eng dem Gebirge verbunden, daß wir nicht wohl daran vorübergehen konnten, zumal uns die Eisenbahn in einer Viertelstunde von Thale oder Suderode hinüberbringt.

Nahezu dasselbe gilt von dem alten Bischofssitz Halberstadt, obgleich dieser immerhin doch schon doppelt so weit vom Harzrande entfernt ist und sich demgemäß einen etwas flüchtigeren Besuch gefallen lassen muß. Doch wer möchte ganz an dem berühmten Dome vorübergehen, dem vollendetsten und edelsten Kirchenbau der Harzlande, der für diese ungefähr die gleiche Bedeutung hat, wie der Kölner für den Rhein, wenn er dem auch in den Maßen nicht gleichkommt: er hat noch nicht ganz zwei Drittel von dessen Länge.

Wenn man den Dom jetzt von außen und innen betrachtet, so will er uns auf den ersten Blick wohl als ein Werk aus einem Gusse erscheinen im Gegensatz zu so vielen anderen Bauten, denen der wandelbare Geschmack der langen Bauzeiten in der Kreuzung und Mischung der verschiedenen Stilformen deutliche Spuren aufgedrückt hat; stellen doch manche ein wahres Museum der sich entwickelnden Stile dar, vom frühromanischen bis zum spätgotischen, womöglich mit noch jüngeren An- und Einbauten. Dagegen zeigt der Halberstädter Dom eine konsequente Gotik von einheitlichem Charakter. Sieht man näher zu, so entdeckt man freilich bald auch hier einen stillen Wechsel der Formen vom Einfachen zum Reicheren und dann selbst zum Willkürlichen, die dem Kundigen eine Bauzeit von Jahrhunderten verraten (s. Abb. S. 92, 93).

Klopstock-Haus in Quedlinburg.

In der That ist der Bau schon bald nach 1179 begonnen, wo Heinrich der Löwe die Stadt eroberte und die alte romanische Kathedrale den Flammen zum Opfer fiel, und erst 1491 konnte die ganze Kirche als vollendet geweiht werden. Die dazwischen liegenden drei Jahrhunderte aber umspannen ziemlich genau die ganze gotische Zeit vom ersten Eindringen des neuen Stiles in Deutschland bis zum ersten Anklingen der Renaissance, so daß bei aller Entwicklung im einzelnen der einheitliche Charakter des Ganzen gewahrt wurde. Der Bau begann von der Westseite, vom Hauptportal und den Türmen her — deren obere Stockwerke aber erst am Ende des 16. Jahrhunderts fertig wurden — und schritt langsam nach Osten zum hohen Chore fort. In unserem Jahrhundert sind seit 1847 umfangreiche Restaurationsarbeiten vorgenommen, die erst nach einem halben Säculum mit dem vollendeten Neubau der Türme ihren Abschluß fanden.

So hat denn das herrliche Werk jetzt endlich in unseren Tagen die vollendete und gleichmäßige Gestalt gewonnen, wie sie ungefähr dem ersten Baumeister vor 700 Jahren vorgeschwebt haben muß, ein schönes Sinnbild unseres festen Zusammenhangs mit jenen scheinbar verschollenen Zeiten unserer Ahnen. Der Eindruck des Innern beim Eintritt von Westen her in das Hauptschiff ist feierlich und voll reiner Harmonie; kann sich seine Wölbung an mystischer Pracht und mitreißender Wucht des Aufstrebens nicht mit dem Kölner Dome vergleichen, fehlen ihm auch jene wunderbar malerischen Durchblicke jener großen fünfschiffigen Kathedralen des Westens, so wird das ersetzt durch eine heitere Festlichkeit, eine flüssige Anmut des klaren Gesamtbildes. Ein prächtiger, spätgotischer Lettner von 1510 trennt die Kirche in zwei Teile, den Chor und das Hauptschiff, ohne doch für den durch das Hauptportal Eintretenden die Einheit des Blickes aufzuheben. Schöne, alte Glasbilder steigern die Stimmung des Ganzen.

Auch das Äußere ist würdig und schön, von einfachem Ernst; architektonisch reiner stellt sich die Nordseite mit dem reichgegliederten Abschluß des Kreuzschiffes dar, während im Süden der angebaute Kreuzgang einen malerischen Reiz giebt. Die westliche Hauptfront mit den Türmen ist durch eine große Rosette über dem Portale belebt; die Türme sind einfacher, als sie die Gotik zu bauen pflegt.

Dem Dome gegenüber an demselben großen, etwas allzu großen Platze liegt als würdiges Seitenstück ein noch älteres Denkmal der bischöflichen Zeit, die rein romanische Liebfrauenkirche, die schon von weitem, trotz der großen Schlichtheit der dem Platz zugekehrten Ostseite mit den kleinen Apsiden, vornehmlich durch ihre vier stattlichen Türme sich bedeutsam zur Geltung bringt. Die Kirche hat eine ungefähr ebenso lange Bauzeit wie der Dom gehabt, nur schon bald nach dem Jahre 1000 beginnend, und ist doch von ähnlich geschlossener Wirkung, ein reiner Typus ihres Stils, was freilich wohl zum nicht geringen Teil der durch Friedrich Wilhelm IV. vorgenommenen Restauration zuzuschreiben ist.

AUFNAHME VON L. KOCH IN H.

Durchblick vom Hohen Chor im Dom zu Halberstadt.

Auch hier sind die Westtürme der älteste Teil; schon ihre schwere, viereckige, nur von kleinen Rundbogenfenstern durchbrochene Mauermasse kennzeichnet sie als solchen; am jüngsten dagegen sind die beiden andern, achteckigen, sehr viel schlankeren Türme, die in die Winkel westlich von den Kreuzschiffen eingesetzt sind und erst dem Ende des 13. Jahrhunderts entstammen. Das Innere zeigt eine dreischiffige Basilika mit flacher Holzdecke und erhöhtem Chor; mächtige, viereckige, schmucklose Pfeiler, die das Hauptschiff von den niedrigen Mittelschiffen scheiden, geben dem Ganzen unleugbar etwas Schweres und Nüchternes, zumal neben der anmutigen, schwebenden Leichtigkeit des benachbarten Domgewölbes. — Bei der

Restauration sind auch interessante alte Fresken wieder aufgedeckt und leidlich hergestellt worden, die der puritanische Unverstand und Übereifer des 17. Jahrhunderts mit Unschuldsweiß übertüncht hatte.

An alten Profanbauten des niedersächsischen Fachwerkstils ist Halberstadt nicht arm; die schönsten finden sich vornehmlich im Centrum der Stadt, um den Fischmarkt und Holzmarkt herum, denen sie im Verein mit den schlanken Türmen der nahen gotischen Martinikirche ein stimmungsvolles, altertümliches Gepräge geben. Das Beste dabei thut das schöne und eigenartige Rathaus, das besonders nach der Ostseite, dem Fischmarkt zu, äußerst malerisch wirkt. Es ist ein massiver Steinbau, aus zwei verschiedenen gotischen Teilen bestehend, von denen der ältere, zum Holzmarkt die Front wendend, dem jüngeren Langbau quer vorgelagert ist. Die dadurch entstandene Unregelmäßigkeit wird noch gesteigert durch mehrere spätere Anbauten, von denen der südliche große Renaissance-Giebel besonders auffallend aus der Gotik herausfällt, ohne doch wesentlich anders als malerisch belebend zu wirken. Dasselbe gilt noch mehr von dem reizenden kleinen Erker am Südgiebel des Querbaues.

In der Nähe sind mehrere schöne Fachwerkhäuser, so besonders gegenüber der Ratskeller und an der andern Seite des Fischmarkts der Schuhhof mit seinem reichen Schnitzwerk.

Eines der bescheideneren solcher alten Häuser ist — das Gegenstück zu dem Quedlinburger Klopstockhause — das hinter dem Domchor gelegene Wohnhaus „Vater“ Gleims, von dessen Geiste sein Inneres, wie man sagen kann, einen Hauch getreulich bewahrt hat. Sobald man diese kleinen Zimmer betritt, fühlt man sich umwittert von der Atmosphäre jener einzigen Litteraturepoche, die von so kleinen Dingen wie Gleims anakreontischen Tändeleien zu Goetheschen Höhen hinaufführte. Gleim, am Harzrande zu Ermsleben an der Selke geboren, kam 1747 als Sekretär des Domstifts nach Halberstadt, ein Jahr vor dem Erscheinen der ersten Gesänge von Klopstocks Messias, zwei Jahre vor Goethes Geburt, im Geburtsjahr Bürgers — der nur zwei Meilen von Ermsleben harzeinwärts zur Welt kam —, zur Zeit, da der 18jährige Lessing eben in Leipzig sein erstes Stück hatte aufführen lassen, und er starb dort 1803, zwei Jahre vor Schillers Tode, der doch gerade 40 Jahre jünger war, im Todesjahre Herders und Klopstocks. So hat er hier so ziemlich die ganze klassische Zeit an sich vorüberziehen sehen, er selbst kein großer Dichter, vielleicht nicht einmal ein kleiner, aber ein Freund und Genosse von Dichtern und ein Wohlthäter junger Talente, wie es kaum einen zweiten gegeben hat. Und davon weiß dieses kleine Haus noch heute reichlich zu erzählen in dem „Freundschaftstempel“, einer Sammlung von Bildnissen litterarisch bedeutender Männer, deren Zahl über hundert ist: da finden wir in schönem Frieden bei einander, um nur die allerbekanntesten zu nennen: Klopstock, Wieland, Lessing, Herder, Bürger, Winckelmann, die Grafen Stolberg, Jean Paul — es fehlen in dem Chor fast nur Goethe und Schiller. Daneben aber auch Fürsten und Helden, wie Friedrich der Große und Prinz Heinrich, Ferdinand von Braunschweig, der alte Ziethen, Amalia von Weimar. Und sie alle, oder doch fast alle, sind dieses Häuschens Gäste gewesen und haben durch einen ausgedehnten Briefwechsel dauernden Anteil an seinem Bewohner bewiesen. Auch dieser Briefwechsel wird hier aufbewahrt nebst einer großen Bibliothek und redet lebendig von jenen Zeiten. — Auch Gleims Garten an der Holtemme und sein Grab darin kann man besuchen; ebenso umschließt Halberstadt die Wohnhäuser und Gräber der ihm zeitgenössischen Dichter Lichtwer und Klamer Schmidt.

Ebenfalls ein Zeitgenosse, der Domdechant von Spiegel, wurde für die Halberstädter ein Wohlthäter anderer Art: er kaufte eine halbe Stunde vor der Stadt eine öde Anhöhe und bepflanzte sie mit Waldanlagen, die er schon bei Lebzeiten dem Publikum öffnete, und die sich nach seinem Tode als öffentlicher Park immer schöner entwickelten; ausgezeichnet ist er besonders durch eine nicht geringe Anzahl sehr alter und überaus malerischer Kiefern. Den Geschmack der guten alten Zeit verraten auf diesen „Spiegelsbergen“ allerlei künstliche Ruinen, gewölbte Grotten, Denksäulen, Urnen und ähnliches harmlose Spielwerk, wie es das Auge unserer Urgroßväter erfreute; auch an einem Mausoleum des Gründers

Fischmarkt mit Rathaus in Halberstadt.

fehlt es nicht, davor noch heute alljährlich infolge eines Gleimschen Vermächtnisses an seinem Todestage, dem 22. Mai, eine Volksfeier stattfindet. Das heutige Geschlecht wird wohl die meiste Freude an der schönen Aussicht von einem Turme auf den Blankenburger Harz und seine Vorberge empfinden.

Die Fortsetzung dieser Waldhügel, nur durch eine leichte Senkung davon getrennt, bilden die Klusberge, die mit behäbiger Selbstironie sich den stolzen Namen der Halberstädter Schweiz beilegen: doch ist der nach einigem Wandern durch jugendlich naiven Kiefernwald sich plötzlich öffnende Blick auf die turmartigen Felsgebilde des „Teufelsstuhls“, die aus dem Seltsamen und Barocken schon beinahe ins Verrückte spielen, überraschend und merkwürdig genug.

Diesem Höhenzuge, der sich südöstlich weiter bis zur Bode hinzieht, und dem Harzrande parallel streichen, dem letzteren um eine halbe Stunde näher, die ebenso langgezogenen Thekenberge, deren bewaldeter Rücken von mehreren Punkten, besonders von dem Holzgerüst des Kaiserbergs und von der kecken Felsgruppe des Gläsernen Mönchs, vortreffliche Rundblicke über Land und Gebirge gewährt. Zum höchsten Glanze aber steigert sich diese Art Aussicht auf dem höchsten Gipfel des dritten Parallelzuges, dem Hoppelberge (300 m), dessen höchst charakteristische und kühne Gestalt — davon er auch Sargberg heißt — weithin am mittleren Nordharz dem Auge sich aufdrängt. So entfaltet sich denn auch auf seiner Höhe ein ausgedehntes Rund, das den Harzrand von der Ilsenburger Gegend bis zum Selkethale umfaßt. Deutlich sieht man rechts das Schloß von Wernigerode und die Brockenberge darüber, links das von Ballenstedt und ihm zur Seite die Victorshöhe; in der Mitte aber am nächsten und schönsten die Stadt Blankenburg mit dem hochgelegenen Schlosse, davor den Regenstein und die zackigen Felsen der Teufelsmauer. Auch über das offene Land gestattet nicht leicht ein anderer Punkt eine bessere Orientierung.

Der Hoppelberg liegt in Luftlinie genau in der Mitte zwischen Halberstadt und Blankenburg, und so treten wir denn hier in das Gebiet dieser echten Harzstadt über. Den Abstieg nehmen wir am besten westlich über die Altenburg, eine von den Halberstädter

Bischöfen im 12. Jahrhundert erbaute Veste, die nach mancherlei Schicksalen erst ein halbes Jahrtausend später ihr völliges Ende fand, nach dem Dorfe Langenstein an ihrem Fuße. An der Burg und andern Stellen giebt es hier verschiedene in den Fels gehauene Höhlungen, die noch heute bewohnt werden gegen einen bescheidenen Mietzins, also von ganz modernen und leidlich civilisierten Troglodyten, die sich nicht wie die Schillerschen aus Scheu in des Gebirges Klüfte bergen, sondern aus Sparsamkeit; es sieht drinnen auch ganz gemütlich aus. Die Herrschaft Langenstein ist ausgezeichnet durch einen wunderschönen — übrigens nicht ohne weiteres zugänglichen — Park mit reizenden Blicken über einen Teich auf die steile Höhe der Altenburg und durch ein höchst stattliches Schloß, das der Herzog Karl Wilhelm Ferdinand von Braunschweig seiner Geliebten, der Marchesa Branconi, geschenkt hat; Goethe hat diese hier besucht, und auch der fromme Lavater hat die interessante Bekanntschaft nicht verschmäht.

Von der Station Langenstein der Halberstadt-Blankenburger Eisenbahn (19 km) kann man nach der nächsten Haltestelle Börnecke fahren und nun westlich durch den Wald gehen, oder man marschiert auch ohne viel Zeitverlust in einer Stunde direkt an den Fuß des Regensteins, dessen Besteigung von dieser Seite die interessanteste ist.

Der Regenstein (295 m), der eine gute halbe Stunde nördlich von Blankenburg um etwa 100 m schroff aus der Ebene aufsteigt, ist ein abgesonderter, 2 km langer Felskamm, neben der Teufelsmauer das auffallendste Gebilde dieser Landschaft und aus ihr nicht hinwegzudenken, ohne daß ihre Eigenart zerstört würde (s. Abb. S. 61). Gewinnt man auf unserem Wege von Norden her seine Rückseite, so sieht man hier plötzlich, aus dem Walde tretend, schroffe Wände, Türme und Zacken vor sich aufsteigen, trotz der nicht übermäßigen Höhe von bedeutender Wirkung. Zwei kolossale Felspfeiler, Burgruinen ähnlich, scheinen den Eingang zu sperren, doch sorglos steigt der Pfad zwischen ihnen auf und gewinnt bald die Höhe.

Wir erreichen die Kleine Roßtrappe, eine prächtige Klippe, des stolzen Namens nicht so durchaus unwürdig; ist sie ihrem echten Vorbilde im Bodethal an Gewalt und Größe

AUFNAHME VON FR. ROSE, WERNIGERODE.

Kleine Roßtrappe.

der Scenerie zwar bei weitem nicht gleichzustellen, so hat sie doch auch ihre Verdienste und ist ihr in einem jedenfalls überlegen, nämlich in der Zahl der ihr eingeprägten Hufspuren, deren dort nur eine, allerdings kolossale, hier aber sehr viele kleinere zwar, doch immer noch überlebensgroß, zu bewundern sind. Da nun kaum anzunehmen ist, daß in Urzeiten alle Riesentöchter sich ihren Bewerbern und dem heiligen Ehestande mutwillig durch Flucht entzogen haben sollten, so ist vielleicht die gegenteilige Vermutung nicht allzu gewagt, daß hier ehedem so etwas wie ein heidnisch-riesisches Standesamt gewesen ist, wohin die Jungfrauen in so erfreulicher Zahl und mit so stürmischer Eile gestrebt haben. Die Stätte ist auch überaus angenehm zum Zwecke der Eheschließung, auch Paaren, die sich verloben wollen, zu empfehlen: sie ist ziemlich einsam, und der Blick auf die herrliche, heitere und wohnliche Lage Blankenburgs gewinnt gerade hier einen besonders wirksamen Vordergrund an dem starren, wild überbuschten Gestein, das sich jenseits der Schlucht davorschiebt.

Eine kurze Wanderung noch weiter nach Westen führt uns an die Trümmer der alten Grafenburg und der späteren fridericianischen Festung. Über die wechselnden Besitzer der Burg bis zum Aussterben des Grafengeschlechts 1599 ist früher gehandelt worden (S. 104 ff.); ihre erste Anlage reicht in eine unbestimmbare Zeit offenbar sehr frühen Mittelalters zurück. Die Gemächer, darunter auch eine deutlich erkennbare Kapelle, sind in den gewachsenen Fels gehauen und leisten demnach an Feuersicherheit das Menschenmögliche. Für Aktionäre oder gar Direktoren von Versicherungsgesellschaften müssen sie wonnig anzusehen sein, andere Leute aber würden doch wohl lieber eine höhere Prämie zahlen, als in solchen Löchern wohnen; man gewinnt beim Durchforschen dieser Höhlungen ein Lustgefühl, daß die architektonischen Sitten sich seitdem geändert haben. Will man sie sich dennoch mit sonnigem Behagen erfüllen, so setze man sich als Folie das 20 m tiefe „Burgverließ“ daneben und lasse sich die zu dessen Besichtigung erforderlichen 10 Pfennige nicht gereuen. Wenn zwar andere wahrscheinlicher meinen, das mächtige Loch sei eine harmlose Brunnenanlage gewesen, so braucht sich dadurch keiner, der nicht gerade Geschichtsforscher ist, in seinem angenehmen Gruseln stören zu lassen. Eine liebenswürdige Vorstellung das, in diesem scheußlichen Schlunde gefangen zu sitzen! Der gewiegteste Zuchthaus-Ausbrecher dürfte hier an jeder Fluchthoffnung verzagen. Er müßte denn über Künste verfügen, wie der Sage nach ein Edelfräulein von der benachbarten Heimburg, das in einem andern Verließe, dessen Reste ebenfalls noch vorhanden sind, gefangen saß und sich, den Ring ihres Geliebten als Feile benutzend, glücklich durch den Felsen hindurchkratzte.

Ein anderes Kunststück hat, wie es heißt, eine Schildwache vollbracht, die von einer vorspringenden Felsplatte, „verlorener Posten“ geheißen, durch den Sturm über den Rand geweht, nach einer fröhlichen Luftreise mit heilen Gliedern unten gelandet ist. Damit etwaigen Gelüsten des Publikums, diese Methode der Luftschiffahrt gleichfalls zu erproben, die Ausführung erschwert sei, ist die Platte jetzt von einem kräftigen Eisengeländer umgeben. Solcherart kann man ohne Nebengedanken die sehr schöne Aussicht über Land und Gebirge genießen. Die Türme von Halberstadt und Quedlinburg begrüßen einander in diesem freundlichen Bilde, und zwischen ihnen dehnen sich die sie verbindenden parallelen Höhenzüge; eigenartig anziehend ist der Blick auf ein weiß leuchtendes Sandfeld, das aus weitem, dunkeln Kiefernwalde sich scharf heraushebt.

Die alte Felsenburg wurde später die Citadelle einer neuen vom Großen Kurfürsten von Brandenburg angelegten Festung. Wie dieser aber dazu kam, ist eine nicht uninteressante Geschichte. Durch den westfälischen Frieden war ihm „zu ersetzlicher Kompensation gegen Vorpommern“ das Stift Halberstadt mit dessen Lehnstücken übergeben, während der größere Teil der alten Regenstein-Blankenburgischen Besitzungen braunschweigisches Lehen war und nach dem Aussterben des Grafengeschlechts 1599 von Braunschweig eingezogen wurde.

Zu den halberstädtischen Lehnstücken gehörte nun zwar eine Anzahl Dörfer der ehemaligen Grafschaft, dieser Felsen aber anscheinend nicht; doch war die Sache rechtlich etwas unklar geworden, und der Kurfürst hatte seinen Kopf darauf gesetzt, gerade diesen Burgfelsen in seine Hand zu bekommen und zum Bau einer starken Festung zu benutzen. Da nun Braunschweig seine Ansprüche keineswegs fahren ließ, so wäre es beinahe zum Kriege gekommen. Beide Teile ließen im Jahre 1670 Truppen ausmarschieren, doch gelang es Friedrich Wilhelm, sich zuerst des Streitobjekts zu bemächtigen, und er begann den Bau seiner Festung. Nach allerlei Zwischenfällen und vergeblichen Verständigungsversuchen wurde die Sache dem Reichskammergericht übergeben, das zu Gunsten Braunschweigs entschied, und zwar schon nach einem Vierteljahrhundert. Selbstverständlich fügte sich Brandenburg diesem Gutachten nicht, sondern behielt seine Festung. Kursachsen wurde beauftragt, dem Mandat durch Exekution Nachdruck zu verleihen; selbstverständlich wurde die nicht ausgeführt. Der Federkrieg ging vergnüglich weiter.

1716 erfolgte ein Reichsgutachten, dahin lautend, „daß diese Angelegenheit an das Kaiserliche und Reichs-Kammer-Gericht dergestalt zu verweisen, daß dasselbe, den Reichssatzungen gemäß, darin die Justiz verfügen solle, und ernst und nachdrücklich seines richterlichen Amtes zu erinnern sei". Das Reichs-Kammer-Gericht nahm sich nun offenbar wirk-

AUFNAHME VON FR. ROSE, WERNIGERODE.

Blick vom Regenstein.

lich mit dem gewünschten Ernst und der gebührenden Gründlichkeit der Sache an, denn 90 (neunzig) Jahre später war sie immer noch nicht entschieden. Daß sie auch weitere neunzig und etliche Jahre nach 1806 immer noch nicht entschieden ist, daran trägt die Schuld aber einzig der zufällige Umstand, daß damals das römische Reich und mit ihm leider auch dessen Kammergericht aufgelöst worden ist. So ist es gekommen, daß der Regenstein bis zum heutigen Tage — möglicherweise, schrecklich zu denken, gegen das Recht — eine preußische Enclave im braunschweigischen Vaterlande ist. Ob sein Flächenraum mit den in dem Rechtsstreit verbrauchten Papiermassen nicht zehnmal bedeckt werden könnte, mögen kundige Statistiker berechnen: eine halbe Stunde ist er lang und fünf Minuten breit.

So weiß der Regenstein ein lustig-lehrreiches Stückchen von des lieben heiligen römischen Reiches Herrlichkeit zu erzählen. Viel Segen aber sollte die neue Festung ihren Herren nicht bringen. Im Jahre 1757 rückten die Franzosen nach der Schlacht bei Hastenbeck von Halberstadt aus gegen sie vor. Die Festung war bei ihrer schwachen Besatzung völlig unhaltbar; letztere mußte daher froh sein, freien Abzug zu erhalten. Die Franzosen feierten die Übergabe — ähnlich wie die Einnahme von Scharzfels — als großen Sieg durch ein feierliches Tedeum. Immerhin hatten sie einen angenehmen Stützpunkt gewonnen, von

Blankenburg.

Blankenburg vom Schieferberge aus.

dem aus sie die Umgegend gründlich bedrängen konnten. Als daher im folgenden Jahre Prinz Heinrich von Preußen die Veste ebenso schnell wiedergenommen hatte, ließ der König die Werke schleifen, damit nicht wieder ein Feind sich darin festsetzen könne; und das geschah so schnell, daß nach vierzehn Tagen nur noch die Trümmer übrig waren, aus denen man heute die Anlage leidlich zu erkennen vermag.

Vom Regenstein erreicht man in einer guten halben Stunde auf schattenlosem, aber aussichtsreichem Wege über den Platenberg die Stadt Blankenburg, eine der Perlen unter den Harzstädten. Von allen diesen hat sie, von außen betrachtet, die bestechendste Lage. An Reichtum, Glanz und Mannigfaltigkeit der Umgegend werden ihr Wernigerode und Harzburg überlegen sein: dem nahenden Wanderer stellt sich keine so pracht- und anmutvoll dar. Es liegt über ihr etwas von südlicher Heiterkeit; wie so viele italienische Bergstädte steigt sie amphitheatralisch am Berge empor, wundervoll gekrönt durch das Schloß auf hohem Hügel, besonders malerisch von der Westseite gesehen, etwa vom Ziegenkopf her. Man könnte da das Stadtbild einem großen, farbigen Vogel vergleichen, der sich mit weit ausgespreizten Schwingen auf dem grünen Abhang niederließ.

Man begreift, daß diese Stadt ein Lieblingssitz von Leuten geworden ist, die es haben können, ihren Wohnort frei zu wählen, vornehmlich also von Rentnern und Pensionären; unter den letzteren mögen Offiziere die Mehrzahl bilden. Die Folge ist, daß sich ein regeres und reicheres Leben entwickelt hat, als es sonst wohl Städten so bescheidener Größe vergönnt ist. Bemerkenswert, aber hieraus erklärbar ist ihr erstaunlich schnelles Wachstum in jüngster Zeit: im Jahre 1880 wird ihre Seelenzahl auf 4500 angegeben, nach der Zählung von 1895 auf 9289; sie hat sich also in fünfzehn Jahren reichlich verdoppelt, während die ebenfalls von Fremden gesuchte und gewerblich bedeutendere Nachbarstadt Wernigerode in der gleichen Zeit die Ziffer noch nicht um die Hälfte erhöht hat.

Blankenburg liegt nicht, wie sonst so ziemlich alle Städte des Harzrandes, am Ausgang eines oder mehrerer Thäler, vielmehr scheidet die Höhe, an die es sich anlehnt, und an der es emporsteigt, es als ein hoher Querriegel von dem nächsten Thale ab, und dieses ist kurz und ohne Verkehrsbedeutung. Diese Lage bestätigt, was schon der Name andeutet, daß diese Ansiedelung nicht einem Verkehrs- und Erwerbsbedürfnis ihren Ursprung verdankt, sondern daß hier die Burg die erste Anlage war, an die sich später der Ort um des Schutzes willen anschloß. Solches Schutzsuchen drückt sich sehr deutlich in dem Anschmiegen des alten Stadtkerns an den Schloßberg aus; hier im innern Teil finden wir eine recht behäbige Harzstadt mit ehrbaren Fachwerkhäusern, darunter etliche sehenswerte Exemplare, und einem hübschen Renaissance-Rathaus von 1584 an einem recht malerischen, stark ansteigenden Marktplatze.

Von hier führt ein Fußweg zum Schlosse hinauf, das den breiten Gipfel der Höhe krönt. Die Lage ist wundervoll, herrschend und großartig; schöne Gartenanlagen umgeben den Berg, an die sich prächtiger Buchenwald anschließt. Architektonisch freilich ist das Schloß nicht eben ein Prachtstück; es erscheint von außen wie vom Hofraum gleich zopfig nüchtern. Die Besichtigung der innern Räume bereitet dem Eindringling für das Opfer einer Mark die gleichen Leiden wie die der meisten andern Schlösser dieser unvollkommenen Welt: man hat pflichtschuldigst eine schmerzhaft große Zahl von Gemächern und Gegenständen zu bewundern und ihren Sinn zu erkennen: Tapeten, Möbel, Ritterrüstungen, Gobelins, Betthimmel und Vasen, zur Erholung auch einige Gemälde und Bildwerke, darunter immerhin einige von Wert. Das interessanteste neben der prachtvollen Aussicht aus den oberen Fenstern auf die ausgebreitete Stadt sind die zahlreichen Bildnisse historischer Persönlichkeiten, die vorübergehend oder länger hier verweilt haben, oder mit dem Schloßherrn in nahen Beziehungen standen.

Seßhafte Schloßherren gab es zwar in den letzten drei Jahrhunderten seit dem Aussterben des alten Grafengeschlechts hier nur einmal noch ein paar Jahrzehnte lang: Herzog Anton Ulrich von Braunschweig-Wolfenbüttel übergab 1690 seinem jüngsten Sohne Ludwig Rudolf, vermählt mit Christine Louise, Prinzessin von Öttingen, die Grafschaft als erbliche Apanage und als eine zwar mit dem Herzogtum dauernd verbundene, aber doch selbständige Provinz mit besonderer Regierung.

Das hohe Paar führte nun in glücklicher Souveränität bis zum Jahre 1731 einen glänzenden Hofhalt, wie ihn diese Mauern bisher noch nicht gesehen hatten, nachdem Anton Ulrich das Schloß einem Neubau unterzogen und seinem Äußern im wesentlichen die heutige Gestalt gegeben hatte. Ludwig Rudolf war einem prunkvollen Welttreiben im Stile der Zeit Ludwigs XIV. und XV. ergeben, und üppige Hoffeste, Jagden, Feuerwerke, Komödien — natürlich französische —, Schäferspiele und dergleichen drängten einander. Ein Bild einer solchen Jagd hängt im Schlosse: von einem in der Mitte eines großen Teiches erbauten Gerüst aus, das mit einem Schirmdach überdeckt war, schoß man auf das ins Wasser gehetzte Wild und brachte denn auch glücklich 100 Hirsche zur Strecke. (Vgl. auch Abb. S. 141.)

Denkwürdiger aber ist dieses Fürstenpaar geworden durch die Schicksale seiner drei schönen und anmutvollen Töchter. Die älteste, Elisabeth Christine, war durch ihren ehrgeizigen Großvater Anton Ulrich von vornherein zu hohen Dingen bestimmt und wurde angemessen dazu hergerichtet: trotz der lebhaften evangelischen Frömmigkeit ihres Vaters erhielt sie jesuitischen Unterricht, und dessen Überzeugungskraft war so groß, daß sie, kaum zur Jungfrau erblüht, zur katholischen Kirche übertrat. Der Lohn solcher Gelehrigkeit blieb nicht aus: sie bekam sehr bald einen Bräutigam und zwar keinen geringeren als den Sohn des römischen Kaisers, Karl, der 1711 selbst die Kaiserkrone gewann und sie als Karl VI. fast dreißig Jahre lang trug. Am 13. Mai 1717 gebar ihm seine junge blankenburgische Gemahlin ein Töchterlein, das den Namen Maria Theresia erhielt und vom Schicksal bestimmt war, eine der berühmtesten Frauen der Weltgeschichte zu werden. Die spätere große Kaiserin hat einen guten Teil ihrer Kindheit bei den Großeltern auf dem Blankenburger Schlosse und in dessen reizender Umgebung verbracht und mag wohl später manchmal, wenn der preußische König und andere Gegner ihr das Leben sauer machten, mit Seufzen an den stillen Harzwinkel zurückgedacht haben. Mehrere Porträts aus jener Zeit sind im Schlosse; sie zeigen freilich nur ein rundes, hübsches Kindergesicht, darin von künftiger Größe noch nichts geschrieben steht.

Auch der zweiten Tochter winkte eine Kaiserkrone: sie wurde 1711 dem Sohne Peters des Großen, dem rohen Alexei, verheiratet. Sie selbst zwar gelangte nicht zum Throne, sie starb nach kurzer, sehr unglücklicher Ehe; allein sie hinterließ einen Sohn, der 1727 als Peter II. in noch sehr jugendlichem Alter für einige Jahre die Kaiserkrone erlangte. Die dritte Tochter, Antoinette Amalie, blieb im Lande und nährte sich redlich; sie heiratete Herzog Albrecht von Braunschweig-Bevern und wurde die Stammmutter so bedeutender Männer wie die beiden Ferdinande, die Helden des Siebenjährigen Krieges,

Rathaus in Blankenburg.

und Friedrich Wilhelm, der Tapfere von 1809 und 1815. — So ziehen sich von dem bescheidenen Harzschlosse eine Reihe fester Fäden in die große Weltgeschichte hinaus.

Seit jener belebten Zeit ist es still geworden im Schlosse. Die späteren Herzöge und neuerdings der Regent besuchen es nur zu Jagdzwecken oder kürzerem Sommeraufenthalt.

Dem Schloßberge gerade gegenüber, aber durch einen tiefen Einschnitt von ihm und damit dem Harzmassiv getrennt, setzt ein seltsamer, schmaler Bergzug ein, der von der Stadt aus nach Osten, immer parallel dem Harzrande, 4 km lang hinstreicht, dann plötzlich abbricht, um 3 km weiter sich abermals in derselben abenteuerlichen Formation Thale gegenüber zu erheben, dann auf eine viel größere Strecke wieder zu verschwinden und endlich bei Ballenstedt zum letztenmal unter dem Namen „Gegensteine" aufzutauchen. Dieser Sandsteinkamm heißt die Teufelsmauer, wie er denn in der That vermöge seiner Schroffheit und Schmalheit und seiner sonderbaren Zackengebilde fast wie eine von Menschenhand geformte Mauer dem Auge sich darstellt: denn den Teufel muß man doch wohl als eine Art Menschen gelten lassen, wenn auch etwa als Nietzsche'schen Übermenschen.

AUFNAHME VON FR. ROSE, WERNIGERODE.

Bahnstrecke zwischen Blankenburg und Rübeland.

Vor Zeiten, meint die Sage, als das Gebirge noch Teufelsland, die Hügelebene nach Halberstadt hin aber schon Gottesland war, hat der Teufel zum Schutz seines Erbreiches diese Mauer errichtet. Das wird doch wohl sagen wollen: als das ebene Land seit Karl dem Großen dem Christentum zugethan war — in dem bischöflichen Halberstadt noch ganz besonders —, hielt sich in den Gebirgswildnissen noch lange verborgener Dienst der alten Götter, die von der christlichen Geistlichkeit zwar als wesenhaft anerkannt, aber dem Range von Teufeln zugewiesen wurden.

Wie dem auch sei, die Teufelsmauer steht noch, macht ihrem Namen einige Ehre und hat alle Aussicht, noch eine reichliche Zahl von Jahrtausenden ebenso zu stehen. Freilich ist sie sehr zahm geworden, seit der löbliche Blankenburger Bürgermeister Löbbeke einen ganz schmalen, aber gangbaren Steig über das Felsgewirre ihres höchsten Zackenkammes hingeführt hat, einen höchst romantisch-abenteuerlichen, doch ungefährlichen Pfad; nur bei starkem Wind etwa mag man an einigen weniger geschützten Stellen ein bischen achtgeben, daß der üble Teufel einen nicht das Fliegen lehre, wie weiland die Schildwache auf dem Regenstein. Man hat fast von allen Punkten prächtige Aussicht ins Weite und als prickelnde Zugabe den Blick durch das reiche Strauchgestrüpp in die schwindelnde Tiefe zu beiden Seiten der steilen Mauer.

Ein besonders bequem mittels Eisenstangen hergerichteter Aussichtsfels trägt den hier fast allzugemütlichen Namen Großvater; daß diesem auch die benachbarte Großmutter nicht fehlt, macht den Namen noch anheimelnder. Der höchste Punkt des ganzen Kammes, kaum merkbar zwar über die andern hervorragend, heißt mit zureichendem Grunde der Brockenblick. Der Löbbekesteig läuft wohl eine halbe Stunde, bis er zuletzt in eine tiefe, waldige Querschlucht hinabsteigt, den Sautrog. Vielleicht um die Derbheit dieses Namens zu mildern, hat die Verschönerungsvereinskultur in dieser sehr anziehenden Gegend ein bischen allzureich mit den bekannten, süßlich romantisierenden Platzbezeichnungen gewirtschaftet und dadurch den genius loci etwas geschädigt. An der Außenseite der Teufelsmauer zieht sich in der Tiefe ein wegereicher Waldstreifen hin, der Heidelberg, anmutig und windgeschützt, näher der Stadt, mit hübschen Villen und Gasthäusern wohnlich durchsetzt.

Man gewinnt von hier aus den unteren Teil der Stadt, wo es zum Bahnhof hinabgeht, der nur 198 m hoch liegt; der Markt 234 m, das Schloß 337 m. Hier haben wir Gelegenheit, wenn gerade ein Zug fährt, in bequemer und auch interessanter Art, unter Schonung des Schuhzeugs, die Gebirgshöhe zu gewinnen. Die Bahn geht zunächst in sehr weitem Bogen, dem Regenstein sich nähernd, nördlich um die Stadt herum durch die Ebene; dann beginnt sie, unter Benutzung des Zahnrads, kräftig zu steigen und tritt in den Wald, in dem sie meistens verbleibt, hie und da Ausblicke eröffnend; bei der Kopfstation Michaelstein biegt sie scharf nach Süden um und ringt sich pustend und schnaubend in dem Thale zwischen Staufenberg und Eichenberg weiter in die Höhe. Allmählich wird die Landschaft rauher, gebirgiger, das Thal verflacht sich; die Paßhöhe ist erreicht, und jetzt erleben wir bei der Station Hüttenrode (447 m, also 250 m über Bahnhof Blankenburg) eine sonderbare Überraschung. Nachdem man eine Stunde lang die ganze Mühsal der bergaufkeuchenden Maschine im fühlenden Herzen mitempfunden und die errungene Höhe am Pflanzenwuchs und der rauheren Luft immer deutlicher gewittert hat, sieht man sich plötzlich statt auf einem Gipfel wieder auf der Ebene, und zwar auf einer baumlosen, ehrbaren Ackerebene, die um vieles flacher erscheint, als die unten verlassene. An keiner Stelle merkt man eine Spur des Aufragens aus einer größeren Tiefe; vielmehr sieht man in weiter Ferne ein Gebirge sich erheben, in dem uns als gute Bekannte die Brockengruppe begrüßt.

Um also wirklich ins Gebirge zu gelangen, fahren wir entweder weiter nach Rübeland hinab (378 m), oder wir steigen in das wunderhübsche Schöttthal mit Buchenhochwald und reizenden Wiesengründen hinab und durch dieses nach dem oberen Blankenburg zurück; oder wir folgen der Rübeländer Straße nordwärts, die uns in einer guten halben Stunde zum Bielstein führt, einem etwas abseits gelegenen, ins Braunesumpfthal vorspringenden Felsen; hier haben wir einen Blick die ganze Thallänge abwärts, mit einem leisen Hereinschimmern der Ebene, wie poetischer ein Waldblick nicht leicht gefunden werden kann. Ähnliche Bilder sind ja im Harz nicht selten, doch wenige mag es geben von so zart abgewogenem Stimmungszauber.

Eine Viertelstunde weiter gelangen wir auf die runde, kahle Kuppe des Ziegenkopfes (408 m), eines vorgeschobenen Ausläufers der Hochebene, der das schönstgelegene Gasthaus von Blankenburg trägt. Hier hat man vom Garten aus den herrlichsten Blick auf das wundervolle Stadtbild, das sich zwischen seinen beiden Bergen hindehnt und an ihnen hinaufsteigt, dann die reichen Fluren dahinter und die mannigfach geschwungenen und zugespitzten Hügel, die sich in langen Parallelreihen gegen Halberstadt hinziehen, wie Vorpostenketten vor der geschlossenen Masse des Harzes. Dies Bild im Sonnenschein, besonders im Strahl der sommerlichen Abendsonne, ist von einer südlichen Leuchtkraft und Farbenfrische, einer Pracht des Aufbaues, wie es sich so im Harz schwerlich zum zweitenmal findet.

Ein dreiviertelstündiger Waldweg führt von hier auf den benachbarten Eichenberg, dessen massiver Steinturm, die Kaiserwarte (426 m), eine sehr ähnliche Aussicht gewährt, vielleicht im Vordergrunde noch etwas schöner, sonst wenig verschoben. Geringeren Reiz hat von beiden Punkten der Blick übers Gebirge, der allzuflache, gleichgültige Linien zeigt und weder durch Gestalt noch auch recht als Masse wirkt.

In westlicher Richtung führt vom Ziegenkopfe der fast ebene Herzogsweg, ausgezeichnet durch die Schönheit seines Buchenhochwaldes und die malerischen Blicke in die tiefen, weichen Schluchten, über denen er hinläuft, in anderthalb Stunden zum Forsthaus am Eggeröder Brunnen (477 m), eine Stelle von eigentümlicher Poesie der Lage. Es ist zwar nichts weiter als eine waldumkränzte, breite Wiesenfläche mit einigen stillen Forellenteichen, an denen sich ein paar Dutzend alter Bäume hinziehen: aber diese Bäume vornehmlich, viele davon wahre Riesen von seltener Schönheit des Wuchses, Eichen und Eschen zumeist, die machen die Herrlichkeit, die schaffen um das stille Forsthaus eine herzerquickende Idylle.

Von hier gelangt man westlich weiter in einer halben Stunde, durch ziemlich langweiligen Fichtenwald, nach Hartenstein und von da auf dauernd schönem Wege hinab nach Wernigerode: von Blankenburg dorthin sind etwa $4^1/_2$ Stunden. Wir aber wenden uns nordöstlich und gelangen, gleich anfangs stark abwärts steigend, in den waldstillen Klostergrund. Sehr bald, am Einfluß eines ersten Seitenbaches, finden wir eine erinnerungs=

reiche und ebenso landschaftlich anziehende, trauliche Waldecke. Etwas abseits von der Straße sieht man an einer hochgelegenen Klippe ziemlich umfangreiche Baureste, eine Anzahl Grundmauern, die ganz deutlich eine Kirche und einige andere Räume erkennen lassen. Über der Stelle des ehemaligen Altars wölbt jetzt eine hohe Buche feierlich ihre Krone.

Die Stätte war schon vor tausend Jahren eine berühmte Einsiedelei. Zur Zeit Ludwigs des Frommen hatte sich eine fromme Jungfrau namens Liutbirg hierher zurückgezogen, deren Ruf als einer Heiligen bald so weit drang, daß sie zahlreiche Besuche von weither erhielt, auch von sehr vornehmen Leuten, so mehrmals vom Halberstädter Bischof, ja selbst Bischof Ansgar von Bremen ist bei ihr gewesen. Auch sammelten sich mit der Zeit andere fromme Frauen um sie, und man erbaute für sie eine Kapelle, die dem Erzengel Michael geweiht wurde. Hundert Jahre später finden wir die Einsiedelei von Männern besetzt, unter denen ein gewisser Volkmar eines so hohen Rufes genoß, daß sein Name für immer an der Stätte haftengeblieben ist: eine etwas unterhalb der Ruinen befindliche, mäßig große Felsgrotte heißt heute der Volkmarskeller.

Im Jahre 1146 wurde dann an dieser längst geweihten Stätte ein Cistercienserkloster gegründet und bezogen, von dessen Bestand, so kurz er gewesen, jene Reste Zeugnis ablegen. Allein schon nach 20 Jahren muß es den Mönchen in der rauhen Waldöde unwohnlich geworden sein; sie zogen 1167 eine Stunde tiefer in's Thal hinab an den Ausgang des Klostergrundes. Auch diese Stelle ist von hoher landschaftlicher Schönheit, nur anderer Art: statt des feierlichen Ernstes jener Bergeinsamkeit eine leichte Anmut und Heiterkeit, ein breiteres Behagen.

Hier gedieh das Kloster Michaelstein zu hoher Blüte, mit reichem Landbesitz begabt; doch trat ziemlich früh ein wirtschaftlicher Verfall ein. Im Bauernkriege erlitt es Plünderung und Beschädigung, doch keine gänzliche Zerstörung, daher denn noch heute ganz ansehnliche Reste vorhanden sind. Der umfangreichste ist der schöne gotische Kreuzgang, dem all jene feine poetische Stimmung solcher Klosteranlagen innewohnt, dazu das Refektorium, dessen massive Wölbung auf drei interessanten romanischen Säulen ruht, ein luftiger, prächtiger Saal, zu fröhlichem Schmausen angenehm einladend; auch eine Krypta mit sehr romanischen schönen Kapitälen ist erhalten; die alte Kirche aber ist spurlos verschwunden.

Die Landschaft erhält ihre besondere Physiognomie durch die Reihe ihrer Forellenteiche, die, von den Mönchen frühzeitig angelegt, noch heute ihre Pflicht thun. Ein Gang an ihnen entlang auf Waldpfaden ist überaus lieblich. Der größte und schönste, ist der unterste, der Mönchmühlenteich. Der Blick von unten her auf das niedere Steilufer mit den prachtvollen Eichen und den aus einiger Ferne hoch hereinragenden Randbergen des Klostergrundes ist ganz entzückend. Karl Friedrich Lessing, der Schöpfer des Huß und der Eifelbilder, hat hier gern geweilt; die Erinnerung an ihn hält der Name der „Lessing-Eiche“ fest, freilich nur der Name, von dem Baum selber ist nur noch der gewaltige Stumpf geblieben. Doch bestreben sich andere nahe Exemplare, seiner entschwundenen Größe und Schönheit freudig nachzueifern.

Von hier kann man auf einem recht hübschen Fußwege am Gebirgsfuße hin, zumeist durch Wald, in drittehalb Stunden nach Wernigerode wandern. Unterwegs kreuzt man den Ausgang zweier größerer Thäler, die man, wenn einen die Laune anwandelt, mit hohem Genuß hinaufsteigen kann, wenn es auch nach Wernigerode hin beträchtliche Umwege sind; das Dreckthal führt nach Hartenstein hinauf, der Heilige Grund zum Forsthaus auf dem Hundsrück; der erstere, erschreckende und fast unschickliche Name wird von schämigeren Sprachforschern in Treck-, d. i. Ziehthal, umzudeuten gesucht; doch ist schwer abzusehen, wie das Mißverständnis hätte entstehen sollen, da Trecken doch ein im Volke völlig lebendiges Wort ist und das Thal gerade in neuerer Zeit nicht mehr wie einst vermutlich voll Dreck, d. h. voll Sumpf, ist, es wird also wohl auch hier bei der soliden Derbheit bleiben müssen.

Kloster Michaelstein.

An der Chaussee von Blankenburg nach Wernigerode, die etwas weiter und jedenfalls reizloser ist, und die im neuen Jahrhundert durch die Eisenbahn außer Kurs gesetzt werden wird, liegt, eine halbe Stunde von Michaelstein, das Dorf Heimburg, am Fuße eines kegelförmigen Hügels, der die Ruinen einer von Heinrich IV. erbauten Burg trägt, später einem Zweige der Blankenburg-Regensteiner Grafen gehörig.

Von Michaelstein wandelt man in einem knappen Stündchen auf angenehmen, wenn auch schattenlosen Wegen nach Blankenburg zurück.

Von Thale durch das Selkethal nach Stolberg.

Von Blankenburg führen außer der Rübeländer Eisenbahn verschiedene Fahr- und Fußwege meist durch Buchenwald über die Hochebene ins Bodethal zurück, nach Wendefurt, Altenbrak, Treseburg in je etwa 2 Stunden; die ebenso weite Straße nach Thale geht an der Teufelsmauer und am Gebirgsfuße hin über Timmenrode; hübschere Wege über die Höhe machen immerhin bedeutende Umwege.

Von Thale haben wir nun weiter dem Harzrande in östlicher Richtung zu folgen. Die Eisenbahn geht an ihm hin über Suderode und Gernrode bis Ballenstedt; hier biegt sie ab ins Land hinein und vereinigt sich bei Frose vor Aschersleben mit der Hauptstrecke Halberstadt-Halle. Wir aber suchen zunächst wieder die Höhe und wandern durch das Steinbachthal auf wunderhübschem Waldwege in einer Stunde nach der Georgshöhe (386 m), einem Aussichtspunkte, der, manchem andern dieses östlicheren Nordharzes ähnlich und doch nicht ohne feine Besonderheit, vornehmlich im waldigen Vordergrunde, die Randberge von Blankenburg bis zu den Ballenstedter Gegensteinen zeigt und die Ortschaften des Hügellandes um das turmreiche Quedlinburg als bedeutsamen Mittelpunkt gelagert. Am weitesten sieht man vom Turm, doch genießt man auch von den Sitzplätzen des freundlichen Forsthauses eines wenig eingeschränkten, sehr ansprechenden Blickes. Für den ostwärts weiter auf Stecklenberg Strebenden ist es der angenehmste Ruhepunkt.

Dieser wiederum einstündige Weiterweg hält sich zunächst auf der Höhe, an dem einer Harzer Kuhglocke auffallend ähnlichen Glockenstein vorüber, bis er plötzlich, nahe

AUFNAHME VON FR. ROSE, WERNIGERODE.

Gernrode.

einer höchst lohnenden Aussicht zur Linken, mit sehr steilem Falle in das Wurmthal hinabsteigt und hier zwischen den schroffen Sommer- und Winterklippen in die Chaussee einmündet. Am Ausgang des anmutigen Thales, das um dieser Klippen und seiner Waldtiefe willen nicht ganz mit Unrecht dem Ilsethal verglichen wird, liegt, zum größeren Teile noch ganz in den Waldbergen, das Dorf Stecklenberg, eine entzückende Idylle, die wie wenige Harzorte einen ganz ländlichen, von höherer Fremdenindustrie, stilisierten Hotels und Harzandenken noch gar nicht verfälschten Eindruck macht. Doch fehlt es an freundlich bescheidenen Unterkunftsstätten nicht.

Stecklenberg mag in der Lage am ehesten an Ilsenburg erinnern, doch ist es reiner und friedlicher, ungestört vom Hüttenwesen; es ist eingebettet in reizende Obstgärten und endlose Laubwälder; für eine romantische Zuthat sorgen zwei prächtige Ruinen in nächster Nähe. Am meisten besucht wird die Lauenburg, die in der That an feierlicher Ruinenstimmung, wie an Schönheit der Lage das Mögliche leistet. Die baulichen Überreste sind allerdings so gering wie die der nahen, etwas tiefer gelegenen Stecklenburg (260 m), aber die sie reich umwuchernde Waldwildnis umkleidet diese wenigen Trümmer mit aller Poesie der naturstillen Einsamkeit, die der Blick ins Weite von dem zugänglichen Turme (348 m) noch steigert: man sieht über weit geschwungenen Waldmassen den Brocken in seiner ruhigen Schönheit emporsteigen.

Die Lauenburg ist eine Doppelruine; ein tiefer Felseinschnitt trennt beide Teile, die vielleicht durch einen unterirdischen Gang miteinander verbunden waren; ein eingestürztes Gewölbe scheint darauf hinzudeuten. Die Burg, Lewenberg, Liewenberg, Leuenbergk, Lovvenberg genannt, entstammt dem 12. Jahrhundert und gehörte zur Quedlinburger Schirmvogtei, mit dieser ging sie durch wechselnde Hände und kam 1697 an Brandenburg. Heinrich der Löwe und Friedrich Barbarossa haben um sie gestritten, ebenso die beiden feindlichen Albrechte, der Bischof von Halberstadt und der Graf von Regenstein.

Die Stecklenburg wird erst im 13. Jahrhundert erwähnt; sie gehörte lange Zeit dem reichen Geschlecht der Herren von Hoym, die bisweilen mit den Quedlinburgern Unfrieden hatten und gelegentlich übel dabei fuhren, und kam später an Halberstadt und mit ihm an Kurbrandenburg.

Von Stecklenberg geht man auf ebenem Waldwege in einer halben Stunde, von der Lauenburg in etwas längerer Zeit, über das reizend gelegene Forsthaus „Neue Schenke“ hinab nach dem Badeort Suderode und dem von ihm kaum trennbaren Städtchen Gernrode. Beide liegen als ein paar Schwesterorte eng aneinandergeschmiegt, gleichsam Arm in Arm, oder besser noch mag man sie einem liebenden Ehepaare vergleichen, da sie bei aller festen Gemeinschaft doch jedes von besonderer Art, Abstammung und Berufsart sind. Und zwar mag man, wenn man das harmlose Vergleichsspiel weiterführen will, dem äußerlich kleineren, geschmückteren, anmutig koketten, Gesundheitspflege übenden, Kurmusik treibenden, Fremde anlockenden Suderode die Rolle des weiblichen Teils übertragen, während Gernrode, uralthistorischen Ursprungs sich bewußt, seine berühmte Kirche nicht als bloßen Ziergegenstand, sondern als ernstes Wappen pflegend, gewerbfleißig nicht bloß in Fremdenindustrie, vielmehr kriegerische Schießgewehre und zigarrenfreundliche Streichhölzer fabrizierend, Anspruch darauf hat, sich als männlich geachtet zu sehen. Daß Gernrode von anhaltischer, Suderode von preußischer Familie ist, sei der Vollständigkeit wegen erwähnt; sie vertragen sich darum nicht schlechter und benutzen ihre beste Mitgift, die schöne Umgebung, in treuer Gemeinsamkeit.

Den Kern beider Ortschaften trennt eine Entfernung von einer Viertelstunde, die Bahnhöfe fast die doppelte, in der Mitte aber berühren und verschlingen sie sich mit unerkennbarer Grenze und erscheinen aus einiger Ferne mindestens so gut als eine Einheit, wie das weitzerdehnte nachbarliche Ballenstedt.

Das Dorf Suderode (198 m hoch) mit 1250 Einwohnern erscheint nach seiner landschaftlichen Lage, ebenso wie in der Art seines Menschenwerks, als ein zweites Harzburg, so bestimmt prägt sich in allem Äußern seine Bestimmung als Badeort aus, nur ist alles auf ein etwas bescheideneres Auftreten und die Berge auf kleinere Maße zurückgeführt. Gernrode als Stadt ist ernst, nüchtern, reizlos; es hat an Stelle des behaglichen Fachwerkbaus öde Tünche gesetzt; es wäre weiter nichts von ihm zu sagen, als daß es 224 m hoch liegt und 3000 Einwohner hat, wenn es nicht ein kostbares Prunkstück besäße, die in der Kunstgeschichte hochberühmte Stifts- oder Cyriakikirche, und wenn es nicht als deren Gründer und seinen eigenen Namengeber den ebenso berühmten Markgrafen Gero ins Feld zu führen hätte.

Dieser gründete 960 ein Frauenstift zur Versorgung der jungen Witwe seines im Kampf gegen die Slaven gefallenen letzten Sohnes, die er als Äbtissin hier einsetzte, und begann die Stiftskirche zu bauen, für die er eigenhändig einen Arm des heiligen Cyriakus aus Rom mitbrachte. Nach seinem 965 erfolgten Tode ward er in dieser Kirche bestattet; 1034 starb auch sein Geschlecht aus, und die Schirmvogtei ging an Albrecht den Bären und damit an die Askanier über, bei denen sie geblieben ist, solange das Kloster bestand. Die ausgezeichnete Äbtissin Elisabeth von Weida trat schon 1521 mit Entschlossenheit und Kühnheit zu Luthers Lehre über und reformierte das Stift. Dieselbe Frau brachte es fertig, im Jahre 1525 den aufrührerischen Bauernhaufen an der Spitze ihrer Frauen entgegen zu treten, sie thatsächlich durch kluge Beschwichtigung zur Vernunft zu bringen und die Gebäude zu retten. Nach dem westfälischen Frieden wurde das Kloster abgebrochen, die Kirche aber blieb erhalten. Und zwar ist sie in ihren Hauptteilen so vollständig in ihrer ursprünglichen Gestalt erhalten, wie es aus so alter Zeit in Deutschland kein zweites Beispiel giebt. Verunstaltet und geschädigt worden war sie freilich im Laufe der Zeit zur Genüge, doch durch die glückliche Restauration von 1859—65 ist sie uns im wesentlichen so wiedergeschenkt, wie sie vor fast tausend Jahren erbaut ist. (Vgl. Abb. S. 91 u. 323.)

Es ist eine dreischiffige, flachgedeckte, romanische Basilika von sehr strengen, einfachen, selbst derben Formen. Die schweren Mauern des Hauptschiffes werden getragen durch dicke, viereckige Pfeiler, die mit Säulen wechseln, mit denen sie schlichte Rundbogen verbinden. Über den Seitenschiffen befinden sich Emporen, die sich mit einer Säulenstellung, von einem einzelnen massiven Pfeiler unterbrochen, nach dem Mittelschiff öffnen. Das Licht fällt durch kleine, ganz schmucklose Rundbogenfenster spärlich genug in den dämmerigen Innenraum. Den östlichen Abschluß bildet eine lichtlose Apsis über einer Krypta; die zweite, mit Fenstern versehene Apsis der Westseite ist dagegen nebst einigen Kapellen erst im Anfange des 12. Jahrhunderts hinzugefügt. — Im Mittelschiff befindet sich das Grabmal Geros; doch ist der Sarkophag mit dem Reliefbilde des gerüsteten und schwerbewehrten Markgrafen erst eine Stiftung jener Elisabeth von Weida.

Dem ernsten Inneren entspricht das Äußere; besonders massig wirken die Rundtürme der Westfront mit der sie verbindenden schweren Mittelwand. Äußerst einfach sind die Kreuzschiffe und der Chor im Osten; etwas reicher gestaltet erscheint nur die Südseite durch einen später angefügten, zweistöckigen Kreuzgang mit seiner ausgebildeten Fenstersäulen spätromanischer Form. —

Kehren wir nun von diesem ehrwürdigen Denkmal verklungener Zeiten in die freie Natur zurück, so wird uns zunächst der dicht über der Stadt gelegene „Stubenberg" (281 m) locken, auf dem ein altes und wohlbeleumdetes Gasthaus Quartier und Zehrung bietet und als Zukost von der geräumigen Veranda eine der lieblichsten Aussichten dieser östlichen Harzgebiete. Wohl an keiner Stelle zeigt sich das um Quedlinburg gelagerte Hügelgelände in so malerischer Gruppierung, und dazu kommt nach der Gebirgsseite ein besonders anmutiger Blick in das reizende Hagenthal mit seinen frischen Waldwiesen und den sie umrahmenden weichen, buchenbewaldeten Bergen.

Eine Wanderung in dieses solcherart lockende Thal täuscht keineswegs die Erwartung. Durch schönen Wald mit üppigem Unterholz, wie es diese Gegend auszeichnet, geht es gemächlich aufwärts, bis ein Ziel erreicht ist, entweder in einem Stündchen bei dem freundlichen Silberteich in tiefer Waldstille oder, doppelt so weit, auf der Viktorshöhe (582 m), die eine der weitestreichenden Aussichten des Harzes bietet und eines beträchtlichen Ruhmes genießt. Der jene vermittelnde Holzturm steht an einer sie besonders begünstigenden — nicht der höchsten — Stelle des breiten Rambergs, einer Granitkuppe (601 m), die im Unterharz die höchste Erhebung darstellt und sich als solche trotz ihrer flachen, runden Form weithin kenntlich macht. Die Aussicht leistet, was man an dieser Stelle von ihr erwarten kann, nicht mehr; auf malerischen Reiz, auf kräftige Gestaltung muß man verzichten; es ist ein Rundblick über eine einzige ungeheure Ebene, aus der sich im Westen fern der Brocken und die Oberharzberge, im Süden noch ferner die Nachbargebirge bis zum Thüringerwalde mäßig emporheben, während im Osten und Norden alles gestaltlos ins Weite verschwimmt. Harz und Ebene würden sich hier überhaupt kaum merkbar voneinander abheben, wenn nicht der Wald das seinige zur Kennzeichnung thäte. Im Nordosten bringt der schimmernde Häuserfleck von Quedlinburg mit seinen Türmen etwas Leben in das gleichförmige Bild, während Halberstadt im Norden schon etwas zu fern ist, um recht kräftig zu wirken. Von den Magdeburger Türmen wird man so etwas nicht einmal verlangen, man soll zufrieden sein, wenn das Reisehandbuch oder sonst kühne Geister behaupten, man könne sie sehen.

Haben wir uns die Brust im Anschauen so ungemessener Weiten gehörig gelüftet, so stehen uns zum bequemen Abstieg eine Fülle von Wegen zur Verfügung. Wir können ins Bodethal gehen — hier namentlich anfangs durch wunderschönen Buchenhochwald — nach Thale, Hexentanzplatz, Treseburg; man kommt da an der von Friedrich dem Großen gegründeten Kolonie Friedrichsbrunn vorüber, einem sauberen Dorfe, das auch Sommerfrischler anzieht; liegt es zwar etwas kahl auf der Lichtung, so hat es dafür seinen Brockenblick und die schönsten Wälder rundum ganz nahe; insbesondere aber hält es genau die Mitte zwischen den Glanzstellen des Bode- und des Selkethals, deren jedes in anderthalb Stunden erreicht wird; ein Vorzug, den mit ihm nur Gernrode-Suderode teilt, da freilich noch durch die Eisenbahn nach beiden Seiten gesteigert. — Oder wir gehen ins Selkethal hinab nach Alexisbad oder Mägdesprung, je in einer guten Stunde; hier treffen wir auf ein dem letzten Harzer Bären errichtetes Denkmal, der 1696 hier erlegt wurde; oder über die Försterei Sternhaus nach Ballenstedt, das freilich schon drittehalb Stunden entfernt ist.

Diesmal jedoch schlagen wir wieder die Richtung auf Gernrode ein, biegen aber auf dem halben Wege, den wir kamen, links ab in das Kalte Thal hinüber, wo die Suderöder Landschaft den kräftigsten Gebirgscharakter zeigt; an der Stelle, wo wir eintreten, wird es zu beiden Seiten von so schroffen Felsen eingeschlossen, daß man es wohl dem Bodethal zu vergleichen gewagt hat und der eine Felsen sich mit dem Namen der „Kleinen Roßtrappe" schmückt: beachtet und betont man dabei nur nach Gebühr das beschränkende Eigenschaftswort, so hat der Vergleich nichts Frevelhaftes mehr. Wie dort Roßtrappe und Hexentanzplatz einander nachbarlich und doch durch die gähnende Tiefe getrennt gegenüberliegen, so hier der Anhaltische und der Preußische Saalstein, beide auf guten Wegen zu ersteigen, und beide sehr lohnende, wenn auch nicht weite Blicke in das schöne Waldthal und auf das felsige Gegenüber gewährend. Dem Badeorte noch näher liegt der Preußenplatz, eine bewaldete Kuppe am Gebirgsrande, auf der ein Gerüst den umfassendsten Überblick über die ganze Gegend, Gebirge wie Ebene, öffnet, daher sie zur ersten Orientierung sowie zum nachkostenden Sichüberhören besonders zu empfehlen ist.

Von Gernrode führt eine Seitenbahn mit einer Steigung von etwa 200 m über die Höhe ins Selkethal hinüber und dieses aufwärts bis zu seiner Quelle und dann noch weiter nach Stiege und Hasselfelde. Die Fahrt bis Mägdesprung, dem ersten Thalort, ist hübsch und wechselreich; durch den Ostergrund hinauf und am „Heiligen Teich" vorüber, beide durch Fichtenwald in dieser Harzgegend auffallend, dann am waldstillen Sternhaus vorbei, nun wieder durch Laubwald zur Paßhöhe (412 m) und in Windungen mit neuen reizenden Thalblicken abwärts, bis links auf vorspringender Höhe die Reste der Heinrichsburg erscheinen und gleich darauf die Tiefe erreicht wird. Die nächste Strecke bis Alexisbad wird zwar noch schöner, aber auch so schön, daß es sündhaft wäre, sie auf der Bahn zu durchmessen, da sich ihre vollsten Reize doch nur dem Fußgänger auf anderen Wegen offenbaren.

St. Cyriaki-Kirche in Gernrode.

Wir tragen überdies Begehren, das ganze Selkethal, auch den unteren Teil, soweit es im Gebirge verläuft, kennen zu lernen, und ziehen es deshalb vor, einen anderen Weg von Gernrode einzuschlagen, indem wir noch weiter dem Harzrande folgen, und zwar entweder mit der Bahn oder auf recht hübschem Waldwege, bis wir in anderthalb Stunden Ballenstedt erreichen.

Dieses Städtchen, 217 m hoch gelegen, mit 5400 Einwohnern, ist unter den Harzorten eine ganz absonderliche Erscheinung; es ist der Typus einer kleinen Residenz, wie sie im Buche steht, und zwar einer Residenz des vorigen, das will sagen, des achtzehnten Jahrhunderts. Das Schloß, mit stattlicher Masse auf Bergeshöhe gelegen, ist hier Körper und Seele, alles andere hängt nur wie eine endlos lange Schleppe daran. Zum Schlosse steigt man hinauf und vom Schlosse wieder herab in die lange, lange, stille Kastanienallee, die oben mit ansehnlichen alten, dann mit kleineren, neuen Häusern besetzt ist und von einigen noch stilleren Straßen mit hübschen, stillen Gartenvillen parallel begleitet und durchkreuzt wird, bis man endlich den weiten, stillen Alexanderplatz erreicht, der so etwas wie den Verkehrsmittelpunkt darstellt: ein lärmendes Jahrmarkttreiben aber findet man auch hier nicht; wessen Nerven vom großstädtischen Tosen zerrüttet sind, der könnte selbst hier noch Ruhe und Genesung finden. Ballenstedt ist um solcher Beschaulichkeit und um der guten Jagd willen ein Lieblingssitz höherer Militärs, die hier ihren friedlichen Lebensabend genießen; und hat man Glück, so kann man wohl etliche würdige Generäle sich am Stammtisch erzählen hören von den Kriegsthaten ihrer Jugend oder auch von noch älteren Zeiten, zum Beispiel von dem bösen Jahre 1525, da es in Ballenstedt wie an andern Orten recht lebendig herging und die aufständischen Bauern das Schloß, das aber damals noch ein Kloster war, so gründlich verwüsteten, daß die armen Mönche es nicht wieder aufbauen konnten und es lieber ihrem Schutzherrn, dem Fürsten von Anhalt, abtraten, worauf es wieder ein weltlicher Herrensitz wurde, wie es vor 1046 gewesen war. Oder sie erzählen sich von dem gefährlichen und großen Tage, dem 6. August 1638, da zwei Regimenter kaiserliches Volk in aller Morgenfrühe heranrückten und Öffnung der Thore und Quartier verlangten. Vergebens berief sich die auf der Mauer versammelte Bürgerschaft auf einen kaiserlichen Schutzbrief; die Soldaten erklärten, den könnten sie nicht fressen, und sie wollten satt werden, und sie schritten, 200 Mann stark, alsbald zum Angriff. Auch erbrachen sie im ersten Ansturm das Thor und fingen an, unter die Bürger zu feuern. Da ermannten sich diese, die wohl wußten, was ihnen bevorstand, zu verzweifelter Gegenwehr; Männer, Weiber und Kinder griffen zu den Waffen oder doch zu Prügeln und Steinen, und siehe, es gelang ihnen, die Rotte so nachdrücklich zurückzuwerfen, daß sie Reißaus nahm und nicht mehr wiederkam. Sieben tote Pferde fand man nachher im Felde.

Und nach solcher frischen Heldenthat gedenken selbige alte Herren dann auch wohl des stilleren Lebens und der frommen Schriften des wackern Johann Arnd, der das berühmte Buch „Vom wahren Christentum“ verfaßt hat und 1555 zu Ballenstedt geboren ist. Und wenn sie des Plauderns müde sind, schlendern sie behaglich die schöne Allee wieder hinauf zum Schlosse und behaglich wieder herab.

Wir aber folgen ihnen auf dem Hinwege und betrachten uns das Schloß nun aus nachdenklicher Nähe, das eines der Stammschlösser des berühmten anhaltischen Fürsten-

AUFNAHME VON FR. ROSE, WERNIGERODE.

Schloß in Ballenstedt.

hauses war und schon bestand, ehe dieses sich die Burg Anhalt im Selkethal erbaute. Die heutige Gestalt verdankt es freilich in der Hauptsache erst dem 18. Jahrhundert, wo es mehrfach gründlich um- und ausgebaut wurde, seitdem die Fürsten hier wirklich residierten. Den schönsten Anblick gewährt es von der Parkseite über einen großen Teich hinweg. Im Innern befindet sich eine Gemäldesammlung, besonders holländischer Meister, darunter ein Rembrandt und ein trefflicher Van Dyck.

Der Berg, auf dem das Schloß steht, wurde 1765 zuerst bepflanzt, und seitdem hat sich ein Park entwickelt von nicht gewöhnlicher Schönheit, mit Recht der beliebteste Spaziergang der Ballenstedter und ihrer Gäste, besonders Sonntags, wenn der prächtige Springbrunnen aus den Nüstern eines Drachens seine Wasser zu gewaltiger Höhe aufsteigen läßt; eine besondere Zierde des Parks sind seine hübschen, waldumkränzten Teiche. Von der Schloßterrasse hat man eine treffliche Aussicht nach Norden hin in die Hügellandschaft um Quedlinburg und Halberstadt; in der Nähe markieren sich besonders die beiden auffallenden Felsgruppen der Gegensteine, des letzten Ausläufers der Blankenburger Teufelsmauer.

Die Klippen liegen eine halbe Stunde östlich von der Stadt, aus einem flachen Hügelrücken jäh hervorspringend. Das teufelsmäßig Barocke und Bizarre jener Formen ist hier freilich schon etwas gemildert, und auch die Umgebung ist ohne besonderen Reiz, ehrbar und nüchtern, statt des dunkeln Waldes dort sind hier friedliche Obstpflanzungen. Die Rundsicht von dem östlichen Felsen, dem Großen Gegensteine, der durch Treppen und Geländer ersteigbar gemacht worden, ist bei der freien Lage äußerst lohnend; besonders reizvoll der Blick auf Schloß und Stadt, die sich in die Waldberge hineinschmiegen. Der Harz erscheint hier freilich kaum noch als ein rechtes Gebirge; man sieht angenehme Höhen, doch kaum größer im Eindruck, als sie die norddeutsche Tiefebene zahlreich genug eben auch aufweist. Es ist eine liebliche Hügellandschaft, die indessen den Vorzug hat, daß ihr das rechte Gebirge in erfreulicher Nähe liegt.

Weichheit und Anmut ist in der That der Charakter all der zahlreichen schönen Spaziergänge um die Stadt herum, zum Jagdhaus Röhrkopf, zum Kleinen und Großen Ziegenberg (300 m, also noch nicht 100 m über der Stadt), zum Kaufberg, zum Hirschgrund; man kann sagen, es ist eine Landschaft für ganz junge Mädchen und für ganz alte Herren; „einfach süß“ würden die ersteren sie nennen. Eine halbstündige Eisenbahnfahrt aber bringt uns an die wilden Felsgebiete des Bodethals.

In noch handlicherer Spaziernähe aber haben wir das Selkethal, in welchem wir verschiedene bevorzugte Punkte, den „Falken“ oder die Selkemühle in anderthalb, Mägdesprung in zwei Stunden zu Fuß bequem erreichen. Eines ist freilich bei solchen Wanderungen in der Ballenstedter und sonstigen anhaltischen Gegenden ernst zu beachten: etwas wie der Krückstock des alten Dessauers geht hier überall in den Wäldern um;

Da steht im Wald geschrieben
Ein stilles, ernstes Wort:

Verbotener Weg“ heißt es und starrt dem Wanderer so unzähligemal und an jeder Wegecke dräuend entgegen, daß er allmählich wahrhaft verschüchtert wird und das Gefühl hat, als sei er hundertmal nur mühsam an der Schwelle waldfrevlerischen Verbrechens vorbeigehuscht, mag er auch noch so gewissenhaft den Gesetzen Spartas gehorcht haben. Zugleich wird man um die Finanzen des anhaltischen Staates etwas besorgt, wenn man die ungeheure Verschwendung ansieht, die mit solchen Inschriften getrieben wird; wieviel einfacher und billiger wäre es gewesen, an den wenigen in Betracht kommenden Stellen die Weisung anzubringen „Erlaubter Weg“ und das Verbot der andern damit als selbstverständlich hinzustellen; und wieviel freundlicher spräche das zum Gemüte! So aber scheint es beständig wie der zornige Ruf des wilden Jägers die stille Waldluft zu durchgellen: „Halt den Mittelweg! Verbotener Weg! Verbotener Weg! Verbotener Weg!

Ein Weg zum Falkenwirtshaus, nahe dem Ausgang des Selkethals, ist zufällig erlaubt; man erhält als Zugabe sogar im Anfang einen sehr hübschen Rückblick auf Stadt, Schloß und Gegensteine. Der Abstieg ins Thal ist prächtig, und der „Falke“ liegt in einer so geschlossenen, ernsten und bedeutenden Berglandschaft, daß man die nahe Ebene nicht ahnen kann.

In einer kleinen halben Stunde steigt man hinauf zum Falkenstein, der besterhaltenen alten Burg des Harzes, die, auf einem hohen Bergvorsprunge zwischen zwei Thälern gelegen, von verschiedenen Stellen des Thales und besonders von der Höhe gegenüber sich äußerst wirkungsvoll darstellt, vornehmlich durch den mächtigen fast 60 m hohen Bergfried, der eine etwas absonderliche halbrunde Form hat. — Die Besichtigung ist höchst lohnend; ungemein malerisch ist der innere, von Fachwerkgebäuden umgebene Hof mit dem alten, noch in Gebrauch befindlichen Brunnen; die Zimmer sind keineswegs groß, aber wohnlich und behaglich, teilweise gewölbt; sie enthalten allerlei Merkwürdigkeiten, gute Stuckarbeit aus dem 16. Jahrhundert an einer Decke, altes irdenes Geschirr, ein Kruzifix aus Elfenbein von Benvenuto Cellini und dergleichen, nebst verschiedenen Bildern von Interesse. Gezeigt wird eine kleine Kapelle, in der Luther gepredigt hat, auch ein unterirdisches, fensterloses Verließ, von dessen gänsehauterzeugendem Eindruck wir uns am besten auf der Plattform des Turmes erholen, die eine außerordentlich schöne Aussicht das Selkethal hinauf und hinab, über Wälder und wieder Wälder, auf das ferne Brockengebirge und die viel nähere Viktorshöhe gewährt.

Die Burg verdankt ihre Entstehung einer Mordthat; ein Ritter Egeno von Konradsburg hatte einen Grafen Albert von Ballenstedt auf der Straße überfallen und erschlagen; zur Sühne verwandelten sowohl der Mörder als die Hinterbliebenen des Toten ihre Stammburg in ein Kloster und bauten sich neue Schlösser, davon sie denn auch den Namen trugen, diese Burg Anhalt, jener den Falkenstein. Das ist um das Jahr 1080 geschehen. Egeno scheint ein böser Raubgeselle gewesen zu sein; es wird berichtet, daß er schließlich einmal, da man ihn gefaßt hatte, vom Volke geblendet worden sei und fortan als Bettler habe herumziehen müssen. Der letzte Zusatz klingt allerdings wenig wahrscheinlich. Sein Geschlecht saß auf der Burg bis 1334, wo der letzte Falkensteiner starb. Einer von ihnen, ein Graf Hoyer, erwarb sich — damit jenen alten Frevel wahrhaft würdig sühnend — ein hohes und unsterbliches Verdienst dadurch, daß er im Anfang des 13. Jahrhunderts den gelehrten Edelmann Eyke von Repgow veranlaßte, die im Sachsenlande geltenden, bisher ungeschriebenen Gesetze und Rechtsgewohnheiten zu sammeln und niederzuschreiben, was dieser in so mustergiltiger Weise vollbrachte, daß dies neue Gesetzbuch, obgleich durchaus privaten Ursprungs, bald im ganzen nördlichen Deutschland und darüber hinaus bis nach Preußen, Polen, Kurland, Livland und Skandinavien gesetzliches Ansehen erlangte. Und ganz besonders hoch soll es dem Grafen Hoyer angerechnet werden, daß er ausdrücklich von Eyke verlangte, das anfangs in lateinischer Sprache verfaßte Werk ins Deutsche, und zwar in sein heimisches Niederdeutsch, zu übertragen, wobei zu bemerken ist, daß der Falkenstein heute genau auf der Sprachgrenze liegt, indem Ballenstedt mit den umliegenden Dörfern — darunter Ermsleben, der Geburtsort Gleims — noch niederdeutsch, das ganze Selkethal von hier aufwärts aber mitteldeutsch redet. So verdanken wir Hoyer das erste selbständige, größere Prosawerk der deutschen Litteratur — während die Verssprache gerade damals in höchster Blüte stand —, wir dürfen es also dem wackeren Eyke wohl glauben, daß ihm dies Übersetzungsgeschäft sehr sauer geworden sei und er es nur seinem Grafen zu Liebe unternommen habe. Sachsenspiegel hat er sein Werk genannt mit der hübschen Begründung in der gereimten Vorrede:

Spigel der Saxen
sal dîz buoch sîn genant,
wende (weil) saxen reht ist hir an bekant,
als an einem spigele de vrouwen
ire antlitze beschouwen.

Ein kurzer Prosasatz sei hier noch als Sprachprobe gegeben: Twei swert lît Got in ertrîke tô bescermene di kristenheit: deme pâvese ist gesat dat geistlîke, deme keisere dat werltlîke. — Das berühmte Buch ist auf Burg Falkenstein selbst geschrieben worden.

Der letzte Falkensteiner verkaufte vor seinem Tode die Burg an den Bischof von Halberstadt, der sie aber nur in blutigen Kämpfen gegen den Grafen von Regenstein, Sohn einer Gräfin von Falkenstein, behaupten konnte. 1449 belehnte der damalige Bischof mit ihr einen Grafen von der Asseburg, und im Besitz dieses Geschlechts ist sie bis heute geblieben und als halberstädtisches Lehen 1648 preußisch geworden. 1816 wurde sie, die lange verödet gewesen war, wieder in stand gesetzt und eingerichtet und war lange Zeit von den Besitzern bewohnt; jetzt steht sie wieder verlassen und kann daher jederzeit besichtigt werden.

Das untere Selkethal, von Falkenstein bis Mägdesprung, kann zu Fuß auf guter Straße mit geringer Steigung in etwa drei Stunden durchmessen werden. Es ist auf dieser ganzen Strecke ein breites, weiches, überaus liebliches Wiesenthal mit mäßig hohen Waldbergen, etwas gleichförmig wohl, aber darum keineswegs langweilig; die zahlreichen Windungen um die kleinen Seitenthäler geben des Wechsels genug, hier und da tritt auch wohl einmal eine Felspartie hervor. Beträchtlich abseits vom Wege liegt die sagenumwobene Tidianshöhle, die aber jetzt nicht mehr zugänglich ist. Ein Hirt hatte mittels einer Wunderblume reiche Goldschätze in ihr entdeckt; der Graf von Falkenstein, der in den Besitz des Geheimnisses gekommen, ließ ihn niederwerfen und blenden, um selbst alleiniger Herr der Schätze zu werden. Doch er fand nichts davon in der Höhle, sondern nur Schlamm und Schrecknisse; er verfiel darüber in Tobsucht und ging elendiglich zu Grunde.

An einer der schönsten Stellen der Strecke liegt die Selkemühle, nahe dem Berge, der einst die Burg Anhalt trug, die dem berühmten Fürstengeschlecht seinen Namen gegeben hat. Sie verdankt ihre Entstehung dem gleichen Ereignis wie der Falkenstein; der Sohn des Ermordeten hat den Bau

AUFNAHME VON FR. ROSE, WERNIGERODE.

Burg Falkenstein.

begonnen, der Enkel, kein Geringerer als Albrecht der Bär, hat ihn vollendet. Von den Schicksalen der Burg wissen wir sehr wenig, und sie muß früh verfallen sein, wohl gerade weil ihre Herren über ihren bedeutenderen Aufgaben kein Zeit fanden, sich um sie zu kümmern. Doch konnte noch im 16. Jahrhundert nach dem schmalkaldischen Kriege der Fürst Wolfgang von Anhalt-Bernburg sich hier vor den Kaiserlichen verbergen, nachdem er eine Zeit lang sich als Mühlknappe verkleidet in der Selkemühle aufgehalten hatte. Heute sind außer einem tiefen Brunnen kaum noch erkennbare Reste vorhanden; außerdem führt zwar ein Weg hinauf, doch selbstverständlich ein verbotener, denn wir haben vor kurzem wieder anhaltischen Boden betreten.

An der andern Seite der Selke liegt etwas mehr thalaufwärts das dem vorigen Jahr-

AUFNAHME VON FR. ROSE, WERNIGERODE.

Hof in Burg Falkenstein.

hundert entstammende Jagdschloß Meiseberg auf freier Höhe; in einer Viertelstunde steigt man von der Mühle auf gänzlich unverbotenem Fußwege hinauf. Die Aussicht in das schöne Wiesenthal mit seinen umkränzenden Waldmassen hinauf und hinab ist ganz reizend und lohnt überreichlich den kleinen Umweg. Im Innern, das jetzt nur noch zu einer Gastwirtschaft benutzt wird, sind etliche Kuriositäten, so alte Stiche, Jagden darstellend, auch abnorme Tierbildungen, wie ein Fuchs mit zwei Schwänzen, ein Hirsch mit einem seltsam verwachsenen Geweih und dergleichen.

Beim Weiterwege begegnen wir vier großen Eisenhämmern, das Thal wird nun allmählich enger, bedeutender und ernster, wir nähern uns Mägdesprung, das wir in einer Stunde von Schloß Meiseberg erreichen. Es ist das ein in einem schönen Waldkessel gelegener kleiner Eisenhüttenort, berühmt besonders durch seine Kunstgießerei, von deren alter Thätigkeit ein schon 1812 errichteter 22 m hoher gußeiserner Obelisk Zeugnis ablegt. Eine

Modellsammlung führt dem Besucher die Mannigfaltigkeit der Arbeiten vors Auge und verlockt ihn zum Bestellen und Kaufen. Ein großer Gasthof, in welchem im Sommer ein wirbelnder Verkehr herrscht, sorgt löblich für des Wanderers irdisches Heil.

Bei Mägdesprung beginnt nun die auf der Landstraße etwa eine Stunde lange, zweifellos schönste Strecke des Selkethals, eine Strecke, die in ihrer Art — freilich eine ganz andere Art — sich ganz wohl neben dem Bodethal sehen lassen kann. Das Thal ist hier so eng, daß die Wiesen völlig verschwinden, und der Wald und stellenweise schroff abstürzende Felsen allein die Herrschaft führen. Es ist aber, wie beim Bodethal, für den gewissenhaften Harzwanderer unerläßlich, die Strecke mindestens zweimal zu durchmessen, einmal in der Thaltiefe, das andre Mal auf den Bergen.

Wir beginnen mit dem Höhenwege. Dicht bei Mägdesprung, in zehn Minuten ersteigbar, findet sich neben einem hohen eisernen Kreuz die Mägdetrappe, ein Eindruck in den Stein, in welchem man, wenn man durchaus will oder sehr gutmütig ist, eine menschliche Fußspur erkennen kann. Eine Riesenjungfrau ist hier über das Thal gesprungen, um zu ihrer Gespielin oder, was entschieden wahrscheinlicher ist, zu ihrem Geliebten zu gelangen. Ob sie dabei, wie die Riesin von Burg Niedeck im Elsaß, einen Bauern samt Pflug und Pferden in der Schürze getragen hat oder nicht, ist von der historischen Forschung noch nicht sicher entschieden. Vielleicht ist es auch ein ganz gewöhnliches Bauernmädel gewesen, dem nur durch einen sie begleitenden Ziegenbock — das heilige Tier der Hexen und des Teufels — übernatürliche Kräfte verliehen worden.

Der Blick in die Tiefe ist eindrucksvoll; doch steigert sich dessen Schönheit noch bei der ganz nahen Freundschaftsklippe, wo über dem düstern Grunde in der Mitte die breite, ruhige Kuppe des Rambergs mit ihren Laubwäldern sich feierlich hinlagert. Das Bild ist für das Selkethal höchst charakteristisch; im Gegensatz zur Bodelandschaft sind alle Linien weich und zart, und doch wirkt das Ganze in seiner Einfachheit ernst und erhaben. Es ist eine der wenigen bedeutenderen Harzaussichten, in denen der Brocken keine Rolle spielt, ohne daß man ihn deshalb vermißte.

AUFNAHME VON FR. ROSE, WERNIGERODE.

Im Selkethal.

Der Weg geht nun weiter auf der Höhe durch Wald und führt in einer halben Stunde zur Kapelle, einem niedlichen, in Kapellenform erbauten Schutzhäuschen, von dem man eine noch mannigfaltigere Aussicht hat, da neben dem auch hier herrschenden Ramberg auch die fernere Josephshöhe bei Stolberg in den Gesichtskreis tritt; besonders reizend ist hier der Blick in das Thal mit seinen Waldmassen, wo ein schöner Teich in der Mitte des reichen Bildes dem Auge den lieblichsten Ruhepunkt darbietet. Auch hier liegt jeder Vergleich mit dem Bodethal fern, alles ist weich, man möchte sagen weiblich neben dessen großen, männerhaften Kraftkunststücken.

Von hier können wir entweder auf dem neu angelegten, bequemen Bernburger Wege direkt nach Mägdesprung zurückkehren oder, dem Klippenwege folgend, weiter auf der Höhe bleiben und dann schnell nach dem gleich weit entfernten Alexisbad absteigen. Ehe wir indessen diesen Ort besichtigen, unternehmen wir die Rückwanderung durch die Thaltiefe,

AUFNAHME VON FR. ROSE, WERNIGERODE.

Mägdesprung.

um hier wieder neue und andere Freuden zu genießen. Wohl könnte man hier eher stellenweise, wo schroffe Felsen an den Weg treten, sich an das Bodethal erinnert fühlen: aber jene Wucht und Wildheit erreichen sie doch bei weitem nicht, wenn sie auch in die vorherrschende Milde und Zartheit der Stimmung einen starken, markigen Klang bringen. Wenn schon an der Bode die Pracht des Pflanzenwuchses eine wesentlich mitbestimmende Rolle spielte, so tritt diese hier völlig in den Vordergrund. Die Üppigkeit dieser herrlichen Baumgruppen ist ganz berauschend; bemerkenswert ist, daß auch hier, wie streckenweise an der Bode, die Buche sehr zurücktritt und Erlen, Eichen, Birken und andere Laubbäume, mit Fichten untermischt, ihre Stelle einnehmen. Ein Glanzpunkt des Thales, ungefähr in der Mitte der durch die vielen starken Krümmungen der Selke sehr verlängerten Strecke ist unterhalb der Kapelle die Karlslaube, ein Schutzhäuschen an einem reizenden Teiche, zu dem das Flüßchen sich hier bei einer scharfen Biegung ausweitet. Nicht lange danach kommen wir zu dem hübschen Forsthaus Drahtzug an einer etwas erweiterten Thalstelle, wo eine Anzahl prachtvoller Riesenfichten dem schönen Bilde einen neuen, kräftigeren Zug hinzufügt. Bald gehen wir an der höchst romantischen und lockenden Einmündung des Krebsbach-

Alexisbad.

thales vorüber, durch das einer der Wege zur Viktorshöhe hinaufführt; dann tritt uns eine sehr steile Waldwand entgegen, dann wieder schroffe Felsen, und das Eisenkreuz auf der Höhe deutet uns, daß wir Mägdesprung wieder nahe sind.

Nunmehr hindert uns kein Pflichtgefühl mehr, uns des nutzbaren Verkehrsmittels, der Eisenbahn, zu bedienen und nach Alexisbad zurückzufahren, denn ein zweiter Höhenweg am andern Ufer, wie über der Bode, ist nicht vorhanden, und genußreich ist diese Fahrt immerhin, zumal auch diese Bahn keineswegs durch Überhastung an ihren Fahrgästen sündigt.

Alexisbad, 325 m hoch in einem lieblichen Laubwaldkessel gelegen, dem es aber auch nicht an einigen schroffgezackten Felsen fehlt, ist eine sehr jugendliche Gründung; erst im Jahre 1810 hat der Herzog Alexis von Anhalt-Bernburg, um die kräftige Eisenquelle der Menschheit nutzbar zu machen, das Bad eingerichtet und die ersten Logierhäuser erbaut. So trägt denn der Ort, wenn man ihn so nennen kann, auch heute durchaus den Charakter eines Bades; alles ist Gasthof und Sommerwohnung, darunter recht stattliche. Alles ist sauber, anständig und zierlich frisiert, kein eingeborener Schmutz oder Armut betrübt das Auge; Einwohner giebt es eigentlich gar keine, sondern nur Leute zur Bedienung der Badegäste, deren jährlich gegen tausend anzurücken pflegen. Die nächste Umgebung ist freundlich und niedlich und hat eine Anzahl netter Aussichtspunkte mit Blicken auf das Bad, mit den schmucken Häusern in seinem behaglichen Kessel und manchmal darüber hinaus auf den Ramberg und die Josephshöhe, so den Luisentempel, das Birkenhäuschen auf dem Schlotheimsfelsen, den Habichtstein, von dem man in den Wiesengrund der Selke oberhalb Alexisbad hineinsieht, über dem sich der rundliche Auerberg oder Josephshöhe erhebt; in diesem Bilde, wie ziemlich in jedem der mittleren Selkegegend, spielt der mächtige Schornstein der benachbarten Silberhütte eine gewisse Rolle. An einer andern Stelle gewinnt man eine Übersicht über die große Hochebene nach Stolberg zu, die zum Teil nicht ganz ohne einigen Reiz ist. Keiner dieser näheren Punkte aber kann sich den beschriebenen Wegen auf Mägdesprung zu an die Seite stellen.

Eine kleine halbe Stunde oberhalb liegt auf der Ebene, 395 m hoch, das Städtchen Harzgerode mit 4000 Seelen, das schon dem 10. Jahrhundert entstammt und von seinem zu vermutenden Gründer Hasaco eigentlich Hasaconroth hieß und also heut Hasekenrode heißen sollte. Doch hat die wunderliche Umlautung schon im 15. Jahrhundert begonnen. Es hat ein altes Fürstenschloß, das derb, nicht ohne Würde dasteht, und ein kleines Rathaus von 1639, daran ein eigentümlicher Vorbau mit Säulen; sonst ist es nüchtern, wie die meisten anhaltischen Ortschaften; auch die Gegend ist reizlos, aber fruchtbar.

Der Ort ist ein nicht unbeträchtlicher Verkehrsmittelpunkt, nicht weniger als acht große Straßen laufen von hier aus, davon eine südwestlich nach Stolberg führt. Doch ist dieser Weg, obgleich großenteils durch schöne Wälder führend, im Verhältnis zu seiner Länge — 18 km — für unsern Schauensdurst nicht reichhaltig genug, und wir ziehen es vor, auf der Eisenbahn zunächst dem Selkethale bis zu seinem Ende zu folgen. Allzuhoch freilich dürfen wir unsere Erwartungen auch hier nicht spannen: solche Glanzleistungen wie bisher vollbringt die Selke in ihrem oberen Teile nicht mehr; sie gleicht vielmehr dem häßlichen jungen Entlein, das in seiner Jugend den künftigen Schwan nicht ahnen läßt.

Nur die erste Strecke hinter Alexisbad bietet noch freundliche Wiesengründe, von Fichten und Kiefern umrahmt, dazu hübsche Seitenthälchen, doch alles schon bescheidenerer Art. Bald hinter der Silberhütte, wo wir den riesigen Schornstein aus dem Berge herauswachsen sehen, wird das Thal immer flacher, die Berge gestaltlos und niedrig, und schon bei der nächsten Station Lindenberg-Straßberg sehen wir nur noch eine gutmütige Hügellandschaft, die von Gebirge nichts mehr zu sagen weiß. Und so bleibt es bis Güntersberge (410 m) und Friedrichshöhe (500 m), wo die Bahn ins Preußische übertritt und gleich darauf die Wasserscheide nach dem Bodegebiet erreicht. Die Selke war hier schon lange nur ein dünnes Rinnsal.

Auf einer dieser drei Stationen, deren jede von Stolberg etwa zwei Stunden entfernt ist, verlassen wir die Bahn, am besten wohl in Lindenberg, wo uns dann der Auerberg gerade auf dem Wege liegt. Der Weg von dem unmittelbar neben dem kleineren anhaltischen Dorfe über der Selke gelegenen stadtähnlichen Orte Straßberg, wo wir sogleich Stolbergsches Gebiet betreten, führt zuerst durch offenes Land, bald aber nimmt uns der Buchenwald auf, in welchem sich stellenweise schöne Waldwiesen breiten, bis uns am Fuße des Rambergs das verkehrsreiche Gasthaus zum Auerberg (497 m) mit einer gewissen Feierlichkeit an einem gartenmäßig hergerichteten Straßenstern empfängt.

Der Aufstieg zu der nur noch 78 m höheren Josephshöhe, der höchsten Stelle der Auerberg genannten, flach gewölbten Porphyrkuppe (575 m), erfordert auf bequemem Wege nur noch eine Viertelstunde. Hier tritt uns überraschend ein ganz ungewöhnliches Bauwerk entgegen, ein durchbrochener Eisenturm in Form eines riesigen, vierarmigen Kreu-

AUFNAHME VON FR. ROSE, WERNIGERODE.

Aussichtsturm auf der Josephshöhe.

zes, das aus einer zierlichen Wirtschaftshalle herauswächst, man kann nicht leugnen, eine nicht nur eigenartige, sondern auch sehr gefällige Anlage. Wir erfahren, daß kein Kleinerer als Schinkel den Plan entworfen hat, nur war es ursprünglich ein Holzturm, was denn doch immerhin den Eindruck wesentlich modifiziert haben muß. Dieser ist 1880 durch Blitzschlag vernichtet worden, und erst 1896 ist der neue Bau vom Fürsten Stolberg und dem Harzklub aufgeführt worden, sodaß also die hochbewaldete Josephshöhe 16 Jahre lang aussichtslos gewesen ist.

Die Rundsicht ist äußerst reich und weit, sie ist mannigfacher gegliedert, als die von der Viktorshöhe; nur nach Osten reckt sich die große, kaum gewellte Ebene des Unterharzes, halb Wald, halb Feld, mit Dörfern besetzt, unter denen das nahe Schwenda sich besonders kräftig hervorhebt. Im Süden ist die Goldene Aue nahe, und dahinter sehr deutlich zu überblicken das längliche Kyffhäusergebirge mit seiner westlichen Fortsetzung. In entgegengesetzter Richtung ist die Brockenkette aufgebaut in allen ihren Gliedern und Anhängseln

Marktplatz mit Rathaus in Stolberg.

bis südlich zum Stöberhai und Ravenskopf; nach dieser westlichen Seite dehnt sich ein aufgewühlter Wechsel von Thälern und Höhen, hier alles mit Wald und wieder mit Wald bedeckt, ohne Beimischung von Feldern. Nahe im Vordergrunde tritt aus dem Grünen Schloß Stolberg hervor, während die Stadt in der Tiefe sich birgt, dahinter der breite Rücken des Ilfelder Poppenbergs. Die äußersten Punkte der Fernsicht sind die üblichen, die Türme von Braunschweig, Halberstadt, Magdeburg, der Petersberg bei Halle, Erfurt, das Gothaer Schloß und der Thüringerwald, der Meißner und der Herkules auf der Kasseler Wilhelmshöhe.

Zur Stadt Stolberg hinab führen in einer Stunde verschiedene Wege, alle durch die herrlichsten Buchenwälder, die dieses ganze Gebiet in unübertroffener Fülle und Schönheit bedecken; auch sind sie von zahllosen Spazierpfaden durchzogen, „verbotene Wege“ melden sich selten. Zuletzt führt eine steile Straße in die Stadt hinab.

Das Städtchen Stolberg, 300 m hoch ganz in den Bergen gelegen, so eng ins Thal gedrückt, wie sonst nur einige Bergstädte des Oberharzes, macht mit seinen malerischen Gassen und Fachwerkhäusern einen so vollkommen altertümlichen Eindruck wie keine andere Harzstadt; haben sich in Goslar und anderswo mehr oder weniger zahlreiche alte Häuser erhalten, so scheint hier das 15. und 16. Jahrhundert einfach hängengeblieben; betritt man den Ort zuerst in der Dämmerung oder bei Mondschein, so kann man sich von einem

AUFNAHME VON FR. ROSE, WERNIGERODE.

Stolberg von den Drei Stühlen aus.

wahrhaften Schauer überlaufen fühlen, als wäre man selbst mit Haut und Haaren in die Zeit Luthers versetzt. Nimmt man dazu die eigene Lage, mitten im tiefen Waldgebirge unter steilen Hängen in vier enge Thäler gezwängt, so muß man gestehen, daß Stolberg an seltsamer Romantik im Harz unerreicht dasteht; man möchte hier die Leute gern in Schwindschen Märchengewändern herumspazieren sehen, und es paßt ausgezeichnet und mag selbst den Unvorbereiteten kaum recht überraschen, wenn ihm beim Eintritt in das Schloß ein Thorwächter in richtiger Landknechtstracht mit dräuender Hellebarde entgegentritt. Er haut aber nicht gleich damit, wenn man sich sonst leidlich anständig benimmt, und das thut man ja meistens. Man würde sich aber nun nicht mehr sonderlich wundern, wenn einem der grimme Thomas Münzer, der hier geboren ist, leibhaftig mit seinen wilden, aufgeregten Bauernscharen entgegenstürmte, und man würde es in Ordnung finden, daß der Doctor Martinus Luther wieder, wie einst im April 1525, herbeigereist käme, um den Rotten Vernunft zu predigen. Er wird freilich heute so wenig ausrichten wie damals, da er hinterher schrieb: „Ich habe sie selbst erfahren, daß, je mehr man sie vermahnet und lehret, so störriger, stolzer und toller sie wurden, und haben sich allenthalben also mutwillig und trotzig gestellt, als wollten sie alle ohne Gnade und Barmherzigkeit erwürgt sein." — Das ist ihnen allerdings nach der Schlacht von Frankenhausen ja auch geschehen, wenn auch in Stolberg selbst am wenigsten; vermöge der rühmlichen Milde des Grafen Botho, dem sie doch sehr scharf auf den Leib gerückt waren, wurden ihrer nur neun Rädelsführer hingerichtet.

Luther hat damals die Stadt sehr treffend mit einem fliegenden Vogel verglichen, das Schloß sei der Kopf, der Markt der Rumpf, zwei der langgereckten Gassen die Flügel und die dritte der Schwanz. So sieht man sie noch heute von der Lutherbuche aus, die auf dem Abhange dem Schloß gegenübersteht, wo man die beste Übersicht gewinnt. Nicht in so vollem Umfange, aber noch viel schöner stellt sie sich dar von den Drei Stühlen, einem Platze unter hohen Buchen im Schloßpark: das ist ein Blick auf Schloß, Stadt und Waldberge von so unvergleichlich malerischem Reiz, wie es kein Künstler entzückender komponieren könnte. Um dieses vollendeten Bildes willen verlohnt sich allein schon eine Fahrt nach Stolberg.

Das Schloß ist nicht sehr hoch über der Stadt gelegen, deren Häuser etwas dreist-vertraulich zu ihm hinansteigen, es ist auch architektonisch kein besonderes Glanzstück, thut aber in der Landschaft im Verein mit dem Stadtbilde die schönste Wirkung; es enthält eine stattliche Bibliothek, etwa halb so umfangreich wie die Wernigeröder, Gemälde und sonst allerlei Kostbarkeiten, und dient den Fürsten zu Stolberg-Stolberg als ständige Residenz. Die Aussicht von oben ist infolge der Enge des Thales etwas beschränkt.

Unter den alten Häusern der Stadt ist besonders interessant das schöne, fensterreiche Rathaus, das zur einen Hälfte 1451, zur andern 1482 erbaut worden; doch fehlt es auch sonst nicht an sehenswerten Gebäuden. — Die Umgegend ist so unerschöpflich an herrlichen Waldpartieen und so reich an schönen Aussichtspunkten, daß es nicht möglich ist, sie hier einzeln aufzuzählen, erwähnt sei nur der anderthalb Stunden entfernte, weitschauende Birkenkopf, der höchste Berg des Gebietes (587 m, 12 m über der Josephshöhe) auf dem Wege zum Poppenberg und nach Ilfeld, die Ruine Ebersburg, schon näher an Neustadt unterm Hohnstein, das etwas nähere Jagdschloß Eichenforst auf lieblicher Waldhöhe; aber der allerreizendste Spaziergang ist die große Hauptstraße im Thyrathale bis zum Ausgang des Gebirges und zum Bahnhof Rottleberode. Das ist ein wunderbarer Naturpark im großen Stil, wie er so im Harz kaum wieder vorkommt: die anmutigen Laubwaldberge in reizenden Gruppierungen, die ruhige Weite des Thales mit Wiesen und Teichen, die herrlichen Tannen und andern Bäume, die in stolzen Reihen sich jeder einzeln zur Wirkung bringen, das alles und manche köstliche Einzelheit klingt so harmonisch und festlich zusammen, daß diese Wanderstunde zum heitersten und erfrischendsten Genuß wird.

Bei Rottleberode, von wo ein Seitenstrang zur Hauptstrecke der südlichen Harzgürtelbahn hinüberläuft und bei Berga, gegenüber dem Kyffhäuser, einmündet, treten wir ein in das Reich des Fürsten zu Stolberg-Roßla und zugleich in den äußeren Südostharz, das Land um das Wipperthal, dessen Schilderung wir einem folgenden, letzten Abschnitte vorbehalten wollen.

Barbarossa-Turm auf dem Kyffhäuser.

Der Kyffhäuser und der Südostharz.

Der Kyffhäuser, dessen dunkelbewaldeten, steilen Nordrand wir von der Station Berga-Kelbra ganz nahe vor uns erblicken, ist zwar streng geographisch dem Harz nicht zuzurechnen, sondern ist ein durch die tiefe Senkung der Goldenen Aue, über der er sich um 325 m erhebt, scharf von ihm gesondertes, kleines Gebirge für sich, ein selbständig auch nach den andern Seiten sich behauptendes Individuum, dem seine Kleinheit an Würde nichts raubt: doch immerhin kann man ihn als einen Ableger, einen Seitensproß des Harzes betrachten, als ein Vorwerk, als einen Mond zu der großen Erde Harz, oder auch als eine verkleinerte Wiederholung, eine Taschenausgabe des Harzes, die dessen elliptische Form getreulich nachahmt, oder welche sinnigen Vergleiche man sonst sich abringen mag. Und jedenfalls ist sicher, daß nicht leicht ein Besucher dieser Harzgegend am Kyffhäuser auf Prinzipien vorüberreiten wird, zumal er dem Hauptgebirge nicht ferner liegt als etwa Nordhausen oder Quedlinburg, und es zu seiner Besichtigung nur eines Abstechers von wenigen Stunden bedarf. Ja, der seit der Errichtung des Kaiserdenkmals mächtig gesteigerte Besuch des Kyffhäuser hat umgekehrt auf den Reiseverkehr im Südharz merkbar fördernd eingewirkt.

Man geht oder fährt — Fahrgelegenheit ist im Sommer überreichlich vorhanden — 3 km quer über die Goldene Aue hinweg und hat das Vergnügen, einmal am Harzfuße nicht wie sonst ein Hügelland, sondern eine wirkliche, glatte, horizontale Ebene sich dehnen zu sehen. Die berühmte Fruchtbarkeit dieser gesegneten Fläche, die, von der Helme durchströmt, von Nordhausen bis Sangerhausen den Harzrand säumt, sieht man mit Augen und wird gern im Gegensatz zu der gewohnten Wald- und Klippenromantik auch einmal an so gesunder Nahrhaftigkeit seine Freude haben.

Ruine der Kapelle auf dem Kyffhäuser.

Von dem behäbigen Städtchen Kelbra am Kyffhäuserfuße führt ein hübscher, schattiger Fußweg in einer guten halben Stunde hinauf zu der interessanten und bedeutenden Ruine Rotenburg, die, um 1100 erbaut, nach dem Aussterben des nach ihr benannten Geschlechtes an das Haus Schwarzburg kam, dem sie bis heute geblieben ist. Sie gehört zu den besterhaltenen unserer Harzgegend; vorhanden ist nicht nur der wuchtige, runde Bergfried von 45 m Umfang, sondern an ihn angelehnt beträchtliche Bauteile, die fast vollständigen Mauern eines großen, zwiegeteilten Raumes, der sich durch zwei Geschosse hindurchzieht, an einer Seite von einem noch stehenden mächtigen Giebel gekrönt. Die untere Wand zeigt kleine, die obere große dreiteilige gotische Fenster, deren schöne Form noch klar zur Geltung kommt. Eine Spitzbogenthür durchbricht im Untergeschoß die dicke Zwischenmauer und verbindet beide Gemächer. Die andern Burgteile dagegen bieten nur formlose Reste. — Die Aussicht ist schön: über der weiten, reichen Ebene erhebt sich die lange, dunkle Linie des Harzes, sanft abfallend, auf den Vorhöhen bebaut und mit Ortschaften besetzt, darüber zusammenhängende Waldmasse.

Ein höchst reizvoller Weg zwischen Wald und Aussicht führt an der nördlichen Bergseite fast eben hin in einem Stündchen zu der Stätte der alten Kyffhäuserburg. Der Fahrweg, die Krümmungen meidend und dem geraden Kamme folgend, ist näher, entbehrt aber jenes Vorzugs. Ein großer, freier Platz, Kohlstätte geheißen, der Standort für Fuhrwerk und Schacherstelle für Andenken, empfängt uns zunächst und weist uns mehrere Wege zum Denkmal selbst. Ein großer, neuer Gasthof, der diesem sein höchst stilvolles Dasein verdankt, liegt einige Minuten abseits. Es ist wirklich ein sehr schöner, romanischer Bau, die innern Räume ebenso vornehm als behaglich, wie sonst nur die besten Bierpaläste moderner Großstädte das zu bieten vermögen. Dazu kommt, was diesem fehlt, eine sehr hübsche Aussicht auf ein anmutiges Waldthal von der freien Veranda. Wer der Menschheit als Masse freundlich gesinnt ist, kann hier an schönen Sonntagen im Anblick biertrinkender Völkerscharen so üppig schwelgen, wie in Berliner Konzertgärten. Die Großstadt ist da, und daß in ihr die Preise so ganz südharzisch bescheiden sein sollen, kann niemand füglich verlangen, der da weiß, daß Stil Geld kostet.

Wir begeben uns zu dem fünf Minuten oberhalb gelegenen Denkmal. Doch mag es sich am meisten empfehlen, den etwas weiteren, aber interessanten Weg über die untere Burg zu nehmen und dann von dort aus das Kaiserdenkmal gleich in der Front zu fassen.

Die alte Kyffhäuserburg, die nach Zerstörung einer früheren von Heinrich V. erbauten 1152 durch Friedrich Barbarossa wiederhergestellt wurde und dann während seines Lebens sein unmittelbarer Besitz blieb, während sie später den Grafen von Beichlingen-Rotenburg als Reichslehen übergeben wurde, bestand aus drei Teilen, deren mittleren, die Stelle der Hauptburg, jetzt das neue Denkmal einnimmt. Von der oberen Burg ist hauptsächlich der große Bergfried erhalten, der, obgleich in der oberen Hälfte stark verfallen, noch eine Höhe von 22 m aufweist, von der unteren, die auf dem äußersten Bergvorsprunge liegt, etwas mehr, immerhin genug, um im Verein mit der prächtigen Aussicht einen poetischen und historischen Stimmungshintergrund zu erzeugen. Diesem Burgteile schließt sich die alte Wallfahrtskapelle zum heiligen Kreuz an, romanischen Stils, doch mit gotischem Portal, als das der Zerstörung am besten entgangene Baustück.

So vorbereitet, wird man in der rechten Seelenverfassung dem herrlichen Bauwerk entgegentreten, das seit 1896 den Kyffhäuser ziert. Es ist allerdings nicht zu leugnen: was diesem Berge in den Augen des deutschen Volkes eine so ganz besondere Weihe giebt und ihn schon längst fast zu einem stillen Nationalheiligtum gestempelt hat, das sind in Wahrheit nicht so sehr die ziemlich dürftigen historischen Erinnerungen an die Kaiserpfalz, als vielmehr die allbekannte und allverbreitete tiefsinnige Sage von dem Zauberschlaf Barbarossas und seinem dereinstigen Erwachen, das dann die Wiederherstellung seines Reiches zur Folge haben sollte.

Als nun der langen Sehnsucht unseres Volkes endlich die Erfüllung kam und der Traum von Kaiser und Reich Wirklichkeit wurde, da lag es nahe genug, gerade diese Stätte zur Errichtung eines Denkmals zu wählen, das die große und nach so langem, vergeblichem Harren fast wunderbar erscheinende Errungenschaft zu verherrlichen berufen war. Und ebenso natürlich war der Gedanke, solchem Nationaldenkmal den Kaiser zum Mittelpunkt zu geben, unter dessen Scepter das Einheitswerk vollendet worden. Es waren die deutschen Kriegerverbände, die vereinigt den stolzen Plan zur Ausführung brachten. Nach einem Konkurrenzausschreiben wurde der Bau nach dem preisgekrönten Entwurf von Bruno Schmitz 1890 in Angriff genommen und konnte am 25. Jahrestage der Versailler Kaiserproklamation, am 18. Januar 1896, feierlich eingeweiht werden.

Der Eindruck des eigenartigen Bauwerks ist ebenso wuchtig als edel, der riesige Aufbau von bezwingender Hoheit. Eine gewaltige untere, ebene Terrasse, mit Bogenwölbungen auf den Felsboden sich stützend, bildet mit weitem Halbrund die Grundlage des Ganzen, in einer Länge von nicht weniger als 96 m und einer Breite von 61 m. Über dieser Fläche erhebt sich der Oberbau in drei kleineren Terrassen und dem massigen Turme mit der Kaiserkrone zur Höhe von 69 m, weit ins Land hinaus sichtbar und von den wichtigsten Fernsichtspunkten des Harzes bis hinauf zum Brocken noch deutlich erkennbar.

Diesen oberen Aufbau sieht man anscheinend wieder aus dem lebendigen Felsen, der zu beiden Seiten sichtbar wird, herauswachsen, eine glückliche Verbindung von Natur und Kunst, die den Eindruck des Ernsten, urwüchsig Gewaltigen noch steigert. Dasselbe wiederholt sich in anderer Art noch einmal auf dem zweiten Absatz, der sich zwischen zwei Freitreppen bis zu drei weiten Rundbogenhallen dehnt, die auf scheinbar bis ans Kapitäl in die Erde versunkenen Säulen ruhen. Hier hindurch tritt man in einen viereckigen Hofraum von höchst überraschender und wunderbarer Erscheinung. Der gewachsene Fels tritt hier mitten aus der strengen Kunstordnung der gegliederten Bauteile in scheinbar regellosen Massen wieder hervor; an der Hinterwand aber in einer Nische gewinnt dieser selbe Fels doch wieder Form und gestaltetes Leben: Kaiser Friedrich Barbarossa löst sich halb aus der Mauer, wird aber doch eben nur halb lebendig; mittelst der Gleichheit des Materials, eines rötlichen Steins, und einer skizzenhaften Ausführung ist mit großem Glück der Ausdruck des Sagen- und Traumhaften erzielt: nicht zum vollen Leben in Fleisch und Blut kann dieser uralte Kaiser wieder erwachen, sondern nur zu halb wirklichem Dasein als schattenhafte, aber dennoch geformte Märchengestalt. Erhöht wird dieser Eindruck noch durch allerhand phantastische Ornamente, die das Bild umgeben. Wir erkennen nun, daß mit schlichter und augenfälliger Symbolik in den trümmerhaften Felsmassen die untergegangene Herrlichkeit der altstaufischen Kaisergröße uns vor die Sinne gestellt wird: nicht wortgenau ist der alte Barbarossatraum erfüllt, nicht das mittelalterlich römische Kaisertum ist zum Leben erwacht, sondern ein ganz neues, festeres und moderneres Reich, ein Reich im Geiste Bismarcks ist gegründet. Und so erscheint denn gerade über dem Barbarossabilde auf einer höheren Terrasse, in dunkler Bronze sich scharf und lebhaft von dem roten Stein abhebend, die kraftvoll wirkliche Reitergestalt Kaiser Wilhelms I., aus einer halbrunden Nische hervortretend.

Einen ausgezeichneten Hintergrund aber für dies vornehme Bild giebt nun die kolossale Masse des viereckigen Turmes, dessen feine Gliederung und die starke Verjüngung ihn indessen keineswegs plump und schwer, sondern einzig ernst und gediegen erscheinen lassen. Ein mächtiges, weit ausladendes Gesims bildet den wirkungsvollen architektonischen Abschluß, darüber sich denn ein runder Aufsatz in Gestalt der deutschen Kaiserkrone frei in die Lüfte erhebt und das herrliche Ganze prächtig und feierlich ausklingen läßt.

Der Meister des Barbarossabildes ist Nikolaus Geiger, der Kaiser Wilhelm ist von Emil Hundrieser gebildet; ihre Namen dürften, wie ihre Werke, an dieser Stätte wohl einer leidlichen Ewigkeit trotzen.

Auf die Höhe des Turmes führt eine um eine riesige Mittelsäule sich windende Treppe; oben erschließt sich eine Aussicht, welche die beiden großen Nachbargebirge, den Harz und den Thüringerwald, in weiter Ausdehnung zugleich umfaßt. Im Vordergrund sehen wir die beiden Städte Nordhausen und Sangerhausen und die zwischen ihnen sich hinstreckende Goldene Aue mit ihren zahlreichen Dörfern, noch näher das waldige Kyffhäusergebirge selbst mit seinen weichen Linien, von dem wieder die gegliederte Masse des Denkmals selbst und der beiden es umfassenden Ruinenkomplexe sich glänzend abhebt; besonders der trotzige Bergfried mit seinem zerklüfteten und doch machtvoll festen Mauerwerk kommt hier als anziehendes Gegenstück des neuen Prunkbaues kräftig zur Geltung.

Die Sehenswürdigkeiten des Kyffhäusergebirges sind nun freilich mit diesen Dingen keineswegs erschöpft; außer den schönen Buchenwäldern, deren zahlreich eingesprengte wundervolle Rieseneichen allein eine Wanderung lohnen, wäre da zu besuchen das Jagdschloß Rathsfeld, auf freien Waldwiesen anmutig gelegen, das Kirchthal bei Kelbra mit einer Aussichtsklippe, das hübsche Städtchen Frankenhausen mit seiner stattlichen Schloßruine, seinen kriegerischen Erinnerungen an die große Bauernschlacht und den Stolberger Thomas Münzer und mit seinem friedlichen Soolbade, vor allem aber die große Barbarossahöhle mit ihren weiten, saalähnlichen Gewölben, ihren klaren Wasserbecken und merkwürdigen Gipssteingebilden, deren eine die vollkommene Täuschung erzeugt, als trete man plötzlich in eine offene, wildschaurige Alpenlandschaft. Man könnte in der That auf den Gedanken kommen, daß in der Barbarossasage eine Ahnung von dem Vorhandensein dieser mächtigen Höhle wiederklinge: doch ist eine frühere Kenntnis derselben nicht wohl denkbar, da sie gar keinen natürlichen Zugang hat, sondern erst in jüngster Zeit beim Eintreiben eines Stollens in das Gestein von Bergleuten zufällig entdeckt wurde.

Doch all diese Lockmittel liegen schon südwärts nach der thüringischen Seite zu und können also unter keinem Vorwande mehr in dies Harzgebiet einbezogen werden. Wir wenden uns deshalb mit einem energischen Ruck wieder nach Norden und begeben uns hinüber zu dem zunächst östlich von Berga-Kelbra gelegenen Randorte Roßla. Diese dritte Residenz des Stolberger gefürsteten Grafengeschlechts begnügt sich bescheiden mit dem Range eines Dorfes, trotz seiner 2500 Einwohner — 500 mehr als die Stadt Stolberg aufweisen kann —, trägt aber trotzdem ein mehr städtisches Äußere zur Schau. Eine breite Hauptstraße ist mit altmodisch-modernen, teilweise beinahe eleganten Häusern besetzt, die alle einen gewissen beamtenernsten Zug im Gesicht tragen; die Residenz wittert man auf Schritt und Tritt, obgleich gerade das Schloß selbst, ein ansehnlicher und feiner neuer Bau, sich in Parkanlagen dem zudringlichen Fremdlingsauge beinahe verbirgt. Daß Roßla aber trotzdem nicht unfähig ist, Intelligenzen zu erzeugen, wird durch die Thatsache erwiesen, daß ein bedeutender Astronom und Kometenentdecker, von Biela, es nicht verschmäht hat, hier geboren zu werden.

Roßla wird neuerdings von Fremden sehr stark besucht, und seine Gastwirte machen vergnügte Gesichter: nicht um seiner selbst willen, denn es liegt reizlos genug an den niedrigen, flachen, ackergeknechteten Vorbergen des Harzes, sondern eben als Einfallspforte nach dem Kyffhäuser. Doch auch ein anderer Abstecher wird von hier aus gern gemacht, wenn auch

Das Kyffhäuser-Denkmal.

nicht in so schwungvollem Massenbetriebe: nämlich nach dem kleinen, nordöstlich im Gebirge gelegenen Dorfe Questenberg, das man in etwa anderthalb Stunden erwandert; wem an der Residenz Roßla nichts gelegen ist, der hat es noch näher von der nächsten Station Bennungen. Von hier marschiert man ein halb Stündchen sanft aufwärts durch gleichgültiges Gelände, tritt aber hinter dem taubenzüchtenden Dorf Wickerode überrascht in ein enges, romantisches Thal, von so jäh abstürzenden Gipsfelsen eingefaßt, daß man es wohl unter dem Eindruck dieser Überraschung ein Bodethal im kleinen zu nennen geneigt sein möchte, obgleich die Felsen bei näherer Betrachtung nicht eben sehr hoch sind. Den Höhepunkt solcher Romantik erreicht das Thal bei dem Dorfe Questenberg selbst; hier drängen sich die Gipswände besonders stark vor, tiefe Waldschluchten schieben sich dazwischen und lassen das weißliche Gestein noch kraftvoller hervortreten.

Westlich vom Dorfe steigt der steilste dieser Berge, die Queste, empor, ihm gegenüber der Arnstein und, von diesem durch ein Querthal getrennt, mehr nördlich der bewaldete Burgberg mit seinen bedeutenden Ruinen. Den besten Blick auf Dorf und Gegend gewinnt man von der Queste, die man vom untern Dorf aus durch eine bewaldete Schlucht, die Steile umgehend, in zehn Minuten erreicht. Fast gerade unter den Füßen liegen da die Häuser mit der Kirche in die Felsenge geschmiegt.

Zugleich aber zieht auf der kahlen Kuppe selbst eine absonderliche Veranstaltung die Augen auf sich: der Questenbaum, der für die Einwohner des Ortes und der ganzen Umgebung von hoher festlicher Bedeutung ist. Ein starker, entrindeter Eichenstamm von etwa 12 m Höhe, mit weit vorstehenden Aststümpfen, ist in den Felsboden gerammt, ein Querbaum zu Kreuzform wagerecht daran befestigt, von dessen Enden lange Büschen von Birkenzweigen herabhängen. Die Mitte des Kreuzes aber schmückt ein mächtiger Birkenkranz von 3 m Durchmesser.

Mit diesem Questenbaum hat es nun folgende Bewandtnis: alljährlich am dritten Pfingsttage wird seine Schmückung von den Questenbergern mit feierlichem Aufzuge bei Musik vorgenommen, woran sich dann ein großer Tanz mit freiem „Questenbier“ schließt, wozu die Umwohner in Scharen zusammenströmen. Besonders festlich gestaltet sich der Zug, wenn ein neuer Baum aufgerichtet wird; das geschah früher alljährlich, dann alle zwei Jahre, jetzt nur noch dann, wenn der alte nicht mehr brauchbar befunden wird; das Holz hat die Stolberg-Roßlaer Forstverwaltung zu liefern. Dann wird der alte Stamm in frühester Morgenstunde herausgehoben, ein Feuer angezündet und das alte Laubwerk verbrannt; den Sonnenaufgang begrüßen die Männer mit ernstem Choralgesang. Nach einem besonderen Questenfestgottesdienste zieht die Mannschaft mit Fahnen wieder auf den Berg, wo nun der neue Baum aufgerichtet und mit neuem Birkenlaub geschmückt wird.

Der Ursprung dieses eigentümlichen Festbrauches wird mit großer Wahrscheinlichkeit — nach einer geistvollen Untersuchung von Karl Meyer in Nordhausen — in altheidnischem Kultus gesucht: es war das alte deutsche Maifest zu Ehren der Hochzeit des Sonnengottes mit der Erdgöttin; der große, runde Kranz ist einst ein Sinnbild der Sonne gewesen. Die christliche Kirche hat dann den alten Gebrauch nicht ausgerottet, sondern in ihrem eigenen Sinne umgedeutet: die Maifeier wurde an das Pfingstfest angelehnt.

Bedeutsam unterstützt wird diese Annahme vorchristlichen Ursprungs durch das Auffinden sicherer Spuren prähistorischer Wallburgen, die auf eine Kultstätte deuten, nicht nur auf dem Questenberge selbst, sondern auch auf dem gegenüberliegenden Arnsberg und dem nahen Klauskopfe. Wir werden uns dabei erinnern, daß wir solche Kultstätten immer nur nahe dem Gebirgsrande finden, nicht aber in dem damals unzugänglichen Innern des Harzes und auf seinen höheren Bergen. — Der herzupilgernde Fremdling aber wird nun mit einiger Ehrfurcht sein Questenbier trinken, indem es ihn an jene Taciteischen Gelage unserer Uraltvordern gemahnt, von denen der spät nachgeborene, aber in Werk und Wort verständnisreiche Dichter singt: sie tranken immer noch eins.

Das spätere Volk, solcher Entstehung seines Festes und dessen hohen Sinnes nicht mehr kundig, hat sich dann nach einer neuen Deutung umgethan und erzählt, daß des

Burgherrn Knuth auf Questenberg Töchterlein Jutta sich am zweiten Pfingsttage 1300 beim Blumensuchen verirrt habe und erst durch die Mühwaltung der gesamten Einwohnerschaft der umliegenden Ortschaften im Walde bei einem Köhler wieder aufgefunden und dem verängstigten Vater zugeführt worden sei, der dann aus Dankbarkeit das Questenfest zu ewiger Erinnerung gestiftet habe. Ob etwa in dem verlorenen und wieder auftauchenden Kinde eine leise Erinnerung an das Verschwinden der Sonne und des Lebens der Erdgöttin im Winter und ihr Wiedererscheinen im Frühling nachklingt, muß dahingestellt bleiben; möglich ist's ja, daß ein wirkliches Ereignis sich mit solchem Erinnern verknüpft habe. — Das Wort Queste ist noch unerklärt, schwerlich aber hat es etwas mit einer Quaste oder Büschel zu thun, wie solche von dem Eichenstamme herabhängen, obzwar die Volksetymologie es so auslegt. „Sieh, Vater, welch eine schöne Queste ich dir mitgebracht habe," sagt die wiedergefundene Jutta, die einen Stab mit einem Blumenkranze und zwei Quasten an den Enden trägt.

Auch sonst besitzt unser Dörfchen etliche Kuriositäten, davon nur der unter der Dorflinde neben der Kirche stehende hölzerne Roland erwähnt sei, der auf eine ehemalige Gerichtsstätte schließen läßt; sein Aussehen ist ungefähr das eines Nußknackers für Kokusnüsse, wenn er auch das Maul noch schämig geschlossen hält. Etliche andere Sagen knüpfen sich ebenfalls an Questenberg, insbesondere an die Burg und die in ihr lagernden Schätze, doch sind es zumeist nur Lokalisierungen von Märchen, die allerorts in Deutschland umherwandern.

Die Burg, die auf hohem, nach drei Seiten isoliertem Berge dicht über dem Dorfe liegt, ist schon im Jahre 1270 von den Grafen von Beichlingen-Rothenburg erbaut, die sie später an die benachbarten Grafen von Hohnstein abtraten. Nach allerlei weiterem Wechsel, namentlich durch Verpfändung und Wiedereinlösung, die solche unglückliche Burgen damals so oft über sich ergehen lassen mußten wie heute die Uhren durstiger Studenten, kam sie 1465 in die Hände der Stolberge, denen sie bis an ihr Ende verblieben ist. Dies Ende der Burg trat verhältnismäßig spät ein; noch 1633 wurde von einem schwedischen General eine Kompagnie Soldaten hineingelegt, um von hier aus dem Treiben der Harzschützen zu steuern. Bald darauf wurde sie verlassen und fing an zu verfallen; nur noch die Umwohner suchten bei Annäherung von Feinden ihre Zuflucht auf der festen Höhe, was noch im Siebenjährigen Kriege der Fall gewesen zu sein scheint. Noch im Anfang dieses, will sagen des 19. Jahrhunderts, waren etliche Räume wenigstens so weit im Stande, daß es sich Diebsvolk darin bequem machen konnte; da ließ der Graf Stolberg-Roßla die Reste so zurichten, daß sie selbst solchen bescheidenen Leutchen kein Obdach mehr bieten konnten.

So ist denn heute nichts übrig als zerbröckelnde Mauerreste, diese immerhin von beträchtlichem Umfang; sie bieten nunmehr, von reicher und schöner Vegetation durchwuchert, im Verein mit der hübschen Aussicht thalauf und thalab dem malerisch oder poetisch gestimmten Reisenden eine erquickliche und stimmungsvolle Augenweide.

Von Questenberg führen verschiedene Straßen thalaufwärts weiter ins Gebirge hinein; da sie aber meist zunächst nicht sehr reizvoll sind, so kehren wir zur Bahn zurück und fahren einige Stationen ostwärts nach der Stadt Sangerhausen (217 m), die sich im Eisenbahnverkehr einen geachteten Namen erworben hat und mit ihren 12000 Einwohnern schon unter den Harzgroßstädten rangiert, nächst Nordhausen die bedeutendste im Südharz. Es ist eine sehr ordentliche, wohlgehaltene, freundliche, aber freilich auch etwas nüchterne Stadt, durchaus modernen Ansehens, in der sich einige in Gedanken stehengebliebene schöne Renaissancegebäude nicht mehr so recht heimisch fühlen. Höchst sehenswert ist unter diesen das jetzige Amtsgericht, 1586 erbaut, besonders ausgezeichnet durch einen reichen, prächtigen Eckerker (s. S. 342); auch der Hof ist interessant durch einen Turm und einen Erkerbau. Sonst sind hie und da schöne Portale zu finden. Aus noch viel ferneren Zeiten, dem 11. Jahrhundert, stammt die romanische Ulrichskirche, die sich mit ihrem großen Mittelturm über der Vierung und ihren fünf Apsiden wohl sehen lassen kann. Sangerhausen wird zum erstenmal im Jahre 899 erwähnt, ist also in der glänzenden Lage, gerade jetzt, 1899, seinen tausendsten Geburtstag zu feiern. Landschaftlich macht sie kaum noch den Eindruck einer Harzstadt, obgleich sie geographisch sich sehr wohl so nennen darf; sie lehnt sich an beackerte, ganz niedrige Vorhöhen, von denen man aber immerhin einen Blick auf den Kyffhäuser hat, der sich bedeutend genug ausnimmt.

Bald zieht es uns doch wieder aufwärts ins Gebirge, und wir folgen der Straße nach Norden, die uns in einer Stunde ohne sonderliche ästhetische Aufregung durch ein breites Thal nach Grillenberg führt, wo wir von der nahen Burgruine einen prächtigen Ausblick über Sangerhausen hinweg auf den Kyffhäuser und benachbarte Höhenzüge genießen.

Jetzt geht es in den Wald, erst noch ein wenig aufwärts, dann in anderthalb Stunden hinab nach Wippra, dem Hauptort des Wipperthals. Die Wipper, die dritte im Bunde der großen, nach Osten abfließenden Gewässer des Unterharzes, ist an Lauflänge im Gebirge der Selke ungefähr gleich; draußen treibt sie sich noch eine Weile mehr nördlich gerichtet umher, bis sie kurz vor Bernburg der Saale zuströmt. Wie die Bode entsteht sie aus zwei Quellbächen, denen sich nachher ebenso ein dritter, annähernd gleichwertiger zugesellt, die Schmale Wipper, der Rappbode entsprechend; wenig unterhalb dieses Zusammenflusses liegt der Flecken Wippra. Der allgemeine landschaftliche Charakter ist dem der Selke von Mägdesprung abwärts sehr ähnlich, nur noch ein wenig sanfter, stiller, bescheidener, die breiten Waldwiesen von noch niedrigeren Waldhügeln umrahmt. Vor der Selke muß sie weit zurückstehen, wenn man an die Glanzpartie unterhalb Alexisbad denkt; dagegen hat sie den großen Vorzug, daß sie auch in ihrem Oberlauf schön, ja, hier besonders schön ist; vornehmlich das Thal der Schmalen Wipper ist ganz reizend und von einer traulichen Einsamkeit, die nicht zu übertreffen ist; hier ist die Sonnenseite mit Laubwald, die andere mit dunkeln Fichten bekleidet; das giebt einen schön belebenden Kontrast; sogar einige Felswände, wenn auch von mäßiger Höhe, finden sich ein, wohl die einzigen des Wipperthals. Wen Sonntags das Menschengewühl und Pistolenknallen aus dem Bodethale vertreibt, der möge hierher flüchten; es hat für Landschaften wie für Frauen sehr seine Vorzüge, nicht allzugroßartig und nicht allzuberühmt zu sein.

Eckerker am Amtsgericht in Sangerhausen.

Der Flecken Wippra selbst, ungefähr in der Mitte des Gebirgslaufes der Wipper gelegen, hat auch viel von diesem Vorzuge; er hält mit seinen 1200 Einwohnern, mit seinen sauber geweißten, anheimelnden Häuschen eine liebenswürdige Mitte zwischen Dorf und Stadt und dient als Sommerfrische guten alten Stils ohne Villen, Schweizerhäuser und Harzandenkenbuden, aber mit trefflicher Verpflegung und milder Behandlung im „Deutschen Hause". Der Ort fügt sich harmonisch und reizvoll belebend in die freundliche Landschaft, die eine gediegene Mischung zeigt von verständigem Feldbau und lieblicher Waldfrische. In der nächsten Umgebung überwiegt die Fichte, merkwürdigerweise, die auch das obere Hauptthal beherrscht, weiterhin aber tritt mehr die Buche, der eigentliche Waldbaum des Unterharzes, in ihr Recht.

Dicht oberhalb Wippra mündet südlich ein Seitenthal; die Hassel, ein ganz schmales Bächlein, strömt aus einem flachen Wiesengrunde, der schon von weitem eine starke Lockung übt. Und diese täuscht nicht: der Grund verengt sich, ohne daß die schöne Mittelwiese verschwände, und führt, mäßig ansteigend, tiefer und tiefer in den herrlichsten Buchenhochwald, dessen kühle Hallen uns bis auf den langen Querrücken begleiten, der die Wasserscheide zwischen dem Wipper- und dem Helmegebiet bildet. Auf ebenso reizendem Waldpfade im engen Bachthal geht es wieder hinab bis zu dem Dorfe Morungen, einem in den entzückendsten Waldwinkel geschmiegten Dörfchen, dessen bescheidene, saubere Häuser von einem prächtigen, modernen Schlosse überragt werden. In der Nähe sind zwei Burgruinen mit hübschen Aussichten, und sie wecken eine besondere Erinnerung: ein echter Minnesänger der Hohenstaufenzeit, und zwar einer der älteren und besten, Heinrich von Morungen, von dem uns 36 Lieder überliefert sind, leitet den Ursprung seines Geschlechts („ohne Zweifel“ nach Lachmann) von diesem abgelegenen Harzdörfchen her, das uns aber würdig genug erscheint, einen rechten Dichter erzeugt zu haben. Wunderhübsche Waldthäler eröffnen in der Gegend eine Fülle verschwiegener Schönheit der lieblichsten Art; dies Morungen kann man wahrhaft in sein Herz schließen. — Die Entfernung von Wippra beträgt anderthalb Stunden.

In entgegengesetzter Richtung, nach Nordosten, wandern wir nun das Wipperthal abwärts und erreichen nach einer Stunde dessen Glanzstelle, die Strecke an der Rammelburg. Hier springt ein einzelner steiler Waldberg einem einmündenden Nebenbache entgegen weit in das Hauptthal vor und zwingt die Wipper zu einer scharfen Windung, wie sie sonst diesem ehrbaren Gewässer nicht, wie der Bode und Selke, eigen sind, sodaß sie den Vorsprung von drei Seiten umströmt. Auf dieser hohen Halbinsel liegt das prächtige Schloß Rammelburg, das, dem 13. Jahrhundert entstammend, sich in der Hauptsache bis auf unsere Tage erhalten hat. Erst vor wenigen Jahren hat ein großer Brand einen Teil des Schlosses zur Ruine gemacht, damit jedoch den Reiz des Ganzen eher steigernd als mindernd. Man sieht es den ausgebrannten Räumen kaum an, daß sie noch auf kein ehrwürdiges Alter ihrer Ruinenwürde zurückblicken. Zwei mächtige Giebel ragen neben den Türmen weithin kenntlich in die Luft; besonders von der Wippraer Seite her stellt sich das Schloß über den prachtvollen Laubwaldungen wahrhaft großartig dar; aber auch nach Osten hin bleibt es wohl eine Stunde lang in aller Schönheit sichtbar.

Das Schloß ist bewohnt als Herrenhaus eines stattlichen Gutshofes; reizende Gartenanlagen, so mitten im freien Walde auf ragender Höhe besonders anmutend, bezeugen das Fortwirken ordnender Menschenhand. Der Ausblick von diesen Waldgärten in die Tiefe ist namentlich thalabwärts außerordentlich schön; in gefälligster Schiebung bauen sich die buchenbestandenen, milden Höhen zu beiden Seiten des weichen Wiesengrundes auf und leiten den befriedigten Blick doch leise hinaus in eine verheißungsvolle Ferne. Nichts Schroffes und Herbes mischt sich in dies Bild, keine scharfe Linie auch nur eines derberen Steinblocks, und doch ist es nicht weichlich, der feste Gebirgscharakter steigert doch die Idylle zu einiger Größe.

Wir mögen hier gern uns erinnern lassen, daß vor etwas mehr als hundert Jahren auf diesem Schlosse als Sohn des damals auf dem Gute schaltenden Justizamtmanns der bedeutende Forstmann Pfeil geboren ist, dessen Denkmal wir im Bodegebiet gefunden haben. Man darf wohl sagen, daß er, den man einen „Erzieher des deutschen Waldes“ genannt hat, hier die Liebe zum Walde mit der Muttermilch eingesogen habe.

Nicht zwar hier geboren, aber in der kleinen Schloßkapelle getraut, ist gegen hundert Jahre früher ein anderer, noch weiter bekannter Mann, der das berühmte Hallesche Waisenhaus als ein „Siegesdenkmal des Gottvertrauens und der Menschenliebe“ gegründet hat,

August Hermann Francke. Eine stille Hochzeitfeier in dieser Waldeinsamkeit, wie wohl steht einem solchen Manne das an. Und ein Zeitgenosse und naher Geistesverwandter, Gottfried Arnold, hat kurz zuvor in eben diesen Mauern ein seinerzeit vielgepriesenes und vielverketzertes Buch geschrieben, die „Unparteiische Kirchen- und Ketzerhistorie", in der er mit ebensoviel Freimut als herzlicher Frömmigkeit die verfolgten und unterdrückten Sekten gegen die damalige unduldsame Orthodoxie zu verteidigen unternahm. — Man sieht, das Schloß Rammelburg hat auch wie der Falkenstein im Selkethale sein Stücklein nicht unrühmlicher Kulturgeschichte.

An dieser Stelle tritt ein anderes, kürzeres Flüßchen, die Eine, die mit ihren Nebenbächen zwischen Selke und Wipper in ungefähr gleicher Richtung dem Harzrande zufließt, so nahe an die letztere heran, daß die beiden Gewässer wenig über einen Kilometer voneinander entfernt bleiben und es fast den Anschein gewinnt, als wollte die Eine schon hier ihre Selbständigkeit an die Wipper verlieren; noch verhütet sie dies glücklich durch eine neckische Umbiegung nach Norden und wahrt ihre Freiheit bis hinter Aschersleben draußen im Hügelland. Wir benutzen diese Annäherung zu einem Abstecher in dieses Nachbarthal, durchwandern abwärts in anderthalb Stunden dessen schönsten Teil bis zu dem Dorfe Stangerode, das noch sehr hübsch und gebirgsmäßig gelegen ist; dann aber verwandelt die Landschaft ihren Charakter, der rechte Harz hat hier schon ein Ende, die den Bachlauf zwar immer noch begleitenden Höhen fallen gemächlicher ab, sind mit Feldern bedeckt und entäußern sich mehr und mehr der romantischen Reize. Man verliert sich hier allmählich aus dem Gebirge, ohne daß man die Stelle angeben könnte, wo es wirklich zu Ende ist. Auch ist der Harzrand von hier an nicht mehr, wie noch beim Selkeaustritt, nach Norden, sondern nach Osten gerichtet.

Nur einmal noch, eine Stunde unterhalb, bei dem Dorfe und Gutshof Harkerode, flackert die Romantik in besonderer Art doch wieder auf: hier liegt weit sichtbar auf kahler Anhöhe die bedeutende Ruine Arnstein — einst die Lehnsherrin der Rammelburg —, deren gewaltiges und zwar verödetes, aber noch stramm stehendes Hochschloß mit dem riesigen Rundturme unter den verfallenden Harzschlössern eine der ersten Stellen einnimmt. Ausgedehnte Kellergewölbe stützen den großartigen Bau, und nicht wenige andere, weit stärker zerstörte Trümmer bezeugen die bedeutende Ausdehnung des Ganzen. Ein wohlerhaltenes Relief mit Inschrift berichtet, daß wir die vorhandenen Reste wesentlich der nach dem Bauernkriege unternommenen umfassenden Wiederherstellung des Grafen Hoyer von Mansfeld verdanken, dessen Geschlecht die im 12. Jahrhundert erbaute und von verschiedenen Familien — so den Falkensteinern — vorher besessene Burg käuflich erworben hatte. Im 17. Jahrhundert wurde sie verlassen und verfiel ohne gewaltsame Zerstörung. Wie das leere Mauerwerk von Dohlen und Raubvögeln durchflattert wird, so umziehen dunkle Sagen seine Geschichte. Eine grausame Burgfrau Ursula, die ihre Unterthanen bitterlich mit unentgeltlichem Spinnen gequält, muß zur Strafe in einer finsteren Ecke der Burg einen

Geburtshaus Bürger's in Molmerswende.

nie ablaufenden Faden spinnen; erst wenn diese einmal wieder aufgebaut wird, kann sie erlöst werden; und an einen ebenso grausamen Burgherrn, der einen Knappen um dessen Liebe zu seiner Tochter willen freventlich erstochen hat, erinnert der Blutstein, von dem kein Regen den alten Blutfleck abwaschen kann. — Es scheint, die Volkssagen bewahren den edlen Geschlechtern meist kein sehr liebevolles Gedächtnis.

Zwei Stunden weiter liegt an der Eine, schon völlig außerhalb des Harzes, die gewerbfleißige, wohlhabende und mit vielen Fabrikschornsteinen gesegnete Stadt Aschersleben mit 24000 Einwohnern; sie ist entschlossen modern, von anständigster Lebenshaltung; an alte Zeiten erinnert nur die gotische Stephanikirche, ein schönes Renaissance-Rathaus

Gottfried August Bürger.

und die nahe Ruine der Askanierburg, die schon 1140 zerstört worden ist bis auf einen geringen Turmrest und nur noch durch den Namen an ihr berühmtes Herrengeschlecht erinnert. Von einem nahen Aussichtsturm hat man einen ungemein weiten, doch bei der Nüchternheit des Vordergrundes und der Entfernung des höheren Gebirges nicht ebenso malerischen Harzblick.

Wir kehren nach Stangerode zurück und wandern nunmehr, uns hier rechts wendend, das Nebenthal der Leine hinauf, eines der lieblichsten Thäler des unterharzischen Waldwiesencharakters, einem anmutvollen, stillen Parke gleichend, wo doch alles reine Natur ist. Es ist ganz unbewohnt, wenn man nicht Rehe als Bevölkerung rechnen will, mit Ausnahme der anderthalb Stunden oberhalb gelegenen Leinemühle, deren einfaches, behagliches Gasthaus uns zur Rast an dieser entzückenden Stelle auffordert, eine der zartesten Idyllen, die man sich denken kann. Freilich nur Wald und Wiese, und Rehe darauf, und ganz mäßige Höhen, weiter nichts.

Nördlich von hier gelangt man in einer guten Stunde, über das stattliche Dorf Pansfelde hinüber, ins Selkethal in der Gegend des Falkensteins oder mehr westlich etwas weiter zur Selkemühle. Südlich steigt man auf sehr schönem Waldwege in einer halben Stunde zu der kahlen Hochfläche empor, auf der das Dorf Molmerswende liegt, die bescheidene Geburtsstätte des belobten und bescholtenen Dichters Gottfried August Bürger. Seine Lage zeigt keinerlei Eigenschaften, die der Entwickelung einer Dichterphantasie günstig scheinen könnten: ja, es dürften im ganzen Harzgebiet nicht viele Dörfer aufzufinden sein, die von der Größe oder Lieblichkeit der Gebirgsnatur so wenig ahnen lassen. Molmerswende liegt einfach zwischen Korn- und Kartoffelfeldern in einer baumlosen Ebene, der niemand ansehen kann, ob sie sich viel oder wenig über den Meeresspiegel erhebt; kein Kennzeichen könnte uns hindern, uns etwa in die belobte Provinz Posen versetzt zu glauben. Dazu ist das Dörfchen selbst arm und klein, die Kirche ein geradezu schäbiger Fachwerkbau; das hart daneben stehende Pfarrhaus (s. Abb. S. 344), darin Bürger seine ersten zwölf Jahre verlebt hat — jetzt durch den litterarischen Verein zu Sangerhausen mit einer Gedenktafel versehen — ermangelt nicht einer stillen Behaglichkeit, recht nüchtern ist's aber auch, ebenso wie das anschließende Gärtchen, und so recht verlockend kann's für die Muse nicht gewesen sein, hier an einer Wiege ihre Visitenkarte abzugeben, wie sie das doch in der Sylvesternacht 1747 auf 1748 nachweislich gethan hat.

AUFNAHME VON J. SPÖRL, EISLEBEN.

Schmelzofen.

Trotz solcher dürftigen Natur seines Heimatsortes selbst aber ist Bürger in landschaftlichen Jugendeindrücken keineswegs zu kurz gekommen, hatte er doch in allernächster Nähe die beiden reizenden Thäler der Eine und der Leine — reimen lernte er da auch gleich — und dann weiter in Wandernähe die Selke und Bode; ja, der Gegensatz zwischen der Nüchternheit daheim und der reichen Anmut draußen in so geringer Ferne mag auf sein später so starkes Naturgefühl frühzeitig besonders lebhaft eingewirkt haben.

In dem nahen Pansfelde jenseits der Leine hat man Gelegenheit, den Wurzelfasern einer einst berühmten, jetzt wohl etwas verblaßten Bürgerschen Ballade „Die Pfarrerstochter von Taubenhain“ nachzugraben mit ihren damals so beliebten Schauern von Kindesmord und umliegenden Lastern. Er wird auch den Unkenteich und die unheimliche Laube noch ausspüren können, wird aber auch feststellen müssen, daß diesen Lokalen an sich sehr wenig Schauerromantisches innewohnt, sondern daß der Dichter mit der diesem Stande eigenen Unwahrhaftigkeit der ehrlichen Realität der Dinge allerlei Flitterkram angehängt hat. Und wenn es richtig ist, was litterarische Stoffgräber erforscht haben, daß einer Jugendgespielin Bürgers, deren Vater zu Pansfelde das Pfarramt versah, später vermittelst eines Grafen von der Asseburg, auf dem Falkenstein wohnhaft, eine Unannehmlichkeit passiert ist, so hat er auch diese traurige Begebenheit auf seine Manier abenteuerlich aufgebauscht, denn jene junge Dame hat sich mit dem groben Unfug des Kindesmords niemals befaßt. Ob für das Verständnis und den Genuß des Gedichtes durch solche Wissenschaft etwas gewonnen wird, ist wohl recht zweifelhaft.

Von Molmerswende kommen wir in etwa anderthalb Stunden, den Kreis schließend, zur Rammelburg zurück und können nunmehr der Wipper weiter abwärts folgen. Der schöne Rückblick auf das Schloß ist schon erwähnt worden; allmählich aber lösen sich nun doch die geschlossenen Waldmassen, Felder schieben sich ein, die Thalränder werden immer niedriger und sanfter, demgemäß auch immer stärker bebaut. Doch liegen die Dörfer Biesenrode und Vatterode — dies zwei Stunden von Rammelburg — noch immer ganz anheimelnd: bald dahinter jedoch kommt man in eine Gegend, die man versucht ist, wahrhaft scheußlich zu nennen. Es ist, als wollte das alte, romantische Land des Harzes sich von der realistischen Welt da draußen durch eine dicke Schicht von Qualm und Dreck absondern und durch ungeheure grauliche Schlackenhalden sich gegen sie panzern. Statt der freundlichen Hügel, die bisher uns begleiteten, tritt uns eine ganz neue Art von Bergen schärfer und aufdringlicher vors Auge: schroff aufsteigend, hart, mathematisch gekantet, formlos, farblos, abschreckend — und doch nicht ganz ohne Größe. Ja, in der Dämmerung, oder wenn Herbstnebel das Thal durchziehen, kann diese fremdartige Landschaft ein wahrhaft phantastisches, nahezu dämonisches Gesicht zeigen. Diese schwarzen, jähen Schlackenbergwände, überragt von kolossalen Schornsteinen, in Massen aufgereiht, umgeben von seltsamen Maschinen und Geräten: dazu das unverwüstlich fortklappernde Hämmern und Rasseln von allen Seiten und Enden, der überall auflodernde und hindurchquellende Feuerschein, bald hoch in den Lüften als heiß beschienene, funkendurchstobene Rauchwolken, bald tief unten als grell gleißende Fenster, die Glut offener Hochöfen und die stürzenden roten Schlangen ausgeschütteter glühender Schlacke, einem Lavagusse gleichend, — es ist eine andere Welt, von Menschenhänden geschaffen, aber schon teilweise fast wieder zur Natur zurückkehrend, weil an der Gestaltung dieses Schlackengebirges schon Jahrhunderte arbeiten: eine Welt der Arbeit, die man staunend, ja gepackt und ergriffen bewundern muß, aus deren Qualm, Gerassel und grauem Gestaltenwust man sich aber doch bald genug mit Nase, Auge, Ohr und mehr noch der Seele zurücksehnt in den grünen Frieden und die erquickende Bergluft des hohen Harzwaldes.

Eine reichliche Wegstunde zwischen den Städten Leimbach und Hettstedt behält die Gegend dieses herbe Gepräge; nur einmal thut sich, ein wenig zur Rechten, ein verlorenes Stücklein neuer Romantik auf, eine stille Ruine auf bewaldeter Höhe, die alte Burg Örner, in dieser Umgebung geradezu unmotiviert und unzugehörig erscheinend. In Hettstedt genießen wir den Triumph, den östlichsten Harzort erreicht zu haben — so sehr auch hier die Grenzen zwischen Gebirge und Hügelland verschwimmen —; da aber das dürftige Nest sonst ganz und gar nichts Anziehendes hat, so begeben wir uns von Leimbach lieber nach dem viel näheren Mansfeld, mit dem es fast zu einem Orte zusammenwächst.

Dieses Städtchen, das uns schon durch den berühmten Klang seines Namens lockt, 2800 Einwohner ernährend, steigt in seinen alten Teilen zwischen zwei Thälern einen Berg hinauf und erlangt durch diese Lage ein interessanteres Ansehen, das seinen kümmerlichen Häusern trotz ihres würdigen Alters sonst kaum eigen sein würde. Auch an Sehenswürdigkeiten sind wenige vorhanden außer einigen Schnitzereien und Grabmälern und einem stark mitgenommenen Bildnis Luthers in der Kirche. Was aber dem Orte unsere lebhafteste Teilnahme sichert, das ist die Erinnerung, daß Martin Luther hier seine Kinderjahre verbracht hat. Daß er nicht hier, sondern zwei Stunden weiter ins Land zu Eisleben geboren wurde, war schließlich ein Zufall ebenso wie der Umstand, daß er dort starb: die ersten Eindrücke der Kindheit mit ihrer mächtig bildenden Wir-

Luthers Geburtshaus in Eisleben.

kung auf die junge Seele hat ihm Mansfeld gegeben; und es ist gewiß nicht gleichgültig, daß er so an der Grenze zweier Welten aufwuchs, daß er hier das freie Gebirge vor Augen hatte mit Waldfrische und Wiesenduft und dort das Gebiet der strengen, zähen, unerbittlichen Arbeit; vielleicht daß die so eigene Mischung von harter, zornmütiger Strenge mit sprudelnder Heiterkeit und auch die des zäh wühlenden Fleißes mit frei genialer Schwungkraft in der Seele des gewaltigen Menschen doch auch ein wenig diesen frühen Eindrücken seiner Augen zuzuschreiben ist. Nicht ohne Bedeutung ist doch auch, daß er hier den Bauern kennen lernte, ebenso wie den Bergmann und den Hüttenarbeiter, und daß ihm das die Stadt überragende Grafenschloß nicht minder einen Blick in das Leben der Vornehmen thun ließ. Er mußte sein Volk früh in seinen typischen Ständen kennen lernen, um der zu werden, von dem der Katholik Döllinger sagte: „Es hat nie einen Deutschen gegeben, der sein Volk so intuitiv verstanden hätte und wiederum von der Nation so ganz erfaßt, ich möchte sagen, eingesogen worden wäre, wie dieser Augustinermönch zu Wittenberg. Sinn und Geist der Deutschen waren in seiner Hand wie die Leier in der Hand des Künstlers."

Luther-Kanzel in der Andreaskirche zu Eisleben.

Von dem Hause, das seine Eltern bewohnten und besaßen, und in dem er aufwuchs, ist leider wenig mehr vorhanden: ein kleiner Anbau und ein alter Thürbogen auf dem Hofe mit der Inschrift J. L. 1530 ist alles, was aus alter Zeit geblieben ist.

Nicht sehr viel gnädiger als mit der bescheidenen Hütte des Bergmanns ist die Zeit mit dem stolzen Schlosse seiner Grafen verfahren. Die um 65 m die Stadt überragende Feste entstammt ihrer ersten Anlage nach schon dem 11. Jahrhundert, erfuhr aber erst zu Luthers Zeit durch Hinzufügung eines dritten Hauptschlosses zu den beiden vorhandenen ihre höchste bauliche Entwicklung; die drei Teile hießen Vorder-, Nieder- und Hinterort. Der Bau war nicht nur ungewöhnlich umfangreich und prächtig, sondern auch so stark, daß er noch im Dreißigjährigen Kriege eine erhebliche Rolle spielte und schließlich gerade um seiner Festigkeit willen, die ewig erneute Kriegsleiden in die Gegend zogen, von dem eigenen Landesherrn zerstört wurde, und zwar durch Sprengung mit Pulver, die von dreißig Bergleuten ausgeführt wurde.

So ist denn außer der gotischen Schloßkirche, an die sich ein neuerdings erbautes und mit Gartenanlagen umgebenes Herrenhaus anlehnt, und einem großen Treppenturm jetzt nur ein ausgedehntes Trümmerfeld übrig, das, von reicher Vegetation durchwuchert, im ganzen und in vielen Einzelheiten allerdings von höchst malerischer Wirkung und eindrucksvoll schon durch die Masse des Zerstörten ist.

Es wird erzählt, daß Luther einst bei einem Besuche auf dem Schlosse an der dort herrschenden Üppigkeit Anstoß genommen und ausgerufen habe: „Ich will es euch sagen, wie es hier einst sein wird: Dornen und Disteln werden wachsen an der Stätte, wo jetzt Bäche des Rebensaftes fließen." Fast noch lutherischer im Ausdruck klingt eine andere

Version, wonach er gesagt habe, da ihm im Übermut vergossener Wein entgegenfloß: „Die Herren düngen gut; es wird brav Gras danach wachsen.“

Wir sind am Ende unserer Wanderung; der Harz ist in seinen wesentlichen und interessantesten Teilen durchmessen; aber noch einen Ausflug werden wir uns nicht versagen können nach einer Stadt, die dem Gebirgsrande nicht ferner liegt als Quedlinburg oder Nordhausen, und an die wir soeben durch Luther nachdrücklich erinnert worden sind: dessen Geburtsort Eisleben. Wir werden uns freilich, wie bei jenen Städten, mit einem flüchtigeren Rundgange begnügen müssen. Wir kommen dorthin von Mansfeld mit der Post in zwei Stunden oder mit der Eisenbahn über Riestedt, der meist schlechten Anschlüsse wegen auch nicht so sehr viel schneller, von Sangerhausen jedoch in einer halben Stunde. Der Bahnhof von Eisleben liegt hoch über der Stadt und bietet eine vortreffliche Übersicht über diese, die sich im Thale hindehnt und nach beiden Seiten zur Höhe emporsteigt. Auf der andern Thalseite bietet die Kirche Sancta Anna einen ähnlichen Umblick, nicht ohne Reiz und Bedeutung. Die Gegend umher ist freilich wenig anmutend, man sieht ringsum nichts als kahle, flache Höhen, mit Schornsteinen und wieder Schornsteinen besetzt; hier ist eben alles Bergwerk und Hütte.

Die Stadt selbst, von 23000 Menschen bewohnt, zeigt architektonisch kein altertümliches Antlitz im Sinne von Goslar oder Stolberg, aber auch kein modernes; sie erscheint in der Hauptsache als eine Stadt des 18. Jahrhunderts, wie denn in der That verschiedene große Brände mit den Häusern des 17. sehr gründlich aufgeräumt haben. Einige ältere Gebäude sind ja vorhanden, doch ziemlich vereinzelt. Der Marktplatz würde mit Einschluß selbst des gotischen Rathauses in den Einzelheiten ziemlich nüchtern wirken, der Aufbau aber ist vermöge der leichten Hebung des Bodens und besonders durch die im Hintergrunde stolz aufragende Andreaskirche so prächtig, daß dies Ganze doch ein höchst malerisches Stadtbild abgiebt.

Die Mitte des Platzes ziert, sehr günstig vor diesen Hintergrund gestellt, das von Siemering geschaffene, am 400. Geburtstage Luthers enthüllte Bronzestandbild des Reformators; seine Linke hält die Bibel, seine Rechte schickt sich an, die Bannbulle ins Feuer zu werfen; dieser Handlung entsprechend, ist der Ausdruck des Kopfes streng, fast etwas herb, nicht feurig, sondern hart entschlossen. Desto lebhafter erregt zeigt ihn das eine der Reliefs am Sockel in der Disputation mit Dr. Eck; ja, hier erscheint er beinahe fanatisch, so daß man fast in Versuchung kommt, für den ruhigen, geistvoll blickenden Gelehrten ihm gegenüber Partei zu nehmen. Meisterhaft ist auf diesem Bilde die charakterisierende Behandlung der Hände. Dann sehen wir ihn, der edlen Musika pflegend, im häuslichen Kreise; man möchte hier vielleicht eine Andeutung des fröhlichen Humors wünschen, ohne den wir uns den großen Mann nicht gern denken mögen. Von vollendeter Schönheit aber ist der tief durchgeistigte, großartig belebte Kopf des stillen Forschers und Bibelübersetzers.

Luthers Sterbehaus in Eisleben.

In einem bescheideneren Denkmal hat Eisleben einen anderen, hier 1775 geborenen bedeutenden Mann verewigt, F. G. König, den Erfinder der Buchdruckschnellpresse: einer Erfindung also, die doch auch dem geistigen Fortschritt gewidmet und um ihn verdient ist. Die von

Schaper modellierte treffliche Büste hebt sich eindrucksvoll vom grünen Laubhintergrunde ab.

Wir steigen vom Markt hinauf zur Andreaskirche, einem spätgotischen Hallenbau, der an die Stelle einer älteren romanischen Kirche getreten ist, von der noch ein einzelner Pfeiler übrig ist. Sie enthält einige Andenken und Denkmäler von Interesse; was sie uns aber mehr als das alles wert macht, ist die Erinnerung, daß Luther in ihr von der einfachen Kanzel, die unverändert erhalten ist, zum letztenmal, wenige Tage vor seinem Tode, gepredigt hat. Er war nach Eisleben gekommen, um allerlei Streitigkeiten zwischen dem Grafen Albrecht von Mansfeld, seinem edlen Gönner und eifrigen Anhänger, mit dessen Bruder Gerhard und andern Verwandten als Schiedsrichter beizulegen, und war, schon siech und elend, im Hause des ihm befreundeten Dr. Drachstedt, gegenüber der Andreaskirche, abgestiegen. Drei Wochen war ihm noch in seiner Geburtsstadt zu leben vergönnt, und er hatte die Genugthuung, das Werk, das ihn hergeführt, noch gerade zu Ende zu führen und die Grafen zu versöhnen. Am Tage vor seinem Tode wurde die letzte Frage erledigt; dann brach er zusammen und verschied in der nächsten Nacht. Graf Albrecht mit seiner Gemahlin stand an seinem Sterbebette. So hat es ein sinnvoller Zufall gefügt, daß die Stadt, die ihn geboren hat, auch sein Sterbezimmer umschließt.

Denkmal F. G. Königs.

Das Geburtshaus ist freilich nicht ungeschädigt auf uns gekommen: im Jahre 1689 entstand eine schwere Feuersbrunst, die das obere Stockwerk völlig vernichtete, doch wurde das untere mit dem Geburtszimmer in der Hauptsache gerettet; man sieht noch deutlich die Verschiedenheit des Baustils, besonders der Fensterstellung in den beiden Geschossen. In dem einfachen Zimmer, aus dem ein so ungeheurer Brand über die halbe Welt ausgegangen ist, befinden sich jetzt allerlei Altertümer und Kuriositäten, auf Luther und die Reformation bezüglich, darunter sein 1689 ebenfalls gerettetes Bildnis, der „unverbrannte Luther".

Stimmungs- und weihevoller, weil wesentlich unversehrt im alten Zustande erhalten, ist das Sterbezimmer im oberen Stockwerk eines schönen, spätgotischen Hauses. Es weht wie ein Hauch des Friedens durch den kleinen, traulichen Raum, in welchem der weltbewegende, rastlose Geist, der eines armen Bergmannes Sohn gewesen, am 18. Februar 1546 zur ewigen Ruhe eingegangen ist.

An dieser ernsten Stätte nehmen wir Abschied vom Harze, nachdem wir seine Schätze und Herrlichkeiten durchwandert haben, nicht nur dem Raume nach, sondern auch in der Zeit: seiner Schwelle nahend, trafen wir auf die Spuren Pipins und Karls des Großen, dann der sächsischen, fränkischen, hohenstaufischen Kaiser; wir verlassen ihn in der Heimat des Mannes, dessen Werk für Deutschland eine neue Zeit heraufgeführt hat, in deren Lebensluft wir noch heute atmen.

Ortsregister.

Pierer'sche Hofbuchdruckerei Stephan Geibel & Co. in Altenburg.